KiWi 324

Über das Buch
Diesem Kaiser haben sich Biographen zu nähern gewagt, und wenn, dann wurde er vornehmlich als Deutscher Kaiser – seit 1871 – porträtiert, weniger als König von Preußen, der er seit 1861 war. Am wenigsten wurden die davor liegenden entscheidenden sechs Lebensjahrzehnte betrachtet, die Wilhelm überhaupt zu dem gemacht haben, was er war und blieb: ein Preuße.
»Morgen muß ich Abschied nehmen von dem alten Preußen, an dem ich allein festhalte und auch fernerhin festhalten will«, sagte der Dreiundsiebzigjährige am Vorabend der Kaiserproklamation in Versailles. Bismarck löste den Dualismus seines Monarchen – für den Nationalstaat und gegen das Preußentum. Franz Herre hat die erste Biographie geschrieben, die auch die Zeit vor der späten Thronbesteigung eingehende behandelt, und ein Gesamtbild des Menschen und Monarchen gezeichnet. Zugleich wird ein Jahrhundert lebendig, von Wilhelms Geburt 1797 bis zu seinem Tode 1888 – im Auf und Ab des neuen Deutschlands und des alten Preußens. Die Reichsgründung wird hier nicht – wie üblich – aus der Perspektive Bismarcks, sondern aus der Sicht Wilhelms beschrieben, der dabei neben dem »Eisernen Kanzler« Profil gewinnt – als der letzte König von Preußen, der diesen Namen verdiente.

Der Autor
Franz Herre, geboren 1926, promovierter Historiker, 1962–1981 Chefredakteur der Deutschen Welle. Beiträge für Rundfunk und Fernsehen, Zeitungen und Zeitschriften.

Weitere Titel bei k&w
Anno 70/71, 1970. *Freiherr vom Stein*, 1973. *Die Amerikanische Revolution*, 1976. *Franz Joseph I.*, 1978, KiWi 280, 1992. *Radetzky*, 1981. *Metternich*, 1983. *Bismarck*, 1991. *Wien*, Historische Spaziergänge, KiWi 264, 1992. *Wilhelm II.*, 1993.

Franz Herre

Kaiser Wilhelm I.

Der letzte Preuße

Kiepenheuer & Witsch

© 1980, 1993 by Verlag Kiepenheuer & Witsch, Köln
Alle Rechte vorbehalten.
Kein Teil des Werkes darf in irgendeiner Form
(durch Fotografie, Mikrofilm oder ein anderes Verfahren)
ohne schriftliche Genehmigung des Verlages
reproduziert oder unter Verwendung elektronischer Systeme
verarbeitet, vervielfältigt oder verbreitet werden.
Umschlag Manfred Schulz, Köln
Gesamtherstellung Clausen & Bosse, Leck
ISBN 3 462 02308 x

Inhalt

Schwarz und Weiß 9

Der Soldatenprinz 51

Königlich-preußisches Biedermeier 103

Revolution 149

Reaktion 203

Die Neue Ära 239

König von Preußen 283

Hohenzollern gegen Habsburg 320

Deutscher Kaiser 370

Gründerzeit 421

Das Reichsdenkmal 476

Bibliographie 513

Personenregister 529

Friedrich Wilhelm der Große Kurfürst, † 1688

1. G. Luise Henriette v. Nassau-Oranien, † 1667, 2. Dorothea v. Schleswig-Holstein-Sonderburg-Glücksburg, † 1689

Preußische Könige	Brandenb.-Schwedt (—1788)	Maria, † 1739	Brandenb.-Sonnenb. (—1762)	Karl, † 1695, Markgr. v. Brand.-Schwedt, Herrenm. in Sonnenb. 1693, (heiml.) G.Kath. Maria v. Balbiano, † 1719	Elisabeth, † 1748 1. G. Friedr. Kas. v. Kurland, 2. Chr. Ernst v. Bayr., 3. Ernst Ludwig I.v. Sachs.-Meiningen	Ludwig, † 1734, Markgr.v.Brand.-Schwedt, Statth. zu Halberst., Dompropst zu Magdeb. u. Halberstadt
1. Friedrich III. als Kurf. 1688, Friedrich I. als König in Preußen 1701, † 1713 1.G. Henr. v. Hessen-Kassel, † 1683, 2. Soph. Charl. v. Hannover, † 1705, 3. Soph. Luise v. Mecklenburg-Grabow, † 1735	Philipp, † 1711, Markgr.f.v. Brandenb.-Schwedt 1689, Statthalter v. Magdeburg und Generalfeldzeugmeister G. Charl. v. Anh.-Dessau, † 1750	1.G. Karl v. Mecklenb.-Güstrow, 2. Moritz Wilh. v. Sachs.-Zeitz	Albrecht, † 1731, Markgr. v. Brandenb.-Schwedt, Herrenmeister in Sonnenburg 1696, G. Maria Dor. v. Kurland, † 1743			Wilhelm, † 1744, Markgraf v. Brandenburg-Schwedt
	Ludwig, † 1687 G. Luise v. Radziwill-Birze, † 1695				Friedrich, † 1741, Markgraf v. Brandenburg-Schwedt	

	Georg Wilh., † 1704 Brand.-Schwedt, G. Leopoldine v.Anh.-D.,†1782	Heinr., † 1788, Markgr. v. Brand.-Schwedt		Friedr., † 1707, Markgraf v. Brandenburg-Schwedt	Karl, † 1709, Markgraf v. Br.-Schwedt, Herrenm. in Sonnenburg 1731	Sophia, † 1751 G. Wilh. Heinr. v. S.-Eisenach
2. Friedrich Wilhelm I., † 1740, König 1713 G.Soph.v.Preußen,†1765	Luise, † 1820 Phil., † 1742, Markgr. G. Ferd.v.Preußen v. Br.-Schwedt	Georg Phil. Wilh., † 1751 Markgr. v. Br.-Schwedt				
G. Sophia v. England, † 1757						

Friedr., † 1708, Prinz v. Oranien	Wilhelmine, † 1711, Prinz v. Bayreuth	3. Friedrich II. d. Gr., † 1786, König in Preußen 1740, König v. Preußen 1773, G. Elis. v. Braunschweig-Bevern, † 1797	Luise, † 1784 G. Karl Wilh. Fr. v. Ansb.	Sophia,†1765 G. Fr. v. Br.-Schwedt	Luise Ulrika, † 1782 G. Ad. Friedr. v. Schweden,1771	Aug.,†1758,Prinz v.Pr. 1744, Gen. u. Gouv. v. Pommern, G. Luise v. Braunschweig-Bevern	Ferd., †1813, Herrenm. in Sonnenb. 1762, G. Luise v. Br.-Schw., † 1820

	Heinr. Karl, † 1797, König 1786	Wilhelmine, † 1820 G. Wilh. V. Batavus v. Oranien	Georg, † 1759	Heinr., † 1790, Koadj.in Herrenm. in Sonnenb. 1786	Ludw.(Louis Ferd.), †1800, General 1799 Domp.In Magd.1803	Aug,†1843,Gen.-Insp. u. Chef der Artillerie 1816
4. Friedrich Wilhelm II., † 1797, König 1786						

4. Friedrich Wilhelm II., † 1797, König 1786

1. G. (—1769) Elis. v. Braunschw.-Wolfenb., † 1840, 2. Friederike Luise v. Hessen-Darmst., † 1805, morg. 3. Am. Elis. v. Voß, † 1789, morg. 4. Soph. Jul. Friedr. Gräfin Dönhoff (—1792), † 1834

Friederike, † 1820, G. Friedr. Herzog v. York	5. Friedr. Wilh. III., † 1840, König 1797, Herzog v.Mecklenb.-Strelitz, 1.G. Luise v. Mecklenburg-Strelitz, † 1810, morg. 2. Auguste Gräfin Harrach (Fürstin v.Liegnitz u. Gräfin Hohenzollern† 1824), † 1873	Ludwig, † 1796, Herrenm. in Sonnenburg 1795, G. Friederike v. Mecklenb.-Strelitz, † 1841	Wilhelmine, † 1887 G. Wilh. I. d. Niederlande	Auguste, † 1841 G. Wilh. II. v. Kurhessen	Heinrich, † 1846, Koadj.d. Herrenmeisters in Sonnenburg 1800	Wilh., † 1851, General-Gouv. d. Rheinprov.in.Westfalens1830,Gouv. v. Mainz 1834, G. Maria Anna v. Hessen-Homburg, † 1846	Elis., † 1885 G. Karl v. Hessen und morg. G.Therese Eißler (Freifrau v. Barnim 1857), † 1878	Waldemar, † 1849 Brigadegeneral i.Münster	Friedr. Wilh. Graf v. Brandenburg,†1850, Ministerpräs. u. General d.Kavall., G.Math.Freiin v. Massenbach, † 1855	Julie Gräfin v. Brandenburg, † 1848 G. Ferd. v. Anhalt-Köthen
	Friedrich, † 1883, General in Düsseldorf G. Luise v. Anh.-Bernb., † 1882					Adalbert, † 1873, Generalinsp. d. Artill. 1843, Oberbefehlsh. d.Marine 1849, Adm. der preuß. Küsten 1854, morg. G.Therese			Maria, † 1889 G. Maximilian II. Jos. v. Bayern	Gustav Graf v. Brandenburg, †1892, General der Kavallerie in Brüssel (—1887) u. Wirkl.Geheim. Rat, * 1820
	Alex., † 1896	Georg, † 1902							Friedr. Graf Wilh. Graf v. Brandenburg, †1892, General der Kavallerie	

Adalbert Freiherr v. Barnim, † 1860, Forschungsreisender

6. Friedr. Wilh. IV., * 1861, König 1840 † 1861, G. Elis. v. Bayern, † 1873	**Deutsche Kaiser** 7. Wilh. I., * 9. März 1888, König 1861, Deutscher Kaiser 1871 G. Auguste v. Sachsen-Weimar-Eisenach, † 1890	Charl. (Alexandra¹ 1817), † 1860 G. Nikolaus I. v. Rußland	Karl, † 1883, Herrenmeister d. Johanniterordens 1853, Generalfeldzeugmeister und Chef d. Artillerie 1884 G. Maria v. Sachsen-Weimar, † 1877	Alexandrine, † 1892 G. Paul Frdr. v. Mecklenb.-Schwerin	Ferdin, † 1806	Luise, † 1870 G. Friedr. d. Niederlande	Albr., † 1872, Generaloberst d. Kavallerie 1871, 1. G. (–1849) Marianne der Niederl., † 1883, morg. 2. Rosalie v. Rauch (Gräfin Hohenau¹ 1853/82), † 1879

	8. Friedrich III., † 15. Juni 1888, König und Kaiser 9. März 1888, G. Viktoria v. Großbritannien, † 1901	Luise, * 1838, G. Friedrich v. Baden	Friedr. Karl, † 1885, Generalfeldmarschall 1870, Generalinspekteur der Kavallerie u. Armeeinspektion 1871	Anna, * 1836, G. Friedr. Landgr. zu Hessen	Charlotte, † 1855, G. Georg II. v. Sachsen-Meiningen	Albrecht, * 1837, Herrenmeister d. Johanniterord. 1883, Regent v. Braunschweig 1885, † 1906, G. Maria von S.-Altenburg, † 1898	Alexandrine, * 1842 G. Wilh. zu Mecklenb.-Schwerin	Friedr. Graf v. Hohenau, * 1857 G. Charl. v. d. Decken v. Saurma-Jeltsch, † 1884, 2. Marg. zu Hohenlohe Öhringen

		G. Maria v. Anhalt-Dessau, * 1837	Maria, † 1888, 1. G. Heinr. d. Niederl., 2. Alb. v. S.-Altenburg	Elis., † 1895, G. August v. Oldenburg	Friedr. Heinr., * 1874	Joach. Albr., * 1876	Fr. Wilh., * 1880	Albr., * 1882 Wilh., * 1884 Friedr., Karl, * 1895 Franz, * 1896

			Luise Marg., * 1860 G. Arth. v. England, Herz. v. Connaught	Fr. Leopold, * 1865, Gen. d. Kavallerie, G. Luise Sophia v. Schl.-Holst.-S.-Aug.	Elis. Gräfin v. Hohenau, * 1879, G. Eberh. Graf v. Matuschka	Friedr. Graf v. Hohenau, * 1890

9. Wilhelm II., * 1859, König u. Kaiser 15. Juni 1888 G. Aug. Viktoria v. Schlesw.-Holst.-Sond.-Augustenburg, * 1858	Charl., * 1860, G. Bernh. v. S.-Meiningen	Heinr., * 1862, Konteradmiral 1896, Vizeadmiral 1899, Admiral 1901, G. Irene von Hessen u. bei Rhein	Sigismnnd, † 1866	Vikt., * 1866 G. Adolf v. Schaumburg-Lippe	Waldemar, † 1879	Sophia, * 1870 G. Konstantin v. Griechenland	Margarete, * 1872 G. Friedr. Karl v. Hessen	Grafen v. Hohenau

	Waldem., * 1889 Leutnant	Sigism., * 1896	Heinr., * 1900 † 1904	Vikt. Marg., * 1890	Friedr. Sigismund, * 1891	Friedr. Karl, * 1893	Friedr. Leopold, * 1895

Friedr. Wilh., * 1882, Kronprinz des Deutschen Reichs u. v. Preußen, G. Cecilie z. Mecklenburg | Eitel Friedrich, * 1883 G.Soph.Charl.v.Oldenb. | Adalbert, * 1884 | Aug. Wilh., * 1887 | Oskar, * 1888 | Joachim, * 1890 | Vikt. Luise, * 1892

Schwarz und Weiß

Sie kam nicht durch das Brandenburger Tor. Die Triumphpforte, eben aus preußischem Sandstein und mit dorischen Säulen erbaut, blieb Siegesparaden vorbehalten, worauf die Nachkommen Friedrichs des Großen abonniert zu sein glaubten. Für Prinzessin Luise von Mecklenburg-Strelitz, die als Braut in Berlin einzog, war eine eigene Ehrenpforte errichtet worden. Der Einmaligkeit des Ereignisses entsprachen frische Blumen, die verblühen würden, und Holzsäulen, die ohne Umstände wieder abzubauen waren. Dieses Portal, ein Provisorium, führte zum Palais Unter den Linden, in dem die Braut als Frau des Kronprinzen Friedrich Wilhelm bleiben sollte.

>»Vergiß, was Du verlorst; es soll ein schönres Leben
>Dir dieser Festtag prophezein.
>Heil Dir! Der künftigen Welt wirst Du Monarchen geben,
>Beglückter Enkel Mutter sein.«

Ein Bürgermädchen in Weiß und Rosa sagte sein Gedicht auf, an diesem denkwürdigen 22. Dezember 1793. Am 21. Januar desselben Jahres hatte die Welt einen Monarchen verloren, Ludwig XVI. von Frankreich, den die Revolutionäre mit der »Sichel der Gleichheit«, der Guillotine, einen Kopf kürzer gemacht hatten. Und am 16. Oktober war auf der Place de la Concorde in Paris das Haupt der Königin Marie Antoinette gefallen.

Wie alle hinterbliebenen Fürstenkinder hatte auch Prinzessin Luise Trauer getragen, worauf ihre Großmutter, Landgräfin Marie Luise Albertine von Hessen-Darmstadt, besonderen Wert legte, eine patente, etwas altmodische Frau. Die »Großmäme« mußte die 1782 verstorbene Mutter, ihre Tochter, ersetzen, die ihr die sechsjährige Enkelin hinterlassen hatte, und zugleich den Vater vertreten, den nachmaligen Herzog Karl von Mecklenburg-Strelitz, der als Generalgouverneur in Hannover beschäftigt war. Luise, die Gemüt und Temperament besaß, also leicht zu verletzen und schwer zu bändigen war, machte ihr genug zu schaffen. Sie erzog sie streng lutherisch, um ihr Halt zu geben, ohne Zugeständnisse an zeitgenössische Bildungsideale, die in der Wirklichkeit – wie man es erleben mußte – zu Sturm und Drang, zur Revolution geführt hatten. Gottesfurcht, Hausbackenheit und ein gewisses Gehenlassen bei harmlosen Vergnügungen erschienen als geeignetere Voraussetzungen für eine künftige Monarchenmutter und Dynastiefortpflanzerin.

Zum Gedeihen des Hauses Hohenzollern hatte man gleich zwei Zöglinge der Darmstädter Großmutter aufgeboten: die siebzehnjährige Luise, die den Kronprinzen Friedrich Wilhelm, und ihre fünfzehnjährige Schwester Friederike, die dessen jüngeren Bruder Ludwig ehelichen sollte, in einer Doppelhochzeit, zur doppelten Absicherung der Dynastie. Ein gewisses Entgegenkommen an den herandrängenden Dritten Stand, das Bürgertum, glaubte man sich indessen erlauben zu können, wobei man sich nicht allzu viel vergab, denn preußische Bürger waren sich bewußt geblieben, daß Gott im Himmel wohnte und sein irdischer Statthalter im Königsschloß zu Berlin.

Die Berliner Zünfte, Gilden und Korporationen hatten es durchgesetzt, daß ihre Abordnungen und nicht königliche Kammerherren vor dem goldenen Galawagen der Prinzessinnen einherziehen durften. Sie waren beinahe wie Soldaten uniformiert, die Schlächter in Blau, die Schützen in Grün, die Kaufherren in Blau und Mohnrot. Am Potsdamer Tor machte der Magistrat seinen Bückling. In der Leipziger Straße standen vier Kompanien der bewaffneten Bürger-Brigade Spalier. Vor den Adelspalästen in der Wilhelmstraße, in denen Berliner Standesgenossen der Pariser Guillotinierten es sich immer noch gut gehen ließen, staute sich die Volksmenge, die Hosianna rief.

Die künftige Königin von Preußen benahm sich so, wie es die Berliner erwarteten. Als an der Ehrenpforte Unter den Linden das Bürgermädchen sein Gedicht glücklich beendet hatte, neigte sich die Prinzessin zu ihm nieder, schloß es in die Arme und küßte es. Ihre Oberhofmeisterin, Sophie Marie von Voß, geborene von Pannewitz, bekam die erste Gelegenheit, zu Eis zu erstarren: »Mein Himmel!

Das ist ja gegen alle Etikette!« Luise war ehrlich überrascht: »Wie? Darf ich das nicht mehr tun?«

Im Nu hatte sie die Herzen der Berliner erobert. Die Siebzehnjährige im schneeweißen Atlaskleid, mit blauen Augen, blondem Haar und sanfter Stimme erschien schön, wahr und gut wie Iphigenie. Der Weimarer Geheimrat von Goethe, der dieses Ideal eines humanistisch gebildeten Bürgertums stilisiert hatte, vermeinte in Luise die Verkörperung seines Phantasiegeschöpfes zu sehen. In Marmor wollte sie der Berliner Bildhauer Schadow verewigen, in edler Einfalt und stiller Größe, nicht ohne das Tüchlein, das eine Schwellung ihres Halses verbergen sollte und in Berlin zur Mode wurde.

Der Klassizismus, der Stil der Zeit, kam dem preußischen Geist entgegen, war in Berlin aufgenommen worden, doch in einer dem deutschen Sparta gemäßen Form: den zu sachlichen Fassaden David Gillys, den zu kühlen Hallen Friedrich Gillys, dem zu strengen Dorertum des Brandenburger Tors, den von Johann Gotthard Langhans erbauten Propyläen einer Soldatenkönigsstadt. Nicht unwillkommen war eine Gestalt wie Luise, die wie eine Marmorgöttin erschien und als ein Wesen aus Fleisch und Blut den Tempel belebte, bei der ersten Begegnung mit dem Volke Gemüt offenbarte und beim ersten Auftritt im Schlosse Übermut: Zum Entsetzen der Schwiegermutter, der von ihrem Mann vernachlässigten Königin Friederike Luise, tanzte sie Walzer, wobei sich Paare – welche indécence! – körperlich berührten und überhaupt das Hofzeremoniell durcheinanderwirbelten.

Der König, Friedrich Wilhelm II., sah das gern. Auf den ersten Blick hatten ihm Luise und ihre Schwester Friederike gefallen, im Frühjahr, in Frankfurt am Main: »Wie ich die beiden Engel zum erstenmal sah, es war am Eingang der Komödie, so war ich so frappiert von ihrer Schönheit, daß ich ganz außer mir war, als die Großmutter sie mir präsentierte.« Noch rascher als sonst war der Herr entflammt, dem man preußisches Gardemaß hätte zusprechen können, wenn der Bauch nicht gewesen wäre, und dessen großen Kopf man für bedeutend hätte halten können, wenn man nicht an einen Katerkopf erinnert worden wäre. Einen Augenblick mochte der Mann, den Berliner den »dicken Lüderjan« nannten, auf Gedanken gekommen sein, die ihm gern unterstellt wurden. Doch seine 49 Jahre machten ihm zu schaffen, die Favoritin, Wilhelmine Rietz, war mit von der Partie, und es handelte sich um die Nichten der Königin von England, um engelgleiche Wesen.

Jedenfalls kam der König zu dem Schluß: »Ich wünschte sehr, daß meine Söhne sie sehen möchten und sich in sie verlieben.« Am 13. März 1793 hatte er die Prinzessinen zum ersten Mal erblickt, am 14. März ließen sich Friedrich Wilhelm und Ludwig den Schwestern Luise und Friederike präsentieren, auf einem Ball im Manskopffschen Hause, »und waren ganz von ihnen enchantiert. Ich machte mein Möglichstes, daß sie sich öfter sahen und sich recht kennen lernten.« Bereits am 18. März hielt der König für die Söhne um die künftigen Schwiegertöchter an, die Darmstädter Großmutter sagte nicht nein, und Friedrich Wilhelm II. konnte nach Berlin melden: »Nun war die Liebe da, und es wurde kurz und gut resolviert, sie zu heiraten... Der älteste heiratet die älteste, und der jüngste die jüngste.«

Als Brautwerber kam, sah und siegte er wie Caesar, doch nicht als Feldherr, wozu er eigentlich nach Frankfurt am Main gekommen war. Der König von Preußen und der römisch-deutsche Kaiser hatten sich zusammengetan, um die Revolution in Frankreich niederzuschlagen und den Thron des bourbonischen Vetters wiederaufzurichten. Doch die Revolutionäre hatten den Spieß umgedreht, waren an den Rhein vorgestoßen, hatten Mainz besetzt, das dann die Preußen unter dem Oberbefehl ihres Königs belagerten, während in Paris der König von Frankreich hingerichtet wurde. Mainz fiel am 12. Juli 1793, worauf sich Friedrich Wilhelm in Berlin wieder in der Rolle des unumschränkten Herrschers gefallen konnte.

Eine seltsame Mischung aus Ancien régime und Mittelalter, aufgeklärtem Absolutismus und abgestandenem Obskurantismus war Friedrich Wilhelm II. Der Neffe und Nachfolger Friedrichs des Großen schien auf den ersten Blick die Erwartungen zu rechtfertigen, die seine vom alten König zwar zum Denken angeregten, aber von dessen Folgerungen abgehaltenen Untertanen in ihn gesetzt hatten. Er zog lieber den Frack an als die Uniform und gab sich auch sonst zivil, sagte zu allen Leuten »Sie«, ließ sie kommod stehen, beseitigte das Tabakmonopol und die Kaffeeregie, führte das Abitur ein, baute Landstraßen, verordnete das »Allgemeine Landrecht für die preußischen Staaten«, in dem es – zugleich aufgeklärt und altpreußisch – hieß: »Die allgemeinen Rechte der Menschen gründen sich auf die natürliche Freiheit, sein eigenes Wohl ohne die Kränkung der Rechte eines anderen suchen und fördern zu können.«

Und das mit dem Titel *Geschichte der preußischen Monarchie* getarnte Pamphlet des französischen Revolutionsredners Mirabeau durfte ungehindert zirkulieren. Das preußische Volk sei aus dem Regen Friedrichs des Großen in die Traufe Friedrich Wilhelms II. geraten, behauptete er kurz nach dem Thronwechsel: »Im Anfang staunte man, als man sah, daß der König seiner Vorliebe fürs Theater, fürs Konzert, für die alte und für die neue Maitresse treu blieb. Man staunte, als er Stunden fand, um Bilder, Möbel, Kaufmannsläden zu besehen, um auf dem Violoncello zu spielen, um über die Händel der Hofdamen sich zu unterrichten – und Minuten, um seine Minister zu hören, die unter seinen Augen die Interessen des Staates lenken. Gegenwärtig staunt man, wenn irgendeine Torheit einer neuen Art oder irgendeine Gewohnheitssünde nicht einen seiner Tage in Anspruch genommen hat.«

Der König umgebe sich mit Lumpen, nur damit es den Anschein habe, er wäre der alleinige Gebieter, bemerkte Mirabeau. Der Alte Fritz hatte zwar absolut, aber allein und aufgeklärt regiert. Friedrich Wilhelm wurde mehr und mehr durch jene beherrscht, die er in seinem Namen herrschen ließ, was Königskritikern wie Königstreuen gleichermaßen mißfiel. Und auf beiden Seiten wurde es als Sünde wider den Zeitgeist empfunden, daß er den Rationalismus des 18. Jahrhunderts mit dem Mystizismus des Rosenkreuzerordens zu verdunkeln, mit dem mittelalterlichen Zensur- und Religionsedikt von 1788 zu ersticken suchte.

Doch selbst damit hätten sich Preußen abgefunden, die an eine Ordnung gewöhnt waren, die auf Befehl und Gehorsam an sich beruhte. Selbst Immanuel Kant, der Philosoph in Königsberg, fügte sich. Als an seiner Schrift *Die Religion innerhalb der Grenzen der bloßen Vernunft* Anstoß genommen wurde, ließ er den König umgehend wissen, daß er als »Euer Majestät getreuester Untertan sich aller öffentlicher Religionsvorträge gänzlich enthalten werde«.

Was Preußen mißfiel, war die Zügellosigkeit des Privatmannes, von dem sie sich als König die Zügel gefallen lassen wollten. Friderizianer befürchteten eine Erschlaffung des Potentaten, Orthodoxe beklagten die Sünden wider das Sechste Gebot, aufgeklärte Moralisten verurteilten die Verstöße gegen das menschliche Sittengesetz, und ein Klassizist wie Schadow sah den Tempel befleckt: »Zur Zeit Friedrich Wilhelms II. herrschte die größte Liederlichkeit, alles besoff sich in Champagner, fraß die größten Leckereien, frönte allen Lüsten. Ganz Potsdam war ein Bordell.«

Er trieb es zu bunt, dieser Friedrich Wilhelm, und das vor einem Volk, das die Weiberfeindschaft Friedrichs des Großen für beinahe natürlich gehalten hatte, und in einer Zeit, in der in Frankreich das Strafgericht über die Maitressenwirtschaft hereingebrochen war. Von der ersten Frau, Elisabeth von Braunschweig-Wolfenbüttel ließ er sich scheiden, der zweiten, Friederike Luise von Hessen-Darmstadt, machte er sechs Kinder und ließ sie rechts liegen. Zur linken Hand wurde ihm ein Fräulein von Voß und dann eine Gräfin Dönhoff angetraut. Die flüchtigen Abenteuer waren nicht mehr zu zählen, der Phantasie keine Grenzen gesetzt, was zu dem Gerücht ausuferte, Ludwig van Beethoven sei sein Bankert gewesen, gezeugt auf Schloß Brühl, wo die Mutter Aufwaschfrau gewesen sei. Eine dauernde Anhänglichkeit erwies er nur Wilhelmine Enke, der Tochter eines Trompeters, die er als Dreizehnjährige kennengelernt hatte. Sie gebar ihm fünf Kinder, wurde mit dem Kammerdiener Rietz verheiratet und schließlich zur Gräfin von Lichtenau erhoben.

Den Rokokokavalier spielte er in Reprise, nicht nur im Zwielicht der Alkoven, sondern auch auf festlich erleuchteter Bühne, wobei er selbst Kritiker zu Beifall hinriß. So an diesem 22. Dezember 1793, als die beiden Prinzessinnen von Mecklenburg-Strelitz auf das Berliner Schloß herabschwebten. Der König und Vater, ganz Souveränität und Männlichkeit, Grandezza und Charme, nahm sie in Empfang und führte sie den Prinzen und Söhnen zu. So wollte es das Protokoll, und so hielten sie es für in Ordnung, der Kronprinz zumal, der sich selbst bei diesem Anlaß am liebsten im Hintergrund gehalten hätte.

Friedrich Wilhelm war nun dreiundzwanzig und keine unflotte Erscheinung. Hochgewachsen, ein etwas in die Länge gezogenes Gesicht, das bereits angefangen hatte, Gemütsbewegungen nicht mehr widerzuspiegeln, offene, fragende Augen und ein Mund, der meist verschlossen war und sich nur öffnete, um wenige Worte, abgehackte Sätze, Infinitive von sich zu geben. Preußische Offiziere ahmten bald diese Sprechweise nach, da ihnen als vollendete Befehlssprache galt, was selbst dem Haudegen Blücher wie Blöken vorkam. Empfindsame Damen fanden den schüchternen, gehemmten, kontaktscheuen Jüngling nicht unsympathisch. Stockpreußen erschien er als Inkarnation der märkischen Heide, eintönig und karg, spröd und schlicht, als Inbegriff der preußischen Tugenden, die man am Vater vermißte und sich vom Sohn versprach.

Friedrich Wilhelm II. war er nicht nachgeschlagen, eher der düsteren und mürrischen Mutter. Der Minderwertigkeitskomplex wurde ihm anerzogen. Der Vater beachtete ihn nicht, die Mutter kümmerte sich um ihn kaum, die Lehrer waren Pedanten. So wurde er – wie Friedrich von Coelln in seinen »Vertrauten Briefen« feststellte – »verschlossen, ohne Selbstvertrauen, daher verlegen und blöde, wo er öffentlich auftrat; alle Repräsentation war ihm zum Ekel, alle feierlichen Akte in seiner ihm zugeteilten Rolle waren ihm zuwider. Er war am liebsten für sich allein oder unter seinen Bekannten.«

Ein Vater-Komplex kam hinzu. Das war im Hause Hohenzollern nichts Ungewöhnliches. Als Kronprinz hatte Friedrich der Große gegen Friedrich Wilhelm I. aufbegehrt, aber eben ein groß angelegter Sohn gegen einen starken Vater. Der jetzige König war an der Problematik uninteressiert, hätte vielleicht sogar nachgegeben, wenn der Filius gegen ihn aufgestanden wäre. Aber dazu war dieser weder willens noch in der Lage. Er fraß den Ärger in sich hinein, vergoldete das Andenken des Großonkels und verdunkelte das Bild des Vaters. »Er versteht es bereits, zu achten und zu verachten«, schrieb Mirabeau über den sechzehnjährigen Kronprinzen. »Seine Abneigung gegen seinen Vater geht bis zum Hasse, und er verbirgt diesen gar nicht. Seine Verehrung für Friedrich den Großen dagegen geht bis zur Anbetung, und er spricht sie laut aus.«

Doch Ordre parieren war eine preußische Tugend, und sie entsprach seiner persönlichen Neigung. Er liebte die Uniform, die ihm Halt und Bedeutung gab und ihm das Gehorchen erleichterte. Unter des Königs Rock schlug ein ziviles Herz. Die Maitressenwirtschaft des Vaters beklagte er nicht nur als Sohn, sondern auch als Kind einer bürgerlich und schon kleinbürgerlich werdenden Zeit, die andere Vorstellungen von Sitte und Anstand hegte als das versinkende Ancien régime.

Frische Fische, gute Fische, hatte der frivole Vater gelockt, als er ihnen die beiden Prinzessinen von Mecklenburg-Strelitz präsentierte. Der Sohn hielt sie für himmlische Erscheinungen und geeignete Partnerinnen für das irdische Glück. Das war vornehmlich abstrakt gemeint, denn konkret konnte er sich zunächst nicht entscheiden, hätte er sich die eine wie die andere als seine Frau vorstellen können. »Daß mir die Wahl schwer wurde, ist ganz natürlich. Beide Prinzessinnen gefielen mir sehr wohl, ohne gerade in sie was man so eigentlich nennt verliebt zu sein«, schrieb er rückblickend. »Genug, meine Wahl fiel Gott sei gedankt zu meinem Glück aus; auch damals schon fielen alle Erkundigungen, die ich über den Charakter und die Eigenschaften beider Prinzessinnen anstellen ließ, einstimmig insbesondere zugunsten der Älteren aus, und somit war der entscheidende Schritt in meinem Herzen getan.«

Das, was man Liebe auf den ersten Blick nennt, war es also nicht. Es entwickelte sich zu einer Ehe, die zwar nicht im Himmel geschlossen wurde, sich aber auf Erden bewähren sollte. Nach neunmonatiger Verlobungszeit, die man größtenteils getrennt verbrachte, wurde geheiratet, am 24. Dezember 1793, am Heiligen Abend. Schauplatz war das Königliche Schloß zu Berlin, das im 15. Jahrhundert Kurfürst Friedrich II. von Brandenburg als spätmittelalterliche Burg begonnen hatte, die im 16. Jahrhundert in ein Renaissanceschloß verwandelt und an der Wende vom 17. zum 18. Jahrhundert unter Friedrich I., dem ersten König in Preußen, barock erweitert worden war, ein Rechteck von 192 Meter Länge und 116 Meter Breite, das an eine riesige, großartige Kaserne erinnerte – das Haus Hohenzollern.

Die künftige Hausherrin trug ein Brautkleid mit kurzer Taille und langer, von Pagen getragener Schleppe. »Die Kronprinzessin verband mit ihrer regelmäßigen und edlen Schönheit einen Ausdruck von Sanftmut und Bescheidenheit«, bemerkte Prinzessin Luise von Preußen. »Die Krone in ihrem aschblonden Haar stand ihr entzükkend. Der Kronprinz war ungeachtet seines kühl ernsten Gesichtsausdruckes aufs tiefste von seinem Glück durchdrungen.« Im Weißen Saal traten Friedrich Wilhelm und Luise vor den Altar. Der evangelisch-reformierte Hofprediger Sack gemahnte die junge Frau an ihren »schönen Beruf«, im Herzen des Gottangetrauten »die sanfte Flamme zärtlicher Empfindungen zu unterhalten, die das Furchtbare der Heldentugenden mildert«. Zweiundsiebzig Kanonenschüsse donnerten ihr Amen, vom Lustgarten her, der als Exerzierplatz diente, für eine preußische Art von Lust.

Im Rittersaal, der mit Schlüters »Vier Weltteilen« Weltweite demonstrierte, wurde – wie bei jeder Vermählung eines Gliedes der königlichen Familie – der Fackeltanz aufgeführt, eine Art Polonaise. Zunächst hielten die Neuvermählten ihren Umgang, dann, der Reihe nach, die Braut mit dem König, mit den Prinzen, schließlich der Bräutigam mit der Gemahlin des Königs, dann mit der Witwe Friedrich des Großen, dann mit den Prinzessinnen – stets unter Vortritt des Oberhofmarschalls, der Wirklich Geheimen Räte und der Staatsminister, die Wachsfackeln in den Händen trugen, paarweise gingen und mit der Musik, komponiert vom Stabstrompeter der Garde du Corps, Schritt zu halten suchten. Sie schwitzten unter ihren Perücken, heißes Wachs tropfte auf die Finger und sie bekamen langsam den Drehwurm – die Aufgeklärten, die sich wie mittelalterliche Hofknechte aufführen mußten, die Würdenträger, die wie Spieldosenfiguren zu tanzen hatten, nach preußischen Noten im preußischen Takt: »Von der Bewegung der Puppen«, bemerkte Goethe, »kann man auf die verborgenen Räder, besonders auf die große alte Walze, Fridericus Rex gezeichnet, mit tausend Stiften, schließen, die diese Melodien, eine nach der andern, hervorbringt.«

Die Oberhofmeisterin von Voß war schon vom Zuschauen erschöpft, und von der anschließenden »Austeilung des Strumpfbandes« der Braut an die männlichen Gäste, wozu man natürlich nicht das echte zerstückelt, sondern Kopien angefertigt hatte. »Ich stand sechs Stunden lang, von sechs bis zwölf Uhr, auf meinen Füßen, ohne mich zu setzen und war todmüde, als ich endlich um ein Uhr nachts nach Hause kam.«

Das Ganze wiederholte sich zwei Tage später, am 26. Dezember 1793, bei der Hochzeit des Prinzen Ludwig mit Luisens Schwester Friederike. Dabei ging es weniger höfisch, schon etwas bürgerlich zu. Friedrich Wilhelm II. wollte zur Abwechslung als eine Art Bürgerkönig posieren. »Ich will auch bürgerliche Hochzeitskleider sehen«, befahl er; alle sollten zugelassen werden, »die einen ganzen Rock anhaben«. Die Zimmerfluchten des Schlosses waren dann derart verstopft, daß sich die Majestät nur unter Gebrauch des Ellenbogens hindurchzwängen konnte.

In den Bahnen bürgerlicher Moral bewegte sich diese Ehe nicht; sie geriet bald auf die sattsam bekannten höfischen Abwege. Ludwig zeigte schon am Hochzeitstag »frostiges Benehmen«, Friederike suchte bald anderswo Wärme, die Nähe des Prinzen Louis Ferdinand, eines Neffen Friedrichs des Großen, der das geworden war, was sein Onkel als Kronprinz versprochen hatte: ein Musensohn, Weltmann und Frauenheld. Ludwig, dem sie in drei Jahren drei Kinder geboren hatte, starb 1796 mit Dreiundzwanzig, hinterließ eine achtzehnjährige Witwe, die einiges nachholen zu müssen meinte. Nun wurde sie mit Louis Ferdinand intim, kokettierte mit zwei Söhnen Georgs III. von England, bekam ein Kind von Friedrich zu Solms-Braunfels und wurde vorübergehend vom Hof verbannt. Schließlich verlobte sich Friederike mit dem Herzog von Cambridge, heiratete aber dessen Bruder, den Herzog von Cumberland, den späteren König Ernst August von Hannover. So wurde sie die Mutter Georgs V. von Hannover, der von seinem Vetter Wilhelm I., dem zweiten Sohn ihrer Schwester Luise, um Thron und Land gebracht werden sollte.

War von Luise Ähnliches wie von ihrer Schwester zu erwarten? Hofschranzen lauerten auf diesbezügliche Anzeichen, mit zur Schau getragener Sorge und heimlicher Schadenfreude, und schon glaubten sie einiges entdeckt zu haben. Luise war ein Quecksilber, das nicht stillsitzen konnte, ein Wildfang, dessen Zähmung man sich kaum vorzustellen vermochte. Sie liebte Putz und Tand, die Zerstreuung und das Vergnügen, tanzte für ihr Leben gern, auch mit Subalternen, wenn sie nur flott tanzten, setzte sich über die Schranken der Hofetikette hinweg, ausgelassen und unbedacht, wie dieses muntere Mädchen nun einmal war.

Aber nun war sie Frau, die Gemahlin des Kronprinzen von Preußen und Gattin eines Mannes, der genau das Gegenteil von ihr war. Zunächst zog ihn ihr Anderssein an, dann begann er daran Anstoß zu nehmen. Er machte ihr Vorhaltungen, eher verständnisvoll als zurechtweisend, doch sie reagierte trotzköpfig und aufsässig, weil sie es von Hause aus nicht gewohnt war, sich dreinreden zu lassen, und weil der Vergleich zwischen Darmstadt und Berlin immer mehr zu Ungunsten des letzteren ausfiel. Und weil eben Friedrich Wilhelm die Liebenswürdigkeit einer Marionette besaß.

Auch ein anderer als Louis Ferdinand hätte von ihm vorteilhaft abgestochen, doch dieser Apoll stellte ihn in den Schatten. Und da dieser die Prinzen der Hauptlinie nicht leiden konnte und die

Frauen im Plural liebte, versuchte er es mit beiden Schwestern. Von Friederike weiß man, daß sie seinem aggressiven Charme erlegen ist. Über Luise gibt es nur Gerüchte und ein paar unpräzise Andeutungen. Die Oberhofmeisterin Voß beanstandete bereits am 26. Januar 1794 – also einen Monat nach der Hochzeit: »Früh kam der Prinz Louis Ferdinand, der wegen Masken-Kostümen mit der Prinzessin sich verabreden wollte; ich kann die Freundschaft mit ihm nicht gutheißen.« Sie tanzten gern zusammen, und es war ein hinreißendes Paar. Luise bekam Jahre später einen roten Kopf, als einer Louis Ferdinand ein Chamäleon nannte, der bei tugendhaften Frauen die Farbe der Tugend annehme, bis er seinen Zweck erreicht habe.

Jedenfalls glaubte der König und Schwiegervater eingreifen zu müssen. Der Herr Sohn, schrieb er ihm am 25. März 1794, dürfe es nicht durchgehen lassen, daß seine Gemahlin »bisweilen ein bißchen unbesonnen und launenhaft« sei, sich in schlechter Gesellschaft bewege. Man müsse sie fühlen lassen, daß sie wie jede Frau ihrem Mann zu gehorchen und als Kronprinzessin von Preußen eine standesgemäße Figur zu machen habe. Friedrich Wilhelm solle sie gefälligst »nach seiner Hand reiten« und »bisweilen den Sporen brauchen«.

Der Kronprinz beeilte sich noch am selben Tag, dem König zu versichern, daß Luises Eskapaden nicht ihrem unzweifelhaft guten Charakter, sondern ihrem füllenhaften Temperament zuzuschreiben seien. Selbstverständlich werde er den Befehl des Königs ausführen und seine Frau an die Kandare nehmen. Bereits am 2. April 1794 konnte die Oberhofmeisterin vermelden: »Die Kronprinzessin betrug sich den ganzen Tag vortrefflich.« Hatte sich Friedrich Wilhelm als Dressurreiter bewährt? War Luise vor einem Abgrund, den sie plötzlich vor sich sah, zurückgeschreckt? Jedenfalls benahm sie sich von nun an so, wie es ihrem naiven Wesen entsprach: lammfromm und handsam, als gute und getreue Ehefrau, wohlgefällig dem Eheherrn und vorbildlich den Zeitgenossen, die eine züchtig am Herde waltende Hausfrau schätzten, Preußen zumal, die Pflichterfüllung verlangten, und Preußinnen, die das in Ordnung fanden.

Für die Demonstration solcher Häuslichkeit war das Kronprinzenpalais geeignet: ein stattlicher, aber nicht aufwendiger Bau, das

Erdgeschoß mit den Zimmern Friedrich Wilhelms, deren einziger Schmuck in Waffen bestand, die Beletage mit den Gemächern Luises, die eher bürgerlich eingerichtet waren. Das Palais war 1663 unter dem Großen Kurfürsten erbaut und von einem Generalfeldmarschall bewohnt worden, 1732 hatte es Friedrich Wilhelm I. für den damaligen Kronprinzen, den späteren Friedrich den Großen, umgebaut, für 25 948 Taler, 18 Groschen und 7 Pfennig. Es erhob sich Unter den Linden, an der Hauptachse der preußischen Hauptstadt, vis-à-vis dem Zeughaus und im Blickfeld des Königlichen Schlosses. Aber es stand nun im Berlin Friedrich Wilhelms II., in einem Milieu, das einem idyllischen Eheleben nicht gerade förderlich war.

In Potsdam, wo das Regiment des Kronprinzen lag und wohin das junge Paar am 1. April 1794 zog, ging es schon besser. »Berlin regrettiere ich gar nicht«, sagte Friedrich Wilhelm. »Alles lebt in Einigkeit, da sich keine fremde Hand ins Spiel mischt.« Ein Soldatenweib müsse ihrem Beruf nachgehen, schrieb Luise ihrem Bruder Georg. »Ich esse Punkt zwölf, ich trinke Tee nach fünf ... und esse zu Nacht Punkt acht. Ich gehe zu Bett mit den Hühnern, Küken und Kikerikis und stehe mit höchstdenselben wieder auf. Aber ich bin besser als sie, denn ich lese Geschichte ... und lebe zum Vergnügen meines Mannes.«

Wie die Turteltauben lebten sie dann in Paretz, in dem Taubenschlag, den Friedrich Wilhelm für sie errichtet hatte. »Nur immer denken, Sie bauen für einen schlichten Gutsherren«, hatte der Kronprinz dem Oberbaurat David Gilly eingeschärft. Was dabei herauskam, enttäuschte die Oberhofmeisterin Voß: Der Ort sei geradezu häßlich, das Schloß gleiche einer Scheune, der Garten könnte erträglich sein, wenn er nicht so feucht wäre. Den Jungverheirateten gefiel die Einsiedelei an der Havel, das selbst preußischen Klassizisten zu einfach dünkende Herrenhaus, die üppigen Wiesen und der bescheidene Park, die Fernblicke auf bewaldete Höhen und der stille Genuß eines begrenzten Glücks. Friedrich Wilhelm und Luise holten die Flitterwochen nach, lasen zusammen die rührseligen Romane des Feldpredigers August Lafontaine, machten Landpartien auf Leiterwagen, wagten ein Tänzchen mit Bauern. Der »Schulze von Paretz« und die »gnädige Frau von Paretz« nahmen das Biedermeier vorweg und übten die Regierungsweise, die sie sich vorgenommen hatten: den Eigenwert mehrend und auf Gemeinnutz bedacht, landesmütterlich und patriarchalisch, nach Gutsherrenart.

Zunächst galt es, die Ehe zur Familie zu erweitern. Am 7. Oktober 1794 wurde Luise von einer toten Tochter entbunden. Am 15. Oktober 1795 gebar sie einen Jungen, den künftigen Kronprinzen und König Friedrich Wilhelm IV. Nun konnte man dem nächsten Kind mit Ruhe entgegensehen, der Niederkunft, die im Frühling 1797 erwartet wurde.

Im Winter zuvor starben Prinz Ludwig, der Gemahl Friederikes, und Königin Elisabeth Christine, die Witwe Friedrichs des Großen, die Brustwassersucht Friedrich Wilhelms II. war als unheilbar erkannt worden, und der Kronprinz bekam die Bräune, die Diphtherie. »Die Kronprinzessin verläßt ihren Gemahl, seit er krank ist, nicht einen Augenblick«, notierte die Oberhofmeisterin. Luises ältere Schwester Therese, eine Fürstin von Thurn und Taxis, lobte die aufopfernde Frau und werdende Mutter: »Was das unbändige Pferd zu dem gemacht hat, was es ist, ist ein vortreffliches Herz, Vernunft durch guten Rat befestigt, Nachdenken, Erfahrung und das mächtigste aller Mittel, die Liebe. Liebe ist stark wie der Tod, beiden gehorcht alles.«

Der sechsundzwanzigjährige Gatte genas und die einundzwanzigjährige Gattin gebar am 22. März 1797 ihr »Angstkind«, den zweiten Sohn, welcher der drittletzte König von Preußen und der erste Deutsche Kaiser werden sollte. Es geschah an einem Mittwoch, einem herben Vorfrühlingstag, in der zweiten Nachmittagsstunde, im Kronprinzenpalais, in der preußischen Hauptstadt, die damals 165 726 Einwohner und 6906 Häuser zählte.

Das erste, was über ihn geschrieben wurde, stand anderntags in der im Verlag der Vossischen Buchhandlung dreimal wöchentlich erscheinenden *Königlich privilegierten Berlinischen Zeitung*: »Gestern Nachmittag, zwischen 1 und 2 Uhr, ward die Gemahlin des Kronprinzen Königl. Hoheit, zur Freude des Königl. Hauses und des ganzen Landes, von einem Prinzen glücklich entbunden. Einige Stunden nachher ward dieses frohe Ereignis durch das dreimalige Abfeuern von 24 im Lustgarten aufgefahrenen Kanonen der Hauptstadt bekanntgemacht, und rief jeden ihrer Einwohner zu herzlichen

Wünschen für die erhabene Prinzessin und den neuen Zweig des Königl. Hauses, unter dessen Zepter wir glücklich sind. Dem Vernehmen nach befindet sich die hohe Wöchnerin so wohl, als es die Umstände erlauben.«

Der hohe Vater war so außer sich, daß er beinahe so viel Krach wie die Kanonen schlug. »Der Kronprinz«, tadelte die Oberhofmeisterin, »war voll Freuden, aber machte unerlaubt viel Lärm und machte sogar ein Fenster auf.« Das Krähen des Neugeborenen vermerkte sie zustimmend: »Es ist ein prächtiger kleiner Prinz.«

Am 3. April 1797 durfte die Gräfin Voß das königliche Kind in den Audienzsaal des Kronprinzenpalais tragen, wo achtzehn fürstliche Zeugen versammelt waren. König Friedrich Wilhelm II. hielt seinen Enkel über die Taufe. Unter den Paten waren zwei Brüder Friedrichs des Großen und, durch seinen Gesandten vertreten, der russische Zar. Hofprediger Sack taufte das Kind auf den Namen Friedrich Wilhelm Ludwig; genannt werden sollte es Wilhelm.

»Pistolen und Degen will ich meinen Kindern in die Wiege geben, daß sie sollen helfen die fremden Nationen aus Deutschland abhalten«, hatte König Friedrich Wilhelm I. gesagt. Der Zweite dieses Namens schenkte Wilhelms Mutter die Diamanten der verstorbenen Witwe Friedrichs des Großen und der Oberhofmeisterin Voß ein Medaillon. Das linke Rheinufer, deutsches Land also, hatte er 1795 im Frieden von Basel dem revolutionierten Frankreich überlassen und sich dafür an fremdem Land, bei der zweiten (1793) und dritten (1795) Teilung Polens, schadlos gehalten. Preußen – dem überdies Ansbach und Bayreuth zugefallen waren – stand mit nun 320 000 Quadratkilometern und 8,7 Millionen Einwohnern nur äußerlich respektabel da. Es war national diskreditiert, außenpolitisch isoliert, militärisch geschwächt, finanziell zerrüttet und moralisch zersetzt.

1797. Die französische Republik stieg auf, als revolutionäre Kraft und hegemoniale Macht. Napoleon Bonaparte siegte in Oberitalien über Österreich, gewann im Frieden von Campo Formio die Lombardei und Belgien, erzwang nun auch vom römisch-deutschen Kaiser das Einverständnis mit der Abtretung des linken Rheinufers. Im neutralen Norddeutschland waren Klassik und Romantik aufgeblüht. 1797 veröffentlichte Kant die *Metaphysischen Anfangsgründe der Tugendlehre*, Tieck die *Volksmärchen* und Goethe *Hermann und Dorothea*, das hohe Lied deutscher Sitte und bürgerlicher Behaglichkeit, von Schiller als »Gipfel der gesamten neueren Kunst« bezeichnet und von Chodowiecki mit einem Titelkupfer versehen: die königlich-preußische Familie als Inbegriff der Tugendhaftigkeit, in der Mitte Friedrich Wilhelm II. mit zum Himmel verdrehten Augen, was Friedrich dem Großen, dessen Büste auf dem Spiegeltisch steht, ziemlich unwahrhaftig vorzukommen scheint.

Es war eine Vorspiegelung falscher Tatsachen, ein Trugbild königlicher Sittsamkeit und familiärer Eintracht. Als im Potsdamer Marmorpalais der »dicke Lüderjan«, erst 53 Jahre alt, im Sterben lag, war die Königin abwesend, der Kronprinz im Schauspielhaus, die Kronprinzessin zu Hause, und selbst die Gräfin von Lichtenau, die nicht von seiner Seite gewichen war, hatte sich zum Ausruhen hingelegt. Kein Pastor war zugegen, nur ein Lakai, dem am 16. November 1797 die letzten Worte Friedrich Wilhelms II. galten: »Mein lieber Offel, verlaß mich nicht!«

Das Brandenburger Tor wurde geschlossen, die Berliner Garnison auf Friedrich Wilhelm III. eingeschworen. Die neue Königin war »ganz betäubt und ergriffen«, und der neue König ließ als erstes die Gräfin von Lichtenau, die Maitresse des Vaters, verhaften. Die Briefe, die sie sich in sechsundzwanzig Jahren geschrieben hatten, verbrannte er ungelesen. Die Besitztümer, die ihr der erkenntliche König geschenkt hatte, zog er ein. Doch es gab noch Richter in Preußen: Ein Prozeß entlastete die Lichtenau. Dessen ungeachtet wurde sie in Glogau festgehalten und erst freigelassen, nachdem sie auf ihr gesamtes Vermögen gegen eine Jahrespension von 4000 Taler verzichtet hatte.

Der tote Liebhaber der Lichtenau wurde nach Berlin gebracht, wo man ihn vierundzwanzig Tage lang im Marstallgebäude in der Breitenstraße liegenließ, uneinbalsamiert, so daß die Pferde bald unruhig wurden. Der tote König bekam einen pompösen Leichenzug, im Berliner Dom eine Pyramiden-Attrappe, mit der Inschrift: »Friedrich Wilhelm II., durch Großmut, Milde und Gerechtigkeit Vater des Vaterlandes«. Es gab keine Einsegnung und keine Predigt. Unter dem Salut von 864 Kanonenschüssen senkte sich der Sarg des Hohenzollern in die Gruft, der von seinem Nachfolger wie von den Nachfahren für den unpreußischsten der Preußenkönige gehalten wurde.

An Friedrich den Großen, den Großonkel, wollte Friedrich Wilhelm III. anknüpfen, nicht an seinen Vater. Schon waren Geschichten im Umlauf, die ihn als den unmittelbaren Erben bezeichneten. »Der wird mich von vorn anfangen«, soll der Alte Fritz über seinen Großneffen gesagt haben, und »Der wird sich Schlesien nicht nehmen lassen.« Kurz vor seinem Tod – ließ Friedrich Wilhelm III. verbreiten – habe er ihm bedeutet: »Die Massen fangen schon an, von unten auf zu drängen, und wenn dies zum Ausbruch kommt, ist der Teufel los. Ich fürchte, du wirst mal einen schweren, bösen Stand haben. Habilitiere, rüste dich, sei firm; denke an mich. Wache über unsere Ehre und unsern Ruhm!« Und der große Friedrich habe ihm den Obelisken von Sanssouci als Vorbild hingestellt: »Die höchste Spitze überschauet und krönet das Ganze, aber trägt nicht, sondern wird getragen von allem, was unter ihr liegt, vorzüglich vom unsichtbaren, tief untergebauten Fundament. Das tragende Fundament ist das Volk in seiner Einheit.«

Den Königsnamen Friedrich nahm er nicht an: »Friedrich ist mir unerreichbar.« Friedrich Wilhelm III. nannte er sich, der Nepos des Großen, der sich ein Kontrastprogramm zum a-preußischen Vater vornahm und dem friderizianischen Vorbild nicht entsprach. Er gab sich militärisch, wurde aber ein Soldatenspieler, kein Soldatenkönig. Er begann als aufgeklärter Monarch und endete als patriarchalischer Absolutist. Er entließ Günstlinge seines Vaters und geriet unter die Kuratel seiner Kabinettsräte. Er wollte, wie der alte Friedrich, den Frieden, neigte, wie Friedrich Wilhelm II., zur Neutralität, war für den Krieg nicht gerüstet und für die Katastrophe wie geschaffen.

Nicht einmal im privaten Bereich schien das Kontrastprogramm zu klappen, obwohl er in dieser Beziehung das Gegenteil seines Vaters war. Sparsam, ja knauserig, das Vertraute schätzend und an der Gewohnheit klebend, blieb er im Kronprinzenpalais wohnen, hätte er am liebsten die Lebensweise des Gutsherrn von Paretz als König von Preußen weitergeführt. Luise freilich wollte repräsentieren. Der Königin neue Kleider kosteten ihn 64 000 Taler, sie gab rauschende Feste, Quadrillen im Dreivierteltakt und Kinderballette, spielte am liebsten die Ballkönigin.

Konkurrentinnen, wie die Gräfin Brühl, erblaßten vor Neid und Bewunderung: »Ich begreife nicht, wie dieser liebe König seiner koketten Frau erlauben kann, sich so anzuziehen, wie sie es tut. Das ist nicht mehr der elegante Anzug eines eleganten Hofes, sondern der einer sehr niedlichen Schauspielerin; dekolletiert nach der Möglichkeit und coiffiert nach einer Weise, wie sie nur einer so hübschen Person stehen kann, wie dieser allerliebsten Königin.« Altpreußen, die sich vom Thronwechsel einen Wandel des Hofstils versprochen hatten, murrten. »Luise liebte den Putz mehr als nötig«, bemerkte der Märker von der Marwitz. Die Mode war die sogenannte griechische Kleidung. Die Frauenzimmer hatten nur ein Hemde an und ein möglichst dünnes Kleid, in welchem alle Formen sichtbar waren. Die Königin ging in dieser Mode voran. Das sei für die Majestät nicht vorteilhaft, fand der spätere Feldmarschall Yorck; dadurch werde hervorgehoben, daß ihre Füße häßlich und ihre Hände zu groß seien.

Der König machte gute Miene zu dem Spiel, das ihm, so wie er nun einmal war, kaum gefallen konnte. Aber er wußte, daß dieses Austanzen nicht auf Abwege führte, daß es eine unverfängliche Kompensation für die unverbrüchliche Ergebenheit einer Frau und Mutter war, die ihren Pflichten genügte. Es schadete nichts, wenn die Königin die Repräsentation übernahm, die ihm selber nicht lag. Dem Volk blieb sie ohnehin so vor Augen, wie es dem Ansehen der Monarchie nützte, dem Schönheitsideal der Zeit wie der bürgerlichen Moral entsprach: als Frau mit halbentblößtem Busen, treuherzigen Augen und unschuldigem Mund, als Mustergattin und Modellmutter, die Mater Patriae.

Der preußische Bildhauer Schadow, der sie eher als Venus denn als Madonna dargestellt hatte, urteilte über die Frau, den Mann und ihre Ehe differenzierter: »Friedrich Wilhelm III. war im Grunde kein angenehmer Herr, die Königin hat viel mit ihm ausgestanden ... Er war immer trocken, schüchtern, langweilig zum Entsetzen, und besonders unschlüssig ... Auch die Königin liebte er eigentlich ohne Zärtlichkeit, und das große Wesen, das man später von ihr gemacht, war ihm oft ärgerlich und genant.« Madame de Staël, die Französin, sah – wie viele Preußen und Deutsche – nur Edles: »Der Hof, gekrönt durch eine schöne und tugendhafte Königin, war imposant und einfach zugleich, die königliche Familie, die sich gern unter die Gesellschaft mischte, tat dies in würdiger Weise mit der Nation und identifizierte sich in allen Herzen mit dem Vaterlande.«

So und nicht anders blieben Luise und Friedrich Wilhelm in der Erinnerung ihres Volkes und im Gedächtnis ihrer Kinder, namentlich des zweiten Sohnes, Wilhelm, der zeitlebens die Denkmalsgestalt des Vaters vor Augen hatte und das Idealbild der Mutter im Herzen trug.

D IE MUTTER SORGTE SICH UM IHR ANGSTKIND. Der Impfling hatte hohes Fieber, mit neun Monaten bekam er es auf der Brust, und so ging das weiter: Wilhelm blieb als Kind zart, schwach und kränklich, wurde dann freilich ein widerstandsfähiger Mann und ein robuster Greis, fast 91 Jahre alt.

Luise war nicht die Parademutter, als die sie von Generationen deutscher Frauen verehrt worden ist, wenn sie auch den Rüffel des Freiherrn vom Stein nicht verdient hat: »Ihr fehlt die Zartheit des Gefühls für Würde und Anstand, und sie erfüllt sehr unvollkommen und nachlässig ihre Pflichten als Mutter.« Auch in der als vorbildlich geltenden Königsfamilie hatten die hohen Eltern wenig Zeit und Geduld für die Kinder und noch weniger pädagogische Qualitäten. Luise war zu ichbezogen, und was ihr an Altruismus blieb, forderte ihr Mann. Das hatte den Vorteil, daß sie in ihre Kinder nicht vernarrt war, sie nicht verzog, Berufenere walten ließ und sich als Berufungsinstanz in Reserve und als letztentscheidendes Mutterherz in Achtung hielt.

Der König thronte auch über den Kindern, doch als gütiger Patriarch, und wenn er sich herabließ, was öfter vorkam, meinte er den Ausbilder spielen zu müssen, der aus Rekruten ordentliche Soldaten zu machen hatte. Aber er war eben auch der Sohn Friedrich Wilhelms II., der sich vorgenommen hatte, daß seine Kinder besser, vor allem in tätiger Vaterliebe erzogen werden sollten. Hier trat er nicht in die Fußstapfen Friedrichs des Großen, der ihm selber als Fünfjährigem einen eigenen Haushalt eingerichtet, ihn unter fremde Aufsicht gestellt hatte. Seine Kinder sollten unter den Augen von Vater und Mutter, im Schoß der Familie aufwachsen, in jener Häuslichkeit, die seiner persönlichen Vorliebe wie dem Zeitgeschmack entsprach.

»Guten Morgen, liebe, liebe Kinderchen«, schrieb Mutter Luise am 9. September 1801 aus Paretz dem fast sechsjährigen Fritz (dem späteren König Friedrich Wilhelm IV.), dem vierjährigen Wilhelm (dem späteren König und Kaiser Wilhelm I.) und der dreijährigen Charlotte (der späteren russischen Zarin). »Papa küßt Euch alle in Gedanken mit mir, und trägt mir auf, Euch zu sagen, daß ihm wie mir die Mohrrüben, Erbsen, Kerbel, Petersilie, Bohnen, Kohl und Salat aus Eurem Garten außerordentlich viel Vergnügen gemacht haben. Das sind recht fleißige Kinder! hat Papa gesagt, ich will alles auf ihre Gesundheit essen; und ich sagte, die guten Kinder haben alles so gerne gegeben, es machte ihnen so viel Freude, es zu schicken, weil sie wußten, Papa und Mama würden sich recht freuen, und das tat ihren kleinen Herzen wohl. – Nun hört einmal recht aufmerksam zu, was nun kömmt. Papa und Mama erlauben Euch, da Ihr Euch gut und folgsam aufgeführt habt, Sonntag zum Erntekranz hierher nach Paretz zu kommen, um die Freude der Bauern zu sehen.«

Kinderglück als Folge der Folgsamkeit, fleißige Gärtner, nicht mehr – wie im Rokoko – verspielte Schäfer, Nestwärme und ländlicher Friede, Biedermeieridyll und königlich-preußische Bukolik – das, was mitempfindende Zeitgenossen ein »Familiengemälde« nannten. Zu dick trug Bischof Eylert die Pastellfarben auf, in seiner Schilderung eines Familienausflugs auf die Pfaueninsel: Eltern und Kinder lagerten sich auf einer Wiese »auf ausgebreiteten Teppichen. Die Königin lehnte ihr Haupt an die Schulter des Königs, seine Hand in der ihrigen haltend. Fröhlich spielten die lieblichen Kinder umher. Alles war bei einem frugalen Mahl in sanfter, heiterer Stimmung. Nach einem schönen Sommertag ging prächtig die Sonne unter, und aus dem nahen Gebüsch ertönte wie Abendsegen die Musik der Garde-Hautboisten«.

Auch die »lieblichen Kinder« waren natürlich keine Schablonen, sondern Individuen. Die Mutter wußte das, schrieb am 19. Mai 1803 – zu den drei ersten waren noch zwei dazugekommen – über ihre Fünf: »Mein klein Töchterchen, Alexandrine Helene genannt, ist so hübsch, so fett, so rund, als ich es mir nur wünschen kann ... Karl war seit einiger Zeit krank, er hat anfangs kaltes Fieber gehabt und nun kränkelt er an Zähnen; er ist dennoch das schönste meiner Kinder. Charlotte ist sehr groß, sanft und gut, und ihre Erziehung wird nicht schwer sein, Wilhelm ist ein sehr kluges, komisches Kind, possierlich und witzig, Fritz über alle Maßen lebhaft, oft unbändig, aber sehr gescheit und ein gutes Herz.«

Luise, wohl eingedenk ihrer unbeschwerten Jugend in Darmstadt, hielt die Fohlen am langen Zügel. Sie durften sogar – zum Entsetzen der Oberhofmeisterin Voß – unter Stühle und Tische kriechen, sich hinter Gardinen verstecken, zur Mutter ins Bett hüpfen, in dem sie gern bis Mittag liegen blieb, frühstückte, las und sich von den Kindern zerstreuen ließ. Der Vater, der sie eher an die Kandare nahm, duldete ein Austoben, wenn es sich in Form von Kampfübungen abspielte, stachelte sie selbst zu »Ausbrüchen unehrerbietigen Scherzes« an, was dem hauptamtlichen Erzieher die Aufgabe erschwerte.

Johann Friedrich Gottlieb Delbrück, geboren 1768, war als Pädagoge auf der Höhe seiner Zeit: Schüler Niemeyers, des rationalistischen Theologen und Dichters geistlicher Lieder, und Basedows, des Philanthropen, der eine »Vorstellung an Menschenfreunde und vermögende Männer über Schulen, Studien und ihren Einfluß in die öffentliche Wohlfahrt« verfaßte und das Erziehungswesen im Sinne der Aufklärung zu reformieren suchte. Delbrück, Rektor am Pädagogium des Klosters Unserer Lieben Frauen in Magdeburg, war genau das, was Königin Luise suchte: »Allerdings ist es mein heißester Wunsch, meine Kinder zu wohlwollenden Menschenfreunden zu bilden.«

König Friedrich Wilhelm, der ihn zum 24. Juli 1800 für ein Jahresgehalt von 1200 Talern, bei freier Unterkunft und Verpflegung, bestallte, hatte bald einiges an ihm auszusetzen. Ernst, Fleiß und Solidität des jungen Mannes gefielen ihm zwar, und seine Kenntnisse hatten die zuständigen Fachleute für in Ordnung befunden. Aber für einen Erzieher preußischer Prinzen war er ihm zu zartbesaitet und gefühlsbetont, zu weich und zu schlapp. Bald bereute er es, daß er ihm – wie es Friedrich dem Großen nicht passiert wäre – keine schriftlichen Anweisungen gegeben, ihm freie Hand gelassen hatte.

Delbrück erfüllte seine Pflicht nach bestem Wissen und Gewissen. Mit dem Ältesten, dem späteren Friedrich Wilhelm IV., hatte er seine liebe Not. Der »Butt«, wie er wegen seiner untersetzten Gestalt genannt wurde, war quicklebendig. Man sah und kritisierte, daß er sprunghaft und vorlaut, empfindlich und eigensinnig, rechthaberisch und streitsüchtig war, und übersah dabei, schätzte jedenfalls zu wenig die positiven Seiten: die wache Intelligenz, das empfängliche Gemüt, die musische Begabung. Noch am ehesten wurde ihm Delbrück gerecht, was ihm der Zögling nie vergaß und jene ankreideten, denen Friedrich Wilhelm IV. für einen Preußenkönig zu romantisch und für einen protestantischen Deutschen zu universalistisch geworden war.

Den Kronprinzen zu erziehen, blieb Delbrücks Hauptaufgabe, auch nachdem ihm 1801 zusätzlich der Zweitgeborene anvertraut worden war. Wilhelm – »Wimpus« genannt – erschien als das genaue Gegenstück zum älteren Bruder: als sanftes und stilles, verständiges und anschmiegsames, in seiner Art liebenswürdiges, doch nach seinen Anlagen kaum vielversprechendes Kind. Der schwächliche Körper und das ständige Kränkeln verstärkten diesen Eindruck und mochten mitunter den Gedanken aufkommen lassen, man habe – bei aller Unzufriedenheit mit dem Älteren – noch Glück gehabt, daß der Zweite nicht der Erste geworden war. Als sich die Gesundheit Wilhelms gebessert, seine Konstitution gefestigt hatte, wurde man gewahr, daß er aus jenem einfachen, aber soliden Holz war, aus dem man Hohenzollern gern geschnitzt sah.

Das begann sich bei der Grundausbildung eines preußischen Prinzen zu zeigen: dem Exerzieren. Weihnachten 1803 – er war bald Sieben – bekam er seine erste Uniform: schnurbesetzten Dolman, Pelzmütze mit weißem Federstutz, Hosen mit Borten, enge Stiefel, einen Säbel – und fertig war der kleine Husar, was ganz flott aussah, aber nicht unbedingt zu ihm paßte. Der Kronprinz paradierte als Garde du Corps, Prinz Friedrich, ein Vetter, als Dragoner. Der König nannte sie die drei jüngsten Rekruten seiner Armee und ließ sie vor der Königin strammstehen.

Was noch Spiel war, wurde bald Ernst. 1804 – Wilhelm war nun Sieben – wurden zwei Unteroffiziere als Exerziermeister abkommandiert, Bennstein von der Garde und Klery vom Regiment Möllendorf. Sie hatten den Prinzen »die soldatischen Elemente« beizubringen, Stellung, Haltung, Bewegung, Griffe, Schritt und Tritt. Der König paßte persönlich auf, ob alles reglementsmäßig klappte. Er dachte, was ein Haus- und Hofchronist ausdrückte: »Erst exerzieren, dann kommandieren, heißt es da seit Friedrich I. Denn durch das Exerzieren lernt der Soldat auf das Kommandowort merken und es strikte befolgen, lernt im Gehorsam Herr seiner Glieder und Waffen zu werden.«

Die Königin freute sich, daß Wilhelm dabei rote Backen bekam. Sie fühlte sich für den zivilen Zweig der Erziehung zuständig. Stolz vermerkte sie, daß ihr Zweiter bereits am 10. Oktober 1803, also mit Sechseinhalb, die in der Grundfibel enthaltene moralische Erzählung »Frau Mildheim« recht gut lesen konnte. Wert legte sie auf ein gepflegtes Hoffranzösisch, das er auch sein Leben lang sprach und schrieb, mit Worten, die Perücken aufzuhaben schienen, und Sätzen, die an den Fackeltanz der Wirklich Geheimen Räte erinnerten.

D<small>IE</small> G<small>ESCHICHTE</small> P<small>REUSSENS</small> war das wichtigste Fach. Ein Prinz mußte beizeiten wissen, wie das Haus Hohenzollern gewachsen, der preußische Staat entstanden war, um daraus zu lernen, wie das Erreichte zu bewahren und zu mehren wäre. Der Knabe Wilhelm war ganz bei der Sache, zumal dabei Soldaten und immer wieder Soldaten vorkamen. Auf den Anfangsgründen baute er Stein um Stein seine Kenntnisse auf, die schließlich in der Erkenntnis des aus der Schule ins Leben Getretenen gipfelten: »Meine Vorfahren haben erst eine Nation machen müssen; denn wir Preußen sind keine geborene, sondern eine gemachte Nation.«

Die Macher waren die Hohenzollern, die »vom Fels zum Meer« gezogen waren, aus der schwäbischen Rauhen Alb in den märkischen Sand, wo ihre sprichwörtlichen Stammestugenden noch mehr als in der Heimat gefordert waren. Eine Zwischenstation war Franken gewesen; der Burggraf von Nürnberg, der Hohenzoller Friedrich, wurde Kurfürst von Brandenburg. Die Markgrafschaft, mit der ihn Kaiser Sigmund 1417 belehnte, war seit der Völkerwanderung von Slawen bewohnt gewesen, seit den Sachsenkaisern von niederdeutschen Bauern kolonisiert und von katholischen Mönchen christianisiert worden. Von Askaniern und Wittelsbachern war das Land mehr schlecht als recht regiert, kaum beherrscht worden, denn der Adel und die Städte hatten sich beständig gegen den Landesfürsten aufgelehnt.

Friedrich I., der erste Hohenzoller in Brandenburg, unterwarf den Adel, Friedrich II. die Städte, die neuen Kurfürsten befriedeten und entwickelten das Land, mehrten ihr Territorium und ihre Macht. 1539 wurde die Bevölkerung lutherisch, 1631 das Herrscherhaus calvinisch. 1660 kam das deutsche Ordensland Preußen, das man 1618 als weltliches Herzogtum unter polnischer Lehenshoheit erworben hatte, unter brandenburgische Souveränität – durch Friedrich Wilhelm, den Großen Kurfürsten, der einen modernen Staat schuf, mit einem absoluten Herrscher und einem stehenden Heer, durch gewonnene Schlachten und eine Außenpolitik mit wechselnden Allianzen, wie es die Staatsraison gerade gebot.

Im Dreißigjährigen Krieg hatte der Abstieg des Reiches unter Habsburg und der Aufstieg Brandenburg-Preußens unter Hohenzollern begonnen. Der Nachfolger des Großen Kurfürsten, Friedrich III., setzte sich am 18. Januar 1701 in Königsberg die preußische Königskrone aus eigener Macht und mit eigener Hand aufs Haupt. Es war nicht zuletzt eine Demonstration gegen den deutschen König und römischen Kaiser in Wien, die Ankündigung des deutschen Dualismus.

Der neue König nannte sich Friedrich I., der neue Staat titulierte sich Preußen und verlieh sich den Rang, den er seiner Bedeutung für angemessen hielt. Den Namen bezog er von dem nicht zum Reich gehörenden Herzogtum Preußen, dem späteren Ostpreußen. Seine Farben waren Schwarz-Weiß, die Farben des Deutschen Ordens, der dieses von den baltischen Pruzzen bewohnte Land kolonisiert hatte. Die Pflichten des Königs und seiner Untertanen wurden durch die Devise des am 18. Januar 1701 gestifteten Schwarzen Adlerordens markiert: Suum cuique, jedem das Seine – nach seinem Stand, Rang und Vermögen, seiner Schuldigkeit, dem König die Herrschaft, dem Adel der Kriegs- und Verwaltungsdienst, dem Bürger das Geldverdienen und Steuerzahlen, den Bauern die Fron, dem Verdienst den Lorbeer, dem Versagen die Donnerkeile, welche die einköpfigen Preußenadler der Ordenskette bereithielten.

Mit dem Anspruch kontrastierte noch die Wirklichkeit. Eineinhalb Millionen Einwohner hatte der neue König vom Großen Kurfürsten übernommen, und 110 836 Quadratkilometer, einzelne Landesteile, verstreut über ganz Norddeutschland, von Ostpreußen und Pommern über die Mark bis zu den niederrheinischen Territorien. Aus dieser geographischen Streulage resultierte das machtpolitische Grundgesetz und das militärische Kompositionsgesetz Preußens. Frankreich hatte sein Gravitationszentrum in der Île de France, Österreich eine natürliche Achse im Donaustrom. Über vier parallele Stromsysteme hinweg – Weichsel, Oder, Elbe und Rhein – mußte der preußische Staat geschaffen und zusammengehalten werden, durch die Einverleibung der Territorien, die zwischen den preußischen Einzelgebieten lagen, der staatlichen Einheit im Wege standen.

Das war schon dem ersten Preußenkönig aufgegeben, doch erst der drittletzte, Wilhelm I., sollte das Ziel erreichen. Jeder Hohenzoller gab indessen das Seine dazu. Friedrich I. erlangte die Krone. Friedrich Wilhelm I. festigte »die Souveraineté wie einen rocher de bronce«, stampfte eine Armee von 66 000 Mann aus dem Boden, führte den Gleichschritt und den eisernen Ladestock ein, drillte die Soldaten und disziplinierte die Offiziere, mit drakonischen Strafen und einem verpflichtenden Ehrenkodex: »Um folgende Eigenschaften hat der Offizier sich zu bemühen: Gottesfurcht, Klugheit, Herzhaftigkeit, Verachtung des Todes, Nüchternheit, Wachsamkeit, Geduld, innerliches Vergnügen und Zufriedenheit mit sich selber, unveränderliche Treue gegen seinen Herren, Gehorsam und Respekt gegen die Vorgesetzten, Aufmerksamkeit. Er braucht Feindschaft und Haß gegen die Weichheit und schnöden Listen, aber Begierde, Ruhm und Ehre zu erlangen. Er darf kein Raisonneur sein, muß seinen Dienst und seine Schuldigkeit ohne Fehler verrichten, muß Wissenschaften besitzen oder sich bestreben, deren zu erlangen. Fähnrich und Feldmarschall stehen als des Königs Offiziere in der Ehre völlig gleich.«

Friedrich II., der Große, raisonnierte zunächst gegen den Vater und ergab sich dann der Staatsraison. Er war zur Vergrößerung des Staatsgebiets entschlossen – corriger la figure de la Prusse, wie er es nannte – und willens, dafür das vom Vater geschliffene Schwert zu gebrauchen. Der Stier müsse Furchen ziehen, die Nachtigall singen, der Delphin schwimmen – er aber müsse Krieg führen, schrieb er, als er nach dem Schlesien Maria Theresias griff. Die erste Hälfte seiner Regierungszeit hatte er damit zu tun, Land und Ruhm zu gewinnen und das Gewonnene zu behaupten. Mit der Konsolidierung des Erreichten war die zweite Hälfte ausgefüllt. Das Ergebnis war der preußische Staat als europäische Großmacht. 1740 – als Friedrich II. den Thron bestieg – war Preußen eine deutsche Territorialmacht und ein europäischer Mittelstaat gewesen. Nach den Schlesischen Kriegen und der Ersten polnischen Teilung besaß die Monarchie rund 200 000 Quadratkilometer, fünfeinhalb Millionen Menschen, 200 000 Soldaten. Ihr Heer galt als das schlagkräftigste, ihre Verwaltung als die tüchtigste, ihr Finanzwesen als das geordnetste der Welt.

Das A und O war der König. »Der Fürst ist für den Staat, den er regiert, dasselbe, was das Haupt für den Körper ist: Er muß für die Allgemeinheit sehen, denken und handeln, um ihr jeglichen wünschenswerten Vorteil zu verschaffen«, betonte Friedrich der Große, der aufgeklärte Absolutist. Preußen sterbe, wenn sein königliches Haupt falle, erklärte hundert Jahre später der Historiker Heinrich Leo. »Das Königtum ist der Grundstein, das schöpferische Motiv Preußens, heute noch; würde das Königtum herausgenommen, würde auch die Energie, die Kraft von Preußens Entwicklung augenblicklich gehemmt, und Preußen selbst müßte seinem Tod entgegensehen. Der alte Satz, daß Staaten durch die Dinge erhalten werden, durch die sie geschaffen sind – ebenso wie ein Mensch sterben muß, wenn seine Seele, wenn seine von Anfang an tätig gewesene Entwicklungsenergie seinen Körper, seine Erscheinung verläßt – bewährt sich auch hier.«

Beinahe so wichtig wie der König waren die Soldaten. Preußen sei kein Staat, der eine Armee, sondern eine Armee, die einen Staat besitze, formulierte der Franzose Mirabeau, und er hätte hinzufügen können: eine Armee, die diesen Staat geschaffen hatte und immer wieder aufs neue schaffen mußte. Das beeindruckte den sächsischen Offizier Warnsleben: »Dieser Esprit militaire ist auch nicht das Werk eines Mannes, und wenn's der General aller Generäle wäre – sondern das Werk der Zeit, des Glücks der Waffen und des Landesherren. Dieser muß selbst, kann er es nicht in der Tat, wenigstens scheinbar Soldat sein, muß diesen Stand zum ersten im Staate machen ... Durch den Soldatenstand ist es Monarchie geworden, und solange dieser da auf dem guten Fuße bleibt, solange es einen Herren hat, der Soldat ist, wird es trotz seiner mächtigen Nachbarn deutsche Monarchie bleiben und die erste werden.«

Nach den Soldaten kamen die Beamten, gewissermaßen Offiziere beziehungsweise Unteroffiziere der Reserve, welche die Ordnung im zivilen Sektor des preußischen Staates zu gewährleisten hatten. Der Staat, der durch die Armee geschaffen worden war und gesichert wurde, brauchte ein Beamtenkorps, das die verschiedenen Landesteile zusammenhielt und zu einem einheitlichen Staat zusammenfaßte. Auch hier ging Fridericus Rex voran. »Der Fürst von echter Art ist nicht da zum Genießen, sondern zum Arbeiten«, hatte er sich schon als Kronprinz vorgenommen. »Der Herrscher, weit entfernt, der unumschränkte Herrscher seines Volkes zu sein, ist selbst nichts anderes als sein erster Diener.«

Der preußische Beamte war ein Diener des ersten Dieners des Staates. Das Arbeiten und Sparen war ihm in diesem kargen Land anerzogen worden. Luther hatte ihm das persönliche Gewissen geschärft und zugleich sein Obrigkeitsdenken gestärkt, Calvin die »innerweltliche Askese« gepredigt, die als Bewährung im Monarchendienst, als Hingabe an den Staat verstanden wurde. Schließlich postulierte Kant den »kategorischen Imperativ«, das unbedingte Pflichtgebot, deutete die Tugend als Achtung vor der Pflicht um dieser selbst willen.

Das Offizierskorps und die Beamtenschaft galten als die Säulen des friderizianischen Staates – eines absolutistisch regierten und durch den Geist der Aufklärung modifizierten Ständestaates. Klar gezogen und streng eingehalten waren die Grenzen zwischen den Ständen. Sie besaßen nicht mehr, wie in der vorabsolutistischen Zeit, politische Rechte. Soziale und ökonomische Vorrechte gab es noch – für den Ersten Stand, den Adel. Ihm waren die wichtigen Offiziersstellen und Beamtenpositionen vorbehalten. Dadurch war er domestiziert, disziplinell an den Staat gebunden. Die Gegenleistung des Staates bestand in der Bestätigung der Privilegien, der Aufrechterhaltung des Ehrenkodexes und der Verleihung von Lorbeeren. Ohne Feudalismus konnte sich Friedrich sein Preußen nicht vorstellen: »Der Gegenstand der Politik des Herrschers in diesem Staat ist es, den Adel zu schützen. Denn welcher Schicksalswechsel auch eintritt, er wird vielleicht einen reicheren, aber niemals einen wertvolleren oder treueren Stand zur Verfügung haben.«

Alles Große habe Friedrich der Große geschaffen, wurden seine Nachkommen belehrt: den preußischen Militär- und Obrigkeitsstaat, einen deutschen Machtstaat, eine europäische Großmacht. Er sicherte die feudale Basis, festigte den hierarchischen Aufbau, setzte die Maßstäbe, an denen sich die preußische Monarchie messen mußte, wenn sie monarchisch und preußisch bleiben wollte. Als den Obelisken von Sanssouci hatte Friedrich Wilhelm III. seinen Großonkel im Gedächtnis, und er sorgte dafür, daß auch seine Söhne sich an diesem Vorbild ausrichteten.

Es gab Zeitgenossen, die den Alten Fritz und seinen Staat weniger mustergültig und schon gar nicht angenehm fanden. »Das sklavischste Land von Europa«, meinte Lessing, der Kritiker. »Die Staaten des Königs von Preußen werden nicht glücklich sein, bis sie zerteilt werden«, erklärte Herder, der Geschichtsphilosoph. Und Winckelmann, der Klassizist, der aus der Altmark nach Italien geflüchtet war, bekannte: »Besser ein beschnittener Türke zu werden als ein Preuße. Ich denke mit Schaudern an dieses Land.«

Es gab auch Zeitgenossen, die Preußen nicht an sich kritisierten, sondern das, was Friedrich Wilhelm II. daraus gemacht hatte und was Friedrich Wilhelm III. weder rückgängig machen noch fortschrittlich verändern konnte. »Solange an der Spitze des Ganzen ein großer Mann stand, der es mit Geist, Kraft und Einheit leitete, so brachte das Maschinenspiel gute und glänzende Resultate hervor, die das überall hervorstechende Flickwerk, die Halbheit und die nordische Gemütlosigkeit der Masse verbargen«, meinte der Freiherr vom Stein, der 1804 preußischer Finanz- und Wirtschaftsminister geworden war. »Wir amüsieren uns mit Kunststücken der militärischen Tanzmeisterei und Schneiderei, und unser Staat hört auf, ein militärischer Staat zu sein und verwandelt sich in einen exerzierenden und schreibenden.«

Einen gekrönten Schreiber sah Stein in Friedrich Wilhelm III., den ersten Bürokraten seines Staates, der ein großes Erbe im Verwalten vertat. Und einen Exerziermeister, der die friderizianische Armee im Griffeklopfen und Gewehrreinigen verschliß. Im August 1806 meldete ein Regimentskommandeur, die Flintenläufe seien durch unaufhörliches Putzen und Polieren so abgenützt worden, daß sie das Schießen nicht mehr aushalten würden. Die Gefechtsausbildung war bei der alten Lineartaktik stehengeblieben, dem Vorrücken der Infanterie in geschlossener Linie und mit gemeinsamem Feuern. In den Manövern wurden die Schlachten des Siebenjährigen Krieges wiederholt. Die Soldaten, im Ausland angeworbene Söldner und im Inland ausgehobene Kantonisten, erhielten weiterhin reichlich Schläge, an der Verpflegung und selbst an der Uniform wurde indessen gespart: Die Weste war durch einen in den Rock genähten Lappen markiert. Die Offiziere wurden immer großmäuliger und versprachen immer weniger. Die Generäle waren zwischen sechzig und siebzig und benahmen sich wie Husarenleutnants.

Die Zahlen vermochten noch zu imponieren: 250 000 Mann, die 20 Millionen von 27 Millionen Talern der jährlichen Staatseinkünfte beanspruchten. Und es blieb ein erheblicher Anblick, wenn die Kavallerie daherritt und die Infanterie einhermarschierte, in den alten Uniformen und nach altem Reglement, die Soldaten in blauen Röcken und weißen Hosen, starren Zöpfen und egalen Puderlocken, im gleichen Schritt und Tritt, in Reih und Glied, die Offiziere mit Spontons vor ihren Pelotons. Das Herz des Prinzen Wilhelm schlug höher, wenn er diese lebendigen Bleisoldaten sah, und erst die trabenden Marzipanreiter! Hinreißend war das Regiment Towarczys, Ulanen mit bewimpelten Lanzen und Fahnen, auf die Sonne, Mond und Sterne gestickt waren. Er möchte auch ein Lanzenreiter werden, eröffnete der achteinhalbjährige Wilhelm dem Vater, der ihm sogleich die entsprechende Uniform anpassen ließ.

Dieser Sprößling des Hohenzollernstammes machte sich. Er bewunderte das Militär, liebte den bunten Rock, stellte sich freiwillig in Reih und Glied, exerzierte für sein junges Leben gern. Anstellig und folgsam, wie er war, fiel ihm das Gehorchen nicht schwer, führte er Befehle gewissenhaft aus. Wenn ihn die Mutter als »klug« und »possierlich« bezeichnete, so meinte sie damit, daß er Anforderungen entgegenkam, sich in die geforderte Positur begab, in die Pose warf, die gefiel, weil er es jedem recht machen, so sein wollte, wie es von ihm erwartet wurde.

Solche Eigenschaften vermißte Luise an ihrem Mann. Sie erwartete von ihm, daß er seine immer noch respektable Armee offensiv einsetzen und sich nicht von Napoleon – seit dem 2. Dezember 1804 Kaiser der Franzosen – in die Defensive drängen lassen sollte. Um der geballten Kraft des neuen Frankreichs zu widerstehen, müßten sich die alten Mächte zusammentun. Die Königin und mit ihr Louis Ferdinand und andere preußische Patrioten dachten an eine Koalition Preußens mit Rußland, Österreich und Großbritannien. In der Nacht vom 3. zum 4. November 1805 war Luise dabei, als sich am Sarge Friedrichs des Großen Friedrich Wilhelm III. und Alexander I. ewige Treue schworen, der König von Preußen und der russische Zar, der sie als Herrscher beeindruckte und ihr als Mann gefiel.

Napoleon I. hatte ihr Komplimente und ein Paket geschickt: »Ich packe aus, finde zwölf Hüte und Bonnets, einen Karton voll Blumen und einen Karton mit einem Spitzenkleid von ungeheurem Wert, ein schwarzes Spitzenkleid und ein Ballkleid in Stahl gestickt, pompös.« Der Kaiser der Franzosen umwarb Luise und ihren Mann, dem er eine Allianz antrug. Preußen hatte von Frankreich bereits profitiert. Der Todesstoß, den Bonaparte dem Reich versetzte, verschaffte Friedrich Wilhelm III. durch Säkularisation und Mediatisierung 9500 Quadratkilometer neuen Landes und eine halbe Million weiterer Untertanen. Und die Schwächung des Habsburgers hielt der Hohenzoller ohnehin für seine Stärkung.

Doch Friedrich Wilhelm III. verharrte in der Neutralität, die Preußen seit dem Frieden von Basel im Jahre 1795 nur Vorteile gebracht zu haben schien, und weil das Neutralsein dem Wesen dieses Königs entsprach. So ging er auf das Bündnisangebot Napoleons nicht ein und trat der neuen, der Dritten Koalition (England, Rußland, Österreich und Schweden) gegen Frankreich nicht bei; nur zu einer Mobilmachung raffte er sich auf, zur bewaffneten Neutralität, um gegebenenfalls vermitteln und daran verdienen zu können. Erst als Napoleon ungeniert Ansbach und Bayreuth, die süddeutschen Gebiete des unbeteiligten Preußens, als Aufmarschgebiet gegen Österreich und Rußland besetzt hatte, schien er sich anders zu besinnen. Doch er zögerte noch, der Koalition beizutreten, sodaß Napoleon Zeit hatte, am 2. Dezember 1805 den Kaiser von Österreich und den russischen Zaren in der Dreikaiserschlacht von Austerlitz zu schlagen. Und sich dann mit freiem Rücken dem König von Preußen zuwenden konnte.

1806. Kaiser Franz II. legte – ein Ultimatum Napoleons befolgend – die Krone Karls des Großen nieder, erklärte das Heilige Römische Reich Deutscher Nation für erloschen. Im Rheinbund hatten sich 16 süd- und westdeutsche Fürsten unter dem Protektorat des Kaisers der Franzosen zusammengeschlossen. Preußen saß zwischen allen Stühlen, auf einem Platz, auf dem nun tatsächlich Neutralität oder gar eine Annäherung an den Stärksten, Napoleon, angebracht gewesen wäre. Doch nun erwachte die Kriegslust in Preußen, Friedrich Wilhelm Cunctator beschwor den Kampfgeist Friedrichs des Großen, Offiziere wetzten ihre Säbel an den Steinstufen der französischen Botschaft, und der General Rüchel schwadronierte:

»Generäle, wie der Herr von Bonaparte einer ist, hat die Armee Seiner Majestät mehrere aufzuweisen.«

Dem Herrn von Bonaparte wurde am 26. September ein bis zum 8. Oktober 1806 befristetes Ultimatum gestellt: Frankreich habe seine Truppen aus Süddeutschland abzuziehen und Preußen freie Hand in Norddeutschland zu lassen. Der Kaiser der Franzosen verlor kein Wort über das Ultimatum. Er setzte seine Truppen in Marsch – eine sieggewohnte Armee von nationalbewußten Wehrpflichtigen gegen ein Söldnerheer des Ancien régimes.

Vom Giebel des Berliner Zeughauses stürzte die Statue der Kriegsgöttin Bellona, was die einen für ein schlechtes Vorzeichen hielten. Die anderen blickten auf Roßbach und Leuthen zurück und hofften darauf, daß Friedrich Wilhelm III. ein zweiter Fridericus Rex werden könnte. Wilhelm, nun neuneinhalb, verabschiedete sich vom Vater, der als oberster Kriegsherr ins Feld zog, und von der Mutter, die mitgenommen wurde, weil man sich den Feldzug beinahe wie eine Landpartie vorstellte.

Wie zur Parade rückten die Regimenter aus, voran die stolze Reiterei, Garde du Corps und Gensd'armes, die Königin-Dragoner und – am prächtigsten – die Leibhusaren in roten Dolmans, blauen Pelzen und Bärenmützen, die Offiziere mit Tigerfellen behangen. Unter dem Marschtritt der Infanterie dröhnten die Straßen, erzitterte die Erde. Die alten Märsche erklangen, der Dessauer und der Hohenfriedeberger, Kriegslieder wurden von Soldaten und Zivilisten gesungen: »Wohlauf, Kameraden, aufs Pferd, aufs Pferd«, und »Die Trommel ruft, die Fahne weht«. Sie flatterten im Herbstwind, die schwarz-weißen Fahnen mit dem Adler und dem Lorbeerkranz.

Unauslöschlich prägte sich dies Wilhelm ein. Was nachher kam, war eine düstere Wolke, die dieses strahlende Bild des friderizianischen Preußens zwar verdecken, aber nicht beseitigen konnte: die Hiobsbotschaft, daß diese ruhmbedeckte und siegesgewisse Armee und mit ihr das alte Preußen an einem einzigen Tage, in einer Doppelschlacht vernichtend geschlagen worden war – am 14. Oktober 1806 bei Jena und Auerstädt.

»Der König hat eine Bataille verloren. Jetzt ist Ruhe die erste Bürgerpflicht.« Das ließ der Gouverneur, Graf von der

Schulenburg, am 17. Oktober 1806 in Berlin anschlagen. Für seine vornehmste Pflicht hielt er es, die Königskinder in Sicherheit zu bringen. In der begründeten Annahme, daß Napoleon schnurstracks auf die preußische Hauptstadt marschieren würde, veranlaßte er noch am selben Tag die Abreise der Prinzen und Prinzessinnen – zunächst nach Schwedt an der Oder, dreizehn Meilen nordöstlich von Berlin.

Königin Luise, die erst am späten Abend des 17. Oktober nach Hause kam, traf ihre Kinder nicht mehr an. Den Gatten hatte sie nicht mitgebracht; er war mit den Resten der Armee versprengt. »Wir wollen uns nur recht zusammennehmen, um nicht diesen Schreck in Berlin zu verbreiten«, sagte sie, als sie, bereits auf dem Rückweg in die Hauptstadt, von der Nachricht der Niederlage ereilt worden war. »Alles ist aus. Ich muß fliehen mit meinen Kindern«, erklärte sie in Berlin mit verweinten Augen und aufgelösten Haaren, und begann zu packen. Sie fand weder Zeit noch Mut, sich den Berlinern zu zeigen, die in dieser Nacht vor dem Königlichen Palais warteten, um die Königin zu sehen und einen Zuspruch zu hören. Die Bürger wurden langsam unruhig. »Man konnte beim Laternenschein diese übelgestimmten Leute unterscheiden«, beobachtete Fürstin Luise Radziwill, die sich nicht aus ihrer Fensternische hervorwagte. »Man vernahm Ausrufe des Schmerzes und dumpfes Murren und bemerkte mehr von Wißbegierde als von Teilnahme.«

Am Vormittag darauf verließ die Königin Berlin und die Berliner. »Ist das eine Art, wie man ein Publikum behandelt, das sich für philosophisch und patriotisch hält?«, entrüstete sich der bayerische Gesandte Bray. In Schwedt schloß Luise ihre Kinder in die Arme. Der Kronprinz und Prinz Wilhelm waren ihr auf der großen Treppe des Markgrafenschlosses entgegengeeilt. »Ihr seht mich in Tränen«, sagte sie. »Ich beweine das schwere Geschick, das uns getroffen hat. Der König hat sich in der Tüchtigkeit der Armee und ihrer Führer geirrt, und so haben wir unterliegen müssen und müssen flüchten.«

Der König irrte irgendwo umher, die Führer waren bei der Flucht ganz vorn, was von der Armee geblieben war, zerstob in alle Winde. Die Königin fühlte sich in Schwedt nicht sicher, fuhr am 19. Oktober mit den Kindern nach Stettin, stieg im Landständehaus ab, gegenüber dem Marmorstandbild Friedrichs des Großen, das sich alles mitansehen mußte: Wie etwa die Königin die Façon verlor, als sie einen Vertrauten des Königs, den Geheimen Kabinettsrat Johann Wilhelm Lombard, verhaften ließ, weil er zuerst zu pro-französisch und dann nicht anti-französisch genug gewesen war. Wenige Tage später wurde er wieder freigelassen, auf Befehl des Königs, der geahnt haben mochte, daß der Sack geschlagen wurde, doch der Esel gemeint war.

Von Stettin fuhr Luise nach Küstrin, zum König. Die Kinder wurden noch weiter ostwärts, nach Danzig geschickt. Napoleon war bereits in Sanssouci, wo er den Degen Friedrichs des Großen an sich nahm, dann in Charlottenburg, wo ihn besonders die Papiere Luises interessierten. Am 27. Oktober 1806 zog er durch das Brandenburger Tor in Berlin ein, vom Geläut der Kirchenglocken empfangen, und den Berlinern, die so laut »Vive l' empereur« riefen, daß der Kaiser nicht wußte, ob er sich über den Tribut für den Sieger freuen oder wegen der Unterwürfigkeit der Besiegten schämen sollte.

Die Franzosen marschierten weiter, nach Norden und Osten. Am 30. Oktober waren sie in Stettin, am 1. November in Küstrin. Die Königskinder wurden von Danzig nach Königsberg gebracht, in die Krönungsstadt des ersten Königs, in das alte Schloß des Deutschen Ordens – also dahin, wo es mit Preußen begonnen hatte und wo es nun mit Preußen zu Ende zu gehen schien. Kurz vor Kriegsbeginn war ein Uhu auf dem Schloß gesichtet worden, und des Nachts erinnerte sein schauriger Schrei daran, daß ihn schon die alten Römer für einen Unglücksboten gehalten hatten. Nun klagte die alte Oberhofmeisterin Voß, die mit den Kindern nach Königsberg gekommen war: »Es scheint, die heilige Vorsehung hat beschlossen, uns vollkommen zu vernichten; ihre Wege sind nicht unsere Wege.«

Schon in Danzig war die dreijährige Alexandrine erkrankt, nun bekam der fünfjährige Karl Nervenfieber, Typhus also. Die Königin, seit dem 9. Dezember in Königsberg, lag ebenfalls an Typhus danieder, und der König saß schwarzgalliger denn je herum. Er wartete auf den russischen Bundesgenossen und ärgerte sich über seinen Minister Stein. Der hatte zwar die Kasse aus Berlin mitgebracht, aber nun wollte er partout das Küchenkabinett kassieren, ihm seine gewohnten, wenn auch – zugegeben – nicht gerade effizienten Kanzleiräte nehmen und durch einen Ministerrat von eigenwilligen, wenn auch – zugegeben – fähigen Fachleuten vom Schlage Steins ersetzen. Womöglich sollte ihm, dem König und Herrn, sogar vorgeschrieben werden, was er zu tun und zu lassen habe!

Das wurden traurige Weihnachten. Die Christbescherung fiel aus; die Familie stand um das Krankenbett der Mutter. Das neue Jahr schien sich etwas besser anzulassen. Der König gab ein Diner zur Feier eines Sieges, den bei Putulsk die Russen über die Franzosen errungen haben sollten, wie ein Kurier gemeldet hatte. Am meisten freute sich der nun fast zehnjährige Prinz Wilhelm: Am 1. Januar 1807 wurde er zum Offizier ernannt und erhielt die Gardeuniform: langschößiger blauer Rock mit breitem roten Umschlagkragen und aufgesticktem silbernen Stern des Schwarzen Adlerordens, dreieckiger Filzhut mit schwarz-weißem Federbusch, Degen und Stock, alles auf die Maße eines Zehnjährigen zugeschnitten. Zum Zopfbinden war das blonde Knabenhaar zu kurz; ein künstlicher weißer Zopf, mit schwarzem Band durchflochten, tat es vorerst auch. Vorschriftsmäßig meldete sich der jüngste Offizier des preußischen Heeres beim König, stolz stellte er sich der Königin vor, und Vater wie Mutter mochten bei diesem Anblick geglaubt haben, daß Preußen noch nicht verloren sei.

Doch nur für einen Augenblick. Es stellte sich heraus, daß der Sieg bei Putulsk eine Niederlage gewesen war, und die Franzosen nichts mehr davon abhielt, nach Königsberg zu marschieren. Der Hof packte wieder einmal die Koffer, für die Flucht nach Memel, an den nordöstlichsten Punkt Preußens, unmittelbar unter die Fittiche des russischen Adlers. Stein, den »widerspenstigen, trotzigen, hartnäckigen und ungehorsamen Staatsdiener« wollte der König nicht mehr mitnehmen; er wurde am 3. Januar 1807 in Ungnade entlassen. Am selben Tag machten sich die Kinder auf die Reise, zwei Tage später wurde die kranke Mutter auf den Weg gebracht.

»Bei der heftigsten Kälte«, berichtete ihr Leibarzt Hufeland, »in dem fürchterlichsten Sturm und Schneegestöber wurde sie in den Wagen getragen und zwanzig Meilen weit über die Kurische Nehrung geschafft. Wir brachten drei Tage und drei Nächte, die Tage teils in den Sturmwellen des Meeres, teils im Eise fahrend, die Nächte in den elendsten Nachtquartieren zu. Die erste Nacht lag die Königin in einer Stube, wo die Fenster zerbrochen waren und der

Schnee auf ihr Bett geweht wurde, ohne erquickende Nahrung. So hat noch keine Königin die Not empfunden! Ich dabei in der beständigen ängstlichen Besorgnis, daß sie ein Schlagfluß treffen möchte.«

Endlich war man in Memel, am Nachmittag des 8. Januar 1807. Die Kinder begrüßten erleichtert die Mutter. In der kleinen Stadt am Kurischen Haff gab es kein einziges Gebäude, das groß genug gewesen wäre, die ganze Familie aufzunehmen. Die Königsstandarte wehte auf dem Consentius'schen Haus, die Kinder logierten beim Kaufmann Argelander. Nach Möglichkeit speiste man zusammen. Die Oberhofmeisterin klagte über den »unglaublichen Lärm, den die Kinder dabei machen. Der König erlaubt alles; er ist zu gut.« Außer Nachsicht hatte er den Seinen kaum etwas zu bieten: »Es gab namentlich Augenblicke, wo beim Mangel an barem Geld für die täglichen Ausgaben nur noch das Unentbehrlichste übrigblieb«, notierte der Hofprediger Eylert. »Die Mittagstafel war in einem so hohen Grade einfach und frugal, daß alle, welche zugegen waren, versicherten, man habe zu dieser Zeit an bürgerlichen Tischen besser gespeist.« Das erschien der Königin nicht unbedingt als Nachteil: »Für unsere Kinder mag es gut sein, daß sie die ernste Seite des Lebens schon in der Jugend kennenlernen.«

Luise war wieder einigermaßen gesund geworden, und die ganze Familie ging zum Dankgottesdienst. Dann bekam Wilhelm Kopfschmerzen, fröstelte und konnte nicht schlafen. Ob es das Nervenfieber, der Typhus, sei, fragte die Mutter den Leibarzt. »Bedenken Sie, Hufeland, er ist von so zarter, schwächlicher Natur!« Ein ausgesprochener Typhus sei es noch nicht, versuchte der Arzt zu trösten. »Der arme Prinz Wilhelm hat nun auch das Nervenfieber«, konstatierte die Oberhofmeisterin am 24. Februar, doch bereits am 28. Februar konnte sie vermelden: »Der Prinz Wilhelm ist besser, es hat keine Gefahr mit ihm.«

Die Mutter verbrachte die Nachmittage an seinem Krankenbett. Ihren 31. Geburtstag am 10. März konnte er bereits mitfeiern. An seinem zehnten Geburtstag, am 22. März – es war Palmsonntag – ernannte ihn der König zum Fähnrich der Garde zu Fuß, aber er stand noch nicht wieder so fest auf den Beinen, daß er schon hätte Dienst machen dürfen. Erst am 3. Oktober 1807 war es so weit. Der Fähnrich stand mit gezogenem Degen in der Front seines Truppenteils. Es war ein einziges Gardebataillon, das der König abschritt. Er gebot nur noch über ein halbiertes, auf Brandenburg, Schlesien, Pommern, Ost- und Westpreußen zurückgeworfenes Preußen sowie über eine auf 42 000 Mann beschränkte Armee.

So hatte es Napoleon diktiert, der Preußen nun am Boden hatte. Auch das Bündnis mit dem Zaren Alexander I. konnte Friedrich Wilhelm III. nicht retten. Preußen und Russen hatten noch anfangs Februar 1807 bei Eylau ein Unentschieden gegen die Franzosen erfochten. Im östlichen Winter waren dann die Kampfhandlungen eingefroren. Am 14. Juni gewann Napoleon die Entscheidungsschlacht bei Friedland. Der Russe vereinbarte einen Waffenstillstand mit dem bis an die Memel vorgestoßenen Franzosen, der Preuße, der Danzig und Königsberg verloren hatte, mußte sich wohl oder übel anschließen. Am 7. Juli 1807, in Tilsit, schlossen Napoleon I. und Alexander I. Frieden, in dem Rußland das aus preußischen Ostgebieten gebildete Herzogtum Warschau und das aus den preußischen Westgebieten gebildete Königreich Westfalen anerkannte.

Friedrich Wilhelm III. hatte dieses Ergebnis zwei Tage später zu akzeptieren, und mußte noch froh sein, daß Preußen, auf 2877 Quadratmeilen und viereinhalb Millionen Einwohner halbiert, nur deshalb weiterbestehen durfte, weil die beiden Großmächte einen Pufferstaat zwischen sich haben wollten. Napoleon konnte ihn jederzeit zerdrücken. 150 000 französische Soldaten sollten den größten Teil Preußens so lange besetzt halten und von ihm unterhalten werden, bis die Kriegsentschädigung in vorerst ungenannter – und wie sich herausstellen sollte – untragbarer Höhe gezahlt sein würde.

Der König hatte es nicht vermocht, günstigere Bedingungen für Preußen zu erlangen. Der Besiegte war dem Sieger zwar mit dem Kreuz der Ehrenlegion, aber verschlossen und verstockt gegenübergetreten, was das Klima auf den Nullpunkt gebracht hatte. So verfiel man auf die Idee, die Königin herbeizuholen, durch eine schöne Frau das Eis zum Schmelzen zu bringen. Sie kam in einem weißen, silberbestickten Crêpekleid, ein Perlendiadem im Haar. »Sie war in der ängstlichsten Spannung, aber trotz aller Gemütsbewegungen dieser Zeit erinnere ich mich kaum, sie schöner gesehen zu haben«, bemerkte die Hofdame Gräfin Tauentzien, die sich von einem Vieraugengespräch zwischen Luise und Napoleon einiges für Preußen versprach.

Doch es dauerte dem Gemahl zu lange, er trat nach noch nicht einmal einer Stunde ins Gemach, unterbrach die Unterredung in einem Moment, in dem der Kaiser eben damit begonnen hatte, Konzessionen zu machen – hieß es in der Umgebung der Königin. Luise, die Napoleon leidlich sympathisch fand, war mit sich nicht unzufrieden. Ihr Gesprächspartner berichtete seiner Gattin Josephine: »Ich mußte mich tüchtig wehren, da sie mich zwingen wollte, noch einige Zugeständnisse zugunsten ihres Mannes zu machen; aber ich war galant und hielt mich an meine Politik.« Napoleon diktierte den Frieden von Tilsit, Friedrich Wilhelm wurde rot vor Zorn und Luise fühlte sich grausam getäuscht.

»Mit uns ist es aus, wenn auch nicht für immer, doch für jetzt. Für mein Leben hoffe ich nichts mehr«, schrieb Luise ihrem Vater, dem Herzog Karl von Mecklenburg-Strelitz. »Die göttliche Weltordnung leitet unverkennbar neue Weltzustände ein, und es soll eine andere Ordnung der Dinge werden, da die alte sich überlebt hat und in sich selbst als abgestorben zusammenstürzt. Wir sind eingeschlafen auf den Lorbeeren Friedrichs des Großen, welcher, der Herr seines Jahrhunderts, eine neue Zeit schuf. Wir sind mit derselben nicht fortgeschritten, deshalb überflügelt sie uns.«

Der König sprach von Abdankung, die Königin redete es ihm aus, erklärte ihm, daß man von Napoleon vieles lernen könne und müsse, und sie wußte auch, wer den preußischen Staat mit vorsichtig verabreichter französischer Medizin wieder aufrichten könnte. Zunächst setzte sie auf Karl August von Hardenberg, den 57jährigen leitenden Minister, der wie ein Rokokokavalier aussah und sich aufführte wie ein Lebemann des Ancien régimes. Die revolutionären Ideen von 1789 liebte er nicht, aber er hielt sie für unwiderstehlich: »Die Gewalt dieser Grundsätze ist so groß, sie sind so allgemein anerkannt und verbreitet, daß der Staat, der sie nicht annimmt, entweder seinem Untergang oder der erzwungenen Annahme derselben entgegensehen muß.« Deshalb – so in der »Rigaer Denkschrift« 1807 – müsse der König von Preußen »eine Revolution im guten Sinne« machen, das heißt monarchisch verordnet, obrigkeitlich dosiert und bürokratisch kontrolliert: »Demokratische Grundsätze in einer monarchischen Regierung, dieses scheint mir die angemessene Form für den gegenwärtigen Zeitgeist.«

Wenn Preußen eine Zukunft haben wolle, müsse der frideriziansche Staat von Grund auf renoviert werden, meinte Hardenberg: durch Abschaffung von Adelsprivilegien, Befreiung der Bauern und Heranbildung rechtsgleicher und wettbewerbsfähiger Wirtschaftsbürger. Das war das Programm Hardenbergs, das er – zunächst – nicht selber in Angriff nehmen konnte, weil er auf Weisung Napoleons entlassen wurde. Immerhin bekam er einen ähnlich denkenden Nachfolger, den Freiherrn Karl vom und zum Stein. Nach Jena und Auerstädt war der reformerische Minister vom König, der damals noch nicht hören wollte, davongejagt worden, nach Tilsit, nachdem er die Schicksalsschläge gefühlt hatte, rief er nach ihm als Ultima ratio. Der Reiseweg von Nassau, Steins Besitztum, nach Memel war weit; die Königin konnte sein Eintreffen kaum erwarten: »Wo bleibt denn Stein? Dies ist noch mein letzter Trost. Großen Herzens, umfassenden Geistes, weiß er vielleicht Auswege, die uns noch verborgen liegen.«

Am 30. September 1807 war Stein endlich da. Zum leitenden Minister am 3. Oktober ernannt, erfolgte bereits am 9. Oktober sein erster Streich gegen Feudalismus, Adelsherrschaft und Kastengeist, für persönliche Freiheit, gesellschaftliche Gleichheit und Bürgersinn: das »Edikt den erleichterten Besitz und den freien Gebrauch des Grundeigentums sowie die persönlichen Verhältnisse der Landbewohner betreffend«. Das »Oktoberedikt« verordnete – »mit dem Martinitag 1810« – die Befreiung der Bauern durch Aufhebung der Erbuntertänigkeit, des Gesindezwanges und der Gebundenheit an die Scholle. Die Standesgrenzen sollten durchlässiger werden, Beruf und Wohnsitz frei gewählt werden können: »Jeder Bürger oder Bauer ist berechtigt, aus dem Bauern- in den Bürger- und aus dem Bürger- in den Bauernstand zu treten.« Und Bürger und Bauern sollten adelige Güter erwerben und alle ihre Güter teilen, verpachten oder zusammenlegen dürfen.

Eine Bresche in die überkommene agrarische Wirtschaftsordnung und ständische Gesellschaftshierarchie war geschlagen. Ein Vorstoß für den Dritten Stand, das in Preußen unterentwickelte Bürgertum war die »Städteordnung«, die am 19. November 1808 erging. Sie gewährte den preußischen Städten eine gewisse Selbstverwaltung und zielte auf eine Abschaffung der aus dem Mittelalter stammenden, die wirtschaftliche Entfaltung hemmenden Zunftverfassung. Stein versprach sich davon »die Belebung des Gemeingeistes und Bürgersinns, die Benutzung der schlafenden oder falsch geleiteten Kräfte und der zerstreut liegenden Kenntnisse, den Einklang zwischen dem Geist der Nation, ihren Ansichten und Bedürfnissen und denen der Staatsbehörden, die Wiederbelebung der Gefühle für Vaterland, Selbständigkeit und Nationalehre.«

Es war wirklich »eine Revolution im guten Sinne«, eine königlich-preußische Reform. Preußen sollte dem Zeitgeist angenähert, keineswegs angeglichen werden, damit es den Fährnissen der Zeit gewachsen wäre. Der Staat, und das hieß primär die monarchische Gewalt, sollte durch freigewordene Energien und freiwilligen Einsatz instandgesetzt werden, in alter Macht und Herrlichkeit wiederzuerstehen. Die Untertanen, deren Anzahl auf die Hälfte zusammengeschrumpft war, sollten am staatsbürgerlichen Portepee gefaßt werden, damit sie aus voller Seele und mit ganzer Kraft auf den Tag X der Befreiung hinarbeiteten, unter des Königs Fahnen in den Krieg gegen den Kaiser der Franzosen marschierten.

Eine solche Reform ging bürgerlichen Progressiven nicht weit genug und adeligen Konservativen schon viel zu weit. Altpreußen glaubten, daß auf dem friderizianischen Ast, den der Rheinfranke Stein ansägte, der preußische Staat, jedenfalls ihr Standesinteresse plaziert sei. Die Anfänge einer Selbstverwaltung brächten westlichen, demokratischen Geist nach Ostelbien, raisonnierten sie, und das Antasten der agrarischen Besitzverhältnisse wie der adeligen Privilegien gefährde mit der ökonomischen und sozialen die politische Struktur der Monarchie. Friedrich August Ludwig von der Marwitz, ein Kurmärker, beschuldigte den »Landfremden«, den »Jakobiner« Stein, er habe die Revolutionierung des preußischen Vaterlandes begonnen, »den Krieg der Besitzlosen gegen das Eigentum, der Industrie gegen den Ackerbau, des Beweglichen gegen das Stabile, des krassen Materialismus gegen die von Gott eingeführte Ordnung, des (eingebildeten) Nutzens gegen das Recht, des Augenblicks gegen die Vergangenheit und Zukunft.«

Dieser Stein »ist zu unserem Unglück in England gewesen und hat von dort seine Staatsweisheit hergeholt«, murrte Generalmajor Hans David Ludwig von Yorck, der aus kassubischem Kleinadel kam und nun den Großfeudalisten spielte. Die Friderizianer – und sie waren auch im verstümmelten Staate Friedrichs des Großen fast noch vollzählig zur Stelle – kritisierten und konterkarierten auch und gerade die Reform, die sich mit dem Preußischen an sich befaßte: dem Militär. Die Bestrafung von Offizieren wegen Feigheit vor dem Feind hatten sie als notwendige Maßnahme zur Wiederherstellung der alten Disziplin begrüßt. Die Abschaffung des Zopfes, und zwar im buchstäblichen Sinn, nahmen sie noch hin, auch wenn sie es bedauerten, daß die gewohnte und liebgewordene Zierde des Soldaten dem modischen Geschmack und dem neuen Zweckdenken zum Opfer fiel. An die friderizianische Substanz rührte hingegen die Verordnung: »Einen Anspruch auf Offiziersstellen sollen von nun an in Friedenszeiten nur Kenntnisse und Bildung gewähren, in Kriegszeiten ausgezeichnete Tapferkeit und Überblick. Aus der ganzen Nation können daher alle Individuen, die diese Eigenschaften besitzen, auf die höchsten Ehrenstellen im Militär Anspruch machen. Aller bisher stattgehabter Vorzug des Standes hört beim Militär ganz auf, und jeder ohne Rücksicht auf seine Herkunft hat gleiche Pflichten und gleiche Rechte.«

Das war eine Absage an den Grundsatz Friedrichs des Großen, daß die Offiziersstellen, wo immer möglich, dem Adel vorbehalten werden müßten. Der Friderizianer Yorck verwies auf den Zusammenhang zwischen den Interessen des Ganzen und den Interessen Seinesgleichen: Die Aufhebung des Adelsprivilegs für Offiziersstellen erniedrige den Offiziersstand zum Erwerbszweig, zum Versorgungsstand, sein Ehrenkodex und Ordenscharakter würden schwinden, das schwarz-weiße Band zwischen Königtum und Adel gelockert, die tragenden Säulen Preußens untergraben. »Wenn Eure Königliche Hoheit mir und meinen Kindern ihr Recht nehmen, worauf beruhen dann die Ihrigen?«, fragte Yorck einen Bruder des Königs.

Ein Altpreuße wie Yorck übersah, daß Neupreußen wie der aus Hannover stammende Generalmajor Gerhard von Scharnhorst oder der in Würzburg und Erfurt aufgewachsene Oberstleutnant August Neidhardt von Gneisenau den preußischen Staat nicht schwächen, sondern stärken, ihn durch Abwerfen von Ballast wieder aufsteigen lassen wollten. Wie die zivilen suchten die militärischen Reformer einen Mittelweg zwischen westlich-demokratischem Fortschritt und königlich-preußischem Beharren, einen Kompromiß zwischen friderizianischer Tradition und der revolutionären »Levée en masse«. Ein Volksheer mit allgemeiner und gleicher Wehrpflicht war anvisiert, ausgehend von Scharnhorsts Feststellung: »Alle Bewohner des Staates sind geborene Verteidiger desselben«, und gipfelnd in Gneisenaus Aufruf: »Aber es ist billig und staatsklug zugleich, daß man den Völkern ein Vaterland gebe, wenn sie ein Vaterland kräftig verteidigen sollen« – also müsse »eine freie Konstitution« gegeben, eine Nationalrepräsentation berufen werden.

Mit einer in dieser Zeit und dortzulande nur denkbaren ständischen Volksvertretung, immerhin dem Ansatz eines demokratischen Parlaments, wollte auch der Freiherr vom Stein sein Reformwerk gekrönt sehen. Das war in diesem Preußen und mit diesem König nicht möglich. Friedrich Wilhelm III. dachte an 1789 und 1793, an die Entmachtung des Monarchen und an die Liquidierung des Gestürzten. Er hatte längst Angst vor der eigenen Courage bekommen, Reformer berufen zu haben und sie, wenn auch in eng gezogenen Grenzen, gewähren zu lassen. Von Stein, seinem leitenden Minister, der sich beinahe schon wie ein britischer Premier aufführte, hatte er sich in der ersten Verzweiflung zu bescheidenen Reformen hinreißen lassen, doch schon zu diesen mußte er geschleift werden, und im Geschleiftwerden noch hatte er zu bremsen versucht. Nun suchten ihn Friderizianer zurückzuzerren, wogegen er sich weniger sträubte, weil ihm die Richtung paßte, und es ohnehin seinem Wesen entsprach, Pendelausschläge nach der einen durch Pendelausschläge nach der anderen Seite auszugleichen, und in jener Mitte stehenzubleiben, die seiner Mittelmäßigkeit entsprach.

Der Schmerz, den der Schlag von Tilsit verursacht hatte, ließ langsam nach, an die neue Situation hatte er sich zu gewöhnen. In Königsberg, wohin der Hof und die Regierung anfangs 1808 zurückgekehrt waren, schien er seine Sicherheit und damit seine Unbeweglichkeit wiedergefunden zu haben. Das Schloß, in dem die Hochmeister des Deutschen Ordens und die Herzoge von Preußen residiert hatten, wo sich Friedrich I. die Königskrone aufgesetzt hatte, erschien wie eine Arche Borussiae. Am 18. Januar wurde der 107. Jahrestag der Erhebung zum Königreich gefeiert, in der Universität, wie es in einer Zeit, in der man ideell gewinnen wollte, was man real verloren hatte, angemessen war.

Die Königin protegierte immer noch die Neuerer, und diese verehrten sie als ihren Schutzengel. »Sie hat den großen Gegenstand, auf den es jetzt ankommt, umfaßt«, bemerkte Heinrich von Kleist.

»Sie ist der Mittelpunkt, um den sich die großen Männer sammeln, von denen uns doch allein Rettung kommen kann; sie ist die, die das, was noch nicht zusammengestürzt ist, hält.« Luise gefiel, was Wilhelm von Humboldt, der Reorganisator des preußischen Bildungswesens, als deutscher Idealist anstrebte: »Die schwierige Aufgabe ist, die Nation geneigt zu machen und bei der Geneigtheit zu erhalten, den Gesetzen zu gehorchen, dem Landesherren mit unverbrüchlich treuer Liebe anzuhängen, im Privatleben mäßig, sittlich und religiös, zu Berufsgeschäften tätig zu sein und endlich sich gern mit der Verachtung kleinlicher und frivoler Vergnügungen ernsthaften Beschäftigungen zu widmen.«

Das war Luise aus der Seele gesprochen. Vor der Katastrophe hatte sie den Tanz auf dem Vulkan mitgemacht, nun führte sie den Reigen derer an, die aus dem Zusammenbruch gelernt hatten. Ihrem Mann war sie dabei noch nähergekommen. »Gern werden Sie, lieber Vater, hören, daß das Unglück, welches uns getroffen, in unser eheliches und häusliches Leben nicht eingedrungen ist; vielmehr dasselbe befestigt und uns noch werter gemacht hat.« Und: »Unsere Kinder sind unsere Schätze.« Der Kronprinz sei voller Leben und Geist, Charlotte mache ihr immer mehr Freude, Karl sei gutmütig und fröhlich, Alexandrine anschmiegend und kindlich, von der kleinen Luise (geboren am 1. Februar 1808 in Königsberg) ließe sich noch nichts sagen. »Unser Sohn Wilhelm wird, wenn mich nicht alles trügt, wie sein Vater, einfach, bieder und verständig. Auch in seinem Äußeren hat er die meiste Ähnlichkeit mit ihm; nur wird er, glaube ich, nicht so schön.«

Das innigere Verhältnis zu ihrem Mann begann ihre Sympathien für Stein zu verdunkeln. Zunächst hatte er ihr gefallen, der ebenso würdige wie bewegliche Fünfziger. Seine Gegenwart war freilich nicht leicht zu ertragen, sein schroffes Auftreten, seine harte Unbedingtheit und zornige Rechthaberei. Zunächst nahm sie das hin. Stein werde sie schlagen, wenn sie ihn – in einer Erziehungsangelegenheit des Kronprinzen – nicht zu Willen sei, schrieb sie einer Freundin: »Stein tötet mich, er hält mich ohnehin für ein Weibchen, das sehr oberflächlich ist.« Was ihr ernstlich zu mißfallen begann, war die Art und Weise, wie der Minister mit dem stets zaudernden Monarchen, ihrem stets behutsamen Mann, umzuspringen beliebte, als sei er nun in Preußen der König und Herr.

Ein Kavalier war dieser Reichsritter jedenfalls nicht. Als Reformer schien er den Bogen zu überspannen. Als Staatsmann scheiterte er, am Zwiespalt seiner Erfüllungspolitik gegenüber dem Kaiser der Franzosen und seiner Agitation für eine Volkserhebung gegen den fremden Zwingherren. Als ein diesbezüglicher Brief Steins abgefangen worden war, forderte Napoleon seine Entlassung. Was sie nun tun sollten, fragten Friedrich Wilhelm und Luise den ein Jahr zuvor auf Druck des Franzosen geschaßten Minister Hardenberg – bei einem heimlichen Zusammentreffen auf freiem Felde bei Königsberg, am 11. November 1808. Nachgeben, sagte Hardenberg, und das war genau das, was der König und die Königin hören wollten. Sie habe Steins Entlassung durchgesetzt, bedeutete Luise dem französischen Konsul, und bat ihn, dies nach Paris zu melden.

Am 24. November 1808 erhielt Stein den blauen Brief. Die Sturm- und Drangperiode der preußischen Reform war beendet. Später führte Hardenberg die Reorganisation fort, in jener vernünftigen Weise, wie sie die deutsche Klassik schätzte, in der eleganten und flexiblen Art, die Königin Luise gefiel – und nicht über die Grenzen der schwarz-weißen Staatsraison hinaus, wie man sie von Friedrich dem Großen abgesteckt glaubte und wie sie Friedrich Wilhelm III. einhalten zu müssen meinte.

Der Soldatenprinz

Die Geschichtswerke Friedrichs des Grossen las Prinz Wilhelm in Preußens tiefster Erniedrigung, die *Geschichte des Hauses Brandenburg*, die *Geschichte meiner Zeit* und die *Geschichte des Siebenjährigen Krieges*. Das war mehr als eine nostalgische Erinnerung an eine bessere, weil ruhmreiche Vergangenheit. Man konnte daraus die Hoffnung schöpfen, daß ein neues Mirakel geschehen könnte, wie 1762, als nach dem Tod der Zarin Elisabeth das Russische Reich aus dem Ring der Feinde Friedrichs des Großen ausbrach und er dadurch im letzten Moment vor dem Erdrücktwerden gerettet wurde. Die Lehre für die Gegenwart wie für alle Zukunft war daraus zu ziehen, daß das kalkulierbare Wohl und Wehe Preußens in erster Linie vom Zustand seiner Armee abhing.

Wilhelm war neun, als 1806 mit der militärischen die staatliche Katastrophe hereinbrach, seinen zehnten Geburtstag beging er in Memel, den elften in Königsberg. Die Flucht aus Berlin konnte er nicht vergessen, die Fahrt in rumpelnden Kutschen über schlechte Straßen, durch Dörfer, die vielleicht schon morgen von den französischen Feinden oder den russischen Freunden ausgeplündert sein würden, die dürftigen Quartiere und kargen Mahlzeiten, Nässe und Kälte, besonders bei der Fortsetzung der Flucht von Königsberg nach Memel im Januar 1807.

Das alles hätte der Junge als Abenteuer schätzen können, wenn der Prinz nicht ständig mit der Misere seines Hauses und des Staates konfrontiert gewesen wäre. Die Erzieher machten ernste Mienen und düstere Andeutungen, ließen vielleicht auch entsprechende Aufsätze schreiben. Hofdamen begannen die Contenance zu verlieren. Die Mutter und Königin litt sichtlich, wurde krank und schwermütig, wechselte zwischen Ergebung und Aufbäumen gegen das Schicksal, Tränen, Seufzern und Invektiven gegen das »Ungeheuer« Napoleon und die ganze Franzosenbrut. Für ihre Kinder hatte sie nun mehr Zeit, nicht unbedingt mehr Geduld, und ihre mütterliche Fürsorge erinnerte an das Verhalten einer Glucke, die königlich-preußische Küken vor dem korsischen Adler zu schützen hatte. Und der Vater und König, der ohnehin zur Melancholie neigte, trug nun meist Weltuntergangsstimmung im Gesicht und ließ kaum ein aufmunterndes Wort durch die zusammengepreßten Zähne.

Die Not der Monarchie stand Wilhelm stets vor Augen. Die Versuche ihrer Überwindung durch eine Erneuerung des Staates sind ihm wohl kaum bewußt geworden. Von der Mutter wie vom Vater hat er wahrscheinlich das eine oder andere über Stein und seinesgleichen vernommen, aber das mußte nicht unbedingt Positives sein, und Negatives hörte er sicherlich aus der höfischen Umgebung, jener Hofclique eben, die von Stein nicht zu Unrecht beschuldigt wurde, an seinem Sturz beteiligt gewesen zu sein.

Von der Notwendigkeit einer militärischen Erstarkung wurde ständig gesprochen, und schon der zehnjährige Wilhelm hatte dafür das richtige Organ. Den Schriften Friedrichs des Großen konnte er entnehmen, daß es mehr auf militärische Taten als auf zivile Überlegungen ankäme. Seit Weihnachten 1807 war er Sekondeleutnant der Garde, und am liebsten hätte er die Uniform nie mehr ausgezogen. Vom Fenster seines Zimmers im Königsberger Schloß schaute er dem Exerzieren der Soldaten zu, an dem die Mutter den eben vom Typhus Genesenen noch nicht teilnehmen lassen wollte. So exerzierte er im Geiste mit, prägte sich das Geben und die Ausführung der Befehle ein. Als im September 1808 Zar Alexander die preußische Behelfshauptstadt auf dem Wege zu Napoleons Fürstentag in Erfurt passierte, notierte der Elfjährige: »Von 6 bis 7 saßen wir an einem Fenster und erwarteten den Kaiser. Um 7 kam er, das Gewehr wurde präsentiert, die Kanonen gelöst und Hurra geschrien.« Und über die Parade: »Der Kaiser ging mit Papa die Fronten runter. Dann wurde das Gewehr auf Schulter genommen, noch mal präsentiert, wieder auf Schulter genommen, vorbeimarschiert und salutiert.«

Auf das Militärische genau zu achten, schärften ihm seine neuen Erzieher ein. Der allzu zivile Delbrück mußte in den Hintergrund treten, obwohl er sich redlich und nicht erfolglos bemüht hatte, im Kronprinzen Friedrich Wilhelm, aber auch im Prinzen Wilhelm,

»einem deutschen Prinzen aus einem Hause voll deutscher Tugend, der in verhängnisvoller Zeit aufwachse, Liebe für die Deutschheit in Wort und Tat, Wärme für das Elend und die Knechtschaft von Europa und einen frommen Heldenmut anzuregen und zu beleben.« Doch das genügte nicht mehr. »Wir nähern uns jetzt einem Zeitpunkt, wo der kriegerische Geist mehr als jemals eine Schutzwehr gegen Unterdrückung von außen her bilden, und wo er notwendig ganze Nationen ergreifen muß, wenn sie nicht zugrundegehen wollen«, erklärte Oberst von Gaudy, der – unter Aufsicht des Obergouverneurs Generalleutnant von Diericke – die militärische Erziehung des Kronprinzen übernahm. Mit derjenigen des Prinzen Wilhelm wurde der Major von Pirch betraut, während Professor Reimann in allgemeinen Fächern unterrichtete. Ein schwäbischer Schüler des Schweizer Pädagogen Pestalozzi wurde herangezogen, Karl August Zeller, Direktor des Waisenhauses in Königsberg, den Wilhelm in gutem Gedächtnis behielt. »Lieber Vater Zeller«, schrieb er ihm am 28. Dezember 1809, »wie befindest Du Dich? Ich danke Dir sehr für das Gute, das Du mir erwiesen hast, und was ich von Dir gehört habe. Ich werde mich bemühen, alles dieses zu befolgen.«

Wilhelms Schulkamerad war sein Vetter Friedrich, der Sohn von Luises Schwester Friederike und des verstorbenen Prinzen Ludwig von Preußen. Als Spielkameraden kamen die Prinzen Wilhelm und Boguslaw Radziwill hinzu; ihr Vater Anton war ein preußisch-polnischer Magnat, die Mutter Luise eine preußische Prinzessin, die Lieblingstante Wilhelms. Die drei Söhne des Landhofmeisters von Auerswald, neben dessen Amtswohnung im Königsberger Schloß die königliche Familie logierte, durften mit dabei sein. Mit seinen Geschwistern vertrug sich Wilhelm, der zum Nachgeben neigte, im allgemeinen gut, nicht immer mit dem älteren Bruder, der immer noch mehr Nachgeben heischte. Die Manieren des Kronprinzen fand die Mutter »noch detestable«, und es war ihr gar nicht recht, daß er mit seiner mitunter in Gewalttätigkeit ausartenden Rechthaberei die Kinderspiele störte und Besorgnisse über sein Benehmen als Erwachsener weckte.

Wilhelm machte der Mutter wenig Kummer. Seine schwächliche Konstitution festigte sich zusehends. Er drängte sich nicht vor, blieb hinter den anderen aber auch nicht zurück. Was ihm an Begabung mangelte, suchte er durch Fleiß und Ausdauer wettzumachen. Sein

Gemüt war schlicht, doch stille Wasser, die einen tiefen Grund ahnen ließen, schätzte die empfindsame Mutter. Sie liebte Kornblumen, mit denen sie ihre Kinder bekränzte, die sie sich gern an den Busen oder ins Haar steckte, was ihre Blauäugigkeit unterstrich und ihr Gelegenheit zu patriotischen Bekundungen gab. Als sie einmal an der Tafel von zwei französischen Generälen auf ihren sonderbaren Schmuck angesprochen wurde, erwiderte sie: »Seit Ihre Pferde unsere Kornfelder zertreten haben, gehören auch wilde Kornblumen zu den Kostbarkeiten in Preußen.«

Die Kornblume wurde die Lieblingsblume Wilhelms. Und zeitlebens erinnerte er sich mit Wehmut an die Tage in Ostpreußen: die Sommermonate an der Bernsteinküste, das Landhaus auf den Huben, vor den Toren Königsbergs, zwischen Kornfeldern und Bauernhöfen, den Garten, in dem die Kinder spielten und – unter einem Zelt – die Familie speiste. Das Idyll von Paretz hatte in »Luisenwahl«, wie das Refugium später genannt wurde, seine Fortsetzung gefunden, in einer Zeit, da ländlicher Friede noch mehr von der Turbulenz draußen abstach. Zwei Zimmer nur hatte die Königin, der Wind blies durch die Fensterritzen, aber sie gab sich zufrieden: »Ich habe gute Bücher, ein gutes Gewissen, ein gutes Piano, und so kann man unter den Stürmen der Welt ruhiger leben, als diejenigen, die diese Stürme erregen.«

Ende Dezember 1808 fuhr das Königspaar zu einem Freund, wie man annahm, zum Zaren Alexander nach Petersburg. Es wurde eine Erinnerung an das, was man selber verloren hatte: ein mächtiges Reich, eine richtige Hauptstadt, einen glänzenden Hof, Galavorstellungen, Empfänge, Bälle, Soupers, Polonaisen. Luise, die nur noch Perlen besaß, hielt sich nicht für hinreichend geschmückt. Und von Alexander nicht hofiert, als verarmte Verwandte behandelt. Sie überwand sich, ihn beim Abschied unter Tränen zu bitten: »Ich empfehle Ihnen unser Schicksal und das Glück meiner Kinder und alles, was mir teuer ist, Sie sind unsere Stütze.« Doch der Zar schien den Treueschwur vergessen zu haben, den er vor drei Jahren in Potsdam, am Grabe Friedrichs des Großen, geleistet hatte. Die 32jährige Luise, vom Unglück gezeichnet, durch neun Geburten und eine erneute Schwangerschaft geschwächt, auch in Petersburg kränkelnd, interessierte ihn nicht mehr. Und pour le roi de Prusse etwas zu tun, verboten ihm seine Interessen, die er im Verein mit

Napoleon, mit dem er in Tilsit Europa geteilt zu haben glaubte, besser aufgehoben sah.

Auch der Kaiser von Österreich konnte nicht auf ihn zählen, als er 1809 noch einmal den Waffengang mit Napoleon wagte. Alexander I. setzte vielmehr eine russische Armee gegen das österreichische Galizien in Marsch, tat das, was Luise befürchtet hatte: »Rußland wird Frankreich helfen, Österreich auszuplündern, und das wird mich noch um den Verstand bringen.« Der König von Preußen, der sich selber kaum über Wasser zu halten vermochte, konnte Österreich nicht helfen, hätte es vielleicht auch nicht getan, wenn er dazu in der Lage gewesen wäre. Die deutschen Patrioten, die ihn zu einem Volkskrieg gegen den Franzosenkaiser bewegen wollten, waren ihm nicht geheuer. Eine Niederlage wäre das Ende aller Hoffnungen gewesen, ein Sieg hätte vielleicht demokratische Wünsche, jedenfalls nationale Forderungen gezeitigt, die auf eine Erneuerung des alten Reichs unter Habsburgs Krone und damit auf eine Stärkung des Rivalen Preußens hinausgelaufen wären.

Franz I. blieb allein auf sich gestellt, bekam den Krieg ins Land. Sein Feldherr, Erzherzog Karl, siegte zwar im Mai 1809 bei Aspern. Doch im Juli ging mit der Schlacht von Wagram der Feldzug für Österreich verloren. Napoleon diktierte in Wien den Frieden: Abtretung von 110 000 Quadratkilometer Land und dreieinhalb Millionen Einwohnern, wovon auch Rußland etwas abbekam, einen Distrikt Ostgaliziens, Tarnopol. Das war Alexander I. zuwenig, und fortan war er über den Kaiser der Franzosen verstimmt, der seinerseits den Entscheidungskampf gegen Rußland vorbereitete.

Für Preußen war das eine zweischneidige Sache. Es brauchte den Frieden, um sich erholen zu können, doch eine Pax Napoleonica war nicht günstig für eine Wiedererstarkung. Der Imperator konnte ein Land, das er als Aufmarschgebiet, Nachschubzone und Hilfstruppenreservoir brauchte, nicht gänzlich niederdrücken, aber er mußte es so weit niederhalten, wie es seine Sicherheit gebot. Um den König näher bei sich und unter besserer Kontrolle zu haben, forderte der Kaiser die Rückkehr des Hofes aus Königsberg nach Berlin.

Der königlichen Familie erschien das wie ein Geschenk des Himmels. Friedrich Wilhelm wollte seine gewohnte Umgebung wieder haben. Luise wollte heim: »Ging ich nur nach Berlin, dahin, dahin möchte ich jetzt gleich ziehen; es ist wirklich ein Heimweh, was mich dahin zieht. Und mein Charlottenburg! Und alles mein, sogar mein lieber, tiefer Sand, den lieb' ich.« Und den Kindern – die am 4. Oktober 1809 das Brüderchen Albrecht bekamen – war recht und lieb, was die Eltern wollten. Nur der vierzehnjährige Kronprinz sträubte sich zunächst, aber nur deshalb, weil er nicht mit seinem eben entlassenen Lehrer Delbrück reisen sollte – was er dann doch durchsetzte, mit Weinen, Aufstampfen und Schreien.

Für den zwölfjährigen Wilhelm war die Reise von Königsberg nach Berlin ein willkommenes Abenteuer. Am 13. Dezember 1809 fuhren die Königskinder los, zwei Tage vor dem Königspaar, weil für eine einzige lange Wagenkarawane die erforderlichen Pferde nicht aufzutreiben gewesen wären. 88 Meilen, also rund 650 Kilometer, waren zurückzulegen; man brauchte dazu neun Tage. Für die 36 Wagen des Königs und seines Gefolges hatten an jeder Station 222 Pferde bereitzustehen. »Diese ganze Reise hatte außer den Anstrengungen der Provinzen, die durch solche berührt wurden, dem Könige 11 600 Taler, 8 Groschen und 10 Pfennig gekostet«, bilanzierte der Wirkliche Geheime Rat von Bassewitz.

Am 23. Dezember 1809 kam die königliche Familie nach über dreijähriger Abwesenheit wieder heim. Luise dachte daran, daß sie fast auf den Tag genau vor sechzehn Jahren als Braut in Berlin eingezogen war. Nun fuhr sie in der mit silbergesticktem lila Samt ausgeschlagenen Staatskarosse, die ihr die Berliner Bürgerschaft verehrt hatte. Friedrich Wilhelm saß hoch zu Roß, in Gardeuniform mit Tschako. Vor dem ersten Zug des Garde-Regiments zu Fuß marschierten Kronprinz Friedrich Wilhelm und Prinz Wilhelm, die jüngsten Offiziere des Königs.

Mit wehenden Fahnen, unter dem Geläut der Glocken und dem Salut der Kanonen, ging es durch das Bernauer Tor und die Bernauer Straße, die zur Feier dieses Tages in Neues Königstor und Neue Königsstraße umbenannt wurden. Im Königlichen Palais Unter den Linden wartete die Verwandtschaft, und der französische Gesandte, Graf Saint-Marsan, erschien zur Audienz, um in aller Höflichkeit daran zu erinnern, auf wen es letztlich ankam. Die Patrioten wollten es an diesem Tag nicht wahrhaben; die *Berliner Abendblätter* schrieben: »Alles war vergessen, vergangen, ausgelitten; an der Schwelle einer goldenen Zukunft stand der schöne Augenblick.«

Der Alltag und mit ihm die Ernüchterung ließen nicht auf sich warten. Wilhelm von Humboldt klagte: Rindfleisch koste vier Silbergroschen das Pfund, für geliehenes Geld zahle man 15 Prozent Zins, Berlin sei ein Dorf geworden, man gehe im Frack zu Fuß zum Hofe. Dieser begann wieder auf großem Fuße zu leben. Ein Fest folgte dem anderen, es gab neue Anweisungen über »Hoffähigkeit«, »Hofkleidung« und »Courordnungen«. Am 18. Januar 1810 wurde der Rote Adlerorden zweihundertmal verliehen, zum ersten Mal auch einem Schauspieler und Theaterdirektor, August Wilhelm Iffland, der sich der Ordensdevise »Sincere et constanter- aufrichtig und standhaft« würdig erwiesen hatte: Am 10. März 1808, am Geburtstag Luises, war er mit einer Rose im Knopfloch auf der Bühne des Berliner National-Theaters erschienen, was die Zuschauer als eine angebrachte und der französische Militärgouverneur als eine unerlaubte Huldigung für die Königin angesehen hatten; Iffland war zu zwei Tagen Hausarrest verurteilt worden. Nun schien es freilich, als habe sich das Publikum an die Aufmüpfigkeit gewöhnt: »Überhaupt konnte man sich nicht verhehlen«, bemerkte die Fürstin Luise Radziwill, »daß die Berliner von einem recht kritischen Geist befallen worden waren.«

Königin Luise hatte zwar die Umgebung gewechselt, nicht aber ihre Seelenstimmung: »Schwarze Ahnungen ängstigen mich; immer möchte ich allein hinter meinem Schirmleuchter sitzen, mich meinen Gedanken überlassen.« Von den Fieberanfällen und Brustkrämpfen des Jahres 1809 hatte sie sich noch nicht erholt. Ins Bad nach Pyrmont, das ihr früher gut bekommen war, ging sie nicht, weil sie dort nicht mit Jérôme Bonaparte, dem König von Westfalen, zusammentreffen wollte. Aber ihren Vater, Herzog Karl von Mecklenburg-Strelitz, und die 81jährige Großmutter, die Landgräfin von Hessen-Darmstadt, wollte sie besuchen, und schon die Vorfreude schien sie wieder jung und munter, ja übermütig und närrisch zu machen: »Bester Päp! Ich bin tull und varucky«, schrieb sie ihm am 19. Juni 1810. »Eben diesen Augenblick hat mir der gute, liebevolle König die Erlaubnis gegeben, zu Ihnen zu kommen... Ich glühe vor Freude und schwitze wie ein Braten.« Die leidgeprüfte Königin von Preußen schien sich in die unbeschwerten Darmstädter Backfischzeiten zurückversetzen zu wollen.

»Nie war sie schöner als heute, ein neuer Strohhut stand ihr allerliebst«, bemerkte der Gatte beim Abschied in Charlottenburg. Er kam nach Neu-Strelitz nach, zusammen fuhren sie nach Hohen-Zieritz, dem Lustschloß des Mecklenburgers. Luise fühlte sich nicht wohl, hatte Fieber, wurde zur Ader gelassen, mußte ins Bett. Den König riefen Staatsgeschäfte nach Berlin zurück. Der kranken Frau schickte er seinen Leibarzt Ernst Ludwig Heim, der Lungenentzündung ohne beunruhigende Symptome feststellte. Doch dann bekam die Patientin Brustkrämpfe. Eiligst schickte man nach dem König. Am Abend des 18. Juli 1810 reiste er von Charlottenburg ab, in Begleitung der beiden ältesten Söhne. Am frühen Morgen des nächsten Tages waren sie in Hohen-Zieritz.

»Wie erschrak ich, als ich sie bereits durch die heftigen anhaltenden Krämpfe und anderen Leiden äußerst verändert aussehend fand.« Dr. Heim hatte alle Hoffnung aufgegeben. Die Söhne Friedrich Wilhelm und Wilhelm durften ihre Mutter noch einmal sehen, nur wenige Augenblicke, denn die Sterbende bot nicht mehr den Anblick, den sie in Erinnerung behalten sollten. »Herr Jesu, Jesu, mach es kurz« – das waren ihre letzten Worte. Eine Embolie beschloß das Leben der Vierunddreißigjährigen, am 19. Juli 1810, um 9 Uhr vormittags.

Die Söhne standen weinend auf der Schloßtreppe. »Es ist zu Ende. Kommt herein!«, rief sie Onkel Prinz Karl von Mecklenburg. Der Vater nahm sie bei der Hand und führte sie ans Totenbett. Sie fielen auf die Knie, falteten die Hände und schluchzten. Anderntags – inzwischen waren auch Schwester Charlotte und Bruder Karl angekommen – schnitten der König und die vier Kinder weiße Rosen für die Verblichene; der Vater wählte eine dreiknospige, »als Anspielung auf die drei jüngsten, abwesenden Kinder, Alexandrine, Luise und Albrecht.« Am 20. Juli abends fuhren der Witwer und die Halbwaisen nach Berlin zurück.

Eine einstweilige Ruhestätte fand Königin Luise von Preußen in der Sakristei des Berliner Doms. Am 23. Dezember 1810 – fast auf den Tag genau siebzehn Jahre nach ihrem Brauteinzug in Berlin – wurde sie im Mausoleum bestattet, das ihr Friedrich Wilhelm im Charlottenburger Schloßpark errichtet hatte. Eine neogotische Kapelle wollte Karl Friedrich Schinkel bauen, eine Gralshalle, in der ein jeder gestimmt werden sollte, »sich Bilder der Zukunft zu schaffen, durch welche sein Wesen erhöht und er zum Streben nach Vollendung genötigt würde.« Dem König war das zu romantisch, er entschied sich für einen vom Hofbaumeister Heinrich Gentz entworfenen griechischen Vorhallentempel, für antike Form plus protestantische Substanz, preußischen Klassizismus – plaziert an das Ende einer dunklen Fichtenallee, die Luise – so ihr Gatte – »ihres eigentümlich schwermütigen Charakters wegen gerne mochte«.

Der Bildhauer Christian Daniel Rauch, der Diener im Königshaus gewesen war, wurde beauftragt, die Verewigte so in Marmor festzuhalten, wie sie der Nachwelt vor Augen bleiben sollte, als steingewordenes »Edel sei der Mensch, hilfreich und gut«. Der König wünschte die Gestalt der Königin »liegend, in rührender Stellung in Lebensgröße in einem Gewande eingehüllt, das aber so leicht und frei sein muß, daß die Formen des Körpers durchscheinen«, und vorne am Marmorsarge sollte ein preußischer Adler auf einem Kranz von Eichenlaub sitzen. Rauch schuf keine Entschlafene, sondern eine Schlummernde, die in seliger Gewißheit der Auferstehung harrt.

Als Schutzengel verehrten sie die Hinterbliebenen, vorab der Gatte, der sich neben ihr, und ihr Sohn Wilhelm, der sich einst zu ihren Füßen bestatten lassen sollte. Auch als Märtyrerin wurde sie angerufen, wie es der Baron de la Motte-Fouqué 1809 vorgebetet hatte: »Wohl hab ich mitunter gemeint, wir Preußen könnten ruhig unser Kriegsunglück ertragen, uns nun im Frieden wenden auf Kunst und Wissenschaft, etwa wie es der große Friedrich sich vorgenommen haben soll, wenn die Schlacht bei Mollwitz verloren gegangen wäre für ihn. Aber jetzt nicht also! Jene engelklaren Augen wurden mit Tränen getrübt durch Bonaparte. Geweint haben sie um unsern Dank. Wir müssen kämpfen und sie freudig leuchten sehen um unsere Siege!«

So mag auch der dreizehnjährige Wilhelm empfunden haben, jedenfalls glaubte er sein Leben lang, das Herz der Mutter sei am Unglück des Vaterlands zerbrochen, und man sei es ihr schuldig gewesen, den Urheber dieses Unglücks, Napoleon Bonaparte, zu bestrafen. Mehr noch: das Glück des Vaterlands neu zu begründen, im Sinne der Königin, die all das vorgelebt zu haben schien, was man dem fremden Diktator, dem französischen Liberalismus und einer gottlosen Aufklärung entgegensetzen müßte – preußischen Patriotismus, deutschen Idealismus, christliche Zucht und obrigkeitliche Ordnung.

Das Vorbild der Mutter prägte Wilhelms Gesinnung, das Beispiel des schlichten, spartanischen Vaters sein Gebaren. Nur mit Waffengewalt war Preußen in seinen alten Grenzen und in seiner alten Größe wiederherzustellen, im Waffendienst sah deshalb der Zweitgeborene, der nach menschlichem Ermessen nicht den Thron besteigen würde, seine erste Bestimmung. Die Erziehung war von Anfang an darauf ausgerichtet gewesen, und sie wurde konsequent weitergeführt, mit dem Ziel, wie aus dem Kronprinzen den König, so aus Wilhelm einen Soldatenprinzen zu machen.

Friedrich Wilhelm erhielt – was noch Stein vorgeschlagen hatte – Friedrich Ancillon, reformierten Prediger, Historiographen und Mitglied der Akademie der Wissenschaften, zum Erzieher, Wilhelm den Ingenieurhauptmann Ludwig von Reiche vom Kadettenkorps. Hauptfächer waren militärisches Zeichnen, Befestigungskunst und Aufnehmen, das heißt die Fähigkeit, eine fechtend zurückgehende Truppenabteilung in einer rückwärtigen Stellung so weit zu verstärken, daß sie von neuem standhalten könnte. Zum 41. Geburtstag am 3. August 1811 bekam der Vater eine selbständige Ausarbeitung und eine selbstgefertigte Zeichnung: Terrainaufnahme und Situationsplan. Reiche wurde befördert, der Schüler vom Lehrer belobigt: Prinz Wilhelm tat sich »durch schnelles Auffassen und durch einen praktischen Verstand, durch große Ordnungsliebe, Talent zum Zeichnen und durch einen für sein Alter ernsten und gesetzten Charakter hervor.«

Bei Feldübungen verdiente sich Wilhelm die Sporen. Zur Sicherung des Übergangs vom Glienicker Werder nach Nowawes bei Potsdam hatte er auf dem Babelsberg eine Schanze zu errichten. Nach seinem Plan und unter seiner Leitung führten Mannschaften vom Bataillon Garde zu Fuß die Erdarbeiten aus – zur Zufriedenheit des Königs und der Generäle. Auch das Tirailliieren wurde geübt, jene den Franzosen abgeschaute neue Gefechtstaktik in zerstreuter Ordnung, aufgelockerten Schützenreihen, wobei es auf den Einzelschützen, den Einzelkämpfer ankam, der im Rahmen des gegebenen Befehls aus persönlicher Initiative und in eigener Verantwortung handeln sollte. Im friderizianischen Heer war der Infanterist kein Individuum, sondern Teil einer militärischen Maschine gewesen, Glied einer Formation, die geschlossen vorrückte und gemeinsam feuerte.

Die Militärreorganisation kam voran. Scharnhorst führte das Krümpersystem ein: Da Napoleon die preußische Heeresstärke auf 42 000 Mann beschränkt und die Errichtung einer Landwehr verboten hatte, wurden die Soldaten nach kurzer, intensiver Ausbildung beurlaubt, an ihrer Stelle neue Rekruten, spottweise Krümper genannt, eingezogen und gedrillt – die Reserve für den Ernstfall wurde zunehmend größer. Auch wurde teilweise eine neue, zweckmäßigere Ausrüstung eingeführt; mit einigen Einzelstücken dekorierte Wilhelm sein Zimmer.

An Friderizianischem war genug geblieben. Die Parade beispielsweise. Der kleine Gardeoffizier marschierte dabei dem zweiten Zug des Füsilier-Bataillons des Garde-Regiments voraus. Peinlich genau achtete er dabei auf die richtige Adjustierung, verlangte sie wie ein alter Feldwebel auch von anderen. Am 21. Dezember 1811 ließ der vierzehnjährige Wilhelm seinen zehnjährigen Bruder Karl wissen: »Ich zeige Dir hiermit an, daß Du weiße leinewandten Hosen zur Parade mit nach Potsdam nehmen mußt, weil die Parade wahrscheinlich in weißen Hosen sein wird. Fritz (der Kronprinz) soll Dir seine Schärpe leihen, hat Papa befohlen. Auch weiße lange tuchen Hosen mußt Du mitnehmen, weil Du sie der Kälte wegen wohl unter die andern ziehen wirst, wie wir es tun. Es wird gepudert. Du auch hat Papa befohlen. Du hast Dich also hiernach zu richten.«

Der Soldat war immer noch und jetzt erst recht der erste Mann im Staat. Der Zivilist stand nach wie vor im zweiten Glied, auch wenn Friedrich Wilhelm III. im ersten Schreck das Wort entschlüpft war: »Nur durch das ehrenfeste Volk kann es besser werden. Durch den biederen Bürger, den schlichten Landmann.« Die Reform des monarchischen Staates und der feudalen Gesellschaft war durch die Entfernung Steins ins Stocken geraten. Seit August 1810 führte sie Staatskanzler Hardenberg als aufgeklärter Etatist und liberaler Bürokrat in aller Vorsicht, immerhin um ein paar Schritte weiter. Er »regulierte« einige durch die persönliche Befreiung der Bauern aufgeworfenen Probleme: Die Bauern wurden zwar Eigentümer, mußten aber die Gutsherren durch Teile ihres Landes entschädigen; der von Stein geforderte »Bauernschutz« entfiel, und der Großgrundbesitz wurde gesellschaftlich kaum geschwächt und wirtschaftlich noch gestärkt. Die Beseitigung der Zunftschranken und die Gewährung der Gewerbefreiheit öffnete dem nun rechtsgleichen Bürgertum den Weg zur Industrialisierung, zur ökonomischen wie gesellschaftlichen Entfaltung, beseitigte aber auch bisherige soziale Sicherungen. Die Emanzipation der Juden entsprach dem Zeitgeist wie den finanzpolitischen Notwendigkeiten Preußens.

Der Staat müsse durch geistige Kräfte ersetzen, was er an physischen verloren habe, hieß das Motto der Bildungsreform. Sie kam am weitesten voran, weil sie am wenigsten an den Grundpositionen rüttelte, sie vielmehr durch eine Verbindung von Altpreußentum und deutschem Idealismus zu stärken schien. Von einer Verbesserung des Volksschulwesens versprach man sich tüchtigere Bauern, geschicktere Handwerker und bessere Soldaten. Das neuhumanistische Gymnasium sollte idealistische Maximen für das praktische Leben vermitteln, vom »Gnothi seauton« (Erkenne dich selbst) über das »Suum cuique« (Jedem das Seine) bis zum »Dulce et decorum est pro patria mori« (Süß und ehrenvoll ist es, für's Vaterland zu sterben). Die 1810 gegründete Berliner Universität sollte durch akademische Freiheit im deutschen Geistesleben das erzielen, was anderswo durch staatsbürgerliche Freiheit in nationalstaatlicher Wirklichkeit angestrebt war: Höchstleistung des Einzelnen zum Wohle des Ganzen.

Die Symbiose von Friderizianismus und Idealismus zeitigte Großartiges und Brauchbares. Friedrich Schleiermacher, der romantisch gestimmte protestantische Theologe, bezeichnete Religion als »Gefühl schlechthinniger Abhängigkeit«, drückte tiefempfunden, hochgeistig und wohlformuliert das aus, was Friedrich der Große im Soldatenton angesprochen hatte: »Weil ein Kerl, welcher nicht Gott fürchtet, auch schwerlich seinem Herrn treu dienen und seinen Vorgesetzten rechten Gehorsam leisten wird, also sollen die Offiziere den Soldaten wohl einschärfen, eines christlichen und ehrbaren Wandels sich zu befleißigen.« Der Philosoph Johann Gottlieb Fichte forderte in idealistischer Überhöhung altpreußischer Realität die Einweisung des Individuums in eine überindividuelle Ordnung, die alle Menschen für den Staatszweck einspannen dürfe, weil dieser Zweck die Kultur selber sei. In seinen »Reden an die deutsche Nation« predigte er einen romantisch erregten Widerstandswillen: »Nicht die Gewalt der Armee, noch die Tüchtigkeit der Waffen, sondern die Kraft des Gemüts ist es, welche Siege erkämpft.«

Friedrich Wilhelm III. hörte dergleichen nicht gern. Einen Sieg über Napoleon wollte er schon, doch kraft der von ihm geführten königlichen Armee, nicht durch eine emotional bewegte, vielleicht die Fremdherrschaft hinwegschwemmende, aber dann im eigenen Lande wohl kaum mehr zu bändigende Volksgewalt. »Als Poesie gut«, also nicht als preußische Prosa, schrieb er 1811 an den Rand einer Denkschrift Gneisenaus, wo es hieß, in einer allgemeinen Erhebung gegen den fremden Zwingherren würden Volk und Staat zu einer unlöslichen Einheit verschmelzen. Gneisenau präzisierte: »Religion, Gebet, Liebe zum König, zum Vaterland, zur Tugend sind nichts anderes als Poesie. Keine Herzenserhebung ohne sie. Wer nur nach kalter Berechnung seine Handlungen regelt, wird ein starrer Egoist. Auf Poesie ist die Sicherheit der Throne gegründet.«

Vorerst suchte der König Sicherheit im Bündnis mit dem großmächtigen Frankreich. Hardenberg hatte ihn unschwer davon überzeugt, daß dem immer noch geschwächten, auf sich allein gestellten Preußen keine andere Wahl blieb. Der Staatskanzler hielt es mit dem österreichischen Außenminister Metternich, der seit der Niederlage im Jahr 1809 seine Diplomatie nach dem Motto leitete: »Anschmiegung an das triumphierende französische System«, an der Einsicht orientiert, daß in schweren Krisen dem Staatsmann wie dem Arzt nichts anderes übrig bleibe, als abzuwarten, wie die Dinge sich entwickeln, bei seiner Ehre und Pflicht zu beharren und bereit zu sein, in einem glücklichen Augenblick wieder den Angriff zu wagen.

Preußen wie Österreich mußten sich 1812 am Rußlandfeldzug Napoleons beteiligen, doch die »Grande armée« überstand nicht den Brand von Moskau und den Rückzug im Winter. Der Augenblick war gekommen, sich gegen Napoleon zu stellen. Das tat Hardenberg zunächst nicht, und erst recht nicht der König, sondern der Befehlshaber des preußischen Hilfskorps, General Yorck. Am 30. Dezember 1812 schloß er auf eigene Faust bei Tauroggen einen Neutralitätsvertrag mit den erfolgreichen Russen und schrieb seinem König: »Jetzt oder nie ist der Moment, Freiheit, Unabhängigkeit und Größe wiederzuerlangen.«

Friedrich Wilhelm III. erfuhr davon am 2. Januar 1813, gegen 15 Uhr, in Potsdam, wo er in der Orangerie des Neuen Gartens mit seinen beiden ältesten Söhnen gespeist hatte. Der König war konsterniert. Ein preußischer General, der selbständig, ohne Befehl seines Monarchen handelte – das war Insubordination, ein Fall für das Kriegsgericht. Andererseits: Yorck hatte im Sinne der Staatsraison gehandelt, mit dem Partner von gestern und morgen gegen den eigentlichen Feind, Napoleon, paktiert – das war Geschäftsführung für den König ohne dessen Auftrag. Was sollte er nun tun? Die Yorcksche Tat billigen konnte er nicht, aus disziplinarischen wie existentiellen Gründen: Ein französisches Armeekorps stand in Berlin und in der Mark, 70 000 Franzosen hielten die Elbe- und Oderfestungen besetzt. So tat er das, was ihm ohnehin lag: Se liaiser, sich durchschlängeln, hinhalten und abwarten.

Vorsichtshalber reiste er am 22. Januar 1813 nach Breslau, weiter weg von den Franzosen und näher hin zu den Russen. Zwei Tage später folgte ihm Prinz Wilhelm. Er überholte Formationen der Garde, die auf dem Marsch nach Schlesien waren. Der nun fast Sechzehnjährige ahnte, daß man sich einer Schicksalswende näherte.

»DIE WÜRFEL SIND GEFALLEN. Preußen wird nicht untergehen«, hatte ihm sein Lehrer Major von Pirch bedeutet. Wilhelm bemerkte nicht das Schwanken des Königs, das freilich mit dem Näherkommen der Russen zusehends nach der antifranzösischen Seite ausschlug. Der Sohn kannte nicht die Zweifel des Vaters am Wehrwillen seiner Untertanen: »Freiwillige aufrufen, ganz gute Idee, aber keiner kommen!« Die Vorbereitungen Hardenbergs für eine Umkehr der Allianzen blieben ihm verborgen, wie die Versuche des als Kurier des Zaren nach Breslau gekommenen preußischen Ex-Ministers Stein, Friedrich Wilhelm III. zu einem sofortigen Kriegseintritt gegen Napoleon an der Seite Alexanders zu bewegen. Am 28. Februar 1813 war das russisch-preußische Kriegsbündnis endlich geschlossen: Nach einem gemeinsam errungenen Sieg sollte Preußen in alter Größe und Macht wiederhergestellt werden, wobei es den Landgewinn nicht in Polen, dem Interessengebiet Rußlands, sondern in Norddeutschland zu suchen habe.

Nun folgte Schlag auf Schlag, ein patriotischer Trommelwirbel, und Wilhelm war ganz Ohr. Am 10. März 1813, am 37. Geburtstag der Königin, die nun schon drei Jahre tot war, stiftete der König das

Eiserne Kreuz, mit Worten, die der Gemahlin aus dem Herzen gesprochen gewesen wären: »Daß die Standhaftigkeit, mit welcher das Volk die unwiderstehlichen Übel einer eisernen Zeit ertrug, nicht zur Kleinmütigkeit herabsank, bewährt der hohe Mut, welcher jetzt jede Brust belebt, und welcher, nur auf Religion und treue Anhänglichkeit sich stützend, ausharren konnte.« Am 11. März wurde Yorck rehabilitiert. Am 15. März fielen sich in Spalitz bei Öls Friedrich Wilhelm III. und Alexander I. in die Arme. Am 16. März erfolgte die offizielle Kriegserklärung Preußens an Frankreich. Am 17. März erließ der König das Landwehrgesetz und appellierte an seine regulären Truppen: »Des einzelnen Ehrgeiz – er sei der Höchste oder der Geringste im Heere – verschwinde in dem Ganzen«, und verlangte im »Aufruf an Mein Volk« von »Brandenburgern, Preußen, Schlesiern, Pommern, Litauern« Opfer von bringen für den »angeborenen König«, um der Ehre willen, »weil ehrlos der Preuße und der Deutsche nicht zu leben vermag.«

Solche Zeiten erzögen vortrefflich, meinte der Staatsrat Niebuhr in jenen Märztagen des Jahres 1813. Wilhelm lernte daraus für sein ganzes Leben. Das Hurra der mit dem Zaren in Breslau einziehenden Russen, das von den Preußen aufgenommen wurde, erklang ihm fortan als antifranzösisches Feldgeschrei und als Erkennungsruf der preußisch-russischen Waffenbrüderschaft. Die begeisterten Huldigungen, die dem König und seinen Kindern entgegenschlugen, wo immer sie sich in Breslau zeigten, festigten seinen Glauben, daß ein Monarch von Gottes Gnaden auch vom Willen des Volkes getragen sei und ein König von Preußen stets auf die Einsatzbereitschaft seiner Untertanen rechnen könne.

Zum 16. Geburtstag am 22. März 1813 hätte er sich gewünscht, mit dem König und dem Kronprinzen ins Feld ziehen zu dürfen. Doch er mußte in Breslau bleiben, weil der Vater befand, daß der Sekondeleutnant zu jung und der Sohn zu schwächlich sei. Mit Herzklopfen erwartete er Nachrichten vom Kriegsschauplatz. Napoleon war immer noch ein gefürchteter Feldherr, und er hatte eine neue Armee von 120 000 Mann – Franzosen und Deutsche aus den Rheinbundstaaten – zusammengetrommelt. 85 000 Russen und Preußen standen ihr gegenüber, darunter viele nur mit Piken und Lanzen bewaffnete Landwehrmänner.

Zunächst kamen Hiobsbotschaften. Am 2. Mai 1813 wurden die

Alliierten in der Schlacht bei Groß-Görschen, in der Nähe von Leipzig, zum Rückzug gezwungen. Das Garde-Regiment zu Fuß, dem Wilhelm angehörte, hatte eine Verlustliste von 13 Offizieren sowie 842 Unteroffizieren und Mannschaften. Scharnhorst, der Reorganisator des preußischen Heeres, war verwundet worden, starb bald darauf. Napoleon stieß nach, gewann dem verbündeten König von Sachsen Dresden zurück, schlug am 20. und 21. Mai bei Bautzen und Wurschen die Preußen und Russen, die nach Schlesien zurückwichen. Am 25. Mai war der König wieder in Breslau, dem Marschziel Napoleons. Friedrich Wilhelm verfügte sich nach Schweidnitz, die Kinder brachte man nach Neiße in Sicherheit. Am 4. Juni wurde ein Waffenstillstand geschlossen: Beide Seiten wollten ihre Reihen auffüllen und Österreich für sich gewinnen.

Wilhelm war nun Premierleutnant, mit einem auf den 15. Mai 1813 zurückdatierten Patent. Aber er mußte noch immer zum Schulunterricht, unter Aufsicht des Gouverneurs Major Menu von Minutoli, zunächst in Kunzendorf bei Landeck, dann wieder in Neiße. Mit seinen jüngeren Geschwistern war er in die Festung zurückgebracht worden, als der Krieg von neuem begann: nun Rußland, Preußen plus Österreich, unterstützt von Großbritannien und Schweden, gegen Frankreich und den Rheinbund; 500 000 : 450 000 lautete nun das Zahlenverhältnis der Armeen.

Nun kamen gute Nachrichten. Am 23. August 1813 wurden die auf Berlin marschierenden Franzosen bei Großbeeren zurückgeworfen. Am 26. August, in der Schlacht an der Katzbach, schlug der preußische General Blücher den französischen Marschall Macdonald. »Schlesien ist vom Feinde befreit«, verkündete der Sieger. Wilhelm und sein Bruder Karl konnten in die schlesische Hauptstadt zurückkehren. Aus dem Hauptquartier Teplitz schrieb der König an Gouverneur Minutoli, er finde es nötig, daß in Breslau auch der Religionsunterricht fortgesetzt werde. »Der Prediger Wunster der Jüngere scheint mir dazu, nach seinen Kanzelvorträgen zu urteilen, wohl geeignet zu sein.« Nächst Friedrich Ehrenberg – dem Berliner Hofprediger, der ihn zur Konfirmation vorbereitete – verdanke er dem Breslauer Religionslehrer Wunster einen großen Teil seiner religiösen Bildung, erinnerte er sich später, »noch dazu in jener denkwürdigen Zeit, der Wiedergeburt des Vaterlandes«.

»Mit Gott für König und Vaterland«, hieß der preußische Kriegsruf, in den Wilhelm weiterhin nur fern vom Schuß einstimmen konnte. Er war nicht dabei, als Napoleon entscheidend geschlagen wurde, in der Völkerschlacht bei Leipzig, vom 16. bis 19. Oktober 1813. In Breslau wurde Viktoria geschossen, Gott gepriesen, der König als Retter gefeiert, das Vaterland für befreit erklärt. Der Reformer Gneisenau, nun Generalstabschef Blüchers und strategischer Gegenspieler Napoleons, beklagte sich indessen beim Kameraden Clausewitz über eine undankbare Behandlung durch Friedrich Wilhelm III., die Abneigung des Königs gegen alle diejenigen, »die nicht gleiche politische Gesinnungen mit ihm gehabt haben.« Und gedachte der verstorbenen Königin: »Der Staat ist gerettet, der Thron ist befestigt«, schrieb er der Fürstin Luise Radziwill. »Aber warum muß *die* nicht mehr leben, die dieses Glück in den beseligendsten Gefühlen genossen hätte!«

Der Witwer legte einen Lorbeerzweig auf den Sarg Luises im Charlottenburger Mausoleum. Dann fuhr er zu den Kindern nach Breslau. Er dürfe nun mit ins Feld, eröffnete er Wilhelm. Es gebe womöglich noch einiges zu tun, denn man müsse vielleicht den zwar entscheidend geschlagenen, aber noch nicht endgültig besiegten Napoleon nach Frankreich hinein verfolgen. Wilhelm hatte schon befürchtet, daß alles ohne ihn zu Ende gegangen wäre. Um so glücklicher war er über die Zusage des Königs, stolz nahm er am 3. November aus seiner Hand die Epauletten, die Ernennung zum Kapitän entgegen.

Zunächst ging es nach Berlin. Vater und Sohn soupierten bei der Oberhofmeisterin Voß, die schwärmte: »Am meisten freute mich Prinz Wilhelm, der unglaublich gewachsen ist, sehr gut aussieht und sehr nett ist.« Der junge Mann wollte jetzt aber keine höfischen Komplimente hören. Er brannte darauf, sich als Soldat zu bewähren, wozu er erzogen worden war. Und er wollte erleben, was er so oft gesungen hatte: Nur im Felde sei der Mann noch was wert.

DAS ERSTE, WAS ER VOM KRIEGE SAH, war die Kehrseite der Medaille: die Walstatt bei Leipzig. »Die Schlachtfelder sind zwar von Toten gänzlich gereinigt, indes Pferde, Tschakos, Patrontaschen usw. sieht man noch in großer Anzahl«, schrieb Wilhelm am 9. November 1813 an den zu Hause gebliebenen jüngeren Bruder

Karl. 38 000 Franzosen und deutsche Rheinbündler waren getötet oder verwundet worden, und 46 000 Russen, Preußen und Österreicher. »O ihr, die ihr aus eitler Ruhmsucht und Kampfeslust den Krieg herbeiwünscht«, kommentierte Wilhelms ehemaliger Militärlehrer Reiche, »seid nur erst einmal Zeuge von dem Elende und den Verwüstungen, die derselbe über Menschen und Gegenden bringt, und ihr werdet bald einsehen, wie frivol euer Verlangen war.«

Die Patrioten meinten freilich, daß dieser Krieg ein notwendiger, gerechter, heiliger Krieg sei, ein Befreiungskrieg eben. Deshalb gaben sie sich nicht damit zufrieden, daß Preußen und – nach der Auflösung des Rheinbundes – Deutschland vom Feind gesäubert war; es galt, die Menschheit von Napoleon, für sie das Böse schlechthin, zu erlösen. In Frankfurt am Main beschlossen die drei Monarchen – Alexander I., Franz I. und Friedrich Wilhelm III. – den Krieg gegen Napoleon entschlossen fortzusetzen, nachdem dieser auf ihr Friedensangebot, das ihm den Thron, Frankreich seine Macht und Europa das Gleichgewicht gesichert hätte, nicht eingegangen war.

An der Jahreswende 1813/14 erlebte Wilhelm die erste Kampfhandlung. Am Silvestertag fuhr er mit dem König und dem Kronprinzen von Frankfurt nach Mannheim, wo eine der drei Formationen der Blücherschen Armee über den Rhein gehen sollte. Am Neujahrsmorgen setzten als erste russische Jäger des Korps Sacken in Kähnen und auf Fähren vom rechten zum linken Ufer über. Die Schanze der Franzosen mußte viermal berannt werden, bis der Weg frei war. »Nachdem noch einige Truppen, vorzüglich Kosaken, zur Verfolgung übergesetzt waren, fuhr auch der König mit uns und dem Sackenschen Generalstab über. Ein herrlicher Augenblick! Als man landete und der König zuerst auf dem linken Rheinufer ausstieg, wünschte ihm alles Glück sowohl zum neuen Jahre, als auch zu dem glücklich vollbrachten Rheinübergang.«

Das war der erste Kriegsbericht des nun fast Siebzehnjährigen. Er wollte die großen Erlebnisse festhalten, führte Tagebuch, erwies sich dabei als guter, nicht unkritischer Beobachter und als angehender Experte: »Es hatte viel Menschen gekostet«, hieß es unter dem 1. Januar 1814. »Vielleicht hätte man die Schanze mit weniger Verlust nehmen können, wenn man die Besatzung durch die am rechten Ufer aufgefahrene russische Artillerie so mürbe gemacht hätte, daß an keine Verteidigung mehr zu denken gewesen wäre.«

Bei diesem ersten Gefechtserlebnis blieb es vorerst, denn ein blutjunger Prinz gehörte in die Etappe, und der Vater wollte beim Stab des Hauptheeres sein, wo auch der russische Zar und der Kaiser von Österreich waren und die wichtigen Entscheidungen nicht ohne den König von Preußen fallen durften. So reiste man in die Schweiz, deren Neutralität nicht beachtet wurde, weil die vom österreichischen Feldmarschall Schwarzenberg geführte Hauptstreitmacht in die burgundische Flanke Frankreichs stoßen sollte. In Langres hörte man von der Schlappe Blüchers bei Brienne und beschloß, dessen Armee mit einem Teil der Hauptarmee zu vereinigen und Napoleon zum Kampf zu stellen. Am 31. Januar 1814 notierte Wilhelm: »Morgen Schlacht. Wir mir bei dieser Nachricht zu Mute wurde, kann ich nicht beschreiben; der langersehnte Augenblick war endlich gekommen.«

Die Schlacht bei La Rothière am 1. Februar konnte er allerdings nur vom Feldherrenhügel aus beobachten, bei schlechter Sicht, denn es schneite unaufhörlich. Immerhin: »Da ich alle Rapports mit anhörte, so konnte ich dem ganzen Gang der Schlacht recht gut folgen... Die erste Schlacht war mitgemacht, aber leider in großer Entfernung, ohne eine Kugel gehört zu haben.« Bei der Siegesfeier in Blüchers Hauptquartier war er dabei, als die Champagner-Bouteillen mit den Degen geköpft wurden. Die Rückfahrt in offener Droschke, bei anhaltendem Schneefall, war weniger angenehm: »Ich war in einen Schneeball verwandelt.«

Schon schien es, als sollte er überhaupt nicht mehr ins Feuer kommen. In Châtillon verhandelten die Diplomaten. »Es hatte sich das Gerücht verbreitet, in der Konferenz wolle man den Frieden abschließen und Napoleon zur Unterschrift schicken. Das wäre mir nicht lieb, da ich noch so wenig vom Kriege gesehen habe.« Ein Friedensschluß war gar nicht so abwegig, weil inzwischen die verbündeten Truppen ein Treffen nach dem anderen verloren hatten. »Der König, welcher gern schwarz sieht, ließ sich sehr weitläufig über alles aus«, vertraute Wilhelm seinem Tagebuch an. »Er meinte, die Tage von Auerstädt wären wieder da, und wir würden nun wohl ruhig bis über den Rhein zurückgehen und, wenn man dann Frieden schlösse, so wäre es unverzeihlich, so viele Menschen geopfert zu haben und nichts weiter dadurch bewirkt, als was man im November 1813 hätte in Frankfurt a. M. erlangen können.«

Die Generalität sah nicht so schwarz. Napoleon – im Familienkreis »Nöppel« genannt – waren die letzten Erfolge derart in den Kopf gestiegen, daß er sich einen Verhandlungsfrieden ersparen zu können meinte und die Verbündeten dazu zwang, die Flucht nach vorn anzutreten. In seinem Hauptquartier in Colombey-les-deux-Eglises schöpfte Friedrich Wilhelm III. neue Hoffnung: Russische Ersatzbataillons in brauner Rekrutenmontur waren eingetroffen, Schwarzenberg hatte den Rückzug eingestellt und Front gegen Napoleon gemacht. Am Morgen des 27. Februar 1814 ließ der König den Kronprinzen und Prinz Wilhelm kommen und eröffnete ihnen, daß es heute eine Bataille gebe. »Er sagte uns, wir sollten voranreiten, um dem Gefechte beizuwohnen, wir sollten uns aber nicht unnütz exponieren.«

Es wurde der Sieg bei Bar-sur-Aube und die Feuertaufe Wilhelms. Die Beobachter des Gefechts sahen sich plötzlich exponiert: Der Feind drang unerwartet vor, der Stelle zu, an der sich der König mit seinen beiden Söhnen befand. »Der König ließ gleich das Pskowsche Kürassierregiment und das Kalugasche Infanterieregiment, welche die nächsten waren, herbeiholen. Das Kürassier-Regiment attackierte zuerst mit einem enormen Hurra und warf den Feind hinter die Weinbergsmauern«, berichtete Wilhelm. »Diese Attacke machten wir auf dem rechten Flügel des Regiments bis auf 60 Schritt im stärksten Kleingewehrfeuer mit, da ritt aber Thile (Oberst und Flügeladjutant) dem König vor und bat ihn, zurückzureiten. Wir jagten ein Eckchen zurück, aber nicht außer dem Schuß, denn nun flogen die kleinen Kugeln uns immer zwischen und unter die Pferde. Dies war ein unbeschreiblich seliger Moment..., die ersten kleinen Kugeln gehört zu haben und so recht warm aus dem Laufe.«

Diese Tagebucheintragung schickte er dem kleinen Bruder Karl nach Hause, mit der Bitte, sie wieder zurückzugeben. Vierzehn Tage später meldete er ihm den Sieg Blüchers – »lauter Preußen haben es gemacht« – am 9. und 10. März bei Laon. »Wer eine solche Armee kommandiert unter solchen Generalen, der ist wahrlich glücklich zu preisen. Unser Verlust besteht in 6 Offizieren und 100 Mann, und ist kein Schuß geschehen, alles mit dem Bajonett. Es soll wunderschön gewesen sein in der mondhellen Nacht, das Schreien, Trommeln, Blasen der Hornisten, die alle Signale wie auf dem Exerzierplatz gaben, und die Musiken. Schade, daß wir nicht dort waren!«

Der Soldatenprinz füllte sein militärisches Poesiealbum, und das erfüllte ihn so nachhaltig, daß er noch als greiser König und Kaiser ausrufen wird: Was seien alle seine Kriege gegenüber den Befreiungskriegen! Nach Bar-sur-Aube erhielt er, kurz vor seinem 17. Geburtstag, vom Zaren das Kreuz des St. Georgs-Ordens vierter Klasse. Der heilige Ritter, der den Drachen tötete, der »Siegbringer«, den schon die Kreuzfahrer in ihrem Panier führten – das war für ihn das Sinnbild des Triumphes der guten monarchischen Sache über das böse napoleonische Prinzip, und ein an die Brust zu heftendes und im Herzen zu tragendes Kennzeichen russisch-preußischer Eintracht.

Das Eiserne Kreuz zweiter Klasse erhielt er am 10. März 1814, am 38. Geburtstag der Königin Luise, die das alles nicht mehr miterleben konnte, die Bewährung des Sohnes, den Stolz des Vaters und den Sturz des »Ungeheuers« Napoleon. Die tote Mutter war Wilhelm immer nahe geblieben, zum lebenden Vater hielt er ehrerbietige Distanz. Seine Brüder und er hätten solchen Respekt vor ihm gehabt, daß keiner von ihnen ohne ausdrücklichen Befehl es gewagt haben würde, sich bei dienstlichen Anlässen neben ihn zu stellen, erklärte er ein halbes Jahrhundert später einem Maler. »So etwas hätten wir uns einmal unterstehen sollen«, sagte der Greis und befahl das Bild des Kriegsrates bei Vitry (24. März 1814) zu ändern, auf dem die Prinzen so nahe beim König und den Generälen plaziert waren, daß es den Anschein erweckte, sie hätten an den Beratungen teilgenommen.

Tatsächlich hatten auch sie, die mit dem König reisten und kampierten, auf Befehle zu warten. Auch bei Vitry. Auf einer Erhebung standen Zar Alexander und König Friedrich Wilhelm im Kreis ihrer Generäle, und ihr in gehöriger Entfernung harrendes Gefolge versuchte aus den Gebärden zu erraten, was vorginge. Jeder wußte, daß eine wichtige Entscheidung bevorstand. Die Prankenhiebe Napoleons waren schwächer geworden, die Verbündeten hatten sich als die Stärkeren erwiesen. Nun wurde beschlossen, daß die vereinigten Armeen Schwarzenbergs und Blüchers geradewegs auf die französische Hauptstadt marschieren sollten. »Geht's nach Paris?«, fragten, nach beendetem Kriegsrat, die Prinzen den König. »Vorwitzige

Frage«, sagte er, und erst nachher erfuhren sie, daß sie richtig vermutet hatten.

Der Marsch auf Paris hätte Wilhelm beinahe das Kriegspielen verleidet. Die Verbündeten warfen zwar die Franzosen, die sich ihnen bei La Fère Champenoise entgegenstellten, aber es gab ein solches Gemetzel, daß der Prinz – der mitten hinein geriet – erschauderte: »Dies menschliche Unglück so in der Nähe zu sehen, ist schrecklich.« Auf die Sieger warteten schäbige Nachtquartiere, kleine Bauernstuben, in denen Prinzen und Adjutanten zusammengepfercht auf Streu lagen. »Wir mußten immer zu 2 und 2 aufstehen, um Platz im Zimmer zur Toilette zu haben.« Die Strapazen waren immer schwerer zu ertragen. »Wir sind entsetzlich marschiert, immer 4 bis 7 Meilen.«

Und dann erblickte Wilhelm zum ersten Mal Paris, von der Anhöhe von Belleville aus. Im Silberlicht des Frühlingstages verschwammen die Konturen, und er konnte es kaum erwarten, den Schleier zu lüften. Anderntags, am 31. März 1814, wurde einmarschiert. Der Prinz – in Paradeuniform, einen Buchsbaumzweig auf dem Tschako – ritt hinter Alexander I., Friedrich Wilhelm III. und Feldmarschall Schwarzenberg, der Franz I. vertrat. Die Spitze bildeten preußische Gardekavallerie und russische Gardekosaken in roten Uniformen. Man zog durch die Porte Saint-Martin, die Boulevards entlang, über die Place de la Victoire und die Place de la Concorde zu den Champs-Elysées. Die Sieger wurden als Befreier begrüßt. »Es war wahrlich ein solcher Jubel«, wunderte sich General Graf Henckel von Donnersmarck, »daß ein mit den Ereignissen Unbekannter unmöglich hätte glauben können, daß dies der Einzug feindlicher Armeen in die Stadt sei.«

Nun, auch Napoleon war von den Berlinern im Jahre 1806 mit Jubel empfangen worden, während ihr König sein Heil in der Flucht gesucht hatte. Die Verbündeten brachten den Parisern immerhin einen angestammten Monarchen mit: den Bourbonen Ludwig XVIII., den Bruder des 1793 hingerichteten Ludwigs XVI. Der Erbe und Bändiger der Revolution, der von den alten Mächten besiegte Kaiser Napoleon I., war vom französischen Senat seines Thrones für verlustig erklärt worden. Die Sieger wiesen ihm die Insel Elba als souveränes Fürstentum zu.

Wilhelm, auch hier nicht ganz richtig informiert, zog Bilanz:

»Nöppel ergibt sich dem Kaiser Alexander und geht nach Rußland. Kann ein solcher Mensch wohl infamer endigen? 30mal schösse ich mich tot, ehe ich dies täte.« Napoleons geschiedene Gattin Josephine war in Paris zurückgeblieben. Friedrich Wilhelm III. besuchte sie mit seinen beiden Söhnen im Schloß Malmaison. Das Arbeitszimmer Napoleons war unverändert geblieben: Die Feder lag noch da, mit der er zuletzt geschrieben, das Buch, in dem er zuletzt gelesen hatte. Die Preußen interessierten mehr der Tiergarten im Park, die Musterschäferei spanischer Merinos und die schwarzen Schwäne aus Australien.

Der Vater bezog in Paris das Palais Beauharnais, das ihm so gut gefiel, daß er es als preußisches Gesandtschaftsgebäude behielt. Geizig, wie er war, ließ er es aber nicht im Stil der Restauration möblieren, sondern behielt das Empire bei. Der Sohn wohnte in der Nähe, im Palais de la Légion d'Honneur, das kurz vor der Revolution vom Fürsten von Salm-Kyrburg erbaut worden war und wo während des Direktoriums Madame de Staël ihre Gesellschaften gegeben hatte.

»Da wären wir ja in dem großen Sündenpfuhl, wo ich unter solchen Umständen nie herzukommen glaubte«, schrieb er dem Bruder Karl am 4. April 1814. »Besehen haben wir die Hauptsachen schon alle, wie die Tuilerien mit einer orientalischen Pracht, dem Louvre, die 1400 Fuß lange wunderschöne Bildergalerie, das Antikenkabinett (Apollo und Laokoon waren verpackt), die Invalidenanstalt, Le Jardin des Plantes mit dem Naturalienkabinett und wilden lebendigen Tieren. Ein Elefant unter anderm. Das Schloß Luxemburg, Petits Augustins, eine Sammlung von Monumenten und Statuen seit dem 14. Jahrhundert, sehr interessant, das Pantheon, das Atelier von Gerard, das Corps Legislatif, Palais Royal, in welchem *alles, alles* zu haben ist.«

Er spielte auf die Freuden an, die ein calvinisch erzogener preußischer Prinz nicht einmal beim Namen nennen durfte. Der alte Schwerenöter Blücher freilich wußte sie zu genießen, weniger diejenigen, die einen seiner Offiziere zu dem Vivat »Es leben die Pariser Zauberinnen« hinrissen, sondern das Glücksspiel, bei dem er seinen Tribut an das geschlagene Frankreich zu entrichten hatte: An einem einzigen Abend verlor er eineinhalb Millionen Francs. Wilhelm, mit Siebzehn ein angehender junger Mann, renommierte brieflich vor den jüngeren Geschwistern: »Nein, eine solche Stadt!!!«–»Nein, die himmlischen Balletts der großen Oper!!! Göttlich!!! Die Vestalin wurde gegeben.«

Zwei Monate lang hatte Wilhelm Gelegenheit, Ausrufezeichen anzubringen. Am 30. Mai 1814 wurde der Friede von Paris geschlossen. Das Frankreich der restaurierten Bourbonen erhielt seine Grenzen von 1792, behielt also das Elsaß, Landau, Saarlouis und Saarbrücken; eine Kriegsentschädigung wurde ihm erlassen. Das gefiel den deutschen Patrioten nicht, Wilhelm jedoch blieb dieser 30. Mai denkwürdig als der Tag seiner Ernennung zum Major. Und weil Anstalten getroffen wurden, den Frieden in England zu feiern, das nach zwanzigjährigem Kampf gegen den Rivalen Frankreich der eigentliche Sieger war, nun ungestört seine Macht und seinen Reichtum mehren konnte.

In Boulogne, wo Napoleon eine Invasion der britischen Inseln vorbereitet und wieder abgeblasen hatte, gingen am 6. Juni der König und die beiden Prinzen an Bord des Linienschiffes »Impregnable«. Dieser Name war Symbol: Er erinnerte daran, daß sich einzig und allein Großbritannien als »uneinnehmbar« erwiesen hatte, im Unterschied zu Preußen, und auch zu Rußland, dessen Zar Alexander mit nach London fuhr, wo er – wie schon in Paris – die Hauptrolle zu spielen gedachte.

Die Preußen übernachteten in Dover im Gasthof zum Herzog von York. In einer Postkutsche ging es nach London. Hier entfaltete der Prinzregent, der spätere König Georg IV., den verschwenderischen Prunk, den er so schätzte und den bei diesem Anlaß auch die Briten zum ersten Mal für angemessen hielten. Friedrich Wilhelm III. demonstrierte Spartanertum, in seiner Residenz beim Herzog von Clarence setzte er sich nicht in die Fauteuils, legte sich nicht in das Himmelbett, sondern nahm mit seinem mitgebrachten Feldbett vorlieb. In der Felduniform fühlte er sich am wohlsten, weniger im Gelehrtenmantel, den man ihm in Oxford – als Doktor der bürgerlichen Rechte ehrenhalber – umhängte, wie auch seinem Marschall Blücher, der brummte: Wenn er Doktor sein sollte, müßten sie seinen Generalstabschef Gneisenau wenigstens zum Apotheker machen.

Militärisches sah der König am liebsten, und sein Sohn Wilhelm, der ihm ähnlich zu werden versprach. So die Flottenparade in

Portsmouth: »Es lagen 15 Linienschiffe, Zwei- und Dreidecker, und einige 20 Fregatten auf der Reede«, berichtete der Prinz. »Die Schiffe taten mehrere Salven, die sich außerordentlich schön machten.« Auch Albions Landstreitmacht imponierte ihm. »Den 25. Juni war Manöver von den Truppen. Sie sind recht schön. Einzig sehen die Bergschotten mit den Dudelsäcken aus.« Er erlebte das verbündete und stammverwandte England als Kontrastprogramm zum feindlichen und wesensfremden Land Napoleons: »Der Unterschied zwischen allem in England und Frankreich ist nicht zu glauben und zu beschreiben. Als wären es zwei verschiedene Weltteile; ich ziehe London Paris vor. England ist fast ein Garten. Alle Gemälde, die man sieht, sind nicht übertrieben. In den Parks laufen Pferde, Vieh, Hirsche, Kaninchen usw. alles durcheinander. Und der englische Rasen! Man sinkt immer ein, so weich. Nun nur still, ich bekomme sonst Heimweh nach England.« Es war eine Liebe auf den ersten Blick, die lange währen sollte, auch wenn er später den Gegensatz zwischen den politischen Institutionen Großbritanniens und Preußens gewahr wurde.

Eine politische Bildungsreise war auch die anschließende Fahrt in das Land der Eidgenossen nicht. Der König von Preußen hatte sein Schweizer Fürstentum Neuchâtel zurückerhalten, und er wollte es höchstpersönlich unter sein Zepter zurückführen. Die französisch sprechenden Neuenburger empfingen Vater und Sohn in einer Weise, die in beiden den Eindruck erwecken mochte, sie seien als Befreier gekommen und für immer willkommen (1848 ging Neuchâtel de facto, 1857 de jure verloren). Wilhelm erhielt ein Produkt des einheimischen Gewerbefleißes, eine goldene Repetieruhr, mit dem untertänigsten Wunsch, daß ihr Schlag ihm nur Stunden des Glücks anzeigen möge.

Des Dienstes gleichgestellte Uhr schlug wieder, als Vater und Sohn am 3. August 1814 nach Berlin zurückgekehrt waren. Bereits am nächsten Tag erhielt Wilhelm einen neuen Gouverneur, den Obersten von Brause, und der theoretische Unterricht in der Kriegskunst begann von neuem, nach dem Ausflug in die Praxis. Vier Wochen im Krieg seien lehrreicher als ein Jahr auf der Kriegsschule, hatte der Militärschriftsteller Heinrich von Berenhorst gesagt, denn nicht mit Tinte, sondern mit Blut würden dort die Fehler angestrichen. Nun war es wieder umgekehrt, und Wilhelm fand das zwar weniger aufregend, aber auch weniger aufreibend. Sein Militärlehrer Reiche meinte, daß es bei einem Prinzen mehr auf den Geist und das Wesen des Krieges und der Kriegführung ankomme als auf die Einzelheiten, die er zwar kennen und verstehen müsse, deren Handhabung aber Sache der Untergebenen sei.

An den Krieg als solchen gemahnte ihn die Kriegsdenkmünze für 1814, die ihm verliehen wurde. Die von Napoleon I. vom Brandenburger Tor entführte und von Friedrich Wilhelm III. wieder heimgeholte Friedensgöttin wurde nun Viktoria genannt und erhielt – gegen den Willen ihres Schöpfers, des Bildhauers Schadow – anstelle des antiken Lorbeerkranzes mit dem römischen Adler ein Eichenlaubgewinde mit dem Eisernen Kreuz und dem preußischen Aar. Der Quadriga wurde eine andere Fahrtrichtung gegeben, nicht mehr zur Charlottenburger Chaussee, auf der Napoleon gekommen war, sondern zu den Linden hin, der Triumphstraße, auf der am 7. August 1814 der König, die Prinzen und die Garde einherzogen.

Alle fünf Meter waren Kandelaber aufgestellt, zwischen Zeughaus und Königlichem Palais ragten Trophäensäulen empor, von Schinkel entworfen, aber – wie Schadow bemängelte – »aus Knauserei« nur aus Pappe und bronziert. Vor Schloß und Dom erhob sich, 16 Stufen hoch, der Siegesaltar. »Plötzlich schwieg das Glockengeläut«, berichtete Georg Hesekiel, »Posaunen eröffneten den Choral. Alle Häupter entblößten sich, und der volle Chorgesang brauste auf gen Himmel. Und als der letzte Ton des Gesanges verklungen, da trat der greise Feldpropst Offelsmeyer auf der höchsten Stufe des Altares hervor, der hatte den Feldzug mit den Truppen mitgemacht, und in kräftigen Worten sprach er das Sieges-, Friedens- und Dankgebet. Und alles Volk rings, die Prinzen, die Generale, Alle, Alle folgten dem Beispiele des Königs und sanken nieder aufs Knie zum stillen Gebet.«

»Gott war mit uns. Ihm sei die Ehre«, stand auf der Kriegsdenkmünze, und der Namenszug des Königs Friedrich Wilhelm, der gewissermaßen im Auftrag des Allerhöchsten Frankreich gestraft hatte. »Ein edler König ist Gottes schönstes Werk«, las man an einem Privathaus in der Nähe der Spittelbrücke. Und ein Schlächtermeister hatte vor seinem Laden in der Markgrafenstraße einen Ochsen auf ein Transparent gemalt und dazu geschrieben: »Wer meinen König tut verachten, / tu ich, wie diesen Ochsen, schlachten.«

Der König revanchierte sich. Am 3. September 1814 führte er die allgemeine Wehrpflicht ein: »Jeder Eingeborene, sobald er das 20. Jahr vollendet hat, ist zur Verteidigung des Vaterlandes berufen.« Das »Volk in Waffen« sollte in das stehende Heer, die Landwehr und den Landsturm gegliedert sein. »Die allgemeine Anstrengung Unseres treuen Volks ohne Ausnahme und Unterschied«, hieß es im Gesetz, »hat in dem soeben glücklich beendigten Kriege die Befreiung des Vaterlands bewirkt, und nur auf solchem Wege ist die Behauptung dieser Freiheit und der ehrenvolle Standpunkt, den sich Preußen erwarb, fortwährend zu sichern.« Friedrich Wilhelm III. schien die Militärreform Scharnhorsts fortsetzen zu wollen, und die politische Reform Steins. Am 22. Mai 1815 verstieg er sich zu der Verlautbarung: »Es soll eine Repräsentation des Volkes gebildet werden.«

Friedrich Wilhelm III. versprach eine schriftliche Verfassungsurkunde und eine ständische Volksvertretung – aber er hat dieses Versprechen nie eingelöst. Hardenberg hatte es ihm gegen seinen Willen aufgeredet, denn er war und blieb der Meinung, daß die verbündeten Monarchen und nicht die aufgeputschten Völker Napoleon besiegt hatten, und daß nach dem Triumph über die Ideen von 1789 es widersinnig wäre, wenn man ihnen nun Tür und Tor im eigenen Lande öffnen würde. Für den König war das kein »Freiheitskrieg« gewesen, also ein Kampf für staatsbürgerliche Freiheit, sondern ein »Befreiungskrieg« vom französischen Imperialismus, zur Wiederherstellung des alten Preußens und des Gleichgewichts der Mächte.

Fragezeichen hinter »Freiheitskrieg« wie »Befreiungskrieg« setzte der Weimarer Goethe in einem Gespräch mit dem Historiker Luden: »Was ist denn errungen oder gewonnen worden? Sie sagen, die Freiheit; vielleicht aber würden wir es richtiger Befreiung nennen; nämlich Befreiung, nicht vom Joche der Fremden, sondern von einem fremden Joche. Es ist wahr: Franzosen sehe ich nicht mehr und nicht mehr Italiener, dafür aber sehe ich Kosaken, Baschkiren, Kroaten, Magyaren, Samländer, braune und andere Husaren. Wir haben uns seit einer langen Zeit gewöhnt, unsern Blick nur nach Westen zu richten und alle Gefahr von dorther zu erwarten, aber die Erde dehnt sich auch noch weithin nach Morgen aus.«

Ein Jenaer Bürger hatte, wie Goethe erzählte, ausgerufen: »Die

Franzosen sind fort, die Stuben sind gescheuert, nun mögen die Russen kommen, wenn sie wollen.« Die zweite russische Garde-Infanteriedivision kam auf ihrem Rückmarsch aus Frankreich am 14. August 1814 nach Berlin, durch das Brandenburger Tor, geleitet vom König, dem Kronprinzen und Prinz Wilhelm. Unter den Linden, vom Pariser Platz bis zum Schloß, waren Tische aufgestellt, an denen zehntausend Russen, Unteroffiziere und Gemeine bewirtet wurden, mit Folgen, auf die der Augenzeuge Ludwig Rellstab verwies: »Man hatte zwar manche Vorsichtsmaßregel getroffen, um dem Übermute des Genusses zum eigenen Besten der Leute zu wehren: allein die Aufseher mochten wohl selbst bald die Fähigkeit der Beaufsichtigung verloren haben, genug, es trat ein Zustand der Trunkenheit ein, der sich bei vielen bis zur völligen Bewußtlosigkeit steigerte.«

Die Offiziere dinierten im Schloß. Der König lauschte den russischen Sängern, den schwermütigen Liedern, die ihm so gefielen, weil sie so zu ihm paßten. Die Prinzessinnen hatten je einen russischen und einen preußischen General als Tischherren. Wilhelm überhörte kein einziges Wort der Tischrede des Marschalls Blücher, der rekapitulierte, was für den Soldatenprinzen die schönste Erinnerung seiner Jugend und ein prägendes Erlebnis seines Lebens war: der Kampf der Monarchen gegen den fremden Imperator und die umstürzlerischen Ideen, der Befreiungskrieg, das Antifranzösische, das Prorussische, das Altpreußische.

Zum Wiener Kongress, auf dem nach der Wiederinstandsetzung der alten Staaten die europäische Staatenordnung restauriert werden sollte, fuhr der König ohne den Sohn. Nach dem gastgebenden Kaiser Franz I. und dem alle für sich einnehmenden Zaren Alexander I. sah er sich auf den dritten Platz versetzt, in der nach dem französischen Alphabet aufgeführten Reihe der fünf Großmächte, die fortan das europäische Konzert bilden und konservative Stücke spielen sollten, sogar auf den vierten Platz: Prussie, nach Autriche, France, Grande-Bretagne und vor Russie, das er am liebsten an die Spitze gestellt hätte.

Die Ergebnisse des Wiener Kongresses konvenierten ihm. Preußen bekam die 1807 im Tilsiter Frieden abgetretenen Landesteile zurück – mit Ausnahme von Ansbach und Bayreuth (an Bayern), Hildesheim und Ostfriesland (an Hannover) sowie der bei der dritten polnischen Teilung erhaltenen Gebiete, auf die der Zar als Preis seines Engagements im europäischen Befreiungskrieg Anspruch erhoben hatte. Was es im slawischen Osten an das konsequent nach Westen vordringende Rußland verlor, gewann Preußen im deutschen Westen mehr als zurück: die Rheinlande (Kur-Trier, Kur-Köln, Aachen, Jülich und Berg) und ein vergrößertes Westfalen, ferner das halbe Königreich Sachsen und Schwedisch-Pommern.

Preußen zählte nun 278 042 Quadratkilometer und 10,4 Millionen Einwohner, und es war weit in das Gebiet des alten Reiches hineingewachsen. Dieses wurde nicht erneuert, was ebenfalls ein Vorteil für den Hohenzollern war, denn die Krone hätte keinem anderem als dem Habsburger zugestanden. Österreich saß zwar dem neugegründeten Deutschen Bund vor, aber nur protokollarisch. Machtpolitisch standen in diesem mitteleuropäischen Staatenverein aus 37 souveränen Fürsten und 4 Freien Städten Österreich und Preußen, die beiden einzigen Großmächte, paritätisch nebeneinander, nun in einem »friedlichen Dualismus«, verbunden durch gleiche staatliche Institutionen, gesellschaftliche Strukturen und eine gemeinsame Rechtsordnung, übereinstimmend im monarchischen Prinzip und im Grundsatz der Legitimität: Die alte Fürstensouveränität, nicht die neue Volkssouveränität blieb die Begründung der Herrschaftsgewalt, und ausgeübt werden sollte sie auch fernerhin von den eingesessenen Dynastien.

Diese Grundsätze der wiederhergestellten Staatenordnung wurden in der Heiligen Allianz zur Ideologie der Restauration verdichtet. Alexander I., Franz I. und Friedrich Wilhelm III. unterzeichneten 1815 die Stiftungsurkunde. Sie begann mit einer Anrufung der christlichen Dreifaltigkeit, Gottvaters, Gottsohns und des Heiligen Geistes, die der revolutionären Dreieinigkeit, Freiheit, Gleichheit, Brüderlichkeit, entgegengestellt werden sollte. Die Monarchen von Gottes Gnaden proklamierten sich als Statthalter Christi auf Erden, denen es aufgetragen sei, ihre Völker als Glieder des einen und unteilbaren Reiches Gottes auf Erden zu regieren. Sie gelobten, »sowohl in der Verwaltung ihrer Staaten wie in ihren politischen Beziehungen mit anderen Regierungen allein die Gebote dieser heiligen Religion zur Richtschnur ihres Verhaltens zu machen.« Und sie versprachen, einander »bei jeder Gelegenheit und an jedem Orte Beistand, Hilfe und Unterstützung« zu gewähren.

Weder die romantischen Patrioten, die von einer Erneuerung des Heiligen Römischen Reiches Deutscher Nation geträumt hatten, noch die friderizianischen Machtpolitiker waren mit diesen Ergebnissen des Wiener Kongresses zufrieden. Friedrich Wilhelm III. mißfiel die viel zu milde Behandlung Frankreichs, des Verursachers allen Übels, doch er nahm es hin, daß der restaurierte Bourbone als gleichwertiges Mitglied in die Heilige Allianz aufgenommen und sein Land als unabdingbare Machtgröße im europäischen Gleichgewichtssystem einkalkuliert wurde. Anstößig fand der König den Artikel 13 der Deutschen Bundesakte: »In allen Bundesstaaten wird eine landständische Verfassung statt finden.« Da er aber ohnehin nicht gewillt war, sein in der ersten Begeisterung gegebenes Verfassungsversprechen zu halten, störte ihn diese Bestimmung nicht weiter.

»Täglich kamen Kuriere aus Wien und berichteten, wie die Sachen ständen«, notierte der Militärlehrer von Reiche. »Und so geschah es wohl, daß in den Stunden oft mehr Politik als Kriegskunst getrieben wurde.« Mitunter wurde die Abwesenheit des Herrn Papas von den Prinzen ausgenützt, »die sich bei Tische noch immer wie die Kinder mit Brotkügelchen warfen«, wie die Oberhofmeisterin Voß tadelte. Den Ernst, mit dem Wilhelm seinen militärischen Studien oblag, hätte der König von Preußen nur loben können. Und der Eifer, mit dem sich der nun fast Achtzehnjährige zu seiner Konfirmation vorbereitete, wäre den Vätern der Heiligen Allianz als Abglanz ihrer Absichten bemerkenswert erschienen.

Im Haus Hohenzollern war es Sitte, daß die Prinzen, wie ein Hofchronist betonte, »erst in dem Alter reiferer Überlegung das öffentliche Bekenntnis ihres christlichen Glaubens ablegten und als Glieder der mündigen Gemeinde eingesegnet wurden.« Zum Religionslehrer hatte der König den Hofprediger und Oberkonsistorialrat Friedrich Ehrenberg bestellt, der ihm durch eine Ansprache zum Gedenken an die Königin aufgefallen war. »Ihr Name reiche hin, uns zu jedem Opfer willig zu machen«, hieß es darin, die Opfer waren 1813/14 erbracht worden, und kaum jemand ahnte, daß man in Luises Namen schon bald neue verlangen würde.

Ein Friedensfest wurde am Berliner Hof vorbereitet, zur Begrüßung des nun wohl bald aus Wien heimkehrenden Königs, und des Zaren, der ihn begleiten wollte. Das Festspiel, vom Prinzen Karl von Mecklenburg-Strelitz ersonnen, wurde im Palais des Fürsten Anton Radziwill einstudiert. Gestalten der deutschen Geschichte bot man als Kronzeugen des preußischen Triumphes auf: von Hermann dem Cherusker, dem Sieger über die Römer, bis zu Bernhard von Weimar, der Wallenstein und Habsburg geschlagen hatte. Prinz Wilhelm sollte Konrad III., den ersten Hohenstaufenkaiser spielen, der zum Kreuzzug aufgerufen hatte. Deshalb war dem Kaiserdarsteller eine symbolische Gestalt beigegeben, die »religiöse Begeisterung«, was sich auch für den Konfirmanden schickte. In der Regieanweisung hieß es: Die Figur der »religiösen Begeisterung« (gespielt von der Gräfin Alopeus, der Frau des russischen Gesandten), »bewegt sich erst langsam, dann stärker, und wie sie aufsteht und festen Schrittes in die Mitte des Saales tritt, tanzen zehn geflügelte Gestalten (Genien) teils mit Palmenkronen, teils mit Kreuzesfahnen in der Hand um sie her. So wie die Musik den kriegerischen Ausdruck annimmt, steigt Konrad III., indem die Genien sich um ihn gruppieren, herab: die Begeisterung ergreift seine Hand und weiht ihn.«

Diese »Friedens-Quadrille« kam nicht zur Aufführung. Mitten in die Proben platzte anfangs März 1815 die Nachricht, Napoleon habe Elba verlassen, sei in Südfrankreich gelandet und auf dem Marsch nach Paris. Die Bourbonenherrschaft brach zusammen, das Kaiserreich erhob sich wie Phönix aus der Asche. Rußland, Österreich, Preußen und Großbritannien mußten ein neues Kriegsbündnis schließen, und Friedrich Wilhelm III. ein zweites Mal das Volk zu Opfern für den Monarchen aufrufen: »Mit euren alten Siegesgefährten, durch neue Waffenbrüder verstärkt, geht ihr, brave Preußen, mit mir, mit den Prinzen meines Hauses, mit den Feldherren, die euch zu Siegen geführt, in einen notwendigen gerechten Krieg.«

Auch der Major Prinz Wilhelm wurde einberufen. Er war angetreten, als auf dem Exerzierplatz vor dem Brandenburger Tor die neuen Fahnen geweiht wurden. Wenige Tage später, am 4. Juni 1815, marschierte er an der Spitze des Füsilierbataillons des 1. Garde-Regiments am König vorbei. Mit ins Feld durfte er vorerst nicht. Der Vater bestand darauf, daß der Herr Major zuerst konfirmiert würde, wie es für den Achtzehnjährigen an der Zeit war und wie es auch dem Kriegsziel entsprach: der Bewährung und Bewahrung des Bundes von Thron und Altar.

Die Konfirmation erfolgte am 8. Juni 1815, in der Schloßkapelle zu Charlottenburg, im Beisein der Familie und der als Zeugen geladenen Staatsbeamten. »Sie haben sich auf diese Stunde mit Sorgfalt vorbereitet«, bestätigte der Hofprediger Ehrenberg, der das vom Prinzen verlesene »Glaubensbekenntnis« zusammen mit den zu diesem Anlaß verfaßten »Lebensgrundsätzen« gedruckt verbreitete und dabei versicherte, Seine Königliche Hoheit habe das alles selbst aufgesetzt. Niedergeschrieben, doch federführend war sicherlich der Hofgeistliche gewesen, denn vieles klingt nach einem theologischen Briefsteller, manches nach dem Traktat eines Seelsorge-Routiniers. Wichtig ist hier aber nicht die Frage der Urheberschaft, wesentlich bleibt die Feststellung, daß sich Wilhelm diese Grundsätze zueigen machte und dieses Credo zeitlebens zu erfüllen suchte.

»Ich lege hier ein Bekenntnis meiner Überzeugungen von den erhabensten Wahrheiten, die die Vernunft fassen kann, ab«, begann es mit einem Anflug von Rationalismus. »Es gibt ein höchstes Wesen. Der Mensch ist bestimmt, der höchsten Vollendung nachzustreben. Der Geist des Menschen ist unsterblich und soll einst in ein höheres Leben, in ein Leben der Vergeltung und Vollendung übergehen.« Im Duktus eines aufgeklärten Protestantismus ging es weiter: »Die Vernunft ist die vornehmste dieser Anlagen; sie ist das Gottähnliche meines Geistes. Durch sie gelange ich zur Erkenntnis der Wahrheit, durch sie aber auch bin ich imstande, Tugend zu üben.« Die Moral wird im Sinne des moralisierenden 18. Jahrhunderts betont: »Wahrheit und Tugend erkenne ich daher für das Wichtigste meiner Bestimmung, und von beiden ist die Tugend das Vornehmste.« Und das heißt vornehmlich: »Gegen niemand Haß hegen, jedem, wo ich kann, Gutes erweisen, selbst meine Feinde gerecht und gütig behandeln, denen wohltun, die segnen, die mich hassen und verfolgen, mäßig, keusch, sanftmütig und demütig sein und in frommer Gelassenheit alles Ungemach des Lebens ertragen.«

Eine romantische Religiosität, wie sie nun gepflegt wurde, war das nicht; es klang nicht nach Schleiermacher, sondern nach Calvin: Am Gehorsam gegenüber Gottes Geboten erkenne man den Auserwählten, am Tugendreichtum zuerst, aber auch am diesseitigen Erfolg. Ein moralischer Puritanismus war dem Sohn Friedrich Wilhelms III. angeboren, reformiert wurde er erzogen, für diesen preußischen Staat, dem man in »innerweltlicher Askese« zu dienen hatte und der selber im Dienst des göttlichen Heilsplanes stand.

Auch ein zweitgeborener Hohenzollernprinz, der nicht König von Gottes Gnaden werden würde und sich dieser Gnade durch eine gottgefällige Haltung würdig erweisen müßte, hatte sich am religiös-moralischen Portepee zu fassen. »Mein fürstlicher Stand soll mich immer an die größeren Anstrengungen, die er von mir fordert und an die größeren Versuchungen, mit denen ich zu kämpfen habe, erinnern«, heißt es in den 1815 niedergeschriebenen »Lebensgrundsätzen« Wilhelms. »Ich will nie vergessen, daß der Fürst doch auch Mensch – vor Gott nur Mensch ist und mit dem Geringsten im Volke die Abkunft, die Schwachheit der menschlichen Natur und alle Bedürfnisse derselben gemein hat, daß die Gesetze, welche für andere gelten, auch ihm vorgeschrieben sind, und daß er, wie die andern, einst über sein Verhalten wird gerichtet werden.«

Der Fürst sei Gott für sich selber verantwortlich, aber auch für diejenigen, für die er Verantwortung trage und die sich ihrerseits ihm gegenüber zu verantworten hätten – das war die Grundregel dieses »Fürstenspiegels« im Gründungsjahr der Heiligen Allianz, welche die moderne Staatsraison im Namen Gottes und mit christlich-mittelalterlichen Formeln taufen wollte.

»Mein Fürstenstand soll mich nicht verhindern, demütig zu sein vor meinem Gott.« Ein Hohenzollernprinz hatte sich aber auch vor dem Hohenzollernherrscher zu beugen und dem Hohenzollernstaat zu dienen: »Für den König, meinen Vater, hege ich eine ehrfurchtsvolle und zärtliche Liebe. Ihm zur Freude zu leben, will ich mich auf das angelegentlichste bemühen. Seinen Befehlen leiste ich den pünktlichsten Gehorsam. Den Gesetzen und der Verfassung des Staates unterwerfe ich mich in allen Stücken.« Von denen, die unter ihm standen, erwartete er dasselbe, was er dem, der über ihm stand, entgegenbringen wollte: »Ich achte es viel höher, geliebt zu sein, als gefürchtet zu werden oder bloß ein fürstliches Ansehen zu haben.« Allerdings: »Doch will ich, meiner Pflicht gemäß, alles aufbieten, daß das Werk der Heuchelei und Bosheit zerstört, das Schlechte und Schändliche der Verachtung preisgegeben und das Verbrechen zur verdienten Strafe gezogen werde.« Das Suum cuique, »Jedem das

Seine«, der altpreußische Grundsatz, war auch ein Gebot der hierarchischen Ordnung, welche die Heilige Allianz als göttliche Weltordnung hinstellte.

Wilhelm hielt dies für eine Selbstverständlichkeit, die er bereitwillig annahm und keinem allgemein unangebrachten und nicht in seiner besonderen Veranlagung liegenden Nachdenken aussetzte. Auch seine Religiosität war naiv, nicht sentimentalisch, seine Vorstellung von der Allgewalt des »höchsten Wesens« sowie der Pflichten und Rechte der ihm nachgeordneten höheren und niederen Wesen glich einem Holzschnitt – und war gerade deshalb so einprägsam, ihn selber prägend und andere beeindruckend. Zunächst seinen Religionslehrer Ehrenberg, der bei der Einsegnung daran erinnerte, daß der Prinz in wenigen Tagen in den Krieg ziehen, zu seinem Bekenntnis stehen müßte: »Die Übel der Zeit, durch die mich Gott vielleicht prüfen wird, werde ich mit Ergebung und Gelassenheit tragen, die Versuchungen zum Bösen glücklich überwinden; den Tod darf ich nicht fürchten, ja, ich kann ihm heiter und mutvoll entgegengehen.«

»Morgenrot, Morgenrot, leuchtest mir zum frühen Tod«, sangen wieder preußische Soldaten, während ihre Befehlshaber, voran Gebhard Leberecht von Blücher, es kaum erwarten konnten, sie wieder dem Feind und dem Tod entgegenzuführen. »Dies ist das größte Glück, was Preußen begegnen konnte«, rief der zweiundsiebzigjährige Marschall Vorwärts, als ihn sein alter und neuer Generalstabschef Gneisenau die Wiederkunft Napoleons meldete. »Nun fängt der Krieg von neuem an und die Armee wird alle in Wien begangenen Fehler wieder gut machen.« Viel zu milde hätten die Diplomaten den Erzfeind Frankreich, die wetterwendischen Franzosen und den »Schreckensmann« Napoleon behandelt. Nun wollte er mit dem Schwert die Scharte wieder auswetzen. »Ich stehe hir mit 130 000 Man Preußen die im schönsten stande sind und wo ich mich getraue Tuniss, Tripoliß und Allgier zu erobern«, schrieb der nicht nur mit den Federfuchsern, sondern auch mit der Feder auf Kriegsfuß stehende Blücher am 3. Juni 1815 aus Namur.

Dreizehn Tage später wurde er von Napoleon, der ihm nach Belgien entgegenmarschiert war, in der Schlacht bei Ligny geschlagen. Blücher verlor 12 000 Mann und um ein Haar sein eigenes Leben. Sein Schimmel wurde von einer Kugel getroffen, stürzte und begrub ihn unter sich, französische Kürassiere jagten vorbei, und erst nach einiger Zeit konnte der gequetschte und betäubte Feldmarschall unter dem Pferd hervorgezogen und in Sicherheit gebracht werden. In einer Bauernstube des Dorfes Gentinnes erquickte er sich an Warmbier, das aus einem Pferdeeimer gereicht wurde und an der seinen Soldaten ausgegebenen Losung: »Ich werde euch wieder vorwärts gegen den Feind führen und wir werden ihn schlagen, denn wir müssen.«

Zwei Tage später, am 18. Juni 1815, schlugen Blüchers Preußen im Verein mit den Engländern, Hannoveranern, Braunschweigern, Nassauern, Holländern und Belgiern des Herzogs von Wellington die letzte Armee Napoleons in der Entscheidungsschlacht dieses Feldzuges – bei Mont Saint-Jean, wie sie die Franzosen, Waterloo, wie sie die Briten, und Belle-Alliance, wie sie die Preußen nannten. Blücher hatte 7000, Wellington 13 000 und Napoleon 25 000 Mann an Toten und Verwundeten verloren. Der Kaiser, der es sehr eilig hatte, zurück nach Paris zu kommen, ließ seinen Wagen stehen, mit Gold, Juwelen und seinen Auszeichnungen, darunter der Schwarze Adlerorden, den ihm einst Friedrich Wilhelm III. verliehen hatte und den nun General Gneisenau, der die fliehenden Franzosen verfolgte und zersprengte, erhalten sollte.

Von all dem wußten Wilhelm respektive sein Vater noch nichts, als sie am 22. Juni 1815 von Berlin in Richtung Frankreich aufbrachen. Kurz vor Merseburg wurde ihnen die Niederlage bei Ligny zugleich mit dem Sieg bei Belle-Alliance gemeldet – am selben Tage, an dem Napoleon zugunsten seines Sohnes abdankte. In Hanau bekamen sie die erbeuteten Diamanten Napoleons zu Gesicht. In Speyer erfuhren sie von der zweiten und wohl nun endgültigen Entthronung Napoleons und vom Vormarsch Blüchers und Wellingtons auf Paris, das nun erneut besetzt und für immer am Boden gehalten werden sollte.

Am Kaiserdom am Rhein versammelten sich die verbündeten Monarchen, Friedrich Wilhelm III., Alexander I. und Franz I., die mit dem wieder vom österreichischen Feldmarschall Schwarzenberg geführten Haupttheer nach Frankreich hineinzogen. Entscheidendes gab es für sie nicht mehr zu tun, und für Wilhelm, der vorerst in Begleitung des Vaters blieb, nicht mehr viel zu erleben. In Lothringen erfuhr man, daß Blücher und Wellington am 7. Juni Paris besetzt hätten. Das ärgerte den Zaren, mißfiel dem Kaiser und freute den König, der den Überbringer der Nachricht, den Rittmeister Moritz von Fröhlich, zum Major beförderte. Die Monarchen beeilten sich, die französische Hauptstadt zu erreichen, auch deshalb, weil sie den Franzosenfresser Blücher und Wellington, den Verfechter britischer Interessen, dort nicht allzu lange schalten und walten lassen wollten.

Am Abend des 10. Juli 1815 kamen die drei Monarchen nach Paris, diesmal in Postkutschen, nicht als hoch zu Roß paradierende Sieger. Ludwig XVIII., der Bourbone, der vor Bonaparte wie der Hase vor dem Adler geflohen war, saß schon wieder in den Tuilerien. Die preußischen Generäle, die zum Diner bei Wellington eingeladen waren, meldeten sich etwas verspätet und mit Champagnerfahnen bei ihrem König. Was er von ihnen hörte, hätte ihm durchaus gefallen können, wenn er nicht hätte befürchten müssen, deshalb Schwierigkeiten mit seinen Verbündeten zu bekommen. Wellington hatte bereits Gneisenau gebremst, der den geächteten Napoleon, falls er den Siegern in die Hände fallen sollte, »vom Leben zum Tod bringen« wollte. Und der Brite war Blücher in den Arm gefallen, als dieser die Jena-Brücke, die an die schmerzhafte Niederlage Preußens im Jahre 1806 erinnerte, in die Luft sprengen wollte.

Der versöhnliche Geist des Wiener Kongresses hatte im eroberten Paris bereits um sich gegriffen, als Wilhelm am 13. Juli, drei Tage nach den Monarchen, zum zweiten Mal den »großen Sündenpfuhl« betrat. In Ligny, bei Bar-le-Duc, hatte sich der Vater vom Sohn getrennt, ihn bei der langsamer vorankommenden Truppe zurückgelassen. Der Prinz wurde im Hôtel d'Avray einquartiert, während der König wieder das Palais Beauharnais bezogen hatte. Am 16. Juli wohnten beide dem Dankgottesdienst des Zietenschen Korps bei, das anschließend auf den Champs-Elysées paradierte.

Dann begann wieder das Warten auf einen Friedensvertrag. Ein paar Tage mußte Wilhelm das Bett hüten, einer Brustentzündung wegen, welche die Ärzte auf körperliche Überhitzung während des Feldzuges zurückführten. Der Kronprinz, der bei der Nordarmee gewesen war, weilte nun auch in Paris. Die beiden Brüder verkehrten mit den Großfürsten Nikolaus und Michael, jüngeren Brüdern des Zaren, wobei den knapp gehaltenen Preußen das großspurige Auftreten der Russen imponierte. »Wir sehen sie alle Tage und sie werden mir immer lieber«, schrieb Wilhelm dem wieder daheimgebliebenen Bruder Karl. »Wir waren neulich mit Nicola (er fuhr Fritz und mich in seinem Kabriolett und machten rasenden Lärm beim Platzrufen) in einem Laden ›Le petit Dukerque‹, wo ganz charmante Sachen zu haben sind, fast alles englisch. Ich habe manches gekauft. Die Großfürsten kaufen sehr viel; Nicola hat schon für 50 000 Franks gekauft; er hat aber auch zu dieser Kampagne extra 60 000 Franks geschenkt bekommen, außer seinen gewöhnlichen 120 000 Franks. So viel kann ich nicht daran wenden.«

Man soll immer einen Groschen weniger ausgeben, als einkommt, war eine Lebensregel des Vaters, dem Wilhelm in der fremden Stadt näher kam als zu Hause. Zusammen ritten sie über die Avenuen und Boulevards, auf das Marsfeld oder zur Ebene von Grenelle, wo preußische Truppen exerzierten, auch das zweite Bataillon des 1. Garde-Regiments, dessen Kommando der Major Prinz Wilhelm übernahm. Wie der Vater interessierte sich der Sohn für alles, was Uniformen betraf, bis ins kleinste Detail, fand es für den Bruder Karl berichtenswert: »Neulich schrieb ich Dir von den abgeänderten Knöpfbeinkleidern; sie haben noch eine Veränderung erlitten, die neuen nämlich sollen die Farbe wie die der Gemeinen haben und wie die russischen besetzt sein, also ein Vorstoß in der Mitte, doch die Streifen nicht zu breit.« Erst recht als Vorbild galt das Russische en gros: Am 10. und 11. September paradierte die Westarmee des Zaren vor den Toren von Paris, 120 000 Mann und 528 Geschütze.

Wilhelm war, wie sein Vater, von diesem Schauspiel hingerissen, der militärischen Revue an sich wie der Demonstration einer Macht, mit der man nun auch noch in der Heiligen Allianz verbunden war. Blücher hatte sich entschuldigen lassen, aus Verstimmung gegenüber dem Zaren, der im Verein mit dem Kaiser von Österreich die Interessen Frankreichs mehr im Auge zu haben schien als diejenigen Preußens. Seinen König hielt er für zu nachgiebig, und deshalb wollte er ihm sein Armeeoberkommando vor die Füße legen. Friedrich Wilhelm nahm es nicht zurück: »Wenn, wie ich Ihnen zu glauben gern geneigt bin, der Gang der politischen Verhandlungen Ihren persönlichen Ansichten nicht genügsam entspricht, so darf ich eben von der Ergebenheit und der Vaterlandsliebe, welche ihr Leben ruhmvoll bezeichnen, erwarten, daß Sie Mir und dem Staat auch da Ihre Dienst erhalten werden, wo das alleinige Verfolgen Meines Staatsinteresses Schwierigkeiten in dem vielfach kombinierten Interesse der übrigen Staaten findet.«

Die Heilige Allianz – eben in Paris gestiftet – gebot brüderliche Rücksicht auf den restaurierten Bourbonenkönig, das wiederhergestellte europäische Gleichgewichtssystem erforderte ein nicht zu schwaches Frankreich und ein nicht zu starkes Preußen, und erlaubte schon gar nicht – wonach es romantische Patrioten verlangte – ein deutsches Nationalreich. Indessen kamen die Franzosen, deretwegen man ein zweites Mal in den Krieg ziehen mußte, im zweiten Pariser Frieden nicht mehr so glimpflich davon wie im ersten. Die Grenzen von 1790, nicht mehr die von 1792, wurden ihnen zugestanden. Saarlouis und Saarbrücken waren an Preußen, Landau an Bayern abzutreten. Nord- und Nordostfrankreich sollten – auf höchstens fünf Jahre – von verbündeten Truppen besetzt bleiben. Die nach Paris entführten Kunstschätze mußten zurückgegeben und eine Kriegsentschädigung von 700 Millionen Franken gezahlt werden – die Zeche Napoleons, der nun auf der fernen Insel St. Helena angekettet wurde.

Die Sieger rüsteten sich zum Heimmarsch, mancher Russe, wie der General Woronzow, mit unguten Gefühlen: »Wenn in Rußland einmal eine Militärrevolution ausbricht, so geht sie von Truppen meines Armeekorps aus: denn hier haben sie gelernt, was eigentlich ein Mensch ist.« Was ein rechter Preuße war, der hatte zwar die Weine und manches andere schätzen gelernt, mochte die Franzosen aber weniger denn je leiden. Er wollte endlich wieder heim ins Haus Hohenzollern, wo Zucht und Ordnung herrschten, wie sie die Königin Luise demonstriert hatte, wie sie von König Friedrich Wilhelm III. repräsentiert und von der königlich-preußischen Armee garantiert wurden.

So jedenfalls dachte Prinz Wilhelm. Im Oktober 1815 war er wieder in Berlin, rechtzeitig zum zweiten Jahresgedächtnis der Völkerschlacht bei Leipzig und zum vierhundertjährigen Jubiläum der Hohenzollernherrschaft in der Mark Brandenburg. Beides wurde zusammen gefeiert. In einer Predigt bezeichnete Schleiermacher als Quelle von Macht und Sieg den »Einfluß jener das innerste Leben durchdringenden Liebe und Ergebenheit, womit alle Provinzen des Staats und alle Stände aller Provinzen dem Könige und seinem erhabenen Hause zugetan sind.« Das Tedeum im Dom wurde von der im Lustgarten aufmarschierten Infanterie mit 60 000 Gewehrschüssen begleitet. Auf dem Exerzierplatz im Tiergarten gab es Volksbelustigungen: Wettrennen, Hahnenkämpfe, Kletterbäume, auf denen, unter den Siegesnamen Leipzig und Belle-Alliance, materielle Gewinne zu holen waren; es wurde musiziert und getanzt, Luftballons stiegen gen Himmel, und schließlich wurde unter Kanonenschlägen ein Feuerwerk abgebrannt.

»Dies erste wirkliche Volksfest, welches in Berlin gefeiert wurde, verlief in ungestörter Ruhe«, vermerkte ein Chronist. Unter sich blieb im Königlichen Schloß die königliche Familie mit den durchreisenden russischen Großfürsten Nikolaus und Michael. Das Volk schien nicht zu wissen und der Hof es für selbstverständlich zu halten, was ein Maurergeselle bemerkt hatte, als der Fall von Paris in Berlin bekanntgemacht worden war: »Da hört Ihr's, der Krieg ist vorbei, die Adeligen haben gewonnen.«

BEI NIMMERSATT, dem nördlichsten Dorf des Königreiches Preußen, an der Ostsee bei Memel, umarmten sich am 21. Juni 1817 Prinz Wilhelm und Großfürst Nikolaus. Der Preuße brachte dem Russen seine Schwester Charlotte als Braut – die politische Wahlverwandtschaft sollte durch familiäre Bande verknüpft werden.

Wilhelm hatte sich mit Nikolaus in Paris angefreundet, nach der zweiten und endgültigen Niederwerfung Napoleons durch die verbündeten Monarchen. Der nun einundzwanzigjährige Bruder des Zaren, nach Alexander I. und Großfürst Konstantin der dritte Sohn Pauls I. und dessen Gemahlin Maria Feodorowna, einer geborenen Prinzessin von Württemberg, sah sympathisch aus: hoch und schlank gewachsen, freie Stirn, elegant geschwungene Augenbrauen, schöne Nase und feiner Mund. »Sein Betragen ist lebhaft, ohne alle Verlegenheit und Steifheit und doch sehr anständig«, bemerkte Freiherr von Stockmar. »Wenn auch nicht alles, was er sagte, durchaus gescheit war, so war doch alles höchst angenehm, und er scheint entschiedenes Talent für das Courmachen zu haben.«

Die Oberhofmeisterin Voß, die nur zu gerne eine der ihr anvertrauten Töchter der verstorbenen Königin Luise mit einem Zarensohn verheiraten wollte, fand sogleich Gefallen an Nikolaus. Für ihn in Frage kam nur Charlotte, die 1798 geborene älteste Tochter, die 1815, als sie ihm präsentiert wurde, mit siebzehn Jahren ein heiratsfähiges Alter erreicht hatte. Charlotte war keine Schönheit, und auf den ersten Blick nicht einmal das, was man ein liebes Mädchen nannte. Die Mutter, der sie weniger als Friedrich Wilhelm III. nachgeschlagen war, hatte festgestellt, sie verberge wie ihr Vater »hinter einer scheinbar kalten Hülle ein warmes, teilnehmendes Herz. Scheinbar verschlossen und in sich gekehrt geht sie einher, hat aber viel Liebe und Teilnahme. Daher kommt es, daß sie etwas Vornehmes in ihrem Wesen hat. Erhält sie Gott am Leben, so ahne ich für sie eine glänzende Zukunft.«

Niemand konnte voraussehen, daß Charlotte eine russische Kaiserin werden würde; da Alexander keine Kinder hatte, galt Konstantin, der ältere Bruder von Nikolaus, als Thronfolger. Doch die Familie war schon damit zufrieden, daß sie eine russische Großfürstin werden sollte. Die Braut selber war geteilter Meinung; ihr gefiel zwar der ihr am 4. November 1815 in Berlin Anverlobte. Aber die Aussicht, Berlin mit Petersburg vertauschen zu müssen, bedrückte sie: »Was ist mir das Herz so schwer! Wie werde ich es tragen, die harte Trennung!«

Ein Trost für Charlotte war, daß sie ihr Lieblingsbruder Wilhelm nach Rußland begleitete. In Königsberg frischten sie Kindheitserinnerungen auf, in »Luisenwahl«, dem Sommerhaus vor den Toren der Stadt, gedachten sie der Mutter. Die Braut pflückte Kornblumen, flocht daraus einen Kranz, den sie aufsetzte, als sie die preußisch-russische Grenze überschritt. Der zwanzigjährige Wilhelm trug die Uniform eines Obersten, wozu er im Vorjahr befördert worden war; kurz vor der Abreise hatte ihn der König in »besonderer Zufriedenheit mit den militärischen Leistungen Seiner Königlichen Hoheit« zum Chef des 7. (westpreußischen) Infanterie-Regiments ernannt. Und ihm die Mahnung mit auf den Weg gegeben: Er möge sich allen russischen Bräuchen anbequemen.

Das mußte ihm nicht zweimal gesagt werden. Wilhelm war ebenso pro-russisch wie anti-französisch, was für ihn die beiden Seiten der Heiligen-Allianz-Medaille waren. Frankreich, das bedeutete revolutionäre Ideen und napoleonischen Imperialismus, Rußland hingegen monarchische Ordnung und eine militärische Macht, die zur Befreiung Preußens und Europas eingesetzt worden war und zur

Bewahrung der restaurierten Staatenordnung notwendig blieb. Der russische Sankt Georgsorden war die erste Auszeichnung, die er erhalten hatte, und das Erlebnis der preußisch-russischen Waffenbrüderschaft im Kampf gegen Frankreich prägte sein Leben lang das Freund- und Feindbild Wilhelms.

Nun war man auch noch en famille, und die Russen ließen es sich angelegen sein, die neue Verwandtschaft davon zu überzeugen, daß sie in ein großartiges Haus und in ein großmächtiges Reich einheirateten. »Ich empfehle Ihnen meinen neuen Bruder«, stellte Zar Alexander den Prinzen Wilhelm seiner Mutter Maria Feodorowna vor, die entgegnete: »So bin ich denn auch um einen Sohn reicher« – was nicht nur eine Höflichkeitsfloskel war, denn sie blieb ihm fast mütterlich zugetan. »Der Prinz Wilhelm benimmt sich hier mit vieler Würde und gefällt sehr«, berichtete General Oldwig von Natzmer, der ihm wie vordem für Frankreich, nun für Rußland beigegeben worden war. »Der Kaiser und die Kaiserinmutter zeichnen ihn so aus, daß selbst die fremden Gesandten darüber jaloux werden.«

Das stieg dem Zwanzigjährigen etwas zu Kopf. Seinen kritischen Blick verlor er darüber nicht. Petersburg beeindruckte ihn zwar, »die Schönheit der Stadt in einzelnen Teilen, und vornehmlich die wundervollen Ufer der Newa«, und es imponierten ihm die »Straßen breit und schön durch die eleganten Häuser, die einen hellen Abputz haben, der sogar von der Polizei bestimmt wird, damit ein Ganzes hieraus kommt.« Aber Berlin war es nicht: Die »Newskij-Perspektive« sei zwar eine schöne Promenade mit Bäumen, »welches aber doch bei weitem nicht unsere Linden sind: nur klein sind die Bäume und auch nur *eine* Reihe von jeder Seite.«

Den Übertritt seiner Schwester zur griechisch-orthodoxen Kirche hielt er für erforderlich, nicht für erbaulich: »Wie mir und allen den Unsrigen am Einsegnungstage zumute war, brauche ich wohl nicht zu beschreiben, denn diese Gefühle teilt gewiß ein jeder Preuße.« Mit gemischten Gefühlen assistierte er am 13. Juli 1817 der Trauung in der Schloßkapelle des Winterpalastes: Nach russischem Brauch hielt er die Vermählungskrone über das Haupt seiner Schwester, die an diesem Tage neunzehn Jahre alt geworden war. Fest auf Fest folgte, »daß man kaum zu sich selbst kam«, doch es war ein schier endlos schöner Rausch: goldstrotzende Säle, im Lichte unzähliger Kerzen leuchtend und glitzernd, Uniformen, Roben, Champagner und Kaviar, Musik und Tanz.

Wilhelm machte alles mit, wenn auch bald »nicht ungeniert«. Denn ein Hund hatte ihn ins Bein gebissen. Er gehörte dem Schwager Michael, dem jüngeren Bruder von Nikolaus. »Die Sache schien mir weiter nicht gefährlich; indes das rächerische Gemüt des Großfürsten gönnte dem armen Tier das Leben nicht und ließ es töten. Nun fiel es mit einemmal aller Welt ein, ob der Hund nicht toll gewesen wäre – es war zu spät, den Unheilstifter zu examinieren, und so mußte ich herhalten.« Die Wunde wurde vorsorglich ausgeschnitten und ausgebrannt. »Der Prinz hat die Operation mit großer Standhaftigkeit ertragen; keine Klage ist über seine Lippen gekommen«, berichtete Natzmer beflissen nach Berlin. »Er hat gezeigt, daß das Blut der Hohenzollern in ihm fließt.« Deswegen heilte die Wunde nicht schneller; eine zeitlang mußte Wilhelm beim Tanzen zusehen.

Dann reiste er mit der neuen Verwandtschaft von Petersburg nach Moskau. Dreizehn Tage brauchte man dazu, was die Weite Rußlands ahnen, aber auch an Napoleon denken ließ, der immerhin bis Moskau gekommen war. Die Russen hatten ihre heilige Stadt angezündet und den Eindringling vertrieben. Ein halbes Jahrzehnt danach war der Wiederaufbau weit fortgeschritten; der höchste Turm des Kreml, »Iwan Welyki«, trug wieder das vergoldete Kreuz, das die Franzosen mitgenommen und auf dem Rückzug verloren hatten. Von der Aussicht war Wilhelm hingerissen: »Die vielen großen Palais neben kleinen Häusern, die unzähligen Mengen Türme von allen möglichen Gestalten und Größen mit goldenen Kuppeln gewähren ein unbeschreibliches Ganzes.«

Man wohnte im Kreml. Natzmer meckerte über das Quartier in einer Klosterzelle, Wilhelm durchstreifte das Labyrinth von Palästen und Kirchen, Zimmerfluchten und Gewölben, Toren und Höfen, und er machte sich Notizen wie ein Truppenführer, der sich in einem unwegsamen Gelände zurechtfinden sollte. Die Waffensammlung interessierte ihn am meisten. »Es befinden sich viele preußische Kanonen dabei, welche aber glücklicherweise keine Trophäen über uns sind, indem sie dem Franzosen abgenommen sind, die sie uns allerdings Anno 1806 nahmen.« Hinter diese nicht unbedingt schmeichelhafte Feststellung setzte er sofort ein patriotisches Ausrufezeichen: »Indessen, auf jene Zeit können wir ruhig zurückblicken, denn sie hat unserem Volk Gelegenheit gegeben, sich in seiner ganzen Kraft zu zeigen und gewiß darin alle anderen übertroffen.«

Der Preuße ließ sich vom geballten Russischen nicht erdrücken. Kritische Vergleiche dienten seiner Selbstbehauptung. Die gotischen Kirchen daheim, »herrlich offen und frei«, seien den engen und finsteren orthodoxen Kathedralen vorzuziehen. Die Moskauer Damenwelt reiche noch weniger als die Petersburger an die Berliner heran. Selbst die tägliche Schlittenfahrt bekam er über, weil ihm dabei vom »Furieux«, dem Paradepferd, ständig Schnee ins Gesicht geschleudert wurde. Und »es gibt nichts Unangenehmeres als Knüppeldämme und schlechtes Steinpflaster, welches die Abwechslungen auf dieser Tour sind. Und da lernt man noch mehr den geliebten heimatlichen Sand schätzen.« Weihnachten feierte er noch mit der heimwehkranken Schwester, unter einem deutschen Christbaum. Dann machte er sich auf den Weg nach Haus. Am 15. Januar 1818 traf er, nach siebenmonatiger Abwesenheit, wieder in Berlin ein.

Der Zar sandte ihm die Ernennung zum Chef des Infanterieregiments Kaluga nach, jener Einheit also, bei der er 1814 in Frankreich seine Feuertaufe erhalten hatte. Das russische Militär und das vom militärischen Geist getragene, von Befehl und Gehorsam in Zucht und Ordnung gehaltene russische Staatswesen hatten ihm schon an Ort und Stelle uneingeschränkt gefallen, und es imponierte ihm um so mehr, als er nun in Preußen zunehmend mit militärischen Aufgaben betraut wurde und damit staatliche Pflichten zu erfüllen hatte – seit 1818 Generalmajor und 1820 Kommandeur der 1. Garde-Division, ein preußischer Militär und königlicher Prinz mit Sitz und Stimme im Staatsrat.

DAS ALTE PREUSSEN war mit Hilfe der Neuerer wiedererstanden, für die man in der restaurierten Monarchie keine rechte Verwendung mehr hatte. »Vor und im Befreiungskampf«, meinte General von Müffling, »sind sie gut gewesen, die träge Meute aufzupeitschen. An die Jagdtafel aber gehören keine Männer, die nur gut knallen können.« Patriotische Publizisten wie Görres und Arndt waren jetzt nicht mehr gefragt, und schon gar nicht der Turnvater Jahn. Der *Rheinische Merkur,* den Napoleon die »fünfte Großmacht«

gegen ihn genannt hatte, wurde 1816 verboten, sein Herausgeber Joseph Görres emigrierte aus Preußen. Ernst Moritz Arndt, der Verfasser des *Deutschen Volkskatechismus*, antifranzösischer Streitschriften und Kriegslieder, wurde 1820 als Geschichtsprofessor an der Universität Bonn suspendiert. Friedrich Ludwig Jahn, der die Turnerei als vormilitärische Ausbildung betrieben hatte, wurde 1819 auf Festung gesetzt.

Die Reaktion roch überall Revolution, bei romantischen Patrioten, die ein deutsches Nationalreich ersehnten, wie bei aufgeklärten Liberalen und Demokraten, die den Ideen von 1789 verhaftet blieben. Auch und gerade in Preußen wurden die »Karlsbader Beschlüsse« ausgeführt, die 1819 – nach der Ermordung des deutschen Lustspieldichters und russischen Generalkonsuls Kotzebue durch den Studenten Sand – für den Deutschen Bund erlassen worden waren: Verbot der Burschenschaften, Entlassung »demagogischer« Lehrer, Vorzensur für Zeitungen und Schriften unter zwanzig Druckbogen.

»Die Kanzel und der Lehrstuhl müssen keine Giftbude sein«, kommentierte der Freiherr vom Stein, der sich persönliche Freiheit nur in bürgerlicher Disziplin und staatlicher Ordnung vorzustellen vermochte. Aber auch dieser königlich-preußische Reformer bekam kein Regierungsamt mehr, und seine Reformen, die man zur Ankurbelung des Befreiungskampfes gebraucht, wenn auch nicht goutiert hatte, wurden nun angehalten, ja zurückgedreht. Die Deklaration vom 29. Mai 1816 erklärte den Adel zum Hauptgewinner der Bauernbefreiung: Volles und freies Eigentum an ihren Höfen wurde nur den größeren Bauern zugestanden – gegen Abtretung eines beträchtlichen Teiles ihres Grund und Bodens an den Grundherrn. Die kleineren Bauern, vier Fünftel der Gesamtzahl, blieben ihm dienstpflichtig. Der Großgrundbesitz, der Adel konnte nun wirtschaftlich gestärkt und gesellschaftlich gesichert seine Hauptrolle weiterspielen – als Erster Stand in Preußen, das ein Ständestaat blieb, nun nicht nur auf das friderizianische Herkommen gestützt, sondern auch von der christlich-mittelalterlichen Stände-Ideologie der Romantik beflügelt.

Die Aristokratie hatte gesiegt, und die Bürokratie. Sie war ein eher fortschrittliches Element, sicherte die Staatseinheit und stärkte die Staatsmacht, bevormundete die Verwalteten und sorgte für deren Wohlfahrt, führte den aufgeklärten Absolutismus fort, als elitäre Formation, in die zwar wie bisher Adelige hineingeboren wurden, nun aber sich auch Bürgerliche hineindienen konnten. Chef der Bürokratie, wenn auch nicht ein Musterbürokrat, war Staatskanzler Fürst Hardenberg. Als Diplomat, der er primär war, hatte er schon immer den Weg des geringsten Widerstandes vorgezogen, als Siebzigjähriger war er außerstande, sich der reißender gewordenen reaktionären Strömung zu widersetzen.

Hardenberg legte die Verfassungspläne ad acta, die er vor und während der Befreiungskriege vertreten und immerhin bis zum Verfassungsversprechen des Königs vom 22. Mai 1815 vorangetrieben hatte. Nach der Niederwerfung Napoleons und der Wiedererrichtung des Ancien régimes sah Friedrich Wilhelm III. keine Veranlassung, sein in der Not gegebenes Wort einzulösen. Am 11. Juni 1821 entschied er: Es werde vorerst weder eine schriftliche Verfassung noch eine preußische Volksvertretung geben, lediglich Provinzialstände sollten eingerichtet werden. »Das Weitere wegen Zusammenberufung der allgemeinen Landstände bleibt der Zeit, der Erfahrung, der Entwicklung der Sache und Meiner landesväterlichen Fürsorge anheimgestellt.«

Der alte Absolutismus enthielt nun eine Prise Patriarchalismus, die Allmacht des Monarchen wurde – romantisch und religiös, wie man nun war – mit Gottesgnadentum und Legitimismus verbrämt. In diesem Sinne galt Friedrich Wilhelm III. als Mustermonarch, geradezu als die personifizierte Ruhe und Ordnung, die nach 1815 auf der Tagesordnung stand. »Konservieren, apaisieren, kalmieren« waren die Leitworte seines Regiments: Bewahrung der restaurierten Herrschafts- und Gesellschaftsform, Erhaltung des äußeren Friedens durch eine abschreckende Armee und des inneren Friedens durch eine schlagkräftige Polizei, Zurruhebringung der durch Revolution wie Gegenrevolution aufgeregten Geister.

Die Reaktion hätte keinen besseren Kameraden finden können als diesen König. Friedrich Wilhelm III. war Monarch mit gottbegnadeter Selbstverständlichkeit. Er hielt sich für den höchsten Edelmann, der mit seinen eigenen die Privilegien des ihm ergebenen Ersten Standes zu wahren, die Führungspositionen in Armee und Verwaltung mit Adeligen zu besetzen und auch noch dafür zu sorgen hatte, daß selbst eine Berliner Bürgermeisterstochter nicht mit dem adeligen »Fräulein«, sondern mit dem bürgerlichen »Mamsell« anzureden war. Er war der oberste Bürokrat seines Staates, zumindest was das Pflichtbewußtsein und die Arbeitsdisziplin betraf: sein Tag war gleichförmig geregelt, gewissermaßen in Bürostunden eingeteilt. Und er war der erste Soldat Preußens, der sich im Krieg bewährt hatte und das Militär in Friedenszeiten schätzte: die Uniform, den Gleichschritt, die Parade und das Manöver – das immerwährende Soldatenspiel.

Wilhelm war in vielem wie sein Vater, wäre es am liebsten in allem gewesen. Er hörte es gern, wenn man von ihm sagte: »Das ist der ganze Vater!« Wie dieser liebte er die Uniform, die ihm selber Haltung gab und anderen Achtung abnötigte, eine Art Panzer war, denn auch der Sohn hatte sich gegen seine Weichheit und Verletzlichkeit zu wappnen. Er kommandierte gern, weil es ihm Überlegenheit über andere gab, ohne daß man sie erst begründen und beweisen mußte, und weil es in Formeln geschah, die er im Schlaf hersagen konnte, und in einem Ton, der Musik in seinen Ohren war. Doch fast noch lieber gehorchte er, erwartete er Befehle, um sie willig und exakt auszuführen, denn es entsprach seiner eher passiven Natur mehr, in Reih und Glied gestellt zu sein, als vor der Front zu stehen. Da hatte es der Prinz leichter als der König, der stets und allein das Kommando hatte, dessen Zaudern und Zagen vielleicht auch darauf zurückzuführen war, daß er ständig auf Befehle wartete, die ihm niemand gab.

Der Sohn werde wie der Vater, einfach, bieder und verständig, hatte die Mutter vorausgesagt. Er wurde einfach bis zur Monotonie, nüchtern bis zur Kargheit, bescheiden bis zur Langweiligkeit, beflissen und betulich, bieder und spießig, anständig und verständig bis zur Selbstentäußerung, pflichtbewußt und dienststeifig bis zur Selbstaufgabe. Selten freilich schlug er bis zu den Extremen aus, er pendelte sich in der Mitte ein, zwischen Via media und Mittelmäßigkeit. Im allgemeinen bot seine Charakteranlage den Anblick eines Ackers, in dem die Furchen akkurat gezogen waren, geradlinig und ordentlich, ehrenfest und unbeweglich, prinzipientreu und phantasiearm.

Grundlegende Änderungen waren kaum zu erwarten, und vom jungen Mann schon hätte beinahe das gesagt werden können, was Bismarck am Greis feststellen sollte: »Wie an Personen seiner Umgebung und an Sachen seines Gebrauchs, so hielt er auch an Eindrücken und Überzeugungen fest unter der Mitwirkung der Erinnerung an das, was sein Vater in ähnlichen Lagen getan hatte oder getan haben würde.« Natürlich gab es Verschiedenheiten zwischen Vater und Sohn, die teils im mütterlichen Erbteil, teils im Generationsunterschied begründet waren. Ein guter Beobachter wie der Theologe und Diplomat Christian Karl Josias von Bunsen nannte Wilhelm im Jahre 1822 würdig und ernst, aber auch artig und aufgeweckt. In letzterem unterschied er sich vom Vater, und noch in manchem anderen. Es steckte mehr Leben in ihm, und ein gewisser, wenn auch nicht zu stark artikulierter und zu weit gehender Tatendrang. Mitunter kritisierte er sogar den Führungsstil des Vaters, der »aus Mangel an Energie zu keinen Entscheidungen und kräftigen Maßregeln kommt«.

Das war Kritik an der Methode, nicht am Inhalt der königlich-preußischen Politik. Das Altpreußische steckte ihm in Fleisch und Blut, sein Monarchismus bedurfte nicht der legitimistischen Idee, sein Feudalismus nicht der ständischen Idologie, und daß der Soldat der erste Mann im Staat sei, brauchte ihm weder von Militärs eingeredet noch konnte es ihm von Zivilisten ausgeredet werden. Die Reformen berührten seinen Friderizianismus nicht, die Reformer beeindruckten ihn keineswegs. Stein, den er amtierend nicht wahrgenommen hatte, war ihm eher gleichgültig, Hardenberg, mit dem er es zu tun bekam, beinahe verhaßt.

Mit der militärischen Reform, beziehungsweise dem, was die Reaktion davon übrig gelassen hatte, mußte sich der Soldat auseinandersetzen. Scharnhorst war tot, Gneisenau als »Demagogen-General« verdächtig, Hermann Ludwig von Boyen, der Schöpfer des Wehrpflichtgesetzes von 1814 und der Landwehrordnung von 1815, zwar noch Kriegsminister, aber schon nicht mehr fest im Sattel. Die Landwehr, als eine Miliz neben dem stehenden Heer gedacht, war den Friderizianern wegen ihres bürgerlichen Offizierskorps und zivilen Geistes suspekt. Eine königlich-preußische Armee war für sie nur denkbar als eine von adeligen Offizieren kommandierte, langdienenden Unteroffizieren gedrillte, dem König bis in den Tod ergebene und die monarchisch-feudale Ordnung gegen alle Anfechtungen verteidigende Linientruppe.

Auch Wilhelm, der Soldatenprinz, konnte sich nichts anderes

vorstellen, mußte die Restbestände einer Volksbewaffnung und Volksarmee als militärisch unzulänglich und politisch gefährlich ansehen. Die Landwehr abzuschaffen, wagte der König nicht, doch sie sollte mit der Linie verbunden, an die königlich-preußische Kandare genommen werden. Deshalb trat 1819 Boyen zurück, mit ihm Generalstabschef Grolman, der durch seine Gewohnheit, am Schreibtisch den Waffenrock aufzuknöpfen, unangenehm aufgefallen war, und durch seine Erklärung: »Solange ich in der Uniform eingeschnürt bin, kann ich nicht frei denken.«

Im selben Jahre erhielt der zweiundzwanzigjährige Generalmajor Prinz Wilhelm Sitz und Stimme im Kriegsministerium und wurde mit der Inspizierung des VII. und VIII. Armeekorps beauftragt. Dabei erschien er, jeder Zoll ein Vorbild, vorschriftsmäßig und tadellos uniformiert, beinahe so, wie es der schwedische Dichter Atterbom karikierte: »Ein preußischer Militär in voller Kleidung ist, was den oberen Teil des Körpers betrifft, ein getreulicher Erbe der Frauenzimmergestalt in der berüchtigten französischen Schnürleibstracht; Magen und Unterleib werden in erstaunlicher Weise zusammengepreßt, die Hüften treten weit und breit darunter hervor, und die Brust wird mit einer so karikaturartigen Ausstopfung bedeckt, daß man beim ersten Anblick eher verkleidete Frauenzimmer als Helden zu sehen glaubt.« Beim 8. Infanterie-Regiment in Frankfurt an der Oder fiel dem Inspizienten ein Sekondeleutnant auf, um dessen hagere Gestalt Rock und Hose schlotterten. Das sei der aus dänischen Diensten übernommene Helmuth von Moltke, erklärte der Kommandeur. »Keine gute Akquisition«, meinte Wilhelm.

Er liebte den bunten Rock, der dem schlanken jungen Mann wie angegossen saß, sein Ansehen hob und Ehrenbezeugungen erheischte – »ein Gefühl, was nur wir ganz empfinden können, die Truppen befehligen und so oft mit diesen Ehrenbezeugungen von ihnen empfangen und begrüßt werden.« Er hörte gern das Kommando »Richt Euch! Augen gerade – aus! Das Gewehr – über! Achtung! Präsentiert das – Gewehr! Die Augen – links!«, und nahm stolz die Honneurs der Wache entgegen. Dabei entging es ihm nicht, wenn ein Kommando oder ein Gewehrgriff nicht hundertprozentig klappte, auch wenn er nicht so weit gehen mochte, wie jene Vorgesetzten, die einem Premierleutnant wegen »Unterlassens des blitzschnellen Augapfelwerfens beim Kommando: ›Die Augen links‹« zu 24 Stunden Arrest verdonnerten und einen anderen zum »untüchtigen Offizier« erklärten, weil bei seiner Einheit mehrmals »beim dritten Tempo des Präsentierens der Daumen der linken Hand nicht vertikal, die Spitze des kleinen Fingers nicht horizontal in der angewiesenen Lage ruhten«.

Ein preußischer Offizier hatte zunächst sich selber und dann seine Soldaten zu disziplinieren. Wilhelm gab sich alle Mühe, und nichts machte ihn glücklicher, als wenn seine Leistungen bei seinen Vorgesetzten, vornehmlich beim Oberbefehlshaber, Anerkennung fanden: »In der Nacht vom 29. zum 30. Mai schickte mich der König nach Köln, um dort dem Exerzieren der Division beizuwohnen, bevor er sie sähe, damit ich alle Fehler ändern sollte, damit es nicht wie in Trier ginge«, schrieb er 1821. »Ich fand wirklich einiges zu verändern nötig, so daß der König am 2. Juli bei Ausführung des Manövers vollkommen zufrieden war.« Und als er 1827 in seiner ersten »Königsrevue« das III. Armeekorps vorführen durfte, hielt er fest: »Das Wichtigste war mir, dem König zu zeigen, daß meine Truppen neben der äußeren Schönheit auch die vollkommene Tüchtigkeit für den Krieg besitzen, und dies hat er anerkannt und königlich belohnt.«

Königliche Befehle machten ihm zu schaffen. An einem heißen Manövertag des Jahres 1827 mußte Wilhelms in der Nacht davor nicht zum Schlafen gekommene Infanterie 45 Kilometer marschieren, was dazu führte, daß »zwischen vier- bis fünfhundert Mann während des Marsches umfielen und drei sogleich starben!« Das tat ihm weh, und noch mehr der Eindruck, der in der Öffentlichkeit entstand: »Das Schmerzlichste für mich ist es nun aber, daß das Publikum sich ein Vergnügen daraus macht, mich als den Urheber dieses Leidens auszuschreien! Ich muß nun gesagt haben, es könne fallen, was wolle, es *müsse* marschiert werden; ich verlangte zuviel von den Truppen usw.« Es dürfe nicht mehr vorkommen, daß bei Märschen so viele Maroden zurückblieben, deshalb müßten die Mannschaften durch mehr Übung an die Strapazen gewöhnt werden, befahl er einem Divisionskommandeur. »Ich gebe Eurer Exzellenz daher auf, die unterhabende Infanterie ... dahin zu instruieren, daß sie jahraus jahrein wenigstens alle vierzehn Tage Märsche von zwei bis drei Meilen und darüber mit völligem Gepäck mache.« 66 Pfund hatte ein preußischer Infanterist zu tragen, im Tornister allein 27 Pfund; zur Erleichterung sollte unter dem Trageriemen ein kleines wattiertes Kissen angebracht werden.

Die Kavallerie hatte es da besser. Wilhelm, der Infanterist, sollte auch diese Waffengattung kennenlernen. In den Herbstmanövern 1821 erhielt er das Kommando über eine Kavalleriedivision. »Ich ging wegen Unbekanntschaft mit der Waffe mit Bangigkeit ans Werk; indessen die Sache ist ziemlich gut abgelaufen und gewährt mir so eine schätzbare Erfahrung mehr«, berichtete er seiner Tante Luise Radziwill. »Beim Exerzieren führte ich vier Kürassierregimenter, eine Linie und Masse, welche sich im Sonnenschein herrlich und imposant ausnahm; meine Figur spielte an deren Spitze eine sehr magere Rolle.« Seinem Militärberater Natzmer machte er nichts vor: Er habe »eine kleine Nase« erhalten, »weil ich eine schon sehr kurze Linienattacke, der Ansicht des Königs zufolge, zu lang gemacht hatte, denn mein linkes Flügelregiment stieß auf ein unglückseliges Kartoffelfeld beim Halten und verhinderte dadurch die Reserve-Ulanen durchzubrechen und zu schwärmen; ich steckte ein, was ich nicht ändern konnte.«

Dennoch übertrug ihm der König den Vorsitz der Kommission zur Ausarbeitung einer Instruktion über die Aufstellung und den taktischen Gebrauch größerer Kavallerieabteilungen, nachdem er vorher schon die Kommission zur Revision des Exerzier-Reglements für die Infanterie geleitet hatte. Nach gehabten Erfahrungen gestand er dem Vertrauten Natzmer, er sehe in der Infanterie stets die Hauptwaffe, »bei deren Führung man sich auch in den kleinsten Abteilungen fortbilden kann, indem man dem Terrain angemessen sich bewegt und Ideen, auf den Feind berechnet, zugrundelegt.« Nein, ein Kavallerist, weder ein stolzer Kürassier und schon gar ein flotter Husar, mochte und konnte er nicht sein. Wilhelm war der geborene Infanterist, der sich auf gewohntem Gelände bewegen und sich keine unangemessenen Ideen machen wollte.

Als Königssohn wurde er rasch befördert: 1818 Generalmajor, 1820 Divisionskommandeur, 1825 – mit 28 Jahren – Kommandierender General des III. Armeekorps, Generalleutnant und »Exzellenz«. Aber es traf keinen Unverdienten: Wilhelm war ein guter Soldat, ein genauer und strenger Offizier, wurde ein echter General, der nie genug Truppen und Waffen haben konnte, und darunter zu leiden begann, daß er sie immer nur im Manöver und nicht im Felde einsetzen durfte. Das ganze Tun und Treiben passionierter Soldaten gehe auf den Krieg hinaus, »sie müssen ihn als ihr letztes Ziel wünschen, und nichts gehet wohl über den ruhmvollen Tod vorm Feind«, und er wünsche sich keinen anderen Tod als diesen, bekannte er der Lieblingstante Luise Radziwill, der Schwester des 1806 gefallenen Prinzen Louis Ferdinand. Preußen sei durch Kriege geschaffen worden und müsse durch Kriege erhalten werden, meinte der Urgroßneffe Friedrichs des Großen. »Gewiß ist uns nichts gefährlicher als ein langer Frieden. Man sehe nur unsern politischen Standpunkt an: unsere körperliche Schwäche ist erschreckend, wenn man die Nachbarstaaten dagegen betrachtet. Wir müssen dieser Schwäche also durch intellektuelle Kräfte zu Hilfe kommen, und diese müssen vornehmlich in dem Heere geweckt und erhalten werden. Bei einem langen Frieden wird dies Erhalten aber sehr schwer«, erklärte er 1821 Natzmer und plädierte für eine Teilnahme Preußens an einem – nicht zustandegekommenen – Krieg Rußlands gegen die Türkei als »ein sehr erwünschtes und passendes Mittel, sich aufzufrischen«.

Preußen brauche den Krieg zur Bestätigung beziehungsweise Wiedererlangung seiner Großmachtstellung, und dafür wollte er sogar den Geist von 1813 – den königlich-preußischen, nicht den deutschen und demokratischen – zu Hilfe rufen: »Hätte die Nation 1813 gewußt, daß nach elf Jahren von einer damals zu erlangenden und wirklich erreichten Stufe des Glanzes, Ruhms und Ansehens nichts als die Erinnerung und keine Realität übrigbleiben würde, wer hätte damals wohl alles aufgeopfert, solchen Resultates halber?«, klagte er über die Friedensrolle Preußens.

Doch ein Krieg, bei dem man hätte beweisen können, daß Preußen im Felde noch was wert sei, war weit und breit nicht in Sicht. Friedrich Wilhelm III. trat nicht an die Seite des Zaren, als dieser 1828 gegen den Sultan zog, und erlaubte es nicht, daß sein Soldatenprinz die preußische Waffenehre auf eigene Faust und in russischen Diensten erneuerte. »Nie, niemals kann ich's verschmerzen, diese Gelegenheit unbenutzt vorübergehen lassen zu müssen, um mich dafür auszubilden, wofür ich bestimmt bin.«

Er mußte auf »diese großartige Zerstreuung« verzichten, sich weiterhin mit Garnisonsdienst und Manöverspielen begnügen, und mit den kleinen Unterhaltungen des später als eine glücklich-stille Zeit gerühmten Biedermeiers. Seine gesellschaftliche Betätigung fasse er freilich zu militärisch auf, tadelte die Gräfin Bernstorff, er kommandiere zum Tanzen, verlange Disziplin auch auf dem Parkett.

Die Gala- und Balluniformen sollten allen Offizieren belassen werden, bat er den sparsamen König, und der Generalität und den Flügeladjutanten auch die weißen Hosen, die man durch graue ersetzen wollte. Man dürfe ihnen nicht allen und jeden Glanz nehmen, »die Würde unserer Offiziere fordert auch Äußeres, so daß sie sich mit Anstand und nicht mit Scham vor Geringeren ihres Gleichen können sehen lassen«. Ein preußischer Offizier war eben immer im Dienst, und er mußte auch beim Promenieren und Courmachen als das erscheinen, was er sein sollte: der nobelste Mann im Staate.

Königlich-preußisches Biedermeier

Blaue Augen und blondes Haar, ein etwas dünner Schnurrbart, der aber hinreichte, die weiche Oberlippe zu kaschieren, rank und schlank, aufrechte Haltung, federnder Schritt – auch ohne die alles hervorhebende Uniform, dem wie angegossen sitzenden Rock, dem hohen Kragen und den Akzenten der Epauletten wäre Wilhelm aufgefallen. In Weimar, wo die Augen geschult, doch die Objekte rar waren, faszinierte der Königssohn aus Berlin einen Betrachter: »Prinz Wilhelm ist die edelste Gestalt, die man sehen kann, die imposanteste von allen; dabei schlicht und ritterlich, munter und galant, doch immer mit Würde.«

Das Angstkind der Königin Luise hatte seine körperliche Konstitution erstaunlich gefestigt, mit Glück und eigenem Zutun. Der Soldat bewegte sich in frischer Luft, entwickelte Appetit, exerzierte sich gesund. Die Selbstdisziplinierung hatte Spuren hinterlassen, die Strammheit wirkte mitunter gestelzt, die Eleganz aufgesetzt. Ziemlich ungelenk tappte er von einem Malheur ins andere: Er stieß das Schienbein an oder verknackste sich den Fuß, stürzte die Treppe hinab oder hinauf, rutschte vom Wagentritt, fiel vom Pferd, rannte mit dem Kopf an den Türbalken. Ein Jagdunfall kam dazu. Beim Laden des rechten Laufes seiner Doppelflinte entlud sich unversehens der linke Lauf, der Schuß ging durch den Zeigefinger der linken Hand und durchbohrte das Mittelglied. Die Ärzte taten, was sie konnten, der Finger blieb zweigliedrig erhalten, doch »ein Krüppel bleibt ein Krüppel, und wenn er auch artistement versteckt ist«, wie Wilhelm klagte. Der Rheumatismus war eher eine Berufskrankheit des Soldaten.

Die angelegte robuste Schale barg einen empfindlichen Kern, ein Erbteil der empfindsamen Mutter. Einer humanistisch gebildeten Zeit war ein Held, der wie Achilles seine Gefühle zeigte, nicht tadelnswert; Wilhelm saßen die Tränen locker, und seinen Zorn hielt er oft nicht zurück. Es kam vor, daß er sein Herz ausschüttete, um sich zu erleichtern, eine Aussprache suchte, um seine Position zu klären und zu festigen. Schriftlich sich auszudrücken, fiel ihm nicht leicht, doch er gab sich auch mit der Feder Mühe, schrieb Briefe, wie sie Zeitgenossen verlangten, die am Innenleben des anderen teilhaben wollten.

Dabei schien er oft mehr den Erwartungen des Empfängers entgegenzukommen, als selber aus sich herauszugehen, mitunter klang seine Mitteilsamkeit in Gefühlsangelegenheiten nach einem modischen Briefsteller. Sentimental im Sinne des Zeitgeschmacks seiner frühen Mannesjahre war er jedenfalls nicht. Als er – bereits Fünfundsechzig – einen Vortrag des Dichters Berthold Auerbach über die Poesie des Weltschmerzes hörte, gestand er anschließend dem Redner, »er habe bei dieser Gelegenheit erst erfahren, was das Wort bedeute; er habe nie gewußt, daß es so etwas gibt, in sich auch nie etwas davon erlebt«.

Der Sohn Friedrich Wilhelms III. war ein naiver Fontane-Typ: mit märkischem Charakter, friderizianischem Geist und einer Seele, die nicht griechisch war, wie diejenige der Klassizisten, sondern altpreußisch ohne humanistische Reflexion, und protestantisch ohne romantische Schwärmerei. Er pflog auch keine persönlichen Beziehungen zu den Künstlern, Schriftstellern und Gelehrten, die damals das hauptstädtische Leben Berlins prägten, erkannte nicht, was um ihn Bedeutsames vorging, begann sich inmitten eines geistigen Aufbruchs zu langweilen. »Für Berlin führe ich eine Art von Schneckenleben«, schrieb er Oldwig von Natzmer. »Ich gefalle mir in dieser Zurückgezogenheit umso mehr, da nichts hier ist, das mich anzöge oder fesselte.«

Dabei vollzog sich etwas, das den Prinzen hätte interessieren müssen: die Schöpfung eines neuen preußischen Stils, der die Zeitgenossen beeindruckte und den Nachfahren als schönster, wahrster und letzter Ausdruck des alten Preußens gelten sollte. »Die antike Welt wurde zur preußischen Mythe«, kommentierte der 1876 geborene und 1925 gestorbene Arthur Moeller van den Bruck. »Preußische Größe entstand, kalt und glühend, hart und zärtlich, hingerissen und überwältigend zugleich. Die Größe der preußischen Hauptstadt entstand, die immer wieder zwischen das Schicksal einer schönsten und einer häßlichsten Stadt geraten sollte, und der man damals ihre klassische Linie gab, als die preußischen Heere durch das Brandenburger Tor einzogen."

Wilhelm hätte nur aus dem Fenster seines Palais Unter den Linden hinauszuschauen brauchen, um das Sinnbild des preußischen Klassizismus würdigen zu können: die 1818 vollendete Neue Wache, eine preußische Kreuzung von römischem Castrum und griechischer Säulenvorhalle. »Der klassischste Bau von Berlin«, interpretierte Moeller van den Bruck, »in dem dorische Flächenstrenge mit attischer Schmuckzierlichkeit vereinigt wurde, ist noch eine Verbindung der beiden Zwecke, des profanen und des kulthaften: Militär steht hier unter Waffen, aber gleichzeitig grüßt von hier aus das Heer seinen König – und die ewig wachende Idee der preußischen Armee scheint in den rauhen, rauchroten, brandbraunen Wänden enthalten zu sein, die sich in einem grauen, steinernen, spartiatischen Portikus öffnen, den ein Fries von Viktorien wie mit Schmetterlingen beflattert.«

Dieser Zusammenklang von Zweck und Form, Sparta und Athen, Preußentum und Antike war dem 1781 in Neuruppin geborenen Baumeister Karl Friedrich Schinkel gelungen. »Ein Kunstwerk daher, wenn es nicht auf irgendeine Weise Monument ist und sein will, ist kein Kunstwerk; das ist: Es soll in ihm ein andere menschliche Geschöpfe belebender Geist wohnen, der mit ihm fortlebe, solange die Materie hält, welche die Form in sich trägt« – nach diesem Programm gestaltete der Geheime Oberbaurat und Oberlandesbaudirektor die Hauptstadt, prägte er das Gesicht Berlins. Sein Schauspielhaus war ein antiker Monumentalbau, der eine moderne Theatermaschinerie enthielt. Das Museum, eine griechische Arche, barg nur ältere Kunstwerke, die über moderne Strömungen hinweggerettet werden sollten. Die steinerne Schloßbrücke verband anstelle der hölzernen Hundebrücke in angemessener Weise die Straße Unter den Linden mit dem Lustgarten, denen Schinkel ihren preußisch-klassizistischen Schliff gab.

Zum Gedenken an die Befreiungskriege wollte er noch einen gewaltigen Dom erbauen, zum Dank an den Höchsten, und die Linden mit Statuen preußischer Größen säumen. Doch unter Friedrich Wilhelm III., der sich auch bei der Zuteilung der Lorbeeren an das monarchische Prinzip hielt, wurden nur Standbilder von Scharnhorst, Bülow und Blücher am Opernplatz aufgestellt, geschaffen von

Christian Daniel Rauch, der als Lakai hinter Königin Luise auf dem Wagen gestanden war, als Hofbildhauer ihr Grabmal geschaffen hatte und nun das klassizistische Berlin mit Marmorgestalten versorgte.

Den neuen Stil nahm Wilhelm hin, ohne sich darüber besondere Gedanken zu machen und viele Worte zu verlieren. Einmal sprach er von der »schönen Säulenpassion« Schinkels, die ihn im neuen Kasino in Potsdam beeindruckte, und Rauchs Marmorbild der Mutter schätzte er sehr, aber aus Pietät, nicht aus Kunstverstand. Die Neue Wache Unter den Linden war ihm weniger durch ihren monumentalen Sinn als durch ihren militärischen Zweck wert und teuer, durch das Spektakel, das sich dort tagtäglich bot: die Wachparade. Sie faszinierte den Prinzen wie jeden rechten Preußen, der Marschtritt der Kolonne, der Zauber der Montur, das klingende Spiel – und manchmal der Oberbefehlshaber höchstpersönlich, der König und Herr.

Selbst ein Kritiker wie der Schriftsteller Gustav Kühne war von dieser Demonstration des Preußentums hingerissen: »Ich ging auf die große Wachparade und besah mir das militärische Königtum, unter dem dies alles möglich wurde. Da kam er herangesprengt, ganz Erz und Stahl in Haltung, Blick und Miene, die persönlich gewordene Rechtschaffenheit, das lebendige Prinzip gewissenhafter Ordnung, diese Wirklichkeit gewordene Idee der Gerechtigkeit. Was nicht wahr, ist auch nicht wirklich, nur die Wahrheit bringt sich zur Wirklichkeit! Der Satz Hegels schlug mir mit Kolben auf meinen Schädel. Dies war der Fürst, der seinem Volke die Verfassung versprochen. Allein die Verfassung war keine Wirklichkeit geworden, also war die Verfassung auch keine Wahrheit, denn wäre Wahrheit in ihr, sie hätte sich Bahn gebrochen zur Wirklichkeit! Da ritten die Schwadronen heran, ein Spontinischer Marsch fuhr mir durch alle Glieder: Hurra! schmetterte es hüben wie drüben und ich schrie in der Betäubung mit.«

In der Universität Unter den Linden lehrte seit 1817 Georg Wilhelm Friedrich Hegel, der den deutschen Idealismus vollendete und als preußischer Staatsphilosoph galt, Bewunderern wie Kritikern. »Es war die Hegelsche Epoche in Berlin«, schrieb Kühne, »wo der Herrgott selbst, so glaubte man, in diese Berliner Welt hinabgestiegen war und sah, daß alles ganz herrlich und vollkommen war. Hegel bewies die Monarchie, er bewies das Christentum, er bewies das Bestehende, und alles hatte Bestand und war gut, sofern er es bewies.«

Prinz Wilhelm bedurfte dieser philosophischen Beweisführung nicht. Für ihn war dieses Preußen, so wie es bestand, eo ipso die vollkommenste aller Welten, die Monarchie galt ihm von Hause aus als die einzige vernünftige Staatsform und das Christentum von Geburt an als einzige wahre Religion. »Wer zur beständigen Konversation diese höchsten Gegenstände wählt, den möchte ich noch für schwach grade in dem halten, wovon er beständig redet, weil er sich immer selbst alles laut vergegenwärtigen und anderen mitteilen will, um nicht zu strauchelnn«, meinte der Sechsundzwanzigjährige im Hinblick auf die Religiosität, doch das galt auch für die anderen großen, ihm selbstverständlichen Gegenstände.

»Wer die wahre Frömmigkeit besitzt, der trägt sie im Innersten des Herzens und nicht auf den Lippen«, betonte Wilhelm und kritisierte die neue, von Friedrich Wilhelm III. höchstpersönlich entworfene Liturgie, die der romantischen Religiosität entgegenkommen wollte. Der Gottesdienst in der neuen Form habe ihn niedergeschlagen: »Gewiß zwei Drittel wurden vom Chor gesungen, wobei einige so wirklich gemein klingende Stücke waren, daß wenigstens mir alle Andacht verschwand und ich nichts weiter in der ganzen Feier sah als eine imitierte Messe, wo nur die Sinne und nicht das Herz beschäftigt sind«, befand Wilhelm, der altpreußische Protestant. »Gott möge in Seinem Worte mächtig bleiben und nach demselben verehrt und angebetet werden!«

Die von Friedrich Wilhelm III. zum dreihundertjährigen Jubiläum der Reformation 1817 verfügte Union der lutherischen und reformierten Kirche in Preußen war auch nach Wilhelms Sinn. Auch er hatte es bedauert, daß der reformierte Vater und die lutherische Mutter nie zusammen das heilige Abendmahl empfangen konnten. Und die Vereinigung der beiden protestantischen Konfessionen diente der Vereinheitlichung des preußischen Staates wie der Festigung des Bundes von Thron und Altar. Das erste war dem Friderizianer das Primäre, das zweite wollte der eher aufgeklärte, jedenfalls unromantische Protestant nicht überbetonen. »Die Erfahrung unserer Tage in allen Ländern zeigt leider nur zu deutlich, daß jetzt die Religion von vielen als ein diplomatisches Mittel gebraucht wird, um gewisse Ziele zu erreichen«, bemerkte er 1827. »Und wenngleich ich glaube, daß gewiß in keinem Lande mehr als in dem unsrigen die wahre Frömmigkeit in der Totalität zugenommen hat, so glaube ich leider doch, daß auch bei uns so gut als in anderen Ländern Mißbräuche geschehen.«

Zur Rechtfertigung und Konsolidierung der Obrigkeit wurde die neue Frömmigkeit in Anspruch genommen, und mancher Fromme entzog sich dieser Pflichtübung durch eine Flucht in Mystik und Pietismus. Die neue Religiösität hatte mit dem Geist der Reformzeit zu tun, der auf das reduziert worden war, was der Restauration diente. Aus dem politischen Leben verwiesen, zog er sich in die Kunst der Schinkelzeit zurück, und in die Wissenschaft, vornehmlich in die 1810 von Wilhelm von Humboldt gegründete, im ehemaligen Prinz-Heinrich-Palais untergebrachte Berliner Universität. Der Geist der neuen Staatseinrichtung habe Preußen den ersten Rang in Deutschland als moralische und intellektuelle Macht gesichert, hatte der neuhumanistische Reformer gehofft. Die Reaktion vermochte zwar das politische Ansehen, doch nicht die geistige Bedeutung herabzusetzen, auch wenn man, wie Gustav Kühne, den Eindruck haben mochte: »Berlin ist ein botanischer Garten, alle Geistesarten Deutschlands werden hier angebaut, freilich nicht immer naturwüchsig, ungekünstelt, sondern in Töpfen, mit Heizung. Alles und jedes wird hier präpariert, auf Flaschen gezogen, in Spiritus aufbewahrt.«

Konservative wie Progressive konnten in dem, was an der Berliner Universität geforscht und gelehrt wurde, das Passende finden. Friedrich Karl von Savigny verwarf die rationalistische Naturrechtslehre und begründete die historische Rechtsschule; wahres Recht, lehrte er, sei ein Ausfluß des besonderen Geistes eines bestimmten Volkes zu einer gewissen Zeit. Eduard Gans hingegen abstrahierte eine allgemeine Idee des Rechts aus der Geschichte und Gesetzgebung aller Völker und setzte sie zum Maßstab für dessen aktuelle Neugestaltung. Gans war ein Linkshegelianer, aber auch Rechte beriefen sich auf die philosophische Koryphäe der Berliner Universität. Hegels Satz, der Staat sei der »wirkliche Gott«, diente zur Rechtfertigung des absolutistischen Regimes. Diesen Satz unterstrichen aber auch jene, welche die idealistische Lehre vom vernunftbegründeten gesetzmäßigen Fortschritt in der Geschichte materialistisch umdeuteten.

Hegels System bilde den geistigen Kulminationspunkt der Zeit, meinte Heinrich Heine, der von 1821 bis 1823 an der Berliner Universität eingeschrieben war und das damalige Berlin beschrieb. »Wirklich, ich kenne keinen imposanteren Anblick, als, vor der Hundebrücke stehend, nach den Linden hinaufzusehen. Rechts das hohe, prächtige Zeughaus, das neue Wachthaus, die Universität und Akademie. Links das Königliche Palais, das Opernhaus, die Bibliothek usw. Hier drängt sich Prachtgebäude an Prachtgebäude.« Der Studiosus war fasziniert, blieb kritisch. »Es ist just zwölf, und die Spaziergangszeit der schönen Welt. Die geputzte Menge treibt sich die Linden auf und ab. Sehen Sie dort den Elegant mit zwölf bunten Westen... Aber schauen Sie die schönen Damen... Der Kerl gehört nicht zu den Leuten, die das Pulver erfunden haben, sondern zu denen, die es gebrauchen, d. h. er ist ein Militär... Welch eine Menge besternter Herren! Welch eine Unzahl Orden!«

Heinrich Heine genoß das Berliner Leben, das sich Unter den Linden präsentierte, hinter den »rotseidenen Gardinen« der Bürgerhäuser und Adelspaläste existierte. Es war Biedermeierzeit. Man erholte sich von den Aufregungen einer stürmischen Epoche, schätzte den häuslichen Frieden, die Freundschaft unter Gleichgestimmten, das Gespräch mit Gleichgesinnten. Aber es war eben königlich-preußisches Biedermeier: ein Dualismus von Rationalismus und Romantik, militärischer Ordnung und ziviler Ordentlichkeit, staatlicher Repression und privater Rekreation, alter Einbildung und neuer Bildung. Der Adel gab den Ton an, der Bürger stimmte sich ein, und auch in der Geselligkeit wirkte das Kastenwesen fort: »Es ist hier ungemein viel gesellschaftliches Leben, aber es ist in lauter Fetzen zerrissen«, bemerkte Heinrich Heine. »Es ist ein Nebeneinander vieler kleiner Kreise, die sich immer mehr zusammenziehen als auszubreiten suchen.«

Man ging mit Seinesgleichen um. Im Salon von Rahel Varnhagen trafen sich Hegel und Heine, romantische Dichter wie Arnim und Fouqué, Wilhelm von Humboldt und sein Bruder Alexander, der Geograph und Naturforscher. In der Weinstube bei Lutter und Wegener hockten der Schauspieler Ludwig Devrient und der Geschichtenerzähler E. T. A. Hoffmann, in der Konditorei Stehely saßen Intellektuelle und bei »Kranzler« Militärs. Gelehrte Gesellschaften zogen Beamte und Bürger an, die durch Bildung wettmachen wollten, was ihnen an Privilegien mangelte, und bei musikalischen Gesellschaften konnte sich jedermann als kunstsinnig zeigen. Jeder Kreis hatte seine Soiréen und Bälle, die aufwendigsten der Adel und die vornehmsten der Hof.

Das Theater hatte allen das öffentliche Leben zu ersetzen. »Das Theater ist die heiligste Angelegenheit des Berliner Publikums«, bemerkte Friedrich Arnold Steinmann, ein Besucher der Stadt, »der einzige Gegenstand, worüber das ganze Volk Berlins ohne Repräsentativverfassung und freie Presse frei denkt, spricht und schreibt.« Das neue Königliche Schauspielhaus wurde 1821 zwar mit einem bei Goethe in Weimar bestellten Prolog eröffnet, doch sein *Egmont* wie Schillers *Wilhelm Tell* durften jahrelang in Berlin nicht aufgeführt werden, weil sie für Friedrich Wilhelm III., der sich die Spielpläne zur Genehmigung vorlegen ließ, nach »Demagogie« rochen. Seinen politischen Forderungen wie seinem persönlichen Geschmack entsprachen Ernst Raupachs erbauliche, wenn auch langweilige Hohenstaufendramen und unterhaltsame, ziemlich seichte Lustspiele.

Die Königliche Oper wurde vom Italiener Gasparo Spontini geleitet, der mit seinen »Huldigungsopern« dem französischen Imperialismus gedient hatte und nun der königlich-preußischen Reaktion die Hofmusik und Militärmärsche lieferte. Mozart und Beethoven wurden ins zweite Glied gestellt; immerhin konnte Karl Maria von Webers *Freischütz,* die erste deutsche Nationaloper, 1821 uraufgeführt werden, wenn auch im Schauspielhaus. In der Oper gab Spontini am liebsten eigene Werke, *Olympia, Fernand Cortez* oder *Agnes von Hohenstaufen,* und es gefiel Hof wie Offizierskorps, wie der Maestro dirigierte: »Gleich einer Majestät trat Spontini ins Orchester, nahm seinen Feldherrenplatz ein, machte mit seinen stechenden Augen die Runde, fixierte das schwere Geschütz, wie er Contrabässe und Violoncelli nannte – und gab das Zeichen zum Anfangen«, berichtete der Kammermusiker Moritz Hanemann, und Richard Wagner fügte hinzu: Spontini habe nicht ein gewöhnliches Taktstöckchen, sondern einen massiven Taktstock aus schwarzem Ebenholz benützt, ihn in der Mitte mit der vollen Faust angefaßt und derart bewegt, »daß man deutlich sah, er fasse den Taktstock als Marschallstab auf und gebrauche ihn nicht zum Taktieren, sondern zum Kommandieren«.

Die Verbindung von Opernhaftem und Martialischem fiel auch dem französischen Komponisten Hector Berlioz auf. Die Militärkapellen, die zu jeder Tageszeit die Straßen Berlins durchzögen, »Regimenter von Musikern, nicht Regimentsmusiker«, könnten zu einer Art Armeekorps zusammengezogen werden. Prinz Wilhelm habe ihm »seine musikalischen Truppen« vorgeführt: »Das Auditorium war sehr wenig zahlreich; wir waren unser höchstens zwölf oder fünfzehn. Seine Königliche Hoheit war so höflich gewesen, daß Konzert mit meiner Ouvertüre ›Die Femrichter‹ beginnen zu lassen, die ich, für Blasinstrumente eingerichtet, noch nie gehört hatte. Es waren unter Wiprechts Leitung dreihundertzwanzig Mann zusammen; sie führten das schwere Stück mit wunderbarer Präzision und einer wütenden Begeisterung aus.«

Über die Militärmusik fand Wilhelm am ehesten ins Reich der Töne. Spontinis Opern hörte und sah er mit gemischten Gefühlen, die teils dem zu respektierenden Rang des königlich-preußischen Generalmusikdirektors, teils dem etwas pompösen, aber nicht unimposanten Werk des Italieners, teils technischen Mängeln der Berliner Bühne galten. Die Zauberoper *Alcidor* sei denn glücklich überstanden, schrieb er 1825. »Die Pracht und Mannigfaltigkeit der Dekorationen und Kostüme der ersten Personen ist außerordentlich groß, die Musik stellenweise sehr schön, aber auch unglaubliche Reminiszenzen aus allen Spontinischen Opern. Das ganze macht rasenden Effekt, besonders der zweite und dritte Akt, aber Sinn und Verstand fehlt. Die Maschinerie ging wie gewöhnlich bei Zeremonie-Tagen miserabel; u. a. blieb Blum auf einem Wolkenwagen eine halbe Szene lang in der Schwebe, ließ sich aber nicht dekontenanzieren und sang immerzu und trillerte nur zu viel, wenn die Maschinerie einen unvorhergesehenen Ruck gab.«

Das militärische Auge war verletzt, weniger das Musikgehör. In jungen Jahren gab er sich noch Mühe, sich als musisch interessiert zu zeigen, namentlich gegenüber der stets darauf bedachten Tante Luise Radziwill. Später nahm er kein Blatt mehr vor den Mund. Er begreife nicht, »weshalb ein Musikstück anfängt, und wenn es einmal angefangen hat, weshalb es jemals endet«, beschied er in den Sechzigerjahren den Regierungspräsidenten von Diest, den er angefahren hatte: »Was, Sie spielen Quartett? Da sinken Sie tief in meiner Achtung!«

Er ging ins Theater, um sich zu unterhalten und zu zerstreuen, und zur Erholung im Manöver, so am 27. September 1820, als ein fünfstündiger Waffenstillstand geschlossen wurde, damit die Offiziere beider Parteien eine Aufführung von Rossinis *Die Getäuschten* im Neuen Palais zu Potsdam besuchen konnten. »Alles war en grande parure, Herren und Damen, und so nahm sich das amphitheatrale Parterre mit dem Hof im Vordergrund sehr schön aus.« Militär auf der Bühne sah er weniger gern. Wenn schon, dann sollte es von Statisten und nicht von Soldaten dargestellt werden, wie nach den Befreiungskriegen in dem Ballett *Glückliche Rückkehr*. Nachdem er Hausherr der Königlichen Theater geworden war, reglementierte er den Einsatz von Berliner Truppenteilen in dem Stück *Militaria*: »Um also in dem morgenden Ballett keine Skrupel zu haben, bestimme Ich, daß die Ulanen und Alexandriner ganz in ihren Uniformen bleiben, aber die Kragen mit rotem Tuche u. s. w. überzogen werden«, und die Achselklappen müßten selbstverständlich aufgerollt sein – denn wenn sie schon Theater spielen sollten, dürften sie wenigstens nicht als reguläre Truppen ausgewiesen sein.

Der junge General las Schillers *Wallenstein*. Die *Piccolomini* gefielen ihm: »Sie enthalten großenteils kriegerische Momente, die so herrlich dargestellt und geschrieben sind.« Ansonsten hielt er sich an die militärische Fachliteratur. Einem Studium generale unterzog er sich nicht; immerhin konnte ihn der wissenschaftlich interessierte wie musisch begabte ältere Bruder, der Kronprinz, dazu bewegen, an einigen bei ihm zu Hause veranstalteten Vorlesungen teilzunehmen: des Geographen Ritter, des Juristen Lancizolle und des Militärwissenschaftlers Clausewitz. Letzterer interessierte ihn am meisten; »dieser habe freilich kein so aimables Damenauditorium wie die Ritterschen Abendvorlesungen.«

Kasinoabende waren für ihn keineswegs der Inbegriff der Geselligkeit. Die modischen Unterhaltungen absolvierte er mit der Einsatzfreudigkeit, die ihn in allem auszeichnete, auch wenn ihm manches weniger zusagte, zum Beispiel eine biedermeierliche Landpartie. Er war eben nicht »schwärmativ« wie der ältere Bruder, konnte etwa in einer Schweizer Kolonie in der Märkischen Heide nicht in Entzücken geraten, und »um dies bei den andern zu verhindern, setzte ich gehöriges Phlegma entgegen«. Er schätzte »durchgehende Sentiments« so wenig wie ausbrechende Pferde. Es gehörte sich nicht, wenn die von ihm verehrte Schwägerin Elisabeth, die Gemahlin des Kronprinzen, eine Wittelsbacherin, in einem Rückfall in Bajuwarismen sich wünschte, daß ihr Mann ein Pächter oder ein Amtmann sei. »Man kann in unserm Stand ebenso glücklich sein wie ein dicker Amtmann; und findet man es selten bei uns, so muß man grade doppelt glücklich sein, wenn man ein solches Glück erreicht und bewahrt. Der dicke Pächter möchte Fürst sein und der Fürst Pächter; und würden nun beide, was sie wünschten, so würden beide unzufrieden sein. Wozu also Sentiments über Dinge, die nicht sein können?«

Gesellschaftsspiele, die Gesellschaftsprobleme aufwarfen, lagen ihm nicht. Aber er goutierte die kleinen Vergnügungen unter Seinesgleichen, das Blindekuhspielen, das Greifbares bot. Oder harmlose Donquichotterien wie an einem Geburtstag des Kronprinzen, da sich die Hautevolée à la Cervantes kostümierte, der auf Besuch weilende Schwager Nikolaus, der künftige Zar, als »Ritter von der traurigen Gestalt« auf einer hölzernen Rosinante, Wilhelm als Donna mit Bart. Bei höfischen Tableaux, lebenden Gemälden, posierte er in angemessener Rolle auf zugewiesenem Platz, etwa als Bon Chevalier nach einer Zeichnung aus den Romanzen der Königin Hortense, oder in einem königlich-preußischen Familienbild als Ritter in mittelalterlicher Rüstung, mit Schwert und Lanze.

Und er tanzte gerne, flott wie ein Leutnant und gravitätisch wie ein Königssohn. Mitunter schien es, als halte er das Tanzvergnügen für eine gelockerte Exerzierübung, jedenfalls zeigte er dabei Haltung, behielt er die anderen im Auge, sah zu, daß alles klappte, und merkte es an, wenn es nicht wie am Schnürchen lief. »Die Françaisen, welche Mode werden, wurden nach zweimaligen Proben mit Eklat und Konfusionen aufgetanzt. Die Ministerialsoiréen hatten ihren Anfang genommen: auf denselben erscheinen auch die zu präsentierenden dreiundzwanzig jungen Damen. Der Ersatz ist zu stark, als daß er schön sein sollte; einzelne sind auszunehmen«, schrieb er 1820 an Natzmer, und 1823 an die Tante Luise Radziwill: Der große Ball im Weißen Saal des Berliner Schlosses sei sehr brillant gewesen und habe bis drei Uhr morgens gedauert. »Die Kronprinzeß walzte hier zum ersten Male, und das sehr schön; den kurzen Fuß merkt man dabei gar nicht... Ich walzte mit ihr, und dann auch mit einer alten Protegée der ältesten Brockhausen, Henriette und Pauline Roeder und mit Adine.«

Wilhelm hatte den Charme eines preußischen Gardeoffiziers der Biedermeierzeit. Das gefiel den Berliner Damen, und später war auch Eugénie, die Kaiserin der Franzosen, angetan: Kußhändchen könnte er so artig werfen wie keiner. Er war kein Kostverächter, freilich kein Rokokokavalier, der flatterte und tändelte, sondern ein ritterlicher Schwerenöter mit Dezenz und Skrupeln.

Junggeselle blieb er bis zu seinem 32. Lebensjahr, für einen Prinzen ungewöhnlich lange, und das gab Anlaß zu Getuschel. Ein Verhältnis hatte er zweifellos mit Emilie von Brockhausen, jung, blond, hübsch und ziemlich keck, Hofdame der Kronprinzessin, Tochter eines Staatsministers, später mit einem Dönhoff verheiratet. »Ich bin gewöhnlich mit Emilie Brockhausen abonniert«, bekannte er 1827, doch er sprach vom Schachspiel, aber ein Jahr später war er drauf und dran, intime Beziehungen mit der Brockhausen zu gestehen. Er unterließ es dann doch, ging darüber hinweg, »daß das Publikum sich die Freiheit nimmt, sich sehr ernstlich mit ihr und mir zu beschäftigen – und von einer Verbindung spricht«.

Auch von anderen Damen war die Rede, aber Genaues weiß man nicht, und so darf angenommen werden, daß es sich um platonische Eintragungen »gebildeter, bescheidener und gefühlvoller Wesen« im Poesiealbum eines Junggesellen, »der sehr gern der Schönheit und Liebenswürdigkeit huldigt«, gehandelt haben mag, um Rosen im Bukett eines Biedermeierkavaliers: Prinzessin Marie von Hessen, die Großfürstin Helene, Henriette und Pauline Roeder, ein Fräulein von Senden, Tinny Schaffgotsch, Mathilde Clary und manche aimable Badebekanntschaft. »In diesen Tagen sind wieder einige sehr hübsche junge Damen aus Prag angelangt«, schrieb er 1825 aus Teplitz, »die ich teils dort, teils in Mailand sah, Graf Clam-Gallas und Sternberg mit der Jugend; letztere wohnen neben mir, im Eckhause, so daß man sich in die Fenster sehen und sogar sprechen könnte – wie gefährlich!«

Als Soldat liebte er die Gefahr, als Galan kam er darin nicht um, der Gentleman liebte das Geplänkel, bei Diners dansants, Soiréen, Bällen, Redouten und – ein Höhepunkt – beim höfischen Liebhabertheater. Das denkwürdigste fand am 27. Januar 1821 im Berliner Schloß statt, zu Ehren der auf Besuch weilenden preußischen Königstochter Charlotte und ihres Gemahls, des russischen Großfürsten Nikolaus:

Lalla Rookh, ein Festspiel mit Gesang und Tanz, nach der morgenländischen Dichtung des englischen Romantikers Thomas Moore, übersetzt vom deutschen Romantiker Friedrich de la Motte-Fouqué, mit Musik des königlichen Kapellmeisters Spontini, unter Regie des Baumeisters Schinkel und des Malers Hensel, unter Gesamtleitung des Intendanten der Königlichen Schauspiele, Graf Brühl. 3000 kostümierte Personen bildeten das Publikum, 186 Mitglieder des Hofes stellten die »lebenden Bilder« dar, Künstler der Oper sangen die erläuternden Romanzen hinter den Kulissen. Die Idee stammte vom Herzog Karl von Mecklenburg-Strelitz, dem Bruder der Königin Luise und Kommandeur des Gardekorps.

Tout Berlin und alles, was dem königlich-preußischen Biedermeier Form, Farbe und Ton gab, war aufgeboten, zu dieser nordischen Vision von Tausendundeinernacht, einer märchenhaften Selbstdarstellung eines Macht- und Kulturstaates. »Der Maskenzug war magnifique, sowie die ganze Fête wahrhaft königlich«, erzählte Prinz Wilhelm, der den Dschrander Schah, einen Sohn des indischen Kaisers, spielte. »Was in der Zeitung über das Tableau der Peri gesagt wird, ist sehr wahr.«

Peri, die verkörperte Himmelssehnsucht, mit dem »Mitleid flehenden Zauber der seelenvollen Gestalt« war des Paradieses verwiesen worden. Ein Engel versprach ihr die Rückkehr, wenn sie die Gabe brächte, die dem Himmel am wertvollsten sei. Die Peri durchflog die Welt, fand in Indien einen jungen Krieger, der lieber starb, als sich dem Feind zu ergeben. Den letzten Tropfen seines Herzblutes trug sie zum Himmel – doch die Tore blieben verschlossen. Wieder durchflog sie die Welt, traf in den Trümmern von Baalbek einen Reisenden, der ein Kind mit finsteren Gedanken beobachtete. Das Kind verrichtete sein Abendgebet, und da wurde dem bösen Manne weich ums Herz, er vergoß eine Träne – die Peri fing sie auf und brachte sie zum Himmel, und die Tore des Paradieses öffneten sich.

»Eines ähnlichen Eindruckes wie den, welchen die Bilder des Paradieses, mit dem der Peri und dem Engel in der geöffneten Pforte stehend ... hervorgebracht haben, erinnern wir uns nie, und ohne Übertreibung dürfen wir sagen, daß sie eine allgemeine tiefe Rührung bewirkten«, berichtete die »königlich privilegierte Berlinische Zeitung«. Das war Wilhelm aus dem Herzen gesprochen. Denn die Peri wurde von der achtzehnjährigen Prinzessin Elisa Radziwill gespielt, und dieses Mädchen galt ihm nun noch mehr als der Inbegriff einer seelenvollen Gestalt – Elisa, seine erste, die große Liebe.

ELISAS MUTTER war Wilhelms Lieblingstante Luise, Tochter des Prinzen Ferdinand, des jüngsten Bruders Friedrichs des Großen. Sie galt als eine über dem höfischen Durchschnitt stehende Frau, gescheit und gebildet, doch – wie ihr Bruder Louis Ferdinand – stets versucht, dies auch zu demonstrieren. Ihre Eigenheit hielt sie am Zügel, gestattete indessen ihren Gefühlen den Auslauf, der in einer zur Sentimentalität neigenden Zeit weit gesteckt war. Als Nichte des Alten Fritz zeigte sie hohenzollerisches Stehvermögen in der Not nach 1806, doch den Friderizianern blieb sie suspekt, als Freundin Steins und Protektorin der Reformer, und weil sie eben anders war, als eine Prinzessin von Preußen zu sein hatte.

Es hatte damit begonnen, daß sie 1796 einen Polen und Katholiken heiratete, und einen unebenbürtigen dazu: den Prinzen und nachmaligen Fürsten Anton Radziwill. Für sie war es eine Liebesheirat, für den Hof eine Mesalliance. Der gutmütige Friedrich Wilhelm II. gab seinen Segen, allerdings mit der Einschränkung: Da der Bräutigam keinem regierenden Hause angehöre, könne er keine feierliche Verlobung anordnen und auch nicht von seinen Ministern verlangen, den bei Hochzeiten im Hause Hohenzollern üblichen Fackeltanz aufzuführen. Am Materiellen gab es nichts auszusetzen: Prinz Anton war ein in Polen und Litauen begüterter Magnat.

Aber noch hundert Jahre später kreidete es ihm der preußische Historiker Erich Marcks an, daß er »Pole und Preuße zugleich zu sein meinte«. Eine der ersten Regierungsmaßnahmen Friedrich Wilhelms III. war es gewesen, den Schreibtisch und den Toilettentisch des propolnischer und antipreußischer Umtriebe verdächtigen Radziwill durchsuchen zu lassen. Man fand nichts, und der König mußte sich entschuldigen, was er nie vergaß. Fürst Anton Radziwill, Ordinat von Nieswiecz, Olyka und Mir, gab sich redlich Mühe, sich als polnischer Preuße zu bewähren. Mit den Seinen teilte er die Verbannung der Königsfamilie in Ostpreußen, seine Frau stellte sich als Ersatzmutter für die Kinder der verstorbenen Königin zur Verfügung, der Fürst setzte sich als Statthalter ein, aus dem 1815 zu Preußen gekommenen Großherzogtum Posen eine dem König ergebene Provinz zu machen.

Seit 1816 residierten die Radziwills im Posener Schloß, dem früheren Jesuitenkolleg. In der Wintersaison kamen sie nach Berlin, wo sie in der Wilhelmstraße 77, im späteren Reichskanzlerpalais, ein großes Haus führten. Der Fürst, ein Grandseigneur vom Scheitel bis zur Sohle, bereicherte die Gesellschaft, förderte die Künste und versuchte, die eine oder andere selber auszuüben: Er zeichnete, spielte Cello und Gitarre, hatte einen schönen Tenor, komponierte eine Musik zu Goethes *Faust*.

Die vier Söhne dieser polnisch-preußischen Mischehe wurden katholisch wie der Vater, die drei Töchter evangelisch wie die Mutter erzogen. Seit den Jahren in Ostpreußen waren die älteren Kinder Spielgefährten der königlichen Prinzen und Prinzessinnen. Wilhelm verstand sich besonders gut mit dem gleichaltrigen Wilhelm Radziwill, dem späteren General und Chef des Ingenieurkorps. Und da war die am 28. Oktober 1803 geborene Prinzessin Elisabeth Radziwill, die Elisa genannt wurde und dem Berlin der Biedermeierzeit wie eine Illustration aus dem Poesiealbum erschien.

»Schlank, von mittlerer Größe mit feiner Taille, besaß sie wundervolle große blaue Augen von einem schwärmerischen Ausdruck, als blickten sie immer schwärmerisch in die Höhe oder in die Ferne, aschblondes Haar und eine leicht gebogene Nase unter der edlen hohen Stirn«, wurde sie geschildert. Sie zeichnete und aquarellierte, »sie hatte keine mächtige, aber eine liebliche Stimme und sang Lieder ergreifend schön«. Als Peri in schneeweißem Kleid, mit gelöstem Haar und Schmetterlingsflügeln erschien sie Karoline de la Motte-Fouqué, der Frau des Dichters der *Undine*, als »fast zu schmerzlich für das leichtbewegte Spiel«. Karoline von Rochow, die »Vom Leben am Preußischen Hofe« erzählte, hielt sie für »eine der liebenswürdigsten Seelen, die je diese Erde betreten haben, ohne daß je das Unrecht, die Übel, ich möchte sagen die Erbsünden der Welt sie berührt hätten.« Für Hedwig von Olfers, geborene von Staegemann, die dichtete, war Elisa eine Gestalt, »welche man wie eine Rose oder andere schöne Blume mit Rührung betrachtet, daß die Zeit eine Macht über sie hat, weil man sie ewig und gerade so wie sie ist behalten möchte.«

»Ewig« wurde sie im Freundeskreis genannt. Was als Neckname gedacht war, galt Wilhelm zunehmend als Begriff, mit dem er ein ätherisches Wesen festhalten könnte. Auch für ihn war sie »ganz

Seele«, in einem ansehnlichen Körper freilich. Sie erinnerte ihn an seine Mutter, so wie er sie im Gedächtnis hatte. Sie erschien ihm als Kontrastbild seiner rauhen Soldatenwelt, als Mädchenideal, wie es einer empfindsamen wie sittsamen Zeit vorschwebte und gerade einen realistisch, also gegensätzlich veranlagten jungen Mann anziehen konnte. Elisa besitze das, was allein wahrhaft liebenswert sei, resümierte Wilhelm, »nämlich den frommen Sinn, den edlen gefühlvollen Charakter, die Geistesgaben und diese unbeschreibliche Anmut im ganzen äußeren Erscheinen, die nur der Abglanz einer so schönen Seele und eines so herrlichen Gemüts sein können.«

Elisa war vierzehn und Wilhelm zwanzig, als er sie so zu sehen begann, am 19. Januar 1817 in Berlin. »Ich fühlte, daß sie mir nicht gleichgültig war und daß ich ihr vor allen gern den Vorzug einräumte.« Noch war es eine Jugendliebelei; er wurde verlegen, wenn von ihr gesprochen wurde, getraute sie kaum anzuschauen, wenn sie ihm in Tanzstunden und auf Bällen begegnete, und die Geschwister hänselten den Obersten und Regimentskommandeur, der sich wie ein Primaner benahm.

Wie alles bei Wilhelm, begann auch die Liebe zögernd, brauchte ihre Zeit. In den nächsten drei Jahren zeigte er sich eher zurückhaltend, jedenfalls gegenüber anderen, seiner Schwester Charlotte etwa, der er schrieb, Elisa hätte ihn zwar »etwas touchiert«, aber er habe sich abgekühlt, »seit ich anfing, auf den Spiritus zu achten, welcher nicht recht dem Äußeren nach entspricht.« Er gab sich blasiert, und sicherlich mangelte es ihm noch an den entsprechenden Gefühlen, um ein Feuerchen am Brennen zu halten.

Es war noch gar nicht aufgelodert, als sich andere schon zum Löschen anschickten. Am wenigsten Elisas Mutter, die zwar ihre Tochter von Anfang an auf die Schwierigkeiten der Liaison einer Radziwill mit einem Prinzen von Preußen hingewiesen hatte, aber es ganz gern gesehen hätte, wenn es zu einer Alliance gekommen wäre. Vorsorgliche Gegenmaßnahmen ergriff Fürst Wittgenstein, der Minister des Königlichen Hauses. Er ließ schon im Jahre 1819 insgeheim ein Gutachten erstellen, mit dem erwünschten Ergebnis, daß die Ehe der königlich-preußischen Prinzessin Luise mit Anton Radziwill unstandesgemäß und unebenbürtig sei und daher auch die Vermählung eines königlich-preußischen Prinzen mit einer aus dieser Verbindung hervorgegangenen Tochter nicht standesgemäß und nicht ebenbürtig sein würde.

Elisa war zu dieser Zeit noch ein Backfisch und nichts weiter, und Wilhelm war selber auf Distanz gegangen, hatte erklärt, er könne vor seinem 25. Lebensjahr nicht heiraten, da er noch viel in seinem militärischen Beruf lernen müsse. Doch plötzlich schien es ernst zu werden. Im Juni 1820 trafen sich der dreiundzwanzigjährige »Wimpus« und die sechzehnjährige »Ewig« bei einem Familienausflug in Freienwalde. »Was bin ich dort glücklich gewesen«, ließ Elisa eine Freundin wissen. »Was hab ich viel davon zu erzählen, so viel – daß ich meine Feder im Zaum halten werde.« Wilhelm war noch zurückhaltender. Er schrieb seiner Schwester Charlotte nach Petersburg, die von ihr vorgeschlagene Marie von Württemberg werde er nicht heiraten; im übrigen unterhalte er sich viel mit Elisa Radziwill, die »oft recht liebenswürdig sein kann und dabei ein so angenehmes Wesen hat«.

Charlotte wußte, was es geschlagen hatte: »Ich sage Dir, daß Du bis über die Ohren verliebt bist in Ewig.« Wilhelm ließ sich die Wahrheit entreißen wie ein Soldat eine Stellung, Fußbreit um Fußbreit, und daß er besiegt war, gab er nur indirekt zu: Die Schwester habe ein Geheimnis erraten, »welches ich mir selbst noch nicht gestanden habe.« Dennoch: Charlotte müßte wie er wissen, daß einer Verbindung mit Elisa »unübersteigliche Hindernisse entgegenstehen«, wobei er weniger an die Frage der Ebenbürtigkeit als »an die Unannehmlichkeiten der Familienbande« dachte – an die mitzuheiratende polnische Sippschaft.

Der Prinz stand zum Verzicht bereit, wenn man es ihm befehlen sollte. Das tat der König, ohne freilich dem Sohn ins Auge zu blicken. Er schickte Anfang August 1820 den Kammerherren von Schilden zu Wilhelm, der auf Anhieb behorchte: Er könne nicht leugnen, daß er Neigung zu Elisa gefühlt habe, da er aber die Hindernisse nur zu gut kenne, wäre von ihm eine Verbindung nie ernstlich in Betracht gezogen worden. Schluß und punktum: »Unter diesen Umständen kann und darf ich der Stimme meines Herzens nicht Gehör geben, und somit sind alle ferneren Gedanken über diesen Gegenstand abgeschnitten.«

Doch die Geschichte war keineswegs zu Ende – nur das erste Kapitel eines Fortsetzungsromans. Dafür, daß es weiterging, sorgten Tante Luise, welche die Unebenbürtigkeit nicht auch noch auf der Tochter sitzenlassen wollte, ferner Elisa, die mehr zu schwärmen als zu lieben begonnen hatte, und vor allem Wilhelm selber, der weder die Mutter noch die Tochter enttäuschen, es wie immer allen recht machen und keinem wehtun wollte, auch sich selber nicht: denn der Liebeshaken saß doch zu tief in seinem Herzen.

Kaum hatte er aus Vernunft pariert, drohte das Gefühl mit ihm durchzugehen. Noch im August 1820 traf er Elisa wieder, in Fürstenstein in Schlesien, wo alle Kulissen für eine Romanze aufgebaut waren: eine alte Burg, eine Felsenschlucht, ein tiefer Wald. »Ach, ich fühlte es beim Wiedersehen ganz, was ich aufgegeben habe.« Und: »Täuschen mußte ich die geliebten Gegenstände! Natürlich mit großem Bedacht und allmählich darf ich nur in mein neues Benehmen übergehen.« Hin- und hergerissen zwang er sich zu einer gewissen Zurückhaltung, die von der Tante als »kalt, steif, beinahe unartig« empfunden wurde, während Elisa »ein unwandelbares Zutrauen in Wilhelm« bekundete. Das eine bedauerte Wilhelm, das andere rührte ihn; beim Abschied weinte er.

Dann kam der Winter 1820/21, in dem in Berlin ein Fest das andere jagte, er Tochter und Mutter ständig in die Arme lief. Schließlich mußte er im Rührstück *Lalla Rookh* Elisa als Peri erleben, die ihre Rolle als Vertriebene und Wiederaufgenommene in den Himmel so spielte, als wollte sie die Verstoßung aus dem Paradies ihrer Liebe coram publico beklagen, und ihrer Hoffnung, den Geliebten wiederzugewinnen, öffentlichen Ausdruck geben. »Mein Herz schlug von Tag zu Tag heftiger«, bekannte Wilhelm, »aber ich mußte mich losmachen.« Und: »Noch kämpfe ich mutig gegenan, aber auch stündlich fühle ich, daß ich schwächer werde, je öfter ich sie sehe.«

Hausminister Wittgenstein holte ein weiteres Gutachten ein, das die Unebenbürtigkeit der Radziwills bestätigte. Der Vater, den der liebeskranke Sohn dauerte, schickte am 18. Januar 1822 wiederum den Kammerherren von Schilden zu Wilhelm, mit einem Entgegenkommen des Königs: Wenn er nicht Herr seiner Neigung werden könne, so solle ein Komitee eingesetzt werden, um über die Zulässigkeit einer Verbindung zu entscheiden. Darauf wollte aber Wilhelm nicht eingehen, wohl weil er ein Nein fürchtete. Am 15. Februar 1822 erhielt er von Elisa einen Siegelring, den er seitdem an der Uhrkette trug. Am 16. Februar sprach Friedrich Wilhelm III. – mit neuen negativen Gutachten versehen – zum ersten Mal mit dem

Sohn über dessen Herzensaffaire. Es endete mit dem – wenn auch väterlich-fürsorglich wattierten – Befehl, zu entsagen, und der Antwort des Prinzen, dem zu entsprechen. Sie erfolgte so umgehend, daß sich der König wunderte, ihm später vorhielt: »Es stand bei Dir, Einwendungen zu machen. Da Du aber keine machtest und gleich entsagtest, so schien es, als koste es Dir nicht so viel.«

Wilhelm war niedergeschmettert, weil er so schnell nachgegeben und so viel verloren hatte. »Es ist aus! Das teure, liebe, engelsgute Wesen ist für mich verloren!« In den nächsten Tagen sah er Elisa noch ein paar Mal, fand aber nicht den Mut, ihr die Wahrheit zu sagen. Erst am 6. März gestand er seinem Freund Wilhelm Radziwill die halbe Wahrheit, ließ nichts über den Grund der Entsagung, die Unebenbürtigkeit der polnischen Familie, verlauten, sondern schrieb, »daß nur kindlicher Gehorsam mich bewegen konnte, mich zurückzuziehen, statt diesen Gefühlen die Folge zu geben, die ich beabsichtigte und als redlicher Mann beabsichtigen mußte«. Man sollte aber darüber nicht sprechen. »Auch gegen Deine Eltern scheint es mir bei weitem vorzuziehn, zu schweigen, besonders bei dem jetzt leider so schwankenden Gesundheitszustand Deiner Mutter. Sollte aber einst die Rede davon kommen, so vertrete mich, damit die Lauterkeit meiner Absichten so unbezweifelt bleibe als ich es verdiene.«

Am selben Tage schrieb ihm Tante Luise: »Schone mich nicht, ich ahnde vieles, weiß manches, vielleicht mehr selbst als wahr ist, aber sollte Zutrauen uns nicht gegenseitig wohltun?« Drei Tage später trat Wilhelm den schweren Gang ins »Hotel de Radziwill« an. »Sprachlos fiel ich Vater und Mutter in die Arme.« Von der Unebenbürtigkeit war wieder nicht die Rede; Luise dachte an Hinderungsgründe politischer Art, wollte die Hoffnung noch nicht aufgeben. »Als ich endlich ganz gefaßt war, fragte sie mich, ob es mir tröstlich sein würde, Elisa zu sehen; ich wünschte es, und sie kam. Eine stumme Umarmung war alles, was ich tun konnte und durfte!!!!! Nur die Worte bekam ich beim Fortgehen noch hervor: daß sie eine treue Freundin mir bleiben möge! Worauf sie mit einem Ton antwortete ›oh! gewiß!‹, der mich fast niederschmetterte!«

Anderntags, am 10. März 1822, dem Geburtstag der Königin Luise, sahen sie sich beim Gottesdienst im Dom. Gepredigt wurde über Kapitel 8 Vers 6 des Hohen Liedes Salomonis: »Denn Liebe ist stark wie der Tod.« Am 12. März verließ Wilhelm Berlin, um auf Reisen, an den Rhein und nach den Niederlanden zu gehen, Vergessen zu suchen. »Mit welchen Gefühlen ich zum Tor hinausfuhr, vermag ich nicht zu schildern! Der letzte Blick in die Wilhelmstraße war mir herzzerreißend. Denn alles, was mir lieb und teuer auf Erden gewesen ist, ließ ich nun hinter mir liegen.« Am 24. März berichtete die Klatschdame Karoline von Rochow: »Heute morgen wurde Elisa zu Pferde gesetzt und durchstrich den Tiergarten au grand galop, wahrscheinlich um der Welt ihre Haltung zu zeigen.«

Wilhelm konnte den »leidenden, frommen Ausdruck« Elisas nicht vergessen. Er schickte ihr ein Schmuckstück, das er bereits 1817 in Rußland für sie gekauft, aber ihr es nicht zu schenken gewagt hatte: zwei verschlungene Hände aus Lapis. Auf dem Niederwald bei Rüdesheim pflückte er nun für sie Efeublätter. Elisa, die litt, aber hoffte, schrieb für ihn die Predigt vom 10. März ab – »Denn Liebe ist stark wie der Tod«. Der Sohn suche seine Gefühle in den Morästen Hollands zu ersticken, mokierte sich Friedrich Wilhelm III., und als dies anscheinend nicht gelang, er den Vater ersuchte, Elisa in Fürstenstein in Schlesien besuchen zu dürfen, wurde er ungnädig: »Eine solche Zusammenkunft an solchem Ort kann und wird nur dazu dienen, um Deine leider schon mehr als zu sehr exaltierte Phantasie ohne alle Not noch immer höher anzuspannen.«

Dieser König schätzte weder Exaltationen noch unwiderrufliche Entscheidungen. So erlaubte er es, daß der Sohn, von der Reise zurückgekehrt, die Radziwills in Berlin besuchte, mit der Auflage, er solle nur ja keine Szene machen. Wilhelm und Elisa litten still vor sich hin: »Wie wird mir Ewigs Liebe in jedem Beisammensein in diesen Tagen immer klarer, ja es schmettert mich fast zu Boden, wenn ich die seelenvollen Augen trotz allem Kampf stets in Tränen erblicke.« Er trug nun einen Ring von ihr am Finger, auf dem stand »In Treue fest!«, und sie einen Kristallanhänger mit seinem Haar.

Nur vierzehn Tage währte das, was Wilhelm »unsern Brautstand« nannte. Am 12. Juni war er von der Reise zurückgekehrt, am 28. Juni 1822 hieß es wieder Abschied nehmen, weil er wegen seines Rheumatismus zur Kur nach Teplitz mußte. Wilhelm hat sieben Tage später seine letzten Worte an Elisa aufgezeichnet: »Wenn nun der Himmel keine Änderung in unserm Schicksal herbeiführt, so wird unsere jetzige Trennung entscheidend sein. Ich werde meinerseits in der Folge in meinen Berufsgeschäften und in der Überzeugung, meine Pflicht zu tun und recht zu handeln, einst Beruhigung und Zufriedenheit finden, da ich ja das Höchste, was wir auf Erden empfinden können, so schön genossen habe, und diese Gefühle für das ganze Leben dauern werden! Ihre Stellung in der Welt kann aber nicht die jetzige bleiben; Sie sollen nicht allein stehen, und wenn der Himmel unser trübes Geschick nicht ändert, so – wird – anderswo – Ihnen – das Glück – erblühen, das – mir – nicht – vergönnt worden ist – mit Ihnen – zu teilen!! (Trotz aller Anstrengung stammelte ich diese letzten Worte unter Tränen hervor; es war das Schwerste und doch Nötige nun ausgesprochen!) Haben Sie mich ganz verstanden? Tränen waren ihre Antwort!!«

Die Scheidenden wußten nicht, daß sie sich jahrelang nicht mehr sehen sollten, wenn sie auch ahnten, daß sie nicht für immer zusammenfinden würden – der Prinz, der ein Königssohn, und die Prinzessin, die eben keine Königstochter war. Ganz ohne Hoffnung gingen sie indessen an diesem 28. Juni 1822 nicht auseinander.

Graf Anton Stolberg, ein Freund der Radziwills, hatte Wilhelm bekniet, nicht aufzugeben, und gedrängt, den Gutachten des Hausministeriums ein Gegengutachten entgegenzusetzen. Und da Wilhelm stets einen brauchte, der ihn schob, und ihn Stolberg, unterstützt vom Kronprinzen, in die gewünschte Richtung schob, hatte er sich ein Herz gefaßt und den König um Erlaubnis gebeten, die Rechtsgelehrten Savigny und Lancizolle damit beauftragen zu dürfen. Sie wurde gewährt, und die beiden Koryphäen kamen denn auch zu dem Ergebnis, »daß der Ehe eines Königlichen Prinzen von Preußen mit einer Prinzessin aus dem Hause Radziwill kein Rechtsgrund entgegenstehe, diese Ehe vielmehr für standesgemäß zu halten sei und auch der künftigen Deszendenz aus derselben die Sukzessionsfähigkeit nicht bezweifelt werden könne.«

Dieses Gutachten übergab Wilhelm am 5. August 1822 dem König und fuhr mit ihm und mit nicht mehr ganz so schwerem Herzen nach Italien. Er wußte nicht, daß im Hausministerium schon die Federn für ein Gegengutachten gegen das Gegengutachten gespitzt wurden. Und er ahnte nicht, daß der König geneigt war, seinem Hausministerium mehr zu glauben, weil es eben der Hausraison entsprach, in einer Zeit, in der die Throne auf dem Grund des Legitimismus erneut befestigt worden waren, auf die Rechtmäßigkeit einer dynastischen Eheschließung zu achten.

Wilhelm war nie ein »Stürmer und Dränger« gewesen, und er brauchte auch nicht, wie ein »Klassiker«, zu seiner Reife klärende Bildungserlebnisse. Im Wesentlichen gestaltete sich seine Persönlichkeit nach Maßgabe der durch die preußische Tradition und die evangelische Religion festgelegten und festgefügten Wertordnung. Was für das Individuelle an Entfaltungsmöglichkeiten blieb, wurde durch sein Liebeserlebnis nachhaltig beeinflußt, und durch seine »Italienische Reise« vom September 1822 bis Februar 1823. Er unternahm sie als Liebender, also sensibilisiert für das Schöne, Wahre und Gute, und er berichtete darüber der Geliebten, für die er alles mitsah und mithörte – allerdings meist an die Adresse der Mutter, wie es sich gehörte, und in einem Stil, der beiden empfindsamen und frommen Damen entsprach.

»Die ungeheuersten, höchsten und schroffsten Felsmassen, die man sich denken kann; Bäche, die sich beim Herabstürzen von jener Höhe in Staub auflösen, ehe sie herunterkommen; dann wieder ganz enge Täler, in denen sich reißende Ströme durchwinden in beständigem Tosen; und nun im Hintergrunde der schroffen Felsmassen und der wild bewachsenen niedrigeren Höhen stehen in entsetzlicher Höhe die Eisgebirge, und dazwischen Felsspitzen, wie Nadeln so schmal und spitz, so daß sie keinen Schnee aufnehmen können. Die sogenannten Gletscher senken sich wie gefrorene enorme Wasserfälle tief in das Tal hinab, als wollten sie dasselbe sperren.« So präludierte der fünfundzwanzigjährige Wilhelm über die Alpen, mit dem Grundthema: »Wenn ich doch dies imposante Schauspiel Elisa recht vergegenwärtigen könnte, um ihr begreiflich zu machen, wie bei jedem neuen herrlichen Anblicke immer der Gedanke an sie, und der: wenn sie doch dies mit mir sehen könnte, vor der Seele schwebt!« Und: »Unzählige Male mußte ich an Elisa denken! Denn das Herz wird mächtig aufgeregt, wenn die Natur ihre Wunder so kolossal auftut.«

Aus Verona – wo im Herbst 1822 die Monarchen der Heiligen Allianz konferierten – wußte Wilhelm Tröstliches zu berichten: »Ganz unerwartet trat heute um zwölf Uhr der Kaiser Alexander allein zu mir ins Zimmer! Mit unendlicher Herzlichkeit und Teilnahme und wahrem Mitgefühl sprach er mir über meine Angelegenheit, so daß ich tief bewegt war. Nie kann ich ihm diesen Beweis wahrer Freundschaft vergessen! Er hat mit dem König gesprochen, der ihm gesagt, daß nun Aussichten wären.« Mit dem Vater, mit dem er auf dieser Reise in der Schweiz und in Italien zusammen war, wagte er über seine Angelegenheit nicht zu sprechen. Den himmlischen Vater rief er an, so in einem Brief an Elisa vom 18. November 1822 aus Rom: »Mit unterwürfigen, aber getrosten Herzen flehn wir gemeinschaftlich, wenn auch getrennt, zu Gott, um von ihm das Glück unserer Zukunft zu erbitten! Möge Er uns erhören, Er wird uns in glücklichen Tagen ebenso demütig finden, als wir es in den schweren Tagen der Prüfung waren.« Diesem Brief legte er ein Efeublatt bei, das er am Grabmal des Romeo und der Julia in Verona gefunden hatte.

Natürlich gab es auch Vergnügungen auf dieser Reise, für den König von Preußen und seine beiden Söhne (der jüngere Bruder Karl war mit von der Partie): Theater, Empfänge, Bälle, und viele schöne Frauen, die Wilhelm nicht übersehen konnte, doch anmerkte: Einige Damen hätten ihn gefragt, warum er so ernst aussähe. »Also doch ist mein Inneres immer auf dem Gesicht zu lesen!« Er verzog es manchmal auch über das, was er sah. Mit gemischten Gefühlen ging der Protestant und Preuße zur Audienz bei Papst Pius VII. »Doch war es eine Wohltat, wieder einem Gottesdienste beizuwohnen«, einem evangelischen selbstverständlich, im Hause des preußischen Gesandten. Von den Italienern hielt er ohnehin nicht viel. »Schade, daß unter diesem schönen Himmelsstrich die Menschen so höchst minderwertig sind.« Und: »Die Menschen vorzüglich sind es, welche einem dort so vieles verbittern – und was dem Reisenden außerdem höchst unangenehme Augenblicke und Rückerinnerungen gewährt, ist der Mangel an Bequemlichkeit und Annehmlichkeit, die man überall erfährt, welchem allen aber die nationale Unreinlichkeit usw. die Krone aufsetzt. Man hat mit unendlichen Widerwärtigkeiten zu kämpfen, um so viel Schönes in Italien kennenzulernen!«

Italia bella: die Borromäischen Inseln im Lago Maggiore, der Mailänder Dom, ein »Wald von weißen Marmorspitzen«, der Markusplatz in Venedig, auf dem er zu träumen glaubte, die Peterskirche in Rom, über die selbst der König »unglaublich überrascht gewesen, und das will sehr viel sagen«, und – der Höhepunkt – Neapel. »Alle Erzählungen und Beschreibungen können keinen Begriff von diesem Orte geben; denn alles vereint sich hier, um es zu einer Art von Paradies zu machen.« Vor seinem Fenster dehnte sich der blaue

Golf, vom Posilip bis zur Küste von Sorrent, über dem Vesuv stand ein Rauchwölkchen; »leider scheint kein neuer Ausbruch kommen zu wollen; vom letzten sind alle Augenzeugen entzückt«.

Was er auch sah, immer stand ihm das Bild der Geliebten vor Augen. »Mächtig wurde ich durch alles dies Herrliche dahin gerufen, wo stets mein Herz ist«, »Elisa ist meinem Lebensgück unentbehrlich geworden«, »der Himmel gebe, daß der schmerzlichste Abschnitt meines Lebens hinter mir liege und daß eine heitere Zukunft mit dem heutigen Tage anbreche«, dem Neujahrstag 1823. Noch weilte er in Pisa und Florenz, wo er in den Gesichtern der Raffaelschen Madonnen vertraute Züge entdeckte. Aber schon am 18. Januar war er in Innsbruck, »wieder auf deutschem Boden«, und bald darauf in Preußen. »Die Fichtenwälder und Ebenen wollen nicht recht munden nach so vielem Schönen«; es schneite. Der Norden hatte ihn wieder – und die Wirklichkeit seiner unglücklichen Liebe.

In Berlin waren inzwischen neue Gutachten angefertigt worden, gegen und für die Verbindung mit einer Radziwill. Hausminister Fürst Wittgenstein empfahl Wilhelm, nicht auf der Feststellung der Ebenbürtigkeit zu bestehen, sondern alles der Gnade des Königs anheimzustellen. Am 22. September 1823 suchte der Sohn den Vater auf und ersuchte ihn, eine Heirat zu genehmigen, die Zustimmung der männlichen Mitglieder des Hauses Hohenzollern einzuholen und Anordnungen zu treffen, die unangenehme Folgen der Verbindung verhindern könnten. Der König wich, wie immer, einer Antwort aus. Ihn kümmerte schon genug die – am 29. November 1823 zustandegekommene – Verbindung des Kronprinzen Friedrich Wilhelm mit der Wittelsbacherin Elisabeth, einer Bayerin und Katholikin, und »Wilhelms Angelegenheit« machte ihn ganz krank.

Es reiche ihm jetzt, fuhr er am Weihnachtstag 1823 den Sohn an, nun solle die von ihm schon früher erwogene Kommission über die Frage der Ebenbürtigkeit entscheiden. »In der ersten Zeit nach jener Unterredung war mein Herz so kalt geworden, ich so unzufrieden mit mir selbst, daß ich zum ersten Male in Bitterkeit mich verfallen sah.« Der endlich verheiratete Kronprinz, der auch den Bruder glücklich sehen wollte, bewog Wilhelm wie Tante Luise dazu, in Schreiben an den König um eine baldige klare Entscheidung zu bitten – persönlich, ohne Einschaltung einer Kommission. Anfang Februar 1824 gingen die Briefe ab, doch Friedrich Wilhelm III. ließ sie liegen. »Welche tödliche Pein der langen Erwartung«, klagte Wilhelm. Tante Luise mußte ihm zureden: »Du bist zu mutlos, mein Wilhelm, warum so trostlos sein über des Königs verzögerte Antwort?«

Mit der Tochter beziehungsweise der federführenden Mutter konnte er sich nur brieflich aussprechen; die Radziwills blieben seit Sommer 1822 der Hauptstadt fern, weilten in Posen oder in Ruhberg in Schlesien, wo Elisa das Sternbild der Cassiopeia anhimmelte, welches die Figur eines W zeigte. Luise führte sie in einen pietistischen Zirkel ein, verwies sie auf eine Losung der Brüdergemeinde: »Habe Deine Lust an dem Herrn, der wird Dir geben, was Dein Herz wünscht.« Doch der nun Zwanzigjährigen wurde oft schwindlig, und mitunter fiel sie in Ohnmacht. »Es ist das Blut, welches so sehr nach Kopf und Herzen steigt und ihr dann die Nerven so angreift«, meinte die Mutter und ließ ihr Blutegel ansetzen.

Der König berief im Juni 1824 seine Kommission aus sechs Staatsministern und dem General Gneisenau, der als einziger für die Ebenbürtigkeit der Radziwills eintrat – und sechs zu eins überstimmt wurde. Wilhelm zeigte die weiße Fahne: »So sehe ich diese traurige Angelegenheit als abgemacht an und erwarte nur, daß der König mir selbst seine letzte Willenserklärung zu erkennen gibt.«

Doch Friedrich Wilhelm III. schrieb nichts und sagte nichts, doch unternahm etwas für den Sohn, dessen Ausdauer ihm anscheinend imponiert hatte. Da nun endlich und endgültig die Unebenbürtigkeit der Prinzessin Elisa Radziwill festgestellt worden war, wollte der Vater versuchen, ob die Ebenbürtigkeit nicht durch eine entsprechende Adoption verschafft werden könnte. Dieserhalb wandte er sich an den Zaren, geriet jedoch an die falsche Adresse: Alexander I. hatte eben seinen Bruder Konstantin wegen einer unstandesgemäßen Ehe von der Thronfolge ausgeschlossen und mußte sich an diesen Präzedenzfall halten.

Der König, der sich Elisa noch einmal angeschaut hatte und nun selber Ausdauer zeigte, verfiel auf den Prinzen August von Preußen, einen Bruder der Fürstin Luise Radziwill. Wilhelm stand wieder zwischen Bangen und Hoffen. Am vorgesehenen Adoptivvater August, einem notorischen Lebemann, hatte er zwar einiges auszusetzen, aber die neue Entwicklung trug ihm die Erlaubnis des Königs ein, Elisa nach drei Jahren wieder zu sehen. Vielleicht fände er die

Prinzessin verändert und werde anderen Sinnes, meinte Wilhelms Vater. Elisas Mutter sah der Wiederbegegnung – am 7. Februar 1825 in Posen – nicht ohne Sorgen entgegen: Vielleicht würde die Tochter das Ideal nicht mehr erreichen, »welches dreijährige Abwesenheit erhöht und verschönert hatte«.

Die nun Einundzwanzigjährige suchte den Eindruck der Jungmädchenhaftigkeit, den Wilhelm vom letzten Rendezvous mitgenommen hatte, durch ein weißes Mousselinekleid, einen goldenen Gürtel und »nichts in den Haaren« aufzufrischen. Das Zimmer war von Kerzen in Alabastervasen halb erleuchtet. Wilhelm, in Generalsuniform, wurde vom Fürsten Radziwill hereingeführt, begrüßte zuerst die Fürstin, gab dann Elisa die Hand und sagte: »Das waren drei böse Jahre!«

Er finde Elisa gar nicht verändert, nur etwas stärker sei sie vielleicht geworden, berichtete er seinem älteren Bruder. Dadurch habe ihre Figur gewonnen, erklärte er der Tante Marianne. Dem Vater teilte er mit: »Unverändert aber ist ihr herrlicher, liebevoller, frommer Sinn, der sich bei jeder Gelegenheit ausspricht«; er möchte sie nach wie vor heiraten. »Keine Feder vermag das zu schildern, was ich in den drei Tagen in Posen empfand«, schrieb er der Schwester Charlotte. »Und so möchte ich mir also denken, daß die gegenwärtige Zeit immer die vergangene verdrängen wird.« Noch ein halbes Jahrhundert später bekannte Wilhelm: »Es waren schöne Tage, wir haben uns vollständig als Brautleute betrachtet.«

Bei der Abreise stieß er vor Aufregung mit dem Kopf gegen einen Türbalken, mit solcher Wucht, daß von diesem ein Stück herausbrach und er eine Gehirnerschütterung hatte. Elisa machte ihm Eisumschläge. Doch schon am nächsten Tag, gegen den Rat des Arztes, fuhr er nach Berlin. Er wollte sich nicht nachsagen lassen, daß er eine Gelegenheit ausgenutzt hätte – und das in einem Moment, da er das »Bewußtsein des sicheren Besitzes« mitnahm, mit einer baldigen Hochzeit rechnete.

F ÜR W ILHELMS UND E LISAS H AUSSTAND bewarben sich bereits Bedienstete, für das Hofmarschallamt allein sieben Herren. Zwischen Berlin und Posen gingen Brautbriefe hin und her, meist indirekt, wie es Sitte war, von ihr über die Freundin Luise von

Kleist, von ihm über Tante Luise Radziwill, die bereits die Schwiegermutter spielte. Ob er die blonde Emilie von Brockhausen, die Hofdame der Kronprinzessin, nicht zu gerne sähe, und auch noch andere Damen? Ob er von seiner Junggesellenzeit nicht zu stürmisch Abschied nehme? Ob er auch wirklich seine bisherigen »Lebens- und Geselligkeitsgenüsse« aufzugeben bereit wäre, gegen jene höheren Genüsse, die ihm Elisa zu bieten habe?

Auch der Schwiegervater in spe wurde aktiv. Die Vermählung vor Augen, wollte Fürst Anton Radziwill seine Familie für ebenbürtig erklärt sehen; er bestellte beim Göttinger Juristen Eichhorn ein entsprechendes Gutachten. Die Angelegenheit komplizierten auch noch andere. Der Kronprinz war zwar für die Verbindung, aber gegen die Adoption Elisas durch den Prinzen August. Prinz Fritz Louis, ein Vetter Wilhelms, wollte wohl für sich, nicht jedoch für seinen Sohn zugunsten eines Sprosses aus Wilhelms Ehe auf Thronfolgeansprüche verzichten. Der Bräutigam stand sich selber im Wege, weil er, was die Frage der Thronfolgeberechtigung der Kinder aus einer durch Adoption ermöglichten Ehe betraf, ganz sicher gehen wollte. Sein Antrag wurde lange nicht und dann negativ beschieden: Auch die minderjährigen Prinzen des königlichen Hauses müßten zugunsten von Wilhelms und Elisas Nachkommen den Thronverzicht erklären – doch das war zumindest vom Sohne des Prinzen Fritz Louis nicht zu erwarten.

Der König schob wieder alles vor sich her. Der Bräutigam klagte im Juli 1825 seinem Vertrauten Natzmer: »Setzen Sie sich in meine Lage, welche Geduld muß ich zusammenfügen! Wüßte ich nicht, daß diese allein mir helfen kann, so hätte ich längst schon einen von den sauberen Herrn umgerannt.« Die Braut wurde im Oktober 1825 durch einen falsch gelaufenen Brief schockiert. Die Freundin Luise von Kleist hatte die für Karoline von Hessen bestimmten Zeilen versehentlich in einen an die Prinzessin Radziwill adressierten Umschlag gesteckt: Sie, Luise, sei über Elisas Zukunft ganz mutlos; im Publikum beurteile man ihre Angelegenheit als hoffnungslos.

Tante Luise bekam einen Brief Wilhelms über dessen Visite in Weimar Ende September 1825. Sein jüngerer Bruder Karl, den er begleitet hatte, warb um die siebzehnjährige Prinzessin Marie von Sachsen-Weimar. Sie machte auch auf Wilhelm einen guten Eindruck, ebenso wie ihre vierzehnjährige Schwester Augusta. »Die

Zweite scheint allerdings lebhafter und selbst durchtrieben, und nur die Unbekanntschaft und die Erziehung halten sie ehrbar aussehend.« Mehr Interesse zeigte er für »eine superbe Jagd«, bei der er über zwanzig Rebhühner und Fasanen schoß. Abends tanzte er mit beiden Prinzessinnen, und um Mitternacht reiste er zu einer Truppenbesichtigung nach Brandenburg ab. »Es ist mir ordentlich schwer geworden, die unendlich freundlichen und wiederholten Einladungen, doch noch länger zu bleiben, was wirklich keine Phrasen waren, nicht annehmen zu können.«

Eine Wende in Wilhelms Angelegenheit bahnte sich an, durch Karls Brautwerbung in Weimar. Über Familiendinge entschieden dort nicht Großherzog Karl August, der Förderer und Freund Goethes, und auch nicht sein Sohn, Erbherzog Karl Friedrich, der Vater Maries und Augustas, sondern dessen Gemahlin Maria Pawlowna, eine Großfürstin von Rußland, Schwester des Zaren Alexanders I. Sie zeigte sich ihrer Herkunft stets bewußt, in ihrem hoheitsvollen Auftreten wie in ihren dynastischen Ansprüchen. Und das allerletzte Wort hatte ihre Mama in Petersburg, Maria Feodorowna, die Zarinmutter von Rußland.

Großfürstin Maria Pawlowna war keineswegs entzückt, daß ein drittgeborener preußischer Königssohn um die Hand einer Weimarer Prinzessin und Nichte des Zaren anhielt. Sie hätte sich einen Thronerben gewünscht, mindestens einen Zweitgeborenen wie Wilhelm. Keinesfalls wollte sie eine Prinzessin Radziwill als Gemahlin des Zweiten in der Rangordnung und Erbfolge vor ihrer Tochter Marie als Gemahlin des Dritten sehen. Als Russin schätzte sie eine Polin ohnehin nicht, und sie befürchtete politische Verwicklungen, wenn eine Familie des Landes, das man zwischen Rußland, Preußen und Österreich aufgeteilt hatte, in eine der Dynastien der Heiligen Allianz einheiratete. In diesem Sinne griff auch die Zarinmutter ein: Karl könne Marie erst heiraten, wenn »zuvor das Schicksal des Prinzen Wilhelm« entschieden wäre – was nur so verstanden werden konnte, daß eine Verbindung mit der Radziwill nicht zustande kommen dürfte.

Friedrich Wilhelm III., der Karl gern mit Marie, aber Wilhelm nur ungern mit Elisa verheiratet gesehen hätte, glaubte nun endlich zu wissen, wie er sich entscheiden sollte. Gegen den russischen Wind wagte er auch hier nicht anzugehen, und seine Berater hatten ihm erklärt, daß eine Adoption keineswegs zum Ziele führe. Noch einmal erhielt er Gelegenheit, auf der Stelle treten zu dürfen: Am 1. Dezember 1825 starb Alexander I., und Petersburg, Weimar und Berlin verfielen in Hof- und Staatstrauer.

Prinz Wilhelm, nun Kommandierender General des III. Armeekorps, wurde nach Rußland entsandt, um den Trauerfeierlichkeiten beizuwohnen und dem neuen Zaren Nikolaus I., dem Gemahl Charlottes, seinem Schwager, die Unverbrüchlichkeit der preußisch-russischen Allianz zu bestätigen. Das brachte ihm auch persönlich etwas ein: die Reiseroute führte über Posen.

Am 8. Januar 1826 war er bei »Ewig«, zwölf glückliche Stunden. Gegen zwölf Uhr war er gekommen, um Mitternacht mußte er weiter. »Es war eine stürmische Nacht und eine Kälte von 15 Grad«, berichtete sie Luise von Kleist. »Ich hatte meinen schwarzen Pelzmantel nur flüchtig über mein dünnes schwarzes Oberkleid geworfen und war in dünnen Atlasschuhen, so daß die rauhe Luft mich ordentlich eisig anpackte und rüttelte. Wie, dachte ich, wenn sie dir den Tod brächte? Indem fuhr Wilhelms Wagen fort und rollte durch das Tor. Mein Herz wurde weit, und ich rief ihm, innerlich aufgeregt, heimlich zu: ›Nimm mein Leben!‹«

»In welchen heftigen Gemütsbewegungen verließ ich all die Teuren in Posen«, schrieb er über Tante Luise an Elisa. »Mir wankten fast die Füße, als ich mit Ewig Ihnen die Treppe hinabfolgte! Ach, der Abschied war so ganz anders als im Februar! Die Tränen, welche während des Soupers flossen, hatten mir alle Fassung geraubt, und dunkel und trüb fuhr ich der Nacht entgegen, ein Bild meiner nächsten Zukunft.«

Als Brautpaar sollten sie sich nie wiedersehen. Ende April 1826 war Wilhelm aus Petersburg nach Berlin zurückgekehrt, wo sich der König nach der letzten Verzögerung zu einer Entscheidung aufraffte – ausnahmsweise einen Augenblick zu früh, denn die Zarinmutter, die ihren Sohn Alexander betrauerte und von Wilhelm dabei getröstet worden war, hatte Nachsicht gezeigt: Wenn Marie ihren Karl wolle, solle sie ihn habe, ohne daß die Angelegenheit Wilhelms und Elisas damit verknüpft würde. Doch Friedrich Wilhelm III. wußte davon noch nichts, als er Anfang Juni, nach Beratung mit den Staatsministern, den Entschluß faßte, seine Genehmigung zur Verbindung des Hohenzollernprinzen mit der Prinzessin Radziwill zu versagen.

Am Mittag des 23. Juni 1826 meldete sich bei Prinz Wilhelm der Generaladjutant des Königs, Job von Witzleben. Im Auftrag seiner Majestät übergab er ihm einen versiegelten Umschlag und unterrichtete ihn knapp und verletzend über den Inhalt, das Verbot der Verbindung. »Wie vom Blitz getroffen stand ich da, mir war's, als sollte mir der Kopf zerspringen; ich konnte es nicht fassen, nicht glauben«, klagte Wilhelm. Er käme am Nachmittag wieder, wenn er mehr bei Fassung sei, verabschiedete sich der Generaladjutant. Bevor der Prinz den Umschlag öffnete, brachte er mit zitternder Hand ein paar Zeilen nach Posen zu Papier: »Gott! Ist es dahingekommen. Hat seine Allbarmherzigkeit uns doch verlassen! Er vermag alles – aber dies ist zu viel! Gott, Gott segne Elisa!«

Dann erst las er, was ihm der Vater mitzuteilen, der König zu befehlen hatte: »Wenn hiernach das Resultat nicht günstig für Deine Wünsche ausfiel, wenn ich nach reiflicher Erwägung der von der überwiegenden Mehrheit ausgesprochenen Meinung aus eigener Überzeugung und Pflichtgefühl beitrete, und wenn endlich, ich muß es Dir leider ohne Rückhalt sagen, so schwer es mir auch wird, die Sache hiermit als völlig erschöpft und beendigt betrachtet werden muß, so hoffe ich, Du wirst Dich umso mehr mit Ergebung in Dein Schicksal fügen, als ich Dir auf jede Weise bewiesen zu haben glaube, daß ich gern einen angemessenen Ausweg gefunden hätte, der die Erfüllung Deiner Wünsche zuließe, wenn dabei die Interessen unseres Hauses unverletzt erhalten werden konnten. Ich kann mir höchstens den Vorwurf machen, daß ich aus Liebe zu Dir alle Vorschläge hörte, prüfte und prüfen ließ und die definitive Entscheidung immer von Neuem verzögerte, um nichts unversucht zu lassen, was zum Ziele führen konnte.«

Der Sohn war gerührt, der Prinz nahm Haltung an. So empfing er Witzleben am Nachmittag, und schon am Abend konnte dieser einen Brief Wilhelms an den König und Vater weiterleiten, die Meldung, daß der Befehl, wenn auch schweren Herzens, ausgeführt werde: »In frommer Demut und Unterwürfigkeit werde ich ein Schicksal ertragen, das der Himmel mir auferlegt!« Er küßte die Hand, die ihn geschlagen hatte, versprach, »daß ich nur durch die kindlichste Liebe und durch mein ganzes Verhalten in meinem künftigen Leben imstande sein kann, Ihnen, teuerster Vater, meine wahren Gesinnungen zu betätigen.« Anderntags fielen sich Vater und Sohn auf der Pfaueninsel in die Arme. Beide weinten. »Welch ein Sohn! Welch ein Vater!«, kommentierte Job von Witzleben den Ausgang dieses Dramas, das keine Tragödie, sondern ein Rührstück des königlich-preußischen Biedermeiers war.

Ein Konflikt wie zwischen Friedrich Wilhelm I. und dem späteren Friedrich dem Großen war bei diesem Vater und bei diesem Sohn nicht möglich. Friedrich Wilhelm III. fiel eine in sechs Jahren angehäufte Zentnerlast vom Herzen, der Preuße war über das prompte und bedingungslose Gehorchen befriedigt, der Biedermeier über die schmerzhafte Ergebung gerührt. Prinz Wilhelm, Generalleutnant und Kommandeur des III. Armeekorps wie der 1. Garde-Division, der sich zum ersten Soldaten des Staates hochdiente, war das Gehorchen gewöhnt, und vielleicht fiel ihm die Ergebung leichter, als es seine schriftlichen Äußerungen, vornehmlich an die Adresse der Posener Damen, vermuten lassen. Gefühle waren in ihm nicht so aufgerührt, daß sie überborden hätten können; Leidenschaft war nicht im Spiel. Von seinem dreiundzwanzigsten bis zu seinem neunundzwanzigsten Lebensjahr zog sich diese Liebesgeschichte hin, sie war nun überdehnt und überzogen – ein aufgezwungener Schluß konnte nicht ganz unpassend sein.

Jedenfalls verhielt er sich entsprechend. Noch am 24. Juni 1826 schrieb er Elisa den Abschiedsbrief, über Tante Luise, wie üblich, und in dem Stil, den er sich im schriftlichen Verkehr mit den beiden Damen angewöhnt hatte: »Ich trete in diesem Augenblick im Geiste vor Elisa und gebe ihr zurück ihr Herz, welches durch die reinsten und höchsten Gefühle mir gehörte. Ich reiß es von dem meinen los, weil es das unerbittliche Schicksal so will; aber ihr Bild bleibt ewig, unauslöschlich in meinem Herzen.« Wilhelm legte den Ring ab, den er seit 1822 getragen hatte, er löste den Kristallanhänger mit ihrem Haar und die Zeichen Kreuz, Anker und Herz, die Symbole für Glaube, Liebe und Hoffnung von seiner Halskette, tat sie zusammen mit ihrem Bild, Zeichnungen, Billets, getrockneten Blumen und abgeschriebenen Gedichten als Elisa-Reliquien in einen Kasten aus Ebenholz – den Sarg seiner Liebe.

Tante Luise die sich schon als Schwiegermutter gefühlt hatte, war natürlich niedergeschlagen, doch sie begann sich an dem Gedanken aufzurichten, daß ihre Tochter vielleicht doch nicht glücklich mit dem Prinzen geworden wäre. Es sei ihr manchmal aufgefallen, »daß ihre Charaktere nicht ganz übereinstimmend wären, daß er zu gefallen liebe, Welt und Gesellschaft mehr liebe, als es mir für meine Tochter lieb sein würde, daß, ohne von dem abzuweichen, was Stand, Verhältnisse und der natürliche Frohsinn seines Alters fordert, ich doch E. vorzüglich häusliches und, so viel es angehe, stilles Leben wünsche.« Der empfindlichen, fast zerbrechlichen Tochter wagte sie die Hiobsbotschaft nicht sogleich und schon gar nicht in Posen mitzuteilen, wo es angesichts des Publikums Haltung zu bewahren galt. Erst einen Monat später, in der Abgeschlossenheit des Radziwillschen Landsitzes in Antonin, erfuhr Elisa die bittere Wahrheit.

»Den ersten Tag habe ich außerordentlich viel geweint, recht satt geweint. Nun nicht mehr«, schrieb Elisa an Luise von Kleist. Sie begann Trost darin zu finden, daß ihr Wilhelm zum Abschied bekannt hatte: »Dank Ihnen für das Heil, was Sie meiner Seele bereiteten!« Sie sei ein Engel, so milde und geduldig und gottergeben, fand die Mutter. Friedrich Wilhelm III. schickte Elisa den Luisen-Orden, den er für Verdienste preußischer Frauen um das Vaterland gestiftet hatte.

Sechs Jahre lang hatte sie sich als Braut gefühlt, nun war sie Dreiundzwanzig und sollte nur noch acht Jahre leben. Ihr schwärmerisches Gemüt steckte in einem schwindsüchtigen Körper. In Teplitz, wohin die Familie aus Furcht vor der Cholera übergesiedelt war, geriet sie an den Fürsten Friedrich Schwarzenberg, einen mittellosen Sohn des österreichischen Feldherrn der Befreiungskriege, an einen böhmischen Byron, der das Geld der Radziwills witterte und die Tochter apart fand: »Ihre Nähe war mir wohltuend wie der kühle Seewind in den Ebenen Afrikas.« Elisa fing ein zweites Mal Feuer, das sie vollends verzehrte. Am 27. September 1834 – Schwarzenberg hatte gepaßt – verschied sie in Freienwalde, wo ihre erste und große Liebe begonnen hatte. Wilhelm trat an ihre Bahre, »in einem herzzerreißenden Zustand«, wie seine Schwägerin Elisabeth, die Kronprinzessin erzählte.

»Im Innern die Ruhe herzustellen, die demselben nötig ist, um nach gewohnter Art tätig zu sein und durch Beruf und Pflichterfüllung sich entschädigt oder zufriedener zu sehen, dazu bedarf es der Zeit.« Das hatte Wilhelm am 29. Juli 1826, kurz nach der Entsagung, an Natzmer geschrieben. Je älter er wurde, desto mehr galt dem in Pflichterfüllung erstarrenden Mann die Episode mit Elisa als Traum einer verhältnismäßig ungebundenen und mit wachsender Entfernung immer schöner erscheinenden Jugend.

Mit Sechzig, im Jahre 1857, gedachte er in einer letztwilligen Aufzeichnung der bedeutendsten Ereignisse in seinem Leben: der Not nach 1806, des Todes der Mutter, der Befreiungskriege – und seiner ersten und großen Liebe: »Früh wandte sich mein Herz einem Herzen zu, das zu edel und rein für diese Welt war und daher nicht mein werden sollte! Das Verlangen, ihrer würdig zu sein, legte den lebendigen Grund zu meiner ganzen nachmaligen religiösen und Lebensrichtung. Der Kampf und der Schmerz der Entsagung stählte diesen Grund, drückte aber meinem ganzen Leben den tiefen Ernst auf, der mich nicht wieder verlassen hat. Und so lernte ich Gottes Fügungen im Schmerz preisen.«

Mit Siebenundfünfzig, im Jahre 1854, gestand er der Schwester Charlotte: Das Leid seiner Jugendliebe habe ihn gegen Erbitterung in allen seinen Lebensbeziehungen geschützt. Er sei zwar kein Fatalist geworden, aber er habe gelernt, sich in einen höheren Willen zu ergeben – den Willen Gottes, dessen Werkzeug der König von Preußen gewesen sei.

Mit dieser Erfahrung gewappnet, nahm schon der Dreißigjährige eine weitere, ihn persönlich betreffende Willensäußerung des Vaters entgegen: Wilhelm, der Zweitgeborene, sollte endlich eine Familie gründen, zumal vom Erstgeborenen, dem Kronprinzen, kein Thronerbe mehr zu erwarten sei.

»Das, was ich verlor, wie ich liebte, wie man zum ersten Male liebt, das kehrt nie, nie zurück, dafür gibt es keinen Ersatz«, hatte er im August 1826, zwei Monate nach dem Schicksalsschlag, der Mutter Elisas beteuert. Bereits im Juli hatte der Berliner Schriftsteller Karl August Varnhagen von Ense, der das Gras wachsen hörte, eine Heirat nicht nur Karls, sondern auch Wilhelms mit einer Prinzessin von Sachsen-Weimar vorausgesagt. Da Karl mit Marie so gut wie verlobt war, konnte für Wilhelm nur deren jüngere Schwester Augusta in Betracht kommen.

Im Oktober 1826 beorderte ihn der König mit Karl nach Weimar. Er gehorchte, wenn auch widerwillig. »Der Befehl zu dieser Reise ist ein Beweis, daß mir das Leben nicht leicht gemacht wird.« Er wußte von den Intrigen, die Maria Pawlowna, die Mutter der beiden Prinzessinnen, gegen seine Verbindung mit Elisa Radziwill gesponnen hatte. Er ahnte, daß man ihm, dem Zweiten und vielleicht einmal sogar Ersten in der preußischen Thronfolge, nur zu gern im Weimarer Netz gehabt hätte. Und er verschwieg, daß er die erste Hilfe nicht gern unterbrechen wollte, die ihm die schöne Emilie von Brockhausen nach seinem Liebesunglück leistete.

Und dann berichtete er Tante Luise, die beinahe seine Schwiegermutter geworden wäre, aus Weimar einiges, was ihr nicht gefallen konnte: Die nun sechzehnjährige Augusta sei schön geworden, fast größer als ihre ältere Schwester »und sehr formiert für ihr Alter. Je mehr ich sie habe kennenlernen, je mehr stimme ich mit Charlottens Urteil überein, daß sie viel mehr ist als Marie. Sie ist freilich im Äußern nicht mit dieser zu vergleichen, aber ihr lebhafter Blick und ihr lebendiges Wesen ... müssen sehr anziehen; sie ist voller Verstand und Kenntnisse und kurzum: eine sehr interessante Erscheinung.«

Dabei verschwieg er der Tante noch, daß ihm der König nach Weimar geschrieben hatte, auch er, der ältere Bruder Karls, solle nun endlich ans Heiraten denken. Aber sie wußte, was es geschlagen hatte: »Elisa wie mir fiel es bei jeder Zeile auf, daß er vermutlich hingeschickt wurde, um Augusta zu sehen und sie Elisas Stelle einnehmen wird.« Und: »Indelikat war es, nach Weimar zu gehn, indelikat, so von der Prinzeß Augusta zu sprechen!« Wilhelm, auf die Empfindlichkeit der Posener Damen aufmerksam gemacht, wollte nicht ein zweites Mal unfein erscheinen. Im Januar 1827 schrieb er den Radziwills, bevor er wiederum nach Weimar fuhr: »Ich habe mich vor Dem, der unsere geheimsten Gedanken kennt und prüft, gefragt, ob diese Bekanntschaft mit Augusta, gegen die ich mich sträubte und die unter so merkwürdiger Führung und Fügung gemacht werden mußte, für mein ferneres Leben von Einfluß sein könnte. Die gewissenhafteste Antwort konnte mir aber nur höchstens ein Vielleicht aussprechen. Denn wenn ich anfing, zu vergleichen, da kommt mir selbst das ›Vielleicht‹ wieder als Unmöglichkeit vor. Aber Vergleich ist mir überhaupt nicht erlaubt; ein Vergleich würde auf Ersatz deuten, und der ist mir unmöglich jemals zu finden.«

Wie er sich drehte und wendete: Es war offenkundig, daß ihm Augusta gefiel. Da sie Prinzessin an einem Musenhof war, gebrach es ihr nicht an Lobeshymnen. Schon an ihrer Wiege – sie war am 30. September 1811 geboren – hatte ihr Charlotte von Schiller gesungen: »Das Kind liegt so vornehm da und so vernünftig, daß man sich gar nicht wundern würde, wenn eine Krone mitgeboren worden wäre.« An der Zweijährigen hatte die Witwe Friedrich von Schillers bemerkt: »Die Prinzessin hat einen kräftigen Willen und ist so stark und fest; sie läßt nicht los, was sie anfaßt.« Der Neunjährigen widmete Goethe ein Gedicht: »Alle Pappeln, hoch in Lüften, jeder Strauch in seinen Düften, alle sehn sich nach Dir um.« Die Fünfzehnjährige beeindruckte Wilhelm von Humboldt: »Ihr lebendiger und durchdringender Geist spricht aus ihrem Blick, ihre Züge sind im höchsten Grade bedeutungsvoll, und ihre ganze Gestalt wird sich, wenn sie nicht ein wenig zu stark wird, in einigen Jahren gewiß noch schöner, als sie jetzt schon erscheint, entwickeln.«

Augusta von Sachsen-Weimar, die zweite Tochter des Erbgroßherzogpaars, war zweifellos nicht ihrem Vater Karl Friedrich, dem unbedeutenden Sohn des Großherzogs Karl August, sondern ihrer Mutter, der russischen Großfürstin Maria Pawlowna nachgeschlagen. Die Enkelin Katharinas der Großen, Tochter des Zaren Pauls I. und Schwester der Zaren Alexander I. und Nikolaus I., ragte auch als Persönlichkeit unter den Fürstinnen der deutschen Kleinstaaten hervor: Sie war überdurchschnittlich begabt und gebildet, von lebhaftem, ja heftigem Temperament, und je schwerhöriger sie wurde, desto lauter sprach sie und desto selbstherrlicher trat sie auf.

Im Wesen glich ihr Augusta mehr als Marie, und sie war auch intelligenter, zumindest bildungsbeflissener, ehrgeizig auf jeden Fall. Die Großfürstin erzog sie in der höfischen Etikette, die Russin kosmopolitisch, eher französisch als deutsch, die Schutzpatronin der Klassiker im idealistischen »Geist von Weimar«. Goethe wurde persönlich bemüht, der dem Kind Märchen erzählte und dem Mädchen wünschte: »Erzeige sich dein ganzes Leben so: nach außen herrlich, innen hold und froh.«

Eine Zeichenlehrerin und ein Musiklehrer wurden berufen; bis in ihr Alter malte und musizierte Augusta gern. Der Religionsunterricht kam nicht zu kurz; sie wurde eine streng-evangelische, kirchlich-gesinnte, auf Wohltätigkeit bedachte Frau. Vom deutschen

Idealismus behielt sie die Aufforderung, sich ständig strebend zu bemühen, und die Angewohnheit, sich in erhabenen Worten auszudrücken, was nach Phrasen klang, wenn der Inhalt der Form nicht angemessen war. Rußland, die Heimat der Mutter, blieb ihr fremd, ja unheimlich. Für England zeigte sie früh Interesse, geweckt durch ihren Lieblingsonkel Bernhard von Weimar, der niederländischer General und Schwager der Königin Adelheid von England war, und angeregt durch die Einführung einer Konstitution nach englischem Muster in Weimar.

Am 26. Mai 1827 heiratete Karl die Marie, und der Vater sagte dem nun dreißigjährigen Wilhelm: »Ich hoffe, Du wirst nun auch bald so weit sein!« Er dachte dabei an Augusta. Doch der Sohn ließ sich nicht drängen. Sechs Jahre lang hatte er sich mit Elisa verlobt gefühlt, ohne zum Ziel zu gelangen, nun eilte es ihm auch nicht mehr. Wenn er Augusta nehme, erklärte er dem Vater, würde sie als Gemahlin des zweiten Prinzen vor ihrer älteren Schwester Marie, die den dritten Prinzen geheiratet hatte, rangieren – und das wolle er dieser nicht antun.

Er könne sich auch andere Prinzessinnen ansehen, meinte der König, und so ging Wilhelm im Sommer 1827 auf Brautschau. Zuerst reiste er nach Weimar, um sich noch einmal ein Bild von Augusta zu machen. In Bruchsal traf er die Königin Therese von Bayern, und in ihrer Begleitung »die beiden jüngeren Prinzessinnen von Schweden, die zwar nicht auf meiner ›Liste‹ stehen, aber, namentlich die jüngste, Cäcilie, wohl verdienten, auf derselben aufgenommen zu werden; die ältere ist verwachsen.« In Baden sah er die Großherzogin Stephanie und deren Tochter Luise, die zwar hübsch war, jedoch als eine Beauharnais, aus der Sippschaft Napoleons also, nicht infrage kam.

In Friedrichshafen, dem Sommersitz der württembergischen Königsfamilie, sah er sich die von seiner Schwester Charlotte, der Zarin, vorgeschlagene Prinzessin Pauline an, Tochter eines Bruders des Königs von Württemberg und Schwester der Großfürstin Helene, die mit einem Bruder des Zaren Nikolaus I. verheiratet war. Die Verwandtschaft war richtig, Pauline »ein Rosenknöspchen«, aber fast taub: »Da ihr Gehör aber jede Unterredung mit ihr laut notwendig machte, so war es fast unmöglich, irgend ernstere Gegenstände zu behandeln, weil ein jeder es gehört haben würde.«

Blieb die Schwedin Cäcilie, Tochter des Exkönigs Gustav IV. Adolf, die er in Tegernsee wiedersah: »Ihre Züge sind sehr stark, bei einem länglichen Gesicht; der schöne Ausdruck in den Augen macht aber vieles gut, und eine sehr schöne Figur« – groß, schlank, elegante Taille, edle Haltung. »Ihr Lob ist ganz einstimmig und allgemein; aber sie ist sehr ernst, still und zurückhaltend, gegen mich wenigstens gewesen.« Immerhin: Cäcilie gefiel ihm besser als Pauline, obwohl diese einen schöneren Kopf als jene habe.

Er schätzte sie ab wie seine Pferde. Aber welche er nun nehmen sollte, dazu konnte oder wollte er sich nicht entschließen, zumindest vorläufig nicht. Augusta und Cäcilie seien in der engeren Wahl, erklärte er dem drängenden Vater, doch vor einer Entscheidung müsse er Cäcilie noch näher kennenlernen. Das konnte er aber dann nicht, weil er im Dezember 1827, auf eigenen Wunsch, nach Rußland reiste, um der offenkundig gewordenen Liaison mit Emilie von Brockhausen zu entgehen und eine Brautwahl hinauszuschieben. Seinen Aufenthalt dehnte er bis zum Mai 1828 aus. Indessen bearbeitete ihn in Petersburg die russische Verwandtschaft zugunsten Augustas, und in Berlin ließ der König ein ärztliches Gutachten über den Vater Cäcilies verfertigen, das die Erblichkeit der geistigen Störung Gustavs IV. Adolf als wahrscheinlich hinstellte.

Die Entscheidung traf schließlich der Vater, nicht der Sohn. Es sei jetzt allein auf Prinzessin Augusta Rücksicht zu nehmen, schrieb Friedrich Wilhelm III. an Wilhelm nach Petersburg. Der Prinz hatte einen Befehl des Königs ausdrücklich verlangt, weil dem Unentschlossenen das Gehorchen leichter fallen mochte als die Selbstentscheidung, vielleicht auch, weil er in einer gewissen Bokkigkeit dem Vater, der A gegen Elisa gesagt hatte, auch das B für eine unumgängliche neue Braut überlassen wollte.

Jedenfalls teilte er dem König mit, daß der Befehl unverzüglich und nicht unwillig ausgeführt werden würde: Er sehe nun endlich nach einer langen Reihe von Jahren, die voller Bewegung und Unruhe für sein Inneres gewesen seien, der Aufklärung und Feststellung seiner Zukunft entgegen. »Wie tief mich der Gedanke angriff, so weit nunmehr über meine Zukunft aufgeklärt zu sein, braucht keiner Worte. Aber die Worte des Dankes gegen Sie, teuerster Vater, kann ich nicht unterdrücken, daß Sie durch Ihren Ausspruch meinem Leben eine bestimmte Richtung gegeben haben. Wie in jeder

Ihrer Bestimmungen, die auf mein ganzes Lebensverhältnis Einfluß haben, erkenne ich und erkläre ich auch hier wiederum nur Gottes Führung. Die getroffene Wahl war gewiß Sein Wille.«

Doch das Zusammenkommen von Berlin und Weimar dauerte noch, als ob man sich ihre Vereinbarkeit nicht so recht hätte vorstellen können. Im April 1828 hatte der König entschieden, im Mai der Prinz zugestimmt. Im Juni berichtete Varnhagen von Ense, die Sache sei noch nicht gelaufen: »Man tut auf russisch-weimarerischer Seite sehr kostbar und der Prinz ist eben auch nicht sehr eifrig.« Am 14. Juni verstarb Augustas Großvater, Großherzog Karl August, und die Hoftrauer senkte sich auf den Heiratsplan. Die künftige Schwiegermutter, Maria Pawlowna, war nun Großherzogin und zierte sich noch mehr: Sie habe nichts gegen die Verbindung einzuwenden, ließ sie den Prinzen wissen, doch sein Zaudern spräche nicht dafür, daß ihn eine ernsthafte Neigung erfaßt hätte; er solle sich erst klar werden, und dann, im Herbst, könne er als Brautwerber in Weimar erscheinen. Vielleicht würde dann Augusta ja sagen.

»Es sind komische Leute«, murrte Wilhelm. »Ich bin 32 Jahre alt beinah, und da mag ich nicht lange mit mir Komödie spielen lassen.« Und: »Seit Jahren hat man nach mir geangelt, und nun, wo es so weit ist, macht man die Preziöse; das ist mir natürlich nicht ganz mundend.« Aber er mußte in den sauren Apfel beißen, Mutter, Vater und Tochter Werbungsschreiben schicken, und am 12. Oktober 1828 erschien er in Weimar. Er wollte es nun möglichst rasch hinter sich bringen, der Soldat überwand den Widerstand im Sturm, wobei er sich nicht zu sehr anstrengen mußte, denn die Festung war nur bedingt abwehrbereit.

Den Vollzug meldete er dem König. Den erfolgreichen Angriff auf Augusta: »So kam es denn, daß ich am 16. abends nach dem Souper allein im Salon stand mit ihr, ihren zerbrochenen Fächer in der Hand haltend; sie verlangte denselben zurück und indem ich ihr denselben hinhielt, legte ich meine Hand in die ihrige, sie fragend: wollen Sie diese behalten? Sie verlor fast alle Contenance vor Rührung, reichte mir aber gleich darauf die Hand hin und dieser Händedruck und ihr Blick sprachen alles aus, was ihr Mund nicht auszusprechen vermögend war. Sie können denken, wie glücklich ich war und daß die Nacht ziemlich schlaflos dahinstrich.« Am 25. Oktober ergab sich auch die Familie: Am Vorabend des Geburtstags der Zarinmutter, der Großmama Augustas, erhielt er das feierliche Ja-Wort: »Die Familie war ... bei der Großfürstin versammelt; die Großfürstin empfing mich im Nebenzimmer, wohin mich der Großherzog geleitet hatte und umarmten mich beide dort zum erstenmale als zu ihnen gehörig; sie führten mich nun zu den Übrigen, legten unsere Hände ineinander, worauf ich Augusta in die Arme sank, freilich, ohne ein Wort sprechen zu können!«

Ein Stein fiel ihm vom Herzen: »Ich kann nicht genug rühmen und loben, wie sehr sämtliche Herrschaften mich mit Gnade und Barmherzigkeit empfingen bei diesem entscheidenden Schritte.« Und da er gelernt hatte, Pflichten gewissenhaft, ja freudig zu erfüllen, schien sich auch Neigung einzustellen: »Ich habe Augusten in diesen Tagen so ganz kennen gelernt und gesehen, daß ich mich nicht einen Moment in ihr getäuscht habe und sie von jeher richtig beurteilte. Ich preise Gott, der mir in seiner Gnade dies Glück nach so manchem Sturm zuteil werden läßt und kann nur zu ihm flehen, daß er mich würdig erhalte, dies Glück zu genießen und der Prinzeß das Glück zu bereiten, was mein einziges Streben von nun an sein wird.«

Das schrieb er dem Vater und dies dem Prinzen Johann von Sachsen: Seine Werbung sei mehr vom Verstand als vom Herzen diktiert worden. Einer ehemaligen Hofdame der Königin Luise gestand er: »Die Prinzessin ist schön und klug, aber sie läßt mich kalt.« Passion empfände er nicht, aber er wolle sie glücklich machen, beruhigte er Marie, die Schwester Augustas. Denn wirklich lieben könne man eben nur einmal im Leben.

Augusta kannte selbstredend den Roman Wilhelms und Elisas, und sie war klug genug oder dazu angehalten worden, diese Angelegenheit mit Delikatesse zu behandeln: »Möchte ich Ihnen doch jemals *die* ersetzen können, die ich ersetzen soll«, versicherte sie zweimal, und sie wollte genau wissen, wie alles verlaufen war und zu Ende ging. Dies war ihr erfolgreicher Angriff auf Wilhelm: Es habe ihm eine Tiefe des Gefühls gezeigt, schrieb er dem Vater, »die sie mir über Alles teuer macht.« Maria Pawlowna, die Schwiegermutter, legte Wert darauf, daß Wilhelm *vor* der Hochzeit einen endgültigen Schlußstrich unter die Geschichte mit Elisa zog. In Antonin, dem Sommersitz der Radziwills, machte er im Juni 1829 Station, die letzte auf seinem Leidensweg. »Er war fast der Alte gegen mich«, konstatierte Elisa, »was mir teils wohl tat, teils tiefe Wehmut ins Herz legte.« Ihre Mutter, seine Tante Luise, war überrascht: »Er war so aufgelöst in Tränen und Schmerz, scheint wirklich Elisa noch so lieb zu haben.« Wilhelm, von beiden freigegeben, fühlte sich entlastet: »Aller Schmerz, alle Wehmut des Tages, selbst jener schönen und jedenfalls teuren Augenblicke, verschwinden vor der Beruhigung, die seitdem mein Herz erfüllt.«

Am 3. Juni 1829 wurde der Roman abgeschlossen, auf den 11. Juni war die Vermählung Wilhelms und Augustas festgesetzt. Ein Rencontre mit der Schwiegermutter war vorausgegangen: Ihm konnte es nun nicht schnell genug gehen, ihr schien es nicht zu pressieren, schon gar nicht wollte sie sich drängen lassen, und in Weimar, nicht in der preußischen Hauptstadt, sollte die Hochzeit stattfinden. Erst am 6. Juni, einen Tag vor der Abreise Augustas in ihre neue Heimat, konnte Wilhelm dem Vater melden, »daß die Großfürstin und der Großherzog sich entschlossen haben, nunmehr auch zur Vermählung nach Berlin zu kommen.«

Zar Nikolaus I., der Schwager, und die Schwester Wilhelms, Charlotte, die als Zarin den Namen Alexandra trug, hatten sich in Berlin angesagt. Das Kaiserpaar, nicht das Brautpaar, schien dann auch im Mittelpunkt der Feierlichkeiten zu stehen. Am Abend des 11. Juni 1829, einem Donnerstag, wechselten die Weimarerin und der Potsdamer die Ringe, in der Kapelle des Königlichen Schlosses, nach der Predigt des Bischofs Eylert und unter dem Donner der im Lustgarten aufgestellten Geschütze. Der Bräutigam – so die Hofgesellschaft – sah verstimmt aus, die Braut hatte den Abschiedsschmerz und die Strapazen der dreitägigen Reise von Weimar nach Berlin noch nicht überwunden, und die Prinzessinnenkrone, die im 18. Jahrhundert zur damaligen Haartracht gepaßt hatte, stand ihr nicht. Die Gratulationscour überstand sie mit Contenance, selbst die untertänigsten Glückwünsche der totenblassen Emilie von Brockhausen. Der Fackeltanz, den Elisa nie bekommen hätte, war eine ermüdende Ehre. Dann nahm sie die Brautkammerflucht des Hohenzollernschlosses auf, die achtzehnjährige Augusta und den zweiunddreißigjährigen Wilhelm, »Guilelmus Borussiae et Augusta Vinariae Princepes«, wie es auf der Gedenkmünze hieß, die der aufatmende Vater und stolze König prägen ließ.

Anderntags wurde im Opernhaus Spontinis *Agnes von Hohenstaufen* gegeben. Wilhelm erinnerte sich an Elisa von Radziwill. Schon bei der Uraufführung 1827 war ihm aufgefallen, »wie ähnlich des Herzogs von Braunschweig Schicksal dem meinigen ist! Seine Liebe ist von Agnes' Mutter gebilligt; drei lange Jahre sind sie getrennt, unter Schwierigkeiten kommt endlich ein Wiedersehen zustande, aber bei der Rückkehr von diesem Wiedersehen ist alles rompiert.« Wenige Tage später wurde Augusta in russische Nationaltracht gesteckt, für die Redoute im Opernhaus, um dem Zarenpaar zu huldigen und die Eintracht zwischen Preußen und Rußland zu demonstrieren.

Am Geburtstag Charlottes-Alexandras, am 13. Juli 1829, fand in Potsdam das »Fest der Weißen Rose« statt. Der Vorhof des Neuen Palais war in einen mittelalterlichen Turnierplatz verwandelt. Preußen paradierten als Ritter des 12. Jahrhunderts, der Kronprinz in Schwarz, Weiß und Gold unter dem schwarz-weißen Banner, Prinz Wilhelm in Blau, Rot und Silber unter dem Panier Kurbrandenburgs. 115 Trompeten erschallten, die Ritter senkten ihre Schwerter vor der Herrin des Festes, der Zarin, die ganz in Weiß gekleidet war, im Haar einen Kranz weißer Rosen trug und in angemessener Blässe erschien. Einer ernsten Fehde, zu der sich die Ritter erboten, wehrte die Biedermeierdame, erlaubte ein Lanzenstechen auf Mohrenköpfe und Kränze aus weißen Rosen. Dann zogen lebende Bilder vorbei: eine jugendliche Berolina, das Riesengebirge mit Rübezahl, die Kriegsgöttin Bellona unter Waffenlärm und Pulverdampf, Moskau und der Kreml, über denen eine Lichtgestalt schwebte, womit die dorthin als Zarengattin entsandte preußische Königstochter gemeint war. Es folgten ein Bankett und ein Kostümball, und die Ritter und ihre Damen tanzten bis in den frühen Morgen, als wollten sie das aus dem Mittelalter kommende monarchisch-feudale Spiel ad infinitum fortsetzen.

»Ein glänzenderes Fest hatte niemand je gesehen«, staunte ein Berliner Chronist, der zum Applaudieren bestellt war, und der preußische Historiker Heinrich von Treitschke resümierte: »Es war das letzte großartige und vom Zauber der Kunst durchleuchtete höfische Spiel der neuen Geschichte, der letzte Triumph der alten Romantik und der aristokratischen Gesellschaft der Restauration.« Für Wilhelm, der in schimmernder Rüstung und Adlerhelm mitmachte, markierte es das Ende seiner romantischen Liebe und den Anfang einer Vernunftehe. Und für Augusta, die im Schatten der russischen Zarin wie der preußischen Kronprinzessin stand, war es eher Prosa als Poesie.

»Meine Erinnerungen an die ersten Tage bringen mir nur das drückendste Gefühl von Verdutztheit, Angst und Heimweh«, gestand die junge Frau. Sie wolle der Tradition ihres Hauses treu bleiben, die Pflichterfüllung heiße, hatte sie beim Abschied von Weimar gesagt. Diese fiel ihr nun nicht leicht, und sie begann dabei eine Haltung anzunehmen, die ihrem Manne wie ihrer Umgebung kaum gefallen konnte: Sie gab sich zurückhaltend, ja abweisend, damit sie in dieser Ehe und in dieser Stadt bestehen könnte, wie es ihr Goethe gewünscht hatte: »Mag es ihr wohlergehen in dem ungeheuer weiten und bewegten Element.«

Die Jungvermählten wohnten zunächst in Potsdam, im Kavaliershaus bei Sanssouci. Dann bezogen sie in Berlin das Tauentziensche Haus, auch Schwedter Palais genannt, Unter den Linden, am Opernplatz, die Dienstwohnung Wilhelms als Kommandierender General des III. Armeekorps. Das Gebäude war nicht ohne Geschichte. Ende des 17. Jahrhunderts hatte es der Artillerieoberst Christian Weiler errichtet, dann war es in den Besitz des Markgrafen von Schwedt und später des Kriegsministeriums gekommen, das es Generälen zur Verfügung stellte, darunter Bogislaw Friedrich Emanuel von Tauentzien, der sich im Zeitalter der Befreiungskriege mehr auf dem höfischen Parkett als auf dem Schlachtfeld ausgezeichnet hatte. Das zweistöckige, mit einer Rampe und Schilderhäuschen versehene Haus sah ziemlich martialisch aus, war für eine werdende Familie zu klein und für Augusta zu schlicht.

Er möchte ein wirkliches Palais haben, bat Wilhelm am 11. März 1830 den König, und zwar an der Stelle des günstig gelegenen Tauentzienschen Hauses, das abgerissen werden müßte und in größeren und würdigeren Maßen neu erstehen sollte. Einen Plan, vom Geheimen Rat Schinkel geprüft, lege er bei, man habe mit 340 000 Talern zu rechnen, doch es lohne sich, nicht nur für ihn, seine Frau und die mögliche Nachkommenschaft, sondern auch für das Straßenbild der Hauptstadt: »Wie schön übrigens das neu zu schaffende Palais den Platz hier zieren würde, brauche ich kaum anzuführen, da es zu den übrigen schönen Gebäuden ein schöner Schluß sein würde, umso mehr, da, wie ich höre, die Statue Friedrichs des Großen hier vor unsern Fenstern errichtet werden soll.«

Der König knauserte wie immer. Augusta erhielt nichts von zu Hause, Wilhelm konnte von seinem Etat von 88 000 Talern kaum etwas erübrigen. Er mußte bitten und betteln, bis ihm schließlich der König 300 000 Taler anweisen ließ. Nun konnte er bauen, wenn auch nicht so großzügig wie geplant. 1834 wurde das Tauentziensche Haus abgerissen (man war ins Königliche Schloß gezogen), Karl Ferdinand Langhans, ein Sohn des Erbauers des Brandenburger Tors und Kollege Schinkels, errichtete 1835 bis 1837 das Palais Unter den Linden 9, das eigene Heim Wilhelms und Augustas, in dem sie ihr Leben lang wohnen und schließlich sterben sollten.

Die einfache und gediegene Fassade, mit den vier Adlern an den vier Ecken des Daches und den vier Säulen am Eingang, entsprach dem schlichten und strammen Wesen Wilhelms. Das Innere, in den Verhältnissen und Einzelheiten fein durchgebildet, mit Kunstwerken versehen und mit hinreichend Platz für Konzerte, Theateraufführungen und Bälle, trug die Handschrift der Weimarerin; sie hatte »selbst in die Risse gezeichnet«, »ihrem Streben nach einer im damaligen Berlin außergewöhnlichen Eleganz« wie ihrem klassizistischem Empfinden Ausdruck verliehen: Parkettfußböden, Mahagonisessel, roter Damast, Marmorstatuen, Wintergarten und ein maurisches Bad.

»Ich betrat mein Haus mit dem gewissen wohlhäbigen Gefühl des darin herrschenden Komforts und des edlen Stils«, befand Augusta. Die Genugtuung des Gemahls hatte andere Gründe: »Wenn Sie von meinem Palais Lobendes hören«, schrieb er seinem alten Religionslehrer Wunster, »so wird die Versicherung, daß zu demselben alles im Inlande gefertigt ist, demselben einen doppelten Wert in jedes Preußen Auge geben, und somit auch die Summe, die es kostete, eine wohltätige Zirkulation in der arbeitenden Klasse verursacht haben.«

Eher deutsch-romantisch als preußisch-patriotisch erschien der 1834 bis 1835 erbaute Landsitz auf dem Babelsberg bei Potsdam. Augusta wollte ein englisches Cottage haben, Schinkel machte daraus ein neugotisches Tudorschlößchen, eingebettet in einen von Gartendirektor Lenné und Fürst Pückler-Muskau angelegten englischen Park. Von seinem gewölbten achteckigen Arbeitszimmer aus sah Wilhelm die von Wäldern gesäumte Havel, Potsdam und das Marmorpalais, den Pfingstberg, preußisch geprägtes Brandenburgisches und romantisch verbrämtes Preußisches. Und die Türme und Zinnen seiner fashionablen Burg, die Rüstungen und Hellebarden, die Monstranzen und Ritterfiguren als Kerzenhalter gefielen ihm als Ausdruck eines Feudalismus, der für ihn nicht nur eine historische und ästhetische Angelegenheit war. Augusta galt die Neugotik als die eine Seite der romantischen Medaille, deren andere der Klassizismus war; sie schätzte beide von Hause aus und wollte sie in der Fremde nicht missen.

Im Landschloß Babelsberg wie im Palais Unter den Linden wohnten Weimar und Potsdam unter einem Dach – nebeneinander, was Augusta und Wilhelm betraf, verheiratet, aber nicht verbunden: er ein Soldat, Friderizianer und Legitimist, sie musisch begabt und geistig interessiert, zwar standesbewußt und fürstenstolz, doch in einem mehr idealen als realen Sinn liberal, wenn auch kaum eine »kleine Jakobinerin«, wie ein Reaktionär wie Ernst August von Hannover meinte.

Von Anfang an war Augusta darauf bedacht, ihr eigenes Leben zu führen. Wilhelm ließ sie gewähren, ritterlich wie er war und desinteressiert wie er blieb, und nur manchmal griff er nach dem Zügel. Energisch wurde er kaum, eher elegisch, wie schon im März 1830, in einem Brief an seine Schwester Alexandrine: »Ihr Verstand ist so gereift und ihre Urteilskraft so scharf, daß sie sich zu oft in Diskussionen einläßt, die sie allerdings mit voller Umfassung des Gegenstandes durchführt, die aber eigentlich über ihre Sphäre gehen, was ihr dann natürlich nicht nur Selbstgefühl gibt, dergleichen Diskussionen zu suchen, sondern ihr einen Anstrich von femme d'esprit gibt, der nicht erwünscht für sie ist, weil sie überhaupt schon in der Reputation immer stand, daß der Verstand über das Herz regiert. Dies ist nun glücklicherweise nicht der Fall, wie ich mit voller Wahrheit versichern kann; aber wer sie nur jene Diskussionen führen hört, wird jene Reputation begründet zu finden glauben, und das ist mir unlieb. Ich habe sie schon oft darauf aufmerksam gemacht und ihr auch namentlich empfohlen, ihre sehr gereiften Geistesgaben wenigstens dadurch in Einklang mit ihrem Alter und ihrem Geschlecht zu halten, daß ihre Äußerungen weniger als ein festes Urteil erscheinen, als vielmehr als eine Meinung.«

»Nur strenge Pflichterfüllung bringt einen da durch«, seufzte Wilhelm. Vielleicht könnte ein Kind Potsdam und Weimar, die Eigenschaften des Vaters und der Mutter in sich vereinen? Am 18. Oktober 1831, am 18. Jahrestag der Völkerschlacht bei Leipzig, wurde ihnen im Neuen Palais zu Potsdam ein Sohn geboren – in schweren Wehen, die dreißig Stunden dauerten. Wie der preußische Großvater erhielt er den Namen Friedrich Wilhelm. Der glückliche Vater konnte es kaum erwarten, bis man ihm beim ersten Austragen eine Militärmütze aufsetzen und ein Soldatenmäntelchen anziehen konnte. Ganz Preußen jubelte, weil man mit dem Erstgeborenen Wilhelms und Augustas die Thronfolge gesichert sah; denn das Kronprinzenpaar war kinderlos.

Aus Weimar gratulierte Goethe, »in treuer Mitempfindung des frohen Behagens, das, wie es im gleichen Fall den geringsten entzückt, nun auch auf den höchsten Stufen menschlicher Zustände waltet.« Und vielleicht in der Hoffnung, daß sich in diesem Friedrich Wilhelm der Geist von Weimar und der Geist von Potsdam vereinigen würden. Doch er hatte die Gegensätze zwischen Vater und Mutter geerbt, sollte zwei widerstrebende Seelen in seiner Brust tragen – eine schier endlose Kronprinzenzeit lang, in der er die Liberalen ermutigen und die Konservativen nicht enttäuschen wollte. Als er schließlich das Thronziel erreichte, blieben dem todkranken Friedrich III. nur noch 80 Tage, eine viel zu kurze Frist, um eine Vereinbarkeit zwischen Potsdam und Weimar beweisen zu können.

Nur sechs Stunden dauerte am 3. Dezember 1838 die Geburt einer Tochter, die den Namen Luise erhielt, nach der Mutter des Vaters, der Königin Luise. Da es ein Mädchen war, mischte sich Wilhelm in die Erziehung wenig ein, die Augusta im Sinne der Klassiker und nicht ganz unfriderizianisch betrieb: »Die Aufgabe jeder Erziehung ist und bleibt, den Menschen dem Menschen entgegen zu bilden, und der Mensch in dieser höchsten Auffassung des Ausdrucks tut in jetziger Zeit in den fürstlichen Häusern Not, da der persönliche Wert eine Hauptstütze ihrer Macht geworden ist.« Luise heiratete den Großherzog Friedrich I. von Baden, in das »liberale Musterländle«. Ihr Gatte war indes auch preußischer General und Statthalter preußischer Interessen in Süddeutschland, so daß hier noch am ehesten die Annäherung von Potsdam und Weimar geglückt schien.

Dann kamen keine Kinder mehr. 1842 und 1843 erlitt Augusta Fehlgeburten. Sie begann zu kränkeln, wurde von einer »profonde tristesse«, einer »chronischen Schwermut« erfaßt. »Diese Mutlosigkeit ist nichts Neues«, schrieb sie ihrer Mutter nach Weimar. »Du kennst sie an mir, Du weißt auch, daß ich sie oft tapfer überwunden habe. Allerdings hängt dies auch mit den lokalen Eigentümlichkeiten zusammen.« Berlin sei ihr Fegefeuer. Einem Schwermutsanfall, berichtete sie ihrem Bruder Karl Alexander, gingen gewöhnlich auffallend unbeschwerte Tage voraus. »Ein schlimmes Zeichen. Erwache ich eines Morgens, ist diese Stimmung verflogen, und ich empfinde eine bleierne Schwere. Am nächsten Tag verfolgen mich schwarze Vorstellungen, Ängste und überflüssige Verärgerungen, am folgenden Tag ziehen in dichten Reihen Erinnerungen an mir vorüber, natürlich nur quälende, wie sie in keinem Menschenleben fehlen, und ist alles richtig vorbereitet, kommt der Anfall ... Er setzt sich überall fest, im Kopf, im Herzen, im ganzen Körper ... In einigen Tagen wird der Anfall vorüber sein, dann kann ich Atem schöpfen, brauche nur gegen die gewöhnlichen Alltagsschwierigkeiten, nicht gegen Schreckgespenster anzukämpfen.«

Die Weimarerin tat sich schwer in Potsdam und nicht leicht mit ihrem Mann. Er lebte neben ihr her, hatte seine Amouren. Selbst wenn ihr einiges hinterbracht worden wäre, zur Eifersucht hätten die in ihre Ehe investierten Gefühle kaum gereicht. Was sie von Anfang an trennte und was sie immer weiter auseinander trieb, war die geistige Verschiedenheit, die sich zu einem politischen Gegensatz steigerte – im eskalierenden Konflikt zwischen den reaktionären Gewalten und den revolutionären Kräften.

Revolution

Das Jahr 1830 begann unwirtlich. »Man erfriert fast in den Zimmern; die Leiden der Armut sind entsetzlich. Der Karneval scheint auch erfroren zu sein, denn es kommt zu gar nichts in diesem Winter«, schrieb Wilhelm dem Weimarer Schwiegervater, Großherzog Karl Friedrich. Im Frühling hatte der »gehorsame Sohn« über den Vater zu klagen, der ihm militärische Mehrausgaben von 800 Talern nicht ersetzen wollte, mit der Bemerkung, er könne sich ja vom Kommando der 1. Garde-Division entbinden lassen, wenn er sich dadurch – neben dem Kommando des III. Armeekorps – finanziell überlastet fühle.

Der Sommer ließ sich besser an. Im Juni traf sich im schlesischen Fischbach die preußisch-russische Sippe: Zarin Alexandra-Charlotte, Friedrich Wilhelm III. und die ihm seit 1824 zur linken Hand angetraute Fürstin von Liegnitz, eine geborene Gräfin Harrach, Kronprinz Friedrich Wilhelm und Kronprinzessin Elisabeth, Prinz Wilhelm und Prinzessin Augusta, Prinz Karl und Prinzessin Marie, die Erbgroßherzogin Alexandrine von Mecklenburg-Schwerin, eine Tochter des Königs von Preußen, und Großfürstin Maria Pawlowna, die Schwiegermutter Wilhelms. Seine Frau zeigte sich aufgeräumt: »Der schlesische séjour war herrlich und glücklich auf alle Weise, bis aufs Wetter. Die Anwesenheit der Kaiserin, die Heiterkeit des Königs, die Versammlung so vieler werten und angenehmen Personen, die herrliche Natur, enfin alles trug dazu bei, und zahllose Partien, worunter eine auf die Schneekoppe, vermehrten noch das Vergnügen. Der liebe Gott führte alles aufs herrlichste.«

Selbst Wilhelm und Elisa, die im benachbarten Ruhberg weilte, sahen sich noch einmal, und Augusta fühlte sich zu ihr hingezogen: »Ich kann Ihnen nicht sagen, wie sehr mir die personne en question Achtung, Bewunderung und Liebe einflößte«, berichtete sie ihrer alten Oberhofmeisterin. »Wir waren bald vertraut miteinander, obgleich mich bei der dennoch sehr glücklich ablaufenden Bekanntschaftmachung die tödlichste Verlegenheit überfiel.« Elisa mokierte sich über die »Herzensergießungen« der Weimarerin; dem Verflossenen hatte sie keine Gelegenheit gegeben, sich auszusprechen.

Dann reisten Wilhelm und Augusta nach Den Haag, zum nächsten Familienfest und zu einer weiteren dynastischen Versippung: Prinz Albrecht von Preußen, jüngster Bruder Wilhelms, heiratete Marianne, Tochter König Wilhelms I. der Niederlande, der mit Wilhelmine, Schwester Friedrich Wilhelms III., vermählt war. Das Königreich der Niederlande, 1815 aus Holland und dem früher österreichischen Belgien, also aus zwei sprachlich, konfessionell und wirtschaftlich verschiedenen Teilen zusammengesetzt, bedurfte des Haltes der Heiligen Allianz: Als Geschöpf des Wiener Kongresses stand es mit der Restauration, mußte durch die nationale und liberale Bewegung ins Wanken geraten und sollte durch die Revolution fallen.

An diesem exponierten Punkt des alten Systems bekam Wilhelm den neuen Wind zu spüren, der wiederum aus Paris wehte. In der niederländischen Hauptstadt erfuhr er von der Juli-Revolution. Der Bourbone Karl X., der die Pressefreiheit aufgehoben und das Wahlrecht eingeschränkt, den reaktionären Bogen überspannt hatte, wurde vom Bürgertum, das sich des Volkes der Pariser Vorstädte bediente, nach dreitägigem Straßenkampf gestürzt. Auf den Thron kam der »Bürgerkönig« Louis Philippe, aus der orleanistischen Linie des Hauses Bourbon, weil er versprach, nur zu herrschen und die Liberalen regieren, die Bourgeoisie sich bereichern zu lassen.

»Ihnen den Eindruck, den dies Alles auf mich gemacht hat, zu schildern, bin ich nicht im Stande«, schrieb Wilhelm dem Vater aus Den Haag. »Bei Lesung dieser Sachen glaubt man Zeitungen von vor vierzig Jahren zu lesen.« Das Gespenst von 1789 ging wieder um, und der Geist Napoleons: »Die Revolution ward nach zwanzigjähriger Dauer im Jahre 1814 bekämpft, besiegt und der legale Stand der Dinge durch die Wiedereinsetzung der Bourbons auf den Thron ihrer Väter durch ganz Europa wiederhergestellt.«

Die restaurierten Monarchien hatten folgerichtig alles unterdrückt, was mit der inneren Ordnung den äußeren Frieden gefährdete, hatten Aufstände in Spanien, Neapel und Piemont niedergeworfen. Müßte die Heilige Allianz nun nicht auch und erst recht den französischen Brandherd austreten, um ein erneutes Übergreifen des Feuers auf die Nachbarn zu verhüten? Müßten sich nicht die europäischen Mächte zusammentun, um eine neue Störung des friedenssichernden Gleichgewichts durch ein revolutionär aufgeladenes Frankreich zu verhindern? »Mir scheint die Crisis gekommen zu sein, wo es sich entscheiden muß, ob die Legitimität oder die Revolution triumphieren soll. Die Legitimität wird triumphieren, wenn Europa einen einmütigen, allgemeinen Beschluß zur Züchtigung Frankreichs faßt. Die Revolution wird triumphieren, wenn Europa dem jetzigen Treiben in Frankreich ruhig gewähren läßt, sie wird dadurch legalisiert und kein Thron dürfte mehr sicher stehen.«

An Konsequenz fehlte es ihm nicht, dem preußischen Vertreter der Heiligen Allianz, und auch nicht an Weitsicht – aber an Einsicht in die Tendenzen des 19. Jahrunderts und in die Möglichkeiten der großen Mächte, die nicht mehr so harmonisch wie 1815 zusammenspielten und schon gar nicht zu einem antirevolutionären Trommelwirbel imstande waren. Eben hatten sie die Griechen in ihrem Unabhängigkeitskampf gegen die – nach dem legitimistischen Prinzip – rechtmäßige Herrschaft des türkischen Sultans unterstützt. England förderte überall in Europa den Liberalismus. In Rußland war der neue Zar Nikolaus I. noch damit beschäftigt, die westlichen Ideen, die beim Dekabristen-Aufstand schüchtern genug aufgegangen waren, mit Stumpf und Stiel auszurotten. In Österreich sorgte sich Metternich ebenso über die russische Expansion im Südosten wie über die Revolution in Frankreich. Und der stets vorsichtige König von Preußen bedeutete seinem säbelrasselndem Sohn: Frankreich provozieren, hieße ein gefährliches Spiel wagen.

»Da ich nicht das Glück gehabt habe, in der Beurteilung der Französischen Revolution und der gegen dieselbe zu unternehmenden Repressalien und deren Bekämpfung Ihre Intentionen zu treffen, so scheue ich fast, über die belgischen Ereignisse ein Urteil zu fällen«, erwiderte Wilhelm am 29. August 1830 dem König, nicht ohne Süffisanz: »Aber dennoch drängt es mich, auszusprechen, was daraus werden soll, wenn die Untertanen ad libitum die Souveraine bedrohen und durch Wort und Tat zwingen wollen, die Minister und überhaupt die Regierungsprinzipien nach ihrem Urteil, nach ihrem Willen zu wechseln und zu ändern. Die Ereignisse in Paris seit drei Jahren sollten doch recht aufmerksam machen, was daraus wird, wenn ewig den Schreiern Concessionen gemacht werden!«

Schon wurde in Belgien nicht nur geschrien, sondern auch geschossen – doch nicht weil zu viel, sondern weil zu wenig Konzessionen gemacht worden waren. Der Funke, der das Königreich der Niederlande in Brand setzte, war allerdings von Frankreich herübergestoben. Der Triumph der Bourgeoisie im Nachbarland, das kulturell und politisch als Mutterland galt, fand im schon weithin industrialisierten Belgien ein begeistertes Echo. Am 25. August 1830 gab die Erstaufführung von Aubers Oper *Die Stumme von Portici*, die einen neapolitanischen Aufstand verherrlichte, in Brüssel den Einsatz zum Aufruhr. Er endete mit dem Abfall Belgiens von den Niederlanden und seiner Anerkennung als unabhängiges Königreich unter Leopold von Sachsen-Coburg.

»Leider sehe ich immer mehr meine Ansicht bestätigt, daß die Revolutionäre mit jedem Moment dreister und um sich greifender werden, als deren Prinzipien nicht allgemein bekämpft und auf den Kopf getreten werden«, schrieb Wilhelm am 31. August 1830 aus Lippstadt an den König. Dieser hatte vorsorglich drei Armeekorps im Westen zusammengezogen, und der Prinz-Generalleutnant war mit der Inspizierung des VII. und VIII. beauftragt worden. Sie blieben Gewehr bei Fuß. Denn der »Erbfeind«, nun in Gestalt des Bürgerkönigs, marschierte nicht, wie Wilhelm befürchtet hatte, an den Rhein. Und die aufgeflackerten Unruhen, die sich am französischen und belgischen Beispiel in Aachen, Köln und Elberfeld entzündet hatten, fielen rasch in sich zusammen. Das deutsche Bürgertum war noch nicht revolutionsbereit.

Der Ostelbier hatte ein zwiespältiges Verhältnis zu den westlichen Provinzen Preußens. Einerseits begrüßte er den Zuwachs: »Es sind unstreitig herrliche Länder hinsichtlich der Gegend, der Menschen und der Industrie, auf einem so kleinen Raum zusammengedrängt, der interessanteste Punkt der ganzen Monarchie«, hatte er 1825 befunden. Andererseits bemerkte er nun, daß der wirtschaftliche Aufschwung gesellschaftliche und schon politische Folgen zeitigte, die dem Altpreußischen abträglich waren. So wichtig das Rheinland und Westfalen als Bastionen gegen einen militärischen Angriff aus Frankreich waren, sie erwiesen sich auch als Einfallstore westlicher Ideen und Ideologien in das ostelbisch, also agrarisch, feudalistisch und monarchisch geprägte Preußen. Die Unruhen hätten ihn nicht überrascht, schrieb er am 1. September 1830 dem König. Viele Rheinländer wollten gar nicht preußisch sein, wären lieber französisch geblieben und würden es gern wieder werden.

Doch selbst am altpreußischen Holz zeigten sich revolutionäre Triebe. Am Abend des 16. September rotteten sich Schneidergesellen auf dem Cölnischen Markt in Berlin zusammen und forderten die Freilassung von Zunftgenossen, die wegen aufrührerischer Reden und Herumtreiberei inhaftiert worden waren. Bald war der nahe Schloßplatz mit Menschen, mehr Neugierigen als Demonstranten, gefüllt. Die Menge verlief sich wieder, um am nächsten Abend wiederzukommen. »Ohne ihr Erscheinen würde es kein Ruhestörer gewagt haben, sich heute zu zeigen«, schrieb die *Spenersche Zeitung*, »doch in der Menge versteckt, erlaubten sie sich ein unziemliches Geschrei, und insultierten durch mehrfache Steinwürfe die Polizei und die Gensd'armerie, die einen solchen Unfug nicht dulden durften, und nun nach diesen geschehenen Tätlichkeiten, und da sie nicht anders zum Weichen zu bringen war, ohne weiteres die ganze Masse zerstreuen mußten, nur die Widersetzlichen zogen sich gefängliche Haft oder Verwundung zu, durch flache Säbelhiebe, von denen in der Dunkelheit und im Gewühl manche scharf gefallen sein können. Um 10 Uhr war auch hier Ruhe und Ordnung hergestellt.«

Der König berichtete dem Sohn: »Auch hier haben wir, um in der jetzigen allgemeinen Mode nicht zurückzubleiben, einige tumultuarische Pöbel-Bewegungen gehabt, welche zwar sogleich im Entstehen unterdrückt wurden, dennoch aber es nötig gemacht haben, einen Teil der Garnison während der Nacht auf den Beinen zu halten.« Wilhelm atmete auf. Wenigstens in Berlin fand die »ungestrafte Pariser Revolution« keine Nachahmung. Anderswo in Deutschland wurde sie indessen imitiert, wenn auch dilettantisch und ohne dramatische Folgen. In Sachsen, Kurhessen, Hannover und Braunschweig gab es Unruhen, die bald aufhörten, immerhin zu Konstitutionen und einer gewissen Liberalisierung führten. Süddeutschland, das schon etwas weiter war als Norddeutschland, kam einen weiteren Schritt voran. 1832 stiegen 20 000 Menschen auf den Hambacher Burgberg in der bayerischen Rheinpfalz, um sich liberale, demokratische und nationale Reden anzuhören. Denn die Deutschen waren nicht nur in der Verfassungsentwicklung zurückgeblieben; sie hatten nicht einmal, wie die Franzosen seit langem und die Belgier seit kurzem, einen nationalen Staat.

Die Polen waren noch weiter zurück. Die Nation war zerstückelt, und die Teile litten unter fremder Herrschaft, russischer Knute, preußischem Stiefel und österreichischer Bürokratie. Am 29. November 1830 erhoben sich in Warschau Polen gegen Russen. Nikolaus I. walzte den Aufstand nieder. Friedrich Wilhelm III., der ein Übergreifen auf die polnischen Gebiete Preußens fürchtete, half im Sinne der Heiligen Allianz, wenn auch nur indirekt: Er stellte ein Observationskorps auf, dessen Befehlshaber, Feldmarschall Graf Gneisenau, der Cholera erlag – gegen die der Cordon sanitaire, der an der preußisch-russischen Grenze gezogen wurde, so wenig schützte wie der militärische Gürtel gegen den Bazillus der Revolution.

Preußen stand zwischen den Feuern, und sein König wußte weder aus noch ein. Im Westen sah er »das kecke, übermütige, kriegslustige Frankreich, alles Bestehende bedrohend, und neben diesem das noch im offenbaren Aufruhr befindliche, keinem vermittelnden Vorschlag Gehör gebende, rein tolle Belgien; den Geist der Unruhe, der im deutschen Vaterland spukt, will ich ganz übergehen, obgleich er die größte Aufmerksamkeit erfordert; und nach Osten ... das verräterische und fanatische Polen ... wahrlich, es möchte schwer sein, sich eine schlimmere Lage zu denken.«

Wilhelm fühlte sich als Prophet, der in seinem Vaterlande nichts gegolten hatte. Jawohl, man hätte rechtzeitig ein Exempel statuieren, der französischen Schlange den Kopf zertreten müssen! »Vorderhand ist jede Aussicht zum Kriege geschwunden – und, wie ich glaube, nicht zum Heile der Menschheit«, schrieb er am 1. April 1833 seinem Vertrauten Natzmer. »Das erscheint wie ein Paradoxon und ist doch keins. Denn die Irrlehren, die man durch Erhaltung des Friedens in den Augen der Menge sanktioniert, dürften leichter verderblich für die Völker werden, als ein Krieg zur Bekämpfung derselben.« Die Anerkennung des französischen wie des belgischen Umsturzes, »dies aufgestellte Beispiel wird für die Revolutionspartei ein Panier werden, das einmal gezeigt, ohne sonderliche Anstrengung die Massen in Bewegung setzen wird. Dies sind meine Befürchtungen für die Zukunft; rosig sind sie nicht.«

Zu kriegerischer Intervention und damit zu offensiver Bewahrung ihrer Prinzipien, wie sie im System von 1815 vorgesehen und auch eine zeitlang angewendet worden war, schien die Heilige Allianz nicht mehr fähig zu sein. Das mindeste war, daß man nun in der Defensive zusammenstand. Vor allem Preußen und Rußland mußten die Reihen dichter schließen. Wenn das auf dem Rücken der Polen geschah, konnte das Wilhelm – obgleich er beinahe eine Polin geheiratet hätte – nur recht sein. Denn: Es könne nur ein Preußen oder ein Polen geben, »nebeneinander dreizehn Millionen Polen und dann nur zehn Millionen Preußen, das gehet nicht, ohne daß dies Polen nicht Danzig und noch mehr verlangt und auch nimmt«.

Schwager Nikolaus I. war mit den aufständischen Polen wie vorher mit den russischen Dekabristen fertiggeworden. Nach dem Tode Alexanders I. hatten ausgerechnet adelige Gardeoffiziere gegen den neuen Zaren aufbegehrt, der ihnen doch alles garantierte, was sie hatten und wollten: Grundbesitz, Leibeigene, militärischen Rang und höfischen Glanz. Auf ihre Forderung nach einer Verfassung gab er allerdings nie eine Antwort. Die Dekabristen (Dezember-Männer, weil sie am 26. Dezember 1825 putschten) wurden von Nikolaus I. niederkartätscht, gehenkt oder nach Sibirien verbannt – zur Genugtuung Wilhelms, der im Januar 1826 nach Petersburg gekommen war: »Nikolaus' Bestimmtheit und Konsequenz kann Europa von der größten Wichtigkeit werden. Die Verschwörung hat ihre Zweige in ganz Rußland und stehet in Verbindung mit dem revolutionären Stoff in allen anderen Ländern. Konstitution und Verderben der Herrscherfamilien ist die Losung hier wie überall. Aber alles ist entdeckt, und nun wird die Untersuchung und Strafe, die aber *bestimmt* sein muß, Ruhe zurückführen.«

Nachdem Nikolaus I. auch den polnischen Aufstand ohne »unzeitgemäße Milde« niedergeschlagen hatte, reiste Wilhelm wiederum nach Petersburg, in die heimliche Hauptstadt der Heiligen Allianz: 1832 zu einer Truppenschau, 1834 zur Einweihung der Alexander-Säule, die er wie sein Schwager als ein vor ganz Europa hingestelltes Zeichen der antirevolutionären Waffenbrüderschaft ansah. 1835 kommandierte er eine aus preußischen und russischen Einheiten zusammengesetzte Kavalleriedivision, im gemeinsamen Manöver bei Kalisch. Das Zusammenwirken wurde etwas beeinträchtigt, weil jeder Befehl, den er in Deutsch gab, von den russischen Begleitoffizieren übersetzt und weitergegeben wurde. Und in den Freudenbecher fielen die Wermutstropfen der Kommentare Augustas, die dabei war und sich nicht genug wundern konnte, wie ihr Schwiegervater und ihr Mann vor dem Zaren strammstanden.

Dem neuen Kaiser von Österreich traten sie – anschließend in Teplitz – eher zu leger gegenüber, Ferdinand I., der dem verstorbenen Franz I. gefolgt war und noch weniger als dieser den preußischen Vorstellungen von einem Herrscher entsprach: mit seinen 42 Jahren fast schon ein Greis, rachitisch, epileptisch und schwachsinnig, das Produkt habsburgischer Inzucht. Augusta bedauerte ihn. Seine Untertanen fand sie sympathischer als die Russen und sogar die Preußen: »Die Österreicher sind treffliche Leute, mit denen man leicht bekannt wird, und deren Schwächen man viel lieber trägt und übersieht, als die einer von außen überbildeten und im Innern noch rohen Nation.«

Wilhelm hatte sich in Wien davon überzeugt, daß der eigentliche Kutscher Österreichs noch auf dem Bock saß und die Zügel fest in der Hand hielt: Fürst Metternich. Der Staatskanzler hatte für einen reibungslosen Übergang vom alten zum neuen Kaiser gesorgt, auf den Gleisen, die vom Wiener Kongreß gelegt worden waren. Das monarchische Prinzip sei gewahrt, die Armee intakt, berichtete Wilhelm dem König. »Daß die am Ruder stehenden Männer keine veränderten Umstände herbeiführen wollen, dafür verbürgt das Gefühl des notwendigen Zusammenhaltens Aller; hier liegt die ganze Garantie für die Zukunft.«

Nicht nur für Österreich, sondern auch für den Deutschen Bund, dem Preußen angehörte und den Wilhelm als Kernstück des Systems von 1815 erhalten wollte. In seinem Sinne waren die Maßnahmen, die gegen die revolutionären Umtriebe ergriffen wurden, vom Bundestag in Frankfurt, der 1833 einem bewaffneten Anschlag radikaler Demokraten entgangen war: Zentralbehörde für politische Untersuchungen, Strafverfolgungen, Zensur, Überwachung der Universitäten, Verbot von Vereinen und Volksversammlungen. Bereits 1826, Jahre vor dem Brand, hatte Wilhelm darauf hingewiesen, daß »die Untersuchungen über die Demagogie eben nicht sehr gründlich und erschöpfend geführt worden sind, und leicht ist es daher bei dieser Oberflächlichkeit möglich, daß nur von außen es ruhig scheint, während, wie gesagt, unter der Asche noch alles glimmt«.

Kam die Feuerwehr jetzt nicht zu spät? War der Brand überhaupt noch zu löschen? In Rußland hatten Offiziere geputscht, die zwar Napoleon besiegt, über von den französischen Ideen überwältigt worden waren. In Preußen »findet man junge Leute, die bei Ausbruch des Befreiungskrieges Studenten und dann Freiwillige Jäger waren. Diesen wurde nach dem Kriege so viel weisgemacht, daß sie überspannt wurden und die in Frankreich zum Teil eingesogenen revolutionären Prinzipien nicht verdaut hatten... Viele von dieser Jugend sind nun selbst Lehrer geworden und verbreiten so das Gift, was sie grade hatten bekämpfen helfen.« 1837 wurden sieben Göttinger Professoren abgesetzt, die gegen die Aufhebung der Verfassung durch König Ernst August von Hannover protestiert hatten. Der Sohn des Berliner Professors Savigny, der für die Verfolgten eintrat, wurde vom Prinzen Wilhelm angefahren: »Sie sind ein Sohn des Mannes, der die Infamie begangen hat, für die Göttinger Professoren Geld zu sammeln!«

Das Schlimmste war, daß deutsche Fürstlichkeiten am Aste zu sägen begannen, auf dem sie und ihresgleichen saßen. Seine eigene Frau, die Weimarerin Augusta, sympathisierte mehr oder weniger mit dem Liberalismus. Sie begrüßte es, und seine eigene Schwester Alexandrine von Mecklenburg-Schwerin, ließ es zu, daß Prinzessin Helene von Mecklenburg-Schwerin den Herzog Ferdinand Philippe von Orleans heiratete, den Sohn des Bürgerkönigs Louis Philippe, der den legitimen König Karl X. entthront hatte. Und Friedrich Wilhelm III. von Preußen gab seinen Segen dazu.

Für Wilhelm war das eine Sünde wider den Geist der Heiligen Allianz. »Man mag die Dinge ansehen, von welcher Seite man will, so bleibt doch Louis Philippe ein Thronräuber und er und seine Nachfolger tragen unrechtmäßigerweise eine Krone«, belehrte er am 23. Februar 1837 seine Schwester Alexandrine. »Er ist nun anerkannter König. Das ist alles, womit man sich begnügen muß. Es ist aber ein himmelweiter Schritt zwischen der Anerkennung des momentan unabwendbaren Faktums und der Alliierung eines so zum Thron gelangten Hauses mit den anderen ehrenvoll und rein dastehenden Fürstenhäusern Europas.« Er zeigte wieder seine Verachtung gegen die Verursacher allen revolutionären Übels, die Franzosen, die Welschen schlechthin: »Ein Volk, was moralisch so tief gesunken ist, wie das französische, kann sich erst zum Bessern wenden, wenn Katastrophen über dasselbe eingebrochen sein werden; oder aber es ermannt sich nie wieder, wie wir es in Italien sehen.«

Frankreich galt ihm als Gefahr hoch zwei: als Nationalstaat, der die Rheingrenze anvisierte und damit preußische Gebiete bedrohte. Und als Herd der Revolution, unter deren Begriff er alles subsumierte, was an den Fundamenten des friderizianischen Preußens wie an den Prinzipien der Heiligen Allianz rüttelte – keineswegs nur die radikale Demokratie, die den politischen und schon den sozialen Umsturz wollte, sondern auch den gemäßigten Liberalismus, der lediglich Sicherung des bürgerlichen Besitzes und Mitsprache beim Regieren verlangte, eine rechtsstaatliche Verfassung, eine konstitutionelle Monarchie.

Für einen Augenblick schien Wilhelm den liberalen Reformern entgegenzukommen, den demokratischen Revolutionären das Wasser abgraben zu wollen. Am 10. November 1833 schrieb er seiner Schwester Charlotte nach Petersburg: Da der König – bedauerlich genug – nun einmal im Jahre 1820 sein Wort gegeben habe, Reichsstände in Preußen, also so etwas wie eine beschränkte und bescheidene Volksvertretung zu gewähren, sollte nun endlich dieses Wort eingelöst werden – freilich unter Umgehung von Wahlen, durch Einberufung von Deputierten der Provinzialstände, Einräumung »unbestimmter Versammlungszeiten nach Willkür des Königs« und Zuteilung nur beratender Befugnisse. Dermaßen entschärft, wäre eine Einrichtung, um die man kaum mehr herumkäme, am ungefährlichsten. Gegen den Strom könne man auf die Dauer nicht schwimmen, also müsse man rechtzeitig versuchen, ihn zu kanalisieren.

Nur für einen Moment blitzte diese Einsicht auf. Wahrscheinlich steckte Augusta dahinter, vielleicht auch die Weimarer Schwiegermutter Maria Pawlowna. Ein Gegensatz zum älteren Bruder, dem Kronprinzen, kündigte sich an: Wilhelm ließ durchblicken, daß es besser wäre, wenn noch der alte, besonnene König die konstitutionelle Sache in die Hand nähme als sein Nachfolger, dessen »leidenschaftlicher Charakter« unberechenbar sei. Am meisten störte ihn sicherlich, daß Friedrich Wilhelm III. Zweifel an einem Königswort hatte aufkommen lassen. Doch den Vater scheint er mit seiner Verfassungsüberlegung nicht konfrontiert zu haben, wohl wissend, daß dieser abweisend reagiert hätte.

Im Grunde war er mit der Frontstellung gegen die Fortschrittlichkeit einverstanden. »Finden die Prinzipien beim Könige keinen Eingang, so ist's nicht Pflicht und Sache des Untertanen, dieserhalb im Unmut nun die Menge aufzuhetzen«, bedeutete er 1832 dem ihm zu progressiven Major von Willisen. »Die neumodische Doktrin ist's freilich, alles durch die Menge und im letzten Fall durch Rebellion von den Souveränen zu erzwingen. Solche Lehren zu unterdrücken, ist aber die erste Verpflichtung jedes treuen Untertanen, namentlich der Angestellten und über diesen wieder die des Soldaten.«

Die Kanonen waren für den Soldatenprinzen die Ultima ratio regum, das letzte Beweismittel der Könige. Sein ganzes Sinnen und Trachten war nun mehr denn je darauf gerichtet, das preußische Heer in Mannschaftsstand, Bewaffnung und Ausbildung zu stärken, den friderizianischen Geist zu bewahren – durch die Beibehaltung der dreijährigen Dienstzeit, an der nicht nur bürgerliche Liberale, sondern auch königliche Sparkommissare rüttelten.

Das war Wilhelms Antwort auf die Juli-Revolution, dieses frühen und entschiedenen Befürworters des Satzes, daß gegen Demokraten nur Soldaten hülfen: »Die Tendenz der revolutionären oder liberalen Partei in Europa ist es, nach und nach alle die Stützen einzureißen, welche dem Souverän Macht und Ansehen und dadurch im Augenblicke der Gefahr Sicherheit gewähren. Daß die Armeen die vornehmlichsten dieser Stützen noch sind, ist natürlich; je mehr ein wahrer militärischer Geist dieselben beseelt, je schwerer ist ihnen beizukommen. Die Disziplin, der blinde Gehorsam sind aber Dinge, die nur durch lange Gewohnheit erzeugt werden und Bestand haben und zu denen daher eine längere Dienstzeit gehört, damit im Augenblick der Gefahr der Monarch sicher auf die Truppe rechnen könne.«

Die Schutzwehr des Königs von Preußen sah er durch einen äußeren wie einen inneren Feind bedroht. Gegen sie rannten die Revolutionäre an, und wo sie in konstitutionellen Staaten Einbrüche erzielt hätten, würden sie als erstes den Militärhaushalt kürzen und den Soldatenstand verringern. In Preußen, in das die Revolution noch nicht eingedrungen sei, würde der militärische Geist von innen heraus zersetzt, und das noch im Namen des Königs: durch die Experimente mit der Linientruppe und – vor allem – durch die Existenz der neben dieser sich eher bürgerlich-lax bewegenden als preußisch-soldatisch stehenden Landwehr. Für ihn war und blieb sie ein Fremdkörper, eine fortdauernde und immer problematischer werdende Fehlinterpretation des Geistes von 1813.

Wenn man die Landwehr schon nicht abschaffen konnte, sollte man sie an die Linientruppe heranführen, in die königlich-preußische Phalanx eingliedern. Dazu – so Wilhelm in Vorschlägen und Eingaben – müßte die Landwehr Mannschaften erhalten, die in der regulären Truppe »vom Menschen zum Soldaten« erzogen worden seien, »was aber nur durch Gewohnheit erlangt wird, daher eine kurze Dienstzeit verwerflich ist, weil sie keine Gewöhnung möglich macht.« Und Landwehrkompanien sollten regelmäßig durch Linienoffiziere, also Berufsoffiziere, geführt werden, während die aus Einjährig-Freiwilligen hervorgegangenen, eher zivilen als militärischen Landwehroffiziere zeitweise zur Linie versetzt werden sollten, um dort Schliff zu bekommen. Denn: »Das Gewehrtragen, Marschieren etc. vermögen Landwehroffiziere sehr gut beizubringen, die Disziplin aber nicht.«

Ein Bruch mit den Relikten der Reform kündigte sich an, den Wilhelm später als König von Preußen vollzog. Noch hatte Friedrich Wilhelm III. das Wort, und er hielt grundsätzlich an der Landwehr fest, wie an allem, an das er sich gewöhnt hatte. Auch die zweijährige Dienstzeit führte er notgedrungen ein – und Wilhelm fügte sich, wie er es gelernt hatte, etwa aus dem Handbuch für das Militärrecht von 1826, Paragraph 479: »Da in einem rein monarchischen Staate wie dem preußischen die Staatsgewalt sich in der Person des Monarchen konzentriert, so lassen sich die Standespflichten der Militärpersonen auf die beiden Pflichten der unbedingten Treue gegen den König und des unbedingten Gehorsams gegen dessen unmittelbare Befehle zurückführen, indem sich aus ihnen alle anderen militärischen Standespflichten ... herleiten.«

Der Soldatenprinz tat seine Pflicht und ging in seinen Pflichten auf. 1831 hatte der Vierunddreißigjährige sein 25jähriges Dienstjubiläum gefeiert. 1837 wurde der Generalleutnant und Kommandeur des III. Armeekorps sowie der 1. Garde-Division Vorsitzender der Kommission zur Ausarbeitung eines Dienstreglements für die Armee. 1838 erfolgte seine Ernennung zum Kommandierenden General des Gardekorps. 1839 unterstrich er in einem Antrag den Satz: »Der Soldat darf keine Politik haben, sondern nur Gehorsam gegen seine Offiziere.« 1840 betonte er: »Daß Paraden aber von jeher und immerdar ein Schauspiel sein und bleiben werden, ist gewiß und auch sehr nützlich, weil es im Soldaten liegt, daß er sich zu Zeiten in seinem ganzen Staate zeigt.«

Es schien höchste Zeit, daß klargestellt wurde, wer Herr im Staate war und bleiben mußte. 1840 erhielt er das Kommando der Heerschau anläßlich der Grundsteinlegung des Denkmals Friedrichs des Großen in Berlin. Zum hundertjährigen Jubiläum seiner Thronbesteigung sollte an die Fundamente erinnert werden, auf denen sich Preußen erhob. Wo allenthalben an ihnen gedeutet und gerüttelt wurde, konnte einem Friderizianer wie Wilhelm nichts gelegener kommen, als demonstrativ zu ihrer Festigung beizutragen.

Die Feier für Fridericus Rex war nicht nur vom Termin veranlaßt und von der Pietät geboten. Wilhelm erhoffte sich eine Wende: weg von Reform und Romantik, der Selbstbescheidung in der Außenpolitik und der Enthaltsamkeit vom Krieg, der für den Jubilar das A und O Preußens gewesen war – und zurück wie vorwärts zum aufgeklärten Absolutismus und altpreußischen Feudalismus, zum Soldatenstaat und einer energischen, den militärischen Einsatz nicht scheuenden Selbstbehauptung in Deutschland und Europa. So fühlte und dachte jeder Preuße, der das Herz noch auf dem rechten Fleck trug.

An die Heldenzeit gemahnte das 1840 erschienene Volksbuch *Geschichte Friedrichs des Großen,* das der Berliner Kunsthistoriker Franz Kugler geschrieben und der Berliner Maler Adolf Menzel mit 400 Zeichnungen versehen hatte. Im selben Jahr erinnerten sich die unter dem Bürgerkönigtum erschlafften Franzosen ihres Napoleons, warfen sich in die Brust und griffen wieder – wenn auch nur rhetorisch – nach dem Rhein. Wilhelms Hand fuhr an den Degenknauf. Er schrieb sich das in ganz Deutschland gesungene Trutzlied von Nikolaus Becker ab:

>»Sie sollen ihn nicht haben,
>Den freien deutschen Rhein,
>Ob sie wie gier'ge Raben
>Sich heiser danach schrein.«

Und er dachte an Roßbach, den Sieg Friedrichs des Großen über die Franzosen, weniger an Leuthen und Zorndorf, die Siege über Österreicher und Russen; denn Krieg führen wollte er nach wie vor gegen Frankreich und nicht – noch nicht – gegen Österreich, und schon gar nicht gegen Rußland, die Allianzpartner Preußens in der Abwehr der von Paris ausgehenden Revolution.

Wilhelm stand zur friderizianischen Wertordnung und Rangfolge, wie sie Christian Daniel Rauch im Denkmal Friedrichs des Großen zum Ausdruck zu bringen gedachte und wie er sie – vis-à-vis seines Palais Unter den Linden – sein Leben lang vor Augen haben sollte: Der König hoch zu Roß, Hermelin, Dreispitz und Krückstock, weit unter ihm die Reiterfiguren des Prinzen Heinrich von Preußen und des Herzogs Ferdinand von Braunschweig, der Generäle Zieten und Seydlitz, ferner zu Fuß einundzwanzig Zeit- und Kriegsgenossen, die Zivilisten, darunter Lessing und Kant, an der hinteren Sockelschmalseite, unter dem Schweif des königlichen Pferdes.

Im Relief sollten Sinnbilder der Stärke, Gerechtigkeit, Weisheit und Mäßigung dargestellt werden. Jeder könne nach seiner Façon selig werden, hatte der Alte Fritz gesagt, und Wilhelm, obwohl persönlich evangelisch-kirchlich gläubig, empfand es als abträglich für das Ganze, die katholischen Neu-Preußen zu Untertanen zweiter Klasse zu degradieren. Die Verfolgung des Kölner Erzbischofs von Droste zu Vischering, die ihn zum Märtyrer in der Auseinandersetzung zwischen Glaubensfreiheit und Staatsallmacht machen mußte, mißbilligte er: »Nur keine Gewaltschritte gegen Rom«, warnte er 1838. »Sollte das dortige Haupt hors de saison sein, so wird dies die Zeit lehren, aber darauf hinarbeiten darf man nicht, wenn man eben nicht Religionskriege herbeiführen will.« Wie der aufgeklärte Friedrich wurde er Freimaurer, übernahm 1840 das Protektorat über die in Preußen installierten Logen.

Ein Denkmalsrelief sollte Fridericus Rex nach der Schlacht bei Kolin darstellen, zur Erinnerung an eine Niederlage, aber auch zur Ermunterung, Tiefpunkte durch Manneszucht und Mannesmut zu überwinden – gegen den äußeren wie den inneren Feind. Wilhelm hielt eine solche Mahnung vonnöten, bereits bei der Grundsteinlegung. Ende Mai 1840 befahl ihm der an Grippe erkrankte König, »alle militärischen Anordnungen zu der Feier zu treffen und sie ihm zur Einsicht vorzulegen. Dies tat ich und legte die Disposition zum Anmarsch und zur Aufstellung der Truppen bei. Der König traf einige kleine Abänderungen, die er mit Bleistift in den Plan eintrug, und dies sind wahrscheinlich die letzten Worte, die er geschrieben hat.«

Der Grundsteinlegung für das Denkmal Friedrichs des Großen am 1. Juni 1840 konnte der von wiederholten Grippeanfällen geschwächte, sterbenskranke Friedrich Wilhelm III. nur noch von ferne beiwohnen. Er ließ sich seine Uniform anziehen und auf einem Sessel an ein Fenster seines Palais tragen. »Ich kann nicht deutlich sehen – ich sehe nur eine Menge Menschen durcheinanderwogen«, sagte er und wurde ohnmächtig. Er sah nicht mehr, wie der Kronprinz und künftige König Friedrich Wilhelm IV. die ersten und Prinz Wilhelm, der zweite in der Thronfolge, die nächsten Weiheschläge ausführten. Er hörte nicht mehr das klingende Spiel, unter dem die Truppenteile ihre Fahnen und Standarten zum Königlichen Palais trugen. Auch die Feldzeichen der Potsdamer Garnison waren von Wilhelm herbeordert worden, was sein Vater kommentiert hatte: »Die können nun gleich zu meiner Beerdigung hierbleiben.«

Sieben Tage später, am 7. Juni 1840, verschied König Friedrich Wilhelm III. von Preußen, fast siebzigjährig, nach beinahe 43jähriger Regierungszeit. Am Sterbebett stand auch Zar Nikolaus I. von Rußland, der Schwiegersohn und Hauptalliierte, dem der Hinscheidende zuflüsterte: »Ça va mal – es geht schlecht«, wobei offen blieb, ob er seinen persönlichen oder den Zustand seines Staates meinte. »Mich sah er fest an«, notierte Wilhelm, »lallte ungefähr sechs bis acht Worte, die aber nicht zu verstehen waren, und mir kam es dabei in den Sinn, als sagte er der Garde Lebewohl.«

Er wurde neben der Mutter im Mausoleum zu Charlottenburg bestattet, der Vater, der ihm so zu schaffen gemacht hatte und den er dennoch und vielleicht deswegen als sein Vorbild verehrte und stets in Ehren halten wollte. Friedrich Wilhelm III. hatte die Ruhe und Ordnung verkörpert, die nach 1815 an der Tagesordnung gewesen war und die mehr und mehr in Frage gestellt wurde. War mit seinem Tod die Seele des Widerstandes gegen den Zeitgeist entwichen? Sie solle nicht vergessen, die Schlaguhren aufzuziehen und nach seiner kleinen Uhr zu richten, hatte er auf dem Sterbebett seiner morganatischen Gattin, der Fürstin von Liegnitz, zugeraunt. »Sollen nicht der Zeit vorgehen!«

Zum Vorgehen schien der neue König Friedrich Wilhelm IV. zu neigen, dieser unruhige, unstete Geist. Wilhelm, der dem Vater nachgeschlagen war, und nicht, wie der ältere Bruder, der Mutter –

der ungebärdigen Luise, weniger der züchtigen Königin – hatte ihn nie recht verstanden. Wenn er sich einigermaßen mit »Butt« vertrug, so deshalb, weil Wilhelm, ohnehin verträglich, den Ersten in der Thronfolge respektierte, und weil er wußte, daß sie beide im selben Boot saßen, der Kronprinz zum Steuern und er zum Rudern geboren.

Mitunter mußte er sich das selber vorsagen oder anderen bestätigen, wie am 1. Juli 1828 der Tante Luise Radziwill: »Jawohl, es liegt gewiß viel daran, daß wir, Butt und ich, fest zusammenhalten und manches überwinden müssen, gegenseitig, was aus unsern so sehr verschiedenen Charakteren entspringt. Bei seiner sehr lebendigen und bei meiner sehr prosaischen Phantasie gibt es unzählige Oppositionspunkte, die ich mit meiner glücklichen Ruhe überwinde, weil er zu gut und edel ist, als daß ihm dergleichen Dinge nicht zugute gehalten werden müßten und wir in allen Hauptdingen, Ansichten und Grundsätzen sonst ganz übereinstimmend sind.«

Friedrich Wilhelm IV. sah freilich nicht so aus, wie sich der Soldatenprinz einen König von Preußen und Obersten Kriegsherren vorstellte: für einen Fünfundvierzigjährigen zu korpulent, ohnehin von gedrungener Gestalt, doch keineswegs in sich ruhend, sondern fahrig und sprunghaft, ein Gesicht, in dem kein Bart die weichen, früh erschlafften Züge martialisierte, und Augen, die zwar häufig aufleuchteten, aber kurzsichtig in die Welt blickten. Wer ihn, wie die Geschwister, wohlwollend neckte, verglich ihn mit einem Butt, dem Fisch mit dem breiten Körper, weiten Mund und auf der linken Seite stehenden Augen. Wilhelm, der Typ des Gardeoffiziers, konnte manchmal versucht sein, an einen Landwehroffizier zu denken, wie er ihn nicht einmal an der Spitze einer Reservisteneinheit sehen möchte.

Dieser Hohenzoller schrieb zu viel. Die Feder, so hurtig sie auch über das Papier strich, konnte dem Fliegen und Flattern der Gedanken kaum folgen, geschweige sie fassen. Was er nicht hinreichend auszudrücken vermochte, suchte er durch abgestufte Unterstreichungen und mehrfache Ausrufezeichen klarzumachen. Und er redete mehr, als er zu sagen hatte, mit pastoraler Stimme, betonte alles mit Gesten, umarmte den Angesprochenen, wenn er zeigen wollte, wie sehr ihm alles aus dem Herzen kam und anderen zu Herzen gehen sollte. Dies seien zwei selige Könige, meinte ein Berliner vor den

Portraits Friedrich Wilhelms III. und Friedrich Wilhelms IV.: der hochselige und der redselige.

»Sein Geist und Verstand«, bemerkte die scharfsinnige und scharfzüngige Karoline von Rochow über den Kronprinzen, »genossen schon damals einen großen Ruf, aber es haftete ihnen leicht etwas Gesuchtes an. Der Stoff zum Humor sollte da gefunden werden, wo ihn niemand suchte; die Phantasie setzte sich in lebendige Bewegung und fiel dann platt herunter, weil sie ihren Stoff in der Realität nicht so fand, wie sie ihn sich dachte. So ging es bis in das Reich der Gefühle: er beschäftigte sich stets mit den Passionen, die er haben könnte, und kam eigentlich nie dazu.« Und: »Ausbrüche großer Heftigkeit wurden bei ihm gewöhnlich durch die unbedeutendsten Veranlassungen hervorgerufen, was auffallen mußte bei einem so ausgezeichneten Geiste und einem Charakter, in dem sich große Gutmütigkeit, Wohlwollen und edles Streben vereinigten.«

Er werde stets »der Raub des mächtigen Augenblicks«, hatte seine Mutter, die Königin Luise, gesagt und sein Lehrer Ancillon bestätigt. Einen Herrscher, der sich nicht beherrschen konnte, bekam nun Preußen. Das hatte man nur einmal, mit Friedrich Wilhelm II., gehabt, doch der »dicke Lüderjan« hatte sich lediglich in der Privatsphäre gehen lassen, während – in der Endphase der Aufklärung – der staatliche Bereich unter rationaler Kontrolle geblieben war. Nun bestieg ein ausgesprochener Romantiker, beinahe ein Mystiker, den Thron Friedrichs des Großen. Das mußte Preußen mißfallen. »Er hatte vielleicht mehr Gemüt, als der Staat vertragen kann«, kritisierte der Historiker Leopold von Ranke. Gneisenau, der selber ein – freilich ein militärisch disziplinierter – Romantiker war, merkte an: »Dieser Kronprinz möchte lieber die Gewässer wieder gegen ihre Quellen leiten, als ihren Lauf in die Ebene regeln.«

Seine Ideale lagen weit hinter den Bergen, dort, wo Neuhumanisten die Sonne Europas hatten aufgehen sehen, in Hellas und in Rom, und dort, wo Romantiker sie im Zenit des Abendlandes geschaut zu haben glaubten, im römisch-katholischen, universal ausgreifenden, föderativ gegliederten und ständisch organisierten Mittelalter.

Der Kronprinz war 1815 den Rhein hinuntergefahren, von Mainz bis Köln: »Bei Ehrenfels, Pfalzburg und all den tausend göttlichen Burgen und Felsen und Bergen und Strömungen vorbei; ich war matt vor Seligkeit.« Als König ließ er die Burg Stolzenfels wiederaufbauen und den Kölner Dom vollenden, im fernen Jerusalem – als Nachfahre der Kreuzritter – ein evangelisches Bistum errichten. »Das ist am Ende doch immer etwas Unaussprechliches, das Ewige Rom. Mir ist's, als sei ich zu Haus«, hatte er 1828 bekannt, und wie ein Caesar wollte er das Imperium geordnet und wie ein Papst das Reich verchristlicht sehen.

Wenn ihn sein Vater nach Rom lasse, komme er gewiß nicht wieder, hatte der Kronprinz gesagt. Auch im »heiligen Köln« hätte er gern gewohnt. Als König bezog er Sanssouci in Potsdam, das Schloß Friedrichs des Großen. Selbst das Friderizianische erschien dem Romantiker als verklärte Vergangenheit. Berliner witzelten, es spuke in Sanssouci: der Alte Fritz gehe dort ohne Kopf um. Friedrich Wilhelm IV. war wenigstens hier kein Surrealist, blieb sich des Unterschiedes zwischen ihm und seinem Vorgänger bewußt, sprach es aus: Er sei kein Friedrich II.

»Ich sehe Sie die ganze Zeit schon mit der Bleifeder in der Hand zubringen. Für einen künftigen Schinkel wäre dieses eine sehr nützliche Anwendung. Allein da der Staat nicht in einem gotischen Tempel besteht und noch nie ein Volk vermittels romantischer Bilder regiert worden ist, so wird dieses ewige Zeichnen für Sie eine wahre Verschwendung der edlen Zeit.« So hatte des Kronprinzen Lehrer Ancillon gemahnt. Als König zeichnete er unentwegt weiter, entwarf Pläne – jedoch nicht für Kasernen und andere Nützlichkeitsbauten, sondern für neugotische Kirchen und nachmittelalterliche Burgen. Gärten legte er lieber an als Straßen. Er wollte kein »Nützlichkeitsmacher« sein, blieb jedoch für Preußen vom Schlage des Historikers Heinrich von Treitschke der größte aller Dilettanten – vornehmlich in der Staatskunst.

Das altpreußische Erbe schien er erhalten und zeitgerecht weiterentwickeln, also in einem wahrhaft konservativen Sinn bewahren zu wollen. Mehr als jeder preußische König vor und nach ihm betonte er das Gottesgnadentum, womit er das monarchische Prinzip nur in der Theorie, nicht in der Praxis festigte. Denn die einen, die von einer solchen mittelalterlichen Begründung der Herrschaftsgewalt nichts mehr wissen wollten, brachte er gegen sich auf, und die anderen, die den Anspruch begrüßten, doch die inkonsequente Ausübung beklagten, brachte er nicht hinter sich. Der preußische Feudalismus, die Vorherrschaft des Adels im Kastenstaat, wurde durch Friedrich Wilhelms IV. romantische Stände-Ideologie nur scheinbar gestärkt; denn der »Lehensherr« gedachte politische Konsequenzen zu ziehen, eine ständische Verfassung zu gewähren, was im fortgeschrittenen 19. Jahrhundert ohne maßgebliche Beteiligung des »Dritten Standes«, des Bürgertums, nicht mehr ging. Sein Universalismus war für einen Staat, der gegen Kaiser und Reich groß geworden war, lebensgefährlich; denn er beschwor die Unterwerfung des Hohenzollern unter den Habsburger herauf, der seine österreichische Machtpolitik mit der mittelalterlichen Reichsidee bemäntelte.

Ein Ritter in dem von Soldaten geschaffenen Preußen, ein Romantiker in einem von der Aufklärung geprägten Staat, ein Rückwärtsgewandter in einer vorwärts drängenden Zeit, ein Idealist in einer anhebenden Epoche des Realismus – das mußte Widersprüche hervorrufen. In ihm selber waren sie angelegt. »Von den entgegengesetzten Bewegungen der Zeit wurde Friedrich Wilhelm IV. immer in seiner Seele betroffen«, bemerkte Ranke, und es traf ihn so sehr, daß die Entschlußkraft gelähmt wurde, Entscheidungen auf sich warten ließen. Heinrich Heine legte ihm den Spottvers in den Mund:

> »Ich ward ein Zwitter, ein Mittelding,
> Das weder Fleisch noch Fisch ist,
> Das von den Extremen unserer Zeit
> Ein närrisches Gemisch ist.«

Seinen »amphibischen Charakter« beklagten die Minister, die einen konkret kaum faßbaren königlichen Willen zu vollstrecken hatten. Er selber mochte sich für einen Perpendikel halten, der mal nach rechts, mal nach links ausschlug, um den Uhrzeiger weder nach- noch vorgehen zu lassen.

»Jetzt stütze mich, Elisabeth, nun bedarf ich der Kraft«, sagte Friedrich Wilhelm IV. am 7. Juni 1840, nachdem er dem verschiedenen Vater die Augen zugedrückt hatte. Die neue Königin, die keine Kinder hatte, umarmte in ihrem Neffen die Zukunft der Dynastie; der achtjährige Friedrich Wilhelm war der Sohn des nun Ersten in der Thronfolge, des dreiundvierzigjährigen Wilhelm. Sein älterer Bruder, der König, verlieh ihm den Titel »Prinz von Preußen«, den

Friedrich der Große für den Thronfolger, der nicht Sohn des Monarchen war, eingeführt hatte. Wilhelm antwortete einem Gratulanten: »Ihre Glückwünsche zu meiner neuen Stellung vermag ich nicht anzunehmen. Einmal ist eine solche Stellung kein Glück, und zweitens wird der Himmel es mir ersparen, einen Tag zu erleben, wie der 7. Juni (der Todestag Friedrich Wilhelms III.) für meinen teuren Bruder gewesen ist.«

Er sei für den Thron nicht geboren, eigne sich auch gar nicht dafür, hatte er schon vor Jahren eingestanden. Die Bürde der Krone dünkte ihn viel zu schwer, ihren Glanz mißgönnte er dem Bruder nicht. Es war für ihn selbstverständlich, daß der Erstgeborene mit dem höheren Rang auch die größere Verantwortung trug, und den Satz Friedrich Wilhelms IV. hätte er unterschreiben können: »Es gibt Dinge, die man nur als König weiß, die ich selber als Kronprinz nicht gewußt und nun erst als König erfahren habe.«

Wilhelm beschied sich mit der Stellung des Zweiten. Immerhin war er nun titularisch ausgewiesener und offiziell anerkannter Thronfolger des Königreiches Preußen, sowie Statthalter von Pommern, Vorsitzender im Staatsministerium und im Staatsrat – und General der Infanterie. Letzteres war für ihn nicht das geringste. Damit rückte er in eine Position auf, die ihm erstrebenswert erschien: in die des ersten Soldaten des Staates. Das war bisher der Monarch gewesen. Doch Friedrich Wilhelm IV. war kein Friedrich Wilhelm III. und schon gar kein Friedrich II. Er war ein aus der Art geschlagener Hohenzoller, der das Militär nicht mochte und keinen Krieg wollte. Nicht ungern überließ er das Soldatische dem Bruder, der dazu geschaffen war und Eingriffe selbst eines gekrönten Zivilisten in Armeeangelegenheiten kaum geduldet hätte.

Friedrich Wilhelm IV., ohnehin romantischen, katholisierenden Tendenzen verfallen, mittelalterlich-ständischer, reichs-idealistischer, pro-habsburgischer, also unpreußischer Umtriebe verdächtig, wollte und konnte die erste Königspflicht in dieser vom Militär geschaffenen und zusammengehaltenen Monarchie nicht erfüllen: die des Oberkommandierenden. So mußte es dahin kommen, daß der Prinz von Preußen den Friderizianern als der Statthalter des anderen, des eigentlichen Preußens galt. Schon 1840 stellte ein Adjutant Wilhelms fest: »Die Zeit wird es noch lehren, daß mein Herr das köstlichste Gut ist, was wir Preußen besitzen.«

Die Jahreszahl 40 war in der Geschichte der Dynastie mehrfach bedeutsam gewesen: 1440 starb Kurfürst Friedrich I., der erste Hohenzoller in der Mark Brandenburg, 1640 bestieg der Große Kurfürst, 1740 Friedrich der Große den Thron. Damals war es aufwärts gegangen, was auch jetzt erhofft wurde. Der verstorbene Friedrich Wilhelm III., der seinen Thronerben kannte, wäre schon mit einem Mittelweg zufrieden gewesen: »Hüte Dich vor der so allgemein um sich greifenden Neuerungssucht, hüte Dich vor unpraktischen Theorien, deren so unzählige jetzt im Umschwung sind, hüte Dich aber zugleich vor einer, fast ebenso schädlichen, zu weit getriebenen Vorliebe für das Alte, dann und nur dann, wenn Du diese beiden Klippen zu vermeiden verstehst, nur dann sind wahrhaft nützliche Verbesserungen geraten.« Diese Mahnung hatte der Vater hinterlassen, zugleich die vorsorgliche Verfügung: Einer Änderung der bestehenden provinzialständischen Verfassung müßten sämtliche Prinzen des Königlichen Hauses zustimmen.

»Zwischen mir und meinem Volke soll keine Mauer sein«, erklärte Friedrich Wilhelm IV. und begann von der von Friedrich Wilhelm III. aufgerichteten ein paar Steine abzutragen. Berliner Deputierten versprach er, sie könnten jederzeit zu ihm kommen. Alexander von Humboldt erkärte er, der König sei der erste Bürger seines Staates. Er erließ eine Amnestie für politisch Verfolgte. Ernst Moritz Arndt und der Turnvater Jahn wurden rehabilitiert, die Erzbischöfe von Köln und Gnesen-Posen aus der Haft entlassen. Die Ministerialkommission, die Beamtenanwärter einer Gesinnungsprüfung unterzogen hatte, wurde aufgelöst.

Zur Huldigungsfeier am 15. Oktober 1840 waren nicht nur die Standesherren gekommen; im Lustgarten vor dem Berliner Schloß harrte das Volk – 50000 Menschen, wie die Polizei schätzte – in strömendem Regen ihres neuen Königs. Jubel empfing den endlich Erschienenen, den ersten König von Preußen, der seine Untertanen befragte: »Wollen Sie mir helfen und beistehen, die Eigenschaften immer herrlicher zu entfalten, durch welche Preußen mit seinen nur 14 Millionen den Großmächten der Erde zugesellt ist – nämlich: Ehre, Treue, Streben nach Licht, Recht und Wahrheit«, begehrte Friedrich Wilhelm IV. zu wissen. »O! Dann antworten Sie mir mit dem klaren, schönsten Laute der Muttersprache, antworten Sie mir ein ehrenfestes Ja!« Das Ja des Volkes fiel nicht so donnernd aus, wie er es sich gewünscht hätte, denn im Rauschen von Wind und Regen hatten nur die Nächststehenden seine rhetorische Frage verstanden. Die Kanonen und die Glocken übertönten dann alles, wie gehabt, und ein vieltausendstimmiges »Nun danket alle Gott!« stieg zum Himmel.

Friedrich Wilhelm IV. glaubte der Gegenwart gerecht geworden zu sein, ohne der Vergangenheit etwas vergeben zu haben. Und hatte er nicht auch die Zukunft anvisiert? »Dieser Karren wird durch die Welt rollen, und kein Menschenarm wird ihn aufhalten«, hatte er als Kronprinz, begeistert wie immer, ausgerufen, als er 1838 auf dem ersten »Dampfwagen« 42 Minuten nach Abfahrt von Berlin in Potsdam eingetroffen war. Der neue König schien auch dem Fortschrittszug in Preußen freie Fahrt zu geben, auf den gewohnten Gleisen freilich, und in gemäßigtem Tempo.

1844 gab es in Preußen bereits 861 Kilometer Bahnlinie. Bei Borsig in Berlin wurden Lokomotiven gebaut, in Walzwerken Eisenbahnschienen hergestellt. Bergbau, Hüttenwesen und Eisenindustrie entwickelten sich, mit Schwerpunkten im Ruhrgebiet und in Schlesien. Berlin, in dem Maschinenbau betrieben wurde, Handel und Gewerbe emporstiegen, zählte 1840 bereits 328 700 Einwohner; 1815 waren es 191 500 gewesen. Schon gab es Gaslaternen, Dampffeuerspritzen, Telegraphen, Stahlfedern, Emaillegeschirr und Natron in der Hausapotheke für den, der das alles nicht so schnell verdauen konnte.

Die industrielle Revolution hatte einen Agrarstaat erfaßt, der auf die politische Revolution von 1830 nur eine ökonomische, keine konstitutionelle Antwort gegeben hatte: den Zollverein. Preußen schloß 18 deutsche Staaten, ohne Österreich, zu einer Zollunion zusammen, die sich zu einem gemeinsamen Markt und einer Wirtschaftsgemeinschaft entwickeln sollte – was dem Bürgertum ökonomischen Gewinn und der Staatskasse mehr Einkünfte brachte, schließlich Preußen zur Vorherrschaft in Deutschland und dem Dritten Stand zu einer innenpolitischen Mitsprache verhalf.

Einer allgemeinen deutschen Gewerbeausstellung räumte Friedrich Wilhelm IV. im Jahr 1844 das Zeughaus ein. Dreitausend Firmen, darunter siebenhundert aus Berlin, stellten aus. Bei der Eröffnungsrede dankte Finanzminister Ernst von Bodelschwingh dem König für die Förderung der Industrie, dem Kriegsminister dafür, daß er im Zeughaus Waffen weggeräumt und Platz für Maschinen gemacht hatte, und den Fabrikanten für den wirtschaftlichen Aufschwung. »Die Fortschritte sind groß, die Fülle des Erzeugens, der Wetteifer der Erfindung und des Fleißes verdienen Anerkennung; aber die große Menge, die Masse des Volkes, hat wenig Vorteil davon, geht unberührt nebenher«, meinte der Schriftsteller Varnhagen von Ense. »Der Vortrab unserer Zivilisation, die Reichen und Gebildeten, verzehrt alles, und der nachziehende Haupttrupp, oder gar der Troß, kommt kümmerlich weiter.«

Selbst das Besitz- und Bildungsbürgertum machte nur wirtschaftlich und gesellschaftlich, doch keineswegs politisch Karriere, und das langsam genug. »Dieses Tier, Staat genannt, stellt sich unsern Schritten zähnebleckend entgegen«, klagte Varnhagen von Ense. Ein Passagier der ersten Eisenbahnfahrt von Berlin nach Potsdam hatte festgestellt: Wenn ein Zug in Gang gesetzt werde, müsse man sich festhalten, damit man nicht mit dem Gegenüber zusammenstieße. Der König klammerte sich an das Gottesgnadentum, der Prinz von Preußen an die Kommandogewalt, die Bürokratie an ihre Kompetenzen, der Adel an seine Privilegien. Doch ein Zusammenstoß mit dem zugestiegenen Bürgertum, das sich im Abteil immer breiter machte, schien unvermeidlich. Schon gab es Orden für Bürgerliche, eine kommunale Selbstverwaltung, die halbzivile Landwehr und Meyers Konversationslexikon, das mit allgemeinem Wissen künftige Macht verbreitete.

Preußen vom alten Schlag erinnerten sich des Generals Yorck, von dem sie schon in der preußischen Reformzeit, als das alles angefangen hatte, vor den »Plusmachern«, den Spekulanten, Fabrikanten und Kapitalisten, gewarnt worden waren. Nun meinte der General von Grolman, sicherlich kein Reaktionär, die Konversationslexika seien »geradezu schädlich, weil sie so leicht zum Halbwissen verführen«, und die Eisenbahn verführe jeden Narren, der nur hin- und hergereist sei, zu dem Glauben, Land und Leute kennengelernt zu haben. »Er wird sich für befähigt halten, ein bestimmtes Urteil über beides abgeben zu können, obgleich es doch nur ein sehr oberflächliches sein kann. Gründliches, wirkliches Wissen, wird mehr und mehr Seltenheit werden, eingebildetes die Oberhand bekommen.«

Die Frauen der Bürger waren bereits wie die der Adeligen in fabrikmäßig hergestellten Kattun gekleidet. Nun verlangten ihre Männer den gleichen gesellschaftlichen Habitus wie die Aristokratie und schon einen Zipfel der Macht des Monarchen. Zu diesem Übergriff hatte sie die Popularitätshascherei des neuen Königs ermuntert. Sogleich bekam er den ersten Wechsel präsentiert. In Königsberg, wo Kant gelehrt und Stein gewirkt hatte, erinnerten die ost- und westpreußischen Provinzialstände am 7. September 1840 Friedrich Wilhelm IV. an das 1815 von Friedrich Wilhelm III. gegebene Versprechen einer geschriebenen Verfassung und einer ständischen Volksvertretung, und baten um die »verheißene Bildung einer Versammlung von Landesrepräsentanten«, einen gesamtpreußischen Landtag. Oberpräsident Theodor von Schön, ein Reformhelfer des Freiherrn vom Stein, stieß mit der anonymen Schrift *Woher und wohin?* nach: »Nur durch Generalstände kann in unserem Lande ein öffentliches Leben entstehen und gedeihen.«

Der Prinz von Preußen schrieb diesem Oberpräsidenten, der das Feuer nährte, anstatt es zu löschen, einen Brandbrief: »Es ist in meinen Augen die höchste Illoyalität, einem neuen Souverän beim Antritt einer Regierung Garantien abzuverlangen, und wenn selbst der selige König 1815 solche in Aussicht stellte, so blieb es seiner Weisheit sowohl als der seiner Nachfolger vorbehalten, die Zeit zu bestimmen, wann sie in Ausführung kommen sollten. Daß der selige König außerdem seit Einführung der Provinzialstände an jener weiteren Ausdehnung der ständischen Verhältnisse nicht gearbeitet hat, beweist wohl wie in allem sein tiefer und richtiger praktischer Blick, der ihn in der Modernität solcher Institutionen ringsum im Auslande nur Nachteil, Unruhe, Unzufriedenheit erblicken ließ.« Ergo: »Anklang würde es bei allen finden, die Umsturz des Bestehenden wollen, die Selbstsuchtsnährer sind und ihrer Eitelkeit frönen. Bei solchen Menschen populär zu sein, ist nicht meine und nicht der wahren Patrioten Sache.«

Sein Bruder, der König, der in den Wald gerufen hatte, bekam Angst vor dem Echo, das widerhallte. Eine geschriebene Verfassung nach westeuropäischem Muster? »Ich will nun und nie, daß ein Stück Papier festsetze, was oben und unten, rechts und links im Lande sei und mir die Rechte zu- und abmesse, die ich vom König aller Könige zu Lehen trage.« Also weiterhin ein aufgeklärter Absolutismus, wie ihn Friedrich II. praktiziert und Friedrich Wilhelm

III. strapaziert hatte? Friedrich Wilhelm IV., der »Romantiker auf dem Thron«, versprach ein »väterliches Regiment«, wie es »teutscher Fürsten Art und Pflicht« sei, einen königlich-preußischen Patriarchalismus also, wie er weder den Liberalen noch den Friderizianern gefallen konnte.

Deren ungekröntes Haupt, der Prinz von Preußen, machte Front gegen seinen schlappen Bruder, diesen apreußischen König, der 1842 vor den Progressiven, wenn auch nur einen halben Schritt, zurückgewichen war: Vertreter aller Provinzialstände wurden als »Vereinigte Ausschüsse« zu gemeinsamer Beratung nach Berlin berufen. Sie hatten keine Kompetenzen und wurden nach drei Wochen wieder heimgeschickt, aber sie hielten den kleinen Finger, der ihnen gereicht worden war, fest, verlangten bald die ganze Hand – und der König meinte ihnen Finger um Finger überlassen zu müssen. Die Eisenbahn erwies sich auch hier als Fortschrittsvehikel: Da der Staat sie betreiben wollte, brauchte er Geld, das von den Ständen, und zwar von einer gesamtpreußischen Versammlung, bewilligt werden mußte. Friedrich Wilhelm IV. suchte wie immer den Mittelweg: Um eine solche Repräsentation zu erhalten, ohne eine Konstitution geben und Wahlen abhalten zu müssen, dachte er an eine Zusammenfassung aller Mitglieder der Provinziallandtage zu einem »Vereinigten Landtag«. Als er im Ministerium auf Widerspruch stieß, schob er die Ausführung vor sich her.

Metternich hatte im Namen der Heiligen Allianz vor einem Betreten der schiefen Ebene der Zugeständnisse gewarnt, Wilhelm stemmte sich stellvertretend für den toten Vater dagegen. 1842 hatte er einer Berufung der »Vereinigten Ausschüsse« widerraten. 1843 kritisierte er den zwischen Nachgeben und Zurücknehmen schwankenden, unberechenbaren König: »Es ist ihm Bedürfnis, die Dinge anders anzusehen und anders zu behandeln und zu lösen, als alle anderen erwarten und vermuten müssen. Wenn also ein an sich sehr lebendiger Geist sich fortwährend damit beschäftigt, wie er die Menschen überraschen will, so ist es natürlich, daß die Resultate sehr oft widernatürlich und unpraktisch werden müssen, weil das Einfache und Praktische einem solchen Geiste nicht genügen will. Hierdurch müssen natürlich oft Inkonsequenzen sichtbar werden, und diese können kein Vertrauen erwecken.«

Die Konsequenzen beklagte der ganz anders geartete Wilhelm:

»Die Konservativen sind verschnupft, weil zu viel nach ihrer Ansicht auf einmal geschehen ist; die Liberalen sind verschnupft, weil nicht genug geschehen und manches rückgängig werden mußte. Dadurch haben sich auch jetzt in Preußen Parteien gezeigt, die sonst nicht gekannt waren, da die Masse einig war und nur Einzelne Prinzipien aussprachen, die jetzt von Parteien angenommen werden. Preußen kann daher jetzt nicht ein ruhiges Land genannt, noch dadurch ein kräftiges und einiges genannt werden.«

Der Prinz von Preußen sah die Machtstellung des Hohenzollernstaates bedroht, der Thronfolger befürchtete einen Verfall seines und seines Sohnes Erbe. Der General der Infanterie wollte die Parteien als »Volk in Waffen« zusammenhalten, unter die eben eingeführte Pickelhaube bringen, und ihm mit der Entwicklung des Zündnadelgewehres eine schlagkräftige Waffe gegen äußere wie innere Feinde in Aussicht stellen. Der Vorsitzende im Staatsministerium und im Staatsrat suchte den Einfluß der »Kamarilla« zu konterkarieren, jener Nebenregierung ehrgeiziger Vorzimmerpolitiker vom Schlage der Brüder Gerlach, einer Tischrunde, in der Friedrich Julius Stahl und andere Romantiker Friedrich Wilhelm IV. in seiner Annahme bestärkten, er sei ein König Artus, und ihm weismachen wollten, er habe wie sein sagenhafter Vorgänger ein passiver Vorsitzender zu sein und die Taten den mittafelnden Rittern zu überlassen.

An die Belange der Gegenwart erinnerte ihn am 26. Juli 1844 das Attentat des Storkower Altbürgermeisters Tschech. Die Pistolenschüsse streiften den König nur, trafen jedoch sein Gewissen, das er durch einen Verfassungsplan zu beschwichtigen suchte. Der »Vereinigte Ausschuß«, aus der Mitte der Provinziallandtage gewählt, sollte als Beratungsorgan bei der Gesetzgebung dienen, der »Vereinigte Landtag«, die Zusammenfassung der Abgeordneten sämtlicher Provinziallandtage, als Bewilligungsorgan in Finanzsachen eingesetzt werden.

Friedrich Wilhelm IV. informierte zwar Metternich, der abriet, und Nikolaus I., der Rekruten aushob, aber nicht seinen Thronfolger. Wilhelm bekam Wind, schrieb dem Bruder einen dreißig Seiten langen Protestbrief, verwies ihn auf das Vermächtnis des Vaters: Die Verfassung dürfe nur mit Zustimmung aller Mitglieder der Dynastie geändert werden. Der König verbat sich jede Pression und versagte ihm jegliche Information. Leopold von Gerlach, früher Adjutant Wilhelms, nun Generaladjutant Friedrich Wilhelms, suchte den Prinzen von Preußen umzustimmen, stieß gegen eine friderizianische Wand, berichtete: »Er warf dem König vor, 1. daß er durch das den Ständen einzuräumende Bewilligungsrecht, sowohl der Abgaben als der Anleihen, einer Konstitution vorarbeite und dieser notwendig zur Beute fallen müßte, 2. daß er den versammelten acht Landtagen nicht würde widerstehen können.« Immerhin machte Wilhelm einen Gegenvorschlag: »Wahl von 150 Deputierten aus den Provinziallandtagen, die als Reichsstände anerkannt werden sollen, ohne Petitions- und ohne Bewilligungsrecht.«

Auch in England, das er im Sommer 1844 mit seiner Frau besuchte, lernte er nicht das, was die anglomane Augusta und der anglophile Bruder von ihm erwarteten. Am weitesten kam ihnen der frisch gebackene Oxforder Ehrendoktor der Philosophie noch mit der Bemerkung entgegen: Die Institutionen dieses Landes würden anderswo, wenn imitiert, zur Karikatur, weil eben hier die Grundlagen fehlten, auf denen sie dort entstanden seien. Doch selbst im Mutterland des Ständewesens, bedeutete er Leopold von Gerlach, sei nun der Punkt erreicht, an dem es für Monarchie und Aristokratie gefährlich zu werden beginne. Der alte Wellington und andere Konservative hätten ihm gesagt, er möge den König von Preußen vor einem Nachahmen englischer Verhältnisse und vor demokratischen Elementen in der Verfassung warnen, mit denen sie jetzt in England zu kämpfen hätten.

War es nicht seine Pflicht und Schuldigkeit, den Bruder, der in die Wolken entschwebt war, wieder auf den Boden der preußischen Tatsachen zurückzuholen? Am 20. November 1845 erinnerte er den König an seinen ersten Protest gegen die Verfassungspläne, erhob einen zweiten, recht geharnischten, und erklärte: wenn schon Reichsstände, dann höchstens in Kompaniestärke, ohne Kompetenzen, der königlichen Kommandogewalt unterstellt. Denn »Preußens politische und geographische Lage als Großmacht im europäischen Staatenbunde und zugleich als Teil des Deutschen Bundes erlaubt nicht, daß dessen Monarch durch konstitutionelle Institutionen in seinem freien Bewegen behindert werde. Aber auch alle Institutionen, die den Konstitutionellsten sich nähern oder in diese überzugehen drohen, sind daher für Preußen nicht annehmbar.«

Der Primat der Außenpolitik war aufgepflanzt. Friedrich Wilhelm IV. dachte primär an die Innenpolitik, hatte die meisten Minister hinter sich, ließ in einem Gutachten das Zustimmungsrecht der Prinzen in Verfassungsfragen bestreiten. Im März 1846 berief er Wilhelm an die Spitze des aus Ministerium und Verfassungskommission gebildeten Gremiums – in der Erwartung, daß er sich wie an der Spitze einer Truppe bewähre, also die Befehle des Oberbefehlshabers ausführe. Er kannte seinen Pappenheimer. Wilhelm schwenkte auf die Linie des Königs ein, marschierte mit der Mehrheit.

Als Prinzipienreiter tat er dies nicht ohne Flaggezeigen. In seiner Denkschrift vom 17. Dezember 1846 attackierte er die Zusammenfassung von 600 Abgeordneten der 8 Provinziallandtage zum »Vereinigten Landtag«, der »teils unlenksam, teils unauflöslich« sein werde. Wenn schon, dann müßte der Hochadel zu einem Herrenstand, in einem Oberhaus gesammelt und dem Unterhaus gegenübergestellt werden. Das Besteuerungsrecht habe ein Majestätsrecht zu bleiben. Das den Reichsständen eingeräumte Petitionsrecht in Finanzsachen und in der Außenpolitik gefährde »das enge Band zwischen Preußen, Rußland und Österreich, welches durch seine Macht bisher den Frieden aufrecht erhielt.« Und – er war wieder bei seinem Thema Nummer Eins – ein Petitionsrecht in Militärfragen fördere die Neigung der Bewegungspartei, »die Landwehr auf Kosten der Linie zu erheben und ihre Trennung von der Linie immer greller zu machen, und zu beweisen, daß die strenge militärische Form und Disziplin ihr nicht nötig sei und sie vielmehr die Stelle einer Nationalgarde einzunehmen habe.«

Daher fühle er sich außerstande, das Patent über die Berufung des »Vereinigten Landtages« zu unterzeichnen. Er sehe »die Rechte, die Würde und die Macht der Krone gefährdet«, er ahne die Gefahr, daß eine Konstitution ertrotzt werde und dann Preußen aufhören würde, Preußen zu sein. Der Thronfolger meldete sich zu Wort: »Nach dem unerforschlichen Ratschluß Gottes scheint es bestimmt zu sein, daß die Krone sich in meiner Linie vererben soll! Da ist es dann meine heilige Pflicht, darüber zu wachen, daß der Nachfolger auf dem Throne die Krone mit ungeschmälerten Rechten und mit der Würde und mit der Macht überkomme, wie ich sie heute vor mir sehe.«

Doch Friedrich Wilhelm IV. wollte und konnte nicht mehr zurück, und Wilhelm blieb nichts anderes übrig, als nachzurücken, als Führer der friderizianischen Nachhut. Am 1. Februar 1847 unterschrieb er das Patent zur Berufung des »Vereinigten Landtags«, drei Tage vor der Veröffentlichung. In der Schlußsitzung des beratenden Gremiums hatte er zu Protokoll gegeben: »Ein neues Preußen wird sich bilden. Das alte geht mit Publizierung dieses Gesetzes zu Grabe. Möge das neue ebenso erhaben und groß werden, wie es das alte mit Ruhm und Ehre geworden ist.«

Mit dem neuen Preußen pressierte es dem König nicht. Bei der Eröffnung des »Vereinigten Landtags« am 11. April 1847 im Weißen Saal des Berliner Schlosses bremste er Verfassungshoffnungen mit dem Gelöbnis, »daß es keiner Macht der Erde je gelingen soll, mich zu bewegen, das natürliche, gerade bei uns durch seine innere Wahrheit so mächtig machende Verhältnis zwischen Fürst und Volk in ein konventionelles, konstitutionelles zu wandeln, und daß ich es nun und nimmermehr zugeben werde, daß sich zwischen unsern Herr Gott im Himmel und dieses Land ein beschriebenes Blatt gleichsam als eine zweite Vorsehung eindränge, um uns mit seinen Paragraphen zu regieren und durch sie die alte, heilige Treue zu ersetzen«. Die erste Vorsehung hatte für eine entsprechende Zusammensetzung dieses ersten preußischen Parlaments gesorgt: den 306 Abgeordneten des bürgerlichen Standes standen 307 Abgeordnete des Adels gegenüber. Getagt wurde in zwei Kurien, jener der Fürsten, Grafen und Herren, und jener der Ritterschaft, Städte und Landgemeinden.

Auch auf dem »Schlachtfeld der Zungen« wollte der Prinz von Preußen seinen Mann stellen. Der König hatte die Prinzen in die Herrenkurie abkommandiert, gegen den Einspruch Wilhelms, man dürfe die Mitglieder des Königlichen Hauses nicht den Stürmen eines Parlaments aussetzen, wo »alle Wirren der politischen Leidenschaften sich zügellos Luft machen«. Den Einsatzbefehl führte er auf ungewohntem Terrain mit gewohntem Schneid aus, ohne der Verteidigung nachhaltig zu nützen.

Im Plenum, der Sitzung der vereinigten Kurien am 16. April 1847, bekannte er Farbe, in der Erwiderung auf den Vorwurf eines Liberalen, die Räte der Krone hätten die Verordnungen über die Einberufung und Befugnisse der Versammlung mit dem Mißtrauen geschaffen, daß die Abgeordneten ihre Rechte mißbrauchen würden: »Vermöge meiner Geburt bin ich der erste Untertan des Königs, vermöge des Vertrauens des Königs sein erster Ratgeber. Als solcher gebe ich die heilige Versicherung in meinem und der übrigen Ratgeber Namen, daß kein Mißtrauen einen von uns beschlichen hat, als diese Verordnungen beraten worden sind. Aber eine Voraussicht haben wir gehabt, daß die Verordnungen, die zum Besten des Vaterlandes gegeben würden, Freiheiten und Rechte der Stände niemals auf Unkosten der Rechte und Freiheiten der Krone gewähren sollten.« Er schien sich bereits in der parlamentarischen Taktik zurechtgefunden zu haben, denn er hatte die Versammlung der preußischen Stände nicht nur mit Mißtrauen, sondern sogar – im Rückblick auf die Französische Revolution, die mit der Berufung der Reichsstände begonnen hatte – mit Angst verfolgt.

Mehrmals ergriff er in der Herrenkurie das Wort, wo man auch schon nicht mehr unter sich war, es mit liberal angesteckten oder sich liberal gebärdenden Aristokraten zu tun bekam. An einem Tage mußte er fünfmal gegen das Ansinnen auftreten, daß ehrengerichtlich aus der Armee entfernte Offiziere für den Landtag wählbar sein sollten. Ansonsten plädierte er für Schutzzölle bei grundsätzlicher Beibehaltung des Freihandelssystems im Zollverein, sprach über die Wahl der Landtagssekretäre und über die Einschränkung des Salzmonopols, wandte sich gegen die von den Liberalen verlangte Periodizität, die regelmäßige Wiederkehr des »Vereinigten Landtags«, und verwarf den Antrag, Verfassungsänderungen sollten nur noch mit Zustimmung der Stände vorgenommen werden: »Es handelt sich hier um eine neue Schmälerung der Rechte der Krone, ich sage neue Schmälerung.« Selbstverständlich habe der Landtag die Finger von der Außenpolitik zu lassen.

Am 22. Jahrestag des Sieges über Napoleon bei Belle-Alliance und Waterloo, am 18. Juni 1847, faßte er die Herren Abgeordneten am Portepee: »Bezeichnen wir den heutigen Tag eines ewig glorreichen Sieges, wo Tausende von Vaterlandssöhnen für König und Vaterland stritten und ihr Leben zum Opfer brachten, und Blut in Strömen floß; bezeichnen wir diesen Tag, sage ich, durch einen zweiten Sieg, durch einen Sieg über uns selbst, indem wir die Art und Weise wohl erwägen, in der wir Sr. Majestät unsere Wünsche vortragen, indem wir den Drang nach zu raschem Handeln in uns bekämpfen und dem Gefühle Raum geben, daß wir Se. Majestät bei einer so jungen Gesetzgebung nicht drängen dürfen, die Er ja selbst als bildungsfähig bezeichnet hat.«

Eher für auflösungsreif hielt Seine Majestät nach ein paar Monaten den »Vereinigten Landtag«; er hatte ihm genug geredet. Am 26. Juni 1847 schickte er die Abgeordneten nach Hause. Den Tag zuvor hatte die Mehrheit, wie befohlen, den »Vereinigten Ausschuß« bestimmt – gegen den Einspruch von 60 Liberalen, die befürchteten, daß dieses Beratungsorgan einen neuen, direkt gewählten Landtag überflüssig machen sollte. Die Wahlverweigerung der Sechzig sei Gehorsamsverweigerung, die bestraft werden müßte, meinte Wilhelm. Der König verwies lediglich vier Landräte, die opponiert hatten, auf ihre Beamtenpflichten.

»Man wäre ein siebenfaches Rindvieh, 1. eine Verfassung zu fordern, 2. ein noch viel größeres, eine Verfassung zu geben«, konstatierte Friedrich Wilhelm IV. Mit dem »Vereinigten Landtag« und dem »Vereinigten Ausschuß« – die weder unmittelbar gewählt waren, noch die Kompetenzen einer Kammer und das Recht der Periodizität besaßen – hielt er die äußerste Grenze der Zugeständnisse für erreicht. Das liberale Bürgertum verlangte weit mehr: eine geschriebene Konstitution, ein Repräsentativsystem, den Anschluß an die moderne Verfassungsentwicklung. Und schon bildete sich hinter dem »Dritten Stand« ein »Vierter Stand«, der nicht nur staatsbürgerliche Freiheit, sondern auch soziale Gleichheit forderte.

Auf die Probleme des Fußvolks der industriellen Revolution war Friedrich Wilhelm IV. bereits 1843 aufmerksam gemacht worden, durch Bettina von Arnim, die Schwester Clemens Brentanos, eine Romantikerin, die sich mit der Realität befaßte. *Dieses Buch gehört dem König,* hatte sie Studien über das Elend kleiner Leute überschrieben, in der Erwartung, daß der Monarch tun würde, was sich ihrer Meinung nach gehörte: der sozialen Frage sich von Staats wegen anzunehmen. »Wo die Not so groß ist, muß man tätig unterstützen, nicht moralisieren, bis die Leute vor Hunger sterben.«

Wilhelm dachte an private Unterstützung, appellierte an die Nächstenliebe, in einem Rundschreiben vom 27. Januar 1845 an alle Freimaurerlogen in Preußen: Der Freimaurer dürfe nicht nur in Seinesgleichen, sondern er müsse in jedem Menschen den Bruder sehen, dem man zu helfen habe. »Die Vereine, welche sich aller Orten für das Wohl der arbeitenden Klassen zu bilden im Begriff sind, bieten hierzu eine reiche und den Brüdern gewiß willkommene Gelegenheit dar.« Die Mitglieder der vaterländischen Logen sollten ihnen beitreten und »besonders dahin wirken, daß die Tätigkeit der Vereine auf das nächste, gewiß hochwichtige Ziel unverrückt gerichtet bleibe, geistige und leibliche Hilfe überall dahin zu bringen, wo man ihrer bedarf; zugleich aber durch die Art, wie dies geschehe, und durch ihr Beispiel den Sinn der Ordnung, der Pflicht und der Nächstenliebe zu wecken und zu verbreiten.«

Der königliche Bruder schenkte dem Zentralverein für das Wohl der arbeitenden Klassen 15 000 Taler und ließ ihn und seine Lokalvereine polizeilich überwachen. Besser voran, aber auch nicht weit kam der Handwerkerverein, der auf Selbsthilfe gegründet war. Ehemalige Gesellen und Meister wurden durch die Industrialisierung zu Proletariern. 1844 gingen schlesische Weber, denen eine Erhöhung ihrer Hungerlöhne abgeschlagen worden war, gegen Fabrikanten und Fabriken vor; Militär schlug den Aufstand nieder. 1847 steigerten Wirtschaftskrise, Mißernte und Teuerung die soziale Unruhe. In Oberschlesien grassierte der Hungertyphus. In Berlin wurden Marktstände, Bäcker- und Fleischerläden geplündert. Zur Unterbindung der »Kartoffelrevolution« mußte die Garnison aufgeboten werden.

»Wir wollen nach der Revolution«, schrien Volkshaufen, die am 22. April 1847 aus den Vorstädten heranzogen. Unter den Linden wurden die Fenster des Palais des Prinzen von Preußen eingeworfen. Den Hort der Reaktion wollte man treffen, jenes Mitglied des Königlichen Hauses, dessen Auftreten dazu herausforderte, ihm alle Mißstände in die Stiefel zu schieben. Allerhand Geschichten waren im Umlauf. Von einem »häßlichen Vorfall« auf dem Stettiner Bahnhof erzählte Varnhagen von Ense: Wilhelm »begleitete dahin den Großfürsten Konstantin, fand etwas nicht in Ordnung, machte den Direktor herunter, griff ihn vor der Brust und stieß ihn gegen eine Wand, auch fuhr er einen Hamburger Kaufmann an, der den Hut nicht abgenommen hatte und im Saal umherging, aber lebhaft erwiderte, er sei fremd hier und kenne keinen Preußen«.

Die Preußen kannten ihren Wilhelm. Die einen schätzten ihn als Inkarnation all dessen, was die Monarchie geschaffen hatte und erhalten sollte. Die anderen verabscheuten ihn als Verkörperung jenes

»Altpreußentums in seiner ganzen Herbheit und widerwärtigen Schärfe ... den Inbegriff aller fiskalischen, kameralistischen, militärisch-despotischen Tendenzen«, was schon der Rheinländer Joseph Görres verurteilt hatte und nun der Rheinländer Heinrich Heine exekutionieren wollte:

> »Ich rate Euch, nehmt euch in acht,
> Es bricht noch nicht, jedoch es kracht;
> Und es ist das Brandenburger Tor
> Noch immer so groß und so weit wie zuvor,
> Und man könnt' euch auf einmal zum Tor hinausschmeißen,
> Euch alle, mitsamt dem Prinzen von Preußen –
> Die Menge tut es.«

UNTER DEN LINDEN, zwischen Opernplatz und Brandenburger Tor, war am 28. Februar 1848 die Menge nicht – wie gewohnt – ein ruhig und geordnet dahinfließender Strom von Spaziergängern. Ansammlungen von Bürgern hatten sich gebildet, die zwar auseinanderstrebten, wenn ein Gendarm sich näherte; doch kaum war er vorüber, wurden die Köpfe wieder zusammengesteckt, diskutierte man weiter.

In den Kaffeehäusern und Konditoreien, überall, wo Zeitungen gehalten wurden, nahmen Berliner kein Blatt mehr vor den Mund. Traf eine auswärtige Gazette ein, überließ man sie nicht dem Privatkonsum desjenigen, der sie zuerst ergriffen hatte. Er mußte auf einen Stuhl oder einen Tisch steigen, das Neueste laut vorlesen – unter Mißachtung der jüngst ergangenen Polizeiverordnung, wonach sich Lokalbesucher »jeder lauten Meinungs-, Beifalls- oder Mißfallensäußerung bei dem Verlesen der Blätter zu enthalten, dabei alle politischen Diskussionen zu vermeiden« hatten.

Es waren die Nachrichten aus Paris, welche die Untertanen Friedrich Wilhelms IV. zu solchen Übertretungen hinrissen: In der Februar-Revolution war König Louis Philippe gestürzt und die demokratische Republik proklamiert worden.

Der König von Preußen befürchtete denn auch das Schlimmste: »Wenn die revolutionäre Partei ihr Programm durchführt, die Souveränität des Volks«, belehrte er die junge Königin Victoria von England, »wird meine verhältnismäßig kleine Krone zerbrochen werden, ebenso aber auch die mächtigeren Kronen Eurer Majestät, und eine furchtbare Geißel wird den Völkern auferlegt werden, ein Jahrhundert des Aufruhrs, der Gesetzlosigkeit und Gottlosigkeit wird folgen.«

Schon brodelte es in Süddeutschland, und selbst in Preußen begann es zu sieden. »Bon dieu, was für Ereignisse«, schrieb Erbgroßherzog Karl Alexander von Sachsen-Weimar an seinen Schwager, den Prinzen von Preußen. »Ich habe gleich an Dich gedacht und an Auguste. Wie hat sie sie aufgenommen?« Die liberalen Anwandlungen der Gemahlin Wilhelms, in der Familie eher bespöttelt als kritisiert, endeten indessen da, wo fortschrittliche Ideen in progressive Praxis umschlugen: »Es ist eine soziale Revolution, es ist furchtbar«, kommentierte sie das Pariser Ereignis. »Herr Gott, ... welche Zukunft!«

Von Wilhelm war bekannt, daß er schon den kleinsten Fortschritt des liberalen Zeitgeistes für den Anbruch der monarchischen Endzeit hielt. Er hatte es geahnt und auch gesagt, daß das Bürgerkönigtum – für ihn ein Widerspruch in sich selbst – nur ein Übergang zum demokratischen und sozialen Umbruch sein würde. Und er hatte nie daran gezweifelt, daß die französische Krankheit ansteckend, und Deutschland, selbst Preußen, dafür anfällig sei.

Ein bezeichnender Vorfall hatte sich im Vorjahr ereignet: In der Haupt- und Residenzstadt des Königs von Preußen war die Marseillaise, das Kampflied der Französischen Revolution, erklungen – auf einer königlichen Bühne! Der Prinz von Preußen hatte sich sofort den Verantwortlichen vorgeknöpft, den Schauspieler und Schriftsteller Louis Schneider. »Wie kommen Sie dazu, die Marseillaise in Berlin singen zu lassen?« – »Nicht die Marseillaise allein, Eure Königliche Hoheit, sondern alle historisch gewordenen Nationallieder Europas. Auf die Marseillaise folgt unmittelbar Körners ›Was glänzt dort im Walde im Sonnenschein?‹ (›Lützows wilde verwegene Jagd‹)« – »Wenn nun die Marseillaise da capo verlangt wird und die patriotischen Lieder ausgezischt werden?« – »Ich habe gerade durch die Zusammenstellung beweisen wollen, mit welchem Liede die über den Rhein herüber gekommene Marseillaise wieder in ihr Vaterland zurückgewiesen wurde.« – »Das wird niemand verstehen, aber daß die Marseillaise in Berlin öffentlich und auf der königlichen Bühne gesungen worden ist, wird man nur zu gut verstehen... Es ist sehr unvorsichtig, in jetziger Zeit dergleichen veranstalten zu wollen.«

Nun bildeten sich in Berliner Kaffeehäusern und Konditoreien politische Zirkel, Jakobinerklubs gewissermaßen, und schon wurden Vorlesungen über Barrikadenbau gehalten. Unter den Zelten, den Biergärten an der Spree, traten Volksredner auf, forderten die Einberufung des Vereinigten Landtags, eine allgemeine deutsche Volksvertretung, Pressefreiheit, die Verminderung des stehenden Heeres und eine Volksbewaffnung mit freier Wahl der Führer. Letzteres schockierte Wilhelm, den ersten Soldaten des Königs, am meisten: die bewaffnete Macht nicht mehr in den Händen des Königs und seiner Offiziere, sondern in der Verfügung des Volkes – das war für ihn das Ende der Monarchie und damit Preußens.

Friedrich Wilhelm IV. schien gemerkt zu haben, was es geschlagen hatte, was er tun mußte. Jedenfalls schickte er am 6. März 1848 den Vereinigten Ständischen Ausschuß nach Hause, ohne Zugeständnisse, unter Bekräftigung des königlich-preußischen Standpunkts: »Sobald die Maßregeln, welche ich für Preußens und Deutschlands Sicherheit und Ehre ergreifen muß, den Beistand meiner getreuen Stände erfordern, spätestens dann, wenn (was Gott gnädigst verhüten wolle!) der allgemeine Ruf zu den Waffen erschallen müßte, werde ich Sie, meine Herren, und Ihre Mitstände – den ganzen Vereinigten Landtag – wiederum berufen, um mir mit Rat und Tat beizustehen, wohl wissend, daß das Vertrauen meines Volkes meine festeste Stütze ist, und um der Welt zu zeigen, daß in Preußen der König, das Volk und das Heer dieselben sind von Geschlecht zu Geschlecht!«

Die Gefahr eines französischen Angriffs wurde an die Wand gemalt – nicht allein, um aufmüpfige Untertanen in die patriotische Pflicht zu nehmen, sondern weil man tatsächlich befürchtete, daß ein revolutionäres Frankreich seine Ideen – wie gehabt – mit Waffengewalt verbreiten würde. Die Truppen an der Westgrenze wurden verstärkt, und am 9. März ernannte der König seinen zuverlässigsten General, den Prinzen von Preußen, zum Generalgouverneur des Rheinlands und Westfalens und damit zum mutmaßlichen Heerführer eines voraussichtlichen Feldzugs gegen den französischen Angreifer.

Den neuen Posten konnte er freilich nicht antreten. Denn der innere Feind erwies sich als gefährlicher, und der königliche Bruder als nicht so standhaft, wie es geboten schien und wie es seine anfängliche Haltung hatte hoffen lassen. Nun war es an ihm, dem Thronfolger und Vorsitzenden des Ministerrats, dem Statthalter des alten Preußens, der Volksbewegung die Stirn zu bieten – wie es die Konservativen erwarteten und die Progressiven befürchteten.

Doch der Prinz von Preußen war nur protokollarisch der zweite Mann im Staat. Zwischen ihm und dem ersten, dem König, stand dessen Umgebung, die seine Schwankungen nicht nur beflissen mitvollzog, sondern auch geflissentlich mitverursachte. Und Wilhelm war zwar ein erklärter, aber nicht der aus Hartholz geschnitzte Friderizianer, für den ihn Freund wie Feind hielten. Auch in diesen Märztagen verhielt er sich wie in allen entscheidenden Situationen, so wie es der preußische Historiker Erich Marcks schonend umschrieb: »Er konnte den politischen Erfordernissen des Tages, selbst im Prinzipe, weit entgegenkommen, so weit, daß er dann auch innerlich wieder ein Stück zurückwich; er fand in diesem Wandel der Politik, bei manchem Schwanken, das nicht immer staatsmännischer Beweglichkeit, sondern ein wenig der Unsicherheit entstammen mochte, immer zuletzt seinen Weg; aber vor allem war er der Vertreter des preußischen Heeres, das war seine eigene Welt und da war er völlig sicher und einheitlich.«

Am 11. März 1848 wurde im Berliner Schloß eine Deputation der städtischen Behörden Breslaus empfangen, die sich für die Gewährung der Periodizität des Vereinigten Landtags bedankte und um dessen baldige Einberufung sowie um Pressefreiheit bat. Er lasse sich nicht drängen, erwiderte Friedrich Wilhelm IV., wenn er etwas geben wolle, so gebe er es freiwillig. Wilhelm, der zugegen war, äußerte sich – in einem Schreiben vom 13. März – pessimistisch: »Die Deputation ist sehr gnädig vom König empfangen worden, und ich habe mit ihr à coeur ouvert gesprochen. Aber was aus dem allen noch werden soll, weiß der Himmel. Deutschland ist durch unblutige Revolution und Fürstenschwäche dahin gekommen, wo Louis Philippe 1830 anfing. Wohin wird es noch kommen? Jetzt zeigt es sich, wie konsequent die Radikalen gearbeitet haben... Und nun gar Nationalgarde; diese und die freie Presse bringen in wenig Zeit Deutschland zur Republik.«

Am 13. März zogen über zehntausend Menschen, die auf einer Volksversammlung Unter den Zelten gewesen waren, durch das Brandenburger Tor, die Linden hinauf, zum Schloßplatz. Gardekavallerie trieb die Menge mit der Klinge auseinander. »Leider wurden, wie bei solcher Gelegenheit nicht zu vermeiden ist, mehrere Personen beschädigt«, meldete die Staatszeitung. Das Gerücht ging um, der Prinz von Preußen habe vorher die Truppen in den Kasernen besucht und sich dabei militant geäußert. Tatsächlich hatte sich Wilhelm von seinem Gardekorps verabschiedet, von dessen Kommando er wegen seiner Ernennung zum Generalgouverneur entbunden worden war.

Am 14. März wurde ein Patent über die Einberufung des Vereinigten Landtags auf den 24. April veröffentlicht. Es trug nicht nur die Unterschrift des Königs, sondern auch die des Thronfolgers. Friedrich Wilhelm hatte sich doch drängen lassen und etwas gegeben, was er vor ein paar Tagen noch nicht hatte geben wollen. Wilhelm war vom Minister von Bodelschwingh beschworen worden, nachzugeben und einzuwilligen. Ihm ging das Zugeständnis zu weit, dem Volk jedoch, beziehungsweise dessen militanter Vorhut, nicht weit genug. Am Abend kam es erneut zu Zusammenstößen. Gardekavallerie gebrauchte wieder den Pallasch.

Am 15. März wurden Gardeoffiziere mit Kot, die Infanteristen vor dem Schloß mit Steinen beworfen. Gouverneur Pfuel, der daraufhin die Truppe in das Schloßportal zurückzog, immerhin Reiterei vorsprengen und einige zwanzig Krawallmacher verhaften ließ, wurde vom Prinzen von Preußen angefahren: »Herr General, alles was ich mit so vieler Mühe geschaffen, diese gute Stimmung zum Angriff, haben Sie verdorben, mein ganzes Werk vernichtet, die Truppen demoralisiert. Sie haben die ganze Verantwortung davon, es ist indigne!« Pfuel wehrte sich: »Königliche Hoheit, ich beschwere mich sogleich über Sie bei Seiner Majestät; was ich getan, hatte guten Grund und Erfolg, und ich werd' es verantworten.« Pfuel – wie Varnhagen von Ense weiter erzählt, »ging zum Könige, verlangte Genugtuung oder Entlassung, der Prinz kam dazu, bat, ihm seine Übereilung zu verzeihen, und so war's gut.« Indessen wurden die ersten Barrikaden errichtet. Bei ihrer gewaltsamen Beseitigung fielen die ersten Schüsse.

Am 16. März erhielt Wilhelm die Nachricht vom Sturz Metternichs durch die Wiener Revolution. Er eilte zum Außenminister General von Canitz. Dessen Adjutant, Major Ölrichs, hörte seinen Chef sagen: »Nach diesem Vorgang wird die Bewegung in Berlin nicht mehr aufzuhalten sein. Mit Zugeständnissen im Geiste der Zeit freiwillig vorzugehen, ist ratsamer, als sich solche später abzwingen zu lassen.« Ölrichs hörte den Prinzen von Preußen antworten: »Es bleibt nichts übrig, als sich an die Spitze der Bewegung zu stellen.« Vorsichtshalber fuhr er anschließend zum Kriegsminister von Rohr und setzte durch, daß jeder zur Niederhaltung der Menge ausrückende Soldat täglich zweieinhalb Silbergroschen für zusätzliche Verpflegung erhielt.

Die Menge wußte, wen es in erster Linie zu treffen galt. Am Nachmittag des 16. März gab es einen Auflauf vor dem Palais des Prinzen von Preußen. Er stand am Fenster, ließ das Schimpfen und Höhnen eine Zeitlang mit vor Wut zuckendem Gesicht über sich ergehen. Dann wandte sich die Menge gegen die Neue Wache vis-à-vis, das steinerne Symbol des Altpreußentums. Ein Bürgerschutzmann ohne Waffen und mit weißer Armbinde – so etwas gab es nun – flüchtete sich in die Wache. »Wollten seine Bedroher ihm nach oder glaubte sich der Offizier in Gefahr – ein kurzer Trommelschlag, und da niemand vom Platz wich – Gewehrfeuer. Zwei Tote und mehrere Verwundete. Nun stoben die Menschen heulend, stöhnend, fluchend, alle entsetzt auseinander«, erinnerte sich der Schriftsteller Karl Frenzel, der dabei war. »Als wir jetzt zum Stehen kamen, warf ein alter, wohlgekleideter Mann an meiner Seite den Hut wie im Zorn oder in der Nachwirkung des Schreckens zur Erde und rang die Hände gen Himmel. ›Preußen schießen auf Preußen!‹, rief er, und die Tränen liefen ihm über die Wangen.«

Am 17. März protestierten Volksversammlungen gegen die »Militärexzesse«; für den nächsten Tag wurde die Überreichung einer »Massenpetition« an den König beschlossen: für sofortige Einberufung des Vereinigten Landtags, Pressefreiheit und Bürgerwehr. Der König wies – zur Genugtuung des Thronfolgers – das Gouvernement an, »den sämtlichen in diesen Tagen gegen die Tumultanten tätig gewesenen Truppen ohne alle Ausnahme Meine volle Anerkennung für die von ihnen bewiesene musterhafte Haltung, Ausdauer und Disziplin auszusprechen.« Zugleich wuchs die Einsicht im Schloß – und Wilhelm verschloß sich ihr nicht –, daß etwas geschehen müßte, um der Revolution durch Reformen den Wind aus den Segeln zu nehmen. Am späten Abend des 17. März wurde ein Gesetz zur Aufhebung der Zensur vom König, dem Thronfolger und sämtlichen Ministern unterzeichnet, am frühen Morgen des 18. März ein Patent ausgefertigt, das den Vereinigten Landtag bereits auf den 2. April einberief und eine Verfassung für Preußen sowie eine nationale und liberale Umgestaltung der deutschen Bundesverfassung in Aussicht stellte. Auch dieses wurde von Wilhelm mitunterschrieben und mitverantwortet – den Weg zum Konstitutionalismus hat er, wenn auch contre coeur, mit eingeschlagen.

Im Laufe des 18. März sollten die für preußische Verhältnisse unerhörten Konzessionen einem, wie man annahm, vor Dankbarkeit entzücktem Volk verkündet werden. Um zehn Uhr vormittag wurden sie einer Deputation aus dem Rheinland vom König in Gegenwart des Thronfolgers offeriert. Wilhelm gab sich leutselig, sagte den Rheinländern, sie sollten getrost nach Hause gehen; er werde ihnen auf dem Fuße folgen und als Generalgouverneur das Seinige zur Wiederherstellung von Ruhe und Ordnung tun. Anschließend vernahm eine Deputation der städtischen Behörden Berlins die frohe Kunde, die sogleich plakatiert wurde.

Mit einem donnernden Lebehoch wurde Friedrich Wilhelm IV. von der Menge gefeiert, als er gegen 14 Uhr auf den Schloßbalkon trat. Der König sonnte sich in der Volksgunst, bekam aber sofort zu spüren, wie wetterwendisch sie sein konnte. Als die Menge näherkam, bis in die Schloßportale hineindrang, gewahrte sie die Soldaten, die Gewehr bei Fuß in den Innenhöfen standen. »Militär zurück!«, donnerte es nun, und was vorher ein huldigendes Heranrücken gewesen sein mochte, erschien nun als gefährliche Zudringlichkeit. Der Monarch, der ohnehin das Gefühl hatte, daß er dem Volke schon zu weit entgegengekommen wäre, verlor die Nerven. Er entzog Gouverneur Pfuel, den der Prinz von Preußen als Schlappschwanz bezeichnet hatte, den Oberbefehl über die Berliner Truppen, übertrug ihn Generalleutnant von Prittwitz, dem Kommandeur des Gardekorps, und gab ihm Order, den Schloßplatz zu räumen, »dem dort herrschenden Skandal ein Ende zu machen.«

Dabei fielen zwei Schüsse. Das Gewehr des Grenadiers Kühn hatte sich entladen, weil – wie man hernach behauptete – der Hahn am Säbel hängengeblieben war, das Piston des Unteroffiziers Hettchen dadurch, weil ihm ein Zivilist auf dasselbe gehauen hatte. Wilhelm erzählte später, er habe von einem Fenster des Schlosses aus das Vorgehen der Infanterie beobachtet und bemerkt, wie sich die beiden Waffen, mit den Mündungen nach oben, entladen hätten. Er habe ausgerufen: »Ach, da sind zwei Gewehre in die Höhe losgegangen, wenn nur nicht jemand drüben in den Häusern verwundet ist, da sind alle Fenster voll Menschen.«

Niemand wurde verwundet, doch die beiden Schüsse waren die Startsignale für die Berliner Märzrevolution. »Verrat, Verrat! Man schießt auf das Volk«, erscholl es nun. »Soeben noch Jubel und Hurra und wenige Minuten darauf Wutgeheul und Rachegeschrei«, berichtete ein Augenzeuge, und ein anderer: »Als ob sich die Erde öffnete, brauste es durch die Stadt; das Straßenpflaster wird aufgerissen, die Waffenläden werden geplündert, die Häuser sind erstürmt, Beile, Äxte werden herbeigeholt. Zwölf Barrikaden erheben sich im Nu in der Königstraße, aus Droschken, aus Omnibuswagen, aus Wollsäcken, aus Balken, aus umgestürzten Brunnengehäusen bestehend, tüchtige, musterhaft gebaute Barrikaden.«

Der König war fassungslos, und der Prinz von Preußen, nun ohne militärische Kommandogewalt, hatte nichts zu entscheiden. Als ihn ein Offizier darauf aufmerksam machte, wie notwendig eine Besetzung der Friedrichsbrücke sei, entgegnete er: »Sie haben recht – aber ich habe hier nichts zu befehlen.« Gedanken konnte er sich machen: Wie zutreffend seine Ahnung war, daß das Anstimmen der Marseillaise in Berlin zu Barrikaden wie in Paris führen würde! Wie recht er mit seiner Meinung gehabt hatte, man dürfte dem Volk nicht den kleinen Finger reichen, weil es dann die ganze Hand verlangen würde! Der König hätte nunmehr das Recht, alle seine Konzessionen zurückzunehmen, erklärte er Leopold von Gerlach, mit dem er am Kandelaber auf dem Schloßplatz stand. Und selbstredend wollte er die Emeute mit Waffengewalt niedergeschlagen wissen, konnte er den Sturmangriff auf die Barrikaden kaum erwarten.

»Zwischen vier und fünf Uhr prasselt die erste Kartätsche von der Kurfürstenbrücke aus auf die Königstraße hinab; sie vermag die Barrikade nicht zu zerstören«, berichtete ein Augenzeuge. »Kanonendonner folgt Schlag auf Schlag; die Barrikade erschüttert; zerrissene Leichen liegen an den Straßenecken. Zwischen fünf und sechs Uhr kommen Infanteriepiketts. Man schießt auf sie aus den Fen-

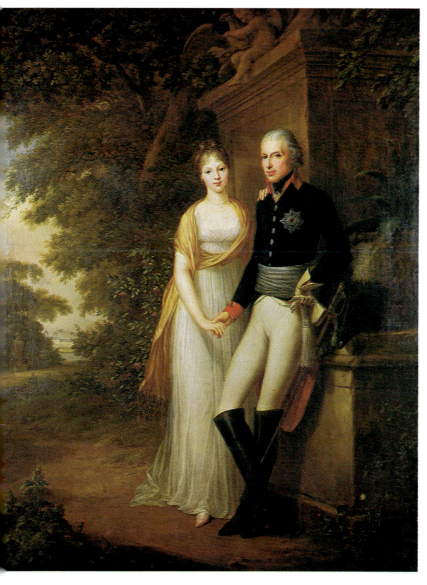

Königin Luise und Friedrich Wilhelm III. auf der Pfaueninsel in Berlin.
Gemälde von Friedrich Georg Weitsch.

Ausritt des Prinzen Wilhelm mit dem Maler Krüger.
Gemälde von Franz Krüger.

General Prinz Wilhelm von Preußen, Oberbefehlshaber der Operationsarmeen in Baden und in der Rheinpfalz. Aquarell von L. J. Hoffmeister.

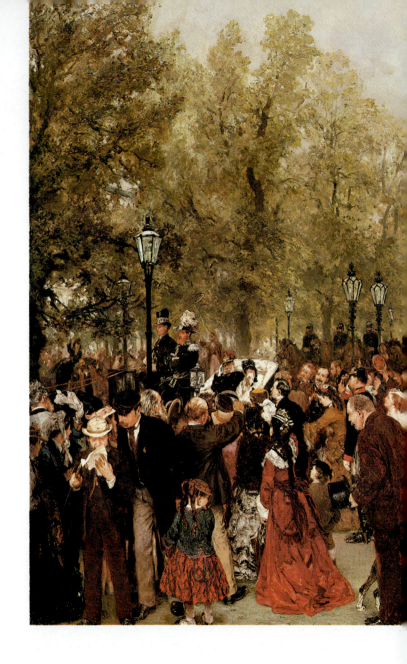

Abreise König Wilhelms I. zur Armee am 31. Juli 1870.
Gemälde von Adolf Menzel.

König Wilhelm I., Sieger über Kaiser Napoleon III.
Gemälde von Carl Wagner.

Wilhelm I., Deutscher Kaiser und König von Preußen.
Gemälde von Franz Lenbach.

Allegorie in der Kaiserpfalz von Goslar: Wilhelm I. und Kronprinz Friedrich Wilhelm, der nachmalige Friedrich III., links Bismarck. Gemälde von Hermann Wislicenus.

stern, man schleudert Steine auf sie von den Dächern. Ein furchtbares Gemetzel beginnt; die Soldaten nehmen die Häuser, aus welchen geschossen und geworfen wird, einzeln ein, viele Opfer fallen, von den Soldaten im ganzen wenige. Gegen sieben Uhr ist die Königstraße eingenommen.« Um elf Uhr abends fiel die große Barrikade in der Breitenstraße. Um Mitternacht wurde auf dem Alexanderplatz immer noch gekämpft.

Das war kein Ruhmesblatt. Immerhin standen Prittwitz 15 000 Mann zur Verfügung – gut ausgebildete und wohlarmierte Eliteeinheiten, gegen Haufen von Zivilisten, die nur notdürftig bewaffnet waren, etwa – wie der Apothekergehilfe Theodor Fontane erzählte – aus dem Fundus des Königstädter Theaters, Degen, Speere und die hübschen kleinen Karabiner aus dem Lustspiel *Sieben Mädchen in Uniform*, das ein Lieblingsstück des seligen Königs Friedrich Wilhelm III. gewesen war, der das blutige Drama auf den Straßen seiner Hauptstadt nicht mehr erleben mußte.

Das militärische Minus mochte noch durch die Benachteiligung erklärt werden, die eine für die offene Feldschlacht gegen den äußeren Feind gedrillte Truppe in einem Straßenkampf gegen eigene Landsleute hinnehmen mußte. Das politische Chaos jedoch, das seit dem Nachmittag des 13. März im Schloß herrschte, war auch dadurch nicht zu entschuldigen, daß in einem Staat, in dem man dermaßen an Ordnung gewöhnt war, eine solche Unordnung alles auf den Kopf stellen mußte. Der König sei auf dem Punkt gewesen, den Verstand zu verlieren, sagte Minister von Bodelschwingh, der mit anderen berufenen und unberufenen Ratgebern alles tat, um den von widerstreitenden Gefühlen benommenen König vollends zu verwirren.

Der Thronfolger, der ihm den Kopf zurechtsetzen wollte, sah sich aus dem Vorzimmer verbannt, von entscheidenden Beratungen ausgeschlossen. Der königliche Bruder brüstete sich sogar damit, am Nachmittag des 18. März, gegenüber einer Deputation der Berliner Stadtverordneten: Er habe die Prinzen, die mit hineinreden wollten, mit den Worten zurückgewiesen: »Wenn ich spreche, hat niemand weiter zu reden.«

Und eher hörte er sich andere an, als seinen Bruder. Den Landtagsabgeordneten Georg von Vincke etwa, der ihn spät abends beschwor, dem Volke, das am Zuge sei, nachzugeben. Kurz vor Mitternacht ließ er sich vom Generalleutnant von Prittwitz berichten, daß es militärisch nicht zum besten stünde. Daraufhin unterband der König ein weiteres Vordringen der Truppen. Und schrieb seine Proklamation »An meine lieben Berliner«, in der es hieß: »Kehrt zum Frieden zurück, räumt die Barrikaden, die noch stehen, hinweg und entsendet an mich Männer, voll des echten Berliner Geistes mit Worten, wie sie sich Eurem Könige gegenüber geziemen, und ich gebe Euch mein Königliches Wort, daß alle Straßen und Plätze sogleich von den Truppen geräumt werden sollen und die militärische Besetzung nur auf die notwendigen Gebäude, des Schlosses, des Zeughauses und weniger anderer, und auch da nur auf kurze Zeit beschränkt werden wird.«

Am Morgen des 19. März wurde die Proklamation in der Stadt verbreitet, ohne die erwünschte Wirkung zu erzielen. Lediglich Leute, die sich für echte Berliner hielten, sprachen im Schloß vor, verlangten geziemend, doch hartnäckig: die Truppen weg, eine Bürgerwehr her! In einer Konferenz, an der auch der Thronfolger teilnehmen durfte, wurde anvisiert, im Sinne der Proklamation Truppen aus den Straßen zurückzuziehen, in denen Barrikaden geräumt wurden; das Schloß, das Zeughaus und andere öffentliche Gebäude sollten allerdings besetzt bleiben. Anschließend zog sich der König mit Bodelschwingh und Arnim, dem alten und dem neu ernannten Minister, in sein Arbeitszimmer neben dem Sternensaal zurück – und was nun folgte, war alles andere als eine Sternstunde Preußens.

Wilhelm blieb mit den Generälen vor der Tür, wo das Vorspiel der Tragödie begann. Sein Bericht: »Da kam eine Deputation unbekannter Leute (der Berliner Bürgermeister Naunyn war zugegen), um anzuzeigen, daß jenseits der Königstraße drei Barrikaden vom Volke eingeebnet würden. (Es ergab sich späterhin, daß diese Anzeige eine vollständige Lüge war.) Ich schlug vor, durch Offiziere die Sache konstatieren zu lassen; es entstand aber sofort eine Art Siegestaumel, daß die Befehle des Königs durch die Bürger sofort respektiert würden, so daß man mich nicht hörte, obgleich ich noch sagte, daß wenn das Faktum sich bestätigte, natürlich die Truppen von der Stelle, nach dem Wortlaut der Proklamation des Königs, zurückgehen müßten.«

Inzwischen war im Arbeitszimmer des Königs die Entscheidung gefallen. »Mit einem Male kam der Minister von Bodelschwingh ins

Zimmer (Speisezimmer), wo die Deputationen vertreten und wir alle versammelt waren, und rief mit lauter Stimme und rotem Kopfe: ›Da die Barrikaden verschwinden, so befehlen Seine Majestät, daß die Truppen von allen Straßen und Plätzen zurückgezogen werden sollen!‹ Also bedingungsloser Rückzug! Wilhelm warf ein, daß dies im Widerspruch zur Proklamation stünde.»Der Minister donnerte mir aber entgegen: ›An den Worten des Königs darf nichts geändert noch gedeutet werden.‹ Ich fuhr fort, fragte, ob unter allen Plätzen auch die Schloßplätze zu verstehen seien, da dies doch die einzigen seien, wo die rückkehrenden Truppen sich aufstellen konnten. Der Minister Bodelschwingh donnerte mir aber nochmals dieselben Worte entgegen und befahl dann: ›Und nun laufen und reiten Sie, meine Herren, um die Befehle des Königs zu überbringen; die Truppen sollen mit klingendem Spiel abziehen.‹«

Wilhelm war empört, daß ein Zivilist herumkommandierte, und er konnte es nicht glauben, daß der König derartige Befehle gegeben hatte. Er suchte nach seinem Bruder. Zunächst traf er auf Arnim, der dabei war, die neue Ministerliste zusammenzustellen. Er las die Namen Auerswald und Schwerin, die im Geruch des Liberalismus standen. Das sei ja ganz wie in Paris, rief er aus, Arnim solle damit doch noch warten. Nein, erwiderte der neue Ministerpräsident, es sei höchste Zeit.

Endlich fand er den König. Am Portepee gefaßt, zuckte Friedrich Wilhelm IV. zurück.« Er versicherte, keinen anderen Auftrag und keinen anderen Befehl gegeben zu haben, als den, der in der Proklamation enthalten sei, und es müßte das sofort noch geändert werden. In demselben Moment kam aber schon das Füsilier-Bataillon 1. Garde-Regiments tambour battant über die Kurfürstenbrücke, darauf das vom Regiment Alexander, und die Menschenmasse stürzte nach.«

Ordre, Contreordre, Désordre – die preußische Welt, Wilhelms Welt, war aus den Fugen. Das Militär zog ab, auch vom Schloßplatz, aus ganz Berlin, beschimpft und verhöhnt – die Revolution hatte freie Bahn. »Nun ist alles verloren«, rief der Prinz von Preußen. Man brachte ein halbes Dutzend Märzgefallene, die Wunden aufgedeckt, zum Schloß. Der König solle die Leichen sehen und ehren, wurde gefordert. Friedrich Wilhelm IV. trat auf den Balkon, Wilhelm wollte folgen, wurde aber von Pfuel zurückgehalten. Dieser kannte seine Berliner, wußte genau, daß man den Prinzen, die Gallionsfigur des alten Preußens, das nun unterging, nicht mehr vorzeigen durfte.

»Man glaubte allgemein, daß der Prinz von Preußen auf Vorschreiten des Militärs mit Kartätschen und Granaten gedrungen«, schrieb der Barrikadenkämpfer Moritz Steinschneider. Der »Kartätschenprinz« war in Berlin beinahe so verhaßt, wie es Metternich in Wien gewesen war – die Revolution mußte den Kopf des einen wie des anderen fordern. Jedenfalls entbehrte es nicht der Logik, wenn nach dem Abzug des Militärs auch die Entfernung des Exponenten des Militarismus verlangt wurde.

Der Thronfolger solle Berlin verlassen, befahl der König. Der Bruder verhielt sich wie ein Bojar, dessen Schlitten von immer näher kommenden Wölfen verfolgt wurde: Er stieß den Ballast hinaus.

WILHELMS IRRFAHRT begann am Abend des 19. März 1848. Der Prinz im Mantel und mit der Mütze eines Lakaien, die Prinzessin, als Kammerfrau verkleidet, schlichen sich auf einer Seitentreppe aus dem Schloß. Mit einer Droschke fuhren sie die Linden hinab, durch das Brandenburger Tor. Erster Zufluchtsort war die Zitadelle von Spandau. Die Gräfin Maxe Oriola, Tochter Bettina von Brentanos, welche die Flüchtenden begleitete, erinnerte sich: »Unvergeßlich ist mir der Augenblick, als die aus Berlin ausgewiesenen Truppen in Auflösung und ohne Waffen eintrafen, und der Prinz seine Garderegimenter also ankommen sah, von dem Hauptzimmer der Zitadelle aus, von wo aus er sich den Soldaten nicht zeigen durfte. Er zog sich vom Fenster zurück und Tränen rannen über sein Antlitz.«

Noch wußte er nicht, was sich an diesem 20. März in Berlin abspielte. Die Menge zog vor sein Palais Unter den Linden, in ihren Augen die Bastille Berlins. »Kein Stein soll auf dem anderen bleiben«, wurde geschrien. Die zwei Bürgergardisten, die davor postiert waren, traten den Rückzug an. Im letzten Moment erscholl der Ruf: »Schont das Nationaleigentum, das Palais des Prinzen von Preußen wird hiermit zum Nationaleigentum erklärt!« Entsprechende Inschriften wurden angebracht. Eine »Bittschriften-Kommission« zog ein, beschlagnahmte die Weinvorräte und begann die Volkswünsche zu registrieren.

Die Genugtuung über die Entfernung des Prinzen von Preußen wurde von der Sorge überschattet, er könnte an der Spitze der Gegenrevolution zurückkehren. Gerüchte liefen um: Er rücke mit einem russischen Hilfskorps von Tempelhof heran, er ließe Kanonen für ein Bombardement Berlins auffahren. Auch die Wahrheit wurde herausgefunden: Der Thronfolger halte sich in Spandau auf. Seine Auslieferung wurde verlangt.

Der König ließ ihm bestellen, er solle ins Ausland gehen. Eine solche mündliche Aufforderung genüge ihm nicht, ließ Wilhelm ausrichten, es bedürfe eines ausdrücklichen und schriftlichen Befehls Seiner Majestät. Da sie in Spandau nicht mehr sicher waren, wurden Wilhelm und Augusta in der Nacht vom 20. auf den 21. März in einem Kahn über die Havel zur Pfaueninsel gerudert, von Offizieren in Fischertracht. Im Hause des Hofgärtners Fintelmann fanden sie Unterschlupf.

Am 21. März – am selben Tag, da Friedrich Wilhelm IV. mit einer schwarz-rot-goldenen Armbinde durch seine Haupt- und Residenzstadt ritt und verkündete, Preußen gehe fortan in Deutschland auf – kam der Befehl des Königs, ein Handschreiben: Der Prinz von Preußen möge sich nach London begeben, um dem englischen Hofe die hiesigen Vorkommnisse zu erläutern. Wilhelm gehorchte wie immer, nicht ohne die Klage: »Was habe ich getan, daß ich so mein Vaterland verlassen muß?«

Am 22. März – am selben Tag, da Friedrich Wilhelm IV. vor dem Leichenzug der gefallenen Barrikadenkämpfer den Helm abnehmen mußte – machte sich der Thronfolger auf den Weg nach England. Es war sein 51. Geburtstag. Gräfin Oriola, die Hofdame, borgte sich ein buntes Kleid und überreichte ihm einen Strauß Frühlingsblumen. Augusta, die mit den Kindern in Potsdam bleiben sollte, behielt das Hoftrauerkleid an und sagte: »Ich bin eine Witwe mit zwei Waisenkindern.« Wilhelm rasierte sich den Bart ab, legte Zivil an und bestieg einen klapprigen Wagen, wie ihn Handlungsreisende benutzten; zwei Ackerpferde waren davor gespannt.

Auf der Flucht begleitete ihn, außer dem Kammerdiener Krug, der Major von Ölrichs. Sie hatten ausgemacht, sich nur mit Wilhelm und August anzureden. In Perleberg wurde das »P. v. P.« auf einem Koffer entdeckt. August behauptete, er gehöre seinem Bruder, der Generalstabsoffizier beim Prinzen von Preußen gewesen sei.

Inzwischen hatte sich Wilhelm zu Fuß aus dem Staub gemacht; er mußte über Gräben springen, durch nasse Wiesen waten, über Hekken steigen, bis ihm Pastor Behrens in Ludwigslust weiterhalf. Endlich saß man im Zug nach Hamburg. Ausgestiegen wurde schon in Bergedorf, in einem Gasthaus geschlafen, der Prinz in Kleidern auf einem Kanapee. Mitten in der Nacht wurde er aufgeschreckt – es war Major von Vincke-Olbendorf, der mit einem Gruß vom König kam, zusammen mit dem preußischen Generalkonsul Oswald und Vizekonsul Stägemann für die Einschiffung auf dem englischen Dampfer »John Bull« sorgte.

Karl von Vincke-Olbendorf, ein progressiver Preuße, war ein Vertrauter Augustas. Ölrichs hatte von ihr die Anweisung erhalten, er dürfte mit dem General keineswegs nach Petersburg, in die Zitadelle der Reaktion, wohin es ihn ziehen mochte, sondern eben nach England, von dessen liberalem Geist sie ihn gern angeweht gesehen hätte. Wußte er davon? Wollte er eine Tür zur Rückkehr in ein gewandeltes Preußen offenhalten? War er von den neuen Tatsachen so beeindruckt, daß er ihnen Reverenz erweisen zu müssen glaubte? Oder war Vincke-Olbendorfs Wunsch der Vater der Gedanken, die er dem Prinzen von Preußen in den Mund legte, in seinem öffentlich abgegebenen Bericht über ihr Gespräch kurz vor der Einschiffung nach England?

»Dort sprach er es tiefbewegt aus, wie er stets nach seiner innersten Überzeugung und tiefem Pflichtgefühl gehandelt, daß er aber vollkommen anerkenne, daß die Zeit eine andere, daß das alte System unmöglich geworden, daß er offen und ehrlich allem dem beitreten würde, was der König im Interesse der Volksfreiheit, der neuen Zeit tun und vereinbaren würde, auch bereit sei, bei geeigneter Gelegenheit dieses öffentlich auszusprechen. Er äußerte den Wunsch, an diesem neuen Werk mitzuarbeiten, und den Vorsatz, an dem Neuen dann ebenso festzuhalten, als er das Alte verteidigt.«

Am frühen Morgen des 27. März 1848 – in Berlin hatte am Vortag eine Volksversammlung Lohnerhöhung und Verkürzung der Arbeitszeit gefordert – ankerte der »John Bull« vor dem Custom House in London. Wilhelm, immer noch inkognito, wurde mit einem Boot ans Ufer gesetzt, mit zwei Zuckerbäckergesellen aus Bremen. In der Gesandtschaft mußte Christian Karl Josias von Bunsen aus dem Bett geholt werden. Friedrich Wilhelm IV. hatte ihn als diplomatischen Vertreter nach England entsandt, in einer Zeit, als er noch mit dessen freiheitlichem Geist geliebäugelt hatte. Nach der Märzrevolution schrieb er ihm, der Liberalismus sei eine Krankheit, gerade wie die Rückenmarksdürre, und er befürchte, daß der »teure, treue Bunsen« bereits von ihr befallen sei. Das sei im Zweifelsfall immer noch besser als der Starrkrampf der Reaktion, entgegnete der unverbesserliche Liberale. In dessen Obhut kam nun der Prinz von Preußen, der in diesem Punkt wie sein Bruder dachte. Augusta, die Bunsen als Gesinnungsfreund schätzte, konnte sich keinen besseren Lehrer für das wünschen, was der liberale Historiker Max Lenz »die Erziehung ihres Gemahls zu der wahren Staatsgesinnung« nannte.

»Bunsen hat keine Gelegenheit versäumt, ihm anschaulich zu beweisen, wie gut sich eine freie und volkstümliche Regierungsform mit Zucht und Ordnung, mit Liebe und Anhänglichkeit zur Krone vereinigen lasse«, bemerkte der in der preußischen Gesandtschaft in London verkehrende Orientalist Max Müller. Kaum war Wilhelm angekommen, wurde damit begonnen: England sei das Land der Öffentlichkeit, deshalb dürfe und könne man die Heimlichkeit nicht beibehalten. Die *Times* wurden verständigt und Prinzgemahl Albert – Königin Victoria hatte eben ihr sechstes Kind bekommen – um einen Besuchstermin gebeten. Er wurde mit offenen Armen empfangen. Albert erklärte: »Wir dürfen den Prinzen nicht kentern lassen. Man greift ihn an, weil man ihn fürchtet, er aber ist ein ehrlicher, wahrhaft edler Geist.« Die Polizei hütete ihn wie ihren Augapfel: die preußische Gesandtschaft, in der er wohnte, wurde bewacht, auf der Straße ging ein Detektiv hinter ihm her. Die Londoner Gesellschaft betrachtete ihn als Akquisition und beschlagnahmte ihn entsprechend: Essen, Bälle, Landpartien. An einem Diner im Carlton House nahm auch ein Herr von Meyer teil; es war Fürst Metternich, der den englischen Geist nicht liebte, doch das englische Asyl genoß.

Für Wilhelm war die Verbannung ein hartes Brot. Er mußte die Zähne zusammenbeißen, wenn er sich auch gelassen, mitunter sogar aufgeräumt gab. Als ihm Bunsens Frau einen Armsessel an den Eßtisch rückte, stellte er ihn weg, holte sich einen einfachen Stuhl: »Man muß jetzt Demut üben, denn die Throne wackeln.« Bunsen lobte: »Die Würde, die männliche Heiterkeit, die huldvolle Güte, die beständige Rücksicht auf die Bequemlichkeit andrer«, war beeindruckt: »Mit Würde und männlicher Ergebung nimmt er die täglich neuen Schicksalsschläge auf.«

Am 29. März wurde der rheinische Bankier Camphausen preußischer Ministerpräsident. Am 30. März trat in Frankfurt am Main das sogenannte Vorparlament zusammen, das Wahlen für eine deutsche Nationalversammlung ausschrieb, die eine deutsche Reichsverfassung beschließen sollte – ohne Vereinbarung mit den Monarchen. Am 2. April wurde der 2. Vereinigte Landtag im Weißen Saal des Berliner Schlosses eröffnet; der Thron war mit einer Decke verhüllt, die Sessel der königlichen Prinzen blieben leer, man sah nur zwei Uniformen, die des Kriegsministers und die des Fürsten Radziwill; die schwarzen Bürgerröcke dominierten. Der König ließ die Wahl einer konstituierenden preußischen Nationalversammlung vorschlagen, und als Grundlagen der künftigen Verfassung: Pressefreiheit, Versammlungsfreiheit, Zustimmung der Volksvertretung zu allen Gesetzen.

Jeden Tag wurde ein Stück vom Machtmantel des Monarchen abgeschnitten, und Friedrich Wilhelm IV. half dabei. Die Positionen des Adels wurden abgebaut, nicht zuletzt von Adeligen selber, die sich zu Handlangern des Dritten Standes herabließen. Und die Axt wurde an die tragende Säule Preußens, das königliche Heer, gelegt, vom Landtag, der eine allgemeine Bürgerwehr-Verfassung mit freier Wahl der Führer forderte – und unglaublicherweise vom König selber, der seinen Gardeoffizieren in Potsdam erklärte, er sei niemals freier und sicherer gewesen, als unter dem Schutz seiner Bürger in Berlin, der Bürgerwehr also, die in den Augen jedes preußischen Offiziers, des Prinzen von Preußen zumal, im besten Fall ein militärisch wertloser Schützenverein, im schlimmsten und wahrscheinlichen Fall die Revolutionsexekution war.

»Das alte glorreiche Preußen ist dahin – wie wird das neue werden!«, schrieb er dem Schwager Karl Alexander nach Weimar. »Was wird aus Deutschland werden? Ich fürchte, es gehet mit allen seinen Fürsten zugrunde und einst aus einer Republik erst wieder als etwas Vernünftiges hervor. Jetzt wird es nichts werden, man mag es gestalten, wie man es will!«

War für ihn überhaupt noch Platz in einem neuen Preußen? Konnte er noch die Thronfolge antreten, und wenn ja, war dies denn erstrebenswert? Schon ließen Pastoren die im sonntäglichen Kirchengebet vorgeschriebene Fürbitte für den Prinzen von Preußen weg. Revolutionäre in Berlin beantragten, Wilhelm aus Staatsdienst und Armee zu entlassen. Er sei in einer grausamen Lage, das Opfer einer tiefschwarzen Verleumdung, einer von langer Hand gesponnenen Intrigue, schrieb er am 9. April der Schwiegermutter Maria Pawlowna. »Bis jetzt ist nichts geschehen, um mich in der Öffentlichkeit zu rechtfertigen.« Würde sich nicht der Eindruck festsetzen, daß die gegen ihn erhobenen Verleumdungen wahr seien, daß er zu Recht entfernt worden sei?

»Ich empfinde mit Dir ein Mitleid, das ich nicht ausdrücken kann«, schrieb ihm Augusta. »Ich bin Dir nie so liebevoll ergeben gewesen wie in der Zeit des Unglücks.« Sie schickte ihm ihr und der Kinder Bilder, die in Berlin auf seinem Schreibtisch gestanden hatten. »Werde ich wohl mein Haus jemals wieder betreten können?«, schrieb er dem Schwager. Dabei war er noch gar nicht oder nur bruchstückhaft über die größte Gefahr im Bilde, die sich daheim wie eine Wetterwand zusammenballte, sich freilich bald wieder verzog.

Die Überlegung war aufgetaucht, den König zur Abdankung und den Prinzen von Preußen zum Verzicht auf die Thronfolge zu nötigen, die Prinzessin von Preußen bis zur Volljährigkeit ihres siebzehnjährigen Sohnes Friedrich Wilhelm als Regentin einzusetzen. Augusta, welche die durch die Revolution verwirrten Fäden ihrer liberalen Gesinnung wieder ordnete, begann mit diesem Gedanken zu spielen. Sie ließ ihn aber bald wieder fallen. General von Unruh, der Gouverneur ihres Sohnes, den sie um ein Gutachten gebeten hatte, erklärte: Ohne freiwilligen Verzicht Wilhelms sei dies Hochverrat. Auch einen Gattenverrat wollte sie nicht begehen. Freilich blieb ihr bewußt: »Ehe die Demonstrationen gegen ihn nicht aufhören, kann die ihm zukommende Stellung nicht wiederhergestellt werden.«

Den Regentschaftsplan hatte der Abgeordnete Georg von Vincke ausgeheckt, derselbe Liberale, der am Abend des 18. März den König bekniet hatte, die Truppen zurückzuziehen. Sechs Jahre später, in einem Rückblick auf das Sturmjahr 1848, bezeichnete Wilhelm den »Raisonneur Vincke« als den Auslöser alles dessen, »was nun folgte, und woran Preußen noch zu verdauen hat.« Das sei kein Zufall gewesen; Vincke sei vielmehr von der Vorsehung als Werkzeug benutzt worden: »Erst nach längerer Zeit, aus der sich ergibt, daß jene Katastrophe nichts Vorübergehendes war, kommt man zu jener Überzeugung, daß eine höhere Fügung sie wollte, um Regenten und Untertanen eine Lehre zu geben.«

Bereits im Londoner Exil hatte er Zeit und Gelegenheit, über Ursachen und Wirkungen nachzudenken, und das Beispiel seines Asyllandes vermochte mitzuhelfen, die Lehre zu begreifen und zu beherzigen. Ein Parlament, wie es nun auch in Preußen unumgänglich geworden war, mußte nicht unbedingt, wie er bislang befürchtet hatte, den Glanz der Krone verdunkeln, die Macht des Staates schwächen, die Entfaltung der Nation hemmen; in England war eher das Gegenteil der Fall. Der gesellschaftliche und politische Aufstieg des Bürgertums hatte nicht zum Abstieg des Adels geführt, und schon brauchten sie einander, mußten sie das Niveau, das die einen erreicht und die anderen behalten hatten, gegen den aufkommenden Vierten Stand verteidigen – wie die Chartisten-Unruhen zeigten.

Auch persönliche Beispiele gab es, vor allem den alten Herzog von Wellington, den Wilhelm als Feldherren des Befreiungskrieges so sehr verehrte, daß es ihm auch imponierte, wie der eingefleischte Tory sich dem Zeitgeist aufgeschlossen zeigte. Prinzgemahl Albert, der Koburger, hatte sich dem englischen Fortschritt ergeben und war bestrebt, die deutschen Vettern nachzuziehen, vornehmlich den preußischen Thronfolger. Dieser erwies sich lernwilliger als angenommen, zur Genugtuung Alberts: »Er geht franchement ins Neue ein.«

Diesen neuen Zug wollte Wilhelm den Preußen daheim nicht vorenthalten. Es war seine Art, mit offenem Visier dazustehen, und in diesem Fall mochte es auch taktisch nützen: um Vorwürfe zu entkräften, eine Rückberufung zu erleichtern. Am 7. April schrieb er Otto von Manteuffel, Direktor im Ministerium des Innern: »Hin ist hin! Man kann darüber noch lange in preußischen Herzen trauern, aber zurückzubringen ist nichts; möge man jeden Versuch der Art aufgeben! Getrost das neue Preußen anzuschauen und wieder aufbauen zu helfen, das ist die Aufgabe jedes Patrioten, wenngleich es viel Überwindung kostet, einen Staat zweiter Größe aufbauen zu helfen, der sonst einer ersten Größe und selbständig war.« Und: »Wenn ich als Repräsentant des alten Systems erscheine und bezeichnet werde, so ist das mein Stolz, denn ich kannte keine andere Aufgabe, als Preußen auf der Stufe erhalten zu sehen, auf die die Geschichte und seine Monarchen es gestellt hatten. Daß es auf dieser Stufe nicht stehen bleiben sollte, ist ausgesprochen, da es in Deutschland aufgehen soll. Jetzt passen also auch für Preußen Institutionen, die sonst, meiner Überzeugung nach, nie für dasselbe paßten.«

Der Mai 1848 brachte für Preußen die Hoffnung auf den Verfassungsstaat und für Deutschland den Blütentraum eines Nationalstaats. Am 18. Mai trat die deutsche Nationalversammlung in Frankfurt am Main zusammen, am 22. Mai die preußische Nationalversammlung in Berlin. Und in Schleswig-Holstein kämpften preußische Truppen gegen Dänemark, für die deutsche Sache, unter den Farben Scharz-Rot-Gold.

Wilhelm stiftete tausend Pfund Sterling für eine deutsche Flotte. Und schrieb ein Gutachten über den Verfassungsentwurf Friedrich Christoph Dahlmanns, der einen deutschen Bundesstaat ohne die nichtdeutschen Teile Österreichs, eine Konstitution und die erbliche Kaiserwürde für den König von Preußen vorsah. Den deutschen Thronfolger in spe störte nun nicht mehr der ohnehin gemäßigte Liberalismus des Professors, der einst zu den gegen ihren hannoverschen Landesherrn protestierenden »Göttinger Sieben« gezählt hatte. Er schien begriffen zu haben, daß die Nationalbewegung das ermöglichen könnte, was Friedrich dem Großen nicht gelungen war: Österreich auszuschalten und Preußen an die Spitze Deutschlands zu bringen.

So begrüßte der Prinz von Preußen Dahlmanns Verfassungsentwurf »als eine großartige Erscheinung unserer Zeit«, erinnerte daran, daß er selber eine konstitutionelle Gesinnung durch seine Unterschrift unter das königliche Patent vom 18. März bewiesen habe und in England begreiflicherweise nicht anderen Sinnes geworden sei. Er wäre grundsätzlich einverstanden, habe aber Bedenken im einzelnen: Es fehle eine Fürstenbank, die Vertretung der Souveräne der deutschen Staaten, die eine bevorrechtete Stellung gegenüber dem Ober- und Unterhaus einnehmen sollte. Und es dürfe nicht einreißen, daß Landwehroffiziere von der Landwehr selber bestimmt würden – die Bestätigung durch den Monarchen sei unabweislich, »wenn man des Geistes und der Disziplin eines Heeres sicher sein will.«

Dieses Gutachten schickte Bunsen an Dahlmann, mit einer guten Note für den gelehrigen Schüler: »Ist der Prinz ein Absolutist oder Reaktionär? Daß er durchaus offen, ehrlich, redlich und konsequent sei, haben selbst die ihm Ungünstigen nicht geleugnet, wenn sie mit

Kenntnis des Mannes schrieben oder sprachen.« Bunsen übersah, daß die Anpassung Wilhelms an die neuen Gegebenheiten dort aufhörte, wo es an das Friderizianische ging. Er glich einem Feldherren, der angesichts eines übermächtigen Gegners seine Frontlinie bereinigte, sich in einer Auffangstellung behaupten wollte. Sein unbedingtes Festhalten an der königlich-preußischen Armee deutete darauf hin, daß für ihn die Auseinandersetzung zwischen dem alten militärischen und dem neuen zivilen Geist noch lange nicht beendet war.

»Gott sei Dank, daß unsere Truppen mit Ehren aus der Katastrophe hervorgingen«, schrieb er am 18. Mai dem Generaladjutanten von Tümpling. »Das ist ein Lohn für Ihre und unsere Dienste, die wir bei der Erziehung der Truppen leisteten.« Wilhelm wurde persönlich belohnt: Zu Hause forderte das Militär immer lauter und vernehmlicher die Rückkehr des ersten Soldaten Preußens, seine Berufung an die Spitze der Gegenkräfte, die sich gegen die zu weit vorgepreschte Volksbewegung formierten. Ihr Kampflied stammte von Fritz von Gaudy, Leutnant im Kaiser-Franz-Garde-Grenadierregiment, wurde nach der Melodie von »Prinz Eugen, der edle Ritter« im Marschrhythmus gesungen:

> »Prinz von Preußen, ritterlich und bieder,
> Kehr zu deinen Truppen wieder,
> Heißgeliebter General.
> Weilst du gleich am fernen Strande,
> Schlagen doch im Vaterlande
> Herzen für dich ohne Zahl.
> . . .
> Führ du uns, Prinz, wir folgen gerne,
> Folgen dir als unserm Sterne,
> Folgen dir bis in den Tod!
> Mag's auch Stein' und Kugeln regnen,
> Du, Herr Gott, wirst Waffen segnen,
> Die geführt auf sein Gebot!«

Liniensoldaten sangen es, und sogar Landwehrleute. Der Hofschauspieler und Militärschriftsteller Louis Schneider, der seinen Fehlgriff mit der Marseillaise längst bereute, forderte öffentlich die Rückberufung des Prinzen von Preußen, unter donnernder Zustimmung von 3000 Landwehrmännern. »Jetzt tut sich die Landwehr auf und schließt sich der Armee-Opposition gegen die Revolution an«, notierte Leopold von Gerlach. »Dies wird schon praktisch in Berlin, wo Camphausen bei dem Hurra für den Prinzen von Preußen und bei den Liedern ›Ich bin ein Preuße‹ und ›Prinz von Preußen‹ bange geworden sein mag.«

Ministerpräsident Camphausen wollte den Thronfolger zurückhaben, weil er ihn als Mitbürgen der neuen Verfassung brauchte. Der König ging auf diese Wendung, die er herbeigewünscht, aber nicht herbeizuführen gewagt hatte, sofort ein. Viele Liberale und alle Demokraten sahen im Prinzen von Preußen immer noch das Symbol eines Systems, das man überwunden zu haben glaubte und das man nicht wieder auferstehen sehen wollte. Als am 12. Mai die Genehmigung des Königs zur Rückkunft des Prinzen bekannt wurde, hagelte es Proteste in Zeitungen, auf Flugblättern und Plakaten, in einer Volksversammlung, an der zehntausend Menschen teilnahmen. »Es sei der Wille des Volks, daß der Prinz nicht zurückkehre«, bedeutete eine Deputation dem Ministerpräsidenten, der nicht zurück konnte und wollte. »Ich bin felsenfest entschlossen, einer Demonstration, die die Thronfolge in Frage stellt, mit den Waffen in der Hand entgegenzutreten«, hatte ihn der König wissen lassen. Volk zog vor das Palais Wilhelms und warf die Fensterscheiben ein. Gaudys Lied wurde parodiert:

> »Schlächtermeister, Prinz von Preußen,
> Komm doch, komm doch nach Berlin!
> Wir wollen dich mit Steinen schmeißen
> Und die Barrikaden ziehn.«

Das machte auf die Regierenden keinen Eindruck mehr, ein Zeichen dafür, daß die Revolution im Gehen und die Reaktion im Kommen war. Im Eilmarsch wollte man den Prinzen aber doch nicht heranrücken lassen. Am 28. Mai – nach zwei Monaten Zwangspause in England – verabschiedete er sich von Königin Victoria und Prinzgemahl Albert, am 30. Mai schrieb er in Brüssel zwei Briefe. Einen dankbaren Rückblick adressierte er an Bunsen: »So schwer die Zeit auch war, so ist doch gewiß kein Land in der Welt imstande, in solchen Augenblicken Ruhe und Stärkung zu gewähren, als England.« Daß diese Zeit Früchte tragen würde, deutete er in einem Manifest an den königlichen Bruder an, das zum Herumzeigen bestimmt war: »Ich gebe mich der Hoffnung hin, daß die freien Institutionen, zu deren festerer Begründung Ew. Majestät jetzt die Vertreter des Volkes berufen haben, unter Gottes gnädigem Beistande sich zum Heile Preußens mehr und mehr entwickeln werden. Ich werde dieser Entwicklung mit Zuversicht und Treue alle meine Kräfte widmen und sehe dem Augenblicke entgegen, wo ich der Verfassung, welche Ew. Majestät mit ihrem Volke nach gewissenhafter Beratung zu vereinbaren im Begriffe stehen, die Anerkennung erteilen werde, welche die Verfassungsurkunde für den Thronfolger festsetzen wird.«

Wenig später, daheim in Babelsberg, erklärte er Louis Schneider, dem getreuen Eckart: Das Brüsseler Manifest vom 30. Mai 1848 verpflichte ihn zu nichts. In den Worten »nach gewissenhafter Beratung« liege für ihn die Möglichkeit, die Anerkennung der Verfassung zu verweigern, wenn er Dinge darin aufgenommen finde, die sich nach seinem Gewissen mit dem künftigen Wohl des Staates nicht vertrügen – denn die Beurteilung, ob gewissenhaft beraten worden sei, stehe ihm, dem Verfasser des Manifests, allein zu. Und er müsse feststellen, daß von der preußischen Nationalversammlung bisher nicht gewissenhaft, sondern nur leidenschaftlich beraten worden sei.

Jedenfalls hatte er in England »Cant« gelernt, jene für anständig geltende, weil dem rechten Zweck dienende Heuchelei. Und die Devise »Right or wrong, my country« brachte er in seiner Auslegung mit: bereit, mit allen Mitteln das zu bekämpfen, was er für falsch, und das durchzusetzen, was er für richtig hielt – für sein Preußen, über das er einst herrschen sollte.

Reaktion

Mit englischem liberalem Öl gesalbt sozusagen sollte der Heimkehrer erscheinen. Das war die Bedingung seiner Rückberufung: Der Thronfolger müsse sich demonstrativ auf den Boden der inzwischen geschaffenen Tatsachen stellen, um die Gewähr zu bieten, daß die konstitutionellen Einrichtungen nicht nur vom jetzigen, sondern auch vom künftigen König anerkannt würden.

Als er am 4. Juni 1848 den preußischen Boden wieder betrat, erklärte er in Wesel dem Offizierskorps und den städtischen Behörden: Mit reinem Gewissen kehre er zurück in sein Vaterland, in dem sich vieles verändert habe. »Der König hat es gewollt; des Königs Wille ist mir heilig; ich bin sein erster Untertan und schließe mich mit vollem Herzen den neuen Verhältnissen an.« Das war die verlangte Demonstration und zugleich die Andeutung einer Distanzierung von dem, was nicht er, sondern der königliche Bruder zu verantworten hatte. Nachdruck legte er auf den Nachsatz: »Aber Recht, Ordnung und Gesetz müssen herrschen, keine Anarchie; dagegen werde ich mit meiner ganzen Kraft streben, das ist mein Beruf.«

An diesen Beruf erinnerte er auch die dazu mit ihm Berufenen: die Offiziere der Garde, die ihren ehemaligen Kommandeur in Potsdam begrüßten. Im selben Saal des Schlosses, in dem der König am 25. März ein Murren und Aufstoßen von Säbelscheiden durch seine Bemerkung hervorgerufen hatte, er habe sich niemals freier und sicherer gefühlt als unter dem Schutz der Bürger und der Bürgerwehr in Berlin, feierten am 7. Juni dieselben Offiziere den Thronfolger mit einem donnernden Hurra. »Die ärgsten Heißsporne von uns erwarteten, von ihm zum Kampfe in Berlin aufgerufen zu werden«, erzählte der Garde-Artillerist Prinz Kraft zu Hohenlohe-Ingelfingen. Doch sie vernahmen Sybillinisches: »Das Vertrauen zu ihm, welches in unserer Begrüßung seiner Person seinen Ausdruck gefunden habe, berechtige ihn zu dem Vertrauen zu uns, daß wir, ohne weiter zu fragen, mit ihm dem Könige auf allen Wegen blind folgen würden, welche dieser zum Heile des Vaterlandes einzuschlagen für gut befinden werde.«

Anderntags begab sich der Prinz von Preußen nach Berlin in die Nationalversammlung, um – wie befohlen – mit den Wölfen zu heulen. Denn das war ein Kunstgriff derjenigen, die ihn im Vaterlande zurückhaben, zugleich aber in den Konstitutionalismus einführen wollten: Wilhelm war im Kreise Wirsitz in Posen zum Abgeordneten für die Nationalversammlung bestimmt worden. Auf der Tagesordnung des 8. Juni stand der Antrag des Berliner Buchdruckermeisters Behrends: Die Versammlung wolle in Anerkennung der Revolution zu Protokoll erklären, daß die Barrikadenkämpfer des 18. und 19. März sich um das Vaterland verdient gemacht hätten. Eben sprach der Abgeordnete Temme, als der »Kartätschenprinz« in Generalsuniform den Sitzungssaal in der Singakademie betrat und auf der ersten Bank der rechten Seite Platz nahm. Die Rechte erhob sich, die Linke blieb sitzen und zischte. Temme fuhr mit seiner Rede fort, und als er zu Ende gekommen war, erklärte der Präsident: »Der Abgeordnete des Wirsitzer Kreises hat in einer persönlichen Angelegenheit das Wort.«

Er bestieg die Rednertribüne, als wolle er sie im Sturm nehmen, sah in die Versammlung, als blicke er in das Weiß des Feindesauges, und sprach mit fester und kräftiger Stimme: »Die konstitutionelle Monarchie ist die Regierungsform, welche unser König zu geben uns vorgezeichnet hat. Ich werde ihr mit der Treue und Gewissenhaftigkeit meine Kräfte weihen, wie das Vaterland sie von meinem, ihm offen vorliegenden Charakter zu erwarten berechtigt ist. Dies ist die Pflicht eines jeden Vaterlandsfreundes, vor allem aber die meinige, als des ersten Untertanen des Königs. So stehe ich jetzt wieder in ihrer Mitte, um mitzuwirken, daß die Aufgabe, welche uns gestellt, zu einem glücklichen Ziele geleitet werde. Möge die Gesinnung, welche ich ausgesprochen habe, von uns allen geteilt und festgehalten werden, dann wird unser Werk gelingen und zum Wohl und Heil des geliebten Vaterlandes gereichen.«

»Mit Gott, für König und Vaterland!« schloß er seine Ansprache, die von der Rechten mit Beifall, von der Linken mit Mißfallen aufgenommen wurde. Stehenden Fußes verließ er die Nationalversammlung, die er nicht wieder betrat; den Präsidenten hatte er gebeten, seinen Stellvertreter einzuberufen. Der Thronfolger hatte seine Pflichtübung hinter sich, und er kehrte nach Potsdam zurück, in die Schanze des Friderizianismus. Am 10. Juni wurde der repatriierte Schildhalter des Altpreußentums von Potsdamer Bürgern, die das Herz auf dem rechten Fleck behalten hatten, mit einem »Wasserfakkelzug« geehrt. Am Abend fuhren Hunderte von illuminierten Booten auf der Havel in Richtung Babelsberg. Die Ufer waren in bengalisches Feuer getaucht, das Lied »Prinz von Preußen, ritterlich und bieder« erscholl. Der Gefeierte erschien auf einem Segelschiff, hochaufgerichtet stand er am Mast, wie Odysseus, der zwischen der Scylla der Revolution und der Charybdis der Reaktion hindurch lavieren sollte, die Ohren verstopft, damit ihn der Sirenen Gesang nicht verführe.

Augusta konnte es sich nicht vorstellen, daß er den öffentlich eingeschlagenen Mittelweg einhalten würde. Vorwürfe, die ihr Wilhelm wegen ihrer nicht ganz durchsichtigen Rolle in der Regentschaftsfrage gemacht hatte, verdüsterten noch ihre Stimmung. Die Stellung Wilhelms sei »immer noch verwickelt und peinlich, da ihm inmitten aller Schwierigkeiten Untätigkeit aufgezwungen worden ist, und in dieses kann er sich nicht hineinfinden«, schrieb Augusta am 12. Juni ihrem Bruder Karl Alexander. »Denn seine Ansichten können sich noch immer nicht den Zeiterfordernissen anpassen, und er versteift sich dort, wo er besser täte, offen die Ursachen der Katastrophe einzusehen.«

Der Mittelweg war nicht die Bahn des Soldaten. Die Zwischentöne waren nicht seine Ausdrucksweise. Die Untätigkeit entsprach nicht seinem Pflichteifer. Er war nicht mehr Kommandierender General und nicht mehr Vorsitzender des Ministerrats. Er müsse eine sehr passive Rolle spielen, um sich nicht zu kompromittieren, bekannte er dem Herzog von Altenburg. An seinen Nerven wurde von links gezerrt, von den Ministern und wohl auch vom König, die konstitutionelles Wohlverhalten von ihm erwarten. Und von rechts, von Preußen vom alten Schrot und Korn, die ihn lieber heute als morgen an die Spitze der Gegenrevolution gestellt hätten.

Da war Otto von Bismarck-Schönhausen, ein Junker, wie er im Buche stand, der seinen landadeligen Grundbesitz und die höchsten Güter Preußens bedroht sah. »Ich weiß, daß Sie für mich tätig gewesen sind, und werde Ihnen das nie vergessen«, hatte ihm Wilhelm, für dessen Rückkehr er geworben hatte, auf dem Genthiner Bahnhof gedankt. Bismarck besuchte ihn in Babelsberg, erinnerte an den schmählichen Rückzug der Truppen aus Berlin und bohrte in der Wunde, mit der Rezitation des Gedichtes:

> »Schwarz, Rot und Gold glüht nun im Sonnenlichte,
> Der schwarze Adler sinkt herab entweiht;
> Hier endet, Zollern, Deines Ruhms Geschichte,
> Hier fiel ein König, aber nicht im Streit.
> Wir sehen nicht mehr gerne
> Nach dem gefallnen Sterne.
> Was Du hier tatest, Fürst, wird Dich gereun,
> So treu wird keiner, wie die Preußen sein.«

Der Prinz von Preußen – so Bismarck – brach darüber in Tränen aus. Eine Demütigung wie die vom 19. März werde er, bei aller Ehrfurcht vor dem Könige, ein zweites Mal nicht mehr gehorchend mitmachen, sagte Wilhelm zu Leopold von Gerlach. Seine Majestät wolle die Wiedergeburt des Vaterlandes in einer neuen staatlichen Verfassung, doch dieser – und nicht zuletzt er selbst – wolle auch, daß fortan wieder Ordnung und Recht, Gesetz und Gehorsam walten, erklärte Wilhelm den in Stettin versammelten Veteranen aus den Befreiungskriegen – in Pommern, das Friedrich Wilhelm IV. so treu ergeben geblieben war wie die Vendée Ludwig XVI., und dessen Statthalter der Prinz von Preußen immer noch war.

In Pommern fand er noch den alten Geist, in Berlin aber, das er von seinem Tudor-Turm in Babelsberg aus beobachtete, sah er nur Unordnung, Ungerechtigkeit, Ungehorsam, Anarchie. Ihr Anfang war für ihn ohnehin ein nicht zugeknöpfter Knopf. Und es gab nun noch viel mehr Unvorschriftsmäßiges. An der Neuen Wache, seinem verwüsteten Palais gegenüber, standen Bürgerwehrleute in Zivil, mit rundem Zylinder und Kommißgewehr mit aufgepflanztem Bajonett. Vor dem Brandenburger Tor sah Prinz Kraft zu Hohenlohe-Ingelfingen einen Dicken auf Posten, dem seine Frau das Essen brachte, das er im Schilderhaus einnahm, während die Gemahlin mit dem Gewehr auf und ab spazierte.

Schlimmeres geschah am 14. Juni 1848. Etwa 40 Arbeitslose wollten demonstrieren, da sie dies aber ohne Fahnen für unmöglich hielten, zwangen sie zuerst den Besitzer des Kroll'schen Etablissements zur Herausgabe eines schwarz-rot-goldenen und eines roten Banners. Unter diesen Farben zogen sie zum Brandenburger Tor, durch das sie die Bürgerwehr nicht ziehen lassen wollte. Es gab ein Scharmützel, Verwundete auf beiden Seiten. Inzwischen hatte sich eine Menschenmenge Unter den Linden versammelt, Straßenredner forderten die allgemeine Volksbewaffnung. Wieder fiel ein ominöser Schuß, dem ein paar weitere folgten. Zwei Menschen wurden getötet, mehrere verwundet. Die Bürgerwehr schieße auf die Arbeiter, hieß es nun. Barrikaden wurden errichtet, rote Fahnen aufgepflanzt, nach der Republik gerufen. Die Wohnung des Bürgerwehr-Majors Benda wurde verwüstet, das königliche Zeughaus gestürmt und geplündert: Gewehre und Munition, aber auch historische Waffen und Trophäen. Infanterie und Bürgerwehr vertrieben schließlich die Eindringlinge, stellten das Entwendete zum größten Teil wieder sicher.

Nun galt nicht nur die königliche Garde, sondern auch schon die Bürgerwehr als Feind. Die Revolution eskalierte. Der Dritte Stand glaubte sein Ziel erreicht zu haben, Grundrechte, die konstitutionelle Monarchie. Dem nachdrängenden Vierten Stand genügte das nicht, er verlangte den sozialen Umsturz, die Republik. Das Bürgertum sah mit dem politischen Gewinn seinen gesellschaftlichen Besitzstand gefährdet. Und wurde an die Seite der alten Gewalten gedrängt, die anscheinend allein den Proletariern Paroli bieten, Ruhe und Ordnung garantieren konnten: Königtum, Adel, Armee.

»Berlin ist eine Eiterbeule, die, wenn der Staat in Freiheit aufstreben soll, wie es mein ernster Wille ist, aufgeschnitten werden muß über kurz oder lang.« Diesem Wort Friedrich Wilhelms IV. konnte sogar ein Berliner Besitzbürger zustimmen, und selbstredend der Prinz von Preußen, der Berlin erst wieder betreten wollte und dort entsprechend auftreten konnte, wenn die Eiterbeule entfernt war.

Doch das dauerte und dauerte. Es mußte noch mehr Wasser auf die Mühlen der Gegenrevolution geleitet werden, wofür die extreme Linke – wenn auch unbeabsichtigt – Handlangerdienste leistete. Sie verschreckte die Bürger weniger mit Krawallen und Tumulten und schon gar nicht mir revolutionären Taten, sondern mit Katzenmusiken, die man Mißliebigen darbrachte, und unaufhörlichem Wortgedresch. Sie vergrätzte Soldaten, Reservisten und Veteranen – also einen Gutteil der preußischen Bevölkerung – mit ständiger Herabsetzung der militärischen Gesinnung und Leistung.

Die immer mehr nach links rückende Nationalversammlung provozierte das Offizierskorps mit der Annahme des Antrags des Abgeordneten Dr. Stein, der Kriegsminister möge die Offiziere von reaktionären Bestrebungen abhalten und ihnen nahelegen, daß sie mit Aufrichtigkeit und Hingebung an der Verwirklichung eines konstitutionellen Rechtszustandes mitarbeiten sollten. Man gehe den konstitutionellen Weg »rondement bis zum Abgrund«, kommentierte der Prinz von Preußen. Der König und all die Seinen sahen ihn vor sich, als die Nationalversammlung in ihrem Verfassungsentwurf das »von Gottes Gnaden« aus dem Königstitel strich, den Adel für abgeschafft erklärte, den Fortfall von Titeln und Orden beschloß.

Es war höchste Zeit, »Kehrt marsch!« zu befehlen. Immer mehr Patrioten warteten auf dieses Kommando. Schon gab es das sogenannte »Junkerparlament«, von dem die Gründung der »Preußenvereine« ausging. Friedrich der Große werde sich im Grabe umdrehen, wenn er höre, wohin es mit seinem Königreich gekommen sei, hieß es. Man trug wieder schwarz-weiße Kokarden, und Unter den Linden wurde das »Preußenlied« gesungen:

> »Ich bin ein Preuße, kennt ihr meine Farben?
> Sie schweben mir weiß und schwarz voran:
> Daß für die Freiheit meine Väter starben,
> Das deuten, merkt es, meine Farben an.
> Nie werd ich bang verzagen,
> Wie jene will ich's wagen.
> Sei's trüber Tag, sei's heitrer Sonnenschein,
> Ich bin ein Preuße, will ein Preuße sein.«

Das klang wie ein Avanciermarsch in Wilhelms Ohren. Schon rückte, an der Spitze von 35 000 Mann, der vierundsechzigjährige General Friedrich Heinrich Ernst Graf Wrangel heran, mit der Aufgabe, »die öffentliche Ruhe in diesen Landen da, wo sie gestört wird, wiederherzustellen, wenn die Kräfte der guten Bürger hierzu nicht ausreichen«. Am 20. September hielt er in Berlin eine Parade ab, erklärte den im Lustgarten sich drängenden Bürgern: »Die Truppen sind gut, die Schwerter haarscharf geschliffen, die Kugel im Lauf. Aber nicht gegen euch Berliner, sondern zu eurem Schutze, der wahren Freiheit, die der König gegeben, und zur Aufrechterhaltung des Gesetzes. Gefällt euch das, Berliner?« Ja, ja, riefen die Berliner.

Friedrich Wilhelm IV., der sich in Potsdam am Geiste Friedrichs des Großen und an seiner Truppenmacht wieder aufgerichtet hatte, sagte dem Präsidenten der Nationalversammlung, der ihm am 15. Oktober zum Geburtstag gratulierte, er solle zu Hause ausrichten, »daß Ich den Aufruhr und die Aufrührer, wo Ich sie finde, bekämpfen und zerschmettern werde, und daß Ich Mich hierzu durch Gottes Gnade stark genug fühle.«

Am 1. November – am Tage vorher hatte der kaiserlich-österreichische Feldmarschall Windisch-Graetz das aufständische Wien eingenommen – entließ der König von Preußen das Ministerium Pfuel, das wie seine Vorgänger beim Balanceakt zwischen Thron und Nationalversammlung linke Schlagseite gezeigt hatte. Am 2. November ernannte er den General der Kavallerie Friedrich Wilhelm Graf von Brandenburg – einen unehelichen Sohn Friedrich Wilhelms II. – zum Ministerpräsidenten, mit der Aufgabe: »1. die Souveränität Meiner Krone gegen die Souveränitätsgelüste der preußischen sogenannten Nationalversammlung entschieden und siegreich aufrechtzuerhalten; 2. das durch Fehler dreier Ministerien völlig gesunkene Ansehen Meiner Regierung entschieden und siegreich wiederherzustellen, damit die Märzrevolution entschieden und siegreich gestürzt und an ihrer Stelle das Gegenteil der Revolution aufkommen kann, nämlich das gesetzmäßige Zustandekommen eines in Wahrheit freien Verfassungswerkes auf der Grundlage der angestammten Obrigkeit von Gottes Gnaden.«

Der Staatsstreich erfolgte Schlag auf Schlag. Am 9. November wurde die Nationalversammlung bis zum 27. November vertagt, ihr Sitz von Berlin nach Brandenburg verlegt. Am 10. November vertrieb General Wrangel die 282 Abgeordneten, die als Rumpfparlament im Schauspielhaus weiter getagt hatten. Am 11. November wurde die Bürgerwehr aufgelöst, am 12. November der Belagerungszustand verhängt. Schließlich, am 5. Dezember, schloß der König die beschlußunfähige Nationalversammlung und oktroyierte eine Verfassung, die liberaler als erwartet ausfiel: Presse- und Lehrfreiheit, Ministerverantwortlichkeit, zwei Kammern, von denen die zweite aus allgemeinen und gleichen Wahlen hervorgehen und am 26. Februar 1849 zusammentreten sollte.

Noch im Oktober 1848 – der Ministerpräsident und Kriegsminister Pfuel hatte, einen Beschluß der Nationalversammlung ausführend und den Einspruch des Prinzen von Preußen übergehend, die Generalkommandos angewiesen, »reaktionären Tendenzen« entgegenzutreten – noch vor kurzem hatte Wilhelm schwarz gesehen: »Da das neue Ministerium, wie die alten, durch Konzessionen leben will, so werden wir langsam untergehen – ohne Ehre!«

Nun sah er wieder Schwarz-Weiß. »Unser Wurf mit der Nationalversammlung ist geglückt«, teilte er am 10. November dem Weimarer Schwager Karl Alexander mit. »Sie hat sich auf den illegalen Boden des Ungehorsams gestellt. Dies durfte nicht geduldet werden.« Am 15. November schrieb er ihm: »Eben war eine Deputation aus Berliner Stadtverordneten bei mir und bat um Vermittlung; meine Antwort war: Gehorsam ist alleinige Vermittlung.« Bei allen markigen Worten – am 28. November verhehlte er dem Schwager seine Sorgen nicht: »Doch sind wir noch lange nicht über den Berg! Wir ersteigen ihn mutig und bis jetzt mit Erfolg; aber der Umschwung ist nach siebenmonatlichem konträren Wind so rasch erfolgt, daß man sich der Besorgnis nicht ganz entschlagen kann, daß auch ein Rückschlag wieder möglich ist. Daher muß das Gouvernement mäßig und gesetzlich gehen, bis zur Erschöpfung.«

Der äußerste Punkt war mit der oktroyierten, doch liberalen Verfassung erreicht; nun war auch Wilhelms konstitutioneller good will erschöpft, derjenige Augustas noch lange nicht. Sie wollte den Major von Roon, Chef des Generalstabs des VIII. Armeekorps in Koblenz, als Erzieher ihres siebzehnjährigen Sohnes, des künftigen Thronfolgers, gewinnen: »Er muß die neuen Ideen in sich aufnehmen und verarbeiten, damit er das klare und lebendige Bewußtsein seiner Zeit gewinne, und nicht außerhalb derselben, sondern in und mit ihr lebe«, schrieb sie Roon – an die falsche Adresse, denn er lehnte ab, unter Hinweis auf sein reaktionäres Wesen. Wilhelm war das nicht unsympathisch, doch was er sich selbst zumutete, meinte er auch von Roon verlangen zu dürfen: »Daß Ihre politischen Ansichten wenig mit unseren jetzigen Zuständen harmonieren, ist bei der Übernahme des Ihnen zugedachten Amtes bedenklicher; indessen ich glaubte, Sie würden sich wie wir alle in das Unvermeidliche fügen und in dieser Hinsicht gerade nur gut wirken können, da es darauf ankommt, das Pflichtgefühl zu heben, wenn man auch schwer nur sich fügt.«

Wilhelm hatte sich dem Unabänderlichen gefügt, doch sich noch nicht damit abgefunden. Die Gewöhnung wurde ihm dadurch erleichtert, daß er endlich sein Domizil beziehen konnte, das Palais Unter den Linden. Die Inschrift »Nationaleigentum« war verschwunden, es wurde renoviert und – wie es der Schriftsteller Ludwig Rellstab ausdrückte – »wieder die gastliche Stätte auch für die Aufnahme vieler echter Patrioten.«

Wenn er aus dem Fenster blickte, gewahrte er kaum Volk, hauptsächlich Soldaten und Gendarmen, was er für in Ordnung fand, während der Schriftsteller Robert Springer das Kritisieren nicht lassen konnte: »Man stelle in Paris auf den Boulevards je vier Schritte einen Stadtsergeanten, welcher verhindere, daß Journale ausgerufen werden, mehr als drei Personen beieinanderstehen, daß laut gesprochen und Musik gemacht werde (nota bene, wenn sich die Pariser das gefallen ließen), und die Boulevards würden nicht viel unterhaltender sein als die Berliner Linden nach dem November 1848.«

Der Prinz von Preußen trug kein Verlangen nach Pariser Leben in Berlin. Er war heilfroh, daß vor seinen Fenstern nicht mehr die Marseillaise gesungen wurde, wieder die guten alten Märsche erklangen, bei der Wachparade vis-à-vis.

Es herrschte wieder Ruhe und Ordnung, wenn auch nicht unbedingt Langeweile. Dafür sorgten die Vorgänge in der deutschen Nationalversammlung in Frankfurt am Main, die man nicht, wie die preußische Nationalversammlung, einfach schließen konnte. Der Thronfolger hatte das Manifest des Königs vom 18. März mitunterschrieben, daß sich Preußen an die Spitze der deutschen Nationalbewegung stellen werde, und der pro-preußische Reichsverfassungsplan Dahlmanns war von ihm von London aus begrüßt worden. Nachdem die alten Gewalten wieder Terrain gewonnen hatten, wollte er seine in der Märzrevolution und im englischen Exil an Konstitution und Nation gemachten Avancen wenn auch nicht ganz, so doch teilweise zurücknehmen.

Was sich in Frankfurt ereignete, war nicht dazu angetan, einem Altpreußen, der im ersten Schreck respektive in anfänglicher Hoffnung A gesagt hatte, das B-Sagen zu erleichtern. Es bedurfte nicht des Rufes nach der demokratischen Republik oder tatsächlicher Exzesse der Linken, wie der Ermordung des Fürsten Lichnowsky und des Generals Auerswald, um nahezulegen, daß es ein Spiel mit dem Feuer war. Auch in der gemäßigten Form der konstitutionellen Monarchie, mit der sich eine Mehrheit zufrieden zu geben schien, war das neue Prinzip der Volkssouveränität virulent, das alte monarchische Prinzip in Lebensgefahr. Eine deutsche Zentralgewalt, wie sie bis in das Zentrum der Nationalversammlung hinein gefordert wurde, stellte die Souveränität der deutschen Staaten in Frage – selbst diejenige Preußens. Und ein deutscher Nationalismus, ob nun romantisch oder liberal-demokratisch artikuliert, mußte den einzelstaatlichen Patriotismus beeinträchtigen – auch und gerade den preußischen.

Schwarz-Rot-Gold oder Schwarz-Weiß, darauf spitzte sich für Wilhelm die deutsche Frage zu, und es konnte von ihm nur eine preußische Antwort erwartet werden. Niemand durfte ihm und seinesgleichen zumuten, daß sie das, was sie eben aus Preußen hinausgekehrt hatten, durch eine deutsche Hintertür hereinlassen würden. Die Reaktion hatte die Maßstäbe wieder zurechtgerückt, die für die preußische wie für die deutsche Politik gelten sollten: Wahrung der Rechte der Krone, Beibehaltung der Position des Adels, Festhalten an der königlichen Armee.

Letzteres war für Wilhelm wie stets das Nächstliegende. Hatten die jüngsten Ereignisse nicht sein Ceterum censeo bestätigt, daß von der Linientruppe das Wohl und Wehe der Monarchie abhinge? Das war gestern so und würde morgen so sein. »Wir stehen in einer bedeutenden Krisis«, erklärte er vor Offizieren des 1. Garde-Regiments zu Fuß, »und wenn wir sie glücklich durchmachen, wird es wieder die Armee sein, die das Vaterland rettet.« Aber eben die königlich-preußische Armee, an der die preußische Nationalversammlung gerüttelt hatte und die deutsche Nationalversammlung immer noch rüttelte.

Als Preuße fühlte er sich gedrängt und als Militärfachmann berufen, Bemerkungen zum Frankfurter Gesetzentwurf über die deutsche Wehrverfassung zu machen. Er wandte sich an Louis Schneider, für dessen »Wehr-Zeitung« er unter der Chiffre 68 Artikel zur Verteidigung der Armee schrieb, weil er gesehen hatte, wie sehr es auf die öffentliche Meinung ankam und er nun versuchen wollte, sie durch seine veröffentlichte Meinung zu beeinflussen. Jetzt hatte er sogar, freilich anonym, eine Schrift von über hundert Seiten verfaßt, für deren Drucklegung der anstellige Schneider sorgte – angetan schon vom Stil, der »ungemein fest, bestimmt, gar nicht zu ändern« sei, und begeistert vom entsprechenden Inhalt.

Satz für Satz zerpflückte der Prinz von Preußen den Gesetzentwurf der deutschen Nationalversammlung, der »die Sonderstellung der Einzelstaaten zu wenig im Auge gehabt«, die Zentralgewalt überbetone, die Dienstzeit der Wehrpflichtigen auf sage und schreibe 6 Monate bei der Infanterie verkürzen, bei der Landwehr die Vorgesetzten von den Untergebenen wählen lassen, alle Militär-Erziehungsanstalten aufheben und das Standes- und Ehrengericht für Offiziere beseitigen wolle.

Diesem zivilistischen Nonsens stellte er die Expertise des geborenen Preußen und gelernten Militärs entgegen: »Ununterbrochene dreijährige Dienstzeit des Wehrpflichtigen bei der Fahne. Nicht nur Abrichtung, sondern Erziehung zum Soldaten«, wie sie sich in der preußischen Armee allen Anfechtungen der Revolutionszeit zum Trotz bewährt habe: »Es ist der militärische Geist, der sich in allen Graden ausspricht, und der, von einem unübertrefflichen Offizierskorps getragen, sich über alle Glieder des Heeres verbreitet.« Auf keinen Fall dürfte die Sonderstellung des Offiziersstandes angetastet werden: »Bedenkt man aber, daß die Lebensaufgabe des Offiziers ist, jeden Augenblick für die höchsten und edelsten Güter der Menschheit sein Leben einzusetzen und zugleich andre auf seinen Befehl und auf seine Verantwortung in den Tod zu führen, so muß man von ihm auch die Bewahrung einer Gesinnung und Haltung verlangen, die nicht mit dem gewöhnlichen Maßstabe gemessen werden kann.«

Bei allem erneut betonten Altpreußentum: Wilhelm visierte weiterhin den »ersehnten Zweck« der größeren Einheit des »deutschen Vaterlandes« an – indessen zur höheren Ehre und größeren Macht seines eigenen, des preußischen Vaterlandes. Der Gedanke lag nahe, die deutsche Nationalbewegung zu kanalisieren, zwischen den altbewährten und neubefestigten Dämmen schwarz-weißer Ordnung, und mit ihren Energien Preußen an die Spitze Deutschlands zu bringen, wohin es längst gehörte.

Noch galt Österreich, der von der Tradition gesalbte Kaiserstaat, als die berufene Präsidialmacht, wie des in den Revolutionswirren aufgelösten Deutschen Bundes so eines aus den Revolutionswehen geborenen deutschen Reiches – und nicht nur den »Großdeutschen« in der Frankfurter Paulskirche, sondern selbst König Friedrich Wilhelm IV. von Preußen, der sich die Kaiserkrone nur auf dem Haupt des Habsburgers vorstellen konnte und sich mit dem Amt eines Reichserzfeldherren begnügen wollte. Wilhelm dagegen sah die Angelegenheit nicht reichsromantisch, sondern machtstaatlich-preußisch.

Der Heiligen Allianz und dem alten Deutschen Bund, den Grundvorstellungen seiner politischen Reifezeit, blieb er freilich insoweit verhaftet, als er den Mitbruder im reaktionären Geist, das Österreich des jungen Kaisers Franz Joseph I., nicht einfach als eine fremde Macht behandelt wissen wollte. Wilhelm machte sich eine Überlegung, die in Frankfurt angestellt wurde, zueigen, formulierte sie im Februar 1849 gegenüber seinem Neffen, dem Großherzog Friedrich Franz II. von Mecklenburg-Schwerin: Österreichs Stellung sei nicht *in*, sondern *neben* Deutschland, und im »engeren Deutschland« ohne Österreich müsse Preußen an der Spitze stehen. »Käme eine solche Nebeneinanderstellung Deutschlands und Österreichs noch zustande, so muß dahin gestrebt werden, daß ein so enges Bündnis zwischen ihnen erzielt wird, daß sie zusammen nach außen als eins erscheinen und in Bezug auf das ius belli et pacis in das engste, untrennbarste Bündnis treten. Eine gegenseitige Garantie des Besitzstandes, im Fall des Angriffes, wäre wohl kein zu hoher Preis für eine solche Nebeneinanderstellung!«

Drei Jahrzehnte später ist das Verhältnis zwischen einem gewaltsam neben Deutschland gestellten Österreich und einem neuen, von Preußen geführten und gestalteten Reich in einer diesem Gedanken ähnelnden Weise geregelt worden. 1849 war beides nicht möglich: die Ausschaltung Österreichs und die Erhebung Preußens zur Führungsmacht eines »kleindeutschen« Reiches.

Zunächst war Österreich mit sich selber, mit der Wiederherstellung seiner Reichseinheit beschäftigt, hatte weder Zeit noch Energien für die Debatten in der Frankfurter Paulskirche. Und als es wieder einigermaßen restauriert war, forderte es die Aufnahme des gesamten Kaiserstaates in einen neugestalteten deutschen Bund – was auf eine mitteleuropäische Föderation und nicht auf einen deutschen Nationalstaat hinausgelaufen wäre. In Frankfurt bekamen die konstitutionell-monarchischen Kleindeutschen die Oberhand. In Koalition mit der demokratischen Linken setzten sie die Reichsverfassung durch: Reichstag mit Staatenhaus (zur Hälfte von den Regierungen, zur Hälfte von den Parlamenten der Einzelstaaten zu ernennen) und ein allgemein und direkt zu wählendes Volkshaus; der monarchischen Reichsgewalt wurde nur ein suspensives, also aufschiebendes, kein absolutes Veto gegen die auf parlamentarischem Wege zustandegekommenen Gesetze eingeräumt. Am 28. März 1849 übertrug die Nationalversammlung – mit 290 Stimmen, bei 248 Enthaltungen – dem König von Preußen die erbliche Kaiserwürde.

In Berlin wurde die Frankfurter Kunde mit gemischten Gefühlen aufgenommen. Friedrich Wilhelm IV. sah im Bündnis zwischen den konstitutionellen Monarchisten und den demokratischen Republikanern ein Teufelswerk. Daß ihm das Volk, vertreten durch eine aus der Revolution hervorgegangene Nationalversammlung, eine Krone verschaffen wollte, war für einen Monarchen wie ihn eine unfaßbare und unannehmbare Zumutung. Und selbst wenn sie ihm von seinen Mitmonarchen angetragen worden wäre – gebührte die Kaiserwürde nicht dem Habsburger, dem Traditionsträger des römisch-deutschen Reiches? »Einen solchen imaginären Reif, aus Dreck und Letten gebacken, soll ein legitimer König und gar der König von Preußen sich geben lassen?«, hatte er bereits im Dezember Bunsen bedeutet. »Ich sage es Ihnen rund heraus: Soll die tausendjährige Krone deutscher Nation, die 42 Jahre geruht hat, wieder einmal vergeben werden, so bin ich es und meines Gleichen, die sie vergeben werden!«

Maßgebend sei, wer die Kaiserwürde anbiete, meinte der Prinz von Preußen. Auch für ihn kam eine Krone von Volkes Gnaden prinzipiell nicht in Frage. Er war wie sein Bruder Legitimist, doch – im Gegensatz zu Friedrich Wilhelm IV. – war er eben auch Friderizianer, der gern die Gelegenheit ergriffen hätte, Österreich auszustechen und den König von Preußen, »wenn auch nur als Reichsverweser, vorläufig zeitlebens, dann später vielleicht erblich, an die Spitze des engeren Deutschlands zu stellen.« Das schrieb er im Februar 1849 dem Neffen Friedrich Franz II. von Mecklenburg-Schwerin, und dies bereits im November 1848 dem Schwager Karl Alexander von Sachsen-Weimar: »Beschließt die Paulskirche, daß *ein* Oberhaupt sein möge, und die Souveräne Deutschlands tragen dem Könige von Preußen diese Stelle erblich an, so wird sich dieser nicht sträuben, sie anzunehmen. Nimmt er sie an, so ist eine zweite Bedingung, daß die deutsche Verfassung mit ihm und den übrigen Souveränen vereinbart werde, da man die Katze doch nicht im Sack kaufen kann, und Deutschland nicht erlauben kann, daß ein Parlament, was kein Mandat weder zur Mediatisierung noch zu Verschenkung von Kronen hat, beides tue.«

Beide Bedingungen wurden nicht erfüllt. Die Nationalversammlung, auf die Volkssouveränität pochend, beschloß eigenmächtig die Reichsverfassung und wählte parlamentarisch das Reichsoberhaupt. Damit waren für Wilhelm – der sich als Thronfolger direkt betroffen fühlte – vorerst, doch keineswegs für immer die Akten in Sachen kleindeutscher Reichsgründung und erblicher Kaiserwürde für Preußen geschlossen. Selbst Augusta, die ein konstitutionelles Deutschland im Auge hatte und sich selbst gern als Kaiserin gesehen hätte, steckte zurück, wollte sich indessen das Ziel nicht verbauen: Aus den Händen der Frankfurter dürfe der König die Kaiserkrone nicht annehmen, ließ sie den Minister Otto von Manteuffel wissen. »Aber die Antwort darf keine negative sein, sie muß versöhnlich und befriedigend auf die Befugnis der Fürsten hinweisen, ohne deshalb das Parlament zu verletzen.«

Da sie befürchtete, Friedrich Wilhelm IV. werde die Deputation der Paulskirche, die ihm am 3. April 1849 in Berlin die Kaiserwürde antragen wollte, zu schroff zurückweisen, bewog sie ihren Gatten, die Kaiserboten noch am selben Abend in ihr Palais Unter den Linden einzuladen. Sie bedurften tatsächlich pfleglicher Behandlung, die Frankfurter Herren, darunter der Parlamentspräsident Eduard Simson, ein Königsberger, der pro-preußische Professor Dahlmann und der unentwegte Reichsbarde Ernst Moritz Arndt, der auch zu diesem Anlaß ein Gedicht verfaßt hatte: »Frankfurt holt den Kaiser ein.« Der König hatte »vom Thron herab« sich am Vormittag nicht ungnädig gezeigt, aber sein Nein war unüberhörbar gewesen. Niedergeschlagen kam die Deputation zum Prinzen und zur Prinzessin von Preußen, die in der Sache ebenso hart waren, in der Form freilich so leutselig-liebenswürdig und höflich-verbindlich, daß der rheinische Liberale Karl Biedermann ins Schwärmen geriet:

»Der Lichtpunkt unseres Aufenthaltes war der Abend im Palais.

Wir waren noch voll der schmerzlichen Eindrücke des Morgens. Der Prinz, ein gerader, straffer, militärischer Charakter empfing uns, durchdrungen, wie man sah, von der hohen Bedeutung des Tages. In ernstem, tief eingehendem Gespräch suchte er uns zu überzeugen, daß der Eindruck, den wir aus der Antwort des Königs geschöpft hatten, nicht der beabsichtigte sei. Die Prinzessin, eine Frau, bei welcher Geist und Gemüt um den Vorrang streiten, vielleicht der klarste politische Kopf und das wärmste patriotische Herz am Hofe zu Berlin, bat, beschwor uns fast, mit tiefer Bewegung in ihrer Stimme und in ihren Mienen, an dem glücklichen Ausgang unserer Sendung nicht zu verzweifeln, das Werk der Verständigung nicht vorschnell abzubrechen. Es werde, es müsse alles noch gut enden, das Ziel sei ja ein so herrliches, ein so notwendiges.«

Der Wunsch mag bei Biedermann der Vater des Lobes gewesen sein. Jedenfalls klagte hinterher Augusta ihrer Mutter, sie werde diese »schreckliche Gesellschaft« nie vergessen können, während sich Wilhelm beim Schwiegervater über die »gewaltige Agitation« seiner Frau beschwerte. Hatte er nicht begriffen, daß sie die Frankfurter nicht völlig entmutigt aus Berlin abreisen lassen wollte? Oder ahnte er, daß es mehr als Diplomatie gewesen war, daß sie mit den anderen sich selbst beschwichtigen wollte, weil auch sie ihren Traum zerstört sah? Und Wilhelm mußte sich selber fragen: War er nicht, wie so oft bei Konfrontationen, zu weit entgegengekommen?

Schon hieß es, der Thronfolger stehe Kaiser und Reich näher als der König. Das konnte er nicht auf sich sitzen lassen, und es stimmte auch nicht. Er werde von der Deputation nicht unabsichtlich gelobt, meinte er sich beim Weimarer Schwager rechtfertigen zu müssen. Menschlich genommen freue er sich sehr, »wenn sie mich anders gefunden haben als die Berliner März-Populace«, aber politisch hätte er im Einklang mit dem Gouvernement befunden werden müssen. »Man siehet, wie viel auf die Formen ankommt, denn in der Sache habe ich ihnen meine Ansicht unumwunden ausgesprochen, aber freilich milde und versöhnend.«

Hart in der Sache wie hart in der Form wollte er nun vor den Freunden dastehen. Vor Karl Alexander von Weimar: Wer die Reichsverfassung so annehme, wie sie vorgeschlagen sei, »der umarmt die Revolution de gaieté de coeur und kann sich nie wieder aus ihren Armen befreien«. Vor dem Freiherrn von Stillfried, dem späteren Oberzeremonienmeister: Er könne nur die Weisheit des Königs loben, daß er die Reichsverfassung so, wie sie sei, nicht angenommen habe. Wer sie Paragraph auf Paragraph lese, werde merken, daß alle Macht dem Parlament gegeben sei, das Oberhaupt nur zum Schein bestehe und man sich seiner bei Gelegenheit entledigen könne, um zur Republik zu gelangen. Dennoch: »Nur Mut gefaßt zum König, und Preußens Geschick wird sich erfüllen, aber auf eine Art, die Dauer und Heil verspricht, und beides erreicht man nur durch Kraft und Konsequenz; und indem man die Rechte anderer berücksichtigt und betont, erhält man sein eigenes Recht.«

Aber schon schien Wilhelm zu bezweifeln, daß Preußen gewissermaßen auf dem Rechtswege die Vormacht Deutschlands werden könnte. Seinem militärischen Erzieher, General Oldwig von Natzmer, meldete er am 20. Mai 1849, er habe die Ultima ratio der Hohenzollern, den Griff nach den Waffen, keineswegs vergessen, und auch nicht seinen Clausewitz, der lehrte, Deutschland könne nur durch das Schwert zur Einheit gelangen: »Wer Deutschland regieren will, muß es sich erobern.« Denn – so Wilhelm weiter – »à la Gagern«, nach Art des ersten Präsidenten der deutschen Nationalversammlung, mit Parlamentsreden und Parlamentsbeschlüssen, gehe es nun einmal nicht. »Ob die Zeit zu dieser Einheit schon gekommen ist, weiß Gott allein! Aber daß Preußen bestimmt ist, an die Spitze Deutschlands zu treten, liegt in unserer ganzen Geschichte – aber das Wann und Wie, darauf kommt es an.«

In der »phantastischen Professorenzeit« sei seine lederne Natur wie die militärische Methode nicht gefragt, räumte er ein, ohne von seinem Wie abzugehen – Einigung nicht durch das Volk, sondern durch die Fürsten, nicht mit dem Stimmzettel, sondern durch die Machtmittel des Staates. »Wir wollen nur abwarten, wer zuletzt recht behält.« Er bekam schließlich recht – durch das preußische Schwert, das er noch im Jahre 1849 zum ersten Mal in Deutschland und gegen Deutsche erprobte.

D IE ABSAGE PREUSSENS war wie ein Luftzug, in dem die ohnehin herabgebrannte Kerze der Frankfurter Nationalversammlung erlosch. An einigen Punkten Deutschlands, das in Freiheit geeint werden sollte, ballten sich die enttäuschten Hoffnungen zusammen und entluden sich in Aufständen. Radikale setzten der Repression von oben die Gewalt von unten entgegen, kämpften für die Republik und schon für das, was der russische Anarchist Michael Bakunin, der in Dresden mit dabei war, propagierte: »Nur dann werden wir glücklich, das heißt: wir selbst sein, wenn der ganze Erdboden im Brande steht.«

In der Hauptstadt Sachsens war es am 3. Mai 1849 losgegangen: Das Zeughaus wurde gestürmt, der König floh auf den Königstein, eine provisorische revolutionäre Regierung bildete sich. Die legitime monarchische Regierung ersuchte Preußen, Gesetz und Ordnung wiederherzustellen. »Bedarf es des preußischen Schildes und Schwertes gegen äußre oder innere Feinde, so werde ich, auch ohne Ruf, nicht fehlen«, hatte Friedrich Wilhelm IV. der Deputation der deutschen Nationalversammlung bedeutet. Nun bekam er die erste Gelegenheit, den inneren Frieden in einem deutschen Nachbarland wiederherzustellen und sich den bedrohten Mitmonarchen wie den besorgten Bürgern als Garant der staatlichen und gesellschaftlichen Sicherheit zu empfehlen.

In drei Tagen, vom 7. bis 9. Mai, waren die königlich-preußischen Truppen mit den Aufständischen fertig. Dies werde hoffentlich einen heilsamen Eindruck auf andere Gegenden machen, wo man Ähnliches versuchen wolle, kommentierte Wilhelm. »Der unruhigste Teil bei uns ist das Bergische und ein Teil von Westfalen. Es gehen von heute bis übermorgen 3 Bat. 24. R., 2 Bat. Berliner Landwehr und das Berliner Garde-Landwehr-Bat. nach Hamm ab. In Breslau ist alles beruhigt; diesseits der Elbe ist überhaupt noch nichts weiter vorgefallen.« Der Wesensunterschied zwischen Ostelbien, dem preußischen Kernland, und Westelbien, das eben zu weit westlich lag, war wieder einmal offenbar geworden.

Am Rhein, und zwar dort, wohin der preußische Arm noch nicht reichte und wo die Franzosen zu viele Spuren hinterlassen hatten, kam es zu den gefährlichsten Aufständen: in der bayerischen Rheinpfalz und, vor allem, im Großherzogtum Baden, das schon im Jahr 1848 zwei Emeuten erlebt hatte, und nun, Mitte Mai 1849, in vollem Umsturz war. Denn hier schworen Armee und Beamtenschaft auf die neue, liberal-demokratische Regierung, die indessen schon – ähnlich wie seinerzeit in Frankreich die Gironde von den Jakobinern – von einer zweiten, der totalen, der sozialistischen Revolution überrollt zu werden schien. Radikale aus ganz Deutschland und dem Ausland, vor allem aus Polen und Ungarn, kamen nach Baden, das sein vertriebener Großherzog zu einem »liberalen Musterländle« gemacht hatte und das nun der Urkanton einer deutschen Republik werden sollte.

Das erschreckte den Prinzen von Preußen, aber es verwunderte ihn nicht. Er hatte schon immer davor gewarnt, den Liberalen einen Fuß in die Tür zur Macht setzen zu lassen, weil sie dann über kurz oder lang von Demokraten und Sozialisten weit aufgestoßen und dabei der Liberalismus selber umgestoßen würde.

Mit dem Reformismus der großherzoglichen, gelb-rot-gelben Regierung hatte es begonnen, was zum gemäßigt-linken, schwarz-rot-goldenen Regiment des Advokaten Lorenz Brentano führte, der, kaum am Hebel, schon Gefahr lief, von der extremen Linken verdrängt zu werden. Schon gegen diesen Brentano hatte Wilhelm prinzipielle Einwände und auch einen persönlichen Pick: Als Abgeordneter der Frankfurter Nationalversammlung hatte er ihn in einer Debatte über »Amnestie politischer Verbrecher« als »Kartätschenprinzen« auf eine Stufe mit den Delinquenten des ersten badischen Aufstandes gestellt: »Wollen Sie die, die in Baden die Waffen ergriffen haben, zurücksetzen gegen einen Prinzen von Preußen?« Aber noch weit schlimmer als Lorenz Brentano, der Komparativ, war Gustav von Struve, der Superlativ der Revolution: Führer des »Klubs des entschiedenen Fortschritts«, ein deutscher Robespierre, einer jener Roten, die es, wie Wilhelm meinte, »mit dem Volke hielten, freilich nur, um, wenn sie zur Macht kommen, es auszuziehen zu können.«

Zunächst wünschte er sich nur, daß die Badener und ihresgleichen »noch länger den Zustand genössen, in den sie sich aus sogenannter Deutschtümelei versetzt haben, d. h. in die Republik, damit sie von selbst diesen Alp abzuwälzen wünschen mögen.« Doch das war eher Freude an dem von der Bewegungspartei sich selbst zugefügten Schaden, als die Hoffnung, sie würden daraus klug werden. Man durfte sie auch nicht zu lange im eigenen Saft schmoren lassen, denn was da in der Pfalz und vor allem in Baden aufstieg, konnte ganz Deutschland, auch Preußen, verpesten. Das im März des Vorjahrs begonnene Drama sei jetzt so weit, daß das Schwert entscheiden müsse, konstatierte er im Juni. »Zur Zeit muß Preußen doch seiner geschichtlichen Aufgabe nachkommen« – was für ihn hieß, die Revolutionäre überall in Deutschland zu Paaren zu treiben und damit seine Unentbehrlichkeit als deutsche Ordnungsmacht und seine Befähigung zur deutschen Führungsmacht zu demonstrieren.

Am 8. Juni 1849 war er zum Kommandierenden der Operationsarmee gegen die Aufständischen in Baden und in der Pfalz ernannt worden. Der Großherzog von Baden wie der König von Bayern hatten ausdrücklich um preußische Hilfe gebeten, der König von Preußen ihnen den »Kartätschenprinzen«, das Symbol der militanten Gegenrevolution, offeriert. Der Prinz von Preußen griff begeistert nach dem Schwert, primär aus prinzipiellen Gründen: um mit dem »sichtbaren Feind« die Idee der Revolution zu treffen.

Er hatte auch triftige persönliche Motive, wenngleich er sie nicht so offen aussprach. Seit seiner Entbindung vom Generalkommando des Gardekorps im Vorjahr hatte er keine militärische Befehlsgewalt mehr innegehabt, und seit 34 Jahren, seit 1815, war er nicht mehr im Felde gestanden. Nun konnte er endlich anwenden, was er in den langen Friedensjahren gelernt hatte, seinen Beruf praktizieren, Krieg führen, wozu ein Soldat schließlich da war. Der heißersehnte Lorbeer schien greifbar nahe, zumal er davon überzeugt war, daß – wie er die militärische Aktion Rußlands und Österreichs im revolutionären Ungarn kommentierte – Insurgenten nie reguläre Truppen besiegt hätten und besiegen könnten.

Beinahe hätten ihn die Empörer mit ihren Waffen erledigt, bevor er an die Spitze seiner Armee treten konnte. Auf dem Wege zu ihr, zwischen Mainz und Kreuznach, bei Ingelheim, lauerte ihm ein Heckenschütze auf, der jedoch versehentlich auf einen Adjutanten schoß. Es traf den Postillon, dem Wilhelm eine Invalidenrente gewährte. »Ich danke Gott, daß er mich vor Meuchelmord bewahrt hat, wenngleich man mit dergleichen Gefahren an Leben und Gesundheit in unserer Lage hier ziemlich vertraut wird.«

Dann brach die Vergeltung über die Aufrührer herein, mit der Unerbittlichkeit einer Dampfwalze. 25 000 Mann rückten auf dem linken, 25 000 Mann auf dem rechten Rheinufer vor, die Kunde vor sich hertreibend: »Die Preußen sind überall, man sieht nichts als Himmel und Pickelhauben.« Die Pfälzer hatten ihnen nichts Nennenswertes entgegenzustellen, und die Insurgenten in Baden waren den Preußen wie den dazustoßenden, aus süddeutschen Kontingenten gebildeten »Reichstruppen« – noch einmal 50 000 Mann – an Zahl, Ausbildung, Ausrüstung und Führung hoffnungslos unterlegen. Ihr Oberbefehlshaber, der Pole Ludwig von Mieroslawski, schätzte seine »Rhein- und Neckararmee« auf 20 000 Mann. Insgesamt standen im revolutionären Baden an regulären Truppen, Volkswehren, Bürgergarden, Freikorps und Freischaren höchstens 45 000 Bewaffnete.

Sie kämpften freilich besser, als Wilhelm zunächst angenommen hatte. »Unsere Operationen sind bisher alle, ihren Anlagen nach, vollkommen geglückt, nur noch nicht die Niederwerfung des Feindes«, berichtete er am 28. Juni, nach den ersten Gefechten. »Die Freischärler haben ausgezeichnete Schützen und die Artillerie ist meist schweren Kalibers, daher recht unangenehm; aus all diesen Gründen ist der Kampf nicht ganz so leicht, wie man glaubt.« Und sie kämpften eben anders, als es die regulären Preußen gelernt hatten: »Diese Banden entschlüpfen wie die Aale, so entkam uns Mieroslawski wie ein Kirschkern zwischen zwei Fingern.«

Immerhin hatte er die Genugtuung, daß sich die preußischen Linientruppen so schlugen, wie es von ihnen erwartet worden war. Freilich sprachen sie auch dem badischen Wein tüchtig zu, was ihrem Oberbefehlshaber weniger gefiel. Er selber benahm sich so, wie es seinem Nachholbedarf an Popularität anstand und auch in vaterländischen Lesebüchern entsprechend gewürdigt werden sollte: »Überall wurden die kleinen Geschichten erzählt, wie der Prinz sein Stück trocken Brot mit einem Musketier des 20. Regiments teilte: ›Da, Kamerad, iß auch!‹, oder wie er ohne Begleitung zu den Gräbern der bei Durlach gefallenen Soldaten ging, um im stillen Gebet Gott zu danken.« Oder die Anekdote von Bischweiler: Wie er im Kugelregen ein Muttergottesbild betrachtete und seinem Hofmarschall Graf Pückler eröffnete: So ein Bildstöckl möchte er gern am Havelufer bei Babelsberg haben.

Als der Großherzog davon erfuhr, schenkte er ihm das Bildstöckl von Bischweiler. Er hatte allen Grund, dem Preußen dankbar zu sein. Zug um Zug, von Norden her, wurden die Empörer zurückgedrängt, bis zur Schweizer Grenze im Süden, über die sich viele von ihnen, vor allem die Rädelsführer, in Sicherheit brachten. Schon am 11. Juli 1849 – einen Monat nach Beginn der Operationen – konnte der Prinz von Preußen Leopold von Baden melden: das Großherzogtum sei von den Massen der Insurgenten befreit. Nur die Festung Rastatt – wo der Aufstand begonnen hatte und nun ein Rest der Aufständischen, von den Preußen belagert, das Ende erwartete – werde noch eine zeitlang die Kräfte in Anspruch nehmen.

Mit dem Rechenschaftsbericht präsentierte er dem Großherzog die Rechnung. »Wenn also der erste Akt der Pazifikation Badens im allgemeinen erreicht ist, so tritt nun ein zweiter, viel schwierigerer ein. Es ist die Wiederherstellung der Ordnung und des Gesetzes im ganzen Lande und die Garantie von deren Dauer.« Dies erfordere – da der Großherzog keine Soldaten mehr habe – eine längere Besetzung des Landes durch preußische Truppen und den Wiederaufbau einer badischen Armee nach preußischem Muster und unter preußischer Überwachung auf preußischem Territorium. »Wenn Preußen immer schon sein Militärsystem als ein in der Theorie und Friedenspraxis sich bewährt habendes empfehlen konnte und durfte, so ist es dazu noch viel mehr jetzt berechtigt, wo seine Armee die moralische und materielle Feuerprobe auf eine eklatante Weise bestanden hat.«

Baden als eine Art preußischer Militärprovinz, ein Brückenkopf jenseits des Mains, ein Fuß in Süddeutschland – das war die erste Forderung, der Beginn des Marsches Preußens an die Spitze Deutschlands. Die zweite folgte logischerweise aus der ersten: So weit die Fittiche des preußischen Adlers reichten, bis dahin müßte das monarchische Prinzip zur Geltung gebracht und die demokratische Idee niedergehalten werden. Deshalb müßte man die Empörer exemplarisch bestrafen, vor allem die eidbrüchigen Soldaten. »Diese in der neueren deutschen Geschichte ungekannte Treulosigkeit muß auf eine eklatante Weise behandelt werden; es verlangt dies nicht nur die Ehre der Treugebliebenen, die Ehre Badens, sondern es verlangt dies die Ehre aller deutschen Armeen. In unserer wühlerischen Zeit muß es den Wühlern wie den Truppen gezeigt werden, daß die Treulosigkeit und Eidvergessenheit ein ernstes, strenges Gericht trifft.«

Es konnte beginnen, nachdem Rastatt, das letzte Reduit der Revolution, am 23. Juli 1849 auf Gnade und Ungnade kapituliert hatte. Er wolle diese Leute nicht sehen, hatte Wilhelm erklärt, dann wollte er sich das Schauspiel doch nicht entgehen lassen, nur selber nicht gesehen werden. Als die Insurgenten zum Tor herauskamen, stand er, gewissermaßen inkognito, im Gefolge des Generals von Gröben. Auf diesen ritt der Festungskommandant, Gustav Nikolaus Tiedemann, zu, um ihm seinen Säbel zu übergeben. Doch dieser winkte dem Armeeprofos, der nicht einen Kriegsgefangenen, sondern einen Aufrührer in Gewahrsam nahm.

Bald darauf wurde Tiedemann im Festungsgraben von Rastatt erschossen, nach dem summarischen Verfahren eines Standgerichtes, das zwar im Namen des Großherzogs von Baden urteilte, doch nur aus preußischen Militärs bestand, aus einem Major, einem Hauptmann, einem Premier- und einem Sekondeleutnant, einem Feldwebel, einem Unteroffizier und einem Gemeinen. Ihr erstes Opfer war der Redakteur des Rastatter *Festungsboten*, Ernst Elsenhans. Die Preußen hätten ihm seine Zeitung nicht verzeihen können, meinte sein Gesinnungsgenosse Otto von Corvin, der begnadigt wurde – die Zeitung, in welcher »ein gewisser Prinz ›Kartätschenprinz‹ genannt und behandelt war... Die Leute, welche durch die Eile dem Prinzen ihre Ergebenheit geben wollten, verkannten, scheint es, dessen Charakter; denn man erzählt sich, daß derselbe beabsichtigt habe, Elsenhans zu retten, eben weil derselbe ihn persönlich beleidigt, und daß er sein Mißfallen und Bedauern über sein Zuspätkommen ausgedrückt habe.«

Während in Rastatt füsiliert wurde, schrieb Wilhelm aus Freiburg dem Bruder und König: »Gott lohne Dir die Freude, die Du mir gemacht hast, wie wir alle Ihm danken, der uns bis hierher half und weiter helfen wird.« Als Postskript teilte er mit: In Freiburg sei Maximilian Dortu, ehemaliger königlich-preußischer Auskultator und ein Anführer der Berliner Revolution, standrechtlich erschossen worden. »Er ist allem und jedem Zuspruch des Geistlichen, unseres sehr guten Divisionspredigers Heintz, unzugänglich geblieben, erklärend, daß es für ihn keinen Gott und keine Zukunft gäbe.«

Da aus Preußen Nachschub an Auditeuren eingetroffen sei, nähmen die Untersuchungen einen raschen Fortgang, konnte er anmerken. Vierzig Todesurteile wurden verhängt und viele Haftstrafen. 80 000 Badener verließen ihre Heimat; bei 1,4 Millionen Einwohnern war das beinahe jeder achtzehnte.

In das »pazifizierte« Land, in die Haupt- und Residenzstadt Karlsruhe, in der nun wieder Gelb-Rot-Gelb geflaggt war, führte am 18. August 1849 der Prinz von Preußen den preußische Generalsuniform tragenden Großherzog Leopold zurück. Der Wiederhersteller und Begründer der Ordnung und des Gesetzes erhielt das Großkreuz des badischen Karl-Friedrich-Ordens und den preußischen Pour le Mérite sowie den Roten Adlerorden mit Schwertern. Zudem schenkte ihm der königliche Bruder eine Statue des heiligen Michael, des Erzengels, der Luzifer überwand, so wie der Prinz »den Drachen der Zuchtlosigkeit und Gesetzesverachtung im westlichen Deutschland« besiegte, wie ein Zeitgenosse lobhudelte. Obwohl er dem König von Bayern die Rheinpfalz »befriedet« hatte, bekam er keinen weiß-blauen Orden; vielmehr wurde in bayerischen Kirchen für Errettung aus »preußischen Klauen« gebetet. Und in Wien war man eifersüchtig, weil Preußen mit dem gegenrevolutionären einen machtpolitischen Erfolg in Deutschland errungen hatte.

Aller Halt der Staaten liege in den Armeen, bilanzierte Wilhelm im allgemeinen, und im besonderen: Der Zement zwischen ihm und dem preußischen Heer sei noch fester geworden. Er genoß das »Hosianna«, mit dem ihm am 12. Oktober 1849 die Berliner begrüßten, die noch vor kurzem »Crucifige« gerufen hatten. Sein Palais war mit Eichenlaub und Lorbeer geschmückt, und Deputationen der Stadt wie der Volksvertretung huldigten ihm. »Unsre Institutionen haben sich bewährt, vor allem auf militärischem Felde«, entgegnete er dem Präsidenten des Abgeordnetenhauses. »Darum empfehle ich die Armee der steten und besonderen Sorgfalt der Kammern.«

Die endlich errungenen militärischen Lorbeeren konnten die tief wurzelnden Sorgen über die politische Zukunft nicht verdecken. Die Vernunft kehre teilweise von selbst, teilweise durch die Bajonette zurück, hatte er kurz vor dem badischen Feldzug gehofft. Nicht lange danach sinnierte er: »Bajonette sind nur gut gegen die Bündnisse der Zeit, aber nicht gegen die Wahrheit, die in der Zeit liegt.« Verlangte der Geist der Zeit nicht Volkssouveränität und Nationaleinheit? Mitunter schienen ihm derartige defaitistische Gedanken durch den Kopf zu gehen: Er fürchte, das Jahr 1848 werde Preußen und Deutschland noch Zeiten bescheren, wie sie Frankreich schon seit einem halben Jahrhundert durchmache.

Durch eine deutsche Fürstenunion mit konstitutionellen Einrichtungen und Preußen als Primus des »engeren Bundes«, der mit Österreich in einem »weiteren Bund« vereinigt werden sollte, durch diese an Vorstellungen der Frankfurter Nationalversammlung erinnernde Konzeption wollte Berlin den Zeitgeist in den Griff bekommen. So hatte es sich Joseph Maria von Radowitz ausgedacht, aus Ungarn stammend, Katholik und Romantiker, Führer der kleindeutschen Konservativen in der Paulskirche und Vertrauter des Königs von Preußen, der ihn schließlich zum Außenminister machte.

Friedrich Wilhelm IV. war angetan. Hier wurde nicht auf die Volkssouveränität vorgegriffen, sondern auf die Fürstensouveränität zurückgegriffen. Der nationalen wie der konstitutionellen Bewegung kam man entgegen, ohne sich ihr auszuliefern. Der König von Preußen wurde als erblicher Reichsvorstand erhöht, ohne daß die anderen, der Union freiwillig beigetretenen und als gleichberechtigt angesehenen Mitfürsten erniedrigt worden wären. Und der Hohenzoller mußte vor dem Habsburger nicht mehr zurückstehen, aber sich mit ihm auch nicht zerkriegen.

Die Gelegenheit war günstig. Österreich hatte noch immer mit den aufständischen Ungarn zu tun. Die kleineren Fürsten schien Revolutionsangst unter die Fittiche des preußischen Adlers zu treiben, der den gemeinsamen Feinden, aber auch zaghaften Freunden die Klauen gezeigt hatte. Und die monarchisch-konstitutionellen Kleindeutschen, die nach der Zerstörung ihrer Illusionen die Kunst des Möglichen entdeckten, versagten es sich, einem geschenkten Gaul ins Maul zu schauen.

»Bald wird es tagen, aber nicht à la Paulskirche«, hoffte Wilhelm am 11. Mai 1849. Bereits am 26. Mai konnte er aus Berlin berichten: »Die deutsche Sache steht so, daß heute hier mit Hannover und Sachsen abgeschlossen wird, teils ein Schutz- und Trutzbündnis, teils die Vereinbarung über eine neue Reichsverfassung. In beiden Beziehungen tritt Preußen an die Spitze, und erwartet man, wer sich diesem Bunde anschließen will.« Als erste und – wie es sich herausstellen sollte – einzige kamen die kleineren nord- und mitteldeutschen Fürsten. Und in Gotha billigten 150 Mitglieder der erbkaiserlichen Partei der Paulskirche den Unionsplan.

Gegen den »deutschen Schwindel« wetterte in der zweiten preußischen Kammer der konservative Abgeordnete Otto von Bismarck-Schönhausen. Wilhelm hingegen meinte Aufwind für die preußische Sache zu spüren. Freilich wollte er davon, vom nationalen und konstitutionellen, nur so viel wie unbedingt nötig haben. Den vorgesehenen Reichstag wollte er bald nach Erfurt einberufen wissen, »nur der Gothaer Partei darf man nicht zu viel einräumen«, bremste er. »Diese Leute möchten zu gern ihre Rolle von 1848 repetieren und die Regierungen ignorieren, das muß man ihnen legen, ohne sie zu brüskieren.«

Für die Gothaer, die Nationalkonstitutionellen, ergriff Augusta Partei, die nun wieder ihr deutsches Herz auf der Zunge trug. Das gab häuslichen wie außerhäuslichen Ärger. »Ich hoffe, sie wird sehr auf sich achten und im Zaum halten, damit sie mir meine gewonnene Stellung nicht verdirbt durch Verfolgung anderer Prinzipien; ich hoffe, Deine Mama wird sie darauf aufmerksam machen«, wandte sich Wilhelm am 12. März 1850 an den Weimarer Schwager. »Sie sagt wörtlich: Sie habe den Willen, nach meinen Ansichten zu handeln, ob sie die Kraft haben werde, wisse sie nicht. Bei ihrem Oppositionsgeist sehe ich demnach große Unannehmlichkeiten voraus, da sich alles als Mangel an Kraft auslegen läßt. Erzähle dies der Mama, damit sie auf A. in ihrem Namen, nicht in dem meinigen, wirke.«

Sein endlich erreichtes »offizielles-positives Wirken« wollte er sich nicht durch eine politisierende, und auch noch die falsche Partei favorisierende Frau beeinträchtigen lassen. Nach erfolgreicher Mission in Süddeutschland war er im Oktober 1849 zum Militärgouverneur am Rhein und in Westfalen ernannt worden, verbunden mit dem Oberkommando der preußischen Truppen in Baden und Frankfurt am Main. Im März 1850 hatte er sein Stabsquartier in Koblenz bezogen. Schon in Berlin hatte Augusta gegen den König und seine Kamarilla frondiert, was würde die liberalisierende und katholisierende Weimarerin erst am Rhein anstellen! Die ersten zehn Tage ging es gut. »Augustas Verhalten ist bisher ganz nach Wunsch«, berichtete Wilhelm am 29. März dem Schwager, »und hat gewiß die Ermahnung der Mama auch darauf gewirkt.«

Aus dem öffentlichen Bereich gab es weniger Positives zu vermelden. Als Gegenzug zum Erfurter Unionsparlament wollte Wien den 1848 überrollten Frankfurter Bundestag, den Gesandtenkongreß des Deutschen Bundes von 1815, wieder aufrichten. Hannover und Sachsen sagten sich vom Bündnis mit Preußen los und taten sich zur

Abwehr der preußischen Union mit Bayern und Württemberg zu einem Vierkönigsbündnis zusammen. Österreich schloß sich kontrollierend und dominierend an. Wilhelm fragte sich, »ob jene Verbündeten beschlossen haben, mit gewaffneter Hand die Konstituierung unseres Bundesstaates zu zerstören, wenn es soweit gekommen ist? Wäre dies der Fall, so bleibt nichts übrig, als sich seiner Haut zu wehren.«

Österreich und immer wieder Österreich – was Friedrich der Große gegen Maria Theresia erkämpft hatte, eine gleichrangige, wenn schon nicht ebenbürtige Machtstellung, wollte die Wiener Diplomatie mit einer enervierenden Melange aus Charme und Impertinenz wieder rückgängig machen. Und die k. k. Armee stand bereit, einen ernsthaften Versuch Preußens, Österreich aus Deutschland zu verdrängen und sich an dessen Spitze zu stellen, mit Waffengewalt zu begegnen – was auch für den Habsburger die Ultima ratio war.

»Ein Krieg wäre das Traurigste, was wir zwischen uns und Österreich erleben könnten«, hatte Wilhelm im Dezember 1849 geäußert – noch ganz Reaktionär, der sich mit dem nicht minder reaktionären Kaiserstaat im Geiste der Heiligen Allianz verbunden wußte. Schon im Februar 1850 war davon einiges abgebröckelt: Wenn Preußen vor den Widrigkeiten kapituliere und die Unionspolitik aufgebe, wäre dies eine Treulosigkeit gegenüber den Fürsten, die bei der Stange geblieben waren, »vor allem aber die unterwürfigste Konzession gegen Österreich, die es seit einem Jahre anstrebt, und eine Degradation Preußens im Auge der Welt, wie sie noch nie dagewesen ist.« Preußen bereite sich militärisch für den Fall vor, daß Österreich widerstrebende Staaten in einen wiedereröffneten Frankfurter Bundestag zwingen wolle. Doch immer noch: »Gott verhüte einen Zusammenstoß, der den Krieg bringen müßte!«

Aber auch der Sohn König Friedrich Wilhelms III., der Hand in Hand mit Kaiser Franz I. Napoleon und die Revolution besiegt und das alte Europa restauriert hatte, konnte sich der Logik der Entwicklung nicht entziehen. Sie lief auf einen Konflikt zwischen den beiden rivalisierenden Mächten in Deutschland hinaus, und Preußen, wenn es Preußen bleiben und zur Vorherrschaft in Deutschland gelangen wollte, durfte ihn nicht scheuen – Heilige Allianz hin oder her.

In einer Denkschrift vom 19. Mai 1850 versuchte Wilhelm sich und anderen Klarheit zu verschaffen. »Preußens geschichtliche Entwicklung deutet darauf hin, daß es berufen ist, einst an die Spitze Deutschlands zu treten.« Doch der vom Österreicher Metternich dirigierte Wiener Kongreß habe die Ausübung dieses seines Berufes zu hindern gesucht: »Die abnorme Einteilung Preußens in zwei getrennte Hälften hatte wohl keinen andern Grund als den, dasselbe nicht einig und daher nicht mächtig werden zu lassen.« Doch diese Absicht sei durch Preußens politischen Geist und militärische Kraft durchkreuzt worden. Mit dem Deutschen Zollverein habe es die Einigung Deutschlands ohne Österreich begonnen, die Nationalbewegung sei darauf eingegangen und habe den König von Preußen, nicht etwa den Kaiser von Österreich, zum Oberhaupt eines neuen Reiches gekürt.

Die »ominöse Kaiserwahl« jedoch »basierte auf einem Boden, der unhaltbar war.« Preußen lenkte mit starker Hand die Entwicklung wieder in die monarchische Bahn zurück, biete nun mit der Union allen deutschen Staaten »die Hand, um sie vor Anarchie zu schützen und einen geregelten Zustand herbeizuführen.« Für das nun zu einem Einheitsreich erklärte Österreich gebe es nur noch einen Platz *neben* Deutschland, mit dem es allerdings durch ein besonders enges Verhältnis verbunden bleiben sollte. Fazit: Preußen müsse an der Union festhalten, wenn diese zunächst auch nur zu einem norddeutschen Bund führe, doch die »noch zu demokratischen Elemente« müßten aus der Unionsverfassung entfernt werden. »Tritt Österreich diesem Vorhaben dann doch mit Krieg entgegen, so wird die Welt entscheiden, wer im Recht und wer im Unrecht ist.«

Schon 1850 entwarf der spätere König von Preußen und erste Deutsche Kaiser das Programm, das dann Bismarck mit den ihm eigenen Methoden verwirklichte. Wilhelm hatte von Anfang an Skrupel: Wäre Preußen tatsächlich im Recht? Hätte es genügend Truppen? Was würden die europäischen Mächte, vor allem Rußland, dazu sagen?

Der preußische Thronfolger wurde zum Zaren Nikolaus I. geschickt, um dem Jugendfreund, Schwager und Hauptverbündeten die preußische Unionspolitik zu erläutern. Nach Warschau kam auch Ministerpräsident Fürst Schwarzenberg, der kalte und starke Mann Österreichs, dem Wilhelm außer seinen verwandtschaftlichen Beziehungen nur seine Offenherzigkeit entgegenzusetzen vermochte. Der Russe stand ohnehin an der Seite des Österreichers, mit dem er soeben im Namen der Heiligen Allianz die ungarische Revolution ausgelöscht hatte. Er war höchst ungehalten, daß nun Preußen die Ansätze der deutschen Revolution weiterführen wollte, wenn auch unter monarchischem Kommando, so doch unter Einsatz der liberalen Traditionskompanie der Paulskirche.

Er werde Preußen angreifen, wenn es Österreich angreife, fuhr der Zar den Prinzen an. Und wenn Österreich angreife? Rußland komme dem Angegriffenen zu Hilfe, allerdings dürfe dieser den Angriff nicht »durch moralischen Zwang« provoziert haben. Das konnte nur heißen: Wenn Österreich den Krieg erklärte, könnte es sich auf Verstöße Preußens gegen die Moral der Heiligen Allianz und den Bestand des Deutschen Bundes berufen – also mit der Bundesgenossenschaft Rußlands rechnen. Dazu konnte Wilhelm nur sagen: Preußen werde niemals einen Bruderkrieg in Deutschland beginnen, aber es werde sich verteidigen, wenn man es angreife.

Prinzipiell, erklärte Nikolaus, sollten zwei konservative Mächte überhaupt keinen Krieg gegeneinander führen, sondern miteinander die progressiven Kräfte bekämpfen. Man müsse mit Waffengewalt alle Konstitutionen ausrotten. Er würde in ihm, antwortete Wilhelm, einen eifrigen Kombattanten finden, wenn man dies wirklich tun könnte. Aber momentan sehe er keine Möglichkeit und grundsätzlich glaube er nicht, daß man mit dem Degen den Geist bekämpfen könnte. Im Augenblick gebe es nur eine »réaction légale et législative« – bis das Neue selbst zusammenstürze.

Die Schwager verstanden sich nicht mehr. Wilhelm reiste nach Petersburg weiter, wo er seine Lieblingsschwester Charlotte sehr abgemagert und mit ständigem Herzklopfen vorfand. Von Kronstadt fuhr er mit der »Königin Elisabeth« nach Swinemünde, geriet in einen Sturm, der einen Mast zerbrach. Über Berlin und Ostende reiste er nach London weiter, offiziell als Pate zur Taufe des Prinzen Arthur, inoffiziell zur Erkundung der britischen Haltung gegenüber der Unionspolitik. Er fand Ablehnung: Preußen war isoliert.

In Berlin begann das Eindruck zu machen. Am 2. Juli 1850 erfüllte man die Forderung des Zaren und einen Wunsch der Briten, die am leichtesten fielen: der Friedensschluß mit Dänemark – unter Preisgabe der schleswig-holsteinischen Sache. In zwei Kriegen,

1848 und 1849, hatten preußische Truppen, das deutsche Nationallied »Schleswig-Holstein, meerumschlungen« auf den Lippen, für den Anschluß der »up ewig ungedeelten« Herzogtümer an Deutschland gekämpft, zumindest für die Verhinderung einer Angliederung Schleswigs an Dänemark, das nicht – wie Holstein – zum Deutschen Bund gehörte. Auch Wilhelm begrüßte den Friedensschluß, ungeachtet der Anfeindung Preußens in ganz Deutschland. »Die sehr regen Sympathien für Meerumschlungen sind nicht unnatürlich nach einem zweimaligen Kriege. Wir sind indessen durch die Revolution in denselben hineingerissen worden; endlich sind wir ihn los, und nun werden wir uns hüten, uns zum zweitenmal wieder durch die Revolutionsmänner hineinziehen zu lassen.«

Und er wollte Preußen nicht in den am 2. September 1850 wiedereröffneten Bundestag hineintreiben lassen. Ohnehin war Österreich in Frankfurt mit seinen Anhängern allein geblieben; die preußische Unionspolitik schien also durchaus noch eine Chance zu haben. Doch dies bestritten bereits der preußische Innenminister Manteuffel und der preußische Kriegsminister Stockhausen. Der Kurfürst von Hessen-Kassel bot den Unionsgegnern einen Grund zum Gegenzug: Er bat den Bundestag um Beistand gegen seine aufsässigen Untertanen, das österreichische Lager ergriff die Gelegenheit und beschloß die Bundesexekution, die bayerische und österreichische Truppen vollziehen sollten.

Preußen war in Verlegenheit. Im Prinzip hätte es die gegenrevolutionäre Maßnahme unterstützen müssen, die Staatsraison gebot indessen Widerstand. Auch Wilhelm dünkte es unnatürlich, daß die preußischen Westprovinzen vom preußischen Kernterritorium durch Hessen und Hannover getrennt waren, und er mußte es für lebensgefährlich halten, wenn preußenfeindliche Truppen diesen Korridor besetzten. »Wir müssen ein Pfand haben, das uns berechtigt, mitzusprechen«, bestärkte er Radowitz, den zum Außenminister ernannten Matador der Union, »und darum ist der Entschluß, so stark und so schnell wie möglich Hessen von unserer Seite zu okkupieren, der allein richtige, wenn unsere Adversärs zur Intervention schreiten wollen.«

»Erst handeln und dann raisonieren«, hieß die Parole, die der Thronfolger dem Ministerium empfahl. Doch dieses begann zu unterhandeln und schon vorher zu lamentieren. Ministerpräsident

Brandenburg eilte nach Warschau, um vom Zaren das gesagt zu bekommen, was man bereits wußte: Sollte der kurhessische Konflikt zu einem Krieg führen, müßte Preußen als Angreifer betrachtet und behandelt werden. Schwarzenberg war auch wieder da, diesmal mit seinem blutjungen und erzkonservativen Kaiser Franz Joseph. Und der Zar bestand darauf: Preußen solle endlich von der prorevolutionären Union lassen und die gegenrevolutionäre Aktion in Hessen nicht behindern.

In Sanssouci mußte sich der Thronfolger den Bericht Brandenburgs an den König anhören. Wilhelm wollte immer noch nicht nachgeben, hätte lieber heute als morgen mobil gemacht. Doch davon wurde nicht gesprochen. Anderntags, am 1. November 1850, war er bei den Beratungen im Staatsministerium dabei, das sich spaltete, in die Falken um den König, den Thronfolger und Radowitz, und in die Tauben um den Ministerpräsidenten Brandenburg, Innenminister Manteuffel und Generaladjutant Gerlach. Am 2. November fiel die Entscheidung gegen eine Mobilmachung.

Wilhelm hatte bis zuletzt versucht, Militärs wie Nichtmilitärs am Portepee zu fassen; schließlich stürzte er weinend aus dem Zimmer, fiel seinem Adjutanten um den Hals und schluchzte: Mit den Männern da drinnen sei nichts zu machen! Dann schrieb er seiner Frau: »Die Armee wird nicht mobil gemacht, man unterwirft sich.« Augusta zeigte Mitgefühl: »Nun ist es vorbei, es ist mir, als kehrte ich von einem zweiten Leichenbegängnis zurück, das erste am 19. März 1848, da wurde das *alte* Preußen begraben, das zweite war am 2. November 1850, da wurde das *neue* Preußen eingesenkt.«

Die Weimarerin Augusta begrub nicht für immer ihre Hoffnung auf ein von einem liberalen Preußen geschaffenes konstitutionelles Deutschland. Der Potsdamer Wilhelm schöpfte bald wieder Zuversicht auf einen vom friderizianischen Preußen geführten deutschen Fürstenbund. Friedrich Wilhelm IV., wie immer im Widerstreit, redete sich auf den Konstitutionalismus hinaus: Er habe sich der Mehrheit seiner verantwortlichen Minister fügen müssen. Radowitz ging und mit ihm das letzte Aufgebot der preußischen Unionspolitik.

Inzwischen waren die Bayern und Österreicher in Hessen eingerückt. Nun mußte man doch etwas unternehmen, ebenfalls im Kurfürstentum einmarschieren, um zumindest die beiden Etappenstraßen zwischen dem Osten und dem Westen der Monarchie zu sichern. Es wurde mobilisiert, aber nicht, wie Wilhelm erwartete, zur Verfechtung preußischer Interessen, sondern um das Gesicht für den bereits beschlossenen Rückzug einigermaßen zu wahren. Denn Friedrich Wilhelm IV. hatte erkannt, daß das konservative Preußen keinen Krieg gegen monarchische Staaten und für ein revolutionäres Anliegen führen konnte.

Diese Einsicht blieb Wilhelm verstellt, nicht zuletzt durch eine persönliche Aufwertung: Er wurde zum Oberkommandierenden der mobilen Armee (der Garde, des II., III. und IV. Armeekorps), der Hälfte des preußischen Heeres, ernannt. Nach endlos langen Garnisonsjahren hätte der Berufssoldat nur zu gerne Krieg geführt, der Friedensgeneral gezeigt, daß er das Zeug zum Feldherren hätte. Vielleicht wäre sein Gegner der österreichische Feldmarschall Radetzky geworden, der Sieger von Custozza und Novara – »le plus grand capitaine des nos jours«, wie er der Schwiegermutter schrieb, die ihm ein Feld-Necessaire schickte.

Die Ausgangslage war für Preußen nicht günstig. Auch der neue Oberkommandierende mußte sich das eingestehen, obwohl er dem Kriegsminister, der darauf hingewiesen hatte, entgegengetreten war. Zahlenmäßig waren die Kaiserlichen und ihre Verbündeten überlegen, die Russen nicht mitgerechnet. Schon hatten die Österreicher mit der Besetzung Hessens eine Gasse nach Hannover und Holstein, der Gegner stand zwischen den beiden Hälften der Monarchie, konnte von den Flanken her angreifen. Und die Mobilmachung offenbarte Mängel der preußischen Armee. Mit einer derartigen militärischen Position sei das Ziel Österreichs, Preußen auszulöschen, unschwer zu erreichen, gab Wilhelm zu, richtete sich aber sofort wieder auf: Preußen sei bewaffnet und bereit, zu zeigen, daß es nicht so einfach von der Landkarte Europas getilgt werden könnte.

Im Nachhinein meinte er sogar, sein Kommando »war recht gemacht, um zu glauben, daß man die Welt stürmen könnte«. Die Mobilmachung überbewertete er als »ein zweites 1813, und vielleicht noch erhebender, weil nicht ein siebenjähriger fremdherrschaftlicher Druck diese Erhebung hervorgerufen hatte, es war ein allgemeines Gefühl, daß der Moment gekommen sei, wo Preußen sich die ihm durch die Geschichte angewiesene Stellung erobern sollte!« Jedoch – fuhr er in seinem Brief an Natzmer vom 4. April

1851 fort, »es sollte noch nicht sein. Aber sobald sehe ich jetzt dazu keine Aussicht; es muß wohl noch verfrüht gewesen sein, und ich glaube, wir sehen die gehoffte Stellung für Preußen nicht mehr!«

Preußen hatte nach Canossa gehen müssen, nach Olmütz im österreichischen Mähren, wo mit der Inthronisierung Franz Josephs I. die Restauration des Kaiserreiches begonnen hatte und nun die Wiederherstellung des Deutschen Bundes beschlossen wurde. Am 29. November 1850 unterzeichneten Fürst Felix Schwarzenberg und der neue preußische Ministerpräsident Otto von Manteuffel – der alte, Brandenburg, war gestorben – im Beisein des russischen Botschafters in Wien, Meyendorff, des Schiedsrichters, die »Olmützer Punktation«. Preußen verzichtete auf seine Union, den verfrühten Versuch einer kleindeutschen Reichsgründung, Österreich setzte sich durch, in der kleinen kurhessischen wie in der großen deutschen Frage.

Während Preußen demobilisierte, behielt Österreich einen Großteil seiner Truppen auf dem Kriegsstand. Dieses Ergebnis von Olmütz traf Wilhelm direkt. Er verlor Kommando und Armee, die – wie er ihr nachtrauerte – derart gewesen sei, »daß man auf einen Sieg hoffen durfte«. Sein Einspruch gegen die einseitige Abrüstung Preußens stieß am 2. Dezember im Ministerrat ins Leere. Der Thronfolger hatte sich der vom König und den Ministern interpretierten Staatsraison zu fügen. »Da es meinem Charakter zuwider ist, einem Schaukelsystem Beifall zu klatschen«, schrieb er Bunsen, »so habe ich mich ganz zurückgezogen von allen Verhandlungen« – selbstverständlich ohne Bruch mit König und Gouvernement.

Sein Rückzug verlief so, wie er es als Soldat gelernt hatte und wie es seinem eher defensiven Wesen entsprach: Er richtete sich auf der zurückgenommenen Hauptkampflinie ein, nicht ohne in der Frontbegradigung neben Negativem auch Positives zu erblicken. »Olmütz hat uns Gutes gebracht«, resümierte er am 22. Dezember, insofern Preußen und die ihm in der Union verbunden gewesenen Staaten nun nicht mehr in den von Österreich einseitig einberufenen »Pseudo-Bundestag« gezwungen werden könnten, vielmehr »zum alten Recht in Deutschland« gelangt seien, in einem neuen Bundestag – wie er aus den verabredeten Dresdner Konferenzen hervorgehen sollte – wieder mitsprechen dürften. »Schlechtes ist von uns konzediert worden, das ist die hessische Sache, und diese wird im

Herzen der Armee ein Stachel bleiben. Sie gehorcht, wie immer, aber sie vergißt es nicht so leicht.«

Nun kam es darauf an, daß auf den Dresdner Konferenzen die preußische Minimalforderung durchgesetzt wurde: Wenn schon nicht Primat in einer engeren, bundesstaatlichen Union, dann wenigstens Parität mit Österreich in dem nicht nur restaurierten, sondern auch renovierten deutschen Staatenbund von 1815. Zumindest durch eine diesbezügliche Denkschrift meinte sich Wilhelm am 20. Februar 1851 dann doch in die Verhandlungen einschalten zu müssen. Sein Nahziel nun: Volle Gleichberechtigung mit Österreich, alternierender Bundesvorsitz, »vor allem muß aber bei allen öffentlichen Handlungen, Stipulationen, prinzipiellen Maßnahmen und Maßregeln usw. Preußen immer de front mit Österreich gehen und sich nirgends unterordnen oder zurücksetzen lassen«. Unverändert blieb das Fernziel, welches Preußen »von der Vorsehung vorgezeichnet ist, nämlich Deutschlands Lenker und Führer zu werden«. Voraussetzung zur Erreichung dieses Zieles sei »die moralische Eroberung Deutschlands. Eine physische Eroberung, das heißt Ländervergrößerung durch Mediatisierung, wäre dagegen das Verderblichste, was Preußen tun könnte.«

1851 war nur eine Rückkehr zum alten Bundestag möglich, Preußen bekam nicht die Parität, Österreich blieb Präsidialmacht. Wilhelm hatte sich mehr für Preußen, aber nichts Besseres für Deutschland erwartet: »Man wird vielleicht auf einige Zeit die Wunden, die zur Sterblichkeit des Ganzen führen, verkitten, aber nicht heilen. Und von einer neuen Krisis wird es abhängen, ob Deutschland leben oder sterben soll. Leben wird es unter Preußens Leitung, sterben unter Österreichs; unter beider Leitung wird es wie bisher fortkiemen.«

Bis auf weiteres blieb dem Staat Friedrichs des Großen nichts anderes übrig, als die Sympathien der kleindeutschen Nationalbewegung zurückzugewinnen, diplomatische Auseinandersetzungen mit Österreich nicht zu scheuen, und im übrigen das Pulver trocken zu halten. Die Mängel in der Armee, die bei der Mobilmachung hervorgetreten waren, galt es zu beheben, »Preußens Wahrzeichen« aufzupolieren, nicht zuletzt – das war der schwarz-weiße Faden aller seiner militärischen Verbesserungsvorschläge – durch die Einführung der dreijährigen Dienstzeit.

Plötzlich erschien ihm die Heilige Allianz noch einmal als leuchtender Stern in dunkler Zeit. In der Außenpolitik hatte er sie bereits für verblaßt gehalten, durch die Erkenntnis der gegensätzlichen Machtinteressen Preußens und Österreichs. Und auch hinter den gegenrevolutionären Sprüchen des Zaren hatte er die imperialistischen Ansprüche Rußlands zu ahnen begonnen. Doch die Revolutionsstürme bedrohten alle monarchischen Staaten, die in einem Boot saßen, mit dem sie weitersegeln oder kentern mußten. Beschworen sie nicht den Untergang aller herauf, wenn sie aneinander gerieten, anstatt miteinander dem gemeinsamen Feind zu trotzen?

Das Vermächtnis des Vaters fiel ihm wieder ein, der in einer Koalition Preußens mit Österreich und Rußland den Kaiser der Franzosen besiegt und als Mitgründer und Mitbewahrer der Heiligen Allianz die von Frankreich ausgegangenen revolutionären Bewegungen aufgehalten hatte. Unter Berufung auf Friedrich Wilhelm III. schrieb Wilhelm am 15. Januar 1851, für die Öffentlichkeit bestimmt:

»Mit dürren Worten sei es gesagt, das Bestehende oder vielmehr bis dahin Bestandene soll umgestürzt werden. Das ist Revolution. Um diesen Zweck zu erreichen, sind den Parteien, die dies bezwekken, alle Mittel gleich. Was sie bis jetzt schon gewonnen, ist mit blutigen Farben in die Blätter der Geschichte eingezeichnet. Allein das Werk der Hölle ist noch nicht vollendet, daher soll jetzt die letzte Hand an das Werk gelegt werden. Die sich in dem allgemeinen Schiffbruche der Jahre 1848 und 1849 noch erhaltenen Kronen sollen zertrümmert werden, und deshalb sollen die eigenen Bruderstämme im deutschen Lande gegeneinander gehetzt werden, und dies gerade von denjenigen Parteien, welche die deutsche Einheit stets im Munde führten und sie als ihr Banner aufpflanzten. Sie wissen sehr wohl, daß ihnen mächtige Elemente entgegenstehen, und diese sind die trefflichen Heere Preußens und Österreichs. Beide allein erhielten die Krone ihrer Herrscher... Rieben sich diese Heere gegeneinander auf, fielen diese Stützen der Throne, so stand ihnen der Weg zu den Kronen offen und diese stürzten herab, um nie wieder emporzukommen.«

Hatte er eben nicht noch selber Preußen an die Spitze Deutschlands bringen wollen, notfalls durch einen Krieg gegen Österreich? Er war eben Friderizianer und Legitimist. In der Außenpolitik, wo es letztlich um Macht ging, vermochte der Frideriziander den Legitimisten leicht zu majorisieren, in der Innenpolitik, wo es primär um die Erhaltung der staatlichen und gesellschaftlichen Ordnung ging, konnten beide unschwer Seite an Seite gegen die Kräfte des Umsturzes marschieren.

Der Thronfolger hatte die 1848 vom König oktroyierte Konstitution zwar für das kleinere Übel als die von der preußischen Nationalversammlung geplante Verfassung gehalten, doch ihre demokratischen Elemente nicht geschätzt. Ihm konnte es nur recht sein, wenn Friedrich Wilhelm IV. bereits im April 1849 das allgemeine und gleiche Wahlrecht durch das Dreiklassenwahlrecht ersetzte: Die Urwähler wurden in drei Klassen, je nach dem Steueraufkommen, eingeteilt. Die wenigen großen Steuerzahler konnten ebenso viele Wahlmänner, welche die Abgeordneten wählten, bestimmen wie der breite Mittelstand und die anschwellende Masse der Wenigbesitzenden und Habenichtse. Dieses Klassenwahlrecht, das bis 1918 bestand, war ein Kompromiß zwischen den Interessen des Feudaladels und den Ansprüchen des Großbürgertums – die Basis für ein Bündnis zwischen Privilegierten und Arrivierten, zu Nutz und Frommen der Krone.

An einer weiteren Revision der Verfassung wurde gearbeitet, und auch der Thronfolger meldete Abänderungswünsche an, in einer Denkschrift für das Staatsministerium vom 11. Dezember 1849. »Preußen hat sich von seinem tiefen Falle im Jahre 1848 auf eine bewunderungswürdige Weise schnell erhoben«, aber man sei noch nicht über den Berg. Hinderlich seien die vielen noch vorhandenen »hauptdemokratischen Bestimmungen« der oktroyierten Verfassung. Das Versammlungs- und Vereinsrecht müsse entschieden beschränkt werden, denn die Armee und mit ihr der Staat würde zugrunde gehen, wenn jeder künftige Rekrut und beurlaubte Reservist die »politisch vergiftenden Versammlungen« besuchen könnte. Eine Lebensfrage sei auch »die Bildung einer wahrhaft konservativen Ersten Kammer«, und vor allem: das Wahlgesetz für die Zweite Kammer muß so modifiziert werden, daß man die möglichste Wahrscheinlichkeit hat, auch bei Beteiligung der Demokratie an den Wahlen eine konservative Mehrheit zu erlangen. Jetzt ist das Hazardspiel zu groß.« Und der König müsse gegenüber Beschlüssen der Kammer das absolute Vetorecht haben, »sonst ist er nur der Präsident einer Korporation«.

Und schon formulierte der spätere König und Kaiser das gesellschaftspolitische Kompositionsgesetz der Reichsgründung: Man müsse nicht nur den Adel, sondern auch das Bürgertum von einer nivellierenden, die Demokratie fördernden Gesetzgebung verschonen. Die Besitzenden seien »im großen Durchschnitt die Klasse, welche nach der ersten Betäubung der Märzereignisse, die nie genug anzuerkennende Tätigkeit, Hingebung, Aufopferung bewies, um das Vaterland durch Wort und Tat retten zu helfen ... Und was für ein Lohn wird dieser höheren, besitzenden Klasse für solche Handlungen? Sie wird fast an den Bettelstab gebracht. Sie verlangt ja keineswegs, daß alles beim Alten bleibt, sie ist ja zu Opfern bereit, – aber sie verlangt mit Recht Billigkeit von der Gesetzgebung und nicht Parteinahme für die untere Klasse.« Und: »Wenn keine strengere Überwachung der Arbeitervereine stattfindet, die über ganz Deutschland verbreitet sind, so gehen wir den Erlebnissen von 1848 entgegen. Man gedenke dereinst dieser Zeilen.«

Der Gegenzug: monarchische Gewalt, militärische Macht, ein Ständestaat, mit dem Adel als erster und dem Bürgertum als zweiter Klasse – das war Friderizianismus plus Legitimismus plus Bürgerkönigtum. Der König von Gottes Gnaden beschwor am 6. Februar 1850 die in dieser Richtung revidierte Verfassung. Das Bekenntnis zum altpreußischen Vermächtnis fand am 31. Mai 1851 demonstrativen Ausdruck: Das Denkmal für Friedrich den Großen, das Friedrich Wilhelm III. begonnen und Friedrich Wilhelm IV. vollendet hatte, wurde enthüllt. Wie bei der Grundsteinlegung vor elf Jahren führte Wilhelm das Kommando über die Ehrenformationen, noch einmal über die Garde, die er zehn Jahre lang befehligt hatte und die er vor einem halben Jahr gerne gegen den Feind geführt hätte.

Vom Mahnmal grüßte Fridericus Rex die von altem, nicht von neuem Ruhm bedeckten Fahnen, und Wilhelm schien in seinen Blicken den Vorwurf an die Nachkommen, seinem Erbe nicht gerecht geworden zu sein, zu lesen, wie die Aufforderung, die Scharten auszuwetzen. Jedenfalls sollte bald erzählt werden, der Prinz von Preußen habe sich in diesem Augenblick geschworen, die »Schmach von Olmütz« im Geiste und mit den Mitteln des großen Friedrich zu tilgen.

Die Neue Ära

WÄRE ER IN BERLIN GEBLIEBEN, hätte er das Mahnmal Friedrichs des Großen von seinem Palais aus jeden Tag vor Augen gehabt. Doch er ging als Militärgouverneur an den Rhein, wo andere Einflüsse und Einsichten nicht ohne Eindruck bleiben konnten.

Der Prinz und die Prinzessin von Preußen residierten im ehemaligen kurtrierischen Schloß in Koblenz. Augusta fühlte sich zu Hause, hinter der klassizistisch anmutenden Fassade, in den Gemächern des prunkliebenden Clemens Wenzeslaus, zwischen den Portraits von Fürstbischöfen mit Allongeperücken und französischen Gobelins, mit dem Ausblick auf den Rhein, an dessen Ufern der Fortsetzungsroman spielte, der aus dem christlichen Imperium des Mittelalters in ein liberales Nationalreich zu führen schien.

Die Weimarerin blühte in Westelbien auf, fern vom »ostdeutschen Treiben« jener Altpreußen, deren »fressende Eigensucht« der Koblenzer Joseph Görres getadelt, während der aus dem nahen Nassau stammende Freiherr vom Stein den Brandenburgern einen »Wolfsblick« attestiert hatte. Am Rhein genoß Augusta die lauere Luft, die schöne, vielgestaltige Landschaft, den Zauber des katholischen Gottesdienstes und den Frohsinn der Menschen. Die Ästhetikerin war befriedigt, und die Politikerin auch. Hier hatten die französischen Ideen und die napoleonischen Gesetze Wurzeln geschlagen, das Bürgertum war emporgewachsen, florierte wirtschaftlich, war liberal und national zugleich.

Was Augusta gefiel, mußte Wilhelm mißfallen. Der Bürgermeister von Koblenz empfahl ihm, er solle nicht ohne Schutzbegleitung ausgehen – der »Kartätschenprinz« war dortzulande alles andere als beliebt. Das beruhte auf Gegenseitigkeit. Den Westen hatte er schon immer für einen Krankheitsherd gehalten, der den gesunden Kern der Monarchie mit Ansteckung bedrohte. Die Revolutionsjahre schienen ihm recht gegeben zu haben, und er war darüber so ungehalten gewesen, daß er im April 1849 gesagt hatte: Fielen jetzt die Rheinlande ab, so wäre das noch kein Unglück. Nun kam er sich beinahe vor wie der Militärgouverneur einer besetzten Provinz, die zur preußischen Raison gebracht werden mußte.

Doch Wilhelm, den die Mit- und Nachwelt für eine sturmfeste und erdverwachsene Eiche hielt, verhielt sich mitunter wie ein Bäumchen, das dem Winde nachgab, freilich so fest auf ureigenem Boden stand, daß es bei Nachlassen des Windes oder Aufkommen eines Gegenwindes wieder eine aufrechte Haltung annahm. Am Rhein war er westlichen Winden ausgesetzt, und das in einer Phase, da der verhinderte Feldherr und alternde Thronfolger noch weniger Selbstsicherheit als sonst aufwies.

In Koblenz geriet er mehr als zuvor und danach unter den Einfluß seiner Frau. Im persönlichen, ganz privaten Bereich am wenigsten, denn hier blieb Augusta passiv, und Wilhelm fühlte sich von ihrer Wehleidigkeit, die sich vom eingebildeten zum tatsächlichen Kranksein steigerte, eher abgestoßen. Am 19. Januar 1851 beklagte er sich bei der Schwiegermutter, daß sie um 11 Uhr noch im Bett liege, weil sie sich angeblich bei der preußischen Ordensfeier am Vortage erkältet habe. Ein Jahr später vermeldete er, daß sie sich bei den Godesberger Schützen, zu denen sie trotz ihrer angeschlagenen Gesundheit und des unwirtlichen Wetters unbedingt hingemußt hatte, die Grippe geholt habe.

So ging das fort und fort, für den Gatten Grund genug, Distanz zu halten. Politisch jedoch vermochte er sich seiner Frau nicht ganz zu entziehen. Augusta, die lieber die erste in Koblenz als die zweite in Berlin war, betrachtete das Kurfürstenschloß indessen als eine Übergangsstation, präparierte sich auf ihre künftige Rolle als Königin, zumindest als Königinmutter. An ihrem »Gegenhof« baute sie eine Gegenposition zu Friedrich Wilhelm IV. und seiner Kamarilla auf, nicht nur, weil sie die reaktionäre Regierung für falsch und gefährlich hielt, sondern eben auch, weil diese an der Macht und sie in der Opposition war. Das zerrte an den Nerven und steigerte den Widerspruchsgeist. Wage man es, sie auf den König oder das Ministerium anzusprechen, gerate sie außer sich, konstatierte Wilhelm, zunächst noch konsterniert, doch mehr und mehr gewahrend, daß hinter der Übertreibung ein richtiger Antrieb steckte.

Der Prinz von Preußen war zwar nicht für eine Fronde, doch für eine gewisse Opposition anfällig geworden. Er war nun ein Mittfünfziger, den Zenit des Lebens schien er hinter sich zu haben – und nie war er richtig zum Zug gekommen. »Für uns Soldaten«, offenbarte er Natzmer, »die doch auch gern etwas Resultat so langer Friedensvorbereitungen sehen mögen, wird die Zeit lang: man wird nicht jünger, und so werde ich mich wohl mit der Badener Episode begnügen.«

Die Chance, noch auf den Thron zu kommen, wurde immer geringer. Er konnte nur hoffen, daß sein Sohn Friedrich Wilhelm, der mutmaßliche nächste König, nicht zu sehr auf die Mutter herauskam, sondern daß er beherzigte, was ihm der Vater 1849 bei der Einstellung in die Armee gesagt hatte: Er solle seine Schuldigkeit als Hohenzoller tun. Nun studierte er in Bonn, diesem »Brückenkopf des preußischen Geistes«, aber eben am Rhein, an einem westlichen Ideenstrom.

Wilhelm schien ein Thronfolger ohne Aussicht auf den Thron zu sein, und weil man das in Berlin so sah, ja begrüßte, fragte man ihn kaum mehr um seine Meinung, hielt ihn immer weniger auf dem Laufenden. Aber er ließ sich nicht einfach abschreiben, verlangte mehr Information, suchte dem König wie Ministerpräsident Otto von Manteuffel seine Ansichten schriftlich nahezubringen.

Doch gegen die Kamarilla – wie man seit Ferdinand IV. von Spanien eine dem Herrscher ganz nahestehende und ihn einseitig beeinflussende Günstlingspartei nannte – war nicht anzukommen; sie wollte allein und in ihrem Sinne, im Küchenkabinettsstil und ultrakonservativ regieren: der Generaladjutant Leopold von Gerlach sowie sein Bruder, der Oberlandesgerichtspräsident Ernst Ludwig von Gerlach, der in der *Kreuz-Zeitung* den Ton angab, der Flügeladjutant Edwin von Manteuffel, der Innenminister Ferdinand von Westphalen und der Kultusminister Karl Otto von Raumer. Friedrich Wilhelm IV. ließ sie gewähren, sonnte sich nach dem Revolutionsgewitter am trügerischen Glanz des Gottesgnadentums und des Ständewesens.

Nein, unter diesen Umständen mochte Wilhelm nicht das ihm angetragene Präsidium eines neuen Staatsrats übernehmen, was ohnehin mehr Ehre als Einfluß eingetragen hätte. Der Prinz von Preußen wollte den Kammern nicht »als ein Geschäftsmann gegenübertreten« und der Thronerbe könnte nicht Gesetze vertreten, »die vielleicht gegen seine Überzeugung laufen«. Vor allem: Er müßte sein Kommando aufgeben, »es ist mir aber unmöglich, ohne militärische Anstellung zu existieren«.

Der Friderizianer stellte sich gegen die romantischen Auswüchse des Legitimismus. In Preußen, wo zwar jeder nach seiner Façon selig werden, aber keine Façon den Staat beeinträchtigen durfte, könne man nicht – wie es der ins Mittelalter zurückschauende Friedrich Wilhelm IV. anstrebte – ein Bündnis mit den »sogenannten konservativen Elementen der katholischen Kirche« eingehen; man sähe sich bald darin gefangen. Der Prinz von Preußen wandte sich gegen den Versuch der Staatsromantiker, den aufgeklärten Absolutismus und die rationell funktionierende Bürokratie zu konterkarieren. Und er wollte die Armee, mit der Friedrich der Große Preußen vergrößert hatte, nicht nur erhalten, sondern so verstärkt wissen, daß sich Preußen noch mehr vergrößern könnte. Doch der Finanzminister hatte kein Geld dafür, und so konnte nicht die dreijährige Dienstzeit, die Hauptforderung Wilhelms, sondern nur eine zweieinhalbjährige Dienstzeit mit Müh und Not durchgesetzt werden.

Der Prinz von Preußen beharrte in der friderizianischen Frontstellung gegen den zivilen Geist und die bürgerliche Anmaßung, und in der reaktionären Abneigung gegen Liberalismus, Demokratie und einen romantischen Nationalismus. Die Tätigkeit der Volksvertretung, die ohnehin durch die revidierte Verfassung stark eingeschränkt war, beobachtete er mit wachem Mißtrauen, und er hielt es für notwendig, daß man der Zweiten Kammer, in der sich »das Bewegungsprinzip der Zeit« darstelle, eine Erste Kammer, ein Herrenhaus, entgegensetze, »welche das Prinzip des vernünftigen Erhaltens repräsentiert.«

Wilhelm war nicht grundsätzlich gegen das reaktionäre Regiment in Berlin. Die konstitutionelle Monarchie, wie sie dem konservativen Theoretiker Friedrich Julius Stahl vorschwebte, mit der Betonung auf Monarchie und nicht auf Konstitution, entsprach Wilhelms Vorstellungen. Vieles, was er in der *Kreuz-Zeitung*, dem Sprachrohr der Kamarilla, las, konnte er unterschreiben, beispielsweise die Meinung Ernst Ludwig von Gerlachs: »Die Leutnants sind fundamentaler als die Kammern. Ohne die Leutnants, die bei kurzem Solde und geringem Avancement für alle standesgemäß ertragenen Entbehrungen nichts weiter fordern als das in ihren Familien seit vielen Generationen einheimische Vorrecht, sich, so wie ein Krieg ausbricht, in großen Mengen totschießen zu lassen, ohne solche Leutnants... kann die preußische Armee nicht bestehen. Sie muß eben, um preußisch und um Armee zu bleiben, das Brot des Königs von Preußen essen und nicht das Brot der Zweiten Kammer.« Und manches, was das Ministerium Manteuffel bewerkstelligte, konnte er nur billigen, wie die Anweisung von 1854, die preußischen Volksschulen hätten »Zucht, Ordnung und vor allem Gehorsam gegen die Obrigkeit« zu lehren.

Der konservative Geist habe immense Fortschritte gemacht, meinte Wilhelm, nun sei es notwendig, ihn so zu leiten, daß er weiter voran komme und nicht wieder an Boden verliere. Von den Fahrkünsten der reaktionären Regierung hielt er indessen immer weniger. Pläne einer neuen Kreis- und Gemeindeordnung, in der alte Vorrechte des Großgrundbesitzes festgeschrieben werden sollten, kommentierte er 1853: Er sei kein Feind des Adels, könne aber nicht zugeben, daß der Bauer vom Edelmann geschunden werde. Bei den Wahlen zu den »Landratskammern« kritisierte er 1856: Die Regierungsorgane seien »weit über die Grenzen der besonnenen und nötigen Einmischung« hinausgegangen, hätten »einen Terrorismus« geübt, »der viel Schlimmeres im Gefolge haben muß, als eine Kammer, die etwas mehr Zentrums- und selbst linke Mitglieder gehabt hätte; so untergräbt man sich wissentlich den Boden unter den Füßen, glaubend, ihn zu befestigen.«

Weil er festen konservativen Boden unter den Füßen behalten wollte, kritisierte er die reaktionären Methoden, äußerte er in Koblenz Ansichten, die seine Anhänger liberal-konservativ oder gesund-konservativ nannten und die Kamarilla mit dem Wirken des Bourbonen Philippe Egalité in der Französischen Revolution verglich. General Leopold von Gerlach zählte »den Liberalismus des Prinzen von Preußen« unter die traurigsten Zeichen der Zeit, General von Rochow dachte daran, ihn »der mit Liberalismus verpesteten Atmosphäre zu entrücken und ihn wieder in die gesunde Potsdamer Luft zu bringen.«

Es waren eben Romantiker, also Träumer, diese Ultra-Konservativen, keine Realisten wie er, der die Zeichen der Zeit erkannt hatte, und sie, da man nicht um sie herum kam, als Vorzeichen des Altpreußentums sehen wollte. Als Frideriziander war ihm die westeuropäische Aufklärung nicht wesensfremd. War aus diesem Geiste außer dem aufgeklärten Absolutismus nicht auch der liberale Konstitutionalismus entsprungen? Jedenfalls besaß er so viel Staatsraison, daß ihm ein Brückenschlag zwischen dem alten und dem neuen Ufer nicht wie den Staatsromantikern, die aus dem Junkertum eine reaktionäre Weltanschauung gemacht hatten, als Sünde wider den preußischen Geist erschien.

War nicht die Zeit der Ideologien überhaupt vorbei, der linken wie der rechten? »Die Bahn der Macht ist die einzige, die den gärenden Fortschrittstrieb befriedigen wird«, hatte Professor Dahlmann schon in der Paulskirche gepredigt. »Das Wesen des Staats ist zum ersten Macht, zum zweiten Macht, zum dritten wieder Macht«, hatte Hegel, der wiederentdeckte preußische Staatsphilosoph gelehrt. 1853 prägte August Ludwig von Rochau den Begriff »Realpolitik«, der beinhaltete, daß man sich machiavellistischer Methoden bedienen könne, ja müsse, wenn man Macht erringen und erhalten wolle – Macht, die für die Nationen die Bedingung ihres Glückes sei.

»Das Maß der Unabhängigkeit gibt einem Staate seine Stellung in der Welt; es legt ihm zugleich die Notwendigkeit auf, alle inneren Verhältnisse zu dem Zweck einzurichten, sich zu behaupten.« So formulierte der preußische Historiker Ranke das »oberste Gesetz« des Staates. Es zu erfüllen, genügte es nicht mehr, den Militär- und Obrigkeitsstaat in den überkommenen Strukturen und mit den alten Machtmitteln zu behaupten; man mußte »realpolitisch« die neuen Kräfte einkalkulieren und unter Kontrolle zu bringen suchen.

Man kam nicht mehr darum herum, das durch die Industrialisierung wirtschaftlich erfolgreiche und durch seinen Wohlstand gesellschaftlich emporgekommene Bürgertum im Staate mitwirken zu lassen. Die Staatsraison gebot, den bürgerlichen Liberalismus einzuspannen und lenkbar zu machen, anstatt ihn frei und unkontrolliert laufen zu lassen.

Solche Gedanken, sofern er sie sich nicht schon selbst gemacht hatte, wurden Wilhelm im »Koblenzer Kreis« nahegebracht, den seine politisch begabtere und engagiertere Frau als eine Art Anti-Kamarilla um sich gesammelt hatte. In persönlichen wie schriftlichen Kontakten wurde ein oppositionelles Netz geknüpft, von konstitutionellen Konservativen und konservativen Liberalen wie dem Frankfurter Bankierssohn Moritz August von Bethmann Hollweg,

Großgrundbesitzer und Professor der Rechte, dessen Schwiegersohn, dem aus Neuchâtel stammenden preußischen Diplomaten Graf Albert Pourtalès, dem Bonner Rechtsprofessor Clemens Theodor Perthes, der sich – ein evangelischer Kolping – der Handwerksgesellen annahm, dem Diplomaten Robert Graf von der Goltz und – Augusta und Wilhelm besonders nahe – dem aus Braunschweig stammenden Alexander von Schleinitz, ein preußischer Whig. Ihr Organ war das seit 1851 erscheinende *Preußische Wochenblatt;* der Kreuz-Zeitungs-Partei wurde die Wochenblatt-Partei entgegengestellt. Die englisch-liberale Komponente betonten Herzog Ernst II. von Sachsen-Coburg-Gotha, ein Bruder des Prinzgemahls Albert, und der preußische Gesandte in London, Christian Karl Josias von Bunsen.

In England frischte der Prinz von Preußen 1851 die Eindrücke von 1848 auf, gewann neue Erkenntnisse hinzu. Das reaktionäre Ministerium ahnte, von welcher Art sie sein könnten, und wollte ihn und vor allem Augusta nicht reisen lassen, unter dem Vorwand, das Leben der Herrschaften sei gefährdet in einem Land, das allen »Revolutionärs der Welt« Asyl gewähre. Wilhelm erwiderte, Leben und Tod würden von Gott bestimmt, und man dürfe die Königin Victoria nicht verstimmen, die ihn eingeladen habe. Widerwillig ließ ihn schließlich König Friedrich Wilhelm IV. fahren – zur Londoner Weltausstellung, die den technischen und industriellen Fortschritt des Jahrhunderts dokumentierte, dessen gesellschaftlichen und politischen Folgen man sich in Berlin gerne entzogen hätte.

Der Thronfolger bewahrte im Ausland preußische Haltung, zeigte sich dem ersten mehr als dem zweiten aufgeschlossen: »Es ist die Exhibition hier ein industrielles Weltereignis, das bisher sehr gut verläuft, hoffentlich die erwarteten Folgen für die Handelswelt bringen wird und nichts politisch Nachteiliges in seinem Gefolge.« Prinzgemahl Albert hatte keine reine Freude an den politischen Gesprächen mit dem preußischen Thronfolger, auf den man auch in England liberale Hoffnungen setzte, und Wilhelm beanstandete, der Wahl-Brite betrachte die in Preußen angeregte ständische Frage von einem falschen Gesichtspunkt aus. Er resümierte: Es zeige sich immer mehr, daß die englische Verfassung »für Preußen nicht geht; wir können wohl eine parlamentarische Gesetzgebung haben, aber keine parlamentarische Regierung.«

Eine parlamentarische Gesetzgebung für Preußen – dieses Zugeständnis schien freilich die abschätzige Bemerkung der Kamarilla zu rechtfertigen, Wilhelm, Augusta und der Sohn Friedrich Wilhelm seien eine »Demokratenfamilie«. Wenn sie erst gewußt hätte, daß sich bei diesem Familienausflug ins Land des Liberalismus die Einheirat einer Tochter Albions in die preußische Königsfamilie anbahnte! Die Princess Royal Victoria, das älteste Kind Alberts und Victorias, war zwar erst elf, doch Bunsen sah in ihr die ideale Braut für Friedrich Wilhelm, den künftigen Kronprinzen. Augusta brauchte davon nicht überzeugt zu werden, und Wilhelm zeigte sich nicht abgeneigt. Friedrich Wilhelm, nun neunzehn, war zwar noch nicht so weit, aber man konnte annehmen, daß er von der Mutter so viel Anglophilie mitbekommen und in Koblenz und Bonn so viel westlich-liberale Luft geatmet hatte, daß eine solche Verbindung auf keine politische Abneigung stoßen würde. Im Herzen schien es bereits gezündet zu haben: Seit diesem England-Besuch trug Friedrich Wilhelm ein Medaillon mit dem Bildnis der kleinen Victoria.

Zwei Jahre später, im Sommer 1853, war sein Vater schon wieder in England, um die persönlichen und politischen Verbindungen fester zu knüpfen. Die Briten zeigten, daß sie sich auch auf Wilhelms ureigenem Felde sehen lassen konnten. Das Manöver beim Chobham-Lager gefiel ihm: »Garden und Schotten herrliche Leute. Militärische Haltung, Ruhe und Richtung. Kavallerie und Artillerie vorzügliche Pferde. Linien-Infanterie sticht sehr ab.«

Und Albion demonstrierte, was es Unvergleichliches und Unschlagbares besaß: seine Flotte. Das Seemanöver bei Spithead imponierte ihm so, daß er der *Preußischen Wehr-Zeitung* einen Bericht schrieb, über »ein Schauspiel, das sich in dieser Großartigkeit nur in England findet«: Der Salut aus 2000 Geschützen für die königliche Jacht »Victoria and Albert«, das Hurra der Matrosen, das größte Schiff, die »Duke of Wellington«, das schnellste Schiff, die »Agamemnon«, mit einer Stundengeschwindigkeit von 13 Knoten, die Kanonade, bei der jedes Schiff in fünf Minuten sechs Lagen gab, ohne zu wenden, die Überlegenheit der neuen Schraubendampfer über die alten Segelschiffe, die den Manöverfeind wie den Gegner des fortschrittlichen Britanniens darstellten.

Ein nicht minder erhebender Anblick bot sich Wilhelm, als er inmitten der englischen Flotte die preußischen Kriegsschiffe »Gefion«

und »Amazone« gewahrte, »unsere Kriegsflagge, unsere Uniform und Pickelhaube, unsere Trommel«. Preußen schien nicht zurückzubleiben hinter der Zeit, die auch Seegeltung verlangte. Denn die europäische Politik weitete sich zur Weltpolitik, und nicht nur staatliche Macht und nationale Großmacht, sondern schon »Weltmächtigkeit« war gefordert.

Die Realitäten setzten machtpolitisch wie ideologisch der Heiligen Allianz ein Ende. In der Mitte des 19. Jahrhunderts entstand eine neue Mächtekonstellation, die das System von 1815 aus dem Gleichgewicht brachte, die Pentarchie Englands, Frankreichs, Österreichs, Preußens und Rußlands auflöste.

England war schon bald eigene Wege gegangen, nicht nur, weil es den reaktionären Kurs nicht mitmachen konnte, sondern weil es seine besonderen Interessen als Seemacht verfolgen wollte. Das erforderte eine gewisse Abkehr vom Kontinent, auf dem es freilich keine Macht so stark werden lassen durfte, daß sie mit dem europäischen Frieden die englischen Weltkreise stören konnte. Wilhelm wußte, daß England deswegen der Verbündete Friedrichs des Großen wie Friedrich Wilhelms III. geworden war, und die Politik der »Balance of powers« diente nicht nur den gegenwärtigen Interessen Preußens, sondern entsprach auch den außenpolitischen Vorstellungen des Systems von 1815, die er sich in seinen Lehrjahren so eingeprägt hatte, daß er sie weder jetzt noch später vergaß.

Schon gar nicht in einem Moment, da in Frankreich ein neuer Napoleon nach den Sternen der Hegemonie zu greifen schien. Schon 1848 war Prinz Louis Napoleon, der Neffe des Kaisers, den Franzosen als Retter aus Revolutionsnöten erschienen und zum Präsidenten der französischen Republik gewählt worden. 1851 löste er die Nationalversammlung auf, schaffte die Verfassung ab und ließ sich durch eine Volksabstimmung zum Präsidenten auf zehn Jahre wählen – und ein Jahr später, ebenfalls durch Plebiszit, als Napoleon III. zum Kaiser der Franzosen.

Die Kamarilla hätte dem Parvenue am liebsten die Anerkennung versagt, Wilhelm hingegen meinte – und nicht nur aus Oppositionsgeist – man müsse auch diese Realität hinnehmen. Sah man in Berlin denn nicht, daß dieser Napoleon »uns alle vorläufig vor den

Greueln der Anarchie bewahrt?« Er sei »für Frankreich und Europa ein momentaner Retter geworden. Wie wird aber seine Zukunft sein? Er baut auf Franzosen und Volkssouveränität – also auf Sand.« Das anti-französische Grundmotiv brach wieder durch, Emotion im Akkord mit Voraussicht: Noch brauche Napoleon keinen Krieg zu seiner Selbsterhaltung, so Wilhelm 1852, er werde aber versuchen, die alte europäische Allianz auseinander zu bringen und in Deutschland Uneinigkeit zu nähren, »damit er, wenn er den Rhein überschreitet, Neutrale, wenn nicht Alliierte findet. Das ist die alte französisch-deutsche Leier!«

Auch das preußisch-österreichische Verhältnis blieb für ihn von den altbekannten und neuerwiesenen Machtdifferenzen bestimmt, obwohl sie immer noch vom gemeinsamen reaktionären Gesang übertönt wurden. In ihn stimmte der Prinz von Preußen nicht mehr gern ein. Nicht einmal begrüßen wollte er Kaiser Franz Joseph, den Schüler Schwarzenbergs, der im Dezember 1852 Berlin aufsuchte, zum feierlichen Finale der Wiederherstellung des Deutschen Bundes. Erst auf Befehl des Königs kam er hinzu, spielte er in einer Komödie mit, »die für Preußen zur Tragödie werden kann«.

Er traute keinem Weißrock mehr über den Weg, und er mißtraute den eigenen Außenpolitikern – mit Ausnahme des neuen Bundestagsgesandten Otto von Bismarck-Schönhausen. Wilhelm war noch Generalleutnant und Bismarck Auskultator am Berliner Stadtgericht gewesen, als sie sich zum ersten Mal begegneten. »Ei, die löbliche Justiz sucht sich ihre Leute wohl nach dem Gardemaß aus?«, sagte der Prinz, und der Junker entgegnete: »Königliche Hoheit, die Juristen müssen auch Soldaten werden und werden sich's zur Ehre anrechnen, wenn Seine Majestät und das Vaterland sie rufen.« 1848 wollte der Sekondeleutnant der Landwehr ungerufen mit seinen Landarbeitern nach Berlin marschieren, um den König vor den Demokraten zu schützen. Er kam dann allein, wurde innerhalb und außerhalb des unvermeidlichen Parlaments ein wortgewaltiger und auch sonst zu Gewaltsamkeit neigender Verfechter alles Altpreußischen, der Monarchie, der Armee und des Feudaladels.

Solche Verdienste wußte Wilhelm zu schätzen, wenn ihn auch zunehmend störte, daß dieser Junker comme il faut sich mit seinem ganzen Ehrgeiz und Ungestüm in der Kreuz-Zeitungs-Partei engagierte. Sogar die »Olmützer Punktation« hatte er verteidigt, weil sie die Eintracht zwischen den reaktionären Mächten wiederherstellte und Preußen davor bewahrte, von den liberalen Unionspolitikern gegängelt zu werden. Die Kamarilla wußte das zu lohnen und wollte das ausnützen: Im Mai 1851 wurde Bismarck als Geheimer Legationsrat zum ersten Sekretär der preußischen Bundestagsgesandtschaft in Frankfurt ernannt, als designierter Nachfolger des noch amtierenden Bundestagsgesandten General von Rochow.

Im Juli 1851 kam der Prinz von Preußen nach Frankfurt. Am Bahnsteig waren sämtliche Mitglieder der Gesandtschaft angetreten, darunter Bismarck, der seine Landwehrleutnantsuniform trug, mit der Rettungsmedaille, seiner einzigen Auszeichnung. Wilhelm begrüßte ihn mit der ihm eigenen Mischung aus Reserviertheit und Jovialität, gab aber hinterher Rochow zu bedenken, ob dieser Einunddreißigjährige nicht zu jung und unerfahren für einen der wichtigsten Posten der preußischen Diplomatie sei. »Bismarck ist frisch, kräftig«, antwortete Rochow, ganz Kamarilla-Kamerad. »Er wird gewiß allen Anforderungen Eurer Königlichen Hoheit entsprechen.«

Wilhelm mußte erst überzeugt werden. Der bereits im August 1851 ernannte neue Bundestagsgesandte tat sein Möglichstes, trat gegen die österreichischen Präsidialgesandten – zuerst Graf Thun, dann Freiherr von Prokesch-Osten – in einer Weise auf, welche die Kamarilla bald bezweifeln ließ, ob sie den richtigen Mann nach Frankfurt geschickt hatte, und Wilhelm mehr und mehr befriedigte. Denn Bismarck, von Natur und Statur ein Machtpolitiker, erkannte sofort, daß eine Rückkehr zum »friedlichen Dualismus« im Deutschen Bund nicht mehr möglich war. So stritt er zunächst mit allen diplomatischen und auch weniger diplomatischen Mitteln für eine Parität Preußens mit Österreich in Deutschland und visierte den Primat Preußens in einem Deutschland ohne Österreich an.

Der neue Bundestagsgesandte sei »tüchtiger und kräftiger« als sein Vorgänger, konnte Wilhelm bald feststellen. 1852 wurde er Pate von Bismarcks Sohn Wilhelm. 1853 schrieb er »Seiner Exzellenz dem Herrn Leutnant von Bismarck«: »Ich erwarte, daß Sie ebenso fest gegen Prokesch sein werden, als Sie es gegen Thun waren, und daß Sie sich nicht werden fortschnellen lassen.« Bismarck hielt sich an sein Wappen – ein mit Eichenblättern bestecktes Kleeblatt –, blieb fest und hatte Fortune. Der Prinz von Preußen schwankte zwischen der aus angeborener Unsicherheit und gemachten Erfahrungen erwachsenen Sorge, Berlin werde sich ins Schlepptau Wiens nehmen lassen, und einem anschwellenden Machtgefühl: Preußen sei militärisch der Stärkere und politisch – eben durch seinen Konstitutionalismus – der Gesündere, das neo-absolutistische Österreich ein »Koloß auf tönernen Füßen«.

Auch unter dem ultra-konservativen Regime entwickelte sich das Verhältnis der beiden Mächte weniger nach den gemeinsamen Ideen der Heiligen Allianz, als in den von den Machtinteressen diktierten Gegenläufigkeiten. So konnte Wilhelm mit Genugtuung verzeichnen, daß Berlin nicht den Deutschen Zollverein zugunsten einer mitteleuropäischen Zollunion aufgab, auf der Bahn der wirtschaftlichen Einigung Kleindeutschlands blieb, die ihm den politischen Sukkurs des national vorangekommenen Bürgertums bringen mußte. Die großdeutsche, mitteleuropäische Anfechtung sei aber keineswegs ausgestanden: »Ich fürchte, Österreich gibt Schwarzenbergs Plan, Preußen vor das Jahr 1740 zurückzudrängen, nicht auf.«

Olmütz, die Kapitulation Preußens vor Österreich auf Druck Rußlands – diese Schmach hatte nicht nur seine friderizianische Abneigung gegen den Erbrivalen in Deutschland verstärkt, sondern auch sein Verhältnis zum russischen Erbverbündeten getrübt. Er konnte nicht verwinden, wie ihn sein Schwager Nikolaus in Warschau hatte abfahren lassen. Ihn wurmte, wie der Zar den Schildhalter der Heiligen Allianz spielte und sich zum Schiedsrichter zwischen Preußen und Österreich aufspielte. Wilhelm, vom Zeitgeist vorwärts, in Richtung Westeuropa getrieben, schaute auf das zurückgebliebene Rußland herab, erblickte asiatischen Despotismus. Und er ahnte, daß der Herrscher aller Reußen die konservative Ideologie als Paravent einer autokratischen Innenpolitik und einer imperialistischen Außenpolitik gebrauchte. Im Namen der Heiligen Allianz konnte Rußland in Mitteleuropa mitbestimmen, im Namen Christi griff es nach dem Balkan, über dem der türkische Halbmond stand.

Nikolaus I. beeilte sich, den Beweis für diese Vermutungen anzutreten. Nachdem der Sultan das Ansinnen eines russischen Protektorats über die orthodoxen Christen im Osmanischen Reich abgelehnt hatte, überschritten 80 000 Russen am 3. Juli 1853 den Grenzfluß Pruth, besetzten die unter türkischer Hoheit stehenden Donaufürstentümer Moldau und Walachei, marschierten in Richtung Konstantinopel, um das Kreuz wieder auf die Hagia Sophia zu pflanzen und – vor allem – Rußland den Seeweg ins Mittelmeer durch Bosporus und Dardanellen zu öffnen.

Mit England als Feind mußte der Zar rechnen, denn es hielt die »Balance of powers« bedroht, seine Seemachtsinteressen verletzt und den liberalen Westen durch den reaktionären Osten herausgefordert. Ideologischer Einspruch war auch von Frankreich zu erwarten, und das Interesse des neuen Napoleon, durch ein Bündnis aus der Isolierung herauszukommen und in einem Krieg Waffenruhm zu erlangen. Die konservativen Mittelmächte jedoch glaubte Nikolaus für sich zu haben. Er irrte. Die Staatsraison erwies sich als stärker als die Ideologie der Heiligen Allianz. Österreich, wenn es nicht umklammert werden wollte, durfte Rußland auf dem Balkan nicht dulden. Und selbst in Preußen, wo die Kamarilla russophil, ja russoman war, konnte man an einer Gefährdung des Gleichgewichtes der Mächte, das überdies ein Bestandteil des Systems von 1815 war, nicht interessiert sein. So kam es, daß England und Frankreich im März 1854 an die Seite der Türkei gegen den Aggressor Rußland traten, während Österreich halb antirussisch, halb neutral blieb, und Preußen prorussisch und völlig neutral.

Wilhelms Haltung wurde von drei Komponenten bestimmt, die sich nicht immer deckten. Erstens: von der Staatsraison, wie er sie verstand – Heraushalten aus dem Konflikt und Aufrechterhalten des alten Staatensystems, in dem Preußen theoretisch gleichrangig war und praktisch gleichwertig werden konnte, etwa durch eine Stellung, welche »die Sekundanten beim Duell einnehmen, d. h. Frieden nach beiden Seiten zu gebieten, wenn dem Ehrenpunkt ein Genügen geschehen ist; wer dann nicht hören will, muß fühlen«.

Zweitens: von seiner Opposition gegen die Kamarilla, die wie immer schwächlich und zerfahren war, doch zu Rußland tendierte, was ihn in Richtung England, Frankreich und zunächst Österreich trieb. So befürwortete er das preußisch-österreichische Schutz- und Trutzbündnis vom 20. April 1854, das einen »sieben-bis-dreißigjährigen Krieg mit Rußland« (denn in der Verteidigung liege dessen Stärke) vermeiden, doch Rußland zur Räumung der Donaufürstentümer bewegen könnte. Und er plädierte für einen schleunigen Beitritt Preußens zum Bündnis, das Österreich am 2. Dezember 1854 mit England und Frankreich geschlossen hatte, um den Zaren zum Rückzug zu zwingen: Preußen werde isoliert, wenn es jetzt nicht gegen Rußland Partei ergreife, müßte dann vielleicht für das »Unrecht Rußlands« kämpfen.

Denn die dritte und nicht unwichtigste Komponente in seiner Haltung war die neue, in Übereinstimmung mit der Wochenblatt-Partei stehende Westorientierung, die ihn im Krimkrieg beinahe so etwas wie einen Kulturkampf zwischen dem zivilisierten, liberalen Westen und dem halbzivilisierten, autokratischen Rußland sehen ließ. Das entlockte Wilhelm, der nur verbal mitwirken konnte, antirussische und prowestliche Töne, wie man sie vorher nie vernommen hatte und nachher nicht mehr hören sollte: Triumphiere Rußland, dann sei seine moralische und materielle Suprematie in Europa unvermeidlich. »Durch unsere Unentschlossenheit, Schwankungen und zuletzt non-action werden wir es dahin bringen, daß Rußland in die Lage kommt, siegreich aus der Katastrophe hervorzugehen, und dann wird Rußland uns allen den Frieden diktieren, dann muß Europa nur noch nach seiner Pfeife tanzen, und dazu bedarf es gar keiner Ländereroberung, sondern nur der moralischen Präponderanz, die es aus einem solchen Siege ziehen muß, eine Million Bajonette hinter sich, die man von 1848 kennt zum Zuchtmeister für den, der nicht tanzen will.«

Ergo: Preußen müsse sich mit dem Westen verständigen, ja verbünden, »und mit Österreich Deutschland führen in der Richtung, die die allein richtige ist«. Doch die Kamarilla schien aus »Sympathiepolitik« mit dem Zarenhaus eine Schwenkung nach Osten zu vollziehen. Das hatte er schon im Frühjahr 1854 befürchtet, als Bunsen, der aus London die Signale für den Westkurs gegeben hatte, abberufen, und der Kriegsminister von Bonin, der ebenfalls im Koblenzer Lager stand, entlassen wurde.

Der Prinz von Preußen war politisch wie persönlich verletzt. Man schlage die, welche seine Farben trügen, meine damit aber ihn. »Daß die Intrige mich trifft, ist doch sonnenklar«, protestierte er beim Ministerpräsidenten Manteuffel. »Alle Personen, die mit mir vertraut sind, sind in wenigen Wochen beseitigt, verabschiedet, fortgeschickt; weil man mir nicht direkt zu Leibe konnte, so mußten jene büßen. Das lasse ich mir nicht gefallen.« Er war so wütend, daß er, wie es sonst nicht seine Art war, ausfallend wurde: Das russische

Friedrich Wilhelm III., Königin Luise und ihre fünf ältesten Kinder. Gemälde von Dähling.

Prinz Wilhelm von Preußen. Kohlezeichnung von Franz Krüger.

Prinzessin Elisa Radziwill. Nach einer Miniatur von A. Grahl.

König Friedrich Wilhelm III. Gemälde von François Gérard.

König Friedrich Wilhelm IV.

Krönung König Wilhelms I. in der Schloßkirche zu Königsberg, 18. Oktober 1861. Nach einem Gemälde von Adolf Menzel.

Kaiserproklamation im Spiegelsaal von Versailles, 18. Januar 1871.
Gemälde von Anton von Werner.

Otto von Bismarck.

Wilhelm I.

Helmuth von Moltke.

Gold rolle bis ins Vorzimmer des Königs, Preußen werde an Rußland verkauft – von der Clique, der Kamarilla, die den Monarchen zu ihrem Werkzeug gemacht habe.

Und dann schrieb er dem Bruder einen Brief, der sich gewaschen hatte. Er ist nicht mehr auffindbar, doch auf seinen Inhalt läßt die Reaktion der Kamarilla und des Königs schließen. Einen frondierenden Prinzen müsse man auf die Festung schicken, befand die Clique. So drohe man nicht einem Kameraden, so drohe man nicht einem Bruder, so drohe man nicht dem König, erwiderte Friedrich Wilhelm IV., und: Er werde Diener brechen, die gegen ihn seien. Schließlich schickte er den aufsässigen Bruder für vier Wochen nach Baden-Baden, damit er seinen Zorn hinunterspüle.

Wilhelm tat es schon leid, daß er zu weit gegangen war, als Bruder wie als Preuße, doch er wollte bei seinen Ansichten bleiben. So kam ihm die Beurlaubung gelegen, weil er nun seinen Standpunkt nicht mehr zu vertreten, aber auch nicht aufzugeben brauchte. Vorsichtshalber schrieb er Oberst von Roon zum Weitersagen in Offizierskreisen: »Da ich kein Beamter bin, der seine Entlassung nimmt, wenn die Anordnungen seines Königs ihm nicht gefallen, sondern über Leid und Freud mit dem König ausharren muß, so werde ich als sein erster Untertan auch sein erster Gehorsamender sein; aber behilflich, eine Inkonsequenz zu begehen, kann ich nicht sein!« Den Herzog Ernst von Sachsen-Coburg-Gotha und mit ihm den Prinzgemahl in London ließ er wissen: Das sei nicht seine Politik, die jetzt in Berlin betrieben werde, »doch ein dauerndes Schisma darf zwischen dem König und mir nicht stattfinden«.

Königin Victoria verwandte sich für den edlen Prinzen und Vertreter englischer Interessen, und auch die Weimarer Schwiegermutter, Maria Pawlowna, vermittelte, weil sie Familienzerwürfnisse für schlimmer hielt als politische Zwistigkeiten. Die Feier der Silbernen Hochzeit Wilhelms und Augustas am 11. Juni 1854 bot Gelegenheit für eine Versöhnung. Die beiden Brüder gingen gemeinsam in die Friedenskirche, dinierten auf dem Babelsberg und soupierten in Sanssouci.

Politisch blieb jeder auf seinem Standpunkt, wobei der des Königs, wie sich herausstellen sollte, für das Haus Hohenzollern zunächst der nützlichere war: Die prorussische Neutralität Preußens im Krimkrieg schuf die Voraussetzung für die propreußische Neutralität Rußlands 1866 wie 1870/71. Letzten Endes freilich sollte Wilhelm recht bekommen. Der Pariser Frieden von 1856, durch den Zar Alexander II. – Nikolaus I. war inzwischen nicht zuletzt aus Gram über das Ende der Heiligen Allianz gestorben – auf die Ausgangsposition der Aggression zurückgeworfen wurde, brachte eine Annäherung zwischen Rußland und Frankreich.

Damit begann eine Entwicklung, deren Ende Wilhelm 1856 vorausgeahnt hatte: »Das Kokettieren der Russen und Franzosen in Paris und allenthalben nimmt so überhand, daß man die Zukunft, die sich entwickelt, erkennen kann. Das ist ein gar ernster Punkt für die, welche zwischen liegen, damit sie nicht das Schicksal des Kirschkerns zwischen zwei Fingern haben!« Das mußte er freilich nicht mehr selber, doch sein Enkel erleben: wie im Weltkrieg, dem Resultat der neuen Mächtekonstellation, die Monarchie der Hohenzollern hinweggeschnellt wurde.

MIT SECHZIG, IM JAHRE 1857, machte Wilhelm sein Testament. »Ein vielbewegtes Leben liegt hinter mir«, resümierte er in der »Letztwilligen Aufzeichnung« und gedachte der markanten Ereignisse und prägenden Personen: des Zusammenbruchs Preußens 1806, der zu früh dahingegangenen Mutter, der Erhebung des Vaterlandes, des ersten Lichtpunktes seines Lebens, des vorbildlichen Vaters, der ihn »teilnehmen ließ an der Ehre und dem Ruhm des Heeres«, und des Bruders, Friedrich Wilhelms IV., dem er in den letzten Jahren, »wo Verrat und Irrungen das teure Vaterland dem Abgrund nahe brachten«, besonders nahe gekommen sei. »Seiner Gnade und seinem Vertrauen danke ich es, daß ich in Deutschland auf seinen Befehl Ordnung und Zucht herstellen konnte, nachdem er im eigenen Lande dies Beispiel gegeben hatte.«

Schon nannte er sich einen Greis. »Die Zahl 60 ist eine unabweisbare Notwendigkeit zum Verschlucken gewesen, einige Jahre werde ich es vielleicht noch mitmachen können, aber das Gute liegt doch wohl dahinter bereits, obgleich uns auch das Üble nicht fehlte.« Wehmütig stimmte die Erkenntnis, daß das Meiste schon dahingeronnen war und das verbliebene Wenige rasch dahinrinnen werde. Und die Wehwehchen stellten sich ein, die im großen Weh enden würden.

Wegen eines entzündeten Fußes konnte er eine Zeitlang keinen Stiefel anziehen. Die kleinen Unfälle, in die er, der Pechvogel, schon immer hineingetappt war, nahmen zu, ließen einmal einen schweren Unfall erwarten. Nach dem »100. Akzident« lahmte ein Bein, weshalb er eine ganze Weile nicht mehr normal zu Pferde steigen konnte, nur mit Hilfe – »einer Treppe! die natürlich bei dem Exerzieren in gehörig versteckten Büschen angelegt wird!«

Für den Soldaten war es das Schlimmste, befürchten zu müssen, eines Tages nicht mehr in jener Haltung auftreten zu können, die das Berufsbild gebot und sein Image war: eine hohe, aufrechte Gestalt, das Kreuz durchgedrückt, die Brust herausgestreckt, das in seinem Alter unvermeidliche Embonpoint mit Unterstützung des Uniformschneiders verbergend. Was sein Schritt an Elastizität verloren, hatte er an Festigkeit gewonnen, und immer noch trat er mit der Allüre des Gardeoffiziers auf, der die Sporen klirren und zugleich schleifen ließ.

Diese Haltung drückte die Tugenden des Soldaten aus, und seine ganz persönlichen. Das Angeborene war gereift, das Anerzogene gefestigt, ein Musterbild des Militärischen und Ebenbild des Preußischen, das schon Züge des Denkmalhaften annahm: aufrichtig, gewissenhaft, anständig, pflichtbewußt, Gott ergeben, dem König treu, den Vorgesetzten gehorsam, ein Kamerad unter Kameraden, streng und gerecht zu den Untergebenen.

Mit den Lichtseiten waren die Schattenseiten hervorgetreten: das Steife und Starre, das Penible, ja Pedantische, das zu Ordentliche, zu Mustergültige, Soldatisches, das marionettenhaft wirkte, das Stockpreußische, wie es der Karikatur nahekam. Doch ihn kennzeichnete, daß weder das Positive noch das Negative übertrieben wurde, Maß und Mitte gewahrt blieben, was für Mittelmäßigkeit aber auch für Ausgeglichenheit gehalten werden konnte. Sein gemessenes Temperament mochte ihn langweilig erscheinen lassen, machte ihn jedoch erträglich, war jedenfalls dem Respekt, der dem Prinzen von Preußen zukam, und der Beliebtheit, die der Thronfolger eines konstitutionellen Staates brauchte, nicht abträglich.

Wer genauer in das Gesicht zwischen Pickelhaube und Uniformkragen blickte, gewahrte einiges, das mit dem martialischen Habitus seltsam kontrastierte. Da waren die blauen Augen, die ein mildes, fast weiches Gemüt verrieten, und sich häufiger, als man es bei einem Mann und Soldaten erwartete, mit Tränen füllten, was in einer humanistisch gebildeten Zeit, die ihren Achilles kannte, nicht unsympathisch wirkte. Der Schnurr- und Backenbart, der eine gezwirbelt, ein forscher Akzent, der andere, noch etwas schütter und noch nicht in den Flügeln eines Patriarchenbartes ausschwingend, vermochten die feinen Gesichtszüge nicht zu tarnen.

Einen starken Willen hatte er nie gehabt, nicht einmal als junger Mensch war er so etwas wie ein Draufgänger gewesen, und mit dem Alter nahm das Zögern und Zaudern zu. Er scheute Entscheidungen, weil sie ihm zu viel Kraft abverlangten und ihn in Konflikte hineinreißen konnten. Weit davon entfernt, anderen seinen Willen aufzuzwingen, kam er ihnen lieber vorsichtig und rücksichtsvoll entgegen, fühlte und dachte er sich in sie hinein, suchte ihre Reaktion zu erfassen, sie abzufangen oder – wenn es nicht anders zu gehen schien – sich ihr zu ergeben. Sogar von seinem eigenen Standpunkt, an dem er grundsätzlich festhielt, mochte er sich verdrängen lassen, um ihn allerdings bei passender Gelegenheit wieder einzunehmen. Dabei konnte er eine Hartnäckigkeit, ja Sturheit an den Tag legen, als wollte er seine vordem erwiesene Weichheit und Nachgiebigkeit kompensieren. Doch es blieb nicht aus, daß er Angst vor der eigenen Courage bekam, und das Spiel begann von neuem.

So verhielt er sich zu Friedrich Wilhelm IV. und später zu Bismarck, und stets zu Augusta, der selbstbewußten Frau und zielstrebigen Politikerin. Zu ihrer Silberhochzeit am 11. Juni 1854 hatte der König Denkmünzen prägen lassen, die ein Sinnbild trugen: Augustas Profil zwar hinter dem Wilhelms, aber dem seinen um mehr als eine Nasenlänge voraus. Die Gattin schenkte ihm für sein Schlafzimmer ein selbstgemaltes Aquarell: ein Segelschiff, darauf ein Ritter mit dem Hohenzollernwappen und eine Edelfrau mit zwei Kindern. Die »gemeinsame Lebensreise« sollte versinnbildlicht werden, eine Fahrt durch Sturm und Sonnenschein, und es steuerte ein Schutzengel, der ihre Züge trug.

Die Kinder waren erwachsen, und ihr Vater meinte schon die Phase erreicht zu haben, in der man »nur noch in den Kindern fortlebe«. Luise, der Liebling der Mama, war seit 1856 mit dem Großherzog Friedrich von Baden verheiratet, der seinen Schwiegervater, der ihm Land und Herrschaft erhalten hatte, hoch verehrte: In ihm liege allein die Möglichkeit einer Rettung vor dem Untergange Deutschlands.

Der Sohn Friedrich Wilhelm war nun mit der englischen Prinzess Royal verlobt; die Hochzeit sollte 1858 in London stattfinden. Die kleine Victoria hatte von der großen Victoria das nicht gerade hübsche Gesicht und die untersetzte Statur geerbt, aber auch den mit Resolutheit wie Sanftmut vertretenen Standpunkt, daß im Hause die Frau zu regieren habe, was in England schon die Würde der Königin gebot. In Preußen, wo ohnehin eine andere Auffassung von der Aufgabenteilung zwischen den Ehegatten herrschte, im prinzlichen Haushalt konnte das zu einer dem Manne abträglichen Entwicklung führen, und zur politischen Konsequenz, daß mit der stärkeren »Vicky« Englisch-Liberales mehr als Preußisch-Konservatives zur Geltung kam.

So aufgeschlossen sich Wilhelm gerade jetzt dem ersten zeigte, so wenig wollte er das zweite aufgegeben wissen; der Mittelweg schien auch hier der richtige zu sein. War aber sein Sohn in der Lage, ihn einzuhalten? Er hatte zwar versucht, ihn von Kindesbeinen an zu einem Soldaten zu machen, doch so einer wie er selber war er nicht geworden. Der Filius fühlte sich zu dem phantasievollen, redseligen, zivilen Patenonkel Friedrich Wilhelm IV. mehr hingezogen als zum nüchternen, einsilbigen, militärischen Herrn Papa. Immer mehr kam das Temperament der Mutter zum Vorschein, und ihre Vorliebe für Westlich-Liberales und Deutsch-Nationales. Augusta hielt freilich von ihrem Sohn auch nicht allzu viel. Sein Herz sei rein, doch »Charakterstärke und Geistesfähigkeit, namentlich Schärfe und Logik der Gedanken, stehen nicht auf gleicher Höhe«.

Wilhelm rechnete damit, daß dieser Sohn und nicht mehr er selber einmal die Krone tragen würde. Das machte die Lebensbilanz, die er beim Eintritt in sein siebtes Jahrzehnt schloß, nicht positiver. Was hatte er schon erreicht? Nun, seit 1854 stand er als Generaloberst mit dem Rang eines Feldmarschalls an der Spitze der Infanterie, der Königin der Waffengattungen. Und das fünfzigjährige Militärdienstjubiläum am 1. Januar 1857 unterstrich seine Geltung als erster Soldat Preußens.

Einen silbernen Ehrenschild schenkten ihm die Offiziere des Heeres. Sie wußten, wer sie stets gedeckt hatte, auch und gerade in den letzten Jahren: gegen die Laien in der Kammer und die Knauser im Kabinett, als Vorsitzender der Prüfungskommission für die Langbleigeschosse des Zündnadelgewehrs wie als Präses des Gutachtergremiums über die dreijährige Dienstzeit – die endlich, zur Genugtuung ihres Befürworters, 1856 eingeführt wurde.

Die Namen der Schlachten, an denen Wilhelm teilgenommen hatte, waren in den Eichenkranz des Ehrenschildes graviert. Doch bei denen des Befreiungskrieges, wie Bar-sur-Aube oder La Fère-Champenoise, war der blutjunge Prinz nur Zuschauer gewesen, und diejenigen des badisch-pfälzischen Feldzuges, wie Kirchheimbolanden oder Durlach, wo er das Oberkommando führte, waren nur Gefechte gewesen. Mit Fug und Recht hatte man ihm einen Eichenkranz und keinen Lorbeerkranz gewidmet; in fünfzig Jahren Militärdienst hatte er keine kriegerischen Ruhmesblätter ernten können, und der Jubilar sah dazu auch keine Chance mehr. Er habe nicht das Glück eines Radetzky, der mit Einundachtzig seine erste Schlacht gewann, entgegnete er einem Gratulanten. »Denn der Krieg für Preußen scheint abgeschafft zu sein, und ein 42jähriger Frieden macht die Waffen zu demselben stumpf.«

Einen Ehrendegen überreichte ihm sein Bruder, der König. Am Griff war die Figur des Erzengels Michael angebracht, der Knopf bestand aus Palmenblättern – so wie sich eben Friedrich Wilhelm IV. die Mission Preußens vorstellte, theoretisch kämpferisch und praktisch friedlich. Wilhelm hatte versucht, das beste daraus zu machen, im restaurierten Deutschen Bund wenigstens die militärische Position Preußens zu stärken, durch Militärkonventionen mit den kleineren Staaten, durch Besetzung von Schlüsselpositionen; er selber war seit 1854 Gouverneur der Bundesfestung Mainz.

Zum Oberbefehlshaber einer kriegsbereiten Armee wollte ihn Friedrich Wilhelm IV. nicht mehr ernennen. 1856 wäre dazu Gelegenheit gewesen. Die Eidgenossen unterdrückten in dem immer noch in Personalunion mit Preußen verbundenen republikanischen Neuchâtel einen royalistischen Aufstand. Der König drohte der Schweiz mit Krieg und mobilisierte 160 000 Mann. An ihre Spitze sollte der General Graf Gröben treten, nicht der Generaloberst Prinz Wilhelm. Dieser war »tief erschüttert«, bezeichnete sich als »zu Hause gelassenen Feldherrn«, erhielt immerhin die Geugtuung, daß ein Krieg ohne ihn nicht stattfand: Die Schweiz ließ die Putschisten frei, Preußen verzichtete auf Neuchâtel.

»Wegen Gerlach« sei er übergangen worden, klagte Wilhelm, und seine persönliche wie politische Opposition gegen den Generaladjutanten des Königs, das Haupt der Kamarilla, bekam neuen Anlaß. Indessen zeigte der Jubilar auch hier eine verständliche Ermüdung und der Prinz von Preußen eine gewisse Einsicht. Hatte er sich in der Außenpolitik nicht zu weit nach Westen drängen lassen, war es nicht angebracht, eine Kurskorrektur vorzunehmen, nach dem königlich-preußischen Kompaß, dessen Magnetnadel nach Osten wies?

Sie möge Friedrich Wilhelm IV. sagen, er solle nicht Friedrich Wilhelm III. vergessen, hatte Nikolaus I. auf dem Sterbebett seiner Frau, der Schwester des ersten und der Tochter des zweiten bedeutet. 1855 reiste Wilhelm nach Rußland, kondolierte seiner Lieblingsschwester Charlotte, betete am Grabe von Nikolaus und nahm den Eindruck mit nach Hause, daß der neue Zar Alexander II., sein Neffe, eine weniger aggressive Außenpolitik und eine etwas liberalere Innenpolitik betreiben werde.

Auf einen Mittelkurs, zwischen West und Ost, Monarchismus und Konstitutionalismus, begann Wilhelm einzulenken, wie er den preußischen Interessen, seinem Charakter und seiner Erkenntnis entsprach: »Jedes System hat seine eigenen Vorzüge. Es ist für die geistige Anregung selbst gut, daß deren mehrere bestehen«, erklärte er in der Mainzer Freimaurer-Loge. Doch: »Es ist nicht gut, an dem Alten und Hergebrachten zu rütteln, namentlich muß man sich hüten, allzu rasche Veränderungen vorzunehmen. Das wirklich Veraltete wird die Zeit selbst beseitigen. Leichter ist es, einzureißen als aufzubauen.«

Was das Jahr 1848 betreffe, so müßte auf eine »Anführung und Erzählung der schrecklichen Details« verzichtet, »nur im Allgemeinen meine Mißliebigkeit bei dem Pack hervorgehoben werden«, setzte er Louis Schneider auseinander, der zum 50jährigen Militärdienstjubiläum ein Sonderheft des »Soldatenfreunds« mit einem biographischen Abriß vorbereitete. Am besten bliebe die Politik überhaupt ausgeklammert, seine Vita auf »Ernennungen, Commandos, Aufträge, Inspektionen, auswärtige Revuen, Commissionen, Außergewöhnliches, Campagnen, Orden« beschränkt.

Seinen »Necrolog« nannte er das, einen Nachruf auf die Karriere eines Militärs und den unvollendet gebliebenen Lebenslauf des nicht auf den Thron gelangten Thronfolgers. Memoiren wolle er nicht schreiben, sagte er Louis Schneider, der auf die »Histoire de mon temps« Friedrichs des Großen verwiesen hatte. Mit ihm mochte sich Wilhelm nicht vergleichen: »Wer hat so viel wie Er geleistet, um sich selbst beschreiben zu dürfen?«

Mit Sechzig glaubte er seine Zukunft hinter sich zu haben. War die Krone überhaupt erstrebenswert? Wäre er der Mann, ihre Bürde zu tragen und ihre Würde zu ertragen? Bereits vor dreißig Jahren hatte er gesagt, »daß ich dazu nicht tauge, wozu ich berufen sein kann«, und erklärt, daß »meine ganze Richtung von Jugend auf dem Militär zugewandt war, so daß mir die Landesverhältnisse darüber fremd geblieben sind«. Seine staatlichen Kenntnisse und politischen Erkenntnisse hatten sich zwar mit der Zeit vermehrt und gebessert, aber das Militärische war zum Lebensberuf geworden, den er nicht mehr missen wollte, und zur Routine geronnen, die er nicht mehr lassen konnte.

Wo er glaubte, einen Punkt gemacht zu haben, setzte das Schicksal einen Doppelpunkt, hinter dem die eigentliche Lebensaufgabe und Lebensleistung erst begann: Am 23. Oktober 1857 übertrug der an einem Gehirnleiden laborierende König dem Thronfolger seine Stellvertretung in der Leitung der Staatsgeschäfte.

»Ein schreckliches Ja für mich!« Mit diesem Seufzer akzeptierte Wilhelm die Berufung, die ihn unmittelbar an den Thron heranführte. Ja mußte er sagen, doch die ungewohnte Aufgabe, die ungeheure Verantwortung lastete wie ein Stein auf ihm. Die Sorge um den Bruder kam hinzu. »Die schwere Bürde, die mir überkommen ist, trage ich willig zum Besten des Königs und, so Gott will, nicht zum Nachteil des Landes! Je eher je lieber werde ich sie ablegen, da dies der schönste Beweis der Genesung des Königs sein würde.«

Die Kamarilla wollte sie dem liberalisierenden und opponierenden Prinzen erst gar nicht übertragen und dann, als man nicht darum herumgekommen war, sie ihm möglichst bald wieder abnehmen. Höchstens als Platzhalter des erkrankten Königs wollte sie ihn ertragen, zunächst als einen nur für drei Monate berufenen Stellvertreter, der in dem von ihnen auszulegenden und zu überwachenden Sinne des Monarchen zu regieren habe.

Für den Fall einer andauernden Regierungsunfähigkeit des Königs sah die Verfassung die Einsetzung einer Regentschaft vor, was mehr als eine Stellvertretung war; denn der Regent konnte die Staatsgeschäfte nach seinem Willen leiten, ohne dem etwa wieder genesenen und wieder regierenden Monarchen Rechenschaft zu schulden. Doch alle waren gegen eine solche Regentschaft: Die Königin, weil sie sich eine baldige Genesung ihres Gemahls erhoffte, die Kamarilla, weil sie ihre Vorzimmermacht so schnell nicht aufgeben wollte, und der Thronfolger selber, der sich teils aus Rücksicht auf Bruder und Schwägerin, teils aus der ihm eigenen Vorsicht mit der Stellvertretung begnügte.

Deren Problematik war ihm bewußt. »Meine Aufgabe ist nicht leicht«, schrieb er dem Weimarer Schwager. »Ein Stellvertreter ist eben nur dies, und doch muß er nach dem eigenen Wissen handeln, immer bedenkend, daß in kurzem der legitime Herr zurückkehrt und man sich nicht dem aussetzen darf, desavouiert zu werden, denn das trifft nicht die Person, sondern das Land.« Und dem Vertrauten Natzmer eröffnete er: »Allem Andringen, dieser Peinlichkeit ein Ende zu machen« – also eine Regentschaft zu berufen – »setze ich die bestimmte Absicht entgegen, daß vor Ablauf eines Jahres daran nicht gedacht werden darf. Ist dann keine nahe Aussicht auf die hergestellte Regierungsfähigkeit des Königs vorhanden, dann mögen die dazu Berufenen überlegen und handeln – ich kann die Initiative nicht übernehmen!«

Man schob die Entscheidung vor sich her. Am 6. Januar 1858 wurde die Stellvertretung zum ersten Mal, am 9. April 1858 zum zweiten Mal, und am 25. Juni 1858 zum dritten Mal verlängert. Doch mehr und mehr schwand die Hoffnung auf eine Wiederherstellung des Königs. Friedrich Wilhelm IV., der als Kind viel robuster als Wilhelm gewesen war und als Mann intellektuell brilliert hatte, verfiel zunehmend in geistige Umnachtung.

Seit Jahren war es schwer gefallen, das Auftreten und den Anspruch eines »Königs von Gottes Gnaden« mit seinem Aussehen und seinen Aussprüchen übereinstimmend zu finden. Die gedrungene Gestalt, die früher quick, fast quirlig gewesen war, wirkte nun schwerfällig, der aufgedunsene Kopf, die erschlafften Züge, die kurzsichtigen Augen hinter der Brille erinnerten an den Spitznamen, den ihm die Geschwister gegeben hatten – nun aber an einen »Butt«, der schon seit geraumem seinem Element entzogen war.

Ein Spötter wie Heinrich Heine verwies auf die Trinkfreudigkeit des preußischen Kaisers von China: »Mein Vater war ein trockner Taps, ein nüchterner Duckmäuser, ich aber trinke meinen Schnaps und bin ein großer Kaiser.« Kritiker sahen in ihm den Popanz der Reaktion, fast so etwas wie eine Bauchrednerpuppe auf dem Schoß der Kamarilla. Ein Bewunderer wie Leopold von Ranke freilich meinte: »Was sind wir noch, wenn dieses *eine* Leben schwindet? So viel Geist, Einsicht in alles, Sinn für alles – so viel Wohlwollen und Religion, so viel echte, allgemeine, großartige Bildung wird sich in *einer* Person nicht wieder vereinigt finden. Es war eine große Position dem Vernichtungsprozeß des Jahrhunderts gegenüber ergriffen.« Und der Zeitgenosse Friedrich Wilhelms IV. und Historiker Preußens sinnierte: »Was sind wir? Der größte Gedanke hängt ab von einer Faser im Gehirn.«

Die Schlaganfälle im Sommer und Herbst 1857 hatten Sprechvermögen und Gehirnfunktionen gelähmt. Das könnte sich wieder bessern, befanden die Hofärzte, und auch Wilhelm nahm an, daß es sich nicht um ein »tiefer gedrungenes Leiden des Gehirns« handelte. Er wußte, daß sein Bruder sich nie besonders klar ausgedrückt hatte, kannte seine Gemütsschwankungen und hoffte, daß sich alles wieder einrenken würde. Der Vater dieses Gedankens war der Wunsch des sich »wie ein gehetztes Wild« vorkommenden Stellvertreters, wieder zu seinen gewohnten und gemächlichen »Hantierungen« zurückzukehren.

Doch die Krankheit des Königs verschlimmerte sich, erwies sich als unheilbar. Die Königin wollte es immer noch nicht wahrhaben und die Kamarilla keine Konsequenzen ziehen. Bismarck wandte sich gegen eine »Haremsregierung«, Kammerkreise erinnerten an die einschlägigen Verfassungsbestimmungen. Die Einsetzung einer Regentschaft konnte nicht länger vertagt oder, wie es hieß, ajourniert werden.

Wilhelm war gefordert. Bei aller Rücksicht auf die Schwägerin und aller Vorsicht vor den Vorzimmergewalten – so konnte es nicht weitergehen. Das Land brauchte einen Regenten, bestellt im Namen des Königs und nicht – was zu befürchten war, wenn man noch länger zögerte – auf Drängen der Kammer. Der Stellvertreter, von seinen Parteigängern und natürlich von seiner Frau geschoben, verlangte ultimativ die Regentschaft. Das Ministerium gab nach, bis auf den Innenminister Westphalen, der entlassen wurde. Auch die Königin, die gern die Mitregentin gespielt hätte, lenkte ein, legte am 7. Oktober 1858 dem König die Regentschaftsurkunde zum Vollzug vor. Friedrich Wilhelm IV. wußte, was er unterschrieben hatte: seine Abdankung. Er weinte, verließ Sanssouci und ging nach Italien.

Der Regent und künftige König mußte dem Unvermeidlichen ins Auge sehen. »Du kannst denken, in welcher Aufregung ich bin, und wie ich nur im Gebet mich stärken und kräftigen konnte und mich Gottes Barmherzigkeit anheimgeben«, schrieb er seiner Frau. »Wenn somit vielen ein Stein vom Herzen fällt, so beginnt für mich nun erst die wahre Sorge und Qual, die mir schwerlich (bei der voraussichtlichen Unheilbarkeit des Königs) wieder entnommen werden wird.«

Augusta fühlte sich als Mitregentin und schon wie eine Königin. Die Reaktion war tot, die Neue Ära sollte leben! Ministerpräsident Manteuffel müsse weg, ein Kabinett aus dem Koblenzer Kreis gebildet werden, beschwor sie den Gemahl. Die Wochenblattpartei sah ihr Ziel, ein liberalisiertes Preußen, zum Greifen nahe.

Am 26. Oktober 1858 schwor der Prinzregent vor beiden Häusern des Landtags, daß er »die Verfassung des Königreichs fest und unverbrüchlich halten und in Übereinstimmung mit derselben und den Gesetzen regieren« wolle. Dann entließ er das alte, reaktionäre Ministerium und berief ein neues, dessen Namen die Liberalen in ganz Deutschland aufhorchen ließen: Ministerpräsident Fürst Karl Anton von Hohenzollern-Sigmaringen (ein süddeutscher Grandseigneur, mit den Bonapartes verwandt), stellvertretender Ministerpräsident Rudolf von Auerswald (ein Jugendfreund Wilhelms, der 1848 Ministerpräsident gewesen und dann in die liberale Opposition gegangen war), Innenminister Eduard von Flottwell (ein Schüler des Philosophen Kant und des Reformers Schön), Kriegsminister General Eduard von Bonin (den die Kamarilla 1854 gefeuert hatte), Außenminister Alexander von Schleinitz (der Vertraute Augustas, den Bismarck, der als Gesandter nach Petersburg versetzt wurde, den »Haremsminister« nannte), Kultusminister Moritz August von Bethmann Hollweg (das Haupt der Wochenblattpartei), Finanzminister Erasmus Robert von Patow (ein Minister der Revolutionszeit und Mitglied des Erfurter Parlaments).

Man sprach von Augustas Ministerium. »Was für eine merkwürdige Frau«, stöhnte der entmachtete Leopold von Gerlach. »Alles treibt sie mit Gewissen und Energie, aber zugleich mit einer unglaublichen Leidenschaft.« Das Ergebnis begrüßte Prinzgemahl Albert: Es sei eine Revolution vom Throne aus. Die Zeitungen feierten den Anfang einer neuen Ära, den Anbruch einer liberalen Epoche und den, in dessen Namen sie begann.

»Wer weiß, ob ich in 14 Tagen, 4 Wochen noch populär bin«, meinte Wilhelm, der sich in der öffentlichen Meinung vom Kartätschenprinzen zum Volksbeglücker befördert sah. Das Lob von Links machte ihn stutzig. War er vielleicht von seiner Mittelstraße abgewichen, halb hingezogen von den Koblenzer Weggefährten, halb hingesunken in dem Gefühl, daß sich der neue Herr von den alten Herren absetzen müßte?

Zunächst galt es, den Eindruck zu verwischen, der Prinzregent sei von seiner Frau und der liberalen Partei gesteuert. »Die Hochkonservativen sprechen, als seien die Minister mir oktroyiert«, sagte er dem Grafen Eberhard Stolberg. »Ich habe sie gewählt aus eigenem freien Entschluß.« Doch er ließ durchblicken, daß er zumindest mit der Berufung des Achtundvierzigers Patow zu weit gegangen sei. Der Freiherr von Vincke-Olbendorf, der seinen Pappenheimer kannte, bezeichnete ihn schon einen Monat nach Bildung des neuen Ministeriums als einen Mann, »der erschrocken von seiner eigenen Tat zurückweicht«.

Die Dinge mußten wieder ins schwarz-weiße Lot gebracht werden, und er begann damit bei sich zu Hause. Augusta wurde der Unterschied ihrer Stellung als Frau eines opponierenden Prinzen und als Gemahlin des verantwortlichen Prinzregenten verdeutlicht. Und ihr mehr befohlen als anempfohlen, sie solle sich künftig politischer Einflußnahmen enthalten. Sie hielt sich natürlich nicht daran, doch ihre große Zeit war vorbei. Das Hochgefühl, das ihm das Herrscheramt verlieh, wirkte sich auch daheim aus. Augustas Anhänger verminderten sich um jene, die das bemerkt hatten und nach neuen Wegen der Mitsprache suchten. Allen in Preußen und ganz Deutschland demonstrierte der neue Kapitän seine Entschlossenheit, das Staatsschiff zwischen den Klippen zur Linken wie zur Rechten hindurchzusteuern, nach dem preußischen Kompaß, der ihm in Koblenz nicht abhanden gekommen war.

Am 8. November 1858 gab er den Kurs bekannt, in einer Ansprache an das neue Staatsministerium. Es war im wahrsten Sinne des Wortes sein Programm, das er verkündete, von ihm allein entworfen und eigenhändig niedergeschrieben. Er hatte den Eid auf die Verfassung geleistet, wollte jedoch ein konstitutioneller Regent von Gottes Gnaden, aus eigenem Willen und mit persönlichen Befugnissen sein, kraft monarchischer Vorrechte auf Exekutive und Legislative einwirken, unabhängig von Kabinettsentscheidungen und unbehindert von Parlamentsbeschlüssen. Der Regent, erklärte er, habe über den Parteien zu stehen, am Alten festzuhalten, dem Neuen aufgeschlossen zu sein, »wobei von allen Extremen sich fernzuhalten ist«.

Doch schon in der Theorie und noch mehr in der Praxis wollte er auch in der Neuen Ära »die gesunden, kräftigen, konservativen Grundlagen« betont wissen. Von einem Bruch mit der Vergangenheit solle nun und nimmer mehr die Rede sein. »Es soll nur die sorgliche und bessernde Hand angelegt werden, wo sich Willkürliches oder gegen die Bedürfnisse der Zeit Laufendes zeigt.« Forderungen, die darüber hinausgingen, müsse »durch unser ebenso besonnenes als gesetzliches und selbst energisches Handeln entgegengetreten werden«. Versprochenes müsse man halten, nicht Versprochenes mutig verhindern. »Vor allem warne ich vor der stereotypen Phrase, daß die Regierung sich fort und fort treiben lassen müsse, liberale Ideen zu entwickeln, weil sie sich sonst von selbst Bahn brächen.«

Das Heil der Krone und des Landes seien identisch, erklärte der Regent und, an seine Minister gewandt: »Auf dieser Bahn mir zu folgen, um sie mit Ehren gehen zu können, dazu bedarf ich Ihres Beistandes, Ihres Rates, den Sie mir nicht versagen werden. Mögen wir uns immer verstehen zum Wohle des Vaterlandes und des Königtums von Gottes Gnaden.«

In England wäre eine solche Ansprache keineswegs als Bekundung des Konstitutionalismus aufgefaßt worden. In Preußen, wo schon ein kleines Abrücken von der Reaktion als großer Fortschritt erschien, überhörten die Liberalen den monarchischen Grundton, hörten sie vor allem das kulturliberale Bekenntnis des hohen Freimaurers: »Zunächst muß zwischen beiden Konfessionen eine möglichste Parität obwalten. In beiden Kirchen muß aber mit allem Ernste den Bestrebungen entgegengetreten werden, die dahin abzielen werden, die Religion zum Deckmantel politischer Bestrebungen zu machen.«

Das vernahmen die Antiklerikalen mit Genugtuung, und dies das Besitz- und Bildungsbürgertum: Der Staat solle »durch seine Schulen die den verschiedenen Klassen der Bevölkerung nötige Bildung gewähren, ohne diese Klassen über ihre Sphären zu heben.« Und die konstitutionell-monarchischen Kleindeutschen applaudierten dem Satz: »In Deutschland muß Preußen moralische Eroberungen machen, durch eine weise Gesetzgebung bei sich, durch Hebung aller sittlichen Elemente und durch Ergreifung von Einigungselementen, wie der Zollverband es ist. Die Welt muß wissen, daß Preußen überall das Recht zu schützen bereit ist.«

In der ersten Begeisterung überhörte man, daß der Prinzregent Preußens Ultima ratio, die militärische Eroberung, zumindest den politischen Erfolg durch militärische Drohung keineswegs ausschloß. »Preußens Heer muß mächtig und angesehen sein, um, wenn es gilt, ein schwer wiegendes politisches Gewicht in die Waagschale legen zu können.« Auf die Notwendigkeit einer Heeresreorganisation hatte der erste Soldat seit langem verwiesen, der Oberste Kriegsherr konnte und wollte nun seine Vorstellungen durchsetzen.

Der erst mit 61 Jahren an die Macht gekommene Mann glaubte sich und den anderen beweisen zu müssen, daß er sie gebührend auszuüben vermochte. De jure war er nur Regent, de facto bereits der König und Herr, und was an Rechtmäßigkeit noch fehlte, meinte er durch eigenständiges Handeln ersetzen zu sollen. Er gab nicht nur die Richtlinien, er gedachte sie auch selber auszuführen. »Mein auswärtiger Minister und mein Kriegsminister werde ich selbst sein; das verstehe ich«, erklärte er Bismarck, der ihm das nicht abnahm: Der neue Herr habe »den Mangel an geschäftlicher Vorbildung so lebhaft empfunden, daß er keine Arbeit Tag und Nacht scheue, um demselben abzuhelfen«.

Aber auch ein Regent mit größerer Erfahrung und stärkerem Durchsetzungsvermögen hätte die Widersprüche der Neuen Ära nicht zu lösen vermocht: zwischen liberalen Versprechungen und konservativen Ansprüchen, deutschen Erwartungen und preußischen Erfordernissen.

Das Jahr 1859 offenbarte den Zwiespalt der Neuen Ära. Im Zeichen des Januskopfes, der vorwärts wie rückwärts sieht, standen schon die familiären Ereignisse. Am 27. Januar wurde dem Prinzregenten ein Enkel geboren: Wilhelm, der spätere Kaiser und König, Sohn Friedrich Wilhelms und Victorias.

Als der Großvater das vernahm, durch den Salut der Artillerie, warf er sich in eine Droschke, weil gerade kein Hofwagen dastand. Aber der alte Wrangel war schon vor ihm im Kronprinzenpalais eingetroffen und hatte das Ereignis auf seine Weise kundgetan. Er zerschlug die Fensterscheibe, weil ihm das Öffnen des Fensters zu lange gedauert hätte, und rief der harrenden Menge zu: »Kinder, es geht alles gut, es ist ein tüchtiger, derber Rekrut!«

Doch es war eine schwierige Geburt gewesen, die der achtzehnjährigen Mutter beinahe das Leben gekostet hätte, und der linke Arm des Kindes war aus dem Schultergelenk gezerrt, blieb gelähmt – ein schwerer Geburtsfehler für einen preußischen, einen Soldatenprinzen. Gewissen Erwartungen schien er dennoch zu entsprechen. »Dein Enkel ist außerordentlich lebhaft, und scheint, wenn er wach ist, nur zufrieden, läßt man ihn die ganze Zeit in der Luft herumtanzen«, berichtete die Mutter schon nach wenigen Wochen der Großmutter, Königin Victoria. Der einjährige Prinz griff nach der Uhr eines Mitgliedes einer Berliner Bürgerdeputation und hielt sie fest umklammert, was den stolzen Vater ausrufen ließ: »Da sehen Sie, was ein Hohenzoller einmal in seinen Händen hat, das läßt er so leicht nicht wieder los!«

Der Prinzregent ließ eine Erinnerungsmedaille prägen, mit dem vollen Namen des Prinzen: Friedrich Wilhelm Victor Albert – nach Vater, Mutter und Großvätern, doch sollte er nach dem preußischen Großvater Wilhelm genannt werden. Dieser bedeutete der Weimarer Urgroßmutter, es sei höchst selten, drei Erben einer Krone »en ligne directe« zu sehen.

Das war der Blick in die Zukunft, und das der Blick in die Vergangenheit: Am 23. Juni 1859 starb die Urgroßmutter, Großherzogin Maria Pawlowna von Sachsen-Weimar, die Schwester des Zaren Alexanders I., der gemeinsam mit Friedrich Wilhelm III. den Kaiser der Franzosen besiegt und die Heilige Allianz gegründet hatte. Und am 1. November 1860 starb Wilhelms Lieblingsschwester Charlotte, die Witwe des Zaren Nikolaus I., der Preußen die

»Schmach von Olmütz« angetan und den Friedrich Wilhelm IV. im Krimkrieg im Stich gelassen hatte.

1859 drohte ein neuer Krieg. Die italienische Einheitsbewegung wollte die Schlappe von 1848/49 wettmachen und die norditalienischen Gebiete Österreichs – die Lombardei und Venetien – endlich in einen italienischen Nationalstaat einholen. Als Einigungsmacht – in der Rolle, welche die kleindeutsche Nationalbewegung Preußen zugedacht hatte – war Sardinien-Piemont aufgetreten, sein König Viktor Emanuel II. und dessen Minister Cavour.

Napoleon III. hatte sich der italienischen Sache angenommen. Er war der Erbe Napoleons I., des Korsen Buonaparte, dessen Muttersprache Italienisch gewesen war und der Italien als Satellitenstaat des französischen Reiches geeint hatte. Vom Wiener Kongreß war Italien wieder in seine Einzelteile zerlegt worden. Der neue Kaiser der Franzosen wollte nun politisch wie militärisch behilflich sein, sie wieder zusammenzufügen: zur größeren Macht Frankreichs (Cavour hatte ihm Savoyen und Nizza versprochen) und zur höheren Ehre des Mutterlandes der Französischen Revolution, das überall in Europa das Nationalstaatsprinzip zur Geltung zu bringen hätte.

Der Prinzregent Preußens, der sein eigener Außenminister und Kriegsminister sein wollte, stand vor einem verzwickten Problem. Gefühlsmäßig war er gegen Frankreich, dessen erster Napoleon den Vater gedemütigt und die Mutter in den Tod getrieben hatte, und dessen dritter Napoleon ein Emporkömmling war, der stets auf Zehenspitzen stand, um mit den alten Dynasten auf gleicher Höhe zu sein. Prinzipiell mußte er gegen den Bonapartismus sein, der das alte Europa umzustürzen drohte, nicht nur in Italien, Ungarn und Polen, sondern auch in Deutschland »die revolutionären Elemente (nunmehr Nationalitäten getauft)« loslassen konnte – wie er bereits 1854 befürchtet hatte.

Vom deutschen Standpunkt aus hätte er gegen den Erbfeind Front machen, einem von Frankreich bekriegten Österreich Bundeshilfe leisten, den Rhein am Po verteidigen müssen – wie es ihm alle Großdeutschen und viele Kleindeutsche nahelegten, und nicht nur Kaiser Franz Joseph, sondern auch sein Schwiegersohn Friedrich von Baden von ihm erwartete: »Darum auf gegen den Friedensstörer! Das ist der Ruf von ganz Deutschland!«

Lag das nicht auch im Interesse Preußens? Schon einmal hatte ein

Napoleon seinen Siegeszug in Oberitalien begonnen und ihn in Preußen beendet, dessen Neutralität den Eroberer begünstigt hatte, zuerst Österreich niederzuwerfen, wonach er sich mit ganzer Kraft auf Preußen stürzen konnte. Aber war das Interesse Preußens am Ende der Fünfzigerjahre noch identisch mit dem am Anfang des Jahrhunderts? Zweifellos, Frankreich war gefährlich geblieben, und ein Sieg über Österreich hätte es noch gefährlicher gemacht. Doch die Konkurrenz zwischen Preußen und Österreich war schärfer geworden, und ein mit preußischer Hilfe errungener Sieg Österreichs über Frankreich hätte dem Habsburger Vorteile gegenüber dem Hohenzollern verschafft.

Die Mächtekonstellation hatte sich verändert. Rußland, im Krimkrieg von Österreich enttäuscht, näherte sich Frankreich. Das liberale England sympathisierte mit der italienischen Nationalbewegung. »Für Preußen entsteht nun die Frage, was hat es zu tun, wenn Frankreich Italien in einem Konflikt mit Österreich unterstützt«, überlegte Wilhelm. Die öffentliche Meinung, die sich in ganz Deutschland gegen Frankreich ausgesprochen habe, müsse berücksichtigt werden, »und die Gefahr der Revolutionskriege liegt nahe, daß, im Fall den französischen Waffen der Sieg verbliebe, diese dann bald gegen Deutschland und Preußen gerichtet werden würden, wenn diese neutral geblieben wären und Österreichs désastres ruhig mitangesehen hätten«. Andererseits: Wenn Rußland an die Seite Frankreichs treten, England sich vielleicht anschließen würde, wären dann Preußen und Deutschland nicht aus Selbsterhaltungstrieb zur Neutralität gezwungen? »Aber gesetztenfalls, England und Rußland blieben neutral, Österreich bleibt siegreich gegen eine franko-italienische Alliance, werden Deutschland, also auch Preußen, Zuschauer bleiben; wie stiegen Österreichs Aktien in der Welt und vor allem in Deutschland! Kann dies Preußen gleichgültig sein?« Das Problem also: »Wie ist aus diesem Dilemma herauszukommen?«

Was Bismarck, der Gesandte in Petersburg, vorschlug, hielt Wilhelm weder für rechtens noch für möglich: Er solle Österreich in den Rücken fallen, den deutschen Dualismus »ferro et igni« (mit Eisen und Feuer) lösen, Preußen in Deutschland vergrößern: »Die gegenwärtige Lage hat wieder einmal das große Los für Preußen im Topf, falls wir den Krieg Österreichs mit Frankreich sich scharf einfressen lassen, dann mit unserer ganzen Armee nach Süden aufbrechen, die Grenzpfähle im Tornister mitnehmen und sie entweder am Bodensee oder dort, wo das Protestantische aufhört zu überwiegen, wieder einschlagen.« Bismarck müsse »gemopst« werden, schrieb der Prinzregent an Karl Alexander von Sachsen-Weimar, der sich beschwert hatte: »Bismarck ist alles, nur kein Deutscher.«

Wilhelm versuchte auf seine Art aus dem Dilemma herauszukommen, auf einem Mittelweg zwischen deutscher Bundespflicht und preußischem Staatsinteresse. Er hielt sich an die Verfassung des Deutschen Bundes, legte jedoch die Beistandsklausel so eng wie möglich aus: Solange bei einem Krieg um ein außerhalb des Bundes liegendes Territorium eines Mitgliedes (was für das österreichische Lombardo-Venetien zutraf) kein unmittelbarer Angriff auf das Bundesgebiet drohe, sei der Bund nicht zur gemeinsamen Verteidigung verpflichtet. Um einen Krieg überhaupt zu vermeiden und um eine eindeutige Entscheidung herumzukommen, befürwortete Wilhelm den russischen Vorschlag eines europäischen Kongresses, der es vielleicht allen recht machen und den Frieden erhalten könnte.

Auch der von Kaiser Franz Joseph nach Berlin entsandte Erzherzog Albrecht konnte den Prinzregenten nicht umstimmen. Der österreichische Emissär, schrieb er Schwester Alexandrine, »ist hier wie eine Bombe angekommen, soll alles kopfüber stürzen, so daß ihm kaltes Wasser wird übergegossen werden müssen«. Wilhelm wurde dann selber abgeduscht, durch die Nachricht, Wien habe Turin ein unannehmbares Ultimatum gestellt, das zum Kriege Österreichs mit Sardinien-Piemont und Frankreich führen mußte. Dabei hatte ihm Albrecht noch beim Abschied versichert, Österreich werde den Kongreß-Vorschlag annehmen. Vom Bahnhof zurück, fand er auf seinem Schreibtisch das Telegramm mit der Meldung über das abgegangene Ultimatum. »Du kannst Dir meine Wut denken«, schrieb er dem Schwager nach Weimar. »Die schon seit Tagen beschlossene Kriegsbereitschaft von drei Armeekorps befahl ich noch am selben Abend, und nun bin ich à tout événement en position.«

Es war die Position der »bewaffneten Neutralität«, die er nach Ausbruch des Krieges am 29. April 1859 einnahm. Preußen wie die übrigen Mitglieder des Deutschen Bundes wollten sie beibehalten, solange das Bundesgebiet nicht unmittelbar bedroht würde – durch einen Vorstoß aus Oberitalien auf die deutschen Kernlande Österreichs oder einen französischen Angriff am Rhein. Auf preußischen Antrag wurde das Bundesheer in Marschbereitschaft gesetzt, in das Vorstadium der Mobilmachung – für deren Fall der Prinzregent den Oberbefehl über die Bundeskontingente, uneingeschränkte Vollmachten als Bundesfeldherr verlangte. Wenn er schon für Österreich und Deutschland marschieren sollte, dann wollte der Preuße auch das Kommando haben.

Der Neutrale dachte an eine »bewaffnete Vermittlung«, falls – woran er nicht zweifelte – die Österreicher in Oberitalien besiegt würden, freilich nicht ohne Aderlaß der Franzosen. Pochend auf sein intaktes Heer wollte er dann den Frieden zwischen dem Erbfeind und dem Intimfeind diktieren: Frankreich in die Schranken weisen und Österreich Zugeständnisse zugunsten Preußens abverlangen, die dem Retter Deutschlands kein Patriot verweigern könnte.

Diese Rechnung ging nicht auf. Nach Österreichs Niederlagen bei Magenta und Solferino wollten weder der Sieger noch der Besiegte Preußen eine Vermittlungsgebühr entrichten. Napoleon III. und Franz Joseph I. schlossen am 11. Juli 1859 den Vorfrieden von Villafranca: Die Lombardei wurde an Frankreich abgetreten, das sie an Sardinien-Piemont weitergab, gegen Überlassung von Savoyen und Nizza.

Wilhelm, der inzwischen mobilisiert hatte, seine Anstalten zur Intervention traf, sah »alles zu Wasser zerronnen«. Er hatte den militärischen Primat im Deutschen Bund und die politische Parität mit Österreich nicht erreicht. Und er hatte keine »moralischen Eroberungen« in Deutschland gemacht, sondern Terrain verloren. Denn was sollte man von einem Preußen halten, das zwar Deutschland beherrschen, aber in einer kritischen Situation nicht zu ihm stehen wollte! Als unsicherer Kantonist galt der Initiator der Neuen Ära nun vielen Patrioten – und das im Augenblick eines neuen nationalen Aufbruchs.

1859 kam die deutsche Einheitsbewegung wieder in Fahrt. Der Anstoß kam aus Italien, wo das Bündnis zwischen einer monarchischen Einigungsmacht und dem liberalen Bürgertum zum Nationalstaat führte – wie es sich eine Mehrheit in der Paulskirche vorgestellt hatte. Nun sammelten sich Patrioten wieder, wie schon in

Frankfurt in zwei Parteien: Kleindeutsche im Nationalverein, der einen rein deutschen Nationalstaat mit einer demokratischen Nationalvertretung und einer zentralistischen Nationalregierung, mit liberalen Institutionen und einem preußischen Oberhaupt verlangte. Großdeutsche gründeten den Reformverein, der eine den liberalen und nationalen Forderungen entgegenkommende Reform des Deutschen Bundes, auf föderativer Grundlage und im mitteleuropäischen Rahmen, mit Österreich und Preußen anstrebte.

Deutschlands große Zeit im Mittelalter visierten die Schützen auf ihren Festen an. Sänger intonierten allenthalben das Hohelied von deutscher Ehre und Treue. Und Turner trafen sich, um zu demonstrieren, daß in geübten Leibern ein gesundes Volksempfinden stecke, so wie es im Zeitalter der Befreiungskriege Friedrich Ludwig Jahn vorgeturnt hatte.

. Der hundertste Geburtstag des Freiherrn vom Stein am 26. Oktober 1857 hatte Anlaß gegeben, an Bürgerverantwortung und Selbstverwaltung zu erinnern, und an seinen Ausspruch: Er kenne nur ein Vaterland, und das heiße Deutschland. An seinem hundertsten Geburtstag, am 10. November 1859, wurde Friedrich Schiller, der Dichter der *Räuber* wie des *Wilhelm Tell*, als deutscher Nationaldichter gefeiert – vom liberalen Besitz- und Bildungsbürgertum, das seinen Realismus idealistisch zu erhöhen und patriotisch zu überwölben suchte, in einem millionenfachen Rütli-Schwur:

> »Wir wollen sein ein einzig Volk von Brüdern,
> In keiner Not uns trennen und Gefahr.
> Wir wollen frei sein, wie die Väter waren,
> Eher den Tod, als in der Knechtschaft leben...«

Dem Prinzregenten von Preußen war das alles nicht geheuer, und er fragte sich, ob er nicht selber, der den Wind der Neuen Ära gesät hatte, an diesem Sturm mitschuldig sei. Er könne der Tendenz nicht folgen, »mit Hintansetzung der Interessen und Rechte der deutschen Fürsten die Einheit anzustreben«, ließ er Ernst II. von Sachsen-Coburg-Gotha wissen, den Schirmherrn des Nationalvereins wie der deutschen Schützen-, Sänger- und Turnerfeste. An 1848 erinnernden Anfängen würde er wehren, »weil wir keine Repetition der Volksbeglückung von unten herauf brauchen können«. Dem Altliberalen Theodor von Bernhardi bedeutete er: Gegen das Turnen in der Schule habe er grundsätzlich nichts einzuwenden, obwohl man es schon zweimal wegen »politischer Tendenzen« hätte einstellen müssen. Ein Volk von Turnern à la Jahn wäre ihm als ein Volk von paramilitärisch ausgebildeten »Barrikadenhelden« erschienen.

Er kalmierte, wo er konnte. Der Turnvater Jahn erhielt erst 1872 ein Standbild in der Berliner Hasenheide. 1857 lehnte er die Errichtung eines Denkmals für den Freiherrn vom Stein ab: Zuerst müsse das Monument für König Friedrich Wilhelm III. dastehen. Der preußische Reformminister, der so viel an Deutschland gedacht hatte, erhielt sein Standbild in Berlin erst 1875, auf dem Dönhoff-Platz, in gebührender Entfernung vom Zentrum königlich-preußischer Macht.

Selbst Friedrich Schiller, dessen *Wallenstein* er vor Jahrzehnten gelesen und geschätzt hatte, kam er nicht entgegen. Zwar konnte man nicht umhin, im Jubiläumsjahr 1859 auf dem Gendarmenmarkt, vor dem Schauspielhaus, den Grundstein für ein Schiller-Denkmal legen zu lassen. Doch dabei ließ man es bis auf weiteres bewenden. Erst am 112. Geburtstag des Nationaldichters, am 10. November 1871, wurde das von Reinhold Begas geschaffene Marmorstandbild enthüllt – fünf Monate nach der Einweihung des Reiterdenkmals Friedrich Wilhelms III. vor dem Schloß. So hatte es dessen Sohn angeordnet. Die *Berliner Volkszeitung* kommentierte: Die Statue des Dichter- und Friedensfürsten habe nicht früher enthüllt werden dürfen als die Statue des Königs und Kriegsfürsten »der die *Räuber* Schillers so verabscheute, daß sie während seiner Regierungszeit die Bretter der Bühne nicht mehr beschreiten durften«.

1871 wußte Wilhelm, wie nützlich die kleindeutsche Bewegung gewesen war, 1859 stand er dem Nationalverein zwiespältig gegenüber. Einerseits war ihm jede Volksbewegung verdächtig, andererseits konnte er sie nicht verprellen, wenn sie für preußische Ziele und unter obrigkeitlicher Kontrolle wirkte, ihm zu »moralischen Eroberungen« in Deutschland verhalf, die er nach den Einbußen von 1859 notwendig brauchte.

Sein Sowohl-als-auch, das die liberalen Kleindeutschen für Weder-Fisch-noch-Fleisch halten mußten, brachte er in der Antwort auf die Adresse Stettiner Bürger, die ihn um Förderung von Einheit und Freiheit gebeten hatten, zum Ausdruck: Zwar sollten die Kräfte Deutschlands durch eine Reform der Bundesverfassung fester zusammengefaßt werden, aber nicht »ohne gewissenhafte Achtung vor fremdem Recht und die Rücksicht auf das zur Zeit Mögliche und Erreichbare«. Ein Anfang könne und müsse mit der Stärkung der Wehrkraft gemacht werden.

Sein Ceterum censeo brachte er nun nicht nur in Preußen, sondern auch im Deutschen Bund vor – was er für das rechte Wort zur richtigen Zeit hielt, wie es einem preußischen wie deutschen Patrioten anstünde. Da ihm das Militär als A und O galt, meinte er auch, daß man mit einer Reform der Bundeskriegsverfassung beginnen müßte, wenn man zu einer umfassenden Bundesreform gelangen wollte.

Der Prinzregent von Preußen, der 1859 nicht als Bundesfeldherr an die Spitze des Bundesheeres treten konnte, wollte künftig wenigstens an die Spitze eines norddeutschen Bundesheeres treten können. Er schlug eine Zweiteilung der Bundesstreitkräfte vor: Die beiden süddeutschen Armeekorps sollten zur österreichischen Armee, die beiden norddeutschen Armeekorps zur preußischen Armee treten. Militärisch hätte dies eine fällige Vereinheitlichung gebracht – aber eben eine Vereinheitlichung in der Zweiteilung, was zwar den Interessen Preußens wie Österreichs gedient hätte, doch nicht den Interessen der übrigen deutschen Staaten und schon gar nicht den deutschen Einheitsvorstellungen.

Zwei deutsche Heere anstelle des bisher einen – das mußte als nationaler Rückschritt erscheinen, zur Spaltung des Bundes führen, den man eigentlich vereinheitlichen, und zur Zweiteilung Deutschlands, das man doch einigen wollte. Wilhelm sah das anders: als Militär, der die Schlagkraft jedes der beiden Heere zu stärken suchte; als Preuße, der aus Staatsraison die norddeutschen Nachbarn an sich binden und aus Staatsklugheit sich mit der Vorherrschaft in diesem Teile Deutschlands begnügen wollte; und, wenn auch nicht als ein Nationaler neuen, so doch als ein Patriot alten Schlages, der im Ernstfall getrennt an Rhein und Po marschieren, den Erbfeind vereint schlagen wollte.

Schon trat Napoleon III. wiederum auf den Plan, diesmal nicht als militärischer Angreifer gegen den Habsburger, sondern als diplomatischer Versucher des Hohenzollern. Wilhelm sei der deutsche Viktor Emanuel, schmeichelte er ihm, also der Gebieter der deutschen Einigungsmacht, und er werde eine Vorherrschaft Preußens in Deutschland anerkennen – wenn Frankreich dafür das linke Rheinufer oder wenigstens das Saargebiet bekäme.

»Preußen wird nie zugeben, daß auch nur ein Fußbreit deutschen Landes verlorengehe«, erklärte Wilhelm am 25. Mai 1860 in Saarbrücken, bei der Einweihung der Rhein-Nahe-Bahn. Es wäre meist preußisches Land gewesen, das Frankreichs Drang nach seinen angeblich »natürlichen Grenzen« zum Opfer gefallen wäre. Das konnte der Prinzregent nicht zulassen, und das sich nicht leisten: nachdem er schon durch sein Zaudern 1859 in den Verdacht der nationalen Unzuverlässigkeit geraten war, nun auch noch in den Geruch der Kumpanei mit dem Erbfeind zu kommen. Ein klärendes Wort war fällig, und eine klärende Tat.

So gab er zwar dem dringlichen Wunsch Napoleons III. nach, lud ihn nach Baden-Baden ein – trat ihm aber im Juni 1860 an der Spitze deutscher Fürsten entgegen, der Könige von Bayern, Sachsen, Württemberg und Hannover, der Großherzöge von Baden, Hessen, Sachsen-Weimar und Oldenburg, der Herzöge von Nassau und Sachsen-Coburg-Gotha. Vor dieser teutonischen Phalanx retirierte der Franzose, wagte nicht von besonderen Annexionswünschen zu sprechen, wich in allgemeine Friedensbeteuerungen aus und schied, unter Zurücklassung mehrerer Kreuze der Ehrenlegion, unverrichteter Dinge.

Wilhelm genoß einen doppelten Erfolg. Zum einen hatte er sich als gesamtdeutscher Sprecher bewährt, zum anderen war ihm die Rolle des Primus inter pares zugestanden worden. Das war eine moralische und eine politische Eroberung, die er in seinen Dankesworten an die deutschen Souveräne festzuhalten suchte: Preußens erste Aufgabe werde es auch weiterhin sein, »den Territorialbestand sowohl des Gesamtvaterlandes als der einzelnen Landesherren zu schützen«. Preußen habe »niemals die Absicht, das völkerrechtliche Band, welches die deutschen Staaten umfaßt, zu erschüttern«. Und für Preußen sei eine Reform des Deutschen Bundes nur »unter gewissenhafter Wahrung der Interessen aller« Mitglieder und durch eine »Verständigung zwischen Preußen und Österreich« denkbar.

Die Könige, Großherzöge und Herzöge hörten diese Botschaft wohl, allein es fehlte ihnen der Glaube. Wollte Wilhelm nicht das Bundesheer in einen preußischen und in einen österreichischen Teil zerlegen? Wollte er nicht die norddeutschen beziehungsweise die süddeutschen Fürsten im Einzugsbereich der jeweiligen Großmacht haben? Strebte er nicht den »alternierenden Bundesvorsitz« zwischen dem Prinzregenten von Preußen und dem Kaiser von Österreich an? »Dualistische Hegemonialpolitik« nannte man das, und nicht nur der Einheitsbewegung, sondern auch dem »Dritten Deutschland« paßte das nicht.

Und auch nicht Franz Joseph I. Er beeilte sich, Wilhelm nach Teplitz einzuladen, um ihm und den anderen deutschen Fürsten zu zeigen, daß es über dem Prinzregenten von Preußen noch eine höhere, die höchste Instanz gebe. Deshalb ließ er sich auch nicht auf die preußischen Vorschläge einer Teilung des Bundes ein, weil er weiterhin über den Gesamtbund seinen Primat auszuüben gedachte.

Der Prinzregent war mit seiner »dualistischen Hegemonialpolitik« gescheitert. Sie hätte alles, was er war und was er wollte, zur Deckung bringen können: sein Wesen, das auf Ausgleich angelegt, seine konservative Grundhaltung, die auf Verständigung zwischen Hohenzollern und Habsburg bedacht, seine friderizianische Grundstimmung, die auf die Vorherrschaft Preußens in Norddeutschland und eine Gleichrangigkeit mit Österreich in Deutschland und Europa gerichtet war.

Wilhelms Bundesreformversuch war das außenpolitische Pendant zum innenpolitischen Wagnis der Neuen Ära, eine Mittelstraße zu gehen, die Preußen und Deutschland zu ganz anderen Zielen als zu den schließlich erreichten hätte führen können. Doch diese Mittelstraße war nicht gangbar, weder ein zugleich westlich-liberales und monarchisch-konservatives Preußen möglich, noch ein Deutscher Bund, in dem Preußen wie Österreich auf die Dauer Platz gehabt hätten.

Die Realitäten beendeten die Neue Ära. Außenpolitisch kehrte Wilhelm zur kleindeutschen, anti-österreichischen Unionspolitik zurück, innenpolitisch zur uneingeschränkten Königsgewalt und zum althergebrachten Obrigkeitsstaat. Dort war es die Machtstaatsraison, die durchschlug, hier der Primat des Militärischen, der sich im Streit um die Heeresreorganisation gegen zivilen Geist und parlamentarische Kontrolle durchsetzte.

Die militärische Macht schließe die Souveränität in sich – diese friderizianische Grundauffassung Wilhelms konstatierte Leopold von Ranke am 13. Juni 1860 in einem Gespräch mit dem Prinzregenten. Noch nicht König, doch bereits der Herr, nahm er die Vermehrung und Vereinheitlichung der Streitkräfte in Angriff, die er bisher nur in Denkschriften fordern, nun aber – wie er meinte – durchsetzen konnte.

Eine Heeresreorganisation war überfällig. Die preußische Wehrverfassung stammte aus der Zeit der Befreiungskriege, und konservativ, wie man war, hatte man nichts Wesentliches daran geändert. Die Anzahl der Regimenter war konstant geblieben, wie 1817 wurden alljährlich 40 000 Rekruten eingestellt, obschon die Bevölkerung von elf Millionen auf achtzehn Millionen angewachsen war. So stand die allgemeine Wehrpflicht nur noch auf dem Papier. Lediglich zwei Neuntel der Wehrpflichtigen konnten jährlich eingezogen werden. Die Auswahl erfolgte durch Auslosung, und wen es traf, der hatte drei Jahre in der Linie, und anschließend – bis zu seinem 39. Lebensjahr – in der Reserve und der Landwehr zu dienen. Wurde mobilisiert – wie zuletzt 1859 –, so mußten die Gedienten, auch Ältere, viele Familienväter, zur Fahne, während viele junge Menschen, weil unausgebildet, zu Hause bleiben durften.

Das war eine Ungerechtigkeit, und zugleich eine Unzulänglichkeit: Die älteren Landwehrmänner kosteten mehr Geld (1859 mußten 60 000 Familien unterstützt werden) und waren nur bedingt einsatzfähig. Das leuchtete auch Laien ein, und die Experten – an ihrer Spitze der Prinzregent – machten zusätzlich und hauptsächlich geltend, daß der militärische Wert auch der jüngeren Landwehrmänner (und der Landwehroffiziere) weit geringer sei als jener der Soldaten des stehenden Heeres (und der Berufsoffiziere). Ein Feldheer, das nur aus Linienregimentern zusammengesetzt werden könnte, wäre schlagkräftiger als das bisherige Mixtum aus Linien- und Landwehreinheiten.

Ein Militär, und schon gar ein Militär wie Wilhelm, konnte sich eine sinnvolle und zweckdienliche Militärreorganisation nur so vorstellen: mehr Rekruten für die Linie, durch Einziehung von mehr Wehrpflichtigen; mehr Regimenter, Berufsoffiziere und langdienende Unteroffiziere, um diese Rekruten aufnehmen und ausbilden zu können; Verlängerung der Reservepflicht, damit das Feldheer nur aus Linienregimentern (Aktive plus Reservisten) zusammengestellt und die Landwehr mit den älteren Jahrgängen auf Etappen-, Festungs- und Garnisonsdienst beschränkt werden könnte.

Mehr Wehrgerechtigkeit und mehr Wehrkraft wollte Wilhelm. Das preußische Heer sollte in eine bessere Relation zur eigenen Bevölkerungszahl und zu den Heeresgrößen der anderen Großmächte gebracht werden. Aber es sollte auch – und hier begann die Meinungsverschiedenheit zwischen konservativen Militärs und liberalen Bürgern – eine ausschließlich dem König unterstellte und einen eigenen Stand darstellende Berufsarmee à la Fridericus Rex bleiben und nicht ein Volksheer werden, wie es die preußischen Reformer angestrebt und es nun die liberalen Volksvertreter im Sinne hatten.

Im zivilen Sektor war Wilhelm, der Initiator der Neuen Ära, liberalen Reformen nicht abgeneigt. Im militärischen Bereich jedoch konnte er sich eine Reorganisation nur auf friderizianischen Bahnen vorstellen. Aus militärischen Gründen hätte eine zweijährige Dienstzeit – wie Experten einräumten – durchaus genügt. Doch Wilhelm hielt an der dreijährigen Dienstzeit fest – aus politischen Motiven. »Einen Soldaten auszubilden getraute ich mir kaum innerhalb dreier Jahre«, hatte er – woran er 1859 erinnerte – seinerzeit dem Militärreformer Grolman gesagt. »Zwei Jahre hindurch würde er durch Dressur und Instruktion vollständig übermannt, erst im dritten Jahre lerne er sich fühlen, bekäme er Sinn für die Würde des Rocks, für den Ernst des Berufes und zöge der Standesgeist bei ihm ein, ohne welchen eine Armee nicht bestehen könne.«

Standesgeist aber gab es und konnte es nur in der königlich-preußischen Linientruppe geben, nicht in der Landwehr, in welcher der Volksgeist von 1813 und der Nationalgeist von 1848 weiter glühten und – wie Wilhelm nach wie vor befürchtete – bei nächster Gelegenheit wieder aufflackern, zu einer Revolution aufflammen könnte.

Die von Scharnhorst nach französischem Muster vorgeschlagene Miliz, die Vorform der preußischen Landwehr, nannte er 1857 ein »Lehrbataillon für die Revolution«. In seinem am 3. Dezember 1859 im Staatsministerium gehaltenen Vortrag über die Reorganisation der Armee erklärte er: Die Landwehr habe sich schon 1813 nicht durchwegs bewährt, in den langen Friedensjahren seien ihre Gebrechen offenkundig geworden, in Baden habe er erleben müssen, wie ein Landwehrbataillon aus dem Feuer weglief, und bei der Mobilmachung 1859 hätte die Landwehr »ihre Leistungsohnmacht kennen gelernt, und der eitlen Selbstüberschätzung war eine gesunde Demut gefolgt, die beste Unterlage für Disziplin und Unterordnung«. Nun könne der »Demokratie« die Möglichkeit genommen werden, »undisziplinierte Landwehren zu ihren Zwecken verwenden zu können, wie ihr dies 1849 zum Teil gelungen war«.

Der Prinz von Preußen hatte damals erfahren, daß gegen Demokraten nur Soldaten hülfen, die von aktiven, adeligen Offizieren geführt würden und ihrem König bis in den Tod ergeben wären. Er hatte die Lehre daraus gezogen, daß man die Linientruppe, die Kasernenarmee, das königliche Heer stärken, die Waffe der Monarchie schärfen müsse, zum allfälligen Gebrauch gegen den äußeren wie den inneren Feind.

Nun hielt der Prinzregent die Zeit für gekommen und glaubte, die Mittel zu besitzen, um die militärisch unzulängliche und politisch gefährliche Landwehr retirieren und die militärisch schlagkräftige und politisch zuverlässige Linienarmee avancieren zu lassen. Niemand könnte das besser als er, erklärte er seinen Ministern. »Militärisch erzogen, habe ich den bei weitem größten Teil meiner Tätigkeit der Armee gewidmet, und von des Höchstseligen Königs Majestät von frühester Zeit her mit Organisationsfragen betraut«, werde er die Heeresreorganisation in die Hand nehmen – als seine wichtigste Aufgabe und sein ganz persönliches Werk.

Ein Militärfachmann war er wohl, doch die politische Problematik begriff er nicht, unterschätzte sie jedenfalls. Er übersah, daß er auf eine Verfassung geschworen hatte, die zwar die Kommandogewalt beim König beließ, aber sie von der Verfassung ableitete, die zwar die Wehrpflicht des Bürgers und die Gehorsamspflicht des Soldaten festschrieb, aber eben als Bestandteil der Verfassung, die das Volk ohne und mit Uniform als Einheit zusammenfassen und königliche Armee und konstitutionellen Staat nicht nebeneinanderstellen wollte.

Der Friderizianer unterschätzte die Antwort jener Preußen, die sich nicht mehr als Untertanen, sondern schon als Staatsbürger fühlten, auf seine Herausforderung: nach altpreußischer Art das Heer vom Volk zu trennen, ein Relikt des Ständestaates zu konservieren, für einen zentralen Sektor des Staates unbeschränkte Gewalt zu beanspruchen. Die Volksvertretung, ausgestattet mit dem Budgetrecht, hatte die Finanzierung der Heeresreorganisation zu bewilligen, das Abgeordnetenhaus – in dem seit 1858 die Liberalen die absolute Mehrheit hatten – pochte auf das Gesetzgebungsrecht, weil, wie der Parlamentsjurist Rudolf Gneist betonte, ein Gesetz für die Heeresreorganisation durch die Natur der Wehrpflicht geboten sei: »Die Gesamtzahl der zum Heere zu stellenden Mannschaften ist die höchste persönliche Leistung, welche in den europäischen Staaten vorkommt... Diese Menschensteuer ist die höchste Steuer, welche überhaupt in einem Gesamtposten entrichtet wird.«

Bürger, die nicht nur ans Dienen, sondern auch und nicht zuletzt ans Verdienen dachten, wollten für ein Heer, das außerhalb der Verfassung stünde und auch gegen das Volk eingesetzt werden könnte, keine Opfer bringen. Liberale, die in der Neuen Ära an Boden gewonnen hatten, sahen durch die Herabsetzung der Landwehr den »Bürger in Uniform« desavouiert. Patrioten, die für das Vaterland zu kämpfen bereit waren, fühlten sich als »Volk in Waffen« diskriminiert.

Selbst der Kriegsminister, General der Infanterie Eduard von Bonin, erhob politische Bedenken, verwies auf die finanziellen Schwierigkeiten, riet zu einer Verständigung mit dem Abgeordnetenhaus. Als er auch noch die Herabsetzung der Kriegsstärke des Bataillons von 1000 auf 800 Mann anregte und den vom Prinzregenten höchstselbst umgearbeiteten und verschärften Entwurf des Kriegsministers nicht vertreten wollte, mußte er zurücktreten – zum zweitenmal, 1854 in der Reaktionszeit, 1859 in der Neuen Ära.

Ein liberaler Preuße ging, ein Stockpreuße kam: Generalleutnant Albrecht von Roon. Der sechsundfünfzigjährige Pommer, Kommandeur der 14. Division in Düsseldorf, war ein Borusse comme il faut. »Aus breitem Nacken erhob sich«, wie ein Generalskamerad beobachtete, »auf senkrecht stehendem Halse ruhend, ein ausdrucksvoller, länglich geformter Kopf mit hoher Stirn, lang und breit hervortretender, wenig gekrümmter Nase, trotzigen Lippen, scharf geschnittenem Kinn, vollem hellbraunen, halb ergrautem Haupthaar, mächtigem Schnurrbart und sehr starken Augenbrauen, unter denen aus breiten, etwas verschleierten Lidern die ruhig und scharf beobachtenden, vor allem einen unbeugsamen Willen verkündenden Augen blickten.«

Roon glich dem Idealbild des preußischen Offiziers, und nicht nur äußerlich. Er war gebildet, hatte geographische Lehrbücher verfaßt, den Prinzen Friedrich Karl, Sohn von Wilhelms Bruder Karl, erzogen, sich als Generalstäbler wie als Troupier hervorgetan. Er war Soldat und Schulmeister zugleich, außerdem verkehrte er in pietistischen Zirkeln – eine Verkörperung preußischer Tugenden, die Wilhelm um so mehr schätzte, als sie ihm in dieser Potenzierung versagt geblieben waren.

Im badischen Feldzug war ihm der umsichtige und tatkräftige Generalstabschef des VIII. Armeekorps aufgefallen, den Kommandeur des 33. Regiments, das in Köln lag, hatte er in seiner Koblenzer Zeit kennengelernt. Die Verstimmung gegen den schroffen Roon, der es 1848 abgelehnt hatte, Erzieher seines Sohnes Friedrich Wilhelm zu werden, war verflogen, die Begründung haften geblieben und nun gefragt: Er habe eine »reaktionäre Gesinnung« und sei deshalb ungeeignet, dem Thronerben »die neuen Ideen unserer Tage anzupreisen«. Augusta und auch Wilhelm hatten das damals verlangt, sie hielt das immer noch für richtig, während er nun Männer von altpreußischem Schrot und Korn um sich haben wollte.

Die Denkschrift zur »vaterländischen Heeresverfassung«, die ihm Roon 1858 einreichte, glich seinen eigenen Vorstellungen in Einzelheiten der Vermehrung des stehenden Heeres und der Einbindung der Landwehr in die Linie, wie in der Gesamtauffassung, daß es sich »hier um die wichtigsten und heiligsten Interessen, um des Thrones und des Vaterlandes Glanz und Größe, um seine politische Bedeutung, um sein Bestehen handelt«.

So wurde Roon 1859 in die Kommission zur Beratung der Heeresreorganisation berufen. Dort vertrat er mit Verve die Pläne des Prinzregenten, trommelte gegen den Leisetreter Bonin, gewann im Sturm das Vertrauen Wilhelms und die Achtung des alten Wrangels: »Mein Sohn, du bist ein fester Mann, das habe ich bei den Beratungen erkannt. Du mußt Kriegsminister werden, ich habe deine Ernennung dem allergnädigsten Herrn dringend empfohlen.«

Der Prinzregent, der ihn am 5. Dezember 1859 – am Jahrestag von Leuthen – zum »königlichen Staats- und Kriegsminister« ernannte, machte ihm klar, wozu er ihn brauche: zur Ausführung und Vertretung der Heeresreorganisation, die von ihm selber initiiert und formuliert, sein ureigenstes Werk sei. Ob er, angesichts des zu erwartenden Widerstandes der Volksvertretung, nicht »einen brauchbareren Vertrauensmann von richtigerem konstitutionellem Parfum wisse«, fragte Roon. »Hätte ich und wüßte ich einen Besseren, so würde ich Sie nicht gewählt haben«, brummte Wilhelm, noch mit einem Bein in der Neuen Ära. Doch er ahnte bereits, daß ein Konflikt zwischen Monarchengewalt und Parlamentsgewalt unvermeidlich sei – und daß dann Roon der richtige Mann am richtigen Platz wäre: Der Royalist aus Pommern, der preußischen Vendée, der für seinen König bis zum letzten Laut streiten würde. Der Friderizianer, der ihm helfen würde, seine liberalen Skrupel zu überwinden, gewissermaßen als sein altpreußisches Alter ego. Und die Kämpfernatur, die den Zauderer mitreißen könnte, zum Ziel, das Roon absteckte: »Das Reformwerk ist eine Existenzfrage für Preußen, es muß vollbracht werden!«

Bei der Eröffnung der Landtagssession, am 12. Januar 1860, kündigte der Prinzregent in der Thronrede die Heeresreorganisation an: »Es ist nicht die Absicht, mit dem Vermächtnis einer großen Zeit zu brechen.« Daß damit weniger die Zeit der Befreiungskriege als die Zeit Friedrichs des Großen gemeint war, zeigten die Militärvorlagen, die Kriegsminister Roon am 10. Februar 1860 im Abgeordnetenhaus einbrachte: Einziehung von jährlich 63 000 statt bisher 40 000 Rekruten, dreijährige Dienstzeit, Erhöhung der Präsenzstärke von 150 000 auf 220 000 Mann, Verstärkung des stehenden Heeres, der Linie, um 39 Infanterieregimenter und zehn Kavallerieregimenter, Ausscheiden der Landwehr aus dem Feldheer. Mehrkosten 9,5 Millionen Taler jährlich, also Heeresgesamtkosten von 32,8 Millionen Taler bei einem Jahresbudget von 130 Millionen Taler.

Das war, wie Wilhelm und Roon meinten, eher militärische Selbstbescheidung als militaristische Selbstüberhebung. Dies jedoch meinte die liberale Mehrheit im Abgeordnetenhaus. Sie wollte die Dienstzeit auf zwei Jahre herabsetzen und den Abbau der Landwehr verhindern. Immerhin wurden mit 350 gegen 2 Stimmen die Kosten vorläufig bis zum 30. Juni 1861 bewilligt – als Provisorium.

Als Definitivum betrachteten es der Prinzregent und sein Kriegsminister, während das Abgeordnetenhaus glaubte, nach Ablauf des Provisoriums seine Reform der Reorganisation durchsetzen zu können. Der Konflikt war programmiert, eine Machtprobe zwischen Monarchem und Parlamentariern. »Nicht der König soll regieren, sie wollen regieren«, meinte Wilhelm: Aber das dürfe in Preußen nicht sein!

König von Preußen

FRIEDRICH WILHELM IV. STARB am 2. Januar 1861, vierzig Minuten nach Mitternacht. Das Gehirnleiden hatte sich verschlimmert, ein Lungenschlag setzte dem Leben des Fünfundsechzigjährigen ein Ende.

Als Leben konnte sein Zustand schon lange kaum mehr bezeichnet werden. »Der König vegetiert«, hatte der Prinzregent im Sommer 1859 festgestellt. »Er kann das Bett gar nicht verlassen und liegt unausgesetzt im Schlummerzustand.« Kurz vor dem Ende hatte sich Wilhelm das »Elend in Sanssouci« noch einmal angeschaut: »Fritz gibt gar keine Zeichen von Empfindung und öffnet die Augen gar nicht, so daß es fast wie eine Lähmung der Augenlider erscheint.«

In der zweiten Nacht des Jahres 1861 stand der Prinzregent am Sterbebett des Bruders, und als dieser, ohne noch einmal die Augen aufzuschlagen, das Zeitliche gesegnet hatte, war er der König.

Wilhelm I. blieb bis zur Beisetzung in Sanssouci, wohnte in den kleinen Zimmern des Damenflügels. Als er – gewissermaßen besitzergreifend – durch das Schloß Friedrichs des Großen schritt, kam er in den Marmorsaal, wo die Trauerwache stand, mit der umflorten Fahne des ersten Bataillons des 1. Garde-Regiments zu Fuß, und zum ersten Mal senkte sie sich vor dem neuen König. »Mit einem Schlage stand die ganze Verantwortlichkeit vor mir, der ich entgegenging, und im Nebenzimmer die Leiche meines Bruders! Gott ist mein Zeuge, daß ich nie geglaubt, ihm auf dem Throne folgen zu müssen! Mir brachen die Knie, und Kleist [der Hauptmann der Trauerwache], der mir die Hand küssen wollte, mußte mich halten, daß ich nicht umsank.«

Er besteige den Thron in einem Augenblick, da Europa nahe daran sei, sich vollständig zu desorganisieren, und nicht durch die Waffen, sondern durch Lug und Trug, schrieb er der Schwägerin

Sophie nach Weimar. Was könne man dagegen tun? Man müsse tun, was man zu tun habe, komme was da wolle!

Zuversichtlicher gab er sich in seinem ersten Appell »An Mein Volk«. Er, Wilhelm I., werde seinen Platz in der Reihe der Monarchen einnehmen, welchen Preußen seine Größe verdanke, die er getreulich zu wahren und zu mehren gedenke. Denn: »Es ist Preußens Bestimmung nicht, dem Genuß der erworbenen Güter zu leben. In der Anspannung seiner geistigen und sittlichen Kräfte, in dem Ernst und der Aufrichtigkeit seiner religiösen Gesinnung, in der Vereinigung von Gehorsam und Freiheit, in der Stärkung seiner Wehrkraft liegen die Bedingungen seiner Macht; nur so vermag es seinen Rang unter den Staaten Europas zu behaupten.«

Vor dem Denkmal Friedrichs des Großen, der Preußen vergrößert und zu einer europäischen Macht erhoben hatte, demonstrierte Wilhelm I., daß wieder ein Frideizianer den Thron bestiegen hatte. Am 18. Januar 1861 – 160 Jahre nach der Selbsterhöhung des Kurfürstentums Brandenburg zum Königreich Preußen – senkten sich 142 neue Fahnen und Standarten vor Fridericus Rex, dem »Großmeister preußischer Kriegsherrlichkeit« und vor dem jetzigen Kriegsherrn. Es waren die Feldzeichen der durch die Heeresreorganisation neu geschaffenen Bataillone und Regimenter, die vor einem Altar aus Trommeln geweiht und an die Truppenteile übergeben wurden.

Am Tag zuvor hatte der König in jede dieser Fahnen und Standarten den ersten Nagel geschlagen, der Tuch und Stange verband. Das war ein alter Brauch, einen Gegenstand zu weihen, einen Beschluß für unwiderruflich zu erklären. Schon die Römer hatten alljährlich einen Nagel in den Tempel der Schicksalsgöttin Nortia geschlagen. Wilhelm I. wollte die friderizianische Tradition niet- und nagelfest machen. Und die vom Parlament nur provisorisch gebilligte Vermehrung des königlichen Heeres für unwiderruflich erklären.

Den Weiheakt beschloß Choralgesang: »Gib uns Mut in den Gefahren, wenn der Feind uns einst bedroht.« Der innere Feind bedrohte schon jetzt mit der Heeresreorganisation die Kommandogewalt des Königs. Er vertraue darauf, daß Preußen unter seinem Zepter sich selbst treu bleiben, daß die Volksvertreter die Auflösung der Landwehrregimenter und die Neubildung der Linienregimenter als

Albrecht von Roon.

Friedrich Wilhelm, nachmals Kronprinz und später Kaiser Friedrich III., Sohn Wilhelms I.

Augusta, Königin von Preußen und Deutsche Kaiserin,
Gemahlin Wilhelms I.

Wilhelm I. und Moltke im Manöver, 1883.

Arbeitszimmer Wilhelms I., 1886.

Wilhelm I. in Baden-Baden, 1886.

Vier Generationen Hohenzollern: Wilhelm I., links Kronprinz Friedrich Wilhelm, nachmals Friedrich III., rechts Prinz Wilhelm, nachmals Wilhelm II., und der 1882 geborene Prinz Wilhelm, der spätere Kronprinz.

Der aufgebahrte König und Kaiser.

Wilhelm auf dem Totenbett.

Der Leichenzug am 16. März 1888.

vollzogene Tatsache hinnehmen werden – diese Erwartung hatte er bei der Eröffnung des Landtags am 14. Januar 1861 ausgesprochen. Doch das Abgeordnetenhaus zeigte kein Gehör: Eine definitive Anerkennung der Heeresreorganisation wie die definitive Bewilligung der Haushaltsmittel sei erst möglich, wenn die Regierung dem nächsten Landtag ein Gesetz über die zweijährige Dienstpflicht vorlege. Bis dahin könnten Gelder nur beschränkt und provisorisch genehmigt werden. Wilhelm machte eine gute Miene zum bösen Spiel, in der Hoffnung, es doch noch für sich gewinnen zu können, erklärte bei der Schließung der Landtagssession am 5. Juni: Er könne »über die Form der Bewilligung hinwegsehen, die das Lebensprinzip der großen Maßregel nicht berührt«.

Sie parierten nicht, die Liberalen, und sie wurden ausfällig. Zum Beispiel der Berliner Stadtgerichtsrat Karl Twesten. »Was uns noch retten kann«, hieß die Streitschrift, in der er für den verfassungsmäßigen Rechtsstaat eintrat und den Chef des Militärkabinetts, General Edwin von Manteuffel, angriff. Den Ultrakonservativen, der von der Kamarilla Friedrich Wilhelms IV. übrig geblieben war, nannte er einen »unheilvollen Mann in einer unheilvollen Stellung«. Der Militär forderte den Zivilisten zum Duell, verwundete ihn, wurde auf Festung gesetzt, aus der ihn sein König alsbald herausholte. »In diesem Moment Manteuffels Dienste zu entbehren«, hatte er Roon geklagt, »der Triumph der Demokratie, ihn aus meiner Nähe gejagt zu haben, das Aufsehen, was dies Ereignis in meiner allernächsten Umgebung machen muß, das sind Dinge, die mir fast die Sinne rauben können, weil es meiner Regierung einen neuen unglücklichen Stempel aufdrückt! Wo will der Himmel mit mir hin!«

»Nur Gottes Hand konnte und hat mich gerettet vor Meuchelmord«, konstatierte er drei Wochen später. Am Morgen des 14. Juli 1861 promenierte Wilhelm, zur Kur in Baden-Baden, in der Lichtentaler Allee, nur in Begleitung des preußischen Gesandten in Karlsruhe, Graf Flemming. Ein junger Mann zog den Hut und dann ein Doppelterzerol; es »fiel ein Schuß in solcher Nähe von hinten auf mich, daß ich sofort einen Schmerz an der linken Seite des Halses fühlte, eine Dröhnung im ganzen Kopfe empfand und mit der linken Hand sogleich nach der verletzten Stelle griff, ausrufend: Mein Gott, was war das!«

Es war ein Attentat, das erste. Der Attentäter lief nicht weg, brüstete sich: »Ich habe auf den König geschossen!« Der Rechtsanwalt Süpfle aus Gernsbach und der Referendar Schill aus Achern schlugen den jungen Mann zu Boden: »Das ist eine Schmach und Schande für Baden, das muß das Volk rächen!« Man solle ihm nichts zuleide tun, besänftigte der König, doch ihn hinter Schloß und Riegel bringen. Ein Kaufmann aus Paris, Monsieur Blanquet, machte ihn in Französisch darauf aufmerksam, daß sein Rockkragen von einer Kugel zerrissen und die Halsbinde gestreift sei. »Die Kontusion am Hals blutete nicht, aber verursachte einen leichten brennenden Schmerz.«

Oskar Becker hieß der Attentäter, ein Leipziger Student, der aus Odessa stammte. Er wurde von einem badischen Gericht zu zwanzig Jahren Zuchthaus verurteilt, von denen er nicht einmal die Hälfte verbüßen mußte. »Glücklicherweise war der Meuchelmörder kein geborener Deutscher«, atmete ein Hofchronist auf. »Ich werde den König von Preußen erschießen, weil derselbe die Einigkeit Deutschlands nicht herbeiführen kann«, stand auf dem Zettel, den man in seiner Brusttasche fand.

»Der Himmel bewahre Deutschland vor solchen Beglückern«, resümierte Wilhelm. »Mordversuch bleibt etwas sehr Schweres, aber erhebend ist, daß göttliche Gnade dabei allein mich retten konnte und wollte. Erhebend ist für mich aber auch die so überaus gütige Teilnahme, die mir von vielen Seiten zukommt und sogar von sehr überraschender Seite. Möchte dieses Gefühl sich wenigstens in Preußen auch in Taten zeigen, damit wir nicht wieder eine Kammersession haben, wie die letzte, obgleich die Aussichten auf die nächste noch roter sind!«

Es schien an der Zeit, Feind wie Freund zu zeigen, wer in Preußen der Herr war: der legitime Monarch, der König von Gottes Gnaden. Wilhelm dachte an die feierliche Erbhuldigung, welche die Stände seinen Vorgängern geleistet hatten. Das war ganz im Sinne der Konservativen, ein Relikt des mittelalterlichen Lehnsrechts, aus den feudalen Zeiten, in denen es noch keine Konstitution und keine Kammern gegeben hatte. Die Liberalen erinnerten daran, daß man nun keine alten Stände mehr habe, sondern eine neue Gesellschaft, eine moderne Verfassung und ein Parlament, vor dem der Monarch den Verfassungseid abzulegen habe.

Das Kabinett war gespalten. »Minister mit einer parlamentarischen Vorgeschichte sind Ew. Majestät Ruin«, meinte Kriegsminister Roon. Die liberalen Zivilisten widersprachen, vor allem Justizminister August von Bernuth, dessen parlamentarische Vergangenheit bis 1849 zurückreichte. Wilhelm I. fällte den monarchischen Machtspruch: Eine Ansicht müsse zuletzt entscheiden, und dies sei die seine. Und verfiel auf den salomonischen Ausweg: Wenn er schon keine Erbhuldigung wie noch der letzte König bekommen solle, dann möchte er eine Krönung in Königsberg wie der erste König haben – den »Akt höherer Weihe«, den es bisher nur einmal, bei der Begründung des Königreiches, gegeben habe und der nun zu dessen Neubefestigung angebracht sei. Die Kosten werde er aus seiner Privatschatulle bestreiten.

»Gegen meine Neigung schritt ich zur Krönung«, erzählte er später, »um Preußen mit seinen neuen Institutionen die irdische Macht zu vergegenwärtigen, die zu dessen Heil fest bestehen müsse.« Zunächst mußte er sich eine neue Krone anfertigen lassen. Denn die alte Krone, die sich am 18. Januar 1701 Friedrich I. von Preußen aufgesetzt hatte, war einem Haupt mit Allongeperücke angemessen worden. Als der Hofjuwelier die neue, Wilhelms Maßen angepaßte Krone brachte, bat er ihn, er möge sie ausprobieren. Das Ansinnen wurde zurückgewiesen: Die Krone dürfe erst beim Weiheakt aufgesetzt werden.

Er war sein eigener Zeremonienmeister, mit Sinn für das Wesentliche und Blick für das Detail. Auf der Empore für die Offiziere dünkte ihm die Balustrade zu hoch: »Niedriger! Wenn ich Offiziere meiner Armee als Zeugen berufe, so sollen sie auch bequem sehen, was vorgeht.« Er kümmerte sich um das Tragen der Kroninsignien: »Auf den Kissen müssen Bänder angebracht werden, mit denen die Insignien so fest gebunden werden können, daß ein Herabfallen nicht zu fürchten ist, denn die Träger sind meist bejahrte Herren.«

Entgangen schien ihm zu sein, daß die 102 Fahnen und 51 Standarten seiner Armee, die in das Königsberger Schloß gebracht worden waren, in einem nicht sachgerecht gezimmerten Gerüst aufgestellt wurden. Am 17. Oktober 1861, einen Tag vor der Krönung, brach es zusammen, und die stolzen Feldzeichen lagen wie gefällte Bäume da. Die Fahnen und Standarten der vom König neu gebildeten, doch vom Abgeordnetenhaus noch nicht endgültig bestätigten Regimenter waren darunter. Ihre Anwesenheit bei der Krönung mußte den Liberalen als Provokation erscheinen, ihr Umfallen den Konservativen als böses Omen.

Am 16. Oktober, als die Krönungsfeierlichkeiten – wie es dem Soldatenkönig angemessen schien – mit einem militärischen Appell begannen, hatte er Mut vor Parlamentssesseln bewiesen. Den Abordnungen aller Truppenteile, auch der neu gebildeten, vor sämtlichen Generälen und Regimentskommandeuren, angesichts der Fahnen und Standarten erklärte der Kriegsherr: Verliehen habe die Krone ihm Gott, verteidigen müsse sie die Armee. Und sie verstand, was er mit seinem Hinweis auf den Umsturz von 1848 und die Widerspenstigkeit von 1861 meinte: Die Armee sei es gewesen, »welche den König und das Vaterland in den unheilvollsten Stürmen erst vor kurzem gerettet und seine Sicherheit befestigt hat. Auf diese Treue und Hingebung rechne auch ich, wenn ich sie aufrufen müßte gegen Feinde, von welcher Seite sie auch kommen mögen!«

Am 17. Oktober – dem Tage, an dem das Fahnengerüst zusammenbrach – empfing der Monarch die zivilen Zeugen der Krönung, die Mitglieder beider Häuser des Landtags, und schrieb es ihnen hinter die Ohren: »Die Herrscher Preußens empfangen ihre Krone von Gott. Ich werde deshalb morgen die Krone vom Tische des Herrn nehmen und sie mir aufs Haupt setzen. Dies ist die Bedeutung des Königtums von Gottes Gnaden und darin liegt die Heiligkeit der Krone, welche unantastbar ist.«

Der 18. Oktober 1861 war ein sonniger Herbsttag nach einer regnerischen Nacht. Das Musikkorps des 1. Garde-Regiments zu Fuß spielte den Krönungsmarsch von Meyerbeer. Der Krönungszug bewegte sich vom Schloß zur Schloßkirche. Herolde schritten vor den Trägern der auf goldbrokatenen Kissen festgebundenen preußischen Reichsinsignien. General Fürst Wilhelm Radziwill, der Jugendgefährte Wilhelms, trug die Krone, Oberburggraf von Brünning das Reichsschwert, Kanzler von Zander das Reichsinsiegel, unterstützt vom Staatsminister von Auerswald, weil er nach einem Schwächeanfall schwankte. Kerzengerade hielt der siebenundsiebzigjährige Feldmarschall Wrangel das Reichspanier.

Der König erschien in großer Generalsuniform, die Kriegsorden auf der Brust, den roten Samtmantel des Schwarzen Adlerordens über der Schulter, den Helm auf dem Haupt. In gebührendem Abstand folgte Kronprinz Friedrich Wilhelm, ohne Pickelhaube, was der Etikette wie seiner Einstellung entsprach: Er war eher liberal-konstitutionell als konservativ-monarchisch, und so sehr ihm auch die Krönungszeremonie zu Herzen ging, es blieb doch die skeptische Überlegung, ob das nicht dem Zeitgeist widerspräche. Königin Augusta, ganz in Weiß, kam in eigenem Zug, mit Prinzessinnen, Hofdamen und Pagen, mit zwiespältigem Gefühl: Der Aufwand schmeichelte ihrem Stolz, der Anlaß verletzte ihr liberales Empfinden. Und der Gemahl war nun König von Gottes Gnaden, von dem sie gnädig ihre Krone aufgesetzt bekommen sollte, und auch noch ihr oberster Kriegsherr – denn zur Feier des Tages hatte er sie zum Chef des neu gebildeten 4. Garde-Grenadier-Regiments ernannt.

»Unbeschreiblich schön und in evangelischer Würde« fand der Kronprinz das Innere der 1592 erbauten Schloßkirche. »Überall hing rotgoldener Samt«, bemerkte die Kronprinzessin, »die Ritter vom Schwarzen Adler in rotsamtenen Mänteln, die jungen Ehrendamen alle in Weiß und Gold, der Oberhofmeister in Gold und weißem Brokat und grünem Samt.« Der Chor sang die Hymne »Salvum fac regem«. Der Kronprinz war hingerissen: »Himmlisch als S. M. kniete.«

Wilhelm I. erhob sich bald wieder, ließ sich den purpurnen Krönungsmantel umlegen, schritt die Stufen zum Altar empor, auf dem die von 150 Diamanten funkelnde Krone lag. Er ergriff sie mit beiden Händen und setzte sie sich aufs Haupt, unter dem Geläut der Glocken und dem Donner der Kanonen. Dann nahm er vom Altar das Zepter und das Reichsschwert, hielt sie empor, wendete sich zu den Prinzen, Generälen, Ministern und Abgeordneten um, zeigte ihnen die Insignien der höchsten irdischen Macht. Adolf Menzel hat dieses Gebaren auf seinem Krönungsbild festgehalten. Romantiker hielten es für eine große Geste des Gottesgnadentums, nüchterne Preußen für eine Pose, Liberale für eine Drohgebärde.

Wilhelm I., von Gottes Gnaden König von Preußen, wischte sich mit dem Taschentuch die Augen. Später erzählte er: »Als ich mich zum Altar wendete, um die dort ruhende Krone auf mein Haupt zu setzen, kam ein Zagen über mich. Ich meinte, das Gewicht der Verantwortung sei zu schwer, und unwillkürlich zog ich die Hand von der Krone zurück. Dann sah ich nach oben und heftete den Blick fest auf das Kruzifix. Und ein unbeschreiblicher Trost kam über mich: ›Hast Du Herr‹ – so sagte ich bei mir selbst, ›die Dornenkrone für mich getragen, so wirst Du auch die Huld und Treue haben, mir meine Königskrone tragen zu helfen.‹ Und damit ließ ich mein Zaudern fahren und erfaßte mit fester Hand die Krone und setzte sie mir auf.«

Er war entschlossen, die Krone zwar in Demut vor Gott zu tragen – aber hochgemut vor seinem Volk, als Zeichen der Macht und der Herrlichkeit, die ihm von oben verliehen worden sei und von unten nicht angetastet werden dürfe.

Das Königtum von Gottes Gnaden war nicht nur mittelalterliche Romantik à la Friedrich Wilhelm IV. und reaktionärer Legitimismus à la Friedrich Wilhelm III. – es war auch und nicht zuletzt altpreußische Tradition. Ein Katechismus des 18. Jahrhunderts zeigte die Dreieinigkeit: Gottvater mit Krone, Zepter und Reichsapfel – Martin Luther mit der Bibel – Friedrich der Große, auf seinen Degen gestützt.

Generationen von Pastoren hatten das 13. Kapitel des Briefes des Apostels Paulus an die Römer in königlich-preußischem Sinn ausgelegt: »Jedermann sei untertan der Obrigkeit, die Gewalt über ihn hat. Denn es ist keine Obrigkeit, ohne von Gott; wo aber Obrigkeit ist, die ist von Gott verordnet.« Dem lutherischen Obrigkeitsglauben der Untertanen entsprach die calvinistische Auffassung der Hohenzollern: Der von ihnen beherrschte Staat stehe im Dienste der göttlichen Ordnung, und seine erfolgreiche Beherrschung sei ein Zeichen der göttlichen Erwählung des Herrschers.

Als Prinz war Wilhelm in dieses Herrscherhaus hineingeboren worden, als Prinzregent hatte er im Namen des erkrankten Monarchen regiert, nun war er selber der König von Gottes Gnaden und blieb sich des Unterschieds bewußt: »Der gewaltige Abschnitt meines Lebens, der mich noch spät im Alter trifft, war zwei Jahre lang vorbereitet, aber dennoch ist der Abstand gegen früher gewaltig.« Dem evangelischen Christen und dem gekrönten Preußen war klar, daß er nun eine doppelte Pflicht zu erfüllen hatte: nach oben, gegen Gott, der ihm die Krone verliehen hatte und dem er Rechenschaft schuldig blieb, und nach unten, gegenüber seinem Volk, das er zwar souverän regieren durfte, aber so regieren mußte, wie er es vor Gott und seinem Gewissen verantworten konnte.

Der König von Gottes Gnaden fühlte sich gewissermaßen als Stellvertreter Gottes auf Erden, hatte ein gerechter Herr wie ein guter Hirte zu sein. So betonte er einerseits die göttliche Legitimierung seiner Macht, trat in der Aureole der Amtsgnade auf, beanspruchte – wenn er vom Thron aus sprach – Unfehlbarkeit in Regierungssachen, bediente sich einer Sprache, in der Erhabenheit in Überheblichkeit umschlug und die Grenze zwischen Gotteslob und Selbstbeweihräucherung verschwamm, so wenn er sich gern als »Werkzeug in der Hand der Vorsehung« bezeichnete. Andererseits aber blieb er das, was er von Natur aus war, »einfach, bieder und verständig«, ein Preuße, der seine Pflicht und Schuldigkeit tat, ein Calvinist, der sich in »innerweltlicher Askese« verzehrte, ein Friderizianer, der nicht nur unmißverständlich dartat, wer der Herr im Staat sei, sondern auch als »erster Diener seines Staates« unermüdlich tätig war.

Die legitimistische Attitüde fanden – im fortgeschrittenen 19. Jahrhundert – nicht mehr alle Preußen für angebracht, die altpreußische Haltung indessen brachte ihm jene Popularität, deren ein konstitutioneller Monarch bedurfte. Schon ging es nicht mehr ohne Öffentlichkeitsarbeit. Sie besorgte vorzüglich Louis Schneider, der ehemalige Hofschauspieler. Als eine Art Pressesekretär verbreitete er Verlautbarungen des Königs und Hofberichte über Haupt- und Staatsaktionen. Als Wilhelms Eckermann war er bemüht, den Menschen wie den Monarchen ins rechte Licht zu rücken.

In seinen vier Wänden sei Wilhelm derselbe geblieben, erzählte Schneider. »In unmittelbarer Nähe des Königs änderte sich nichts, ja in vielen Dingen schien es, als ob eine abgesonderte Hofhaltung neben der eigentlichen königlichen fortgeführt würde.« Er blieb im Palais Unter den Linden wohnen und arbeitete an seinem Schreibtisch weiter, wie er es gewohnt war.

Auf den ersten Blick herrschte in seinem Arbeitszimmer eher Unordnung, denn auf Stühle und Sofa waren Papiere, Karten und Bücher gepackt. Doch Wilhelm wußte genau, wo er was zu suchen hatte und finden konnte. Als Handbücher – auf einer Etagère, dem Fensterbrett und den Sitzmöbeln – hatte er »nur Lexika, Rang- und Quartierlisten der Armee, Staatskalender, Ordenslisten, Gesetzessammlungen, Militärreglements«. In die Bibliotheksschränke griff er selten, und nicht nur deswegen, weil man sich in dem mit Berliner-Blau-Wasserfarbe angestrichenen Innern blaue Flecken holen konnte. Die Bücher waren höchst einfach geordnet, wie Schneider anmerkte: »›Kriegsgeschichte‹ z. B. nur chronologisch, ohne Rücksicht auf Autoren, Sprachen, Format, Umschlag usw. – die ›Regimentsgeschichten‹ nach der Rangliste – ›Geschichte‹ nach den Regenten.«

Der Schreibtisch war mit Familienbildern und Erinnerungsstücken so vollgestellt, daß verhältnismäßig wenig Platz für seine eigentliche Bestimmung blieb, dieser genau eingeteilt werden mußte. »Jedes Gerät hatte seine bestimmte Stelle, lag zur Hand, wurde aber auch wieder so hingelegt«, berichtete Schneider. Wilhelms Schreibtischstuhl war nicht gerade komfortabel, doch ihm nicht spartanisch genug für bedeutsame Beschäftigungen: »Wenn der König wichtige Aktenstücke, diplomatische Memoires und Staatsschriften las, bediente er sich eines hohen Reitbockes, auf dem er ohne Lehne und wie zu Pferde vor einem hohen Lesepulte saß.«

Was er las, mußte sitzen, und was er schrieb, sollte so stehen bleiben. Seine Schreibart sei eine ungemein feste, bestimmte, gar nicht zu ändernde, bemerkte Schneider. »Höchst selten streicht er ein Wort aus oder schreibt ein anderes ein. Der erste Entwurf entscheidet, und es läßt sich in der Tat weder etwas hinzufügen, noch weglassen. Selbst in den wichtigsten königlichen Kundgebungen, welche eine entscheidende Wirksamkeit gehabt und haben sollten, ist keine Korrektur bemerkbar.«

Morgens hatten die Mappen der verschiedenen Dienststellen in seinem Arbeitszimmer bereitzuliegen. Mit dicken Bleistiften, wie sie Zimmerleute benutzten, schrieb er seine Bemerkungen zu den ausgeschnittenen und aufgeklebten Zeitungsartikeln, an den Rand der Akten und Drucksachen. Wenn er die Feder benutzte, um etwa seinen Wilhelm schwungvoll unter eine Urkunde zu setzen, wischte er sie hinterher aus. Als einmal der Adlatus mit seiner Feder nicht gleich ebenso verfuhr, übernahm sein Herr die Säuberung und erklärte auf Berlinerisch: »Ordnung muß sind!«

An die morgendliche Lese- und Schreibarbeit schlossen sich Vorträge von Adjutanten und Hofbeamten an, Besprechungen mit Generälen und Ministern. Eine Exzellenz gestand, sie sei stets mit Herzklopfen der Majestät gegenübergetreten. Wahrscheinlich kam sich der Minister vor wie ein Soldat beim Rapport, der immer zu befürchten hatte, daß der Vorgesetzte nicht nur ein Stäubchen am Rock oder einen offenen Knopf bemerkte, sondern auch jede Schwachstelle des Vorgebrachten. Und der darauf gefaßt sein mußte, daß eine Nachlässigkeit in der Form eine Kritik in der Sache provozierte.

Wilhelm blieb bestrebt, persönliche Antipathien und Sympathien auszuklammern. Einen Günstling hat er nie gehabt, und auch keinen Untergebenen, den er von vornherein nicht gemocht hätte. »Der König vertraute jedem in seinem besonderen Fache so lange, als er keine Ursache zum Mißtrauen hatte«, bemerkte Schneider; »war aber das Vertrauen einmal verloren, so erinnere ich mich wenigstens keines Beispiels, daß es wieder gewonnen worden wäre.«

Er war ein guter Zuhörer, respektierte die Ansichten, registrierte die Kenntnisse des Vortragenden. Wenn er nicht zu folgen vermochte, stand er nicht an, zu unterbrechen: »Bitte! Wiederholen Sie es noch einmal! Ich möchte es gern behalten.« Sogar Widerspruch duldete er, aber nicht von jedem, und überhaupt nicht in dem, wofür er sich allein zuständig hielt, wie Schneider feststellte: »In zwei Dingen ertrug der König weder Widerspruch, noch Besserwissenwollen oder sogenanntes Vermitteln, wenn auch aus den wohlmeinendsten Motiven hervorgehend: In der Aufrechterhaltung der Würde seiner Krone, die ihm von glorreichen Ahnen überkommen – und in Armeeangelegenheiten.«

Von den Vortragenden wollte er nur Dinge aus deren Zuständigkeitsbereich hören. Das war die auf den zivilen Sektor übertragene militärische Regel, daß zwar jede Einheit ihre besondere Aufgabe und jeder Unterführer einen gewissen Entscheidungsspielraum habe, daß aber für das Zusammenwirken der Teile und die Zusammenfassung des Ganzen allein der Oberbefehlshaber kompetent sei.

Auch in seiner Schreibstube trug dieser Soldatenkönig Uniform, auch wenn er sich die Erleichterung gestattete, den Rock aufzuknöpfen, unter dem er eine weiße Weste trug. Wenn er bei der Wachparade an das Eckfenster seines Arbeitszimmers trat, um sich seinen Soldaten und dem Volk zu zeigen, knöpfte er vorher den Rock wieder zu und legte den Pour le Mérite vorschriftsmäßig zwischen den Kragen. Einem anderen Monarchen pflegte er in dessen Uniform gegenüberzutreten, aus diplomatischer Höflichkeit wie militärischer Kameraderie, dem Zaren in russischer, dem Kaiser Franz Joseph in österreichischer Uniform – dem türkischen Sultan zuliebe wollte er allerdings keinen Fez aufsetzen.

Die Uniform war sein Königsgewand und sein Dienstanzug, in den auswärtigen wie in den inneren Angelegenheiten. Sie stets und gern zu tragen, war er als Militär gewohnt, und daran hielt er sich auch als Monarch – weil die Uniform ihm selber Haltung gab und anderen Haltung abverlangte, auch den ihm anvertrauten Zivilisten, die er gleicherweise in Reih und Glied sehen wollte wie die ihm anbefohlenen Soldaten.

Dabei blieb er bedacht, mit gutem Beispiel voranzugehen: pflichteifrig, gewissenhaft, pünktlich, penibel, ja pedantisch erledigte er seine Regierungsgeschäfte, erfüllte er sein Herrscheramt. »Stillsitzen ohne Beschäftigung haben auch die nächsten Diener den König nie gesehen«, bemerkte Schneider. »Es war immer, als befände sich der König im Dienste, jeden Augenblick bereit und gewärtig, mit voller Anstrengung in eine neue Tätigkeit einzutreten.«

Friderizianisch übte Wilhelm I. sein Gottesgnadentum aus, und der gemeinsame Nenner von Altpreußentum und Legitimismus war das »Suum cuique«, das auf den zur Erinnerung an den Königsberger Weiheakt geprägten Krönungstalern stand: Jedem das Seine, der Platz in der Hierarchie und die Aufgabe im ständisch gegliederten Staat, und dem König, der über allen stand und für alle einstehen mußte, die Herrschergewalt, aber auch die Herrscherpflicht, gegen jeden, der das Seine tat, Gerechtigkeit zu üben.

Als König war er Herr über Leben und Tod, was sich in seinem Kronrecht, Krieg zu erklären und Frieden zu schließen, kundtat, aber auch in seiner Befugnis, Todesurteile zu bestätigen oder aufzuheben. Hier zeigte sich, daß der martialisch auftretende Monarch ein nachgiebiger Mensch war, der im Einzelfall gerne Milde walten ließ. Bei seinem Regierungsantritt erklärte er den Ministern: »Meine Herren, ich mache es Ihnen zur heiligen Pflicht, bei jedem einzelnen Falle, den ich mir in Gegenwart sämtlicher Minister vortragen lassen werde, wenn es sich um meine Unterschrift zu einem Todesurteile handelt, auch den kleinsten Umstand zu erwägen und mich auf denselben aufmerksam zu machen, wenn dadurch die Hinrichtung vermieden und eine Milderung der Strafe herbeigeführt werden kann. Sie, Herr Justizminister, entbinde ich von dieser Verpflichtung, weil Ihr Amt Ihnen nicht gestattet, etwas anderes als den Lauf der Gerechtigkeit zu befürworten.«

Doch selbst in aller Form rechtens gefällte Todesurteile unterschrieb er nicht gern. Er ließ sie liegen, behauptete in Berlin, er habe sie in Babelsberg, und in Babelsberg, er habe sie in Berlin gelassen. Wenn dann ein freudiges Ereignis eine Veranlassung zur Begnadigung gab, kamen Todesurteile gebündelt an das Justizministerium zurück – sämtlich in lebenslängliche Zuchthausstrafe umgewandelt. Und wenn es gar nicht mehr anders ging, konnte er – wie im August 1862 – an das Justizministerium schreiben: »Wenn es übrigens irgend möglich ist, so wäre ein anderer Tag, als der 16., zu bestimmen, da ich niemals den Tag einer Exekution kennen will.«

Streng und gnädig zugleich hatte der König zu sein, sich stets seiner Verantwortung bewußt. Der preußische Historiker Erich Marcks resümierte: »Jene Verantwortung, die auf ihm lag, konnte kein Lebender dem Monarchen abnehmen: sie war seine Bürde aus Gottes Gnaden und Auftrag, und er fühlte sie ganz. Er hätte sich gewissenlos gefunden, wenn er sie nicht durchgekämpft hätte, in bittrem Ernste, in schlaflosen Nächten, in Tränen und heißem Gebet.«

Auf den König kam es in Preußen an, in einem Staat, der von seinen Königen geschaffen worden war und erhalten werden mußte. »Das Königtum ist der Grundstein, ist das schöpferische Motiv Preußens, heute noch; würde das Königtum herausgenommen, würde auch die Energie, die Kraft von Preußens Entwicklung augenblicklich gehemmt, und Preußen selbst müßte seinem Tod entgegensehen«, konstatierte 1864 der Historiker Heinrich Leo, ein Mitglied des Herrenhauses. »Preußen stirbt, wenn sein Königtum schwindet – Preußen wird eine Beute der Fäulnis und der Würmer, wenn man das Königtum aus ihm herausnimmt oder in ihm schwächt.«

Letzteres aber schienen immer mehr Preußen zu wollen. In Namen des Zeitgeistes deutelten sie am traditionellen Königtum, unter Hinweis auf die veränderten Zustände rüttelten sie an der überkommenen Königsherrschaft. Wilhelm I. wußte es: Wenn er nicht standhaft blieb, würde das Königreich nicht – wie es Friedrich der Große erwartet hatte – »blühen und dauern bis zum Ende der Jahrhunderte«, sondern noch im Jahrhundert des Liberalismus und der Demokratie untergehen.

Das Königreich Preussen stand bei Wilhelms Regierungsantritt groß und mächtig da: 279 000 Quadratkilometer und 19,6 Millionen Einwohner. Der nördlichste Punkt lag bei Nimmersatt, in der Nähe von Memel, der östlichste bei Schilleningken, unweit von Schirwindt an der Scheschuppe, der südlichste bei Hanweiler, am Einfluß der Blies in die Saar, und der westlichste bei Isenbruch im Regierungsbezirk Aachen, vier Kilometer von der Maas entfernt.

Von Ostpreußen zum Rheinland, von Westfalen bis Oberschlesien reichte der preußische Staat, doch immer noch lagen der territorialen Staatseinheit andere Staaten im Wege, in erster Linie das Königreich Hannover und das Kurfürstentum Hessen, die Ostelbien von Westelbien trennten. Das verlängerte die Grenzen, behinderte den Verkehr, erschwerte die Verteidigung. Jeder Blick auf die Karte zeigte statt einer einheitlich eingefärbten Landmasse ein Gesprenkel von schwarz-weißen Landesteilen und andersfarbigen Ländern. Und gemahnte auch den neuen König daran, daß die Staatsaufgabe noch nicht gelöst war: die Schaffung der Staatseinheit von der Memel bis zur Maas, von der Ostsee bis zum Main.

Die äußere Gestalt war unvollendet, zeigte Schwachstellen, bot Angriffsflächen. Die innere Gestaltung hatte seit Jahrzehnten, vor allem in den letzten Jahren, gewaltige Fortschritte gemacht, doch das wirtschaftliche Wachstum hatte gesellschaftliche Verformungen und politische Auswüchse gezeitigt. Es war paradox: Die äußere Schwäche hatte Stärke hervorgerufen; denn um die Landesteile zusammenzuhalten und zusammenzufassen, brauchte man ein schlagkräftiges Heer, eine tüchtige Verwaltung und geordnete Finanzen, die Mobilisierung aller Kräfte. Neuerdings aber wurde diese innere Stärke durch die ökonomische Kraftentfaltung geschwächt, denn sie hatte soziale und politische Folgen, die Preußens Essentials – Königtum, Königsheer, Adelsherrschaft – in Frage zu stellen begannen.

Die industrielle Revolution hatte das agrarische, feudale und monarchische Preußen erfaßt. Ihre Grundstoffe waren reichlich vorhanden: Steinkohle an Ruhr, Saar und in Schlesien, Eisenerz in der Rheinprovinz, in Westfalen und Oberschlesien. 1864 wurden 16,5 Millionen Tonnen Steinkohle und 1,4 Millionen Tonnen Eisenerz gefördert. Schon gab es 200 000 Bergleute, zwischen 1837 und 1862 hatte sich die Hüttenarbeiterzahl vervierfacht, und die belgische Roheisenproduktion war überrundet.

1861, als Wilhelm den Thron bestieg, waren in seinem Königreich 6 669 Dampfmaschinen mit 137 377 PS im Einsatz. Das Eisenbahnnetz war über 7 000 Kilometer lang, und die Züge fuhren mit einer Geschwindigkeit von 50 Kilometern in der Stunde. Fabriken – Maschinenbau, Elektroindustrie, Textilwerke – waren emporgeschossen, unter dem Goldregen des Kapitals. Aktiengesellschaften finanzierten die Industrialisierung, das Bankwesen entwickelte sich; 1851 war die Disconto-Gesellschaft und 1856 die Berliner Handelsgesellschaft gegründet worden.

Das Land begann sich zu verändern: Fabriken wurden hingeklotzt, Schlote überragten die Kirchtürme, alte Städte verloren mit der Ausdehnung ihren Charakter, neue Städte entstanden, die von vorneherein als Industriesiedlungen angelegt waren. Wenn man durch das Rheinland und Westfalen fahre, werde man an Lancashire oder Yorkshire erinnert, bemerkte Karl Marx. Auch Wilhelm sah, daß man mit dem Erwerb der Westgebiete ein Geschäft gemacht hatte, doch eben nur im ökonomischen Sinne des Wortes.

Auch sein Berlin hatte sich verändert. Über eine halbe Million Einwohner hatte es nun, nach der Eingemeindung der Vororte Wedding, Gesundbrunnen und Moabit sowie der Einbeziehung der Schöneberger Vorstadt. 61,7 Prozent der beschäftigten Berliner, etwa 150 000, waren 1861 in Industrie und Gewerbe tätig, hauptsächlich in Maschinenbau, Metallindustrie und Bekleidungsgewerbe. Namentlich in den östlichen Stadtteilen und Vororten machten sich Fabriken breit, entstanden Mietskasernen, nach dem 1858 von Baurat James Hobrecht entworfenen Bebauungsplan, der einheitliche Grundstücksgrößen von 20 Meter Breite und 56 Meter Tiefe vorschrieb und damit die typischen Hinterhöfe und Hinterhäuser veranlaßte.

Unweit von Schloß und Dom, am jenseitigen Spreeufer, war seit 1859 die Börse im Bau, der Tempel des Kapitalismus. 1864 fertiggestellt, erhob sich über der Hauptfassade eine Borussia aus rotem Sandstein, die Gestalten des Ackerbaus und des Handels segnend. Der mit Stuckmarmor bekleidete Hauptsaal – mit 101 Meter Länge, 26,7 Meter Breite und 20 Meter Höhe der größte geschlossene Raum Berlins – war durch Säulenanordnungen in drei Abteilungen geteilt: für Fonds, Staatspapiere und Produkte. In der Vorhalle wurde ein Marmorbild angebracht: Wilhelm I. als Gesetzgeber, etwas entfernt vom Börsengetümmel, doch so nahe, daß er als König, der das Geschäft sanktionierte, in Erscheinung trat.

 Der Staat hatte den Aufstieg der Industrie und den Aufschwung des Handels gefördert: durch das Gewerbe- und Realschulwesen, die Pflege der Naturwissenschaften, den Ausbau des Zollvereins und eine wirtschaftsliberale Gesetzgebung. Der Staat war auch direkt beteiligt, vor allem im Bergbau und bei der Eisenbahn. Doch die Wirtschaftsführer waren nicht mehr, wie im merkantilistischen System, adelige Minister und Beamte, sondern bürgerliche Unternehmer, zum Beispiel die Kohlenkrösusse Franz Haniel und Matthias Stinnes, der Lokomotivkönig August Borsig, der Kanonenkönig Alfred Krupp, der Maschinenbauer Friedrich Harkort, der Telegraphenbauer und Elektrotechniker Werner Siemens, die Finanzmagnaten Gustav Mevissen, der die erste Aktienbank gründete, und Gerson Bleichröder, der es zum Bankier der Hofgesellschaft brachte.

 Die großen Wirtschaftsführer gingen voran, es folgten die Unterführer und das Gros der Wirtschaftsbürger. Unaufhaltsam rückte auch in Preußen die Bourgeoisie vor, und da sie ihre Energien, denen sie in der Politik keinen Lauf lassen konnte, in das Erwerbsleben investierte, geschah dies in beträchtlichem Tempo.

 Schon war der Punkt erreicht, an dem sich das anfängliche Einvernehmen des auf die Mehrung seiner Einnahmen bedachten Staates und der auf staatliche Förderung wie Sicherung angewiesenen Wirtschaft zu lockern begann. Der neue Geldadel wollte nicht mehr hinter dem alten Feudaladel zurückstehen, das Bürgertum nicht länger auf eine seinem wirtschaftlichen und gesellschaftlichen Aufstieg entsprechende politische Verfassung verzichten. Und der Staat befürchtete immer mehr, daß die Besen, die er gerufen und die sich als nützlich erwiesen hatten, der Kontrolle entgleiten und das preußische Wesen hinauskehren könnten.

 Der neue König, der in der alten Zeit wurzelte, dachte ähnlich wie der Berliner Chronist, der das Treiben in der Berliner Börse kommentierte: »Der Börse verdanken wir die Krankheit unseres moralischen Gefühls; sie ist ein öffentliches Spielhaus, wo Kunstgriffe für Geschäfte gelten, wo man auf Hausse oder Baisse spekuliert. Aber diese industrielle Aristokratie geht noch weiter. Sie beherrscht die eigentliche Industrie und trachtet auch danach, den Ackerbau zu beherrschen und die ganze Arbeit der Nation zum Nutzen einer Klasse von Schmarotzern auszubeuten.«

Immerhin war der Antritt seiner Herrschaft mit dem Beginn einer wirtschaftlichen Hochkonjunktur zusammengetroffen, die ihm hätte gefallen können, wenn sie nicht von einem Hochschießen des bürgerlichen Liberalismus begleitet worden wäre. 1861 legte er selber den Grundstein zum neuen Berliner Rathaus, das dann den neuen Bürgergeist symbolisierte: Der durch drei Stockwerke gehende Festsaal wetteiferte mit den Prunkräumen im Schloß, der Turm, ein klobiger Bergfried, überragte die Schloßkuppel, und nicht nur die Backsteinbauweise führte zur Bezeichnung »das rote Haus«. Es wurde eine Hochburg des Fortschritts, mit einem liberalen Magistrat und dem liberalen Oberbürgermeister Karl Seydel.

Die Gerichtslaube des alten Rathauses wurde abgebrochen und im Park von Babelsberg wieder aufgebaut – als wenn man Wilhelms Refugium zu einem Museum machen wollte, mit einem Relikt der Gotik wie einem altpreußischen König. Das Palais Hardenberg am Dönhoffplatz, in dem das Abgeordnetenhaus tagte, war zwar baulich nicht up to date; das Dach war so schadhaft, daß bei Regenwetter das Wasser auf die Volksvertreter tropfte. Aber auch hier dominierten die Liberalen, mit einer wachsenden Mehrheit und steigenden Ansprüchen.

In der Deutschen Fortschrittspartei schlossen sich im Juni 1861 von den Altliberalen abgespaltene »entschiedene Liberale« mit linken Demokraten und Mitgliedern des Nationalvereins zusammen. Es war die erste moderne Partei in Deutschland mit dem ersten eigentlichen Parteiprogramm. Es verlangte eine Einigung Deutschlands mit einer preußischen Zentralgewalt und einer deutschen Volksvertretung, und in Preußen »eine feste liberale Regierung, welche ihre Stärke in der Achtung der verfassungsmäßigen Rechte der Bürger sieht«, ferner Ministerverantwortlichkeit, Selbstverwaltung, liberale Gewerbegesetzgebung, Zivilehe, zweijährige Militärdienstzeit und Erhaltung der Landwehr.

Schon bei den nächsten Wahlen, im Dezember 1861, überholte die Fortschrittspartei mit 109 Mandaten die Altliberalen (91) und die liberale Mitte (50). Das katholische Zentrum hielt sich mit 54 Sitzen, während die Konservativen auf 14 Sitze zusammenschmolzen. Auch Kriegsminister Roon war nicht gewählt worden, gab aber nicht auf: »Gott wird helfen und unser altes gutes Preußen an dem Dummheitsfieber nicht sterben lassen, was gegenwärtig seine Nerven durchschüttelt.«

Der König war nahe daran, die Nerven zu verlieren. Er war enttäuscht, daß seine Krönungsdemonstration nicht das gewünschte Echo gefunden hatte, und entsetzt über den Wahlsieg der Linken, der einem Erdrutsch glich. Um ihn einzudämmen, appellierte er am 14. Januar 1862, bei der Eröffnung des neuen Landtags, an den Patriotismus der Parlamentarier: »Die Entwicklung unserer Institutionen muß im Dienste der Kraft und der Größe unseres Vaterlandes stehen. Niemals kann ich zulassen, daß die fortschreitende Entfaltung unseres inneren Staatslebens das Recht der Krone, die Macht und die Sicherheit Preußens in Frage stelle oder gefährde.«

Die Fortschrittspartei antwortete: »Wir sind einig in der Treue für den König und in der festen Überzeugung, daß die Verfassung das unlösbare Band ist, welches Fürst und Volk zusammenhält.« Das war eine Loyalitätserklärung, zugleich aber ein Aufruf an den Fürsten, die Rechte des Volkes und die Befugnisse der Volksvertretung zu achten. Und die Warnung, daß jenes Band gelöst werden könnte, wenn der König nicht seine verfassungsmäßige Pflicht und Schuldigkeit täte.

Seine Majestät stehe vor der Entscheidung, ob sie das preußische Königtum erhalten oder es zu einem Scheinkönigtum à la Belgien oder England kommen lassen wolle, bedeutete der Kriegsminister dem König. Schon nehme die Armee Anstoß an der Schwächung der Krone, könnte dieser Rocher de bronce des Königtums erschüttert werden. »Das überlebe ich nicht«, schrieb Wilhelm an den Rand dieser Mahnung. Und ließ sich in die von Roon bezeichnete Richtung drängen: »Dieser Weg führt auf freilich anfangs rauher Bahn, aber mit allem Glanz und aller Waffenherrlichkeit eines glorreichen Kampfes zu den beherrschenden Höhen des Lebens; es ist der Preußens Könige allein würdige Weg.«

AM ANFANG STAND DER KONFLIKT. Die Fortschrittspartei verlangte klare Verhältnisse. Sie war nicht bereit, die Gelder für die Heeresreorganisation erneut provisorisch zu bewilligen, und sie beantragte eine Spezifizierung des Haushaltsplans, um zu verhindern, daß die Regierung weiterhin andere Etatmittel für die Militärausgaben abzweigte. Mit 177 gegen 143 Stimmen nahm das Abgeordnetenhaus am 6. März 1862 diesen Antrag an.

Der Eklat war da, den die halbherzigen Altliberalen wie eine vorsichtige Regierung zu vermeiden versucht hatten. Nun mußte Wilhelm handeln, wenn er es nicht – wie er dem Schwiegersohn Friedrich von Baden geschrieben hatte – zur »Nullifizierung des Königs« kommen, sich zum »Sklaven des Parlaments« machen lassen wollte. Am 11. März löste er das Abgeordnetenhaus auf und rüffelte das Ministerium: »Durch Unterlassung eines gesetzlichen energischen Einflusses auf die Wahlen im vorigen Herbste, wie Ich dies vergeblich vom Staatsministerium verlangt hatte, sind dieselben so ausgefallen, wie Ich es vorhergesagt«: die Richtung würde nicht mehr stimmen, mit einer solchen Kammer nicht zu regieren sein. Denn sie wolle »nach und nach die parlamentarische Gesetzgebung, die ihnen verfassungsmäßig obliegt, in eine parlamentarische Regierung verwandeln«. Die Würde und die Macht der Krone müßten vor Übergriffen geschützt und bewahrt bleiben, vornehmlich in Preußen, »welches als kleinste der Großmächte durch energische und rasch auszuführende Entschlüsse zu einem unbeschränkteren Handeln fähig sein muß« als etwa kleine Staaten wie Belgien oder Bayern.

Ergo: Die nächsten Wahlen müßten entsprechend beeinflußt werden. Die noch aus der Neuen Ära stammenden Minister baten um ihre Entlassung, die am 14. März gewährt wurde. Der König berief ein konservatives Ministerium, mit dem Prinzen Adolf von Hohenlohe-Ingelfingen an der Spitze und dem Kriegsminister Roon als starken Mann. »Wir haben hier einen großen Wurf getan«, meldete Wilhelm dem Schwager Karl Alexander von Weimar. Gott möge ihn erleuchten und vor jedem Rückschritt bewahren, schrieb dieser zurück, und der König konterte: Es täte ihm leid, den Großherzog »in das Horn der demokratischen Zeitungen einstimmen zu hören«. Er sei kein Reaktionär, es käme ihm lediglich darauf an, »eine bessere Kammer zu schaffen«.

Er schaffte es nicht. Die Neuwahlen am 6. Mai 1862 vernichteten nahezu die Fraktionen, die für die Heeresvorlage der Regierung eingetreten waren. Die Konservativen hatten nur noch 11, das katholische Zentrum 28, die Altliberalen 19 Mandate. Die Fortschrittspartei steigerte ihre Sitze von 109 auf 133, die liberale Mitte von 50 auf 96. Und das beim Dreiklassenwahlrecht, das die Ober- und Mittelklasse bevorzugte, die breite Unterschicht benachteiligte, also – streng genommen – die Volksmeinung gar nicht demokratisch wiedergab. Die Laune des Königs sei sehr finster, bemerkte Roon, und es bestehe keine Aussicht, daß sie rosiger werde.

Selbst die Treuesten der Treuen wankten. Kriegsminister Roon erwog einen Kompromiß mit der Kammer. Finanzminister von der Heydt erklärte: Sollte der König die Absicht haben, im Falle einer Ablehnung des Haushalts ohne genehmigtes Budget zu regieren, so sei das unvereinbar mit der Verfassung, auf die der Monarch geschworen habe. Doch Wilhelm stand: Er sei gewillt, auch ohne parlamentarisch verabschiedeten Haushalt die Regierung zu führen, bedeutete er seinen Ministern. Und an der dreijährigen Dienstzeit werde er nicht rütteln lassen. Lieber wolle er zurücktreten als nachgeben. So brachte er die Minister wieder auf Vordermann. Sie brachen die Verständigungsbrücken zum Abgeordnetenhaus ab. Aufgebracht verwarf dieses einen Kompromißantrag aus den eigenen Reihen – Genehmigung der neuen Regimenter gegen Einführung der zweijährigen Dienstzeit.

So entschlossen hatte man Wilhelm noch nie gesehen. Doch während er noch wie das fleischgewordene Wort Friedrich Wilhelms I., »Ich stabiliere die Souveränität und setze die Krone fest wie einen rocher von bronze«, wie eine Endmoräne der altpreußischen Zeit dastand, zeigten sich schon Anzeichen eines durch Überanstrengung hervorgerufenen Zusammenbruchs.

Auch einen stärkeren und jüngeren Mann als den Fünfundsechzigjährigen, der zartbesaitet und schnell verstimmt war, hätte der Vielfrontenkampf überfordert. Erstens, im eigenen Hause, wo die Königin und der Kronprinz mit den Liberalen sympathisierten. Zweitens, gegenüber seinen Ministern, auf deren Gegenzeichnung der konstitutionelle Monarch bei Staatsakten angewiesen war und auf die er sich nun nicht mehr verlassen zu können glaubte. Drittens, vor seinem Volke, das sich von ihm abzuwenden begann wie das Publikum Unter den Linden, welches ihm den Rücken zukehrte, wenn er vorbeifuhr – ein Umstand, den die Volksvertretung weidlich ausschlachtete. Und viertens, gegenüber deutschen Fürsten, die ihn – wie Ernst II. von Sachsen-Coburg-Gotha – als Bremser des nationalen Fortschritts hinstellten, gegenüber allen deutschen Patrioten, die den Preußenkönig, der angetreten war, moralische Eroberungen in Deutschland zu machen, von einer moralischen Niederlage in die andere fallen sahen.

Es war nicht nur ein Konflikt, es waren vier Konflikte, die Wilhelm, der nicht sehr hart im Geben und recht weich im Nehmen war, durchzustehen hatte. Erstens, der grundsätzliche zwischen Monarchensouveränität und Volkssouveränität, zweitens der gesellschaftliche zwischen Adelsprivilegien und Ansprüchen des Bürgertums, drittens der verfassungspolitische zwischen Krone und Parlament, viertens der militärpolitische zwischen Königsheer und Volksarmee. Der Generalangriff gegen Friderizianismus wie Legitimismus hatte begonnen, und in der Defensive stand ein Altpreuße gegen die neue Zeit und ein Reaktionär gegen die Revolution – auf verlorenem Posten, wie es nicht nur seinen Gegnern, sondern auch ihm selber schien.

Wilhelm, der erst im Pensionsalter den Thron bestiegen hatte, dachte daran, ihn für seinen Sohn zu räumen. Vielleicht vermöchte der nun einunddreißigjährige Friedrich Wilhelm mit frischer Kraft und Verständnis für seine Generation das Königtum eher zu bewahren, der konstitutionellen Monarchie besser gerecht zu werden als er.

Vorsorglich entwarf er eine Abdankungsurkunde, erläuterte seine Gründe: »Unsere tief und fest begründete Überzeugung, daß Unsere königliche Pflicht Uns gebietet, zur Ehre, zum Wohle und zur Sicherheit des Vaterlandes die von Uns ins Leben gerufene Heeresorganisation unbedingt aufrechtzuerhalten, ... das Haus der Abgeordneten hierzu jedoch seine verfassungsmäßige Mitwirkung versagt, so ist damit ein Konflikt eingetreten, den Wir mit Unseren Pflichten gegen den Staat und mit den verfassungsmäßigen Bestimmungen nicht in Einklang zu bringen vermögen. Weder mit den Grundsätzen Unseres eigenen Lebens noch mit der glorreichen Geschichte und der Vergangenheit Unseres teuren Vaterlandes können Wir brechen. Dieser Bruch aber wäre nötig, um den bestehenden Konflikt zu beseitigen. Es bleibt Uns daher kein anderer Ausweg übrig, als auf die Ausübung Unserer königlichen Rechte zu verzichten und dieselben dem recht- und gesetzmäßigen Nachfolger zu übergeben, der noch keine geschichtliche und bindende Vergangenheit hat.«

Der Entwurf der Abdankungsurkunde schloß mit der Ortsangabe: »Gegeben in Unserem Schloß Babelsberg«, doch das genaue Datum blieb offen: »den ... ten ... im 1862ten Jahre des Herrn und im 2ten Unserer Regierung.« Der frei gebliebene Platz wurde nicht ausgefüllt – weil wieder das begann, was Roon charakterisierte: »Wollen und Nichtwollen balancieren sich fortwährend.« Der Kriegsminister, der nun wieder royalistischer als der König war, erinnerte sich an ein wahres Wort des Fürsten Karl Anton von Hohenzollern: »Um gründlich zu helfen, gehört aber dem Könige gegenüber ein eiserner Charakter, der, rücksichtslos die edlen Seiten desselben ignorierend oder ihnen Schach bietend, auf das Ziel hinarbeitet, welches als das dem Staatswohl entsprechende anerkannt wird.«

Einen solchen eisernen Charakter hielt Roon als Ultima ratio in Reserve: den Gesandten in Paris, Otto von Bismarck. Am 18. September 1862 – dem Tage, da Wilhelm seine Abdankungsurkunde entwarf – depeschierte er Bismarck das verabredete Codewort: Die Birne sei reif.

Bismarck als Nothelfer wünschten sich Roon und andere Royalisten herbei, den altmärkischen Junker, der sich als Stockpreuße mehrfach ausgezeichnet hatte: als Gegenrevolutionär im Jahre 1848, als Gegenspieler Österreichs am Deutschen Bundestag, als entschiedener Verfechter einer Beschränkung des Konstitutionalismus und tatkräftiger Verteidiger des unbeschränkten Königtums, als wortgewaltiger Prediger einer Lösung des deutschen Dualismus mit den Mitteln und zur Vergrößerung der preußischen Macht.

Roon hatte Bismarck seit langem als ministrabel bezeichnet, in jüngster Zeit ihn als Ministerpräsidenten, als letzte Rettung empfohlen. Der nun Siebenundvierzigjährige war zwar in Frankreich nicht so frustriert wie vorher in Rußland, doch voller Ungeduld, endlich an den Machthebel in Berlin zu kommen. »Sie tun mir Unrecht, wenn Sie glauben, daß ich mich sträube; ich habe im Gegenteil lebhafte Anwandlungen von dem Unternehmungsgeist jenes Tiers, welches auf dem Eise tanzen geht, wenn ihm zu wohl wird«, hatte er Pfingsten 1862 an Roon geschrieben, und am 15. Juli hinzugefügt: Wenn »vorher etwas mit Redensarten von Oktroyieren und

Staatsstreicheln gerasselt ist, so hilft mir meine alte Reputation von leichtfertiger Gewalttätigkeit«. Am 12. September scharrte er vernehmlich mit den Hufen: Er müsse nun ins Klare kommen.

Doch es gab Widerstände. Daß ihn die Linken nicht mochten, wäre eine Empfehlung gewesen, wenn nicht auch Gemäßigte wie der Liberale Franz von Roggenbach ähnliche Vorbehalte gegen den »grundsatzlosen Junker, der in politischer Kanaillerie Karriere machen will«, gehabt hätten. »Riecht nach Blut! Nur zu gebrauchen, wenn das Bajonett schrankenlos waltet«, hatte Friedrich Wilhelm IV. befunden.

Im Juli 1862 brachte Königin Augusta die liberalen wie konservativen Bedenken gegen Bismarck auf einen Nenner, in einer eigenhändigen Aufzeichnung für König Wilhelm: H. v. B. habe in der Revolutionszeit gegen den zu nachgiebigen Monarchen putschen wollen. In der Reaktionszeit habe er »als leidenschaftlicher Parteigenosse der Kreuz-Zeitung gewirkt und als Hauptträger des Manteuffelschen Systems gegolten«. Als Bundestagsgesandter habe er den preußenfreundlichen Fürsten Mißtrauen eingeflößt und den preußenfeindlichen Fürsten mit Großmachtmitteln gedroht. »Eine Schwenkung zugunsten richtiger Auffassungen der Interessen Preußens in Deutschland hat selbst bei denen, welche der geschickten Behandlung des wichtigen Stoffes volle Anerkennung zollten, kein persönliches Vertrauen erweckt.« H. v. B. »gilt persönlich für frivol und anmaßend bei sonstigem unverkennbarem Talent. Er bleibt mithin großen Anfechtungen ausgesetzt«.

Kein Wunder, daß Bismarck, dem dieses treffende Urteil Augustas nicht verborgen blieb, die Königin sein Leben lang haßte und ihr Nachleben durch hämische Bemerkungen in den *Gedanken und Erinnerungen* zu verdunkeln suchte. Er war umso mehr erbost, als er wußte, daß Wilhelm in der Beurteilung des H. v. B. mit Augusta grundsätzlich übereinstimmte, was einer der seltenen Harmonien in ihrem politischen Verhältnis war. Und er ahnte, daß diese Frau, selbst wenn sie seine Berufung nicht verhindern könnte, ihn ständig in seinem Beruf behindern würde: Wilhelm I. von der alten Prinzipienpolitik zur neuen Realpolitik zu bekehren, ihn und mit ihm Preußen auf der Bahn der Macht an die Spitze Deutschlands zu bringen.

Mit gemischten Gefühlen, wie den Lauf eines Kometen, hatte

Wilhelm bisher die Karriere Bismarcks beobachtet: in persönlicher Abneigung gegen das für einen Altmärker zu unstete Wesen, das für einen Staatsdiener zu aufbrausende Temperament, das für einen Landwehroffizier zu anmaßende Auftreten. Mit prinzipieller Ablehnung des Zynismus und der Skrupellosigkeit, die Bismarck als Attribute eines – wie er meinte – echten Politikers nicht nur vorzeigte, sondern auch praktizierte. Aber auch mit einem gewissen Respekt vor der Begabung und dem Geschick des Diplomaten, und nicht ohne Sympathie für die Haltung des Junkers, die vollen und ganzen Einsatz für König und Vaterland versprach.

Die ersten Versuche, ihm Bismarck aufzureden, hatte der König abgeschlagen. Das fehlte jetzt gerade noch, daß ein Mann das Ministerium übernehme, der alles auf den Kopf stellen würde! Als dann das Abgeordnetenhaus das Königreich auf den Kopf zu stellen begann, hörte er mehr und mehr auf Roon, der immer eindringlicher Bismarck als den einzigen Mann bezeichnete, der Preußen wieder auf die Beine bringen könnte.

Im Mai 1862, nach dem linken Erdrutsch, war Wilhelm drauf und dran gewesen, Bismarck zu holen. Das paßte natürlich dem Manne nicht, den er ablösen sollte, Ministerpräsident Hohenlohe-Ingelfingen, der ähnlich argumentierte wie sein Vorgänger, Fürst Hohenzollern, der den ersten Hinweisen auf Bismarck mit dem Einwand begegnet war: Man dürfe den Bock nicht zum Gärtner machen! Dieser Meinung, der immer noch vorherrschenden, schloß sich Wilhelm an. Der Kandidat, der bereits von Petersburg nach Berlin gekommen war, wurde nach Paris weitergeschickt, indessen mit der Weisung, sich dort nicht einzurichten, sondern sich auf Abruf bereitzuhalten.

Noch am 19. September 1862, als Preußen schon in höchster Not war, erklärte der König dem Kronprinzen: Er sei nicht geneigt, Herrn von Bismarck, gegen den er einen geheimen Widerwillen hege, zum Minister zu machen. Doch schon war Bismarck auf dem Wege nach Berlin, von Roon herbeidepeschiert. Am 20. September traf er ein, fühlte zunächst beim Kronprinzen vor. Friedrich Wilhelm stand vor einem Dilemma. Einerseits wäre er gern König geworden, um liberal regieren zu können, andererseits war ein König gefordert, der in der Krise die konservativen Fundamente nicht preisgab. So beschwor er den Vater, nicht abzudanken, und schaute sich Bismarck an. Diesem wäre das beinahe schlecht bekommen, denn als der König von seinem Besuch beim Kronprinzen hörte, wurde er unwirsch: »Mit dem ist es auch nichts, er ist ja schon bei meinem Sohne gewesen.«

Doch inzwischen war ihm das Wasser bis zum Hals gestiegen. Schon brach die Regierung auseinander: die einen wollten Verständigung, die anderen Abrechnung mit dem Parlament, die einen wollten gehen, die anderen bleiben. Wilhelm schien wahrlich nur die Wahl zu haben, abzudanken oder unterzugehen. Was sollte er tun, welches wäre das kleinere Übel?

»Berufen Ew. Majestät Bismarck«, insistierte Roon. »Er wird nicht wollen, wird es jetzt auch nicht übernehmen; er ist jetzt auch nicht da, es kann mit ihm nichts besprochen werden«, seufzte der König. Roon konnte ihm helfen: »Er ist hier, er wird Ew. Majestät Ruf bereitwillig folgen.«

Am 22. September 1862 wurde Bismarck nach Babelsberg zur Audienz befohlen. Das neugotische Gewölbe des Arbeitszimmers ließ an ein Mausoleum denken, der König, mit umflortem Blick, schien seiner eigenen Beisetzung beizuwohnen. Die Abdankungsurkunde hielt er in der Hand. Er sehe keinen Ausweg mehr, erklärte er Bismarck, der sich seine Worte ins Gedächtnis grub: »Ich will nicht regieren, wenn ich es nicht so vermag, wie ich es vor Gott, meinem Gewissen und meinen Untertanen verantworten kann. Das kann ich aber nicht, wenn ich nach dem Willen der heutigen Majorität des Landtags regieren soll, und ich finde keine Minister mehr, die bereit wären, meine Regierung zu führen, ohne sich und mich der parlamentarischen Mehrheit zu unterwerfen. Ich habe mich deshalb entschlossen, die Regierung niederzulegen.«

Dahin dürfe es in Preußen nicht kommen, meinte Bismarck. Das solle man nicht sagen, daß der König keinen Diener finde, solange noch ein altmärkischer Edelmann lebe. Er sei bereit, als Ministerpräsident einzutreten, Roon würde zu ihm stehen, und auf die Minister, die gehen wollten, könnte man verzichten. Wilhelm schwankte, zwischen dem vorgefaßten Entschluß zur Abdankung, die ihn mit einem Schlag aller Bürden entledigt hätte, und der neu eröffneten Aussicht, in einer schwierigen Situation mit einem schwierigen Manne weiterzumachen, was ein Schlag ins Wasser werden könnte.

Wie so oft rang Wilhelm mit sich, ein Unentschieden vor Augen.

Nun aber griff Bismarck ein, um diesen Kampf so zu entscheiden, wie es Wilhelm gern gemocht, doch allein nicht vermocht hätte. Zum ersten Mal zwang Bismarck dem König seinen Willen auf. Das war nur möglich, weil er nicht nur als der stärkere Mensch, sondern vor allem als der zwar nicht bessere, aber entschiedenere Preuße auftrat. Der Untergebene zeigte eine Haltung, die der Vorgesetzte annehmen mußte, wenn er sich nichts vergeben wollte.

»Ich fühle wie ein kurbrandenburgischer Vasall, der seinen Lehnsherren in Gefahr sieht«, betonte Bismarck. »Alles, was ich vermag, steht Ew. Majestät zur Verfügung.« Ob er bereit sei, ohne und gegen die Mehrheit des Landtags zu regieren? Ohne genehmigten Haushalt? Ohne die Heeresreorganisation preiszugeben? Bismarck sagte ja, und der König, am Portepee gefaßt, faßte sich: »Dann ist es meine Pflicht, mit Ihnen die Weiterführung des Kampfes zu versuchen, und ich abdiziere nicht.«

Im Park schöpften sie Luft. Der König zog ein achtseitiges Papier aus der Tasche: das Regierungsprogramm. Bismarck witterte die Handschrift der Königin. So etwas könne man jetzt nicht brauchen, sagte der designierte Ministerpräsident. Es gehe nicht um konservativ oder liberal, sondern um königliches Regiment oder Parlamentsherrschaft, und diese sei nicht durch ein die Hände bindendes Programm, sondern »unbedingt und auch durch eine Periode der Diktatur abzuwenden«. Er wolle das, könne das aber nicht in der Stellung eines »konstitutionellen Ministers in der üblichen Bedeutung des Wortes«, sondern allein als persönlicher Diener des Monarchen. »In dieser Lage werde ich, selbst wenn Ew. Majestät mir Dinge befehlen sollten, die ich nicht für richtig hielte, Ihnen zwar diese Meinung offen entwickeln, aber wenn Sie auf der Ihrigen schließlich beharren, lieber mit dem Könige untergehen, als Ew. Majestät im Kampfe mit der Parlamentsherrschaft im Stiche zu lassen.«

Wilhelm fühlte sich in eine Vergangenheit versetzt, in der ein König von Preußen ohne Verfassung und ohne Parlament regiert hatte. Und schien an eine Zukunft zu denken, in der er ohne Gegenzeichnung konstitutioneller Minister, mit Beistand eines Junkers, der sich von seinem Herrn alles sagen ließe und für ihn alles tun würde, regieren könnte. Er zerriß das Regierungsprogramm, und es schien beinahe so, als hätte er damit die Konstitution zerfetzt. Als er die Papierstücke von der Brücke, über die sie gerade gingen, in die

Schlucht werfen wollte, fiel ihm Bismarck in den Arm: Er solle sie lieber ins Feuer werfen, kein Schnitzel eines solchen Liberalismus übrig lassen.

Noch am 22. September 1862 ernannte Wilhelm I. Bismarck zum Staatsminister und interimistischen Vorsitzenden des Staatsministeriums – »da in den sechs Monaten mir niemand genannt worden ist und ich selbst niemand anders als ihn fand«, wie er sich vor Augusta, die bis zuletzt widerstrebte, rechtfertigte. »Dazu kommt, daß das ganze Ministerium, inklusive der ausscheidenden, ihn wünscht, und so habe ich, nach Gebet und ernster Prüfung meiner selbst und nach einer zweieinhalbstündigen Unterredung gestern mit ihm, den Entschluß gefaßt.«

»Das ist der Staatsstreich«, kommentierte die fortschrittliche Presse. »Die Ernennung Bismarcks regte die Geister in Berlin im tiefsten auf«, berichtete der Schriftsteller Ludwig Pietsch. »Sein offen zur Schau getragener Haß und Hohn gegen die gesamte demokratische und liberale Partei war noch unvergessen. In seiner Person war die gefürchtete ›Reaktion‹ verkörpert, das schon so lange drohende Schreckgespenst.«

Das Abgeordnetenhaus reagierte sogleich. Am 23. September 1862 – dem Tage der Veröffentlichung der Berufung – schmetterte es die Heeresreorganisation endgültig ab, indem es aus dem Haushaltsplan die dafür vorgesehenen sechs Millionen Taler strich. Die gekürzte Vorlage ging an das Herrenhaus, das so zusammengesetzt war, daß an deren Ablehnung nicht zu zweifeln war. Und das bedeutete: Der Staat würde für 1862 kein konstitutionell bewilligtes Budget haben. Der Verfassungskonflikt nahm seinen Lauf.

Die Antwort des Königs: Am 24. September beförderte er Bismarck, der die Regierung budgetlos führen, den Verfassungskampf wagen wollte, vom interimistischen Vorsitzenden des Staatsministeriums zum Ministerpräsidenten. Die Antwort Bismarcks: Am 29. September zog er den dem Landtag bereits vorgelegten Haushaltsplan für 1863 zurück, und am 30. September erklärte er vor der Budgetkommission des Abgeordnetenhauses:

»Nicht auf Preußens Liberalismus sieht Deutschland, sondern auf seine Macht; Bayern, Württemberg, Baden mögen dem Liberalismus indulgieren, darum wird ihnen doch keiner Preußens Rolle anweisen; Preußen muß seine Kraft zusammenfassen und zusammenhalten auf den günstigen Augenblick, der schon einige Male verpaßt ist; Preußens Grenzen nach den Wiener Verträgen sind zu einem gesunden Staatsleben nicht günstig; nicht durch Reden und Majoritätsbeschlüsse werden die großen Fragen der Zeit entschieden – das ist der große Fehler von 1848 und 1849 gewesen – sondern durch Eisen und Blut.«

Selbst der König erstarrte. In der Sache stimmte er mit seinem Ministerpräsidenten durchaus überein. Liberalismus und Parlamentarismus vermochte er nicht mit Preußentum zu vereinbaren, auch und gerade er hielt Preußens Leib zu schmal für die Rüstung, die es zu seiner Sicherung wie zur Erreichung des Zieles brauchte, das er schon 1849 abgesteckt hatte: Wer Deutschland regieren wolle, müsse es sich erobern. Doch dies hielt er im Grunde seines friderizianischen Herzens verborgen, offenbarte es höchstens im vertrauten Kreis, hatte sich bislang gehütet, derartige Gedanken auf der Zunge zu tragen. Er hatte eben seine ererbten wie anerzogenen Skrupel, entstammte einer Zeit, in der man auch fortiter in re, aber suaviter in modo war, in der man Prinzipien wenigstens hochhielt, wenn man unter ihnen durchschlüpfte, wo man moralische den gewaltsamen Eroberungen vorzog.

Und dieser Bismarck platzte damit heraus, ein urpreußischer Vulkan, der ausspie, was in ihm steckte: Machtwillen und Eroberungsdrang. Damit erschreckte er nicht nur die Liberalen und Demokraten, sondern auch seinen König. Ob sein »geheimer Widerwille« gegen diesen Mann nicht doch der richtige Instinkt gewesen war? Gegen den Realpolitiker, der sich brüstete: »Wenn ich mit Grundsätzen durchs Leben gehen soll, so komme ich mir vor, als wenn ich durch einen engen Waldweg gehen sollte und müßte eine lange Stange im Munde halten.« Gegen einen Machiavellisten, der im Frühjahr dem damaligen Außenminister Bernstorff erklärt hatte: Wenn er ihn zum Unterstaatssekretär ernenne, »mache ich mich anheischig, Ihnen binnen vier Wochen einen deutschen Bruderkrieg bester Qualität fertig zu liefern«.

Bismarck merkte, daß der Sessel, auf den er sich eben gesetzt hatte, schon zu wackeln begann. In Berlin war auch im Regierungslager Unmut aufgekommen; selbst Roon hatte ihm bedeutet, daß er dergleichen »geistreiche Exkurse« nicht für förderlich halte. Wilhelm war nach Baden-Baden gefahren, wo er den Geburtstag Augustas feierte und sich ihre Bismarck-Kritik anhörte. Zwischen zwei Feuer geraten, suchte der Ministerpräsident einen Ausweg. Er fuhr dem heimkehrenden König bis Jüterbog entgegen, erwartete ihn »in dem noch unfertigen, von Reisenden dritter Klasse und Handwerkern gefüllten Bahnhofe, im Dunkeln auf einer umgestürzten Schiebekarre sitzend«.

Majestät kam mit dem fahrplanmäßigen Zug. Der Ministerpräsident stieg in das Abteil Erster Klasse, in dem der König ganz allein saß – in gedrückter Stimmung, die durch das Rattern der Räder und Bismarcks Beredsamkeit nicht gehoben wurde. »Ich sehe ganz genau voraus, wie das Alles endigen wird. Da vor dem Opernplatz, unter meinen Fenstern, wird man Ihnen den Kopf abschlagen und etwas später mir.« – »Et après, Sire?« – »Ja, après, dann sind wir tot!« – »Ja, dann sind wir tot, aber sterben müssen wir früher oder später doch, und können wir anständiger umkommen? Ich selbst im Kampfe für die Sache meines Königs, und Eure Majestät, indem Sie Ihre königlichen Rechte von Gottes Gnaden mit dem eigenen Blute besiegeln, ob auf dem Schafott oder auf dem Schlachtfelde, ändert nichts an dem rühmlichen Einsetzen von Leib und Leben für die von Gottes Gnaden verliehnen Rechte.«

Bismarck erzählte weiter: »Je länger ich in diesem Sinne sprach, desto mehr belebte sich der König und fühlte sich in die Rolle des für Königtum und Vaterland kämpfenden Offiziers hinein.« Der Junker kannte seinen Herren: »Er war äußern und persönlichen Gefahren gegenüber von einer seltnen und ihm absolut natürlichen Furchtlosigkeit.« Und schätzte ihn richtig ein: »Der ideale Typus des preußischen Offiziers, der dem sichern Tode im Dienste mit dem einfachen Worte ›Zu Befehl‹ selbstlos und furchtlos entgegengeht, der aber, wenn er auf eigene Verantwortung handeln soll, die Kritik des Vorgesetzten oder der Welt mehr als den Tod und dergestalt fürchtet, daß die Energie und Richtigkeit seiner Entschließung durch die Furcht vor Verweis und Tadel beeinträchtigt wird, dieser Typus war in ihm in höchstem Grade ausgebildet.«

Der Landwehroffizier wußte den Berufsoffizier zu nehmen: Er setzte auf die gewohnte Befehlsausübung, nahm ihm ungewohnte Verantwortung ab, indem er ihm gewissermaßen im Geiste des Königtums und im Namen der Staatsraison auftrug, was er zu tun und zu lassen habe. Wilhelm empfand dies offenbar nicht als eine Vertauschung der Rollen von Diener und Herr; er schien Bismarck als sein energischeres, entschlosseneres Selbst, als sein kernpreußisches Alter ego zu akzeptieren. Und Bismarck hatte zum ersten Mal mit einer Taktik Erfolg, in der er Meister wurde: »Damit war er auf einen seinem Gedankengang vertrauten Weg gestellt und fand in wenigen Minuten die Sicherheit wieder.« Und seine Entschlossenheit, an einem solchen Ministerpräsidenten festzuhalten: Als sie in Berlin ankamen, war der Monarch in kampfeslustiger Stimmung, »die sich den empfangenden Ministern und Beamten gegenüber auf das Unzweideutigste erkennbar machte«.

In Babelsberg hatte sich Bismarck als Vasall angedient, der dem Willen des Lehensherren auch gegen eigenes Wissen und Gewissen willfahren würde. Das hat er dann keineswegs immer und überall getan, vielmehr oft und gern dem König gegen dessen Überzeugungen seinen eigenen Willen aufgezwungen. Schon im Eisenbahnabteil zwischen Jüterbog und Berlin hatte er damit begonnen, seinen Herren in eine Richtung zu drängen, die diesem zwar konvenierte, vor deren Konsequenzen er aber zurückscheute. Um ihn vorwärts zu bringen, hat Bismarck, der nur in den ersten Wochen seiner Ministerpräsidentschaft seine Entlassung befürchten mußte, später mehrfach und erfolgreich mit seinem Rücktritt gedroht.

Die Vorgänge in Babelsberg wie zwischen Jüterbog und Berlin kennen wir nur aus dem Munde Bismarcks. Warum schwieg Wilhelm? Fürchtete er, daß es dem Gottesgnadentum wie dem Friderizianismus widersprach, wenn der König seinen Minister zwar nicht walten, aber schalten ließ? Wußte er, daß er die monarchische Gewalt, die er mit dem Volke und der Volksvertretung nicht teilen wollte, mit dem Ministerpräsidenten teilen mußte? Ahnte er, daß von nun an der König nur noch herrschen, der Hausmeier aber regieren würde? Dämmerte es ihm, daß eine lange Friedenszeit, seine alte gute Zeit, hinabsank und eine Epoche von Eisen und Blut heraufzog?

»Es entsetzt mich die zunehmende, durchgreifende Umwandlung in den Anschauungen und in dem Wesen des Königs«, bemerkte die Königin. Das war mehr als Eifersucht auf Bismarck, dem es gelang, was ihr nie glücken wollte: den König kraft eigener Persönlichkeit und nach eigenen Anschauungen zu modeln. Augusta fühlte es: Wilhelm hatte zwar nicht als König, aber als Regent abgedankt. Mit seiner Alleinregierung war es aus, und mit seiner Eigenrolle. Seit dem Herbst 1862 ist seine politische Biographie im wesentlichen die Geschichte des Verhältnisses zwischen ihm und Bismarck – einer Konstellation, in der er der Mond und der andere die Sonne war.

Es gebe eine Menge katilinarischer Existenzen, die ein großes Interesse an Umwälzungen hätten, erklärte der Ministerpräsident, und ging daran, die Abgeordneten zurückzuweisen. In Rom wollte Catilina die Senatsherrschaft durch eine Verschwörung stürzen. In Preußen wollte Bismarck durch eine Machtdemonstration die Königsherrschaft erhalten und eine Parlamentsherrschaft verhindern. Es kam auf den Standpunkt an: Wer das verfassungsmäßige Recht verteidigte, mochte seinerseits Bismarck für eine katilinarische Existenz halten.

Das Herrenhaus, in dem der königstreue Adel saß, hielt nicht zum Abgeordnetenhaus, der Vertretung des liberalen Bürgertums. Das Oberhaus verwarf das Budget des Unterhauses, aus dem die Mittel für die Heeresreorganisation gestrichen, und verabschiedete das Budget der Regierung, in dem sie enthalten waren. Das erste war verfassungsgemäß, das zweite verfassungswidrig, dem Wortlaut wie dem Sinn nach, denn in einem konstitutionellen System mußte der Etat vom Unterhaus, in dem die Vertreter der steuerzahlenden Bürger saßen, festgesetzt werden, und nicht vom House of Lords.

Zu recht erklärte deshalb das Abgeordnetenhaus den Beschluß des Herrenhauses für null und nichtig. Noch am selben Tage, am 13. Oktober 1862, wurde der Landtag geschlossen und das budgetlose Regiment verkündet. Bismarck erklärte: Da die Heeresreorganisation nicht rückgängig gemacht werden könnte, sehe sich die Regierung gezwungen, »den Staatshaushalt ohne die in der Verfassung vorausgesetzte Unterlage führen zu müssen«, hoffe jedoch, daß sie zu gegebener Zeit die nachträgliche Genehmigung des Landtages erhalten werde.

Ein Notstandsfall, sagte Bismarck, ein Verfassungsbruch, hieß es im liberalen Lager. Die öffentliche Meinung war erregt, im Pro und Contra zerstritten. Wilhelm I., zum Schiedsrichter geboren, ergriff Partei für den Ministerpräsidenten, der die Sache des Königs verfocht. Er empfing Abordnungen, die von den Konservativen als die wahre Stimme des Volkes und von den Liberalen als die Stimme ihres Herrn bezeichnet wurden, hörte sich die Ergebenheitskundgebungen an und gab Entschlossenheitsbezeugungen von sich:

»Es ist mein unerläßlicher Beruf und mein unerschütterlicher Wille, die von meinen Vorfahren überkommene Krone und ihre verfassungsmäßigen Rechte unversehrt zu erhalten.« Aber: »Dazu gehört ein festgegliedertes stehendes Heer und nicht ein sogenanntes Volksheer, das, wie ein Preuße zu sagen sich nicht gescheut hat, hinter dem Parlamente stehen müßte.« Denn: »Nicht der König, sondern eine Partei soll über die Armee zu gebieten haben. Damit wäre es aber mit Preußens Machtstellung aus und die Wohlfahrt des Landes auf immer gestört.« Also: »Auch von Ihnen erwarte ich, daß Sie dahin wirken werden, die Meinung im Publikum zu bessern; denn die Presse wirkt nicht in diesem Sinne, vielmehr mißbraucht sie vielfach die Freiheit, welche ihr in so reichem Maße geboten und nie verkümmert worden ist; sie richtet einen Schaden an, welcher durch die Gutgesinnten auf demselben Felde schwer zu heilen ist.«

Ohne Auftritte vor der Öffentlichkeit ging es auch für den König von Preußen nicht mehr, doch wenn er in die Arena stieg, mußte er gewärtig sein, daß er nicht nur beklatscht, sondern auch ausgepfiffen wurde. Dies aber hielt er nicht nur für eine Majestätsbeleidigung, sondern für einen ganz persönlichen Insult: »Es ist sehr schmerzlich für einen Monarchen, seine besten Absichten verkannt und entstellt zu sehen.«

Daran vermochte auch die königlich-preußische Öffentlichkeitsarbeit nichts zu ändern. Obwohl Wilhelm ständig beteuerte, er wolle die Verfassung halten, müsse jedoch, wo sie nicht ausreiche, in die Lücke treten, obgleich Bismarck eine staatsrechtliche »Lückentheorie« konstruierte – das im Januar 1863 wieder zusammengetretene Abgeordnetenhaus blieb obstinat. Bismarck ging zum Generalangriff über: Die Verfassung beruhe auf dem Gleichgewicht der drei gesetzgebenden Gewalten, König, Herrenhaus und Abgeordnetenhaus, das durch Kompromisse im Lot gehalten werden müsse. »Wird der Kompromiß dadurch vereitelt, daß eine der beteiligten Gewalten ihre eigene Ansicht mit doktrinärem Absolutismus durchführen will, so wird die Reihe der Kompromisse unterbrochen und an ihre Stelle treten Konflikte, und Konflikte, da das Staatsleben nicht stillzustehen vermag, werden zu Machtfragen; wer die Macht in Händen hat, geht dann in seinem Sinne vor.«

Das Abgeordnetenhaus blieb mit 255 gegen 68 Stimmen beim Vorwurf des Verfassungsbruchs. Selbst der Altliberale Graf Maximilian von Schwerin, der zu den 68 gehörte, meinte: »Der Satz, in dem die Rede des Ministerpräsidenten kulminiert – Macht geht vor Recht, sprecht was ihr wollt, wir haben die Macht, also werden wir unsere Theorie durchführen –, dies ist kein Satz, der die Dynastie in Preußen dauernd stützen kann. Der Satz, auf dem unsere Politik beruht, lautet umgekehrt: Recht geht vor Macht!«

Doch Bismarck hatte die Macht, und er gebrauchte sie in seinem Sinne und im Namen des Königs. Nach mehreren Debatten, die so heftig geführt wurden, daß niemand verwundert gewesen wäre, wenn sich Minister und Abgeordnete geprügelt hätten, nachdem sich das Abgeordnetenhaus geweigert hatte, mit dieser Regierung zusammenzuarbeiten, wurde am 27. Mai 1863 der Landtag vorzeitig geschlossen. Bismarck regierte mit Notverordnungen. Die »Preßordonnanz« ermächtigte die Behörden, Zeitungen oder Zeitschriften nach zweimaliger Verwarnung »wegen fortdauernder, die öffentliche Wohlfahrt gefährdender Haltung« zu verbieten.

Ein Grundrecht war aufgehoben, und schon dachte Bismarck daran, die Grundlage der bürgerlich-liberalen Parlamentsmehrheit anzufechten: durch die Ersetzung des Dreiklassenwahlrechtes, das den Dritten Stand bevorzugte, durch ein gleiches Wahlrecht, welches den Vierten Stand ins Spiel gebracht hätte. Der königlich-preußische Ministerpräsident nahm Fühlung mit dem Sozialistenführer Ferdinand Lassalle auf, der für einen »sozial-monarchischen Cäsarismus« eintrat und 1863 den »Allgemeinen Deutschen Arbeiterverein« gründete.

Das wußte der König nicht, doch was er sah und hörte, erweckte bereits Unbehagen über Bismarcks Vorgehen und warf die Frage auf, inwieweit er es decken dürfte. Gegen die Preßordonnanz hatte er Bedenken erhoben, und als diese von Bismarck überwunden worden waren, wollte er sie wenigstens nicht so streng angewandt wissen.

Wilhelm wollte dem Parlament die Zähne zeigen, aber er mußte sie immer mehr aufeinanderbeißen. »Ich schlafe keine einzige Nacht«, hatte er schon im November 1862 geklagt; seit Mai 1863 litt er an Nierenschmerzen. Die ständige Habtachtstellung begann ihn zu überanstrengen, die unpreußische Haltung der Liberalen brachte ihn der Verzweiflung nahe: »Und solche Menschen sprechen von Loyalität und Patriotismus, die sie darin suchen, daß das Vaterland lieber untergehe, als ihre Doktrinen aufzugeben! So etwas nagt am Herzen!«

Ihn schmerzte der Entzug der Zuneigung eines beträchtlichen, zumindest tonangebenden Teils seines Volkes, er ärgerte sich über die Einseitigkeit der veröffentlichten Meinung. So berichtete die *Vossische Zeitung*, während der Aufführung des Dramas *Der Geheimagent* habe das Publikum geklatscht, als die Worte gefallen waren: »Das Ministerium ist zu entlassen!« Wilhelm, der dabei gewesen war, wollte etwas anderes gehört haben. »Die Sache ist gerade völlig zu einer sehr erhebenden Szene für mich ausgefallen, indem bei den Worten: ›Sie wissen, wie ich das Wohl des Volkes im Herzen trage‹, der Applaus losbrach und sich so oft wiederholte, daß ich im Begriff war, aufzustehen und eine dankende Verbeugung zu machen.« So berichtete er Bismarck und wies ihn an: »Es scheint nötig, diese Wahrheit der Sache in einem offiziösen Artikel kontra Voß zu drukken.«

Das war eher eine Farce, doch ein anderes Drama hätte sich beinahe zu einer Tragödie entwickelt. Kronprinz Friedrich Wilhelm betrat die Bühne. Beim »Rechts-um« klappte er nach, das »Kehrtmarsch« von der Neuen Ära zu einer neuen Reaktion wollte er nicht mitmachen. Er sympathisierte mit dem Fortschritt und sogar mit der Fortschrittspartei. Er empfing Abgeordnete, nahm ihre Proteste entgegen und beließ es dabei. Er hielt Distanz vom Vater, von Bismarck und Roon sowieso, und im Konseil saß er schweigend da – gewissermaßen zwischen den Stühlen, denn der König mißtraute ihm und das Volk fühlte sich von ihm nicht vertreten.

Zur Preßordonnanz glaubte er nicht schweigen zu dürfen. Im Ministerrat widersprach er vergebens. Nun wandte er sich an den Vater, beschwor ihn schriftlich, nie seine Einwilligung » zu irgend einem Verfassungsbruch oder zu einer Verfassungsumgehung zu erteilen«. Damit wäre nichts gewonnen und viel verloren: »Ich wage es zu sagen, ein solcher Schritt wäre Preußens König unwürdig – die Ruhe des Landes und die Fortdauer der Dynastie wäre tief gefährdet.« Der »teure, geliebte Papa« antwortete postwendend, nicht ohne väterliche Milde, doch mit monarchischer Entschiedenheit: Der Sohn möge nicht den Fehler aller Kronprinzen machen, durch

Bekundung liberaler Neigungen nach Popularität zu haschen. Und in der – inzwischen erlassenen – Preßordonnanz vermöge er keinen Verstoß gegen die Verfassung zu erblicken.

»Ich halte die Verordnung für ungesetzlich und gefährlich für mein Haus und die Zukunft des Staates«, schrieb Friedrich Wilhelm dem Ministerpräsidenten, mit Kopie an den König. »Ich sage mich los von jeder Teilnahme an solchen Maßregeln.« Dann legte er auch noch öffentliche Verwahrung ein. Am 5. Juni 1863 erklärte er bei einem Empfang der Stadt Danzig: Er bedaure das Zerwürfnis zwischen Regierung und Volk, er habe »von den Verordnungen, die dazu geführt haben, nichts gewußt«, er habe keinen Anteil daran gehabt.

Als Marquis Posa, der Gewissensfreiheit von König Philipp forderte, feierte die liberale Presse den Kronprinzen. König Wilhelm dachte daran, den eisernen Vorhang herunterzulassen, den Thronfolger von der Bühne zu holen und auf Festung zu schicken. Augusta fiel ihm in den Arm, und selbst Bismarck beschwichtigte, weil er zum Konflikt zwischen Krone und Parlament nicht noch einen Konflikt zwischen König und Kronprinz brauchen konnte. »Verfahren Sie säuberlich mit dem Knaben Absalom«, riet er dem König, in Anspielung darauf, daß Prediger bereits Vergleiche mit der Erhebung des alttestamentarischen Königssohnes gegen seinen Vater David zogen. Es entsprach nicht der Verhältnismäßigkeit der Mittel, den Aufmucker Friedrich Wilhelm wie den Aufrührer Absalom zu beseitigen, oder auch nur, wie den Kronprinzen Friedrich anno 1730, auf Festung zu setzen.

Ein Verweis war indessen angebracht. »Ich verpflichte Dich, keine einzige derartige Äußerung mehr zu tun«, schrieb Wilhelm I. am 7. Juni an Friedrich Wilhelm. »Sollte dies doch geschehen, so erfolgt Abberufung nach Berlin, wo dann bestimmt wird, ob Du Deine Kommandostelle noch behalten kannst.« Der Kronprinz schlüpfte in die Rolle, die ihm besser lag, in die des Hamlet. Er bat um Vergebung, versprach, fürderhin zu schweigen, ins Glied zurückzutreten. Er halte es für geboten, »daß ich zur Zeit eine bloß passive und defensive Stellung in unserem Staatsleben einnehme«, wolle daher nicht einmal mehr an den Sitzungen des Ministerrats teilnehmen.

Der Vater verzieh ihm, erleichtert darüber, daß es der Filius nicht auf die Spitze treiben wollte und er es deshalb nicht zum Äußersten kommen lassen mußte. Anlaß, ein Kalb zu schlachten, war nicht gegeben, denn der verlorene Sohn war nicht endgültig heimgekehrt. Noch graste er, freilich ganz privat, auf den Weiden des Liberalismus, hielt sich gern in England auf, wo er als Gatte einer britischen Prinzessin geschätzt wurde, oder in Paris, wo ihn Kaiserin Eugénie goutierte: »Ein großer, schöner Mann, fast einen Kopf größer als Kaiser Napoleon, schlank, blond, strohfarbener Schnurrbart; ein Germane, wie in Tacitus beschreiben soll.«

Ein zweiter Vater-Sohn-Konflikt im Hause Hohenzollern war beendet, noch ehe er richtig begonnen hatte. Friedrich Wilhelm war eben kein künftiger Friedrich der Große, und Wilhelm war kein Friedrich Wilhelm I. Die Frage blieb, wie sich das auf die Zukunft Preußens und Deutschlands auswirken würde. Der Kronprinz, auf den die Liberalen Hoffnungen gesetzt hatten, ging gewissermaßen in die innere Emigration. Der König, der den Konservatismus neu befestigt hatte, blieb – und er blieb so lange, daß der Liberalismus nie mehr eine Chance zur rechten Zeit und für richtige Resultate bekommen sollte.

Die Kluft zwischen konservativer Monarchie und liberalem Bürgertum hatte sich bei der Grundsteinlegung zum Denkmal Friedrich Wilhelms III. am 17. März 1863 offenbart. Wilhelm I., der seine königlichen Rechte gegen die Kammer wie den Kronprinzen verteidigen mußte, erinnerte an seinen Vater, der schon gewußt hatte, warum er keine Verfassung gewähren wollte. Mit eisigem Schweigen quittierten die Berliner diese Demonstration des Königs, während der Kronprinz bei seinem Erscheinen mit Beifall bedacht worden war.

Ein halbes Jahrhundert nach dem Beginn der Befreiungskriege verwies Wilhelm darauf, daß es damals wie jetzt nicht um die Freiheit der Staatsbürger ginge, sondern um die Erhaltung des monarchischen Staates. Er setzte, auf Betreiben Bismarcks, auch ein außenpolitisches Zeichen. Als sich 1863 die Polen gegen die russische Herrschaft erhoben, Frankreich, England und sogar Österreich Sympathien, wenn auch nicht mehr, für die polnischen Patrioten bekundeten, schloß Preußen mit Rußland eine Konvention zu gegenseitiger Unterstützung bei der Niederwerfung des Aufstands. Bismarck wollte sich Rußland als Bundesgenossen verpflichten, Wilhelm dachte an die alte Heilige Allianz, die Liberalen protestierten gegen die Hilfsdienste des Gendarmen für den Kosaken.

Der Konflikt ging weiter. Massiv versuchte die Regierung, die Neuwahlen zum Abgeordnetenhaus am 28. Oktober 1863 in ihrem Sinne zu beeinflussen. Der König griff höchstpersönlich in den Wahlkampf ein, mit einem Wort an die Gutgesinnten: Treue bekunde man ihm dadurch, daß man Männer wähle, »welche den festen Willen haben, meine Minister in der Durchführung der ihnen von mir übertragenen Aufgaben zu unterstützen«. Der Schuß ging nach hinten los: Die Fortschrittspartei stieg von 133 auf 141, die liberale Mitte von 96 auf 106 Mandate – die Opposition hatte nun beinahe eine Zweidrittelmehrheit. Ihr erster Erfolg: Die Regierung mußte die Preßordonnanz, eine Notverordnung, aufheben.

In Preußen war nichts gewonnen und in Deutschland viel verloren. Der König und sein Ministerpräsident hatten die liberale, propreußische, kleindeutsche Bewegung zurückgestoßen. »Das deutsche Volk sieht sich von Preußen verlassen«, erklärte Herzog Ernst II. von Sachsen-Coburg-Gotha. »Umgekehrt«, erwiderte Wilhelm, »Deutschland verläßt Preußen, weil dies nicht in die revolutionären Ideen der Fortschrittspartei eingeht.«

So oder so – Preußens Position in Deutschland war geschwächt. Schon hatte Österreich versucht, dies auszunützen. Doch Bismarck war dabei, zuerst seinem König und dann den Liberalen seine Behauptung zu beweisen: Nicht in Preußens Liberalismus, sondern in Preußens Macht liege die Zukunft Deutschlands.

Hohenzollern gegen Habsburg

FRANZ JOSEPH I. UND WILHELM I. trafen sich Anfang August 1863 in Bad Gastein, auf österreichischem Boden also, wo die Ache in »rasendem Walzer« dahinsprang und der Preußenkönig sich die Ferse aufgelaufen hatte. Das bemerkte Bismarck, der seinen Herren nicht aus den Augen lassen wollte, es aber nicht verhindern konnte, daß der Hohenzoller und der Habsburger sich zum Tête-à-tête zusammentaten.

Der sechsundsechzigjährige Wilhelm fand den dreiunddreißigjährigen Franz Joseph nicht unsympathisch. Die Uniform – weißer Rock, rote Hosen, grüner Federhut – dünkte dem Preußen zwar etwas operettenhaft, und die Haltung des Österreichers eine Spur zu lässig. Doch der Blick war offen und ehrlich, der Charme unwiderstehlich, und der Jüngere überließ dem Älteren so chevalresk den Vortritt, daß der König von Preußen darüber beinahe vergaß, wie bockig der Kaiser von Österreich den Vorrang im Deutschen Bund behauptete.

Wilhelm gab sich martialischer als ansonsten im Umgang mit seinesgleichen. Er kompensierte damit die Befangenheit, die selbst ihn, den friderizianisch gestimmten Hohenzollern, angesichts des Habsburgers befiel. Er ging zwar nicht so weit, wie sein seliger Bruder Friedrich Wilhelm IV., der im älteren das größere Geschlecht gesehen hatte, dem in der Vergangenheit die römisch-deutsche Kaiserkrone zugekommen war und dem deshalb auch heute und morgen der Primat in Deutschland gebührte. Aber auch er, der wie jeder Monarch seinen Herrschaftsanspruch historisch begründete, konnte nicht umhin, der Altehrwürdigkeit des Hauses Habsburg seine Achtung zu zollen.

Und es imponierte ihm, wie dieser junge Herr mit der Revolution von 1848/49 fertig geworden war, und zwar so, wie er es selber in Preußen gemacht hätte, wenn er König gewesen wäre: mit eiserner

Faust. Doch schon muckten Liberale, Demokraten und Nationalisten wieder auf, in Österreich wie in Preußen, und es wäre nur natürlich gewesen, wenn Franz Joseph I. und Wilhelm I. wie weiland Franz I. und Friedrich Wilhelm III. Schulter an Schulter die alte Ordnung verteidigt hätten.

Deren Kernstück war der 1815 errichtete und 1850 restaurierte Deutsche Bund. Von Grund auf renovieren wollten ihn die Modernisten, wenn nicht gar abreißen, und an seiner Stelle etwas ganz Neues, einen deutschen Nationalstaat errichten. Denn für alle, welche die französischen Ideen von »Freiheit, Gleichheit und Brüderlichkeit« mit deutscher Inbrunst nachbeteten, war der alte Bund der Beelzebub: illiberal und undemokratisch, föderal und übernational. Nicht zuletzt störte die nationalen Puristen, daß ihm acht Millionen Slawen angehörten, die in erster Linie Habsburg und in zweiter Linie Hohenzollern eingebracht hatte. Dennoch galt Preußen als »rein deutscher Staat«, der dazu berufen sei, Deutschland unter Ausschluß des multinationalen und reaktionären Österreichs zu einigen.

Das war Wasser auf die Mühlen Preußens, und auch Wilhelm hatte das, in der Aufwallung der Revolution, ausnützen wollen. Nach dem Intervall der Reaktion hatte er die Parole von den moralischen Eroberungen, die Preußen in Deutschland machen müsse, ausgegeben, die liberalen und nationalen Elemente wieder mobilisiert. Je mehr sie sich aber als Wildwasser erwiesen, die mit dem außenpolitischen Rivalen die innenpolitischen Bastionen hinwegzuschwemmen drohten, desto eindringlicher wurde ihm demonstriert, daß die Bewahrung des alten, seines Preußens die Erhaltung des Deutschen Bundes und das Festhalten am »friedlichen Dualismus« zwischen den beiden deutschen Großmächten voraussetzte.

Er denke nicht an die Einheit, sondern an eine Einigung Deutschlands, erklärte er Ende 1862, und Anfang 1863 fügte er, mit einem kaum verhaltenen Seufzer der Erleichterung hinzu, *er* würde wohl eine solche Einigung nicht mehr erleben. Und er erläuterte: Die Einigkeit Deutschlands erfolge durch ein »größeres Einverständnis« zwischen Österreich und Preußen, eine »entente cordiale sei wünschenswert«, doch leider: »Bei Österreichs Eifersucht gegen Preußen scheitere aber jeder derartige Versuch.«

Wilhelm hatte seine Erfahrungen gemacht. An der Schwelle der sechziger Jahre hatte er Franz Joseph einen Kompromiß zwischen der alten Monarchensolidarität, von der er nicht lassen mochte, und der neuen Machtstaatsraison, der er sich nicht entziehen wollte, vorgeschlagen: Unterteilung des Deutschen Bundes in eine von Österreich und in eine von Preußen beherrschte Hälfte – beide Großmächte also im Deutschen Bund gleichwertig nebeneinander und gleichrangig miteinander, in einer »dualistischen Hegemonialpolitik«.

Doch diesen Kompromiß hatten Österreich und die Mittelstaaten verworfen. Wilhelm war darüber so enttäuscht gewesen, daß er 1861 den anti-österreichischen Gegenstoß seines Außenministers Bernstorff begrüßte: Vorschlag eines von Preußen geführten deutschen Bundesstaates ohne Österreich, mit dem dieser freilich in einer staatenbündischen Verbindung stehen sollte. Das war ein Zurückgehen auf die Unionspolitik vor Olmütz, ein Eingehen auf damalige Gedankengänge Wilhelms – allerdings ohne ein Parlament à la Erfurt, was dem König von Preußen gefiel, den kleindeutschen Liberalen jedoch mißfiel. Österreich und die Mittelstaaten waren natürlich dagegen, so daß auch dieser Plan auf der Strecke blieb.

Der neue Ministerpräsident und Außenminister, Otto von Bismarck, griff über Bernstorff hinaus und weiter in die Geschichte zurück: Der deutsche Dualismus, befand er, habe »seit tausend Jahren gelegentlich, seit Karl V. in jedem Jahrhundert regelmäßig durch einen gründlichen Krieg seine gegenseitigen Beziehungen reguliert, und auch in diesem Jahrhundert wird kein anderes als dieses Mittel die Uhr der Entwicklung auf ihre richtige Stunde stellen können.« Im Deutschen Bund hätten Preußen und Österreich, die sich gegenseitig die Luft wegatmeten, nicht beide Platz. Ergo: Erstens, Auflösung des Deutschen Bundes, wenn nicht willig, dann mit Gewalt. Zweitens, Ausstoßung Österreichs aus dem neu zu gestaltenden Deutschland. Drittens, Ausdehnung Preußens auf Norddeutschland, um den Staatskörper stark genug für eine »waffenmäßige Großmachtpolitik« zu machen. Viertens und endlich: Vorherrschaft Großpreußens in Kleindeutschland.

Das war neue Machtpolitik, nicht mehr alte Prinzipienpolitik. Dafür mußte Bismarck zunächst seinen Herren gewinnen. In der Innenpolitik fiel das nicht schwer, weil es im Verfassungskonflikt um die monarchische Souveränität und die königliche Armee, um das Preußische an sich ging. In der Außenpolitik war Wilhelm, von der Heiligen Allianz geprägt, mehr Legitimist als Friderizianer, und Bismarck sollte seine Mühe haben, ihn auf den Weg nach Königgrätz zu bringen.

Ein Anfang war bereits gemacht. Mit dem vermehrten und vereinheitlichten Heer war das Schwert geschmiedet, mit dem der Gordische Knoten der deutschen Frage durchhauen werden könnte. Doch deswegen hatte man sich mit dem Parlament angelegt, die Verfassung verletzt, die kleindeutschen Liberalen vor den Kopf gestoßen. Wilhelm störte dies nicht sonderlich, denn er hatte etwas gegen Nationalrevolutionäre, gegen die von der Französischen Revolution motivierten, wie die von der Reichsromantik bewegten. Auch Bismarck erklärte: »Dieser schwärmerischen Gefühlspolitik bin ich gänzlich unzugänglich; für deutsche Nationalität habe ich gar keinen Sinn.« Aber er wußte, daß er die liberalen Nationalschwärmer brauchte, wenn er sein preußisch-deutsches Ziel erreichen wollte – als Zugpferde vor dem schwarz-weißen Wagen.

Wenn er ihnen schon innenpolitisch die Peitsche gab, so mußte er ihnen wenigstens deutschlandpolitisch Zucker geben. Am 22. Januar 1863 ließ Bismarck im Frankfurter Bundestag erklären: Nur in einem direkt gewählten Nationalparlament »könne die deutsche Nation das berechtigte Organ ihrer Einwirkung auf die gemeinsamen Angelegenheiten finden«, und da dem Vielvölkerreich Österreich die Beteiligung an einer deutschen Nationalvertretung nicht zuzumuten sei, müsse man das vorhandene Reformbedürfnis statt für die Gesamtheit des Bundes scheinbar, in einem engeren Bunde, ohne Österreich, wirklich befriedigen.

Die kleindeutschen Liberalen hörten diese Botschaft wohl, doch momentan fehlte ihnen der Glaube, daß ihre Sache beim Altpreußen Wilhelm und seinem Konfliktsminister Bismarck in den richtigen Händen sei. Diesen Zweifel suchte Österreich für sich auszunutzen. Es schickte sich an, in Deutschland die moralischen Eroberungen zu machen, die Preußen sich in der Neuen Ära vorgenommen hatte und in der Konfliktszeit nicht erzielen konnte. Nach der Erschütterung von 1859 hatte die Habsburgermonarchie endlich 1861 eine Verfassung bekommen, und ein liberalisiertes Österreich setzte nun auch in Deutschland auf die Karte des Fortschritts – mit seinem Bundesreformplan von 1863, dem umfassendsten Vorschlag zur Neuordnung des Deutschen Bundes seit der Reichsverfassung von 1849.

Liberalen und Demokraten bot das österreichische Reformmenü weniger als Bismarcks Zuckerbrot: kein direkt gewähltes Nationalparlament, sondern lediglich eine von den Kammern der deutschen Staaten beschickte Versammlung der Bundesabgeordneten, mit nur beratender Funktion. Und einem Deutschgesinnten ging die den nationalen Forderungen entgegenkommende Erweiterung des Bundeszwecks nicht weit genug: »Wahrung der Sicherheit und Machtstellung Deutschlands nach außen, Wahrung der öffentlichen Ordnung im Innern, Förderung der Wohlfahrt der deutschen Nation und Vertretung ihrer gemeinsamen Anliegen.«

So stimmten nur die Großdeutschen zu, und die Kleindeutschen nur deshalb nicht dagegen, weil sie mit Preußen übers Kreuz geraten waren. Interesse bekundeten die mittleren und kleinen Fürsten, vor allem für folgenden Passus: Als oberste Bundesgewalt war ein fünfköpfiges Direktorium mit Sitz in Frankfurt vorgesehen, mit Österreich, Preußen und Bayern als ständigen Mitgliedern, während sich auf den beiden anderen Plätzen die übrigen Bundesmitglieder abwechseln sollten. Den geschäftsführenden Vorsitz im Direktorium – wie hätte es bei einem Vorschlag aus Wien anders sein können – sollte Österreich innehaben.

Der österreichische Bundesreformplan führte zwar über 1815 hinaus, blieb aber hinter 1849 zurück, war für eine Fürstenmehrheit erwägenswert, doch für die Nationalbewegung nicht ausreichend und für Preußen kaum annehmbar. Franz Joseph I. wußte das. Deshalb hatte er insgeheim eine Versammlung der Bundesmitglieder, einen deutschen Fürstentag, vorbereitet, der bereits am 16. August 1863 unter seinem Vorsitz in Frankfurt stattfinden sollte. Doch erst am 3. August war er nach Bad Gastein gekommen, um den kurenden, konstitutionell geschwächten Wilhelm I. mit einer mündlichen Einladung zu überraschen, ihn in Österreichs neuen Deutschen Bund hineinzukomplimentieren.

Bismarck, der beim Gipfelgespräch nicht dabei sein durfte, ahnte Schlimmes, weil er von der Absicht des Kaisers Wind bekommen hatte und die Neigung seines Königs kannte, sich einem Appell an die Monarchensolidarität nicht von vornherein zu verschließen. Doch Wilhelm hielt sich besser, als Bismarck es erwartet hatte, freilich nicht so gut, als wenn er dabei gewesen wäre.

Der Preuße lehnte die Einladung des Österreichers zwar nicht ab, erhob jedoch Einwendungen, bat um Aufschub. Um sich vor sich selber und vor seinem Ministerpräsidenten zu rechtfertigen, zeichnete er noch am 3. August ein Protokoll auf: Im Prinzip habe er die Notwendigkeit einer Bundesreform begrüßt, aber die kurzfristige Einberufung eines Fürstenkongresses für bedenklich erklärt und vorgeschlagen, zunächst durch Ministerkonferenzen den österreichischen Plan vorprüfen zu lassen. Denn die Fürsten könnten es sich nicht leisten, mit großem Aplomb zusammenzutreten und unverrichteter Dinge auseinanderzugehen. »Je höher durch eine so außerordentliche Maßregel die Erwartungen gespannt werden, um so leichter wird es der Revolution werden, das Ergebnis als ungenügend darzustellen und die beteiligten Monarchen hierfür persönlich verantwortlich zu machen.«

Bismarck, der von der Gipfeldiplomatie noch weniger hielt, beschwor seinen König, im zweiten Gespräch mit dem Kaiser die Einladung zum Fürstenkongreß ohne Wenn und Aber abzulehnen. Das wollte Wilhelm nicht, noch nicht. Doch schon am Tage darauf gab er Bismarck nach, weil er das Nein dem inzwischen abgereisten Franz Joseph nicht ins Gesicht sagen mußte, und weil er erfahren hatte, daß ihm der Habsburger nicht fair gegenübergetreten war.

Denn kaum war dieser aus Gastein abgefahren, erhielt er die schriftliche Einladung zum Fürstentag, die vom 31. Juli datiert war. Bis dahin hatte er angenommen, daß erst nach einer Verständigung der beiden Großmächte die Gipfelkonferenz einberufen würde. Doch der Habsburger hatte bereits vollendete Tatsachen geschaffen, war mit dem Hohenzollern umgesprungen wie seinerzeit der römisch-deutsche Kaiser mit dem Kurfürsten von Brandenburg. Zudem erfuhr Wilhelm, »daß Bayern, Sachsen, Darmstadt und mehrere schon länger im Geheimnis waren. Soweit war also diese wichtigste Angelegenheit hinter meinem Rücken festgestellt und meine Inkenntnissetzung ward zur Komödie«.

Persönlich verärgert und politisch getroffen lehnte Wilhelm I. am 4. August, noch in Gastein, die Einladung Franz Josephs I., am 16. August nach Frankfurt zu kommen, schriftlich ab. Er hatte sich damit isoliert; denn fast alle deutschen Fürsten folgten dem Ruf des Kaisers, und konnten es nicht verstehen, daß sich gerade das konservative Preußen dem Versuch verschloß, die deutschen Staaten nicht von unten, wie 1848/49, sondern nun von oben zu einigen.

»Deshalb möchte ich Dich beschwören, diese Frage doch noch einmal, jetzt, allein zu betrachten, vielleicht erfreust Du Deutschland dennoch durch Dein persönliches Erscheinen noch«, schrieb ihm der Schwager, Großherzog Karl Alexander von Weimar, und erhielt die Antwort: »Als gleichberechtigte Großmacht mit Österreich sollte ich in Frankfurt a. M. als dessen très humble serviteur erscheinen?« Selbst Wilhelms Schwester, die Großherzogin-Mutter Alexandrine von Mecklenburg-Schwerin, konnte seine Ablehnung nicht verstehen: »Es mag vielleicht sehr klug sein, aber ich meine, das Herz hätte sprechen müssen.«

An sein Fürstenherz appellierten auch andere Hohe Damen auf den Stationen seiner Fahrt von Bad Gastein nach Baden-Baden: in München Königin Marie von Bayern, in Wildbad Königinwitwe Elisabeth von Preußen, und dann, am Ziel der Reise, seine Tochter, Großherzogin Luise von Baden, der er nur unschwer einen Wunsch abschlagen mochte, und selbstredend seine Frau, Königin Augusta, deren Penetranz ihn zermürben konnte. Doch Bismarck war stets dabei und spielte den Anwalt der Staatsraison gegen die Verteidigerinnen legitimistischer Emotionen.

Mit gemischten Gefühlen verfolgte Wilhelm von Baden-Baden aus den Fürstentag in Frankfurt. Um den Habsburger, den Erben der alten Kaiser, die in dieser Stadt gekrönt worden waren, scharten sich Könige, Großherzöge, Herzöge und Fürsten, und es war zwar unwahrscheinlich, doch nicht völlig auszuschließen, daß sie – angeregt vom Genius loci und angefeuert vom reichsromantischen Publikum – den Österreicher zum deutschen Kaiser küren würden. Es sei nur eine glänzende Geburtstagsfeier mit weißgekleideten Fürsten für Franz Joseph, der am 18. August Dreiunddreißig werde, beschwichtigte Bismarck, ohne Wilhelm zu beruhigen. »Am 18. ruft Ihr ihn vielleicht zum deutschen Kaiser aus«, schrieb er dem Weimarer Schwager. »Und dann? Das alles ohne Preußen? Was kann ich dann anderes tun, als aus Deutschland ausscheiden?«

Doch seine Mitfürsten wollten ihn nicht nur in Deutschland behalten, sondern ihn auch schon in Frankfurt dabeihaben. Sie schickten König Johann von Sachsen zu ihm, um ihn noch einmal zu bitten. »Dreißig regierende Herren und ein König als Kurier« – wie konnte er da ablehnen? Schon war er dabei, sich reisefertig zu machen, da hielt ihn Bismarck an den Rockschößen zurück: »Der 20.

August war ein schwerer Tag«, resümierte der Ministerpräsident, »am Abend hatte unser armer König einen Nervenanfall, ich war todmüde, konnte aber dem König von Sachsen einen Brief bringen, der dreißig lange Nasen für Frankfurt enthielt.«

Wilhelm schrieb am Tag darauf dem Weimarer Schwager: »Gestern abend bei meiner Tochter bekam ich, von der Agitation des Tages – denn der Kampf zwischen meiner Überzeugung und der so ehrenvollen Einladung ist ein Moment, der durchgekämpft sein muß, um ihn zu begreifen! – eine solche Nervenaufregung mit Weinkrampf, daß ich heute noch ganz miserabel bin.«

Nicht das erste Mal und nicht das letzte Mal mußte ihn Bismarck zwingen, seine Überzeugung gegen seine Skrupel durchzusetzen, was nicht ohne Erschütterung vor sich ging, zum Eingeständnis des Sichfügenmüssens führte und mit der Selbsttröstung endete, daß er es sich bei Gott nicht leicht gemacht habe.

Die Selbstaufopferung bedurfte eines Rituals. Es begann mit der Selbstbestätigung des Monarchen: Er habe zu befehlen und der Minister zu gehorchen, »Bismarck müsse ja doch tun, was er, der König, wolle«, denn ein Herrscher von Gottes Gnaden wisse stets, was er zu wollen habe, ihm allein komme die Entscheidung zu, er allein trage die Verantwortung. Dann kam der Selbstzweifel: Er sei Soldat, nicht Politiker: »Fürsten können nicht die Geschäftspraxis entwikkeln, wie Männer vom Fache«, und Bismarck sei ein Meister seines Faches, der im allgemeinen wüßte, was er zu tun habe, und in dem besonderen Fall sicherlich das Richtige empfehle. Selbstvorwürfe kamen dazwischen: Durfte er Bismarck gewähren lassen, den Gewissenlosen, den Rücksichtslosen, diesen Machiavellisten? Es endete mit der Selbstüberwindung, der Hingabe seiner persönlichen und moralischen Reserven für den Gemeinnutz, right or wrong, my country.

Kronprinz Friedrich Wilhelm brachte das auf die Kurzformel: »Wenn Bismarck meinem Vater eine Allianz ... mit Mazzini [dem italienischen Revolutionär] proponierte, so würde mein Vater anfangs verzweifelt im Zimmer herumgehen und ausrufen: ›Bismarck, Bismarck, was machen Sie aus mir!‹ Dann bliebe er mitten im Zimmer stehen und spräche: ›Wenn Sie jedoch meinen, daß das im Interesse des Staates unerläßlich sei, so läßt sich am Ende nichts dagegen einwenden.‹«

Bismarck, dessen Nervenkostüm nicht seinem eisernen Willen entsprach, litt kaum minder als Wilhelm unter einer solchen unumgänglichen Auseinandersetzung. Ihm erschien sie wie das Ringen zwischen Jakob und dem Engel, wobei er sich in schöner Selbstbescheidung für Jakob hielt. Nach dem Zweikampf am 20. August 1863 war er so angespannt, daß er eine eher feminine Lockerungsübung machte: Er ergriff eine Karaffe und schmiß sie zu Boden.

Zerschmettert wurden an diesem Tage die Hoffnungen auf eine Einigung Deutschlands durch Österreich und mit Preußen, denn ohne die Teilnahme Wilhelms I. mußte der Fürstentag und damit die Bundesreform scheitern. Andererseits war der Weg freigemacht für eine nationalstaatliche Lösung der deutschen Frage, durch Bismarck, mit Wilhelm und für Preußen.

Der Ministerpräsident wußte es und der Monarch ahnte es, daß die Waffen das letzte Wort haben würden. Er solle zur Beruhigung seiner Nerven die preußischen Bataillone in Rastatt inspizieren, riet der Flügeladjutant seinem König, der aufatmete: »Das ist ein guter Gedanke... Eine Truppenbesichtigung ist die beste Antwort auf diese Einladung zum Fürstenkongreß.«

GEGEN DÄNEMARK, nicht gegen Österreich, marschierte zunächst Wilhelm, Seite an Seite mit Franz Joseph, wie es im Interesse der beiden Großmächte und im Verlangen der deutschen Nationalbewegung lag.

Das Lied »Schleswig-Holstein, meerumschlungen, Schleswig-Holstein, stammverwandt« wurde in Wien und in Berlin, in ganz Deutschland gesungen. Wie sich schon 1848 bis 1851, in drei Kriegen, gezeigt hatte, nahm der Nationalismus des 19. Jahrhunderts, der dänische wie der deutsche, Anstoß an einem staatsrechtlichen Unikum, das aus dem Mittelalter stammte. 1460 hatten sich die Herzogtümer Schleswig und Holstein in Personalunion mit dem dänischen Königtum verbunden und dabei die Zusicherung erhalten, daß sie selbständig und »up ewig ungedeelt« bleiben sollten. Aber nur Holstein hatte zum römisch-deutschen Reich gehört und war nun Glied des Deutschen Bundes, nicht das von Dänen mitbewohnte Schleswig.

Nun wollten die Deutschen ganz Schleswig-Holstein im Deutschen Bund und die Dänen zumindest Schleswig in ihrem einheitlichen Nationalstaat haben. 1852 war der Status quo durch einen Vertrag der Großmächte bestätigt worden, dem von England, Frankreich, Rußland, Preußen und Österreich sowie Schweden garantierten Londoner Protokoll. Auch an das bevorstehende Erlöschen des dänischen Herrscherhauses war gedacht worden: Die Erbfolge in Dänemark und damit auch in der Personalunion mit Schleswig und Holstein wurde dem Prinzen von Sonderburg-Glücksburg zugesprochen, der ebenfalls erbberechtigte Herzog von Augustenburg ließ sich seinen Verzicht von Dänemark abkaufen.

Der Glücksburger bestieg 1863 als Christian IX. den dänischen Thron, der Erbprinz von Augustenburg, ungeachtet der Verzichtleistung seines Vaters, proklamierte sich als Friedrich VIII. zum Herzog von Schleswig-Holstein und kündigte den Beitritt der ungeteilten Herzogtümer, also auch Schleswigs, in den Deutschen Bund an. Die Deutsch-Nationalen, welche die stammverwandte Nordmark haben wollten, applaudierten, die Dänisch-Nationalen, die Schleswig schon weitgehend vereinnahmt hatten, gingen nun aufs Ganze: Die von Christian IX. am 18. November 1863 angenommene neue dänische Verfassung verfügte die Einverleibung Schleswigs in den dänischen Einheitsstaat. Deutschland widerhallte von Entrüstung, und von dem Ruf nach einem Volkskrieg gegen Dänemark, zum Anschluß des meerumschlungenen Schleswig-Holsteins.

»Es ist kaum zu fassen, was auf uns arme Monarchen alles zusammenströmt, und immer öffnen sich neue Schleusen«, stöhnte Wilhelm, der eben die Aufregung mit dem Fürstentag hinter sich hatte und nun mit der »Schleswig-Holstein-Frage« konfrontiert wurde, »eine der kompliziertesten, die jemals da gewesen sind«.

Das Problem hatte viele Knoten. »Meine Sympathien sind ganz für Holstein und für seinen Herzog, aber wie soll ich loskommen vom Vertrag?« Das Londoner Protokoll, das der Deutsche Bund nicht unterschrieben hatte und die deutsche Nationalbewegung nicht anerkannte, war für den König von Preußen verbindlich – denn Vertrag war Vertrag, und die Folgen einer Nichteinhaltung konnten verheerend sein: »Drohung von Frankreich, die Rheinprovinzen zu besetzen, wenn wir vertragsbrüchig würden, und Krieg um dieselben, in dem weder England noch Rußland uns beistehen können.«

Wilhelm wollte keinen Mächtekonflikt und schon gar keinen Volkskrieg, der nur der Sache der Revolution und nicht der Sache der Monarchen nützen würde. »Während der Kern der Frage wahr und edel ist, hat sich die demokratisch-revolutionäre Partei ihrer bemächtigt und droht alles zu verderben.« Dänemark, das gegen das Londoner Protokoll verstoßen hatte, mußte zurechtgewiesen werden, die Deutschen in Schleswig durften nicht einer Dänisierungspolitik ausgesetzt sein, und nach dem Vertragsbruch des Glücksburgers konnte der Augustenburger durchaus auf sein Erbrecht zurückgreifen, und was legitim war, hatte jeder Legitimist zu vertreten. Aber bestieg man damit nicht ein Schiff, das mit nationalgeschwellten Segeln und dem Augustenburger als Galionsfigur der Revolution entgegenfuhr?

Was aber, wenn Wilhelm I. das Schiff mied und Franz Joseph I. auf ihm das Kommando übernahm? Mit seinem Bundesreformplan hatte der Österreicher bereits auf die deutsche Karte gesetzt. Könnte sie nicht zum Trumpf gegen Preußen werden, wenn er nun die Sympathien der Nationalbewegung erwarb, welche die Schleswig-Holsteiner heimholen wollte, und sich der Unterstützung der deutschen Staaten versicherte, die mit Schleswig-Holstein ein neues, auf Grund seiner Interessen nicht gerade pro-preußisches Bundesmitglied gewinnen wollten?

»Wie ich in der Polnischen Frage und in der Reformfrage in Frankfurt a. M. allen Verwünschungen Deutschlands und Europas ausgesetzt war, so bin ich es jetzt wieder, weil ich besonnen die Sache leiten sehen will und nicht der Revolution sie anheimfallen lassen will«, bekannte er seiner Schwester Alexandrine. »In beiden ersten Fragen haben meine Gegner brillant Fiasko gemacht. Wir müssen abwarten, wie der dritte Fall endigen wird.«

Er endete nicht so, wie er es sich vorgestellt hatte: Grundsätzliches Festhalten am internationalen Vertrag von London, doch Schutz der Rechte der Herzogtümer durch eine Bundesexekution in dem zum Deutschen Bund gehörenden Holstein – das indessen nur so lange besetzt bleiben sollte, bis Dänemark »nicht nur alle Zusagen gegeben, sondern auch die Ausführung derselben begonnen«, den alten Rechtszustand wiederhergestellt habe. In der Frage des Erbfolgestreits neigte er dazu, die Ansprüche des Augustenburgers für begründet anzusehen. Eine Durchsetzung kam für ihn freilich nur auf dem Rechtswege infrage – und nicht Arm in Arm mit der Nationalbewegung, sondern Seite an Seite mit Österreich, des Mitunterzeichners des Londoner Protokolls und Mitgaranten der Ordnung in Deutschland und Europa.

Wilhelm dachte zunächst nicht an eine Abtrennung Schleswig-Holsteins von Dänemark und schon gar nicht an eine Angliederung der Herzogtümer an Preußen. Dies jedoch hatte Bismarck von Anfang an im Sinn. Er sei nur Preuße und bemühe sich in seiner Politik der größten Einseitigkeit, erklärte er und scherte sich nicht um die vielseitigen Aspekte des Problems, die rechtlichen und auch die nationalen. »Das Interesse Preußens ist mir das einzige Gewicht, dem ich bei Abwägung in der Politik eine normale Geltung beilege«, betonte er und wußte auch schon, was er zu tun hatte: zwar mit Österreich im Namen Deutschlands Schleswig-Holstein zu nehmen, aber es dann für Preußen allein zu behalten.

Doch dies mußte er zunächst seinem König beibringen, der das Recht nicht ohne weiteres auf den Nutzwert für Preußen zu reduzieren bereit war. Den ersten Wink nahm Wilhelm nicht ernst. Jeder König von Preußen habe für seinen Staat einen Zuwachs gewonnen, behauptete Bismarck auf der Konseil-Sitzung am 26. November 1863, und ermunterte den derzeitigen Throninhaber, seinen Vorfahren nachzueifern. Diese Passage fand Bismarck nicht im Protokoll, und vom Protokollführer, den er zur Rede stellte, bekam er zu hören: »Der König hätte gemeint, es würde mir lieber sein, wenn meine Auslassungen nicht protokollarisch festgelegt würden; Seine Majestät schien geglaubt zu haben, daß ich unter bacchischen Eindrücken eines Frühstücks gesprochen hätte und froh sein würde, nichts davon zu hören.«

Bismarck bestand auf der Einschaltung im Protokoll, die auch erfolgte. Aber Wilhelm blieb dabei: Er habe kein Recht auf Holstein, geschweige denn auf Schleswig. Der Ministerpräsident stellte die Kabinettsfrage. Der König konzidierte Verhandlungen über eine Änderung des Londoner Protokolls: In Dänemark sollte der Glücksburger König bleiben, in Schleswig-Holstein der Augustenburger Herzog werden. Er bereute es kurz darauf: »Nun läuft gar der Prätendent nach Kiel, während der Bund das Land regieren soll; dies ist unverzeihlich von ihm!« Inzwischen waren, laut Beschluß des Bundestags, Sachsen und Hannoveraner als Bundestruppen in

Holstein eingerückt – und der Augustenburger hatte gefälligst zu warten, was von oben über ihn beschlossen würde und tunlichst zu vermeiden, es von unten her vorwegzunehmen.

Zwischen zwei Feuern stand Wilhelm: der deutschen Nationalrevolution, die den Augustenburger vorantrieb, und der preußischen Machtstaatsraison, in die Bismarck seinen König treiben wollte. In den ersten Tagen des Jahres 1864 kam es zu einem Schlagabtausch zwischen dem König und dem Ministerpräsidenten: Bismarck sprach von Eroberungen und Annexionen, Wilhelm verbot ihm, »derartige Reden außerhalb des Sitzungssaales zu führen«. Seine Majestät wolle sich der Demokratie fügen, um Augustenburg einzusetzen und einen neuen Mittelstaat zu schaffen, schrieb Bismarck an den Kriegsminister Roon.

Das Militär war nun gefragt. Da der Frankfurter Bundestag nationale Sperenzchen machte, gingen die beiden deutschen Großmächte in alter Zweisamkeit daran, die alte Ordnung wiederherzustellen. Preußen und Österreich forderten am 16. Januar 1864 Dänemark auf, binnen 48 Stunden die dem Londoner Protokoll zuwiderlaufende Gesamtstaatsverfassung zurückzunehmen, auf eine Eingliederung Schleswigs zu verzichten – widrigenfalls sie zur Besetzung Schleswigs schreiten würden. Dänemark lehnte ab und der Krieg begann.

Das preußische Abgeordnetenhaus lag nach wie vor im Konflikt mit seinem König und lehnte die Mittel für den Kampf gegen den äußeren Feind ab. Wilhelm I. vertraute auf sein Heer, das er gegen den Widerspruch des Parlaments geschaffen hatte, und auf den Generalstäbler, der den Feldzugsplan entworfen hatte: Helmuth von Moltke.

Es war keine Achtung auf den ersten Blick gewesen. Der aus dänischen in preußische Dienste übergetretene Sohn eines dänischen Generalleutnants preußischer Herkunft erschien ihm »dünn wie ein Bleistift«, blaß und kränklich, nicht vorschriftsmäßig adjustiert, und Haltung und Gang ließen eine militärische Grundausbildung wie Grundauffassung vermissen. Außerdem schrieb er, eine romantische Novelle, die *Darstellung der inneren Verhältnisse und des gesellschaftlichen Zustandes in Polen, Briefe über Zustände und Begebenheiten in der Türkei* – das literarische Ergebnis einer Reise, für die sich der Hauptmann Urlaub ohne Bezahlung genommen hatte.

Politisch lag er richtig: »Es handelt sich nicht mehr um Monarchie und Republik, sondern um Gesetz und Anarchie; nicht von außen kommen unsere Feinde; wir haben sie im Innern«, meinte er 1848, fügte hinzu: »Wohl ist aus der Ordnung zuweilen die Freiheit, noch nie aber aus der Freiheit die Ordnung hervorgegangen.« Seine eminente militärstrategische Begabung wurde bald erkannt, gefördert und genutzt. Er wurde Generalstäbler, 1858 Chef des Generalstabs der Armee, ernannt vom Prinzen von Preußen, dem Stellvertreter des Königs, der noch wenige Jahre zuvor ihn nur widerwillig zum ersten Adjutanten seines Sohnes Friedrich Wilhelm bestellt hatte.

Wilhelm hätte keinen besseren Generalstabschef wählen können. Persönlich kam er mit dem zurückhaltenden, doch stets parat stehenden Moltke besser aus als mit dem polternden Roon und dem aufdringlichen Bismarck. Fachlich war der König, der davon viel verstand, sehr zufrieden mit seinen Ausarbeitungen, und gleichzeitig befriedigt, daß er – bescheiden und selbstlos wie er war – nie den Eindruck aufkommen ließ, er würde seinem obersten Kriegsherrn, statt ihm nur zuzuarbeiten, wie Bismarck beeinflussen, ja beherrschen wollen.

Da Wilhelm ehrlich zu sich selber war, mußte er sich bald eingestehen, daß dieser »Schweiger und Macher« der Kopf war, der für die ganze preußische Armee, einschließlich ihres Oberbefehlshabers, dachte und plante. So ließ er ihn denn in seinem Namen machen. Mitunter störte ihn, daß ihm die Gedankengänge verborgen blieben, denn Moltke redete nicht gern. Doch Wilhelm war so scheu und rücksichtsvoll, daß er nicht in ihn dringen wollte, sich mit den Ergebnissen begnügte, und dazwischen mit Worten, die wie Brosamen vom Generalstabstisch fielen. »Was hat er denn gesagt?«, pflegte er jene zu fragen, die er mit Moltke in einem der seltenen Gespräche gesehen hatte.

Im Krieg gegen Dänemark konnte der vierundsechzigjährige Generalstabschef zum ersten Mal von der Theorie in die Praxis übergehen, und der sechsundsechzigjährige Kriegsherr zum ersten Mal in einem richtigen Krieg kommandieren. Am liebsten wäre er mit ins Feld gezogen, aber er blieb in Berlin, wohl aus Rücksicht auf Kaiser Franz Joseph, seinen Mitkombattanten, der in Wien geblieben war und seinen Feldmarschalleutnant Ludwig von Gablenz mit

29 000 Mann in den hohen Norden gesandt hatte. Wilhelm schickte 46 000 Mann und als Oberbefehlshaber den achtzigjährigen Generalfeldmarschall Friedrich von Wrangel, der seinen Ruf als zweiter Blücher fruchtbringend gepflegt hatte.

Mit dieser Wahl hatte Wilhelm daneben gegriffen. Wrangel, der nun den »Marschall Vorwärts« auch spielen wollte, hielt sich nicht an den Feldzugsplan Moltkes, der vorsah, die Hauptbastion der Dänen zu umgehen und von der Flanke her aufzurollen: das Danewerk zwischen Schleswig und den Quellen des Flusses Rheide. Wrangel ging schnurstracks auf die stärkste Stelle los. Prinz Friedrich Karl, ein Neffe des Königs, der nicht nur die rote Uniform der Zietenhusaren trug, sondern auch wie Zieten aus dem Busch loszureiten pflegte, holte sich eine blutige Nase an den Missunder Schanzen. Die Österreicher, kaum weniger hitzig, stürmten den Königshügel von Schleswig. Die Dänen räumten voreilig das Danewerk; ihre Nachhut wurde bei Översee, südlich von Flensburg, von den Österreichern gestellt und geschlagen.

Und wo blieben die Preußen? Sie legten sich derweil mit den deutschen Bundestruppen in Holstein an, unblutig natürlich, besetzten als »wichtige Etappenpunkte« Altona, Rendsburg, Neumünster und Kiel, stießen aber auch bis an die Grenze Jütlands vor, die sie zunächst nicht überschreiten durften, weil Kaiser Franz Joseph ein Eingreifen der Mitunterzeichner des Londoner Protokolls nicht provozieren wollte. »Unsere Politik wäre eine verfehlte, wenn wir sie nicht zu einem befriedigenden Abschluß führten«, bedeutete der Hohenzoller dem Habsburger, der nachgab. Es konnte weitergehen, und die Preußen machten sich daran, den Hauptsieg zu erringen und die Hauptlorbeeren des Feldzuges einzuheimsen.

Seit Ende Februar 1864 standen die Truppen Friedrich Karls vor den Düppeler Schanzen, hinter die sich die dänische Hauptmacht zurückgezogen hatte. Erst am 15. März, nach der Herbeischaffung von schwerem Geschütz, begann die eigentliche Belagerung, und am 18. April wurde gestürmt – wie es Wilhelm wollte, der es für nötig hielt, der Welt zu zeigen, daß die preußischen Truppen noch imstande seien, Festungen zu nehmen. Das kostete 1188 Tote und Verwundete auf preußischer, und 4846 Tote, Verwundete und Gefangene auf dänischer Seite. Nun war das schleswigsche Festland vom Feinde frei, und Jütland lag dem Sieger offen.

Wilhelm war am Morgen des 18. April auf den Kreuzberg hinausgeritten, um Bataillone des Kaiser-Franz-Grenadier-Regiments zu besichtigen. Gegen 14 Uhr erhielt er die Siegesmeldung, teilte sie den Truppen mit, empfing ein donnerndes Hurra. Wie ein Lauffeuer ging die Nachricht durch die Stadt, es wurde geflaggt, das Preußenlied gesungen, und vor dem Palais Unter den Linden erscholl das Hosianna für den Siegerkönig.

»Dieser Tag hat mein Herz für viele traurige Erfahrungen vollständig entschädigt«, sagte Wilhelm. »Denn der Sieg meiner glorreichen Armee hat die wahre Stimme des Volkes zur Geltung gebracht.« Keiner sollte ihm mehr kommen mit der Behauptung, daß die Opposition im Abgeordnetenhaus für das preußische Volk spreche! Und den Schwager in Weimar, der immer etwas auf Potsdam herabgesehen hatte, ließ er wissen: »Die Welt hat nun hinlänglich Gelegenheit, sich zu überzeugen, daß wir in den fünfzig Friedensjahren auch etwas anderes getrieben haben, als den Parademarsch zu üben, eine Schmähung, die ich sehr ruhig ertrug, weil ich wohl am besten wußte, wie und was wir übten!«

Der Armee wollte er seinen Dank persönlich sagen. Am 20. April brach er nach Schleswig auf, am 21. April nahm er auf dem Felde zwischen Gravenstein und Atzbüll, unter den Klängen des von Kapellmeister Piefke vom Leibregiment komponierten Düppeler Sturmmarsches, die Parade der Sturmkolonnen ab. »Ihr Kostüm war befohlenermaßen das Sturmkostüm vom 18. April«, berichtete einer, der dabei war. »In Waffenrock, die Mütze mit grünen Reisern geschmückt, Tuchhosen, die bei einem in lange, bei anderen in kurze Stiefel gesteckt waren, Gewehr, Faschinenmesser und Leibriemen (an welchem hinten das Kochgeschirr angeschnallt), empfingen sie jauchzend ihren Kriegsherren.«

Die Schleswiger und Holsteiner begrüßten ihn als Befreier. In Flensburg streuten ihm Mädchen Blumen, Altona war illuminiert, und Bischof Koopmann feierte ihn: »So werden denn Ew. Majestät um Gottes Willen die gerechte Sache unseres Landes nimmermehr verlassen.« Und der holsteinische Dichter Klaus Groth besang ihn:

> »Du bist nicht wie ein Andrer,
> Der kommt und wieder geht;
> Du bist nicht wie ein Wandrer,
> Deß Schritt der nächste Wind verweht.

Einst trat ein Nord'scher Riese
Den Fuß in diese Flur,
Jetzt tragen Feld und Wiese
Für immer Deine Königsspur.«

Eigentlich wollte er Schleswig-Holstein, nach vollbrachter Befreiungstat, wieder verlassen, das Land sich selber überlassen. Aber möglicherweise hatte Bismarck doch recht, wenn er meinte, Preußen sollte seinen Fuß auf dieser Flur behalten, und vielleicht war es auch angebracht, seine Königsspur für immer in einem Lande einzugraben, für das preußisches Blut geflossen war und dessen Bewohner ihn mochten. Jedenfalls gestand er später: Seit Düppel sei ihm der Gedanke einer Erwerbung der erstrittenen Lande für Preußen vertrauter geworden.

EINEN STOCK ERHIELT BISMARCK zu Weihnachten 1864 von seinem Herrn. Der Ministerpräsident bedankte sich für das sinnige Geschenk: Er werde den Stab »nach Allerhöchst Ihrem Willen zum Heile unsres Vaterlandes« führen – wobei er verschwieg, daß sich der Wille seines Herren und das, was er für das Heil Preußens hielt, noch nicht deckten, er aber diese Übereinstimmung baldigst herbeiführen wollte. Denn: »Ich habe das gläubige Vertrauen zu Gott, daß Eurer Majestät Stab im deutschen Lande blühen werde wie der Stecken Arons laut dem 4. Buch Mosis im 17. Kapitel, und daß er zur Not sich auch in eine Schlange verwandeln werde, welche die übrigen Stäbe verschlingt, wie es im 7. Kapitel des 2. Buches erzählt ist.«

Bibelfest und seiner Sache sicher, mit List und bereit zur Gewalt, ging Bismarck daran, den Stab Preußens sprießen zu lassen und die anderen Stäbe zu brechen: Österreich, den Rivalen in Deutschland, den Deutschen Bund, den die Mittelstaaten um den Mittelstaat Schleswig-Holstein erweitern wollten, was letztlich wieder nur Österreich genutzt hätte, und den liberalen Nationalverein, der sich von einer preußischen Hilfstruppe in eine Propagandakompanie für den Augustenburger und in die Avantgarde der Revolution verwandelt zu haben schien.

Wilhelm hingegen mochte den Ansprüchen des Augustenburgers

noch nicht die Legitimität absprechen, wenn ihn auch die Sprüche seiner liberalen und nationalen Bundesgenossen störten. Und er war, obschon er unter den Klängen des Düppeler Sturmmarsches wie ein altes Schlachtroß zu scharren begann, noch keineswegs bereit, sich von Bismarck am Zaume in einen Konflikt mit Österreich führen zu lassen.

Der König stand noch zu der eben auf dem Schlachtfeld bewährten Zweisamkeit der beiden deutschen Großmächte, die sein Ministerpräsident und Außenminister nur als Zwischenstadium ansah, in dem er einen Anlaß finden könnte, den Rivalen zum Zweikampf zu zwingen – im unausweichlichen Streit um die Zukunft des gemeinsam errungenen Schleswig-Holstein.

Das Jahr 1864 hatte Preußen und Österreich noch in Eintracht gesehen. Zunächst mußte der Krieg endgültig gewonnen werden. Nach Düppel war ein Waffenstillstand vereinbart worden, doch auf der Friedenskonferenz in London einigte man sich nicht, und die Kampfhandlungen wurden wieder aufgenommen. Die Österreicher stießen in Jütland vor, die Preußen unter dem neuen Oberbefehlshaber Prinz Friedrich Karl schlugen die Reste der dänischen Hauptmacht auf der Insel Alsen. Das kleine Dänemark, das sich ein halbes Jahr lang gegen zwei Großmächte gehalten hatte, mußte um Frieden bitten, der am 30. Oktober 1864 in Wien geschlossen wurde: Der König von Dänemark entsagte allen seinen Rechten auf Schleswig-Holstein zugunsten des Kaisers von Österreich und des Königs von Preußen.

Wilhelm hatte den im Krieg wiederbelebten »friedlichen Dualismus« so weit getrieben, daß er zu den Vorgesprächen mit Bismarck nach Wien gekommen war. Franz Joseph, der dem Frieden nicht recht traute, fragte seine Alliierten, ob sie denn, wie man höre, Schleswig-Holstein zu einer preußischen Provinz machen wollten? Wilhelm wußte nicht, was er sagen sollte; an seiner Stelle antwortete Bismarck: »Es ist mir sehr erwünscht, daß Eure Majestät mir diese Frage in Gegenwart meines allergnädigsten Herrn vorlegen; ich hoffe bei dieser Gelegenheit seine Ansicht zu erfahren.« Er habe ja gar kein Recht auf die Herzogtümer und könne sie deshalb nicht beanspruchen, fühlte sich Wilhelm bemüßigt zu sagen.

Bismarck sah sich vorerst außer Gefecht gesetzt. Er stimmte einer gemeinschaftlichen österreichisch-preußischen Regierung für

Schleswig-Holstein zu, in der Erwartung, daß sich Reibereien ergeben würden. Und er rechnete mit den allgemeinen Interessengegensätzen zwischen den beiden Großmächten, die sich wieder zuspitzen müßten. Dies geschah noch 1864: Österreich wollte endlich in den Zollverein, Preußen war nicht willens, dessen ökonomische wie politische Vorteile mit dem Konkurrenten zu teilen – auch und gerade Wilhelm nicht, der die Gründung des Zollvereins miterlebt und seinen Gewinn seit einem Vierteljahrhundert mitgenossen hatte.

»Du weißt, wie unerschütterlich ich überzeugt bin, daß unsere Allianz die sicherste Schutzwehr der bestehenden Rechtsordnungen gegen die großen politischen und sozialen Gefahren unserer Zeit bildet«, schrieb Franz Joseph an Wilhelm, hielt es aber weiterhin mit dem Augustenburger, der sich als national-revolutionärer Agitator entpuppte, und mit den Mittel- und Kleinstaaten, die sich vor diese Agitation spannen ließen. »Diese Regierungen sind völlig unter die Fuchtel ihrer Parlamente geraten«, tadelte er Karl Alexander von Weimar. Manchmal fragte er sich, ob sich der Bundestag nicht unter der Hand zu einer neuen Nationalversammlung entwickle. Jedenfalls müsse man den unter dem Schirm des Bundestages in Frankfurt stattfindenden revolutionären Versammlungen ein Ende machen, »die in ihren lächerlichen Beschlüssen wohl den Umsturz, aber nicht die Einheit Deutschlands herbeiführen würden«.

Und was tat Österreich? Anstatt, den Worten wie den Interessen seines Kaisers entsprechend, mit dem konservativen Preußen gemeinsam, wie 1815 und 1849, die Revolution niederzuhalten, wollte es die Brücke nach Frankfurt nicht abbrechen, die Brücke, über die schon morgen die Liberalen und Demokraten in Preußen, in Österreich und auch in den anderen deutschen Fürstenstaaten eindringen könnten. »Auch Du wirst mir einwenden, ich sei ein Revolutionsriecher, wie man mich auch verhöhnend vor 1848 nannte«, schrieb er dem Weimarer Schwager. »Aber leider haben meine Geruchsnerven damals sich als sehr scharf und richtig bewährt, und ich befürchte auch jetzt ihre Richtigkeit nicht bezweifeln zu dürfen.«

Weil Franz Joseph die konservative Kameraderie, zu der man endlich zurückgefunden hatte, mehr und mehr verließ, entfernte sich Wilhelm zunehmend von Österreich, bewegte sich dorthin, wo ihn Bismarck haben wollte, geriet auf die Bahn der Machtstaatsraison – die ihm, als Friderizianer, freilich nicht fremd und auch nicht unpassend war.

Der Rechtsweg sollte allerdings eingehalten werden, wenn auch nur de jure und pro forma: Die Kronsyndici wurden beauftragt, ein Gutachten über die Ansprüche des Augustenburgers zu erstellen, das dann das Erbfolgerecht für nichtig erklärte. Nun wollte Wilhelm den Augustenburger nicht länger in dem Herzogtum dulden, doch er blieb, gedeckt vom Deutschen Bund und Österreich.

Wilhelm gab Order, die preußische Marinestation von Danzig nach Kiel zu verlegen. Schon hatte Moltke ein Gutachten über die Stärke der österreichischen Armee vorgelegt. Wien verlangte eine Kompensation, Wilhelm schrieb seinem Kriegsminister Roon am 25. April 1865: »Bismarck hat mir gestern die österreichische Note wegen Kieler Ausgleichung durch Verminderung unserer Truppen vorgetragen. Ich kann mich dazu nicht verstehen, da jede Konzession an Österreich mit neuem Undank und Prätensionen erwidert wird. Wann haben Sie heute oder morgen Zeit zu mir zu kommen?«

Der Gedanke an Annexion fraß sich fest. Die Staatsministerialsitzung vom 29. Mai 1865 eröffnete der König mit der Bemerkung, »daß der dänische Krieg von Anfang an allerdings als eine nicht bloß preußische, sondern nationale Sache aufgefaßt worden sei, niemals aber habe man Österreich darüber in Zweifel gelassen, daß Preußen eine Entschädigung für seine Opfer fordern werde. Er frage sich nun, ob man zu diesem Zwecke die Annexion der Herzogtümer oder das Programm vom 22. Februar in das Auge fassen solle.« Letzteres hatte Österreich bereits abgelehnt, denn es hätte aus Schleswig-Holstein einen Satelliten Preußens gemacht: Zwar Einsetzung des Augustenburgers, aber Anerkennung der preußischen Militärhoheit mit dem Besitz von Kiel, Friedrichsort und Sonderburg-Düppel, Besatzungsrecht in Rendsburg, Bau und Verwaltung des Nord-Ostseekanals, Anschluß an das preußische Zollsystem und an die preußische Post und Telegraphie.

Man mußte also das Maximalprogramm ins Auge fassen. Nichts wie annektieren, meinte Bismarck, auch wenn dies zum Krieg mit Österreich führe, der früher oder später doch kommen würde. Moltke sekundierte: Die Annexion sei die einzige heilsame Lösung für Preußen und für Schleswig-Holstein. Der Gewinn sei so groß, daß er einen Krieg lohne, für den man gut gerüstet sei. Kronprinz Friedrich Wilhelm warnte vor einem Krieg mit Österreich, der Deutschland zerfleischen würde und es zur Beute des Auslandes machen könnte. Bismarck lenkte ein: »Den Rat zu einem großen Kriege gegen Österreich können wir Eurer Majestät nicht erteilen; der Entschluß dazu kann nur aus der freien königlichen Entscheidung selbst hervorgehen.« Wilhelm aber war noch nicht entschlossen, vertagte die Entscheidung.

Ihr schoben ihn die Österreicher ein Stück näher. Franz Joseph half ihm nicht, den Augustenburger aus Kiel zu entfernen, der österreichische Zivilkommissar Halbhuber, der mit dem preußischen Zivilkommissar Zedlitz in ständiger Fehde lag, erlaubte Demonstrationen zum Geburtstag »Herzogs Friedrich VIII.«. Am 21. Juli 1865 beschloß der Kronrat – gegen die Stimme des Kronprinzen – ein Ultimatum an Wien: Wenn die beiden Großmächte nicht gemeinsam die durch die augustenburgische Bewegung bedrohte Ordnung in den Herzogtümern wiederherstellen könnten, müßte Preußen auf eigene Faust einschreiten. Schon wurden »Demagogen« von den preußischen Besatzungstruppen verhaftet.

Doch Wilhelm und Franz Joseph fanden noch einmal zusammen, am 14. August 1865, zum Vertrag von Gastein. Als der Weisheit des »friedlichen Dualismus« letzter Schluß wurde – unter Vorbehalt der gemeinschaftlichen Souveränität über beide Herzogtümer – deren Verwaltung provisorisch geteilt: Österreich übernahm sie in Holstein, Preußen in Schleswig. »Gott sei Dank, das war wenigstens ein unblutiger Sieg«, atmete Wilhelm auf und erhob Bismarck, der den Atem anhalten mußte, in den Grafenstand.

Doch der Burgfrieden hielt nicht lange. Für zwei mächtige Türme war auf dem deutschen Kastell kein Platz. Die fortwährenden Querelen in den Herzogtümern – nun zwischen den Generalstatthaltern Manteuffel und Gablenz – erinnerten Wilhelm immer eindringlicher daran, daß Preußen und Österreich nicht nur entgegengesetzte Interessen, sondern auch unterschiedliche Konfessionen hatten. Auf dem Schlachtfeld von Lützen erklärte er am 22. September 1865, in Erinnerung an den Protestanten-Protektor Gustav Adolf, »daß wir noch einen harten und schweren Kampf zu bestehen haben werden. Aber der Allmächtige, welcher unser Preußen so sichtbar segnet und beschützt, wird uns auch diesen Kampf durchfechten und segensreich zu Ende führen lassen.«

Noch dachte er nicht an einen Gustav-Adolf-Ritt und schon gar nicht an einen Angriffskrieg à la Fridericus Rex. Nach wie vor wäre es ihm lieber gewesen, wenn der Sohn Friedrich Wilhelms III. und der Enkel des Kaisers Franz die Heilige Allianz gegen Unglauben und Unruhe fortgeführt hätten. Doch der Habsburger war verblendet, schien einen unheiligen Bund mit der liberalen und nationalen Opposition schließen zu wollen, protegierte jedenfalls den Augustenburger, ließ in Holstein Presseangriffe gegen den Gasteiner Vertrag und Volksdemonstrationen gegen den König von Preußen zu.

Er könne sich ein solches Vorgehen gegen seine monarchische Autorität nicht länger gefallen lassen, erklärte Wilhelm, und in der Staatsministerialsitzung vom 28. Februar 1866: Die Schwierigkeiten in Holstein seien nur ein einzelnes Symptom des österreichischen Bestrebens, Preußen niederzuhalten; Preußen provoziere keinen Krieg, aber es müsse auf seinem Wege vorwärts gehen, ohne vor einem Krieg zurückzuschrecken. Bismarck hakte ein: Warum den Krieg nicht sofort beginnen? Wilhelm zuckte zurück: Der Besitz der Herzogtümer sei eines Krieges wert, jedoch solle der Ausbruch desselben nicht übereilt werden, da eine friedliche Erlangung des Objekts, wenn möglich, immer wünschenswerter sei. Dann straffte er sich: Er wünsche den Frieden, sei aber, wenn es sein müsse, zum Kriege entschlossen, welchen er, nachdem er Gott gebeten, ihm den richtigen Weg zu zeigen, für einen gerechten halte.

Da dessen Erfolg nicht von vorneherein feststand, nagte der Zweifel in der Brust des Calviners, und dieser wurde nicht nur von seinen eigenen moralischen und monarchischen Bedenken, sondern auch von Einwänden seiner Familie bestärkt. Kronprinz Friedrich Wilhelm war ein Freund des Augustenburgers und ein Feind Bismarcks, der den Vater in einen Bruderkrieg trieb und mit dem preußischen Erbe des Sohnes dessen Hoffnungen auf ein liberales Deutschland gefährdete. »Mein innerstes Gefühl sagt mir, daß Du einen Krieg vermeiden würdest«, schrieb er dem König. »Nicht oft genug kann ich Dir sagen, daß es mir erscheint, als ob ein Verhängnis Dich umgebe.« Das Fatum Bismarck, wie es die Kronprinzessin, die Engländerin Victoria, bezeichnete: »Man könnte jeden Tag irgend etwas zugunsten des Friedens in die Waagschale werfen, aber es vergeht auch kein Tag, ohne daß der ›böse Mann‹ mit größter Geschicklichkeit dem, was gut ist, entgegenwirkt, es verdreht und zum Kriege treibt.«

Die Königin bombardierte den König mit Briefen, nachdem sie

sich persönlich kaum noch etwas zu sagen hatten. Schon seit Jahren lebten sie nebeneinander her. Die persönlichen Folgen störten Augusta nicht, wohl aber, daß sie politisch nicht mehr auf dem Laufenden war. Das riß sie zu unerhörtem Benehmen hin. Sie ließ ein Hörrohr von ihrem Schlafzimmer in das Arbeitszimmer ihres Gemahls legen, behauptete die Fürstin Marie Radziwill, und Bismarck beklagte sich, daß die Königin hinter der etwas geöffneten Tür gelauscht hätte, als er dem erkrankten Monarchen in dessen Schlafzimmer Vortrag hielt.

Mit Bismarck stand sie auf Kriegsfuß, und sie bekniete Wilhelm, den Frieden zu bewahren. »Ich benütze alle mir verbleibende Zeit und Kraft, um dem König alles jenes mitzuteilen, was mein Gewissen mir vorschreibt«, schrieb sie dem Weimarer Bruder. Das Ceterum censeo jedes Briefes an den Gemahl lautete: Ein deutscher Bruderkrieg müsse vermieden und der deutsche Kain, Bismarck, entfernt werden.

Der Weimarer Schwager, Großherzog Karl Alexander, hieb in dieselbe Kerbe: Er könne es nicht glauben, daß Wilhelm Schleswig-Holstein annektieren und Österreich bekriegen wolle: »Sage mir, ob ich der Befürchtung nicht Raum geben mußte, daß, wenn jener Schritt der Annexion getan wäre, Du nicht unaufhaltsam gegen Deinen Willen genötigt würdest, weiterzugehen und die Existenz anderer Staaten zu gefährden?« Selbst Schwester Alexandrine in Mecklenburg-Schwerin, die ihm stets blindlings gefolgt war, beschwor ihn: »Ach, lieber Bruder, ich bitte Dich um Gottes Willen, verhindere einen Krieg mit Österreich, denke an Papa sein Testament! ... Ein Bruderkrieg wäre das Fürchterlichste, was man sich denken kann, es wäre unerhört und, wenn Deutschland sich nun recht zerfleischt hätte, wie würde Frankreich sich freuen!«

Und das preußische Volk stand keineswegs, wie ihm Bismarck einzureden suchte, freudig hinter der Kriegspolitik. Jedenfalls nicht die Volksvertretung, das Abgeordnetenhaus, mit dem der Verfassungskonflikt andauerte, das die Mittel für den Krieg gegen Dänemark nicht bewilligt hatte und erst recht nicht für einen Krieg mit Österreich genehmigen würde. Noch war der Ministerpräsident die Zielscheibe: »In gewalttätiger Weise schädigt er die heiligsten Interessen Deutschlands und Preußens; er ist dem Bösen verfallen«, erklärte Professor Virchow, und der Student Julius Cohn feuerte Pistolenschüsse auf Bismarck, mitten in Berlin, Unter den Linden, Ecke Schadowstraße. Konnte es nicht morgen schon den König treffen?

Das alles machte Wilhelm, der an der Schwelle der Siebzig stand, ganz krank. »Der Anblick des Monarchen erschreckte mich bis ins Innerste meiner Seele. Ein furchtbarer Ernst, ein tiefer Kummer in seinen Zügen bewiesen, daß er im Begriff war, die allerschwersten Entschlüsse zu fassen«, bemerkte am 12. März 1866 – nach der Auflösung des Abgeordnetenhauses und der Mobilisierung des I. und II. Armee-Korps sowie der Landwehr – Prinz Kraft zu Hohenlohe-Ingelfingen, der auf dem Tempelhofer Feld das vom König besichtigte Garde-Feldartillerie-Regiment befehligte. »Machen Sie ihm Mut durch schneidiges Exerzieren«, hatte ihm ein Offizier aus der Umgebung Moltkes gesagt. »Nach der Besichtigung muß er sich entscheiden, ob Krieg oder Frieden.«

Wenn sich der König krank fühle, sei er liberal, fühle er sich gesund, sei er reaktionär, wußte Bismarck. Er selber hatte Magenkrämpfe, war – wie Roon bemerkte – »in herkulischer Tag- und Nachtarbeit nervös abgenutzt«. Es war für ihn nicht leicht, seinen Herrn über die Hürden der persönlichen Skrupel, der familiären Einwände und des Widerstandes der Öffentlichkeit zu bringen. Die Österreicher halfen ihm dabei; denn sie waren diplomatisch zugeknöpft, hatten bereits gerüstet, nolens volens sich darauf eingerichtet, sich mit dem Nebenbuhler zu messen.

Auf die militärischen Vorbereitungen Roons und Moltkes konnte sich Wilhelm verlassen, auf die reorganisierte, im dänischen Krieg erprobte Armee, auf seine 355 000 Mann und auf das Zündnadelgewehr, den Hinterlader, mit dem fünf gezielte Schüsse in der Minute abgegeben werden konnten, während das österreichische Lorenzgewehr nur gut einen Schuß in der Minute schaffte.

Die politischen Vorbereitungen Bismarcks waren zwar nicht alle nach seinem Geschmack, aber er konnte nicht umhin, sie sämtlich als vorteilhaft für Preußen anzusehen. Napoleon III. war hingehalten worden, Frankreich würde neutral bleiben, Rußland sowieso, weil es Österreich seit dem Krimkrieg grollte. Mit Italien, das endlich Venetien haben wollte, war ein Kriegsbündnis geschlossen worden. Dem Frankfurter Bundestag hatte Bismarck den Brocken einer Bundesreform hingeworfen, auf dem er herumkaute, und die

Nationalbewegung mit seinem Vorstoß für die allgemeine und direkte Wahl eines deutschen Parlaments wenn schon nicht gewonnen, so doch entwaffnet.

Trotzdem zögerte Wilhelm immer noch, zu springen. Noch am 3. April 1866 hatte er eine Note Bismarcks an Wien für zu geharnischt gefunden: Sie sei doch etwas sehr kalt und schroff, »und ich muß dieserhalb wünschen, dieses doch sehr wichtige Aktenstück nochmals durchzulesen, um hin und wieder einige Ausdrücke zu mildern«. Er machte sogar noch ein – freilich fadenscheiniges – Abrüstungsangebot. Wenn er ersetzt werden könnte, würde er zurücktreten, seufzte der Ministerpräsident, und schrieb dem König: »Eure Majestät wollen Sich überzeugt halten, daß es meinem Gefühle, ich kann sagen, meinem Glauben widerstrebt, die höchsten landesväterlichen Entschließungen über Krieg und Frieden in zudringlicher Weise beeinflussen zu wollen; es ist das ein Gebiet, auf dem ich Gott allein getrost überlasse Eurer Majestät Herz zum Wohle des Vaterlandes zu lenken, und mehr beten als raten möchte. Die Überzeugung aber darf ich dabei doch nicht verhehlen, daß uns, wenn es jetzt gelingt, den Frieden zu erhalten, die Kriegsgefahr später, vielleicht in Monaten unter ungünstigeren Verhältnissen bedrohn werde.«

Dieser sanfte Wink verfing nicht, und Bismarck griff zu drastischeren Mitteln. Die Börse, die Stadt, das Volk halte »die Untätigkeit der königlichen Regierung den uns überflügelnden Rüstungen Österreichs gegenüber unbegreiflich«, das Gefühl greife um sich, »daß der Schutz des Landes tatsächlich schon versäumt ist«. Und zielte auf den schwächsten Punkt Wilhelms: Preußen stehe eine zweite Schmach von Olmütz bevor. Das saß. »Wenn ein Preuße jetzt mir Olmütz in die Ohren raunt«, lege er sofort die Regierung nieder, antwortete Wilhelm, tat dies aber nicht, sondern führte von nun an die Regierung so, wie es Bismarck von ihm erwartete.

Ohnehin schienen die Österreicher seinem Regierungschef recht zu geben: Sie vereitelten eine Vermittlung Frankreichs, Englands und Rußlands, stellten am 1. Juni die Entscheidung über Schleswig-Holstein dem Bundestag anheim, beriefen am 2. Juni die holsteinische Ständeversammlung ein. »Indem es dem Bunde die Schlichtung der Elbherzogtümerfrage einseitig überweist, was der Gasteiner Vertrag untersagt, so muß nun selbst der parteiischste österreichisch Gesinnte eingestehen, daß Österreich das Maß voll gestrichen hat«, schrieb Wilhelm dem Weimarer Schwager. »Somit dürften binnen ganz kurzem die Würfel gefallen sein! Ich habe wahr und wahrhaftig getan, was in meinen Kräften stand, um den Bruch zu vermeiden.«

Preußen erklärte den Vertrag von Gastein für gebrochen, rückte in Holstein ein. Österreich erklärte den Bundesfrieden für gebrochen, und auf seinen Antrag beschloß am 14. Juni 1866 der Bundestag – mit 9 gegen 5 Stimmen bei einer Enthaltung – die Mobilisierung des Bundesheeres. Sofort nach der Abstimmung gab der preußische Gesandte die vorbereitete Erklärung ab: Preußen trete aus dem Bunde aus und betrachte den Bundesvertrag als erloschen. Der Deutsche Bund sei nach Artikel I der Bundesakte ein unauflöslicher Verein, erklärte das Präsidium – eine Rechtsverwahrung, die im Waffenlärm unterging.

»So sind denn die Würfel geworfen«, sagte Wilhelm am 16. Juni 1866, als preußische Armeen in Hannover, Kurhessen und Sachsen einmarschierten, gegen die deutschen Staaten, die am Deutschen Bunde festhielten, und gegen dessen Präsidialmacht Österreich den Krieg eröffneten. Seinen Generälen erklärte der König: Umsonst habe er alles getan, den Krieg von Deutschen gegen Deutsche zu vermeiden. Aber Österreich wolle Preußen mit Füßen treten, und deshalb müsse er zum Schwerte greifen. Die Rede Wilhelms I., berichtete einer, der dabei war, habe derjenigen Friedrichs des Großen vor der Schlacht bei Leuthen geglichen.

Ein Friderizianer zog in einen neuen Siebenjährigen Krieg, der nicht einmal sieben Wochen dauern und das bringen sollte, was Friedrich der Große nicht schaffte und auch gar nicht wollte: die Herrschaft Preußens über ein um Österreich vermindertes deutsches Reich.

Auf dem Boden des Friderizianismus, auf den ihn Bismarck gestellt hatte, stand er nun wie ein Posten vor der Königswache, und als es vorwärts in den Krieg ging, avancierte er wie ein Düppeler Sturmsoldat. Doch den Legitimismus, der den beinahe Siebzigjährigen ein Leben lang mitgeprägt hatte, konnte er nicht wie hinderliches Gepäck ablegen. Er mußte sein Gewissen beruhigen.

Als ihn Bismarck aufgesucht hatte, um den Befehl zum Angriffskrieg einzuholen, zog sich Wilhelm zuerst ins Nebenzimmer zurück, um hinzuknien und zu beten. Der Calviner betete zu seinem Preußengott, der ihm offenbarte, daß er für die gerechte Sache fechten würde, ihm das Schwert als Werkzeug des göttlichen Willens in die Hand drückte, und die Gewißheit gab, daß ihm Erfolg beschieden sei.

Preußen, die zurück in die Heilige Allianz schauten, hielten das für Blasphemie, so Ernst Ludwig von Gerlach, der gewarnt hatte: »Hüten wir uns vor der scheußlichen Irrlehre, als umfaßten Gottes heilige Gebote nicht auch die Gebiete der Politik, der Diplomatie und des Krieges und als hätten diese Gebiete kein höheres Gesetz als patriotischen Egoismus.« Und Preußen, die vorwärts auf einen liberalen und demokratischen Nationalstaat blickten, verurteilten den Bruderkrieg nicht nur aus moralischen, sondern auch aus politischen Motiven; denn auf den Spitzen der preußischen Bajonette wollten sie nicht, noch nicht, ihr Deutschland haben.

Freiwillige gab es nicht. »Der Krieg von 1866«, erklärte Moltke, »ist nicht aus Notwehr gegen die Bedrohung der eigenen Existenz entsprungen, auch nicht hervorgerufen durch die öffentliche Meinung und die Stimmung des Volkes; es war ein im Kabinett als notwendig erkannter, längst beabsichtigter und ruhig vorbereiteter Kampf nicht für Ländererwerb, Gebietserweiterung oder materiellen Gewinn, sondern für ein ideales Gut – für Machtstellung.« Ein Charakteristikum dieses Krieges, sagte der König voller Genugtuung zu Louis Schneider, sei »die gänzliche Abwesenheit aller Freiwilligkeit, aller Begeisterung und aller abnormen Formationen. Weder Turner-, Schützen-, noch Handwerker-Bildungsvereine oder Sänger hätten sich zu Freischaren zusammengetan, im Gegenteil Petitionen um Erhaltung des Friedens unterschrieben. Es wäre aber das Verdienst der preußischen Heeresreorganisation, daß jeder Freiwilligkeit und jedem anerkennenswerten guten Willen schon im voraus der richtige Platz im Heere angewiesen und vorbereitet sei.« Das sei das Große an Preußen und seine Kraft: daß trotz allgemeiner Unlust ein solches Heer sich ohne allen Lärm, Gesänge, Gedichte und Reden habe aufstellen lassen. »Kein Strohfeuer eines augenblicklichen guten Willens, sondern Pflicht, Ausdauer und Zucht.«

»Das nasse Stroh fängt an zu brennen«, bemerkte Roon, als nach den ersten Siegesmeldungen Begeisterung selbst bei Fortschrittsparteilern aufkam. Der Krieg erwies sich als der Einiger aller Dinge, als Vater des Patriotismus. Natürlich hatte auch Kronprinz Friedrich Wilhelm seine Bedenken gegen den »Eroberungskrieg« unterdrückt und freudig das Schwert ergriffen – als Oberbefehlshaber der II. Armee, die aus Schlesien in das österreichische Böhmen einrückte, während die I. Armee unter Prinz Friedrich Karl aus der Lausitz und die Elbarmee unter Herwarth von Bittenfeld aus Sachsen vorstieß – mit dem Marschrichtungspunkt Gitschin, wie es Moltke vorgesehen hatte. Gegen die an Österreichs Seite getretenen deutschen Bundesstaaten – Hannover, Sachsen, Bayern, Württemberg, Baden, Kurhessen, Hessen-Darmstadt, Nassau, Frankfurt, Sachsen-Meiningen, Reuß ältere Linie und Liechtenstein – wurden kleinere Truppenverbände und unbedeutendere Generäle eingesetzt, weil man mit den schwarz-rot-goldene Armbinden tragenden Bundestruppen, wie weiland Friedrich der Große mit der Reichsarmee, kurzen Prozeß zu machen gedachte.

Die Siegesmeldungen überstürzten sich. Sachsen und Kurhessen waren im Durchmarsch besetzt worden, und am 29. Juni kapitulierte die hannoversche Armee bei Langensalza. In Böhmen, gegen Österreicher und Sachsen, siegte am 27. Juni Kronprinz Friedrich Wilhelm bei Soor, am 28. Juni General Steinmetz bei Skalitz, am selben Tage Prinz Friedrich Karl bei Münchengrätz.

Als er – am 29. Juni – die guten Nachrichten erhielt, äußerte Wilhelm, der noch in Berlin weilte: »Mein Sohn ist glücklicher als ich in meinen jungen Jahren gewesen bin. Mir war ein solches Kommando und solche Siege nicht beschieden!« Und, aus tiefsitzender Skepsis, vielleicht auch aus Eifersucht auf den Sohn: »Das geht ja im Anfang alles zu gut, wenn es nur so weitergeht. Wir sind noch lange nicht über den Berg!«

Berlin war bereits vom Siegestaumel erfaßt. Um das Denkmal Friedrichs des Großen und vor dem Palais seines würdigen Nachfolgers versammelte sich die Menge. Wilhelm riß sich vom Kartentisch los, auf dem er die Operationen verfolgte, trat auf den Balkon und sprach: »Großes ist geschehen, aber das Größere bleibt zu tun!«

Das wollte er höchstpersönlich vollbringen, als Oberbefehlshaber aller preußischen Heere. Am 30. Juni, früh 8 Uhr, verließ der König Berlin, um sich auf den Hauptkriegsschauplatz, nach Böhmen, zu begeben. Mit ihm fuhren Kriegsminister Roon, Generalstabschef

Moltke und Ministerpräsident Bismarck, in der Uniform eines Majors des 7. schweren Landwehr-Kavallerie-Regiments. Insgesamt umfaßte das Große Hauptquartier 146 Offiziere, 460 Mann, 825 Pferde und 69 Fahrzeuge – 6 Eisenbahnzüge brauchte man für den Transport. Für seine persönlichen Bedürfnisse benötigte Wilhelm nur einen Kammerdiener, zwei Leibjäger und einen Garderobier.

Erste Station war Reichenberg in Böhmen. Der Bahnhof zeigte Spuren der Kampfhandlungen. In den Wartesälen und Nebengebäuden waren elfhundert österreichische Gefangene in Gewahrsam. Die beiden Lazarette waren überfüllt. Der König nahm im Schloß des Grafen Clam-Gallas Quartier, des österreichischen Generals, der eben bei Hühnerwasser und Münchengrätz geschlagen worden war. In der Nähe schwärmte noch sächsische Reiterei, so daß sich die Infanterie der Stabswache um das Schloß ins Gebüsch legen mußte, zur Sicherung der Nachtruhe des Kriegsherren. Am Morgen fand Louis Schneider seinen Herrn »mitten in dem Gewirr des Einpackens um sich her, beschäftigt, seine Papiere zu ordnen, sie in die verschiedenen Mappen zu verschließen, als ob er sich in Babelsberg befände.«

Am 1. Juli war Wilhelm in Sicherhof, am 2. Juli in Gitschin, das die I. Armee Friedrich Karls am 29. Juni erreicht hatte. Der König stieg im Gasthof »Zum Löwen« ab, vor dem pommersche Grenadiere die Ehrenwache hielten, deren verbogene Helmspitzen und zerhauene Helmbeschläge zeigten, daß sie wacker im Kampf gestanden hatten. Das erfreute ihn, und das verdroß ihn: Eine Deputation suchte die Stadt gegen den Vorwurf zu rechtfertigen, daß Einwohner auf Preußen geschossen hätten. Das seien sächsische Soldaten gewesen, behaupteten die Gitschiner, und weder das eine noch das andere war zu beweisen. Jedenfalls zeigten die Einwohner eine »große Unbereitwilligkeit« bei der Verpflegung seiner Soldaten, erwiderte Wilhelm erregt. Er führe keinen Krieg gegen friedliche Bürger, sondern nur gegen feindliche Armeen. »Wollen die Einwohner sich indessen wirklich auf diese Weise feindlich gegen meine Truppen benehmen, so werde ich mich zu Repressalien genötigt sehen.« Dann besuchte er in der Jesuitenkirche österreichische Verwundete und gab Befehl, daß alle verwundeten österreichischen Offiziere, wenn sie ihr Ehrenwort geben wollten, in diesem Krieg nicht mehr gegen Preußen zu dienen, in die Heimat entlassen werden sollten.

Nachts um 11 Uhr weckte Moltke den König, der eben auf seinem Feldbett eingeschlafen war, und machte Meldung: Der unglückselige Feldzeugmeister Benedek habe die österreichische Hauptmacht hinter dem Bistritz-Bache, mit der Festung Königgrätz und der Elbe im Rücken konzentriert – als wollte er dem Gegner den Angriff erleichtern und sich selber den Rückzug abschneiden. Moltke riet zum Angriff der Armee Friedrich Karls, in der Erwartung, daß die Armee Friedrich Wilhelms dem Feind rechtzeitig in die rechte Flanke stoßen würde. Der König befahl, was Moltke empfahl.

Am 3. Juli 1866, fünf Uhr morgens, brach Wilhelm I. auf, fuhr im Wagen nach vorne, von den Truppen mit Hurra begrüßt. Um acht Uhr, als die Schlacht begann, bestieg er bei Sadowa seine Stute Fenela, die von nun an »Sadowa« hieß, ritt auf einen Hügel, um den Überblick des Feldherren zu bekommen. Was er sah, beschrieb ein Augenzeuge: Der Nebel zerriß, »und fast plötzlich sah man in weitem, nach Südosten sich öffnenden Bogen die ganze preußische Armee im Anmarsch, Brigade neben Brigade, Bataillon neben Bataillon. Unter klingendem Spiel.«

Mit mörderischem Feuer empfing sie die österreichische Artillerie. Der Frontalangriff kam ins Stocken, es war schon fast Mittag, und der Flankenstoß des Kronprinzen ließ immer noch auf sich warten. »Mit Sehnsucht sahen wir dem Eintreffen der II. Armee entgegen«, berichtete Wilhelm. Prinz Friedrich Karl, der Zietenhusar, dachte schon daran, sich ebenso schnell wieder zurückzuziehen, wie er vorgeprescht war; durch Meldereiter bat er den König um Unterstützung oder den Befehl zum Rückzug.

»Ähnlich wie bei Jena und Auerstädt«, seufzte Wilhelm, schwarzgallig wie sein Vater. Moltke überflog die Meldung Friedrich Karls und steckte sie in den Ärmelaufschlag. »Man muß die Möglichkeit des Rückzugs ins Auge fassen«, insistierte der Oberbefehlshaber, doch der Generalstabschef schwieg. Bismarck wollte wissen, wie es stand, ritt an Moltke heran, reichte ihm – ganz Diplomat – sein Zigarrenetui, das nur noch zwei Stück enthielt, eine gute und eine minder gute. Moltke prüfte mit Bedacht und nahm die gute Zigarre. Bismarck glaubte nun, daß Moltke seiner Sache sicher war und er beruhigt sein konnte. Der König zweifelte weiter. Er reichte einen neuen Hilferuf Friedrich Karls dem Generalstabschef weiter und fragte: »Und was haben Sie für den Fall des Rückzuges beschlossen?« Moltke antwortete, einen Ton schärfer, als es einem Untergebenen geziemte: »Hier handelt es sich um Preußens ganze Zukunft, hier wird nicht zurückgegangen.«

Wilhelm, gewohnt am Portepee gefaßt zu werden, vom Ministerpräsidenten und nun auch vom Generalstabschef, nahm es hin und benahm sich so, wie man es von einem König von Preußen erwarten konnte. Es war zu seinem Besten geschehen: Bald meldete ihm Moltke, der das Fernglas auf die Höhe von Horenowcs, in der rechten Flanke der Österreicher, gerichtet hielt: »Die Armee Seiner Königlichen Hoheit des Kronprinzen greift ein. Ew. Majestät haben die Schlacht gewonnen.«

Noch war es nicht so weit. Friedrich Karl ging nun zwar mit neuem Elan vor, Friedrich Wilhelm suchte die Zeit, die er auf dem Anmarsch verloren hatte, durch verstärkten Druck wettzumachen, doch die von zwei Seiten gepackten Österreicher hielten sich tapfer. Der König ging mit der I. Armee gegen das Zentrum vor. »Ich ritt durch die Regimenter durch, die mich mit lautem Jubel begrüßten (während Piefke im Marsche ›Heil Dir im Siegerkranz‹ usw. blies, ein ergreifender Moment).« Offiziere küßten seine Hände, »was ich diesmal gestatten mußte.«

Schon ritt Kavallerie vor, ein Zeichen, daß der Feind zu weichen begann. Österreichische Batterien deckten den Rückzug, und auch der König geriet in das Granatfeuer. Bismarck ritt heran und salutierte: Als Major habe er nicht das Recht, seinem Obersten Kriegsherrn auf dem Schlachtfelde einen Rat zu erteilen – aber als Ministerpräsident habe er die Pflicht, Seine Majestät dringend zu bitten, sich der Gefahr nicht allzusehr auszusetzen. Wilhelm wendete sein Pferd, um wegzureiten, für Bismarck nicht schnell genug; er gab der »Sadowa« mit seinem Reiterstiefel einen Stoß, daß sie erschreckt einen Sprung machte und zu traben anfing. Daß er auch immer nachhelfen mußte!

Die Spätnachmittagssonne brach aus Regengewölk hervor und warf einen goldenen Schein über das Schlachtfeld, das nun dem König von Preußen gehörte. Aber wie sah es aus! »Alles lag voller Gewehre, Tornister, Patronentaschen« – und Toter und Verwundeter. »Das 1. Garde-Regiment hat solche Verluste, daß aus zwei Bataillonen eins formiert ist«, bemerkte Wilhelm nach dem ersten Augenschein. In der Schlacht bei Königgrätz oder Sadowa waren sich

221 000 Preußen und 215 000 Österreicher gegenübergestanden. Der Sieg kostete die Preußen an Verwundeten, Toten und Vermißten 359 Offiziere und 8 794 Mann, die Niederlage die Österreicher – einschließlich der zahlreichen Gefangenen – 1313 Offiziere und 41 499 Mann. Moltke, die schwarz-weiße Bravour und das Zündnadelgewehr hatten gesiegt, Wilhelm hatte nicht nur eine Schlacht, sondern den Krieg gewonnen.

Am Abend des 3. Juli 1866 konnte er dies noch nicht glauben. Das sei ja gar kein rechter Sieg gewesen, wehrte er Gratulanten ab, der Feind sei doch in voller Ordnung abgezogen. Der Siebzigjährige war, nach zwölf Stunden im Sattel, zu erschöpft, um seinen Triumph auskosten zu können. In Horitz, dem Nachtquartier, gab es kein Bett, nur ein Sofa, als Kopfkissen hatte ihm eine Aktenmappe zu dienen, als Zudecke der Militärmantel.

Am nächsten Morgen sah alles nach Sieg aus. Er berichtete der Königin, wie der König gesiegt, und der Frau, wozu der Mann, dem sie so wenig zugetraut hatte, fähig war. Dem Sohn hatte er noch auf dem Schlachtfeld den Pour le Mérite verliehen. Berlin, wo Victoria geschossen wurde, war für Borussia gewonnen. Am Tage von Königgrätz hatte der Monarch auch bei den Neuwahlen zum Abgeordnetenhaus gesiegt: Die Liberalen gingen von 247 auf 148 Mandate zurück, die Konservativen wuchsen von 35 auf 136 Mandate an.

Einen Zweifrontenkampf hatte er gewonnen, gegen den inneren wie den äußeren Feind, gegen die liberale Opposition wie gegen den deutschen Rivalen. Nicht einmal Friedrich der Große hatte militärisch so triumphiert wie Wilhelm I. in seinem ersten richtigen Krieg und in seiner ersten richtigen Schlacht. Das war der Gipfelpunkt seines Lebens, den er, nach schier endlosen, immer wieder entmutigendem Aufstieg erreicht hatte – als Heerkönig, wovon er stets geträumt hatte. »Ein unbeschreiblicher Moment«, schrieb er seiner Schwester Alexandrine. »Ihn mit meinen siebzig Jahren noch erleben zu sollen, ist eine Gnade Gottes.«

Den letzten Rest seines Minderwertigkeitskomplexes und die wenigen noch verbliebenen Kameradschaftsgefühle gegenüber dem Habsburger hatte er nun verloren, und an Überheblichkeit und Feindseligkeit mehr gewonnen, als es zu ihm paßte und Preußen verkraften konnte. Die Jagd, zu der man ihn beinahe hatte tragen müssen, wollte er nun, nachdem sich alles so gut angelassen hatte, bis zur Erlegung des angeschossenen Wildes fortführen, erst nach Erlangung der Beute abblasen.

Zwei Tage nach Königgrätz markierte er seine Kriegsziele und Friedensbedingungen, wie sie der Hofhistoriker Sybel protokollierte: »Was fordern wir? Annexion von Schleswig-Holstein, deutsche Bundesreform unter preußischer Leitung oder – wie der König es jetzt ausdrückte – Suprematie über ganz Deutschland. Dazu dann als einzige Folge der beispiellosen Triumphe: Ersatz der Kriegskosten, Abdikation der feindlichen Souveräne von Hannover, Kurhessen, Meiningen, Nassau zugunsten ihrer Thronfolger; Abtretung etwa eines böhmischen Grenzstriches, Ostfrieslands, der Erbansprüche auf Braunschweig.« Später wollte er noch mehr haben: Österreichisch-Schlesien, Teile von Sachsen, Hessen und Hannover, und Ansbach-Bayreuth, das der Hohenzoller vom Wittelsbacher zurückfordern wollte.

Die Triumphe hatten sich fortgesetzt. Auf dem westlichen Kriegsschauplatz waren die Bundestruppen an den Main zurückgedrängt worden. Auf dem östlichen Kriegsschauplatz marschierten die Preußen durch Böhmen und Mähren auf die Donau zu; Prag und Brünn waren besetzt, die March überschritten, und am 17. Juli machte der König in Nikolsburg Halt, an der Kaiserstraße zwischen Brünn und Wien, vor dem entscheidenden Stoß auf die Haupt- und Residenzstadt des Habsburgerreiches, das nur wenige Kanonenschußweiten entfernt lag. In Wien gedachte Wilhelm als Sieger einzuziehen und den Frieden zu diktieren.

So weit wollte Bismarck nicht gehen, weder militärisch noch politisch, und er konnte es auch nicht. Schon war dem preußischen Onkel vom russischen Neffen, Zar Alexander II., bedeutet worden: Er hoffe, daß der König freundlich zu dem geschlagenen Kaiser sei. Und Napoleon III. hatte sich eingemischt. Franz Joseph bot ihm Venetien als Vermittlungsgebühr an. Von Wilhelm erwartete er für die Hinnahme der Hegemonie Preußens in Norddeutschland eine Bestätigung der Selbständigkeit Süddeutschlands, möglicherweise Kompensationen für Frankreich am Rhein. Und er ließ durchblicken, daß seine Vermittlung auch eine bewaffnete sein könnte.

Den Franzosen konnte Bismarck nur aufhalten, wenn er den Eroberungsdrang des Königs bremste, ihn von einem Diktat zurückhielt, zu einem raschen und maßvollen Frieden bewegte – und das bedeutete, daß er sich mit ihm wiederum anlegen mußte. Das war sein ständiges Problem: Wenn er den Herren, mit Schubsen und Drängen, auf die Bahn gebracht hatte, die es momentan einzuschlagen galt, wollte sie dieser eingehalten wissen, auch wenn eine Kurskorrektur geboten schien – und ihn dazu zu bringen, kostete wieder Nerven und Kraft.

In Nikolsburg, in der mittelalterlichen Felsenfestung, kam es zum Zusammenstoß zwischen Lehnsherren und Vasallen. Beide waren von den Strapazen des Feldzugs krank geworden, der siebzigjährige König hatte Grippe, der einundfünfzigjährige Ministerpräsident eine schmerzhafte Entzündung am Bein. Als Bismarck daran ging, »Wasser in den brausenden Wein zu gießen«, schäumte dieser über. Der König war erregt: Er wolle sich nicht, wie sein Vater 1814/15, von den Diplomaten einen »faulen Frieden« aufreden lassen. Er bestand auf seinem verdienten Triumph in Wien und der gerechten Bestrafung des Hauptschuldigen.

Man habe nicht eines Richteramtes zu walten, sondern deutsche Politik zu treiben, erwiderte Bismarck. Österreichs Rivalitätskampf gegen Preußen sei nicht strafbarer als derjenige Preußens gegen Österreich. Man dürfe den Habsburger nicht zur Revanche treiben, müsse ihn als Partner in Reserve halten. »Auf der anderen Seite könnte ich mir keine für uns annehmbare Zukunft der Länder, welche die österreichische Monarchie bildeten, denken, falls letztere durch ungarische und slawische Aufstände zerstört oder in dauernde Abhängigkeit versetzt werden sollte. Was sollte an *die* Stelle Europas gesetzt werden, welche der österreichische Staat von Tirol bis zur Bukowina bisher ausfüllt? Neue Bildungen auf dieser Fläche könnten nur dauernd revolutionärer Natur sein.« Ein vernünftiger, die Habsburgermonarchie nicht schwer verletzender Friedensschluß sei daher dringend geboten. Wenn der König seinen sachbezogenen und verantwortungsbewußten Rat nicht annehme und den Krieg weiterführen wolle, möge er ihn von seinen Ämtern als Ministerpräsident und Außenminister entbinden.

Wilhelm war – zunächst – von seinem Standpunkt nicht abzubringen. Seine militärische Umgebung bestärkte ihn im Widerspruch gegen den Zivilisten in Uniform. Beim Melniker und Tokayer, »wenn nicht Punsch beliebt wurde«, schweiften Generäle und Obristen gerne aus, wie Louis Schneider erzählte: »König Wilhelm unzweifelhaft Kaiser von Deutschland! Der König von Sachsen zum König von Böhmen und das ganze Sachsen an Preußen! Prinz Friedrich Karl König von Ungarn! Das Elsaß und Lothringen von Frankreich gefordert! Alle Konstitutionen abgeschafft!«

Einen Augenblick schien es, als zweifelte Wilhelm nicht nur an der Politik, sondern auch an der Person Bismarcks. Der Zufall wollte es, daß er den Brief, den ihm Moritz August von Bethmann Hollweg, ein Weggefährte aus der längst verblaßten Neuen Ära, am 15. Juni 1866, einen Tag vor Kriegsbeginn, geschrieben hatte, erst in Nikolsburg las. Es war eine Warnung vor dem Krieg und vor dem Kriegstreiber. Das Schlimmste sei, »daß Graf Bismarck sich in dieser Handlungsweise mit der Gesinnung und den Zielen seines Königs in Widerspruch setzte, und sein größtes Geschick darin bewies, daß er ihn Schritt für Schritt dem entgegengesetzten Ziele näher führte, bis die Umkehr unmöglich schien, während es nach meinem Dafürhalten die erste Pflicht eines Ministers ist, seinen Fürsten treu zu beraten, ihm die Mittel zur Ausführung seiner Absichten darzureichen, und vor allem dessen Bild vor der Welt rein zu erhalten«. Königgrätz hatte eine Wende gebracht, nun war Wilhelm kriegerisch und Bismarck friedliebend – aber war dieser nicht schon wieder dabei, dem Fürsten seinen Willen aufzuzwingen, das Bild des Siegerkönigs verblassen zu lassen?

Es ging heiß her, doch wie immer hielt Wilhelm dies nicht lange aus. Roon fand es angebracht, daß »jeder Wohlmeinende mit dem Löscheimer herzueilen muß«. Kronprinz Friedrich Wilhelm redete dem Vater im Sinne Bismarcks zu. Schließlich sank der Kampfeifer des Königs in sich zusammen. »Nachdem mein Ministerpräsident mich vor dem Feind im Stiche läßt, und ich hier außerstande bin, ihn zu ersetzen, habe ich die Frage mit meinem Sohn besprochen, und da sich derselbe der Auffassung des Ministerpräsidenten angeschlossen hat, sehe ich mich zu meinem Schmerze gezwungen, nach so glänzenden Siegen der Armee in diesen sauren Apfel zu beißen und einen so schmachvollen Frieden anzunehmen.«

So schmachvoll war freilich der Frieden nicht, dessen Präliminarien man noch in Nikolsburg unterzeichnete und der am 23. August in Prag besiegelt wurde. Zwar mußte Wilhelm »die Integrität Österreichs und Sachsens« sowie der süddeutschen Staaten akzeptieren, doch er konnte, außer Schleswig-Holstein, auch Hannover, Kurhessen, Naussau und Frankfurt annektieren, und ganz Norddeutschland, einschließlich der souverän gebliebenen Staaten, unter der Vorherrschaft des vergrößerten Preußens in einem neuen Bund zusammenfassen. Österreich hatte 20 Millionen Taler Kriegsentschädigung zu zahlen, aber das war nicht der einzige und nicht der schwerste Aderlaß. An Preußens Kriegsalliierten Italien verlor es Venetien, der Ausgleich mit Ungarn war unvermeidlich geworden, und es hatte die Auflösung des Deutschen Bundes und sein Ausscheiden aus dem deutschen Staatenverband hinzunehmen.

Wilhelm, von Bismarck zur zurücksteckenden und doch gewinnbringenden Raison gebracht, sprang nach der Unterzeichnung der Friedenspräliminarien auf, umarmte und küßte weinend zuerst Bismarck, dann Roon und Moltke. Den Ministerpräsidenten ernannte er zum Generalmajor und Chef des 7. schweren Landwehr-Reiter-Regiments, verlieh ihm die Schwerter und das schwarzweiße Band zum Ritterkreuz des Hohenzollern-Ordens, und gewährte ihm eine Dotation von 400 000 Talern, mit denen Bismarck sich das pommersche Rittergut Varzin mit 20 000 Morgen kaufte.

Der König ritt von Nikolsburg auf das Marchfeld, auf dem er die Entscheidungsschlacht um Wien hatte schlagen wollen. Er nahm die Parade der I. Armee ab, sprach zu den Generälen: »Wir aber sind Gottes Werkzeuge gewesen!«, und zu den Militärgeistlichen: »Nicht Übermut, sondern Demut!« Er warf, von der Höhe von Wolkersdorf, einen Tantalusblick auf die Kuppeln und Türme der kaum zwei Meilen entfernten Kaiserstadt. Und machte kehrt, um den Triumphzug, der ihm in Wien verwehrt war, in Berlin zu halten.

Der Sieger zog am 20. September 1866 durch das Brandenburger Tor, auf dem die Siegesgöttin vorauszufahren schien, zum Lustgarten, wo sich neben dem Feldaltar, auf doppeltem Postament, eine 25 Fuß hohe Borussia erhob – das Sinnbild jenes Preußens, das bei Königgrätz über Österreich triumphiert hatte, und über das Preußen der Jugend- und Mannesjahre des siebzigjährigen Königs.

Vor lauter Trophäen sah dies der Triumphator nicht, als er auf seiner »Sadowa« die Linden entlang ritt, durch ein Spalier von 208 erbeuteten Geschützen, unter dem Geläut der Glocken, dem Jubel der Daheimgebliebenen und dem Krückenschwenken von Verwundeten. Der alte Wrangel, der in Schleswig abgesetzt, nach Böhmen nicht mitgenommen worden war, doch 1848 Berlin diszipliniert hatte, durfte ehrenhalber vorausreiten. Unmittelbar vor dem König ritten Roon, der das Heer geschaffen, Moltke, der es gelenkt, und Bismarck, der es politisch eingesetzt, aber auch dafür gesorgt hatte, daß es rechtzeitig wieder zum Stehen kam.

Hinter dem König ritt Kronprinz Friedrich Wilhelm, dem der Vater den Pour le Mérite mit dem Portrait Friedrichs des Großen im Mittelmedaillon verliehen hatte – weil der Sohn im Krieg nach dessen Vorbild gehandelt und im Frieden auf dessen Spuren zu wandeln versprach. Sogar mit Frau und Schwiegertochter war Wilhelm in dieser Stunde zufrieden. Die Weimarerin Augusta hatte nach Königgrätz »die heldenmütige Armee« bewundert, die weiße Binde mit dem Roten Kreuz getragen, Verwundete und Kranke gepflegt. Die Engländerin Victoria erklärte nun: »Ich kann und will nicht vergessen, daß ich Preußin bin.«

Zur Begleitung des Triumphators gehörte der Großherzog Karl Alexander von Weimar, dem vom Schwager bedeutet worden war, daß er, weil er »nicht mit uns gefochten hat«, auch »nicht *mit* mir, sondern *vor* mir« zu reiten habe. Immerhin war Sachsen-Weimar einer dringenden Aufforderung Preußens gefolgt und hatte mit ihm eine Societas leonis geschlossen, mit 18 anderen norddeutschen Staaten – Mecklenburg-Schwerin, Mecklenburg-Strelitz, Oldenburg, Braunschweig, Sachsen-Altenburg, Sachsen-Coburg, Sachsen-Meiningen, Anhalt, Schwarzburg-Rudolstadt, Schwarzburg-Sondershausen, Reuß jüngere Linie, Reuß ältere Linie, Lippe, Schaumburg-Lippe, Waldeck, Hamburg, Bremen und Lübeck. Schließlich mußten auch Hessen-Darmstadt, doch nur für die Provinz Oberhessen, und sogar Sachsen dem von Preußen gegründeten und geführten Norddeutschen Bund beitreten. Die Bündnisverträge sahen eine Bundesverfassung »unter Mitwirkung eines gemeinschaftlich zu berufenden Parlaments« vor; mit sofortiger Wirkung traten die Truppen der verbündeten Staaten unter den Oberbefehl des Königs von Preußen.

Was das hieß, sollte Karl Alexander bald erfahren. Auf die Bitte, bei »Regulierung der Militärlasten« die Verhältnisse seines Landes »in billige Berücksichtigung zu ziehen«, erhielt er vom Schwager die Antwort: Bisher habe Preußen die Militärlasten allein für alle getragen, nun müßten seine Verbündeten mittragen helfen. Auf den Helmen des weimarischen Regiments der Bundesarmee dürfe das sächsische Wappen zum preußischen Adler treten, ansonsten müsse »Rock und Kopfbekleidung nach Farbe und Schnitt die preußische sein«.

Dabei konnte sich Karl Alexander noch glücklich schätzen. Denn ihm wie den anderen Mitgliedern des Norddeutschen Bundes gegenüber hatte sich Wilhelm I. an die in den letzten Jahren mehrfach brieflich gegebene Versicherung gehalten, er werde Fürsten nicht mediatisieren, ihrer Souveränität berauben, und deutsche Fürstenstaaten nicht annektieren, gewaltsam Preußen einverleiben. »Wie kannst Du nur so etwas vermuten«, hatte er Karl Alexander beruhigt, als dieser sich zu zweifeln erlaubt hatte.

Nun aber hatte der König von Preußen annektiert: Hannover, Hessen, Nassau, Frankfurt und Schleswig-Holstein. Dies vergrößerte das Königreich Preußen von 279 000 auf 352 000 Quadratkilometer, von 19,6 auf 24,4 Millionen Einwohner, brachte ihm die Erzbergwerke des Harz und die Steinkohle in der Gegend von Osnabrück und am Deister, die fetten Böden der Marschen und die Fischgründe an Ost- und Nordsee, die hessischen Wälder und Weinberge, das Gewerbe und den Handel von Frankfurt. Die Landbrücke zwischen Ostelbien und Westelbien war geschlagen, eine Verbindung zwischen Ostsee und Nordsee gewonnen.

Nun hatte Preußen mit der Körperfülle die Machtfülle, die Wilhelm ersehnt hatte. Und mehr Sicherheit. »Die genannten Länder würden, falls sie ihre Selbständigkeit bewahrten, vermöge ihrer geographischen Lage bei einer feindseligen oder auch nur zweifelhaften Stellung ihrer Regierungen der preußischen Politik und militärischen Aktion Schwierigkeiten und Hemmnisse bereiten können, welche weit über das Maß ihrer tatsächlichen Macht und Bedeutung hinausgingen«, gab der König beiden Häusern des Landtags kund zu wissen, in seiner Botschaft vom 16. August 1866 »betreffend die Vereinigung des Königreichs Hannover, des Kurfürstentums Hessen, des Herzogtums Nassau und der freien Stadt Frankfurt mit der Preußischen Monarchie«.

Was Friedrich der Große anvisiert, hatte Wilhelm I. erreicht: die territoriale Staatseinheit, die Herrschaft über Norddeutschland, einen ebenso glänzenden wie nachhaltigen Triumph über den Rivalen

Österreich. Und dies, weil er, allen Widrigkeiten zum Trotz, an den friderizianischen Essentials festgehalten hatte: der Souveränität des Königs, den Prärogativen des Adels, der vom König kommandierten und für den König kämpfenden Armee.

»Es ist gewiß ein Ereignis ohnegleichen, daß eine aus Parteihaß verunglimpfte Armee ihre Parteigegner so aus dem Felde schlagen mußte«, sagte der König dem Kriegsminister. Er hatte nicht nur über den äußeren, sondern auch über den inneren Feind gesiegt. An diesem 20. September 1866, beim Triumphzug in Berlin, genoß er ganz besonders das Strammstehen des liberalen Oberbürgermeisters Seydel: »Nach fünfzig Jahren – Jahren ernster Arbeit, strenger Zucht, mühevoller Übung – ist wiederum Preußen mächtig und entscheidend eingetreten in die Last und Ehre seines Berufes. Auf den Ruf seines Königs erhebt sich das Volk in Waffen... Der Weg ist uns vorgezeichnet in dem alten, ewig jugendkräftigen Siegesruf: Mit Gott für König und Vaterland!«

Im Lustgarten, vor dem Standbild der Borussia und hinter dem Pavillon des Königs, waren Tribünen errichtet worden, darunter eine für die Parlamentarier, die ebenfalls bei Königgrätz besiegt worden waren. Wilhelm war kein römischer Cäsar, der die Geschlagenen in Ketten mitgeführt hätte, und er konnte sich das schenken, weil diese aus freien Stücken ihre Unterwerfung demonstrierten. Am Tage von Königgrätz hatte das Volk, das heißt seine durch das Dreiklassenwahlrecht begünstigte Auslese, die Opposition auf drei Fünftel ihres bisherigen Mandatsbestands gebracht. Und die Mehrheit der verbliebenen Liberalen hatte sich dem König und seinem Ministerpräsidenten so unglaublich rasch und devot ergeben, daß sie sich als Seiner Majestät getreue Parlamentarier einen entsprechenden Platz auf der Siegerseite erdient hatten.

»Mit einer so empörenden Schamlosigkeit, mit einer solchen grauenvollen Frivolität ist vielleicht noch nie ein Krieg angezettelt worden. Das innerste Gefühl empört sich über einen solchen Frevel an allen Grundsätzen des Rechtes und der Moral.« So hatte sich der liberale Rechtsprofessor Rudolf Jhering ereifert, als Wilhelm, von Bismarck gedrängt, das ohne parlamentarische Billigung verstärkte Heer gegen Österreich und den Deutschen Bund marschieren ließ. Zwei Monate später, nach Königgrätz, schlug sich derselbe liberale Rechtsprofessor an die Brust: »Ich beuge mich vor dem Genie eines

Bismarck, ich habe dem Mann alles, was er bisher getan, vergeben ... Ich gebe für einen solchen Mann der Tat hundert Männer der machtlosen Ehrlichkeit.«

Der liberale Geschichtsprofessor Hermann Baumgarten nannte die Motive, die das Gros der Liberalen bewegt hatten, sich mit Herz und Hand zu ergeben: »An den größten Erlebnissen, die unsere Augen gesehen haben, sind wir gewahr geworden, wie höchst hinfällig doch selbst diejenigen Hypothesen waren, auf die wir wie auf Felsengrund unsere nationale und liberale Politik in den letzten Jahren gebaut hatten.« Königgrätz habe nicht dem Liberalismus, sondern dem Friderizianismus recht gegeben. »Der Bürger ist geschaffen zur Arbeit, aber nicht zur Herrschaft«, und diese – Suum cuique – sei dem König und dem Adel zu überlassen. »Nachdem wir erlebt haben, daß in einem monarchischen Staat der Adel einen unentbehrlichen Bestandteil ausmacht, und nachdem wir gesehen haben, daß diese vielgeschmähten Junker für das Vaterland zu kämpfen und zu sterben wissen trotz dem besten Liberalen, werden wir unsere Bildung ein wenig einschränken und uns bescheiden, neben dem Adel eine ehrenvolle Stelle zu behaupten.«

Der liberale Abgeordnete Karl Twesten – derjenige, der sich mit Wilhelms Militärkabinettschef, General Manteuffel, duelliert, den Verfassungskampf buchstäblich genommen hatte – erklärte nun im Landtag: Die Opposition dürfe nicht länger in der Negation verharren, sie müsse sich an der Neugestaltung des Vaterlandes beteiligen, dürfe diese nicht »einer exklusiven Partei« überlassen. Große Taten und große Erfolge seien zu allen Zeiten ein Anlaß gewesen, um gutzumachen, was in der Vergangenheit gefehlt worden sei. Das königliche Ministerium habe in den letzten Jahren schwer gesündigt gegen das Recht und das Rechtsbewußtsein des Volkes. Die großen Ereignisse des Jahres 1866 hätten ihm »Indemnität« erteilt, die nun auch das Abgeordnetenhaus in aller Form aussprechen müsse.

Die Indemnität – lateinisch indemnatum, unverdammt – wurde gewährt, das heißt, das Abgeordnetenhaus genehmigte nachträglich die Staatsausgaben für die Heeresreorganisation, erklärte diese für recht und billig, und deklarierte das Regieren ohne verfassungsgemäß zustande gekommenen Staatshaushalt, die Verfassungsverletzung also, für einen zeitweiligen Notstand, was nun vergeben und vergessen sei. Am 3. September 1866 beschloß das Abgeordnetenhaus die Indemnität mit 230 gegen 75 Stimmen – dafür Konservative und Nationalliberale, die Mehrheit des katholischen Zentrums und der liberalen Mitte sowie ein Teil der Fortschrittspartei, dagegen eine Minderheit des katholischen Zentrums und der liberalen Mitte sowie ein Teil der Fortschrittspartei.

Der Verfassungskonflikt, der Regierung und Opposition jahrelang in Atem gehalten, Preußen in seinen Grundfesten erschüttert hatte, war mit einem Schlag beendet. Während das königliche Regiment fest und geschlossen dastand, zerfiel die liberale Opposition: hier die alte Fortschrittspartei, die Traditionskompanie von 1848, dort die neue Nationalliberale Partei, die Hilfstruppe des Hohenzollern, die Avantgarde der preußisch-deutschen Reichsgründung.

Die Parade des königlichen Heeres, seiner siegreichen Armee, nahm Wilhelm I. am 20. September 1866 ab. Er hielt an der Blücherstatue am Opernplatz, gegenüber der Königswache und dem Zeughaus, unweit des Denkmals Friedrich des Großen, und ließ sie unter klingendem Spiel an sich vorbeimarschieren: die Garde-Regimenter zu Fuß, mecklenburgische Jäger, Garde-Husaren und Garde-Artillerie, das Regiment Gardes du Corps. Zwölf österreichische Fahnen und Standarten wurden von denen getragen, die sie erobert hatten, so vom Gefreiten Bochnia vom 1. Garde-Regiment die Fahne vom Regiment Coronini Nr. 6, vom Sergeanten Flauder vom 1. Ulanen-Regiment die Standarte vom Kürassier-Regiment Franz Joseph. Wie angegossen, fast schon ein Denkmal seiner selbst, saß der fast siebzigjährige König zu Pferde. Es war sein größter Tag, im schönsten Jahre seines Lebens.

Am 31. Dezember 1866, kurz vor Mitternacht, zog Wilhelm in einer »Letztwilligen Aufzeichnung« Bilanz. Ein Rückblick auf das Ringen um die Heeresreorganisation, die Nöte des Verfassungskonflikts: »Diese Kämpfe haben mich tief erschüttert, weil ich standhalten mußte gegen ein wirres Andrängen gegen jene irdische Macht, die ich nicht aus den Händen geben durfte, wenn Preußens Geschichte nicht aufgegeben werden sollte.« Und ein Rückblick auf den Triumpf über den inneren wie äußeren Feind: »In dem Jahre, welches heute schließt, hat sich Gottes Gnade in einer Art über Preußen ergossen, die für so viel Erduldetes reichlich entschädigt. In Demut erkenne ich diese göttliche Gnade, die mich ausersehen hat, in meinem vorgerückten Alter eine Wendung der Verhältnisse herbeizuführen, die zum Heil des engeren und weiteren Vaterlandes bestimmt zu sein scheint. Das Werkzeug, so Großes zu erreichen, die Armee, steht unübertroffen in diesem Augenblicke vor der Welt. Der Geist, der sie beseelt, ist der Ausdruck der Gesittung, die eine sorgliche Hand meiner erhabenen Vorfahren der Nation anerzogen hat. Die Armee finde in allen ihren Teilen in dieser ernsten Scheidestunde des Jahres meinen Herzensdank für die Hingebung und Aufopferung, mit der sie meinem Rufe folgte und vor meinen Augen siegte – ein Erlebnis, für das ich Gott meinen demütigen Dank stammle!«

Er habe sich nur schwer von 1866 getrennt, bekannte er dem Weimarer Schwager anfangs 1867. Das alte Jahr hatte sich ihm mit so viel Glanz und Gloria präsentiert, daß der Wunsch »Verweile doch, du bist so schön!«, verständlich schien. Er vermutete, daß es so etwas nur einmal geben, es nicht wiederkommen könnte. Er ahnte, daß 1866 die Peripetie, der Glücksumschwung, der Wendepunkt in seinem Lebensdrama war, der Gipfel, von dem es nur noch abwärts ging. Vielleicht hatte er sogar das dunkle Gefühl, daß Königgrätz der Pyrrhussieg des alten Preußen und das Sadowa des Altpreußen Wilhelm gewesen war.

GEGEN DEN GEIST DES LEGITIMISMUS hatte sich Wilhelm mit der Entthronung des Königs von Hannover, des Kurfürsten von Hessen und des Herzogs von Nassau versündigt. Vergeblich hatte ihm Schwester Alexandrine ins Gewissen geredet: »Mich ängstigt so sehr, was die Zeitung sagt, als wenn Du alle die eroberten Länder behalten willst, ach, tue es nicht, es wird Dir keinen Segen bringen, sei milde im Glück, laß die Fürsten in ihren Ländern, nimm, was Du behalten willst und mußt, um Preußen groß und stark zu machen... aber laß ihnen ihre Länder. Bedenke, es sind alte, alte deutsche Häuser und Völker.«

Ganz wohl war ihm nicht in seiner Haut, als sein Bibliothekar Schneider die Karten von Hannover, Hessen und Nassau in die Fächer »Preußische Provinzen und Regierungsbezirke« packte. Bereits mit dem Krieg gegen Kaiser Franz Joseph, den Bruder der Heiligen Allianz, und gegen den Deutschen Bund, die Schöpfung des Geistes von 1815, hatte er gegen sein politisches Glaubensbekenntnis verstoßen, sich gegen dessen erstes Gebot versündigt, das Gottesgnadentum. Das hielt ihm sein Neffe, Zar Alexander II., vor: Das monarchische Prinzip habe eine schwere Erschütterung erlitten, »als ganze Dynastien mit einem Federstrich von der Karte getilgt wurden«.

Bei diesem Streich hatte ihm Bismarck die Hand geführt. Den Einwand des Königs, man könnte sich mit Landabtretungen begnügen, müßte nicht die ganzen Länder schlucken, hatte der Ministerpräsident nicht gelten lassen, und auch nicht den Vorhalt, man dürfe nicht anderen Monarchien das zufügen, was man der eigenen Monarchie nicht antun wolle. »Ob die Präzedenzfälle, in denen Dynastien ihren Thron verloren, um einige vermehrt werden, oder nicht, das hat auf die Festigkeit der Fundamente, auf denen die preußische beruht, nicht den geringsten Einfluß«, behauptete Bismarck. »Unser Königshaus und unser Staat wurzeln im Boden eines treuen Volkes und eines guten Heeres.«

»Nun, meine Herren, Sie haben sich 1866 auf den Boden der Annexionspolitik gestellt, das heißt auf den Boden der Revolution von oben. Damit ist ihnen der konservative Boden unrettbar unter den Füßen weggerissen worden«, erklärte später der Sozialdemokrat Wilhelm Liebknecht. Schon im Jahre des preußischen Heils, das sich als Jahr des preußischen Unheils herausstellen sollte, betonte der preußische Konservative Ernst Ludwig von Gerlach: Die Krone habe durch die widerrechtliche Aneignung fremden Besitztums ihre eigene Rechtsgrundlage untergraben.

So spalteten sich 1866 nicht nur die Liberalen, in eine Minderheit, die an den Idealen festhielt, und in eine Mehrheit, die sich den Realitäten hingab. Auch die Konservativen zerfielen, in die Rechtgläubigen und in die Anbeter der Macht und des Erfolgs. Die Kreuzzeitungspartei gründete die »Patriotische Vereinigung«, die mit dem altpreußischen Selbstbewußtsein die Selbständigkeit der deutschen Dynastien verteidigte. Die »Freie Konservative Vereinigung«, die sich an die alte Wochenblattpartei anlehnte, betonte, daß auch der Konservative »inmitten der Bewegung der Zeit steht und den veränderten politischen Verhältnissen Rechnung zu tragen hat«.

Wilhelm stand dazwischen, geneigt zum monarchischen Prinzip, hingezogen zur Machtstaatsraison, der er sich, hingeschoben von Bismarck, bald ergab. Eigentlich wäre er ausgezogen, moralische

Eroberungen zu machen, erklärte er einer Deputation, die um die Erhaltung des Königreiches Hannover gebeten hatte, aber »nach wiederholten schweren Kämpfen«, reiflichster, wegen der verwandtschaftlichen Beziehungen zum Hause Hannover schmerzlichster Prüfung, habe er sich genötigt gesehen, »gewalttätige Eroberungen« zu machen, »gezwungen durch die Macht der Verhältnisse, durch die unablässigen Anfeindungen meiner angeblichen Bundesgenossen und durch die Pflichten gegen das meiner Führung anvertraute Preußen«.

Vor seinem Gewissen und dem Zaren suchte er sich zu salvieren: »Die Revolution werde ich nach wie vor in Deutschland bekämpfen«, schrieb er Alexander II., »und mich übertriebenen Prätentionen des deutschen Parlaments nicht mehr als denen des preußischen Landtags unterwerfen«. Aber schon hatte er die Revolution von oben, vom Dach her begonnen, der Revolution von unten Tür und Tor geöffnet.

Auch dazu hatte ihn Bismarck bewogen. Eigentlich hätte er nach Königgrätz die inneren wie die äußeren Feinde zu Paaren treiben, zumindest im Verfassungskonflikt das letzte Wort behalten, sein volles Königsrecht bekommen wollen. Die goldene Brücke, die Bismarck dem Abgeordnetenhaus durch die Indemnität baute, mochte er zunächst nicht betreten; denn damit hätte er eingestanden, im Unrecht gewesen zu sein, und Abbitte für etwas geleistet, worin er im Recht gewesen war. Zweimal mußte der Ministerpräsident beim Monarchen vorsprechen, bis dieser sich zum Ersuchen um Indemnität, in der Thronrede vor dem Landtag am 5. August 1866, herbeiließ – nicht ohne drei Wochen später, in der Antwort an eine Deputation des Abgeordnetenhauses, noch einmal rückfällig zu werden: Ohne die vom König gegen das Parlament durchgesetzte Heeresreorganisation hätte es kein Königgrätz gegeben.

Doch daran war nicht zu rütteln und zu deuteln: Das verfassungsmäßige Recht des Parlaments war ein für allemal bestätigt, eine Beschränkung durch den Monarchen kaum mehr möglich, eher eine Ausweitung im Sinne des Liberalismus und der Demokratie zu erwarten. Dies erfolgte bereits in der von Bismarck konstruierten Verfassung des Norddeutschen Bundes.

Die Rechte der Fürsten, die sich zu einem »ewigen Bund« zusammengeschlossen hatten, waren im Verfassungstext durchaus gewahrt, vor allem die des Königs von Preußen, dem das erbliche »Bundespräsidium« zustand. Er vertrat den Bund völkerrechtlich, erklärte in seinem Namen Krieg, schloß Frieden und Bündnisse, befehligte in Krieg und Frieden das einheitliche Bundesheer. Preußen, die einzige Großmacht, beherrschte den von ihm geschaffenen Bund, auch wenn es im Bundesrat – in dem die Mitglieder durch weisungsgebundene Vertreter maßgeblich an Legislative und Exekutive des Bundes beteiligt waren – nur 17 von 43 Stimmen hatte. Doch es stellte den Bundeskanzler, der in Personalunion preußischer Ministerpräsident und Außenminister war – und Bismarck hieß.

Neben dem preußischen Bundespräsidium, dem preußisch-norddeutschen Bundeskanzler und dem Bundesrat, dem Organ der Fürstensouveränität, hatte der Reichstag, das Organ der Volkssouveränität, einen bescheidenen Platz. Er hatte kein Mitwirkungsrecht bei der Regierungsbildung, weil es keine Bundesregierung gab. Sein Gesetzgebungsrecht war beschränkt, weil dieses weitgehend den Mitgliedstaaten verblieben war. Und an der Legislative des Bundes war gleichberechtigt der Bundesrat beteiligt, der zugleich Träger der Bundesexekutive war, was dem Prinzip der Gewaltenteilung widersprach. Aber der Reichstag ging aus allgemeinen, direkten und gleichen Wahlen hervor. Er kam auf demokratische Weise zustande und er hatte – nach den ersten Wahlen am 12. Februar 1867 – eine gemäßigt-liberale Mehrheit.

Was Bismarck im preußischen Abgeordnetenhaus erzielt hatte, erreichte er auch im norddeutschen Reichstag: eine Koalition aus Nationalliberalen, Altliberalen und Freikonservativen, mit denen er Kompromisse schließen konnte, wie sie die konstitutionelle Monarchie brauchte: zwischen Fürstensouveränität und Volkssouveränität, Krone und Parlament, Machtstaat und Rechtsstaat, Konservatismus und Liberalismus. Dem politischen Kompromiß entsprach der gesellschaftlich-wirtschaftliche Konsens zwischen Adel und Bürgertum, Rittergut und Hochofen, Potsdam und Manchester.

Im altpreußischen Vokabular waren die Wörter Kompromiß und Koalition nicht vorgesehen. Wilhelm mißtraute ihnen, obwohl Bismarck die Akzente auf den friderizianischen Urlauten König und Adel belassen hatte, und seine bürgerlichen und liberalen Partner damit übereinstimmten, bis auf weiteres – denn sie hofften selbstredend, daß sie den Profit aus dieser Partnerschaft einstreichen könnten, nach der gesellschaftlichen Aufwertung und dem ökonomischen Geschäft eines Tages auch politischen Zugewinn an Freiheit und Demokratie. Genau das befürchtete Wilhelm, der sich »auf den Boden der Tatsachen« hatte stellen lassen und zu spät gewahr wurde, daß dies nicht mehr der altpreußische Boden war.

Der wirtschaftliche Liberalismus konnte ihm recht sein, denn er belebte Gewerbe und Handel, vermehrte die Einnahmen des Staates und dessen Macht. Der weltanschauliche Liberalismus war ihm suspekt, denn er verminderte die Anzahl der Gläubigen, die an Gott und an das Gottesgnadentum glaubten. Im politischen Liberalismus sah er, ungeachtet der Überläufer von 1866, die Vorhut der demokratischen Revolution. Und vom Nationalliberalismus mochte er sich zwar Mithilfe bei der Machterweiterung Preußens in Deutschland versprechen, aber er mußte auch befürchten, daß dieser es bis zum Aufgehen Preußens in Deutschland treiben könnte und der Preußenkönig – wie es Bismarck schließlich ausdrückte – als »einer der entschlossensten Partikularisten unter den deutschen Fürsten« zurückbleiben würde.

Anzeichen dafür gab es, selbst im eigenen Haus. Königin Augusta hatte sich schon immer ein im Geiste Weimars, nicht im Geiste Potsdams umschlungenes Deutschland gewünscht. Kronprinz Friedrich Wilhelm, diese Feudalausgabe des Nationalliberalismus, wollte lieber eine deutsche Kaiserkrone als die preußische Königskrone haben. Das Gründungsprogramm der Nationalliberalen Partei forderte »die Einigung des ganzen Deutschlands unter einer und derselben Verfassung«, den deutschen Staat und die deutsche Freiheit, »denn uns beseelt und vereinigt der Gedanke, daß die nationale Einheit nicht ohne die volle Befriedigung der liberalen Ansprüche des Volkes erreicht und dauernd erhalten, und daß ohne die tatkräftige und treibende Macht der nationalen Einheit der Freiheitssinn des Volkes nicht befriedigt werden kann«.

Die Nationalliberalen wandten sich nicht zuletzt an die Bürger der annektierten Länder, die über die Zwischenstation Preußen vorwärts nach Deutschland wollten. Und sie verlangten den Beitritt Süddeutschlands zum Norddeutschen Bund, den sie »als den ersten unentbehrlichen Schritt auf der Bahn zu dem in Freiheit und Macht gefestigten deutschen Staate« ansahen. Schon hatte Bismarck mit den süddeutschen Staaten Schutz- und Trutz-Bündnisse geschlossen, die für den Fall eines Krieges die Unterstellung ihrer Streitkräfte unter den Oberbefehl des Königs von Preußen, des Bundesfeldherrn des Norddeutschen Bundes, vorsahen.

Der militärische Aspekt der deutschen Sache gefiel Wilhelm, weniger die Aussicht, nach Hannoveranern und Hessen in Preußen sowie Sachsen und Hamburgern im Norddeutschen Bund auch noch Bayern und Württemberger in einem deutschen Nationalstaat zu haben, der überdies eine liberale Verfassung bekommen sollte. Das Preußische an sich schien dadurch gefährdet, quantitativ wie qualitativ. Die Vorstellungen des Kronprinzen über ein deutsches Kaisertum lehnte er kurz und bündig ab. Andererseits erfüllte ihn Genugtuung, als ihm im August 1867, bei seiner ersten Reise in eine neugewonnene Provinz, nach Hessen-Nassau, beinahe preußische Hurras entgegenschallten, vom Regierungspräsidenten Gustav von Diest gedeutet: »Diese Hurras stammen aus dem Bewußtsein des ganzen deutschen Volkes, daß es in Ihnen die verkörperte gottgesegnete deutsche Geschichte vor sich hat.«

»Gott gebe, daß es so sei«, antwortete der Preußenkönig, Tränen im Auge und Skepsis im Sinn. Gefaßt und gerührt hatte er am 24. Februar 1867, bei der Eröffnung des ersten Reichstags des Norddeutschen Bundes in Berlin, die von Bismarck aufgesetzte, mit nationalem Schwulst wie preußischem Stolz durchsetzte Rede verlesen:

»Es ist ein erhebender Augenblick, in welchem Ich in Ihre Mitte trete; mächtige Ereignisse haben ihn herbeigeführt, große Hoffnungen knüpfen sich an denselben. Daß es Mir vergönnt ist, in Gemeinschaft mit einer Versammlung, wie sie seit Jahrhunderten keinen Deutschen Fürsten umgeben hat, diesen Hoffnungen Ausdruck zu geben, dafür danke Ich der göttlichen Vorsehung, welche Deutschland dem von seinem Volk ersehnten Ziele auf Wegen zuführt, die Wir nicht wählen oder voraussehen.« Als notwendig sei erkannt, »die Einigung des Deutschen Volkes an der Hand der Tatsachen zu suchen, und nicht wieder das Erreichbare dem Wünschenswerten zu opfern«. Das war ein Hieb gegen 1848, und das der Hinweis auf 1866: Die Vorsehung habe ihn »an die Spitze des mächtigsten und aus diesem Grunde zur Leitung des Gemeinwesens berufenen Bundesstaates gestellt«. Und: »Als Erbe der Preußischen Krone aber fühle Ich Mich stark in dem Bewußtsein, daß alle Erfolge Preußens zugleich Stufen zur Wiederherstellung und Erhöhung der Deutschen Macht und Ehre geworden sind.«

Der Norddeutsche Bund hatte eine Machterweiterung für Preußen und eine Machterhöhung für seinen Herrscher gebracht, und der anvisierte deutsche Bund, unter Einschluß Süddeutschlands, sollte noch weiteren Zuwachs bringen. Aber wuchs Preußen damit nicht über sich hinaus, entfernte es sich nicht zu weit vom Grunde seines Wesens, verlor es sich nicht in den Wolken?

Dieses Problem beschäftigte und bedrückte Wilhelm. Schon hatte er mit den Annexionen den Legitimismus preisgegeben, mit der Indemnität gegen den Friderizianismus verstoßen, und die Doppelforderung nach nationaler Einheit und liberaler Freiheit stellte Preußen als solches in Frage. Bismarck hatte ihn auf diesen Weg gebracht, auf dem er zunächst rüstig vorangeschritten war, nun aber, das problematische Ziel vor Augen, in die Gangart der Echternacher Springprozession verfiel.

Mit dem ersten Schritt zurück wollte er den Mußpreußen entgegenkommen. Nachdem er A wie Annexion gesagt hatte, wollte er das B, die Borussifizierung der einverleibten Länder, möglichst weich ausgesprochen haben. Er müsse nach Berlin, schrieb er im August 1867 aus Ems, »um Remedur zu schaffen in den übereilt erlassenen Gesetzen in den neuen Provinzen«. Denn: »Ich sah, daß jene Menge von Verordnungen im Juni die Stimmung in den neu erworbenen Landesteilen in hohem Grade verschlimmerte. Als ich dies nach genauer Prüfung erkannt und von den Mißgriffen der Behörden mich überzeugt hatte, war es meine Pflicht, Maßregeln zu ergreifen, um diese Mißgriffe wieder gut zu machen.«

Dabei hatte er selber diese Organisationsverordnungen unterschrieben, in der Annahme, daß sie das Plazet Bismarcks hatten, »so daß ich, wie immer fast, wenn Sie zugestimmt haben, namentlich bei umfangreichen Vorlagen, die ich nicht im Detail prüfen kann, unbefangen unterzeichnete«. Als ihm nun die Entrüstung der Neupreußen zu Ohren kam, war er »sehr unangenehm berührt« – weil die Minister eigenmächtig handelten, Bismarck sie gewähren ließ und er selber sich dabei ertappte, daß er sich wieder einmal blindlings auf den Ministerpräsidenten verlassen hatte.

Nicht mehr alle Mißgriffe waren rückgängig zu machen, beispielsweise die Strangulierung der ehemals freien Stadt Frankfurt. Ein »Ausnehmen des Rattennestes« hatte die *Norddeutsche Allgemeine Zeitung*, ein Sprachrohr Bismarcks, verlangt, und preußische Besatzung hatte dies so ausgiebig besorgt, daß Frankfurt vor dem Ruin stand. Um einiges wieder gut zu machen, griff Wilhelm in seine Privatschatulle, stiftete eine Million Gulden zur Sanierung der Stadt.

Bismarck war aufgebracht, auch über weitere Bekundungen des seit Königgrätz gefestigten Selbstbewußtseins seines Herrn. Wilhelm sperrte sich gegen eine von Bismarck gewünschte Steuererhöhung, beließ den Gesandten in Italien, Graf von Usedom, auf seinem Posten, von dem ihn der Ministerpräsident und Außenminister entfernen wollte, und erhob politische Bedenken gegen den neuen Finanzminister Otto Camphausen, der versprechen mußte, keine Konzessionen an die liberale Partei zu machen, bevor er ihn ernannte.

Es war ein eher sanftes Aufbegehren gegen den Mann, der ihm fast immer seinen Willen aufzwang, und gegen den Kurs, auf den er ihn gedrängt hatte, zur Entthronung von Seinesgleichen und zur Pardonierung seiner Gegner. Bismarck, erschöpft, körperlich hinfällig und mit den Nerven herunter, bot seinen Rücktritt an – und erreichte damit, daß ihm der König wieder den Vortritt ließ.

Denn das wollte und konnte sich Wilhelm nicht leisten: allein am Steuer eines Schiffes zu stehen, das bereits mit vollen Segeln auf ihm unbekannten und ihm nicht geheuren Gewässern dahinfuhr. »Mein größtes Glück ist es ja, mit Ihnen zu leben und immer fest einverstanden zu sein. Wie können Sie sich Hypochondrien darüber machen, daß eine einzige Differenz Sie bis zum extremsten Schritt verleitet!« So reagierte Wilhelm am 22. Februar 1869 auf das Rücktrittsgesuch Bismarcks. »Ihr Name steht in Preußens Geschichte höher als der irgendeines preußischen Staatsmannes. Den soll ich lassen?«

Als dann der Ministerpräsident doch nicht von seiner Position lassen wollte, rechtfertigte sich der König im einzelnen, entschuldigte er im ganzen sein konträres Verhalten, versicherte er ihm nachträglich und für alles weitere seines Vertrauens und seiner Dankbarkeit, und faßte nun seinerseits Bismarck am Portepee, im Privatbrief vom 26. Februar 1869: »Sie gehören sich nicht allein, sich selbst an; Ihre Existenz ist mit der Geschichte Preußens, Deutschlands, Europas zu eng verbunden, als daß Sie sich von einem Schauplatz zurückziehen dürfen, den Sie mit schaffen halfen.«

»Aber besiegt habe ich alle, alle!«, triumphierte Bismarck: die Österreicher, die Achtundvierziger, die Altkonservativen – und seinen König. Er hatte den deutschen Dualismus für immer zugunsten Preußens gelöst, den Dualismus des nationalen Liberalismus nachhaltig zugunsten der Einheit, den Dualismus in der Brust Wilhelms bis auf weiteres zugunsten des Machtstaates.

Den napoleonischen Dualismus gab es noch: das Widersprüchliche im Kaiser der Franzosen, der die Einigung Deutschlands teils fördern, teils verhindern wollte, das eine aus bonapartistischem Prinzip, das andere aus französischer Raison. Das war die nächste Aufgabe Bismarcks, mit der er gleich mehrere Probleme lösen wollte: Frankreich in seine Schranken weisen, die Süddeutschen in den Norddeutschen Bund führen und den König von Preußen zum Deutschen Kaiser machen.

Deutscher Kaiser

Mit einer Reiterstatue Wilhelms I. und einem Fünfzig-Tonnen-Geschütz aus Kruppstahl war Preußen auf dem Pariser Marsfeld, bei der Weltausstellung 1867 vertreten. Und mit den lebendigen Exponenten seiner Macht und Herrlichkeit: Dem König, der in Uniform martial und majestätisch auftrat, und in Zivil, mit Gehrock und Zylinder, sich wie ein guter Onkel ausnahm. Dem Kronprinzen, teutonisch und blauäugig, den Kaiserin Eugénie als Tanzpartner schätzte. Und Bismarck, der seine weiße Kürassieruniform wie ein Erzengel trug und seinen Herrn, wie Emile Zola bemerkte, wie eine treue Dogge bewachte.

Zur *Großherzogin von Gerolstein* ging Wilhelm nicht. Die Operette von Jacques Offenbach war ihm zu frivol, weniger der Cancan als der General Bumm. Dieser Held schnupfte nicht wie ein Zivilist, sondern inhalierte den Pulverdampf aus dem Lauf einer abgefeuerten Pistole, entwarf einen Schlachtplan wie einen Küchenzettel, ritt in den Krieg auf einem Karussellpferd – eine Parodie auf das Militär im allgemeinen und die deutsche Duodezwichtigkeit im besonderen. Den Sieger von Königgrätz mochte auch nicht der französische Zensor beschwichtigen, welcher der Operetten-Großherzogin, Hortense Schneider, das Tragen eines Ordensbandes quer über dem stattlichen Busen verboten und im Text eine Anspielung auf den Krieg von 1866 gestrichen hatte.

Wilhelm ärgerte sich über dieses Lächerlichmachen des Militärischen, wovon ihm Bismarck erzählt hatte, der in Zivil hingegangen war und nicht verhehlte, daß er sich köstlich amüsiert habe. Wenn er aber angenommen hätte, aus der französischen Armee sei eine Operettentruppe à la Offenbach geworden, dann wäre er auf der Pferderennbahn von Longchamp eines anderen belehrt worden. Hier paradierten 30 000 Mann, Grenadiere, Jäger, Zuaven und Turkos, Artillerie mit – zugegeben etwas altmodisch wirkenden –

Messingkanonen, die prächtige Kavallerie, Husaren, Chasseurs, Dragoner, Kürassiere – eine sieggewohnte Truppe, welche die Trikolore auf der Krim und in Italien, in Indochina und in Mexiko entfaltet hatte. Napoleon III., der die Parade abnahm, genoß es, daß seine Ehrengäste sichtlich beeindruckt waren, Zar Alexander II. und König Wilhelm I., die am Ende der Revue, nach dem »Vive l' empereur«, vor dem Kaiser der Franzosen salutierten.

Der Neffe des großen Korsen revanchierte sich. Er sei der ausgezeichnetste und bemerkenswerteste Mann, den er je gesehen habe, schmeichelte er dem Preußenkönig, der die welsche Windbeutelei nicht goutierte. Eine »verkannte Null« nannte Bismarck den Franzosenkaiser, der keine Eins, keinen Ministerpräsidenten wie ihn gefunden hatte, aus den Scherereien mit Parlament und Populace nicht herauskam. Den »erloschenen Blick seiner Augen« wie den verblaßten Glanz des Second Empire bemerkte Moltke, der mit von der Partie war.

Außenpolitische Rückschläge setzten Napoleon III. zu, der den Franzosen Grandeur und Gloire verheißen hatte. Den schwersten hatte ihm Preußen versetzt, mit dem Sieg über Österreich bei Königgrätz oder Sadowa, wie sie in Paris sagten. Er brachte das europäische Gleichgewicht ins Wanken, verringerte das Gewicht Frankreichs, vermehrte das Gewicht Preußens und drohte es weiter zu vermehren: durch eine in der Luft liegende Angliederung der süddeutschen Staaten an den Norddeutschen Bund. »Wenn man ein Neffe Napoleons ist, darf man nicht ungestraft die Verringerung Frankreichs hinnehmen«, mahnte die Zeitung *Epoque*. »Ebensowenig würde die französische Nation sich die Wiederherstellung des deutschen Reiches gefallen lassen.«

»Rache für Sadowa« wurde in Paris gefordert. »Die natürlichen Grenzen Frankreichs« verlangte die Zeitung *Pays*, in erster Linie den Rhein. Napoleon wollte wenigstens Luxemburg haben, als Entschädigung für Preußens Machterweiterung. Das Großherzogtum hatte zum Deutschen Bund gehört und war nach dessen Auflösung so etwas wie ein Niemandsland zwischen Deutschland und Frankreich geworden. Napoleon gedachte es dem König der Niederlande, dem es persönlich untergeben war, abzukaufen. Wilhelm III. erklärte sich dazu bereit, unter dem Vorbehalt, daß Wilhelm I. zustimme.

Dem Preußen war an den Luxemburgern nicht viel gelegen, die – »obgleich deutsch« – alles »nur nicht Norddeutsche sein wollen«. Aber er dachte an die strategische Bedeutung der ehemaligen Bundesfestung und an die preußische Besatzung, die noch immer dort lag. Bismarck pochte vor dem Norddeutschen Reichstag auf den »unzerreißbaren Zusammenhang des deutschen Volkes«. Wilhelm I. stimmte einem Verkauf nicht zu, und für Wilhelm III. war damit die Sache erledigt. Napoleon III. fühlte sich düpiert, und schon wollten französische Generäle nach Deutschland marschieren und preußische Generäle nach Frankreich.

»Ich habe das Wort ›Krieg‹ noch gegen keinen Menschen ausgesprochen«, sagte der Preußenkönig am 20. April 1867 zu Louis Schneider, der gern mitmarschiert wäre, »und selbst meinen eigenen Gedanken die Frage noch nicht vorgelegt. Bismarck und Roon haben die Möglichkeit eines Krieges noch nicht einmal gegen mich erwähnt, und ich habe Roon auch noch nicht gefragt, ob er schon mit Wiederherstellung der Fahrzeuge und Komplettierung der Vorräte nach dem letzten Feldzug fertig ist.« Nach Weimar schrieb der Potsdamer: »Ich tue alles, was möglich ist, um die Kriegsfackel *nicht* anzuzünden, denn wie nötig haben wir gerade jetzt in Deutschland den Frieden!«

Er konnte es kaum erwarten, bis die Vertreter der Großmächte zusammentraten, um im Stil der alten Konferenzdiplomatie den Streitfall zu schlichten. Erleichtert begrüßte er das Ergebnis: Am 11. Mai 1867 wurde das Großherzogtum Luxemburg, unter der kollektiven Garantie der Signatarmächte des Londoner Vertrags, für neutral erklärt, die Festung geschleift, die preußische Besatzung zurückgezogen.

»Ist nun nicht mehr nötig; war aber eine sehr unangenehme Geschichte«, sagte der König zum Bibliothekar, der ihn gefragt hatte, ob er die Karte von Frankreich herauslegen solle. Bismarck hatte es indessen für nötig erachtet, die bisher geheim gehaltenen Allianzverträge mit den süddeutschen Staaten zu veröffentlichen. Frankreich sollte wissen, daß die Mainlinie, die es Preußen zu überschreiten untersagt hatte, bereits überbrückt war. Noch aber scheute sich Bismarck und erst recht Wilhelm, über diese Brücke nach Süden zu marschieren beziehungsweise die Bayern, Württemberger, Badener und Hessen-Darmstädter über sie in den Norddeutschen Bund ziehen zu lassen.

Doch das war nur noch eine Frage der Zeit. »Die Mainlinie ist die Haltestelle, an der Deutschlands Einigungszug Kohlen und Wasser einnimmt, um demnächst weiterzudampfen«, erklärte der Nationalliberale Johannes Miquel. Schon jetzt versuchten er und seinesgleichen, im Norddeutschen Bund wie in den süddeutschen Staaten Dampf hinter die nationale Sache zu machen.

Noch gab es südlich des Mains mehr Bremser als Heizer. In Bayern zumal, wo sich eine konservative Patriotenpartei sammelte, die unter Patriotismus Anhänglichkeit an König Ludwig II., Bewahrung der Eigenstaatlichkeit und Verhinderung preußischer Übergriffe verstand. Mit großen Herren sei nicht gut Kirschen essen, meinte der Württemberger Moritz Mohl, ein Linker, der prophezeite, daß der Kleine, der sich mit einem Großen in einen Bund einlasse, dessen Untertan und Hintersasse werde. Der Norddeutsche Bund, den die Nationalbewegung auf Süddeutschland ausdehnen wollte, sei »ein Bund des Hundes mit den Flöhen«, erklärte der Badener Franz von Roggenbach, ein politischer Vertrauter der Königin Augusta, wobei er daran zweifeln mochte, daß diese Flöhe diesem Hund ein Jucken verursachen könnten.

Andere Süddeutsche dachten wie der württembergische Gesandte in Berlin, Carl Hugo von Spitzemberg: Bei der Frage einer Einigung zwischen dem Norddeutschen Bund und den süddeutschen Staaten »werden zwei Verhältnisse überwiegenden Einfluß naturgemäß üben, die wirtschaftlichen und die militärischen«. In der Tat: Nicht nur »Eisen und Blut«, sondern auch »Kohle und Eisen« wurden wichtige nationale Bindemittel.

»Handelseinigung und politische Einigung sind Zwillingsschwestern; die eine kann nicht zur Geburt kommen, ohne daß die andere folgt.« Diese Erkenntnis des Nationalökonomen Friedrich List hatte sich der preußische Staat zu eigen gemacht. Lange vor 1866 waren im Deutschen Zollverein die nord- und süddeutschen Staaten unter Ausschluß Österreichs und unter Führung Preußens verbunden gewesen. Es lag im Interesse der süddeutschen Wirtschaft, daß dieses Band nach Königgrätz nicht gelockert, sondern gestrafft würde. Die Industrie brauchte immer mehr Kohle und Eisen aus dem Norden, der Handel war auf den größeren Markt angewiesen.

Preußen kam den besiegten Staaten und den bürgerlichen Gewerbetreibenden entgegen, um jene von ihren Südbund-Plänen abzuhalten und diese für einen Anschluß zu gewinnen. Der neue Zollvereinsvertrag zwischen dem Norddeutschen Bund und Bayern, Württemberg, Baden sowie Hessen-Darmstadt übertrug die Gesetzgebung in Zoll- und Handelssachen einem gemeinsamen Zollbundesrat und einem gemeinsamen Zollparlament, der erste aus Vertretern der Regierungen, das zweite aus dem Norddeutschen Reichstag plus süddeutschen Abgeordneten gebildet. Das »Zollpräsidium« lag beim König von Preußen.

Dieser Schritt vom Zoll-Staatenbund zum Zoll-Bundesstaat war ein großer Schritt zur deutschen Einigung. Einzelstaaten hatten, wenn auch nur in einem Teilbereich, Souveränitätsrechte auf eine nationale Gesamtvertretung übertragen. Und es gab – zum ersten Mal seit 1848/49 – wieder ein, wenn auch nur für Zoll- und Handelssachen zuständiges, deutsches Parlament. Zollbundesrat und Zollparlament faßten ihre Beschlüsse mit Mehrheit, doch das Zollpräsidium, der König von Preußen, besaß ein Vetorecht. Das zeigte, wohin die Reise ging: in einen von Preußen beherrschten deutschen Bundesstaat.

Kein Wunder, daß es in Süddeutschland Widerstand gab, der sich bei den allgemeinen, gleichen und direkten Wahlen zum Zollparlament artikulierte. Während in Baden und Hessen-Darmstadt die Anschlußpartei siegte, verlor sie in Bayern und Württemberg. In dem am 27. April 1868 in Berlin eröffneten Zollparlament saßen neben 297 Abgeordneten des Norddeutschen Reichstags 85 Abgeordnete aus Süddeutschland, von denen 50 der »volkswirtschaftlichen Diktatur Preußens« widersprachen, wie es Josef Edmund Jörg, der Vorsitzende der bayerischen Patriotenpartei, ausdrückte.

Sie sollten die partikularen Interessen stets nur im Zusammenhang mit dem gemeinsamen deutschen Interesse sehen, mahnte Wilhelm I. die Zollparlamentarier. Er hatte leicht reden, denn seinem preußischen Partikularismus nützte der deutsche Unitarismus, zumindest in wirtschaftlicher Beziehung. Dennoch wollte er nichts übereilen. Er fand es richtig, daß preußische Konservative Seite an Seite mit süddeutschen Klerikalen und Demokraten den Antrag der Nationalliberalen ablehnten: Die Mahnung des Königs solle mit der Aufforderung beantwortet werden, den Zoll-Bundesstaat baldig zu einem Nationalstaat zu erweitern. Eine Diskussion über die politische Stellung des Südens zum Norden müsse er »vor allem in diesem

Stadium der Entwicklung Deutschlands vermieden zu sehen wünschen«, schrieb Wilhelm am 5. Mai 1868 an Bismarck.

In diesem Zwischenstadium war er vor allem an der Verstärkung der militärischen Verbindungen interessiert. Schon im Norddeutschen Bund ging das nicht von heute auf morgen. 1867 war für diesen die preußische Heeresorganisation verbindlich geworden: zwölf Jahre allgemeine Wehrdienstzeit, drei in der Linie, vier in der Reserve, fünf in der Landwehr. Als der Bundesfeldherr seine sächsischen Bataillone besichtigte, bemerkte er: Der preußische Rock ist ihnen zwar angemessen, »sitzt ihnen auch schon gut und kleidsam, aber bequem ist er ihnen noch nicht. Dazu gehört eben Zeit.« Noch mehr Zeit benötigte eine militärische Angleichung des Südens an den Norden. Hessen-Darmstadt integrierte seine Truppen ganz, Baden halb in die preußische Armee, und selbst Württemberg und Bayern reorganisierten ihre Streitkräfte nach preußischem Muster, führten die allgemeine Wehrpflicht ein.

Das ging nicht ohne Schwierigkeiten. Viele Württemberger hätten lieber eine Miliz wie die stammverwandten Schweizer gehabt, die bayerischen Patrioten nannten das stehende Heer eine Geißel der Freiheit und Kultur, und bayerische Bauernburschen sträubten sich gegen die Einberufung mit dem Ruf: »Wir wollen nicht preußisch werden!« Andererseits gab es auch Preußen, welche die süddeutschen Rekruten nicht gerade als Bereicherung ansahen. Ein Menschenalter genüge nicht, meinte Louis Schneider, »das bei uns schon zu Fleisch und Blut Gewordene dort einzuführen oder auch nur annehmbar zu machen«.

Der König von Preußen verfolgte nicht ohne Genugtuung die in Gang gesetzte Vereinheitlichung der deutschen Streitkräfte, die er als Prinz von Preußen im Deutschen Bund vergeblich angestrebt hatte. Doch mit gemischten Gefühlen dachte er an den Tag X, an dem er den Oberbefehl über sämtliche deutschen Truppen innehaben würde. Denn das hätte Krieg bedeutet. In den Schutz- und Trutzbündnissen hatten sich die süddeutschen Staaten verpflichtet, im Falle eines Angriffs auf das Bündnisgebiet dem König von Preußen automatisch das Oberkommando auch über ihre Truppen zu übertragen.

Es war ein Dilemma. Im Kriegsfall wäre er mit einem Schlage nicht nur der oberste Kriegsherr, sondern auch der nationale Imperator geworden; der Krieg, der Vater aller Dinge, würde Deutschland unter Preußens Kommando stellen. Aber nicht Preußen dürfte einen Krieg beginnen, es müßte angegriffen werden, denn nur dann würde für die süddeutschen Staaten der Bündnisfall eintreten. Wäre er aber auch gegeben, wenn man Frankreich zu einem Angriffskrieg provozierte, etwa durch eine Verletzung des auf Napoleons Druck zustangekommenen Prager Friedens von 1866? Dessen Artikel IV garantierte den süddeutschen Staaten »eine internationale unabhängige Existenz«, schrieb also die Mainlinie fest. Sollte Preußen sie aufheben und Frankreich dagegen einschreiten, würden dann die Süddeutschen, diese unsicheren Kantonisten, Seite an Seite mit Preußen gegen Frankreich und in den Norddeutschen Bund marschieren?

Ohnedies hatte Wilhelm, wie Bismarck bemerkte, »damals noch mehr die Macht und Größe Preußens als die verfassungsmäßige Einheit Deutschlands im Auge«. Als Preuße war er saturiert, und als Deutscher nicht so engagiert, daß ihm der Anschluß der süddeutschen Staaten an den Norddeutschen Bund einen Krieg mit zweifelhaftem Anfang und ungewissem Ausgang wert gewesen wäre.

So blieb er bedacht, die Brückenköpfe jenseits des Mains nicht übermäßig und nicht überstürzt zu erweitern. Er begnügte sich mit dem, was er im Norden besaß und im Süden in Aussicht hatte. Schon war er das deutsche Zollpräsidium, und Bismarck, der Kanzler des Norddeutschen Bundes, behauptete bereits: »Übt nicht das Präsidium des Norddeutschen Bundes in Süddeutschland ein Stück kaiserlicher Gewalt, wie es im Besitze der deutschen Kaiser seit fünfhundert Jahren nicht gewesen ist?«

»Bundespräsidium« sei ein Neutrum, der Kaisertitel hingegen das Maskulinum Preußens und Deutschlands, meinte der Kronprinz. Ihm reiche es, erwiderte der König, Bundesfeldherr zu sein, und der Erste unter Gleichen im Norddeutschen Bund. Man könne die Mainlinie noch nicht ausradieren, bedeutete er dem Schwiegersohn, Großherzog Friedrich I. von Baden. »Aber dessen ungeachtet scheint mir die Macht der Verhältnisse es doch binnen kurzem dahin bringen zu wollen, daß die noch zwischen Nord- und Süddeutschland bestehende Trennung sich verwischen wird.« Doch solle von Preußen aus nichts geschehen, diese Entwicklung zu beschleunigen, erklärte er ausländischen Fragestellern wie dem Prinzen Napoleon oder Lord Clarendon: Er selbst, wohl auch sein Sohn würden das Endergebnis nicht mehr erleben, vielleicht würde es seinem Enkel vorbehalten sein.

In diesem Punkt schienen sich der König und sein Ministerpräsident einig zu sein, wobei freilich Wilhelm mehr an den mit nationaler Zurückhaltung erkauften Frieden und Bismarck mehr an einen wegen der nationalen Ansprüche unvermeidlichen, doch vorerst nicht opportunen Krieg dachte. Jedenfalls schrieb er 1869 dem König: Beschleunigen könnte man die natürliche nationale Entwicklung nur, »wenn außerordentliche Ereignisse in Europa .... uns eine ungesuchte Gelegenheit dazu bieten«. In seinen *Gedanken und Erinnerungen* bekannte Bismarck: »Ich nahm als sicher an, daß der Krieg mit Frankreich auf dem Wege zu unserer weiteren nationalen Entwicklung, sowohl der intensiven als der über den Main hinaus extensiven, notwendig werde geführt werden müssen.«

Der Einspruch Frankreichs gegen eine weitere Machtausbreitung Preußens und die Errichtung eines starken Nationalstaates an seiner Ostgrenze mußte zurückgewiesen werden. Eine »ungesuchte Gelegenheit« bot sich bald, auch wenn man das auslösende Moment, die spanische Thronkandidatur, nicht gerade als ein »außerordentliches Ereignis« bezeichnen mochte.

D<small>IE</small> S<small>PANIER</small> hatten die bourbonische Königin Isabella verjagt, glaubten aber ohne einen neuen Monarchen nicht auskommen zu können, begaben sich auf die Suche nach einem Kandidaten und verfielen schließlich auf den Erbprinzen Leopold von Hohenzollern-Sigmaringen, der katholisch und mit einer portugiesischen Infantin verheiratet war.

Einen diesbezüglichen Wink hatte Bismarck gegeben, und der diplomatische Mittelsmann, Freiherr von Werthern, interpretierte großzügig die Motive: So könnte der König von Preußen »als Kaiser von Deutschland durch den Prinzen Karl von Rumänien die linke Hand auf den Orient, die rechte durch einen anderen Prinzen des Hauses auf Spanien legen«. Die Hohenzollern als Erben der Habsburger, nicht nur in Deutschland, sondern in ganz Europa – diese Aussicht schreckte nicht nur die Franzosen, sondern auch den vorgesehenen neuen Kaiser Karl V., den König Wilhelm I.

Das spanische Angebot, ließ er am 26. Februar 1870 Bismarck wissen, »fällt mir wie ein Blitz aus heiterer Luft auf den Leib. Wieder ein Hohenzollernscher Kronkandidat, und zwar für Spanien«. Er habe davon nichts gewußt und er sei »von Haus aus gegen die Sache«. Gefragt war er als Familienoberhaupt des hohenzollernschen Gesamthauses. Schon den Prinzen Karl von Hohenzollern-Sigmaringen, den jüngeren Bruder Leopolds, hatte er nur ungern als erwählten Fürsten nach Rumänien ziehen lassen. Er dachte an den Habsburger Maximilian, den die Mexikaner zuerst gerufen und dann erschossen hatten. Und er ahnte, daß dies Komplikationen, wenn nicht einen Konflikt mit Frankreich geben würde.

Bismarck bedrängte ihn: Die Annahme der spanischen Kronkandidatur bringe »dem preußischen und deutschen Staatsinteresse direkte und indirekte Vorteile«, durch die Beunruhigung Frankreichs und die Kräftigung des Selbstgefühls der deutschen Nation. Das leuchtete allen Teilnehmern des Kronrats vom 15. März 1870 ein – mit einer Ausnahme, des Königs selber. Daraufhin sagten die Sigmaringer den Spaniern ab, der Kandidat Leopold und sein Vater Karl Anton, der in der Neuen Ära preußischer Ministerpräsident gewesen war.

Bismarck bedrängte nun die Sigmaringer: Deutschland habe ein »wesentliches Interesse« an der Annahme des Angebots; der König von Preußen könne weder ein Nein noch ein Ja befehlen, im günstigsten Fall erklären, daß er der Annahme nicht widerspreche. Jetzt waren die Sigmaringer wieder dafür, aber nur, wenn Preußen die Sache wieder belebe. Dies jedoch wollte Wilhelm nicht. Er war ungehalten, daß eine bereits geschlossene Akte wieder aufgeschlagen werden sollte. Und er war verärgert, daß Bismarck sich hinter den Kronprinzen gesteckt und hinter seinem Rücken einen Emissär nach Madrid gesandt hatte.

In Ems, wo er zur Kur weilte, erfuhr Wilhelm, daß in Sigmaringen Erbprinz Leopold sich zur Kandidatur bereit erklärt habe, unter dem Vorbehalt der Einwilligung des Familienoberhauptes. Ein paar Tage lang sträubte sich noch die Feder, dann setzte er am 21. Juni seinen »Wilhelm« unter das Gesuch des Sigmaringers. Als Chef des Hauses Hohenzollern wollte er nicht länger dagegen sein, wenn er sich auch als König von Preußen aus der Sache heraushalten mußte.

Die Franzosen differenzierten nicht zwischen Familiensache und Staatsangelegenheit. »Wir glauben nicht«, erklärte am 6. Juli Außenminister Herzog von Gramont, »daß die Achtung vor den Rechten eines Nachbarlandes uns verpflichtet zu dulden, daß eine fremde Macht, indem sie einen ihrer Prinzen auf den Thron Karls V. setzt, dadurch zu ihrem Vorteil das gegenwärtige Gleichgewicht der Mächte Europas stören und so die Interessen und die Ehre Frankreichs gefährden könnte.« Er hoffe, daß diese Eventualität nicht eintrete, denn er rechne auf die Weisheit des deutschen und auf die Freundschaft des spanischen Volkes. Sollte es anders kommen, würde Frankreich seine »Pflicht ohne Zaudern und ohne Schwäche zu erfüllen wissen«.

»Wir befinden uns mit einem Male inmitten einer sehr ernsten Situation«, seufzte Wilhelm. »Ich verdanke das jedenfalls Bismarck.« Der Dreiundsiebzigjährige saß in Bad Ems, wollte in Ruhe sein Wasser trinken, einen Sommer lang von Händeln verschont bleiben. Nun hatte er sie auf dem Hals: Augusta, im nahen Koblenz, die ihm vorwarf, er regiere zu wenig, Bismarck, im fernen Varzin, der ihm alles eingebrockt hatte und ihn anscheinend allein alles auslöffeln lassen wollte. Und am 9. Juli kam Benedetti, der französische Botschafter in Berlin, nach Ems, um ihn zu inkommodieren.

»Sein Wunsch, den er auszusprechen hatte, war, daß die Kandidatur rückgängig gemacht werde«, berichtete Wilhelm anderntags Augusta. »Ich erwiderte, das stünde nicht bei mir, sondern bei dem Kandidaten«, da »Preußen mit der Sache gar nichts zu tun habe und ich persönlich nur als Chef der Familie von der Sache wisse«. Er hatte nun genug von den Schereinen, schrieb am 10. Juli – ohne den Ministerpräsidenten zu fragen, den diese Familiengeschichte im Grunde gar nichts anging – an den Fürsten Karl Anton: »Ebensowenig wie ich Deinem Sohn meinen Befehl zur Annahme der Krone geben konnte, kann ich ihm jetzt meinen Befehl zur Zurücknahme seines Entschlusses geben. Faßt er diesen Entschluß jedoch, so wird mein ›Einverstanden‹ wiederum nicht fehlen.« Es war ein Wink an die Sigmaringer, die heiße Kastanie fallenzulassen.

Aber Benedetti war immer noch da und kam ein zweites Mal, am 11. Juli, nicht wissend, daß er eine offene Tür einrannte: Majestät möge dem Prinzen den Verzicht befehlen. Daß er dies schon am Vortag empfohlen hatte, konnte er Benedetti nicht sagen. Augusta schrieb er, er würde einem solchen Rücktritt »mit Freuden« beitreten, und: »Gott gebe, daß die Hohenzollern Einsehen haben.«

Sie hatten es. Am 12. Juli erklärte Leopold seinen Rücktritt. »Mir ist ein Stein vom Herzen«, bekannte Wilhelm seiner Frau. Er war weit gegangen, um Ruhe und Frieden zu erhalten, viel weiter, als es Bismarck billigen konnte. Die spanische Thronkandidatur war für diesen mehr als eine Familiensache – eine Trumpfkarte, die gegen Frankreich, für Preußen und Deutschland stechen sollte. Das hatte ihm nun sein König vermasselt. Nun wollte auch er zurücktreten.

Doch der französische Außenminister verdiente sich die Bezeichnung, die ihm Bismarck gegeben hatte: der Herzog von Gramont sei der dümmste Mann von Europa. Er wollte, nachdem ihm Wilhelm einen Finger gegeben hatte, die ganze Hand haben. Noch am 12. Juli zitierte er Botschafter Werther und verlangte die schriftliche Versicherung des Königs von Preußen: Wilhelm I. bestätige die Entsagung des Sigmaringers, bedauere seine zunächst gegebene Einwilligung, mit der er jedoch weder den Interessen noch der Würde der französischen Nation zu nahe habe treten wollen.

Und Gramont beauftragte Benedetti, nicht nur Reue, sondern auch Vorsatz Wilhelm I. persönlich abzufordern. Als der König, leger in Gehrock und Zylinder, am 13. Juli, wie jeden Morgen, auf der Emser Brunnenpromenade spazierenging, trat ihm der französische Botschafter in den Weg. Er verbeugte sich tief und wurde höflich eingeladen, den Monarchen, bei dem er akkreditiert war, ein Stück zu begleiten – was Wilhelm sogleich zu bereuen hatte. »Statt ihn satisfait zu finden«, berichtete er Augusta, »verlangte er von mir, daß ich à tout jamais erklären sollte, daß ich nie wieder meine Zustimmung geben würde, wenn etwa diese Kandidatur wieder auflebte, was ich natürlich entschieden zurückwies.« Die königliche Contenance und diplomatische Courtoisie hatte er dabei nicht verloren: Was seine Billigung des Kandidaturverzichtes angehe, so erwarte er noch genauere Mitteilungen vom Erbprinzen Leopold; sobald sie eingetroffen seien, wolle er mit dem Botschafter erneut darüber sprechen.

Er erfuhr Näheres aus Sigmaringen zusammen mit der Nachricht von der Unterredung zwischen Gramont und Werther in Paris. »Hat man je eine solche Insolenz gesehen? Ich soll also als reuiger Sünder vor der Welt auftreten in einer Sache, die ich gar nicht angeregt, geführt und geleitet habe«, klagte er der franzosenfreundlichen Augusta, die ihm in diesen Emser Tagen näher stand als der franzosenfeindliche Bismarck. »Leider muß aus diesen unbegreiflichen Procédés geschlossen werden, daß sie uns coûte à coûte herausfordern wollen.«

Apaiser, besänftigen, befriedigen, war seine erste Reaktion, die allerdings nicht so weit gehen durfte, daß er sich dabei etwas vergab. Nachdem er die Details aus Sigmaringen vernommen hatte, ließ er sogleich Benedetti durch seinen Generaladjutanten Fürst Anton Radziwill sagen: Ihm liege nun die Bestätigung des uneingeschränkten Verzichts Leopolds vor; er sehe die Sache damit als erledigt an.

Als der französische Botschafter sich immer noch nicht zufrieden gab, ging er noch einen Schritt weiter, über die Grenze dessen hinaus, was er sich selber und seinem Staat zumuten durfte. Er schickte Radziwill ein zweites Mal zu Benedetti, mit der mündlichen Erklärung, daß er den Verzicht des Sigmaringers approbiere, »in demselben Sinn und in demselben Umfang«, in dem er dies vorher hinsichtlich der Annahme der Kandidatur getan habe. Damit erfüllte er zumindest den Teil der französischen Forderung, der sich auf den tatsächlichen Vorgang bezog, wenn er auch verständlicherweise kein Versprechen für etwas abgeben wollte, was sich seiner Meinung nach ohnehin nicht wiederholen sollte.

Schon bereute es Wilhelm, daß er dem Franzosen so weit entgegengekommen war. Und ärgerte sich über Bismarck, dem er nachzugeben gewohnt war, der ihm in dieser Angelegenheit jedoch nicht nachdrücklich genug gesagt hatte, was er zu tun gehabt hätte. Der Vertreter in Ems, Geheimrat Abeken, war vom Urlauber in Varzin angewiesen worden, ihn möglichst in Ruhe zu lassen, und als das nicht möglich war, wurde er gerüffelt: Er, Bismarck, sei unzufrieden, daß man von Ems aus so viel Tinte in seinen Karlsbader Brunnen gieße. «Ja, so sind die Herren«, sagte Wilhelm, als er das gehört hatte. »Und was uns hier in unsern Emser gegossen wird, das kümmert niemanden.«

Am 12. Juli hatte Bismarck sein ungemütlich gewordenes Varzin verlassen, reiste aber nicht nach Ems, wie es vom König gewünscht worden war, sondern nach Berlin. Er wollte das diplomatische Terrain zurückgewinnen, das in Ems preisgegeben worden war, im Gegenzug Paris bis zu einem Punkt treiben, an dem es nur noch zwischen zwei Übeln zu wählen hätte: einem politischen Rückzug oder einer kriegerischen Offensive.

Das eine wie das andere würde Preußen nützen: das erste seinen Anspruch auf die Führung in Deutschland bestätigen, das zweite ihm die Führung in Deutschland bringen – durch den nationalen Verteidigungskrieg, in den die Süddeutschen an der Seite der Norddeutschen ziehen würden, unter dem Oberbefehl des preußischen Königs und der Oberhoheit des deutschen Imperators.

Noch am Abend des 13. Juli 1870 schickte Bismarck von Berlin die »Emser Depesche« aus. Das Telegramm, in dem ihn der König über die Vorgänge in Ems unterrichten ließ, ein Schriftstück, das – nach Meinung Moltkes – wie das Signal zum Rückzug klang, wurde unter der Redaktion Bismarcks zu einer Streitschrift, die wie eine Fanfare tönte. Der erste Satz, der Benedettis Zumutung an Wilhelm I. brandmarkte, sollte nationale Entrüstung in Deutschland entfachen. Der zweite Satz, der die Abfertigung des Botschafters durch »den Adjutanten vom Dienst« herausstellte, sollte in Frankreich den Ruf nach der längst fälligen »Rache für Sadowa« und der nun fälligen »Rache für Ems« herausfordern.

Beides erreichte Bismarck. In Frankreich kam alles hoch, was seit 1866 hinuntergeschluckt worden war. »Es lebe der Krieg! Nach Berlin! Nieder mit Preußen!«, riefen Pariser auf den Boulevards, sangen die Marseillaise, zogen zum Triumphbogen Napoleons I., dem Napoleon III. nun nacheifern mußte. Der Kronrat in Saint-Cloud beschloß die Kriegserklärung.

Den Deutschen stand das von Bismarck gezeichnete Emser Bild vor Augen: Wilhelm I., ehrwürdig und friedfertig, die Inkarnation deutscher Tugend, die von dem Maledetti Benedetti, der Verkörperung welscher Untugend, dem leibhaftigen Erbfeind belästigt und beleidigt wurde! »Zum Rhein, zum Rhein, zum deutschen Rhein! Wir alle wollen Hüter sein«, wurde in Berlin und München, in Stuttgart und Königsberg gesungen. In der Abwehr des französischen Angriffs wollten alle Deutschen mit dem König von Preußen die »Wacht am Rhein« halten.

»Vielleicht läßt sich noch eine Vermittlung auffinden, aber nur eine, die nicht meine persönliche und die Ehre der Nation tangiert«, hoffte Wilhelm noch am 14. Juli, und fügte am 15. Juli hinzu: »Gott gebe, daß die Gefahr vorübergeht!« Doch er wußte, daß dies eine vergebliche Hoffnung war. »Das ist der Krieg!«, hatte er betroffen ausgerufen, nachdem er die »Emser Depesche« gelesen hatte, zweimal, als könnte er es nicht fassen, was Bismarck wieder einmal aus ihm gemacht, wohin er ihn getrieben hatte.

»So sind also die eisernen Würfel gefallen, schneller, als man es erwarten konnte«, schrieb der Dreiundsiebzigjährige am 15. Juli, dem Tage der Mobilisierung des norddeutschen Bundesheeres, seiner Frau, die schon immer den Frieden geliebt, den inzwischen auch er schätzen gelernt hatte. »Gottes Wege sind nicht unsere Wege, und vor seinem Angesicht stehe ich mit ruhigem Gewissen, daß ich diese Katastrophe nicht verschulde! Sein Wille wird weiter geschehen und uns lenken! Amen!«

»MIT GOTT FÜR KÖNIG UND VATERLAND« hieß die von Jugend auf vertraute preußische Parole. War sie auch ein deutscher Wahlspruch? 1866 hatte Preußen »für ein ideales Gut – für Machtstellung« gekämpft, wie es Moltke kennzeichnete. 1870 zogen die Deutschen in einen Krieg, der »von der öffentlichen Meinung und der Stimme des Volkes« zwar nicht hervorgerufen, aber getragen wurde. Es war ein Nationalkrieg, für Wilhelm etwas Neues und Unheimliches.

Noch gab es Altpreußen wie den Altphilologen Ulrich von Wilamowitz-Möllendorff, die das Schwarz-Weiß im Schwarz-Weiß-Rot, den Farben des Norddeutschen Bundes und bald des Deutschen Reiches, dominieren sahen: »Als eine meiner heiligsten Erinnerungen betrachte ich den Tag der Heimkehr Wilhelms aus Ems. Ich blieb auf der Straße, stand am späten Abend mit der Menge vor dem Palais, die sich mit Hochrufen und Gesang nicht genugtun konnte, bis ein Adjutant auf den Balkon trat und um Ruhe bat, der König hielte Kriegsrat. Schweigend verlief sich die Menge. Der alte Preußenkönig, das alte Preußenvolk.«

Wilhelm selber hatte schon auf der Fahrt von Ems nach Berlin mit gemischten Gefühlen erlebt, wie sich in der Kriegsbegeisterung Preußisches und Deutsches, Patriotisches und Nationales mischten. Das mochte in den neupreußischen Gebieten von Nutzen sein, etwa in Kassel, wo der Magistrat hochgestimmt seinen Bückling machte, oder in Göttingen, wo »die ganze Universitätsjugend« am Bahnhof stand. In Potsdam war er überrascht, »den Perron Kopf an Kopf« zu finden, und nicht gerade begeistert, mit welcher Pose – laut Roon »wie ein flammender Kriegsgott, das Urbild des teutonischen Zornes, mit zurückgeworfenem Haupte und drohend erhobener Rechten« – der Kronprinz der Menge die Mobilmachung verkündete. Der König hätte sie noch gern vor sich hergeschoben, doch schon auf dem Potsdamer Bahnhof mußte er sie beschließen. Zweimal hatte er sich von Bismarck das Telegramm vorlesen lassen, das die französischen Kriegsvorbereitungen meldete, bevor er eindeutig erklärte, er werde die Mobilmachungsordre für die ganze Armee unterzeichnen.

Und dann seine Berliner! »Ich habe so etwas nicht geahnt, nicht für möglich gehalten«, berichtete er der Königin. »Eine solche Masse Menschen und Wagen alle aufgefahren nebeneinander vom Bahnhof, Anhaltstraße, Königgrätzer Straße bis zum Brandenburger Tor und Unter den Linden auf der anderen Seite, alle Fenster voller Menschen, denen ich mich mehrere Male am Fenster und unter der Veranda mich zeigen mußte, und noch diesen Moment, $^1/_2$ 11 Uhr, dauert das Singen und Schreien fort!« Sie schrien »Hoch!« und »Hurra!«, und sie sangen »Ich bin ein Preuße« und ein Lied, das er nicht kannte. Es sei die »Wacht am Rhein« erklärte der Kronprinz, national stets up to date: »Es braust ein Ruf wie Donnerhall, wie Schwertgeklirr und Wogenprall.«

»Mich erfüllt eine komplette Angst bei diesem Enthusiasmus«, kommentierte der König. So begeistert hatte er seine Berliner noch nie gesehen, und selbst die Süddeutschen waren, wie ihm berichtet wurde, »von einem völligen Enthusiasmus« erfaßt. »Kurzum, es ist ein Nationalgefühl, wie man es wohl niemals so allgemein und gleich erlebt hat.«

Auch nicht im Jahre 1813, an das Wilhelm dachte und allgemein erinnerte, indem er »das von Meinem in Gott ruhenden Vater gestiftete Ordenszeichen des Eisernen Kreuzes in seiner ganzen Bedeutung wieder aufleben« ließ und das er zunächst, wie Friedrich Wilhelm III., nur an geborene Preußen, nicht auch an verbündete Deutsche verleihen wollte. Wie 1813 strömten Freiwillige zu den Fahnen. »Wie zur Zeit der Befreiungskriege, so zwingt uns jetzt ein Napoleon zum heiligen Kampfe. Wie damals werden auch jetzt die auf Schlechtigkeit und Untreue gestellten Berechnungen an der sittlichen Kraft des deutschen Volkes zuschanden werden«, erklärte Präsident Eduard Simson im Norddeutschen Reichstag, am 19. Juli, als die formelle Kriegserklärung aus Paris in Berlin eingetroffen war. Wieder rief der König, und alle, alle kamen. Einstimmig – bei Enthaltung der Sozialdemokraten Bebel und Liebknecht – genehmigte die Norddeutsche Volksvertretung den geforderten Kriegskredit von 120 Millionen Talern.

»Wir vertrauen der erfahrenen Führung des greisen Heldenkönigs, des deutschen Feldherrn, dem die Vorsehung beschieden hat, den großen Kampf, den der Jüngling vor mehr als einem halben Jahrhundert kämpfte, am Abend seines Lebens zum entscheidenden Ende zu führen«, hieß es in der Adresse des Reichstags an den König, der die persönlichen wie politischen Zusammenhänge zwischen 1813 und 1870 schätzte, ohne die Unterschiede zu unterschätzen.

Wilhelm I. war wie Friedrich Wilhelm III. König von Preußen, doch darüber hinaus Bundesfeldherr des Norddeutschen Bundes wie der süddeutschen Staaten, für die durch die Kriegserklärung Frankreichs der Bündnisfall eingetreten war – der oberste Kriegsherr Deutschlands, das ihn nach Kampf und Sieg als obersten Friedensherren behalten wollte. Er war geworden, was sein Vater nicht sein konnte und er eigentlich gar nicht werden mochte: »Sammelzeichen und Wahrzeichen«, der deutschen Nation, die nicht in einen »Befreiungskrieg«, sondern in einen «Freiheits- und Einigungskrieg« zog. Er sollte ihr mit der nationalstaatlichen Brüderlichkeit mehr bürgerliche Freiheit und demokratische Gleichheit bringen.

Ein solches allgemeines und gleiches Nationalgefühl hatte es 1813 nicht gegeben, und auch nicht einen Preußenkönig, in dessen Person es investiert und in dessen Namen es artikuliert wurde. Friedrich Wilhelm III. kämpfte, wenn auch mit der hilfswilligen Nationalromantik, für die preußische Staatsraison und für die partikularen Interessen seiner Monarchie, Seite an Seite mit den alten Mächten, die sich mit dem französischen Imperialismus von den französischen Ideen von Freiheit, Gleichheit und Brüderlichkeit befreien wollten.

Nun strebte Napoleon III. mit wenig Chancen an, was Napoleon I. erreicht hatte, die Herrschaft über Europa. Doch das Vermächtnis der Französischen Revolution war längst europäisches

Gemeingut geworden, auch wenn es im alten Preußen, von seinem alten König wenig geschätzt, unter obrigkeitlichem Verschluß gehalten wurde. War es nicht konterproduktiv, gegen den feindlichen Staat ins Feld zu ziehen, um etwas von dessen nationalstaatlichen Ideen, wenn auch in nationalromantischer Verpackung, nach Haus zu bringen?

Die Mächtekombination Metternichs wie die Heilige Allianz Alexanders I. waren längst aufgelöst. Gegen Napoleon III. mußte Wilhelm I. allein antreten. Doch das Rußland Alexanders II., seines Neffen, blieb wohlwollend neutral. Das Österreich Franz Josephs I. mußte nolens volens neutral bleiben – angesichts seiner geschlagenen Truppen wie zerrütteten Finanzen, und nicht zuletzt aus einem Grund, den Reichskanzler Beust, der frühere sächsische Ministerpräsident, der nur zu gern »Rache für Königgrätz« genommen hätte, nannte: die Angst vor »jenem Aufschäumen des Teutonismus, welches Preußen in Deutschland hervorgerufen hat und dessen ansteckende Kraft wir doppelt fürchten.«

Wilhelm war daran nur indirekt, nicht direkt beteiligt. Auch er mißtraute dem »Teutonismus«, der weit mächtiger als 1813 war. Aber er vertraute seinem Heer, das viel stärker war als damals: Norddeutscher Bund 982 064 Mann und 209 403 Pferde, Bayern 128 964 Mann und 24 056 Pferde, Württemberg 37 180 Mann und 8 876 Pferde, Baden 35 181 Mann und 8 038 Pferde. Und Zündnadelgewehre, Karabiner, Geschütze aus Gußstahl.

Mit preußischer Präzision lief die Maschinerie der Mobilmachung und des Aufmarsches ab. Eisenbahnzug auf Eisenbahnzug dampfte gen Westen, mit der vorgeschriebenen Geschwindigkeit von 22,5 Kilometern in der Stunde. Sie könne für die Fahrt in umgekehrter Richtung, von Koblenz nach Berlin, mit »keiner Extrabeförderung« rechnen, beschied der König die Königin, »indem der Vortransport der Truppen für die ganze Armee aus einem Guß berechnet ist, so daß keine Stunde mankieren darf«. In dieser Armee wisse aber auch jeder, was er zu tun habe und wo er hingehöre, wunderte sich ein russischer Beobachter; »sogar der zum Schlachten bestimmte Ochse scheint im voraus zu wissen, in welchen Kochgeschirren er landen wird.« Das sei etwas drastisch, aber nicht unrichtig, kommentierte der König. »In meiner Armee ist wirklich Ordnung. Darum geht es auch.«

Drei Armeen waren aufgestellt: Die I. auf dem rechten Flügel, bei Koblenz, unter General Steinmetz. Die II., im Zentrum, bei Mainz, unter Prinz Friedrich Karl. Die III., auf dem linken Flügel, bei Mannheim, unter Kronprinz Friedrich Wilhelm, dem auch Bayern, Württemberger und Badener unterstellt waren. Der königliche Oberbefehlshaber bemerkte: Der Enthusiasmus habe zwar auch Süddeutschland ergriffen, »aber er verstärkt und verbessert die Truppen nicht«.

»Wenn es der Jubel allein machte, so wären wir geborgen, aber der allein macht es nicht«, meinte Wilhelm zu Augusta, die noch weniger begeistert war als er, die Franzosen schon in Spandau sah, immerhin das tat, was auch Königin Luise getan hätte: Sie rief die deutschen Frauen auf, ihre Pflicht zu tun. Der König suchte die Berliner zu ernüchtern: »Es werden schwere Opfer von Meinem Volke gefordert werden. Wir wollen es uns nicht verhehlen. Wir sind durch den unter Gottes Beistand erlangten raschen Sieg in zwei glücklichen Kriegen verwöhnt. So leichten Kaufs werden wir dieses Mal nicht davonkommen.«

Wilhelm blieb sich selber treu, seiner nicht sicher also. Er dachte an die Parade der französischen Truppen in Longchamp, an das Chassepotgewehr und die Mitrailleuse, an Sebastopol und Solferino und all die anderen Siege Napoleons. »Nun werden wir sie morgen wohl schon vor Kiel haben und wahrscheinlich wartet Napoleon nur diese Nachricht ab, um in hellen Haufen über die Grenze zu kommen«, befürchtete er, als ihm das Einlaufen französischer Panzerschiffe in die Ostsee gemeldet wurde. Er erwartete eine Offensive gegen Saar und Mosel, in die Pfalz und über den Rhein, nach Baden. Welche Karten er herauslegen solle, fragte ihn der Bibliothekar, und der Oberbefehlshaber antwortete: die Karten von Baden, der Rheinpfalz, des westlichen Teils von Württemberg sowie Rheinhessens.

Bevor er zu seinen für die Verteidigung vorgesehenen Armeen abreiste, ordnete er einen allgemeinen Bettag an und verrichtete seine Andacht im Charlottenburger Mausoleum, am Grabe des Vaters, der bei Jena und Auerstädt geschlagen worden war, und der Mutter, die das nicht lange überlebt hatte. Im Palais Unter den Linden war die große Kiste mit den wichtigsten Papieren gepackt, damit sie im Falle eines Kriegsunglücks in Sicherheit gebracht werden könnten.

Er verabschiedete sich von Augusta, der er in diesen Tagen der Erwartung und Ungewißheit näher gekommen war, der Königin, die den König in Berlin zu vertreten hatte. Am 31. Juli fuhren sie zum Dom, dann zum Bahnhof, umarmten sich und weinten.

Zwei Tage später schrieb er ihr zum ersten Mal, »Dein treuester Freund«, aus dem Großen Hauptquartier in Mainz: »Die schwere Abschiedsstunde liegt nun hinter uns, und wenn sie durch die Jubelfahrt, die ich 36 Stunden lang machte, wie verklungen erscheinen könnte, – so liegt sie doch gleich schwer mir im Herzen, denn die Zukunft ist unsicher, und erst nach schweren Kämpfen wird sich Gottes Willen kund tun.«

Gott schien mit Wilhelm, nicht mit Napoleon zu sein. Den Franzosen glückte nichts: Mobilmachung und Aufmarsch dauerten zu lang, die geplante Offensive konnte nicht beginnen. Daraufhin empfahl Moltke und befahl Wilhelm den Angriff. Die deutschen Armeen stießen nach Frankreich hinein.

Schon am 4. August kam die erste Siegesdepesche: »An die Königin Augusta! Unter Fritzen's Augen heute einen glänzenden aber blutigen Sieg erfochten durch Stürmung von Weißenburg und des dahinter liegenden Gaisberges. Unser 5. und 11. Corps und 2. bayerisches Armee-Corps fochten ... Mein Regiment und 58er starke Verluste. Gott sei gepriesen für diese erste glorreiche Waffentat! Er helfe weiter! Wilhelm.«

»Wie sichtlich steht uns Gottes Gnade zur Seite«, schrieb Wilhelm wenige Tage später an Augusta, nach dem zweiten Sieg der III. Armee ihres Sohnes im Elsaß, bei Wörth, am 6. August. So glänzend wie der Siegesbericht war die Schlacht freilich nicht gewesen: von der Heeresleitung nicht geplant, durch Vorpreschen der Vorhut entstanden, »teuer erkauft durch den Verlust von 489 Offizieren und 9000 Mann«, wie Moltke kritisierte. Wilhelm war ungehalten, daß die Siegesmeldung stundenlang früher in Berlin und sogar in München eingetroffen war als in seinem Mainzer Hauptquartier.

Auch manchen seiner Generäle ging es nicht schnell genug, beispielsweise Generalleutnant von Kameke: Am 6. August befahl er der Vorhut der I. Armee den Frontalangriff auf die festungsartigen

Spicherer Höhen bei Saarbrücken, »ohne vorherige Sammlung und Disponierung«, wie ein etwas neidischer Generalskamerad kritisierte, »ein vollkommenes Laissez-faire, laissez-aller«. Es kostete 223 Offiziere und 4648 Mann.

Vier Tage danach, am 10. August, sah der König das Schlachtfeld von Spichern, das erste in diesem Krieg. Das Hauptquartier war von Mainz über Homburg bis Saarbrücken vorgeschoben worden. Die Einschränkungen wuchsen mit der Annäherung an das »Kriegsgetümmel«. In Mainz hatte es noch ein »lukullisches Diner« beim Großherzog gegeben, doch schon beim König ein »Felddiner« mit nur drei Gängen. Dann hatte er »nur elend kalt im Regen gefrühstückt.« Nun beritt er die Walstatt von Spichern, »wo es furchtbar noch aussieht durch zertrümmerte Waffen, Kleidungsstücke aller Art. Tote und Blessierte sind schon alle beseitigt; hier sollen 1700 Blessierte liegen, die ich nach Tisch besuchen will.«

Das drückte ihn nieder, und das richtete ihn auf: Die gestürmte Position sei so ungemein stark gewesen, »daß die gefangenen Offiziere sagen, sie hätten die Wegnahme derselben für unmöglich gehalten, aber sie hätten mit solchem Feinde auch noch nicht gekämpft, weder in Italien, noch in der Krim, noch in Algier, da unsere Soldaten gerade so vorgingen, als würde ohne Kugeln auf sie geschossen. Ein größeres Lob ist wohl nicht zu erteilen.«

»So hätten wir denn le beau pays de France«, schrieb er am 12. August aus St-Avolt, seinem ersten Hauptquartier auf französischem Boden. Bei Überschreiten der Grenze hatte er einen Aufruf an das französische Volk gerichtet: er führe Krieg mit den Soldaten, nicht mit den Bürgern, doch requiriert müsse werden. Plakate mit der Proklamation wurden von der Feldpolizei überall dort angeschlagen, wohin die deutschen Truppen gekommen waren; die Druckerei hatte Mühe, nachzukommen.

Der Oberbefehlshaber fuhr in der Equipage hinterher, bei Regen und Hitze, durch Schmutz und Staub. Für den Dreiundsiebzigjährigen wurde es beschwerlich. In diesem Alter war noch kein preußischer König in den Krieg gezogen, doch wie der fünfundvierzigjährige Friedrich der Große bei Leuthen oder der dreiundvierzigjährige Friedrich Wilhelm III. bei Leipzig mußte er, wo es immer ging, seine Präsenz demonstrieren, stundenlang vormarschierende Truppen vorbeidefilieren lassen, stundenlang durch Biwaks reiten, auf seinem »Romeo«, denn die »Sadowa« war nicht mehr im Dienst.

Und dem Kriegsrat hatte er zu präsidieren, Moltkes Kriegsplan zu approbieren: Umzingeln der Armee Bazaine bei Metz, Verhindern einer Vereinigung mit der bei Châlons-sur-Marne sich sammelnden Armee Mac-Mahon. Als Bazaine das erste zu vermeiden und das zweite zu erreichen suchte, kam es zur zweiten Schlachtentrilogie des Feldzugs: Auftakt bei Colombey-Nouilly, Zwischenakt bei Vionville oder Mars-La-Tour und Finale bei Gravelotte und St-Privat.

Im Frühnebel stieg der König zu Pferde, am 18. August 1870, an dem er den Tag von Königgrätz repetieren wollte. Um sechs Uhr morgens, als sich schon der strahlende Hochsommertag ankündigte, hielt er mit Moltke und dem Stab auf der Höhe bei Flavigny. Die Franzosen lagen in günstig gewählten, befestigten Stellungen. Die Deutschen – I. und II. Armee – griffen an. Auf dem linken Flügel, wohin Moltkes Arm nicht reichte, verlor der Kommandeur des preußischen Gardekorps, General der Kavallerie Prinz August von Württemberg, die Geduld. Ohne die Flankenbewegung des XII. (sächsischen) Korps abzuwarten und ohne genügende Artillerievorbereitung befahl er den frontalen Infanterieangriff auf das Dorf St-Privat, das wie eine feste Burg auf stolzer Höhe lag.

Unter den Klängen des Avanciermarsches stürmte die Garde gegen die Feuerwand der Chassepots und Mitrailleusen, die Offiziere voran, die als erste fielen. Der Kommandeur der Garde-Artillerie-Brigade, Prinz Kraft zu Hohenlohe-Ingelfingen, versuchte Infanteristen aufzuhalten: »Seid ihr verrückt, zurück, damit die Batterien feuern können!« Hauptmann von Falckenstein schrie ihn an: »Das ist gegen unsere Ehre ... Vorwärts, Jungens, Hurra!« Sie nahmen St-Privat, ließen ein Schlachtfeld zurück, das Hohenlohe-Ingelfingen beschrieb: »Es war grauenerregend, die Masse der Opfer liegen zu sehen, welche der Angriff auf das Dorf gekostet hatte. Da lagen vornehmlich die schönsten und größten Männer der preußischen Monarchie in großer Zahl.« Das Gardekorps hatte in wenigen Stunden 307 Offiziere und 7923 Mann an Toten und Verwundeten zu beklagen.

»Nur Faust, ohne Kopf, und doch siegen wir«, murrte Bismarck. Moritz Busch schrieb im Manuskript des Buches *Graf Bismarck und seine Leute*: »Bei St-Privat griff die Garde aus reinem Brotneid auf die Sachsen unvernünftig an.« Diesen Satz strich Bismarck auf dem

Korrekturbogen und bemerkte am Rande: »Was würde Seine Majestät dazu sagen!«

Der frühere Kommandeur des Gardekorps, der König, depeschierte an die Königin: »Die französische Armee in sehr starker Stellung westlich von Metz heute unter Meiner Führung angegriffen, in neunstündlicher Schlacht vollständig geschlagen, von ihren Verbindungen mit Paris abgeschnitten und gegen Metz zurückgeworfen.« Wilhelm schrieb Augusta: »Ich scheue mich, nach den Verlusten zu fragen und Namen zu nennen, da nur zu viele Bekannte genannt werden.« Und, nachdem er stundenlang zwischen Toten und Verwundeten umhergeritten war: »Bei solchen Anblikken mußte man an die denken, die solche Schrecknisse verursachen, da hätte man Gramont, Ollivier und noch Höherstehende hinführen müssen, um ihr Gewissen zu rühren! Gott sei gelobt, daß das meinige ruhig dabei sein konnte, wenngleich es wohl dazu angetan war, sich selbst zu prüfen, was man doch selbst wohl verschuldete.«

War es nicht mörderisch, die in dreijähriger Dienstzeit zu absolutem Gehorsam erzogenen Soldaten nach dem Reglement von 1847, das mit Vorderladern, nicht mit Hinterladern gerechnet hatte, gegen Schnellfeuer anrennen zu lassen? Und er hatte Soldaten höchstpersönlich gegen die Todeswand gejagt, Zurückweichende wieder nach vorne getrieben. Auf dem rechten Flügel gewänne die Truppe ja kein Terrain, hatte er Moltke angeherrscht, der erwiderte: »Sie schlagen sich für Eure Majestät wie Helden!« Der König konterte: »Das weiß ich allein«, und befahl General Steinmetz, endlich voranzumachen, warf – entgegen der Planung Moltkes – auch noch das anrückende II. Korps auf Gravelotte.

»Es wäre richtiger gewesen, wenn der zur Stelle anwesende Chef des Generalstabs der Armee dieses Vorgehen in so später Abendstunde nicht gewährt hätte«, tadelte Moltke später sich selbst. Patriotische Geschichtsschreiber suchten zu vertuschen, daß am 18. August nur bei St-Privat ein Sieg, bei Gravelotte jedoch – wo der König eingegriffen hatte – lediglich ein Unentschieden, bei wohlwollender Betrachtung, erzielt worden war. Man hielt sich an das Bild, das der Schlachtenmaler Otto Günther geschaffen und die *Vossische Zeitung* beschrieben hatte: Der greise König, am Abend der Schlacht in Rezonville, immer noch den Helm auf dem Haupt, an einer Gartenmauer, auf einer Leiter sitzend, deren eines Ende auf eine Dezimalwaage, deren anderes auf einen krepierten französischen Grauschimmel gelegt war – wie er aus einem abgebrochenen Tulpenglas Rotspon auf diesen und die weiteren Siege trank.

Wilhelm selber bekannte seiner Frau: »Bei diesen gemischten Gefühlen komme ich gar nicht zur rechten Freude über den Sieg.« Er dachte weniger an sein eigenes Fehlverhalten, mehr an die Opfer und vor allem daran, daß sich Bazaine in die Festung Metz zurückziehen konnte und Mac-Mahon aus dem Lager von Châlons gegen sein erfolgreiches, aber angeschlagenes Heer heranzog. »Jawohl, mit einer solchen Armee kann man auch nur solche Erfolge erkämpfen, aber sie leidet auch so, daß mir außerordentlich bangt vor einem neuen Zusammenstoß, denn der Feind schlägt sich mit gleicher Bravour.«

Mit gemischten Gefühlen betrachtete er Freund und Gegner. Frankreich erschien dem Greis 1870 wie dem Jüngling 1813/15 als der Erzfeind, den es militärisch wie geistig-politisch zu schlagen galt. Er erinnerte sich nicht nur an Parallelen im Feldzugsverlauf, sondern blieb sich auch bewußt, daß es heute wie damals um einen Weltanschauungskampf ging. Mit der Französischen Revolution habe alles Unglück begonnen, konstatierte er in Varennes, wo 1791 Ludwig XVI. auf der Flucht angehalten worden war. »Es durchzuckt jedermann der Gedanke, daß jene Arretierung, die das Königspaar auf das Schafott brachte, womit alle Pietät und alle Fundamente des Königtums entwurzelt wurden, – dieserhalb mit der Grund ist, daß wir jetzt im Kriege hier stehen! Denn seit jener Schreckenszeit ist Frankreich nie dauernd zur Ruhe gekommen.«

Napoleon I. war der Erbe und Vollstrecker der Revolution gewesen, konnte man das aber auch von Napoleon III. sagen? »Überall merkte man den Segen einer zwanzigjährigen Kaiserregierung, der es gelungen war, den revolutionären Geist niederzuhalten. Kirchen und Schulgebäude, Bürgermeistereien, öffentliche Bauten und Waschanstalten, vortreffliche Landstraßen, alles wohlgeordnet, Wohlhabenheit, ja Luxus sogar in den Bauernwohnungen.« Louis Schneider gab die Beobachtung des Königs wieder und dessen Kommentar: »Eigentlich tut mir Napoleon leid, denn er hat Frankreich besser als irgend seiner Vorgänger regiert und erleidet nur die Folgen davon, daß er sich einer parlamentarischen Regierung in die Arme geworfen hat. Am Besten wäre es, wenn wir mit ihm Frieden schließen könnten, denn weder eine Republik, noch die Orléans oder Bourbons werden das Land so gut regieren als er es regiert hat. Aber freilich, einen gedemütigten Napoleon wird Frankreich auch nicht ertragen wollen.«

Dann demütigte König Wilhelm Kaiser Napoleon, und die Franzosen setzten den glücklosen Bonaparte ab. Er machte aber auch falsch, was falsch gemacht werden konnte. Napoleon III. begab sich zur Armee Mac-Mahon, seiner letzten, die noch zu operieren vermochte. Statt mit ihr seine Hauptstadt und seinen Thron zu schützen, suchte er Metz zu erreichen und Bazaine zu entsetzen, durch einen nordöstlichen Flankenmarsch.

Die Deutschen waren schon, unter Zurücklassung einer Belagerungsarmee vor Metz, auf dem Marsch nach Paris. Nun rekommandierte Moltke und kommandierte der König: »Rechts schwenkt, marsch!« Am 30. August stießen die deutschen und französischen Vorhuten auf dem linken Maasufer bei Beaumont zusammen. Mac-Mahon sah den Weg nach Metz versperrt, zog sich nach Sedan zurück, einer Festung zweiten Ranges, hart an der belgischen Grenze.

»Wir sitzen hier in einem Nachtgeschirr, in das man von allen Seiten auf uns scheißen wird«, polterte General Ducrot, einer der 130 000 Franzosen, die am 1. September von 250 000 Deutschen eingeschlossen und beschossen wurden. 71 deutsche Batterien feuerten in die in einem Quadrat von je drei Kilometern Seitenlänge zusammengedrängten Feinde.

Diesmal hatte er Moltke machen lassen. Der König war auf die Höhe von Frénois geritten, wo er nur Ausschnitte der Schlacht sah, so den verzweifelten Versuch französischer Kavallerie, den Belagerungsring zu sprengen. Als Sedan, unter dem Granatenhagel, zu brennen begann, »was mit den vielen brennenden Dörfern in dem ganzen Schlachtkreise einen erschütternden Eindruck machte«, ließ Wilhelm das Feuer einstellen und entsandte einen Parlamentär, »der Armee und Festung Kapitulation anbietend«. Der Parlamentär kam zurück und berichtete, er sei in Sedan von Napoleon selber empfangen worden. »Vom Kaiser?«, rief der König, der jetzt erst Gewißheit bekam, daß sein Gegner in der belagerten Festung war.

Kurz darauf, gegen 18.30 Uhr, gewahrte er drei Reiter mit einer weißen Fahne, die sich der Höhe von Frénois näherten. Der kaiserliche Generaladjutant Reille stieg vom Pferd, nahm das Käppi ab und übergab Wilhelm I. ein versiegeltes Schreiben. »Sire, hier ist ein Brief von seiten des Kaisers.« Der König fiel ihm ins Wort: »Aber ich verlange als erste Bedingung, daß die Armee die Waffen niederlege!« Dann erst öffnete er das Kuvert, überflog das Handschreiben: »Mein Herr Bruder! Da es mir nicht vergönnt war, in der Mitte meiner Truppen zu sterben, so bleibt mir nichts übrig, als meinen Degen in die Hände Eurer Majestät zu legen.«

Eine Husarentasche hatte als Tisch zu dienen, Stahlfeder, Tinte und Papier hatten der Großherzog von Weimar und der Kronprinz zur Hand. Graf Hatzfeldt vom Auswärtigen Amt machte einen Entwurf, Bismarck korrigierte ihn und Wilhelm schrieb: »Mein Herr Bruder! Indem ich die Umstände, unter denen wir uns begegnen, bedauere, nehme ich den Degen Eurer Majestät an und bitte Sie, einen Offizier zu bevollmächtigen, um über die Kapitulation der Armee zu verhandeln, welche sich so tapfer unter Ihrem Befehle geschlagen hat. Meinerseits habe ich den General von Moltke hierzu bestimmt.«

Kaum hatte sich Reille entfernt, fielen sich der König und der Kronprinz um den Hals. »Die Weltgeschichte ist das Weltgericht«, notierte der Sohn in sein Tagebuch. Der Vater sagte zu Bismarck: »Dies welthistorische Ereignis, fürchte ich, bringt uns den Frieden noch nicht.«

Napoleon konnte nur sich selber ergeben. Für die Armee wollte er nicht und für die Regierung konnte er nicht sprechen – am 4. September sollte in Paris die Republik ausgerufen werden. »Da ich am Morgen des 2. noch keine Meldung von Moltke über die Kapitulationsverhandlungen erhalten hatte, die in Donchéry stattfinden sollten«, berichtete Wilhelm, »so fuhr ich verabredetermaßen nach dem Schlachtfeld um 8 Uhr früh und begegnete Moltke, der mir entgegen kam, um meine Einwilligung zur vorgeschlagenen Kapitulation zu erhalten.« Noch war sie nicht vollzogen, da der Kommandant von Sedan Schwierigkeiten machte. Kurz vor 12 Uhr meldete ein Generalstabsoffizier dem König – der auf einem Grenzstein saß und frühstückte –, daß Moltke und Bismarck zu ihm mit der Kapitulationsurkunde unterwegs seien.

Wilhelm zog Bilanz: 39 Generäle, 2830 Offiziere und 83 000 Mann zogen in Gefangenschaft; 21 000 Franzosen waren schon vorher gefangen worden, 17 000 gefallen, 3000 nach Belgien entkommen. Erbeutet wurden ein Adler und zwei Fahnen, 419 Feldgeschütze und Mitrailleusen, 139 Festungsgeschütze, 1072 Fahrzeuge, 66 000 Gewehre und 6000 noch brauchbarer Pferde. Und der Kaiser der Franzosen war der Gefangene des Königs von Preußen.

Noch an diesem 2. September 1870 trat der Sieger dem Besiegten gegenüber, im Schlößchen Bellevue bei Donchéry. Napoleon III., die Spuren der Katastrophe im Gesicht, die Gestalt von Schmach und Nierenschmerzen gebeugt, war in kleiner Generalsuniform, mit dem Stern der Ehrenlegion und dem schwedischen Schwertorden, den er für Solferino, seinen letzten großen Sieg, bekommen hatte. Wilhelm I. trug seine Kampagne-Uniform, Rock, Pickelhaube und Füsiliersäbel. Sie standen sich vis-à-vis, der König hochgereckt, den Helm in der Hand, der Kaiser an eine Kommode gelehnt. Gott habe in dem Krieg, der ihm erklärt worden sei, seinen Waffen den Sieg gegeben, hob Wilhelm an. Er habe den Krieg nicht gesucht, antwortete Napoleon; er sei durch den Parlamentarismus, die Presse und die öffentliche Meinung dazu gezwungen worden.

Genau 21 Minuten dauerte die Begegnung. Anschließend fuhr Napoleon, von schwarzen Totenkopf-Husaren eskortiert, nach Schloß Wilhelmshöhe bei Kassel. Wilhelm »beritt von $^1/_2$ 3 bis $^1/_2$ 8 Uhr die ganze Armee um Sedan. Den Empfang der Truppen, das Wiedersehen des dezimierten Gardekorps, das alles kann ich heute nicht beschreiben; ich war tief, tief ergriffen von so vielen Beweisen der Liebe und Hingebung.« Soldaten küßten ihm die Hände, waren schon zufrieden, wenn sie ihm die Stiefel oder den Schweif des Pferdes küssen konnten. Prinz Kraft zu Hohenlohe-Ingelfingen, sah einen König, dem unaufhaltsam Tränen aus den Augen rannen. Als er ihm sagte: »Wir sterben ja alle gerne für Eure Majestät«, erhielt er zur Antwort: »Das weiß ich, und darum tut es mir eben so wehe.«

Erst nach Mitternacht war er wieder in seinem Quartier in Vendresse, wo er um 8.00 Uhr früh aufgebrochen war. Der Dreiundsiebzigjährige war jetzt zu müde, um traurig oder glücklich zu sein. Am 3. September lud er zum Siegesdiner ein, wobei er – zum ersten Mal in diesem Feldzug – Champagner servieren ließ. Er erhob sein Glas und sprach: »Wir müssen heute aus Dankbarkeit auf das Wohl meiner braven Armee trinken. Sie, Kriegsminister Roon, haben unser

Schwert geschärft; Sie, General von Moltke, haben es geführt, und Sie, Graf von Bismarck, haben seit Jahren durch die Leitung der Politik Preußen auf seinen jetzigen Höhepunkt gebracht.«

Zur Veröffentlichung des Trinkspruches ersetzte er das Wort »geführt« durch »geleitet«, denn – wie er seinem Pressesekretär Schneider bedeutete – geführt habe nicht Moltke, der Generalstabschef, sondern er, der Oberbefehlshaber, das Schwert. »Welch eine Wendung durch Gottes Führung«, hatte er nach Berlin depeschiert, wo das Brandenburger Tor mit diesem Königswort dekoriert wurde. Arbeiter der Borsig-Werke defilierten am Palais Unter den Linden vorbei. Das gefiel Wilhelm, und das mißfiel ihm: Schusterjungen kletterten auf das Denkmal Friedrichs des Großen, und die Königin beschenkte auch noch einen Buben, der Fridericus Rex auf den Hut gestiegen war.

Wilhelm ahnte, daß die nationale Sedan-Begeisterung seinem Preußentum schaden würde. Und er wußte, daß man mit Frankreich noch lange nicht fertig war. »Warten sie nur ab, jetzt fängt der Krieg erst richtig an«, sagte er nach der Kapitulation Napoleons zu Louis Schneider. Und, als er die Proklamierung der Republik vernommen hatte: »Jetzt werden die Wortführer eine Levée en masse predigen, wie 1814!«

E IN KAMPF UM PARIS war der zweite Teil des deutsch-französischen Krieges. Und da die Stadt nicht nur die größte und stärkste Festung der Welt, sondern auch das Symbol eines neuen, republikanischen Frankreichs war, wurde es ein langwieriger, die Nerven des alten Königs wie seine althergebrachten Vorstellungen der Kriegführung strapazierender Kampf.

Es hatte ihm schon nicht behagt, daß er noch traditionell durch einen Thronfolgestreit ausgelöste und von ihm als Staatskrieg aufgefaßte Konflikt von den Deutschen, seine Preußen eingeschlossen, als Nationalkrieg bezeichnet wurde. Nun proklamierte die dritte wie die erste französische Republik den Volkskrieg, nicht nur gegen die Deutschen, sondern auch gegen die Monarchen. Französische Linke appellierten an deutsche Linke: »Vergessen wir die beiderseitigen Verbrechen, welche Despoten nur verüben ließen. Proklamieren wir die Freiheit, die Gleichheit, die Brüderlichkeit der Völker!« Und

Léon Gambetta, der starke Mann der Republik, rief seine Mitbürger mit und ohne Uniform auf: »Jeder Franzose erhalte oder ergreife ein Gewehr... Unsere neue Republik ist eine Republik des Kampfes bis zum Äußersten!«

Sie sollten ihre Soldatentugend auch weiterhin dem König und Vaterland als ein heiliges Gut bewahren, wurde den Truppen gepredigt, die nach Sedan, am 4. September, zu einem Feldgottesdienst befohlen worden waren. Noch am selben Tag marschierten 240 000 deutsche Soldaten, die III. und IV. Armee, auf Paris, das Roon als Sündenbabel oder gar als Satansresidenz zu bezeichnen pflegte.

Schon auf dem Hinweg glaubten sie Teufeln zu begegnen: Partisanen, die sich »Francs-tireurs« nannten, Freischützen, die pour la France aus dem Hinterhalt schossen, Preußen, Wild oder Reiche zu erlegen trachteten, wie Kronprinz Friedrich Wilhelm sagte. Je weiter die Deutschen nach Frankreich hineinstießen, desto länger und verwundbarer wurden die Verbindungswege. Und je näher sie Paris kamen, um so mehr »verbrannte Erde« sahen sie – aufgerissene Straßen, umgehauene Alleebäume, zerstörte Brücken, schwelende Getreidemieten und Häuser, in denen kein Mensch zu finden und kein Stück Brot zu haben war.

Am 19. September stand Wilhelm vor Paris, auf einem Hügel östlich von St-Denis. Adjutanten wollten den Triumphbogen und das Pantheon erkannt haben, der König war sich nicht so sicher. Man war noch zu weit weg, und man konnte auch nicht, wie in den Befreiungskriegen, mir nichts, dir nichts, hinmarschieren und einmarschieren. »Von einem Einzug in Paris wie 1814 kann wohl überhaupt diesmal nicht die Rede sein, wenn wir überhaupt hineinkommen«, schrieb Wilhelm seiner Frau. Immerhin, 15 Tage nach dem Aufbruch von Sedan war Paris eingeschlossen. In weitem Kreis um den Ring der Forts standen die Deutschen – auf einer Frontlinie von 90 Kilometern, 1600 Soldaten auf jedem Kilometer.

Aus dem Bewegungskrieg, den der deutsche Soldat schätzte und der preußische Generalstabschef zu führen verstand, war ein Belagerungskrieg geworden. »Der deutsche Soldat schanzt nicht gern«, äußerte General Steinmetz. Moltke räumte ein: »Wir unternehmen ein Wagestück.« In der für uneinnehmbar geltenden Festung Paris lagen 300 000 Bewaffnete. Hinter dem Rücken der deutschen Belagerer wurden französische Armeen aus dem Boden gestampft. Sie würden Paris zu entsetzen versuchen, die Deutschen würden das zu verhindern haben – das könnte schief gehen, jedenfalls lange dauern. »Wir werden vielleicht noch schwere Tage zu durchleben haben«, orakelte Wilhelm. »Das will aber niemand glauben, weil alle von den bisherigen beispiellosen Erfolgen benommen sind.«

Der Siegeszug war festgefahren; man hatte sich auf einen unerquicklichen und unbestimmten Aufenthalt einzurichten. Der König brauchte ein Hauptquartier. Der Parvenueprunk des Rothschild-Schlosses in Ferrières behagte ihm nicht. »Ich kann mir so etwas nicht erlauben.« Doch das Badekabinett, das er in demonstrativer Bescheidenheit als Arbeitszimmer aussuchte – die Badewanne wurde in eine Chaiselongue verkleidet –, war für längere Zeit auch nicht das richtige.

Am 5. Oktober zog er nach Versailles, aber nicht in das Schloß Ludwigs XIV. Mit der Pracht des Sonnenkönigs hätte er sich eher abfinden mögen als mit dem Protz des Finanzmagnaten, doch nicht einmal im Geiste wollte er dem Schloßherren begegnen, der Friedrich I. von Preußen als »Marquis de Brandenbourg« heruntergemacht hatte. Und da waren die Erinnerungen an die Französische Revolution: Genau vor 81 Jahren, am 5. Oktober 1789, hatte Pariser Pöbel Ludwig XVI. und Marie Antoinette aus Versailles in die Tuilerien, in ein komfortables Volksgefängnis, geholt. Ohnehin waren Spiegelsaal und Galerie des Batailles für Verwundete bestimmt, Deutsche wie Franzosen.

Wilhelm nahm Wohnung in der Präfektur, die Napoleon III. erbaut hatte, der ihm trotz aller Gegnerschaft näher stand, in einem fast schlichten Bau, in dem er sich noch am ehesten wohlfühlen mochte. Wenn er an das Fenster trat, konnte er auf der Avenue de Paris seine Soldaten marschieren sehen. Und einen Blick auf das Schloß Ludwigs XIV. werfen, auf die Inschrift »A toutes les gloires de la France« und auf die preußische Fahne, die darüber wehte.

Zur Feier seines Einzuges in Versailles hatte er die großen Wasser springen lassen. Es war ein wunderschöner Herbsttag, die Parkbäume verfärbten sich und die Fontänen sprühten Silber. Am Abend erklang der große Zapfenstreich – vor dem Reiterstandbild Ludwigs XIV., dessen Salutieren mit ausgestrecktem Marschallstab eigentlich nicht einem solchen Ereignis hätte gelten sollen.

Dann begannen die sauren Wochen. Der König arbeitete so, wie er es von Hause aus gewohnt war und es ihm im Felde abverlangt wurde. Gegen 7 Uhr erhob er sich von seinem Feldbett, einem niedrigen Eisengestell mit kargen Polstern und dünner Decke. Beim Kaffee las ihm Schneider aus Zeitungen vor. Auf dem Schreibtisch lagen, wohlgeordnet nach Wichtigkeit, Briefe und Depeschen, die er selber öffnete. Um 9 Uhr meldete sich der Flügeladjutant vom Dienst, anschließend der Hofmarschall. Es folgten die Vorträge des Zivilkabinetts, des Militärkabinetts, der Generalsvortrag. Moltke und Roon waren fast immer dabei, Bismarck nur selten.

Gegen 11 Uhr nahm Wilhelm eine Kleinigkeit zu sich. Anschließend fuhr er gern zu seinen Soldaten. Um 16 Uhr wurde diniert, mit der militärischen Suite und Geladenen. Man speiste aus dem »Feldservice«, leichten Silbertellern, die eher bescheiden gefüllt wurden. Die Weine des Franzmannes wurden gelitten, indes nicht übermäßig. Nach dem Diner trug der König den Aktenberg in seinem Arbeitszimmer ab. Die abendliche Teegesellschaft war dann zum Einschlafen, meinte Friedrich Wilhelm, der junge Herr.

Der Vater sehe blühend aus, wie wenn er zu Hause wäre, bemerkte der Sohn, der König jedoch, so der Kronprinz, sei nervös, stets in gereizter Stimmung – weil er ständig Hiobsbotschaften erwarte. Gute Nachrichten kamen durchaus: Am 23. September war Toul, am 27. September Straßburg gefallen, am 10. Oktober wurde Orléans genommen. Und am 27. Oktober kapitulierte Metz mit 3 Marschällen, 6000 Offizieren und 173 000 Mann. Wilhelm ernannte Prinz Friedrich Karl, der Metz genommen hatte, zum Generalfeldmarschall, ebenso Kronprinz Friedrich Wilhelm, der immer noch vor Paris stand. Er selber verlieh sich – jetzt erst – das Eiserne Kreuz I. Klasse.

Dann hörte es auf, daß Schneider fast jeden Morgen dem König zum Kaffee »eine eroberte Festung oder einen sonstigen Sieg servieren konnte«. Immer häufiger vernahm er nun Ausrufe des Königs wie: »Was ist denn das wieder!« Oder »Das ist ja unglaublich!« Mit dem Wetter verschlechterten sich die Meldungen. Am 30. Oktober räumten die Deutschen, vor der Übermacht der Loire-Armee, die Stadt Orléans, wurden am 9. November auf dem Rückzug bei Coulmiers geschlagen. Zwar konnten Ende November und Anfang Dezember die französischen Vorstöße aus dem Süden und dem

Norden gegen Paris aufgefangen und die damit abgestimmten Ausfälle aus Paris zurückgeschlagen werden. Aber man trat auf der Stelle, und wenn auch der unentwegte Kapellmeister Piefke vom Königs-Grenadier-Regiment Nr. 7 schon einen neuen »Pariser Einzugsmarsch« komponiert hatte – was der Vater mit Hilfe der Russen, Österreicher und Engländer zweimal, 1814 und 1815 im Handstreich geschafft hatte, schien dem Sohn auch nach monatelanger Belagerung nicht zu gelingen.

Und er war noch nicht einmal in Paris, da neideten ihm schon die einstigen Alliierten die Siegesfrucht, und die Diplomaten begannen bereits, wie 1814/15, das durch das Schwert Gewonnene durch die Feder zu verderben. Wie 1866 drängte Bismarck auf eine baldige Beendigung des Kriegs, und das um so mehr, weil er nicht nur die Einmischung einer einzigem, sondern mehrerer Mächte zu gewärtigen hatte – damals Frankreich, nun England, das die »Balance of powers« gefährdet sah, Österreich, das sich gern als Präsidialmacht eines neuen Wiener Kongresses gesehen hätte, und das Rußland Alexanders II., der am liebsten in die Rolle Alexanders I. geschlüpft wäre.

Alle erinnerten sich auf einmal daran, daß man ja im fortgeschrittenen 19. Jahrhundert lebte, in dem nicht mehr Krieg und Blutvergießen, sondern Friede und Völkerverständigung angezeigt gewesen wären. Auch Augusta begann ihren Pazifismus zu pflegen, den Hurra-Rufe und Viktoriaschüsse lädiert hatten.

Nachdem der Kaiser, der Aggressor, besiegt worden war, hätte man mit der Republik, die sich lediglich verteidigte, Frieden schließen können, schrieb Augusta ihrem Wilhelm. Eine solche Feldpost hatte ihm gerade noch gefehlt. »Was heißt es: das republikanische Defensivsystem, das wir bekämpfen? Hat denn die Republik etwa uns den Frieden angeboten?«, schrieb er zurück. Habe Gambetta nicht den totalen Krieg begonnen, die Franktireurs losgelassen? »Da die Republik auch keine Spur von Niedergeworfenheit und Friedensliebe zeigt, da hätten wir sollen unseren Siegeslauf hemmen?«

Die Republik hatte durchaus Frieden angeboten, doch partout auf Elsaß und Lothringen nicht verzichten wollen – die Wilhelm schon im August, also vor Sedan, nicht mehr hatte herausrücken wollen, mehr aus militär-strategischen als aus national-deutschen Gründen. An der Weigerung einer Gebietsabtretung waren nach

Sedan, am 19. und 20. September, die Friedensunterhandlungen zwischem dem republikanischen Außenminister Favre und Bismarck in Ferrières gescheitert.

»Was bot uns der niedergeworfene Feind? Nichts! Wir sollen unsere Siege bereuen, zurückgehen, Elsaß und Lothringen, das ganz Deutschland unanime fordert, aufgeben? Und bei der guerre à outrance sollten wir ohne Repressalien bleiben?« Das erwiderte Wilhelm am 6. November Augusta, die um Pardon für die französischen Patrioten gebeten hatte. »Das alles sind Auswüchse der Sentimentalität, weil der Krieg nicht in 4 Wochen aus war! Ich kann nicht inständigst genug warnen, dergleichen Richtungen nicht die Oberhand gewinnen zu lassen.«

»Als ich diese seine Worte las, war ich wie vernichtet«, schrieb Augusta dem Bruder, Karl Alexander von Weimar. »Es ist schwer, sich verständlich zu machen, wenn es sich nur um den Erfolg, nicht um die Verantwortungen noch um die Folgen handelt.« Ihr Mann vermöge humanitäre Empfindungen und Sentimentalität nicht zu unterscheiden. Sie klagte weiterhin über den »unseligen Krieg«, seine »zunehmende Entartung«, jene »Brutalitäten, über welche die kommende Zivilisation Abrechnung verlangen wird«.

Und ließ nicht locker, setzte sich vornehmlich für die darbenden Pariser ein. Anfang November waren die Waffenstillstandsverhandlungen zwischen Thiers und Bismarck in Versailles abgebrochen worden. Der Franzose hatte die Verproviantierung der Hauptstadt verlangt, die Deutschen forderten dafür die Übergabe mindestens eines Pariser Forts. »Wir haben Zeit, bis sie ihre Hunde und die schönen langhaarigen Katzen gegessen haben werden«, sagte Bismarck. Der König war nicht so zynisch, doch ebenso unbedingt. Man müsse Paris aushungern, meinte er, wenn man es schon nicht bombardieren wolle.

Für eine »Hungerkur mit Eisenpillen« war Roon, und Bismarck für eine Beschießung, nachdem der Vorrat an Hunden und Katzen anscheinend unerschöpflich war. Der Kronprinz bevorzugte die Aushungerung, »da diese Maßregel, so grausam sie auch erscheint, doch mehr Menschenleben erspart, als eine regelrechte Belagerung und Erstürmung uns kosten würde«. Moltke konnte sich nicht für eine Beschießung entschließen, weil er sich nicht im klaren darüber war, ob sie militärisch zweckmäßig wäre, und weil er noch keine gefechtsklare Belagerungsartillerie zur Verfügung hatte.

Derweil geriet der König ins Kreuzfeuer. Die Fronten zwischen Militärs und Politikern, sprich Bismarck, hatten sich verhärtet, und je weniger man gegen den Feind marschieren konnte, um so mehr ging man im Hauptquartier aufeinander los. Gegen eine schädliche Betonung »politischer Momente« wandte sich Moltke, der zum Understatement neigte, während Bismarck, der das Gegenteil bevorzugte, vom »erobernden Eindringen der Soldateska in die Zivilgeschäfte« sprach. Beide Seiten zermürbten sich mit Intrigen und Affronts, und in dem Bestreben, den unenentschiedenen König für sich zu gewinnen. Bismarck war mit den Nerven völlig herunter, Kriegsminister Roon, der sich mit Generalstabschef Moltke angelegt hatte, lag krank zu Bett, und Wilhelm wurde unwohl bei dem Gedanken, in Bälde entscheiden zu müssen, und wieder einmal so entscheiden zu sollen, wie es Bismarck wollte.

Und Augusta redete dazwischen, beschwor ihren Gemahl im Namen der Humanität, die Metropole der Zivilisation nicht zu bombardieren. Ihr assistierte die Kronprinzessin, die Engländerin Victoria. Sogar Schwägerin Elisabeth, die Witwe Friedrich Wilhelms IV., ließ sich vernehmen: Sie erbitte sich die Schonung von Paris als Geburtstagsgeschenk.

Wilhelm schätzte diese Einmischung nicht, noch weniger freilich, daß Bismarck seinen Unwillen ausnützen wollte. Er höre aus Berlin, daß »der Stillstand unsrer Tätigkeit«, der Besorgnis und Unzufriedenheit errege, nicht zuletzt dem Einfluß der Königin »auf ihren hohen Gemahl im Sinne der Humanität« zuzuschreiben sei, deutete der Kanzler dem König an. Dies hatte – wie Bismarck berichtete – »einen lebhaften Zornesausbruch zur Folge, nicht in dem Sinn, daß die Gerüchte unbegründet seien, sondern in einer scharfen Bedrohung jeder Äußerung einer derartigen Verstimmung gegen die Königin«.

In der Sache war er mit Bismarck einverstanden, der ihn diesmal nicht, wie 1866, zügelte, die Hauptstadt des Feindes zu schonen, sondern ihn anspornte, sie zu nehmen, und zwar im Galopp. Ihm paßte es so wenig wie der öffentlichen Meinung in Deutschland, daß »König Vorwärts« nicht mehr von der Stelle kam.

Sein allerhöchstes Mißfallen hatte er bereits am 28. November bekundet, in einem Brandbrief an Moltke und Roon: Er sei erstaunt, daß für einen Angriff auf Paris »in artilleristischer Hinsicht, teils durch Minderbewilligung von Belagerungsgeschützen, teils durch Stockungen der Transportmittel, die Munition noch nicht zur Hälfte habe herbeigeschafft werden können, so daß der Angriff nicht vor Ende Dezember, ja Anfang Januar beginnen könne«. Gegen diese Verzögerung habe er die allergrößten Bedenken. »In militärischer Hinsicht ist der $2\,^1/_2$ monatliche Stillstand der Operationen um Paris an sich nach den schnellen und eklatanten Erfolgen des Sommerfeldzugs unerfreulich« – weil »im Vaterlande unliebsame Ansichten laut werden«, und weil der Feind Zeit zur Konsolidierung gewonnen habe. »In politischer Hinsicht wird dieser Stillstand nicht zu unseren Gunsten ausgelegt, indem man an Mangel an Kraft und Mittel glaubt«, was die bisher neutralen Mächte zur Einmischung veranlassen könnte.

Es möge also gefälligst und schleunigst angegriffen werden! Roon war ohnehin dafür, und Moltke ließ sich dazu bewegen. Schneider kaufte für den König in einem Versailler Laden einen Stadtplan von Paris, denn nicht einmal das hatte ihm sein Generalstab besorgt. Endlich waren auch die Belagerungsgeschütze, insgesamt 240, eingetroffen. Am 24. Dezember ließ er seinen Gardeartilleristen Prinz Kraft zu Hohenlohe-Ingelfingen, kommen und übertrug ihm die Leitung des Artillerieangriffes auf Paris. »Machen sie Feuer dahinter, damit es knallt«, und zwar dalli! Er wolle »den souveränen Pariser Pöbel« Mores lehren, »durch die mittels eines Bombardements zu erzeugende Furcht vor Gefahr zu einer Kapitulation und einem Frieden geneigter machen«.

Vorher aber war noch die Weihnachtsbescherung. Im großen Saal der Präfektur standen zwei Christbäume unter dem Transparent »Es lebe der König«. Wie zu Hause beschenkte Wilhelm seine Umgebung mit Liebesgaben, die er in Berlin bestellt, aber auch selbst in Versailles gekauft hatte. »Die Franzosen«, bemerkte der Kronprinz, der ebenfalls Weihnachtsbesorgungen gemacht hatte, »konnten ihr Erstaunen über das Verhalten dieser nordischen Barbaren nicht verbergen, denn selbst bei den Einkäufen in den Läden und bei dem Begegnen auf den Straßen sahen sie es uns an, daß Freundschaft und der Wunsch, anderen Freude zu bereiten, jeden einzelnen beseelte«.

Kaum waren die Weihnachtslichter erloschen, besorgten sie es den Franzosen. Am 27. Dezember wurden die ersten Granaten,

»Zuckerhüte« genannt, auf Paris gefeuert, zunächst auf den Mont Avron. Das eigentliche Bombardement hob am 5. Januar an. »Seit 9 Uhr beginnt die Beschießung der Süd-Forts von Paris bei herrlichem windstillem Wintertage und 9 Grad Kälte ohne Schnee«, berichtete der König der Königin, in der 140sten Depesche vom Kriegsschauplatz.

Das Jahr 1871 begann, wie gehabt, mit Punsch und Pfannkuchen, und mit einem Novum, an das er sich erst gewöhnen mußte und schwer gewöhnen sollte: Am 1. Januar trat die Bundesverfassung in Kraft, die zwischen dem Norddeutschen Bund und den süddeutschen Staaten vereinbart worden war.

Die deutschen Souveräne hatten »einen ewigen Bund zum Schutze des Bundesgebietes und des innerhalb desselben gültigen Rechtes, sowie zur Pflege der Wohlfahrt des deutschen Volkes« geschlossen, auf der Grundlage der Verfassung des Norddeutschen Bundes, die vornehmlich in zwei Punkten abgeändert wurde. Erstens: Statt »Dieser Bund wird den Namen des Norddeutschen führen« hieß es nun »Dieser Bund wird den Namen Deutsches Reich führen«. Zweitens: Statt »Das Präsidium des Bundes steht der Krone Preußen zu ...« lautete nun der erste Absatz des Artikels 11: »Das Präsidium des Bundes steht dem Könige von Preußen zu, welcher den Namen Deutscher Kaiser führt. Der Kaiser hat das Reich völkerrechtlich zu vertreten, im Namen des Reiches Krieg zu erklären und Frieden zu schließen, Bündnisse und andere Verträge mit fremden Staaten einzugehen, Gesandte zu beglaubigen und zu empfangen.«

Kaiser und Reich – das war mehr als eine Verfassungsänderung. Was die Deutschen, ihre überwältigende Mehrheit jedenfalls, dabei empfanden, brachte der Schwiegersohn, Großherzog Friedrich I. von Baden, beim Neujahrsempfang Wilhelms I. in Versailles zum Ausdruck: »Der heutige Tag war dazu bestimmt, das ehrwürdige deutsche Reich in verjüngter Kraft erstehen zu sehen.« Sohn Friedrich Wilhelm, der künftige Kaiser, war sich da nicht so sicher: »Da in der mit diesem Tage in Kraft tretenden Reichsverfassung die Worte ›Kaiser und Reich‹ stehen, so müßte doch auch von heute ab diese Bezeichnung die allein maßgebende sein; dennoch aber ist dem nicht so, vielmehr hat Seine Majestät es bestimmt ausgesprochen, daß alles beim alten bleibe.«

Bei Preußen und seinem König. Schon am 30. Dezember hatte der Sohn in seinem Tagebuch festgehalten, was ihm vom Vater bedeutet worden war: Das Aufreibendste und ihn durch und durch Erschütterndste sei die deutsche Titelfrage, die fast wie ein fait accompli schon vor ihm liege. Und es war aus ihm herausgesprudelt: »Wenn ich bedenke, wie die Frage einer größeren Einigung Deutschlands fast die Lebensaufgabe des seligen Königs [Friedrich Wilhelms IV.] war, ja daß ihm sogar die – papierene – Krone schon dargeboten war (die er Gott sei Dank so nicht annehmen konnte) und er trotzdem seinen Herzenswunsch nicht erreicht sehen sollte, so tritt mir beim Überdenken solcher fehlgeschlagenen Wünsche und Hoffnungen der Kontrast schlagend hervor, daß mir diese große Umgestaltung Deutschlands sozusagen ungewollt, unersehnt in den Schoß fällt, mir, der niemals dieselbe als *seine* Aufgabe erkannt oder gar danach begehrt hatte. Und dennoch soll ich es mit meinem eingefleischten Preußenherzen erleben, den Namen, der so Großes erreicht und geschaffen, zurücktreten zu sehen vor einem anderen, der, fast in seiner Auflösung, ein Jahrhundert lang dem preußischeen feindlich entgegenstand. Dieser Gedanke und dieses Gefühl nehmen mir alle innere Freudigkeit an dem großen Ereignis.«

Alles Preußische in ihm, sein ganzes Wesen also, sträubte sich gegen Kaisertitel und Reichsaufgabe. Preußen, nicht Deutschland war sein Haus, das er nicht mehr verlassen wollte und konnte, selbst wenn er von Natur aus am Gewohnten weniger gehangen und Neuerungen aufgeschlossener gewesen wäre. Das Preußentum, nicht ein Deutschtum war die Form seiner Existenz, der Inhalt seines Lebens geworden, und in dreiundsiebzig Jahren waren Person und Sache untrennbar verschmolzen. Nüchtern und wirklichkeitsnah, wie er war, vom preußischen Rationalismus geprägt, wußte er genau, was er an des Königs Rock hatte, mußten ihm des Kaisers neue Kleider als romantisches Gespinst erscheinen.

Der Friderizianer war stolz darauf, daß die Vergrößerung Preußens mit der Verkleinerung des Reiches einhergegangen war, und fand es widersinnig, wenn nicht demütigend, daß er nun die Position des Siegers mit der des Besiegten vertauschen sollte. Zumal ihm der »Deutsche Kaiser« nicht die Suprematie über Deutschland brachte, sondern nur die Hegemonie in Deutschland bestätigte, die er ohnedies besaß. Was soll mir der Charaktermajor?, raisonierte Wilhelm. Er dachte an die an der Hauptmannsecke gescheiterten Offiziere, denen der Charakter eines Majors verliehen wurde – mit dazugehörenden Abzeichen, doch ohne entsprechende Befugnisse.

Und König von Gottes Gnaden – so der Legitimist – war er allein als König von Preußen, Deutscher Kaiser hingegen würde er durch die Stimme der Fürsten. Das war zwar besser als durch die Wahl des Volkes, wie es 1848/49 vorgesehen war. Aber gab es nicht auch 1870/71 Demokratisches und Plebiszitäres? Volksvertretungen, der Norddeutsche Reichstag wie die süddeutschen Landtage, hatten die neue Bundesverfassung zu genehmigen, über Kaiser und Reich zu befinden. Und im ganzen Volk wurde in unzähligen Varianten gesungen, was Franz von Dingelstedt bereits 1866, bei Ausbruch jenes »deutschen Einigungskrieges« gedichtet hatte:

> »Wag's um den letzten Preis zu werben
> Und mit der Zeit, dem Volk zu gehn:
> König von Preußen, Du mußt sterben,
> Als deutscher Kaiser auferstehn!«

Selbst wenn er sich auf die Verfassung berief, die das Deutsche Reich als »ewigen Bund« souveräner Fürsten bezeichnete und Volkssouveränität wie Parlamentarismus in schwarz-weiß-roten Grenzen hielt – was war dann der den Titel »Deutscher Kaiser« führende König von Preußen? Der Erste unter Gleichen? Eine Art Bundespräsident? K. u. k., ähnlich wie Franz Joseph? Ein Kurfürst, der sich selber zum Kaiser kürte?

Für einen Kurfürsten, der den Hohenzollern immer und ewig zu wählen hätte, hielt sich der Wittelsbacher, König Ludwig II. von Bayern, der von Anfang an dagegen gewesen war und bis zuletzt nicht dafür sein wollte – auch wenn er seine Mitfürsten auf Veranlassung Bismarcks ersucht hatte, bei Wilhelm I. »in Anregung zu bringen, daß die Ausübung der Präsidialrechte des Bundes mit Führung des Titels eines deutschen Kaisers verbunden werde«. Aber am 1. Januar 1871, als die Reichsverfassung in Kraft trat, hatte der Bayernkönig die Zustimmungsurkunden der deutschen Fürsten noch nicht nach Versailles geschickt, und die Zweite bayerische Kammer den Bundesvertrag noch nicht ratifiziert.

Mit zwei Partikularismen hatte es Bismarck, der Reichsgründer, zu tun – dem weiß-blauen und dem schwarz-weißen. Es genügte ihm nicht, Preußen zu Norddeutschland erweitert und den Norddeutschen Bund auf Süddeutschland ausgedehnt zu haben. Er mußte den Machttrieb kaschieren und den Machtgewinn konsolidieren: durch eine Renovatio imperii, die Erneuerung von Kaiser und Reich, welche die Nationalromantiker ersehnten und die Nationalliberalen erstrebten. Die norddeutschen Neu-Preußen wie die süddeutschen Anti-Preußen waren leichter unter die Kaiserkrone als unter die Pickelhaube zu bringen.

Ohne Schwierigkeiten ging es nicht. Selbst bei den Schlußverhandlungen in Versailles zögerten noch Minister süddeutscher Staaten, deren Soldaten Schulter an Schulter mit ihren norddeutschen Kameraden vor Paris standen, unter preußischem Kommando das Ziel der nationalen Sehnsucht zu erreichen. Dies galt am wenigsten für das Großherzogtum Hessen-Darmstadt, das zu klein war, um sich zieren zu können, und Baden, das zu nationalbewußt war, um sich zieren zu wollen. Das Königreich Württemberg hingegen sträubte sich bis zuletzt, und am meisten natürlich das Königreich Bayern.

Bismarck, der Reichsrealist, kam ihnen entgegen, was einem Reichsidealisten wie dem Kronprinzen Friedrich Wilhelm oder einem preußischen Machtstaatler wie dem Kriegsminister Roon als unangebrachtes und unverantwortliches Nachgeben erschien. Württemberg behielt seine Post, Telegrafie und Eisenbahn, bekam vier Stimmen im Bundesrat, eine mehr als Baden beziehungsweise Hessen-Darmstadt. Sechs Bundesratsstimmen und ausgedehnte Reservatrechte erhielt Bayern: über die eigene Post, Telegrafie und Eisenbahn hinaus eine eigene Diplomatie und die Militärhoheit im Frieden.

Das schwarz-weiß-rote Reich, wenn auch mit einer weiß-blauen Enklave, war zustandegebracht. Aber noch hatte man keinen Kaiser, und um ihn zu bekommen, mußte Bismarck dem König von Bayern noch ein Stück entgegenkommen. Nur der Kaisertitel, schrieb er ihm, »bekundet, daß die damit verbundenen Rechte aus freier Übertragung der deutschen Fürsten und Stämme hervorgehen«; die Kaiserinitiative müsse vom »mächtigsten der dem Bunde beitretenden Fürsten« ausgehen. Und er erlaube sich, dem Boten dieser Eilpost, dem königlich-bayerischen Oberststallmeister Graf Max von Holnstein, einen Entwurf für einen diesbezüglichen »Kaiserbrief« an den König von Preußen respektive die anderen deutschen Fürsten beizufügen.

»Sie wollen sich wohl Versailles ansehen?«, fragte Wilhelm ahnungslos Holnstein. Bismarck hatte ihn nicht informiert: weder über das Ersuchen an den Bayernkönig noch über den Entwurf des »Kaiserbriefes«, in dem der Titel »deutscher Kaiser« festgeschrieben war, und schon gar nicht darüber, daß er das Ganze mit einer auch bei früheren Kaiserwahlen üblichen »Handsalbe« versehen hatte – insgesamt 4 720 000 Mark für den wegen seiner Bauwut in Geldnöte geratenen Ludwig II. sowie 480 000 Mark Provision für Holnstein. Er hatte sie sich verdient. Eiligst war er nach Hohenschwangau gefahren, hatte seinen König überfahren und war auf einer requirierten Lokomotive zurückgefahren, mit dem »Kaiserbrief« in der Tasche.

Am 3. Dezember meldete sich Prinz Luitpold, der die Krone Bayerns im Großen Hauptquartier repräsentierte, und übergab Wilhelm das Handschreiben Ludwigs II. mit dem Ansuchen, als Ausübender der Präsidialrechte des neuen Bundes den Titel »deutscher Kaiser« anzunehmen: »Seine Majestät«, bemerkte der Kronprinz, »war über den Inhalt dieses Briefes ganz außer sich vor Unwillen und wie geknickt; er scheint demnach nicht zu ahnen, daß das Konzept von hier aus nach München gegangen ist. Der König meinte, daß jene Angelegenheit gerade jetzt so zur Unzeit wie nur möglich käme, da er augenblicklich unsere Lage sehr schwarz und als eine in hohem Grade gefährdete ansehe.« Das Kaiserangebot sei ein Sieg für sich, entgegnete Bismarck, und der Kronprinz meinte, er sehe Glanz für Preußen und Licht für Deutschland. »Der König war aber heute nicht umzustimmen und sah in ›Kaiser und Reich‹ eigentlich nur ein Kreuz für sich selbst wie auch für das preußische Königtum überhaupt.«

Noch waren die Antworten der Fürsten auf die Anfrage des Bayernkönigs nicht eingegangen, da nahm sich der Norddeutsche Reichstag bereits der Kaisersache an. Wilhelm hätte es noch mehr verdrossen, wenn er gewußt hätte, daß Bismarck auch dies initiiert hatte. Aber auch so schon war er höchlichst verstimmt: Über die Sache an sich, denn – wie er Augusta schrieb – »den preußischen Namen in den Hintergrund treten zu lassen, ist mein halbes Grab«. Und über die Art und Weise, wie sie und von wem sie behandelt wurde, denn von der Volksvertretung wollte er nicht nur grundsätzlich nicht die Kaiserwürde annehmen, sondern sich von ihr auch nicht zur Annahme der Fürstenofferte drängen lassen.

Der Geist von 1849 ging wieder um. Die Fortschrittspartei verlangte eine mit dem Parlament vereinbarte, nicht von den Regierenden oktroyierte Reichsverfassung. Der Sozialdemokrat Wilhelm Liebknecht erinnerte daran, daß der König, der nun die Kaiserwürde erhalten sollte, vor 21 Jahren nach Baden marschiert war, »um die Reichsverfassung, um die deutsche Einheit und Freiheit zusammenzuschießen.« Doch der Norddeutsche Reichstag billigte die neue Verfassung, richtete eine Adresse an König Wilhelm I., den »Allerdurchlauchtigsten, großmächtigsten König, Allergnädigsten König und Herrn«: »Das Vaterland dankt dem Führer«, und »Vereint mit den Fürsten Deutschlands naht der Norddeutsche Reichstag mit der Bitte, daß es Ew. Majestät gefallen möge, durch Annahme der deutschen Kaiserkrone das Einigungswerk zu weihen.« Durch Los wurden 30 Abgeordnete bestimmt, welche die Adresse überreichen sollten.

Als diese Kunde von Berlin nach Versailles kam, gefiel es der Majestät, höchst ungnädig zu werden. »Dreimal mußte ich heute zum König«, vermerkte am 11. Dezember Geheimrat Abeken, der zwischen dem erbosten Wilhelm und dem erkrankten Bismarck zu vermitteln hatte, »und das dritte Mal ging ich mit Zittern und Zagen. Denn das zweite Mal war ich in größter Ungnade hinausgeworfen worden oder wenigstens war der König in höchstem Zorn und in höchster Erregung hinausgegangen in seine Schlafstube.« Als jedoch Abeken zum dritten Mal erschien, war schon einiges vom Zorn verraucht. Der König verzichtete, angesichts des Widerstands Bismarcks, auf sein Ansinnen, der Reichstagsdeputation abzutelegrafieren. Doch – und das definitiv: Er werde den Abgeordneten erst Audienz gewähren, wenn die Antworten der deutschen Fürsten auf die bayerische Anfrage eingetroffen seien.

»Der König will nichts vom Empfange der Abgeordneten hören. Herren des Hofes äußern sich laut, was diese Kerls eigentlich hier zu suchen hätten«, wunderte sich der Kronprinz. Bismarck war nicht untätig. »Die Bezeichnung der Adreßdeputation des Reichstages als

Kaiserdeputation ist sorgfältig zu vermeiden; der Ausdruck ist Seiner Majestät dem Könige unangenehm und ist unpassend«, telegrafierte er nach Berlin, und nach München: Wo denn die Zustimmungserklärungen blieben? Am 16. Dezember traf eine vorläufige Mitteilung Ludwigs II. ein, alle deutschen Souveräne hätten »der Führung des Titels eines deutschen Kaisers zugestimmt«.

Am 18. Dezember wurde die Deputation empfangen, nachdem sie einem Militärgottesdienst in der Schloßkapelle beigewohnt hatte. Es dürfe bei der Predigt »nicht von Kaiser und Reich die Rede sein«, hatte der König Hofpastor Rogge eingeschärft, der sich dann auf allgemeine Betrachtungen über den Advent beschränkte. Die Auffahrt der Deputierten vor der Präfektur entsprach dem Rang, den ihnen das Protokoll zubilligte: »Man hatte nämlich«, so Schneider nicht ohne Schadenfreude, »alle möglichen Equipagen aus längst vergessenen Remisen der Stadt hervorgeholt und sie mit Trainpferden bespannt.« Die schöne Marmortreppe in der Präfektur durften sie nicht betreten. Von Feldgendarmen wurden sie in den großen Saal geführt, in dem der König im Kreise der Prinzen, Fürsten und Generäle stand, die es dabei zu sein verlangt hatte, was von Wilhelm zwar nicht verstanden, aber genehmigt worden war.

Reichstagspräsident Eduard Simson – derselbe, der 1849 Friedrich Wilhelm IV. die Frankfurter Kaiserkrone angetragen hatte – trat vor: »Ew. Majestät wollen geruhen, den Befehl zu erteilen, daß der Wortlaut der Adresse verlesen und die Urkunde in Ew. Majestät Hände gelegt werde.« Wilhelm I. geruhte, gab die auf Pergament geschriebene, rot eingebundene Adresse einem Adjutanten weiter und dachte bei sich: Simson »wird der Unterschied nun wohl einleuchten von damals und jetzt, wo er so wild über die Antwort des Königs war, daß er zuvor die Einwilligung der Fürsten verlangte, ehe er die papierene Krone annehmen könne. Und er jetzt bitten muß, die von den Fürsten angetragene Krone anzunehmen!«

Dieser Gedanke war beruhigend, und die Antwort von Bismarck aufgesetzt: »Nur in der einmütigen Stimme der deutschen Fürsten und Freien Städte und in dem damit übereinstimmenden Wunsche der deutschen Nation werde ich den Ruf der Vorsehung erkennen, dem ich mit Vertrauen auf Gottes Segen folgen kann« Wilhelm verlas seine Rede stockend, weil er ohne Brille nicht mehr gut lesen konnte, und weil ihn, wie immer bei solchen Anlässen, eine gewisse

Rührung überkam. Nachdem er dies hinter sich gebracht hatte, ließ er seiner Leutseligkeit Lauf, gab sich beim Diner heiter, fast vergnügt, nahm sich sogar vor, Bismarck das Eiserne Kreuz I. Klasse zu verleihen.

Er bereute es bald darauf. Die »traurige Titelfrage« kam wieder hoch, nachdem am 1. Januar 1871 die Reichsverfassung in Kraft getreten war und er nicht mehr darum herumkam, sich als Kaiser titulieren zu lassen. »Also wiederum verschwören sich die Verhängnisse gegen mich und drängen mich zu etwas, was ich nur schweren Herzens annehmen kann und doch nicht mehr ausschlagen darf.« Wenn schon, dann sollte wenigstens die Titulatur seinen Vorstellungen entsprechen. »In der Verfassung heißt es: ›Der König von Preußen führt das Bundespräsidium mit dem Titel: Kaiser, und der Deutsche Bund den Namen Reich.‹ Damit steht meiner Auffassung nach der Kaisertitel unter dem des Königs. Es müßte also künftig heißen in allen Reichsangelegenheiten: ›Wir Wilhelm von Gottes Gnaden König von Preußen, erwählter Kaiser von Deutschland.‹ Sollte aber angenommen werden, daß der Kaisertitel zuerst genannt werden müsse, so würde es heißen: ›Wir Wilhelm von Gottes Gnaden erwählter Kaiser von Deutschland, König von Preußen.‹«

Der Primat des Königs von Preußen, argumentierte Wilhelm, wäre ihm lieber, doch mit dem »Kaiser von Deutschland« würde er sich abfinden können, weil dieser Titel eine Suprematie des Preußen über Deutschland beinhalte, indessen das »erwählt« zum Ausdruck brächte, daß er sich diese nicht genommen, sondern daß diese ihm »von Gottes Gnaden« bestimmt und von den Fürsten übertragen worden sei. Was Wilhelm für fein gesponnen hielt, zerriß Bismarck mit der Eröffnung, daß der Titel »Deutscher Kaiser« – aus dem keine Hoheitsrechte über Deutschland abzuleiten seien – das Maximum gewesen sei, was er dem König von Bayern hätte zumuten dürfen und er es ihm deshalb verbindlich und vertraglich bindend zugesagt habe.

»Daß über die Art des Titels Beratungen stattgefunden haben, ist mir unbekannt geblieben, und der Umstand, daß der König von Bayern in seinem Schreiben eine Bezeichnung gewählt, kann unmöglich bindend für mich sein, ebenso wenig, daß sie in der Verfassungsberatung angenommen ist. Ich bleibe also bei der Bezeichnung Kaiser von Deutschland.« Das seien seine »Endscheidungen«, ließ er Bismarck am 12. Januar wissen.

Die letzte Entscheidung hatte wieder einmal Bismarck, diesmal freilich nach einem besonders heftigen Wortwechsel. Am 17. Januar trafen sie in der Präfektur zusammen: Der König, der sich immer noch nicht auf den Boden der von seinem Ministerpräsidenten geschaffenen Tatsachen stellen lassen wollte. Bismarck, den das Podagra plagte und der Eigensinn des Monarchen erbitterte. Der Kronprinz, der als »Kaiser von Deutschland« gern der »Beherrscher von Deutschland« werden wollte. Und der aus Berlin herbeigerufene Hausminister Alexander von Schleinitz, der für Protokollfragen – preußische, nicht deutsche – zuständig war.

Das Zimmer war überheizt und die Stimmung überhitzt. Er wolle »Kaiser von Deutschland« oder gar nicht Kaiser sein, erklärte Wilhelm. Das sei nicht mehr möglich, erwiderte Bismarck, unter Hinweis auf die bereits in Kraft getretene Reichsverfassung; der Titel müsse lauten: »Wir Wilhelm von Gottes Gnaden Deutscher Kaiser, König von Preußen«, die Anrede »Ew. Kaiserliche und Königliche Majestät.« Wilhelm schlug auf den Tisch, daß das Tintenfaß in die Höhe sprang. Dann, mit dem Unabänderlichen konfrontiert, begann er zu lamentieren: Nur ein »Scheinkaisertum« müsse er übernehmen, ein »Präsident« solle er werden! Am liebsten würde er zurücktreten und dem Kronprinzen alles übertragen. »Mein Sohn ist mit ganzer Seele bei dem neuen Stand der Dinge, während ich mir nicht ein Haar breit daraus mache und nur zu Preußen halte!«

Dann faßte er sich, unter Seufzen: Nun es soweit gekommen wäre, müßte er zwar dieses Kreuz tragen, doch wolle er dafür auch der alleinige sein, weshalb er es sich verbäte, daß man von ihm erwarte, der preußischen Armee eine gleiche Zumutung wie seiner Person zu machen; er wolle daher nichts von einem »kaiserlichen Heere« hören, weil er wenigstens die Armee vor dergleichen bewahren möchte und nicht dulden könnte, daß die Truppen gar »deutsche« Namen und Bezeichnungen sich gefallen lassen müßten!

Dann übermannte es ihn, er weinte und schluchzte: Er sei verzweifelt, weil er morgen von dem alten Preußen, an welchem er allein festhielt und fernerhin auch festhalten wollte, Abschied nehmen müßte.

Nach drei Stunden sprang er auf, trat ans Fenster, kehrte dem Kronprinzen, Bismarck und Schleinitz den Rücken zu, schaute auf seine Wachposten und sagte den Fahnenflüchtigen: Er wolle von der auf morgen angesetzten Feier nichts mehr hören: der Kaiserproklamation.

Der 18. Januar war zunächst ein preußisches Datum. »Da ich den Kaisertitel einmal annehmen soll«, erklärte Wilhelm, »so habe ich diesen Gedenktag der preußischen Geschichte dafür gewählt.« Vor genau 170 Jahren hatte sich in Königsberg der Kurfürst von Brandenburg zum König von Preußen gekrönt, Friedrich I., von dem damals der Schwarze Adlerorden gestiftet worden war, nach wie vor der höchste Orden im preußischen Staat. Das Hofmarschallamt lud für den 18. Januar 1871 zum »Ordensfest vom Schwarzen Adler« in die Spiegelgalerie des Schlosses zu Versailles, für 12 Uhr mittags.

Wie 1861, bei der Krönung Wilhelms I., sollten preußische Fahnen und Standarten zur Erhebung beitragen. Kronprinz Friedrich Wilhelm, der Arrangeur des Festes, legte Wert darauf, daß unter den Feldzeichen seiner III. Armee auch bayerische sein sollten. Denn er, der lieber in die Zukunft als in die Vergangenheit blickte, wollte in erster Linie den Geburtstag des Deutschen Reiches feiern.

Unbeabsichtigt war jedoch, daß die Lieblingsfahnen seines Vaters, die des Gardekorps, nicht vollzählig zur Stelle waren. Das Militärkabinett habe sich eingemischt und »eine der in Berlin so häufigen Konfusionen« angerichtet, behauptete der Kronprinz. Der König betonte, daß er sich »diesmal garnicht um das militärische Arrangement gekümmert« habe, und tröstete sich mit der Anwesenheit der Fahnen des 1. Garde-Regiments zu Fuß, »die mich mein ganzes Leben hindurch begleitet haben« – und nun in der schweren Stunde zugegen waren, da er Abschied von seinem Preußen nehmen mußte.

Am Vortag hatte er in der Kaiserfrage sein letztes Gefecht verloren. Nun galt es, der Kaiserproklamation ins Auge zu schauen. Am Vorabend war er nicht in der Teegesellschaft erschienen. Er hatte schlecht geschlafen, schwer geträumt. Am Morgen hatte er, noch inständiger als sonst, gebetet, sich noch sorgfältiger als gewöhnlich angezogen: die Uniform des 1. Garde-Regiments zu Fuß, das orangefarbene Band des Schwarzen Adlerordens, zu dem das Kreuz mit der Namenschiffre F. R. (Fridericus Rex) und der Stern mit der Devise »Suum cuique« gehörte. Über den Kragen des Waffenrocks hingen die Flügel des weiß gewordenen, das Kinn freilassenden Bartes, was dem Martialischen etwas Patriarchalisches gab.

Mit der Uniform hatte er sich wieder gewappnet. »Ich werde mich später doch nur so nennen, wie ich es will, nicht wie Bismarck es bestimmen will«, bedeutete er dem Großherzog von Baden, und schärfte ihm ein: Er solle bei der Proklamation den König von Preußen als »Kaiser von Deutschland« ausrufen.

Es gab kein Spalier von Soldaten zwischen Präfektur und Schloß; man benötigte diese vor Paris, wo ein Ausfall drohte. Auch eine feierliche Auffahrt gab es nicht: Der einfache Wagen, den der König zu seinen täglichen Ausfahrten benutzte, mußte sich an diesem Markttag zwischen Fuhrwerken und Viehtrieben hindurchwinden. Im Schloßhof schritt er die Front der Ehrenwache seines Grenadier-Regiments Nr. 7 ab, blieb vor der bei Weißenburg zerschossenen Fahne stehen und mahnte den Fahnenunteroffizier: »Halte sie ja immer hoch!«

Als er um 12 Uhr dann den mit Prinzen und Fürsten, Generälen und Offizieren, Trägern des Eisernen Kreuzes und Militärgeistlichkeit gefüllten Spiegelsaal betrat, intonierte der Soldaten-Sängerchor den 66. Psalm: »Dank gegen Gott für die wunderbare Führung seines Volks.« Er hatte bis in das Herz Frankreichs geführt, in das Schloß Ludwigs XIV., in die Galerie des Glaces, in der nun die Spiegel den Glanz preußischer Uniformen und deutscher Fahnen vermehrten. Zum Deckengemälde schaute Wilhelm nicht empor: zum Bildnis des wie Caesar gewandeten Sonnenkönigs, mit der Inschrift: »Le Roi gouverne par lui même.« Das ersparte ihm eine Betrachtung darüber, ob er selber noch kraft seiner selbst regiere oder kraft des Willens Bismarcks.

Den Helm in der linken Hand, gefaßt an der Spitze der Pickelhaube, trat Wilhelm an den Altar in der Nische des Mittelfensters, einen Tisch aus dem Audienzzimmer Ludwigs XIV., bedeckt von einem roten Tuch mit dem Eisernen Kreuz. Hofprediger Rogge öffnete die Schleusen seiner protestantisch-preußischen Beredtsamkeit. »Sie haben so recht die Gabe, auf den Soldaten zu wirken und ihn durch Ihre Predigten zu erbauen«, lobte der König den Pastor.

Eigentlich hätte er während der ganzen Feier vor dem Altar stehen bleiben wollen. Als er aber die 57 Fahnen und 8 Standarten, darunter 24 bayerische, auf der Bretterbühne an der Stirnseite des Saals gewahrte, »ging ich natürlich dort hin, denn wo meine Fahnen sind, da bin ich auch«. Zwischen die Fahnen und ihn drängten sich die anwesenden Fürsten, die Souveräne, wie es im Verfassungstext hieß, die Vasallen, wie der Fürst von Schwarzburg-Rudolstadt witzelte. Wilhelm befahl, »daß die Fahnen des 1. Garde-Regiments zu Fuß, bei dem ich überhaupt in die Armee eingetreten bin, die Fahne meines Grenadier-Regiments und die des Garde-Landwehr-Bataillons, dessen erster Kommandeur ich so lange gewesen, dicht hinter mich treten sollten«. Für einen Augenblick ergiff er ein Fahnentuch, als wenn er festen Halt suchte, eine Eingebung erwartete.

Wilhelm I. verlas die von Bismarck verfaßte Ansprache an die »Durchlauchtigsten Fürsten und Bundesgenossen«: Er leiste dankend ihrer Aufforderung Folge, »mit Wiederherstellung des Deutschen Reiches die Deutsche Kaiserwürde für Mich und Meine Nachfolger an der Krone Preußens zu übernehmen«. Dann trat Bismarck aus dem Halbkreis vor dem Podest und tat dem deutschen Volke, respektive dessen im Spiegelsaal versammelter soldatischer Elite, den Entschluß Wilhelms »von Gottes Gnaden König von Preußen« kund und zu wissen.

Der König musterte den an diesem Tag zum Generalleutnant beförderten Bismarck und merkte, daß er unvorschriftsmäßig uniformiert war: Er hätte nicht den blauen Waffenrock, sondern den weißen Koller der Magdeburger Kürassiere tragen müssen. Dem Kronprinzen, zur Rechten des Vaters, mißfiel die »tonlose, ja geschäftliche Art«, mit der Bismarck die Proklamation verlas. Der Schwiegersohn zur Linken, Großherzog Friedrich von Baden, überlegte noch, wie er der Zwickmühle von »Kaiser von Deutschland« und »Deutscher Kaiser« entgehen könnte. Er fand den salomonischen Ausweg: »Seine Kaiserliche und Königliche Majestät, Kaiser Wilhelm, lebe hoch! Hoch! Hoch!«

»Ein dreimaliges Donnergetöse unter dem Geklirr der Waffen antwortete darauf«, berichtete einer der wenigen Zivilisten im Saal, der Maler Anton von Werner, der das Bild der Kaiserproklamation für die Mit- und Nachwelt festzuhalten hatte. Das Rufen übertönte das von drei Regimentskapellen gespielte »Heil Dir im Siegerkranz«. Wilhelm verhinderte im letzten Moment einen Kniefall des Kronprinzen vor dem Kaiser. Und fuhr sich mit dem Rücken der behandschuhten Rechten über die Augen, seine Tränen zu trocknen.

Allen Fürsten drückte er die Hände, redete mit Generälen und Leutnants, klopfte dem Grenadier Warkotsch auf die Schulter: »Na, mein Sohn, mein Regiment hat mit der größten Bravour gefochten!« Nur an Bismarck, dem Reichsgründer und Kaisermacher, ging er vorbei.

Der »Hohenfriedberger Marsch« Friedrichs des Großen erklang, als Wilhelm der Große, wie ihn eilfertige Zeitgenossen zu nennen begannen, gegen 13 Uhr den Schauplatz verließ. Auf dem Schloß war die preußische Königsflagge niedergeholt und die schwarz-weiß-rote, die neue deutsche Fahne gehißt worden.

»Eben kehre ich vom Schloß nach vollbrachtem Kaiserakt zurück«, schrieb Wilhelm an Augusta. »Ich kann Dir nicht sagen, in welcher morosen Emotion ich in diesen letzten Tagen war, teils wegen der hohen Verantwortung, die ich nun zu übernehmen habe, teils und vor allem über den Schmerz, den preußischen Titel verdrängt zu sehen.« Und: Gott gebe, »daß so viele Hoffnungen und Erwartungen durch mich in Erfüllung gehen mögen, als gewünscht wurde! An meinem redlichen Willen soll es nicht fehlen.«

Er hatte sich schon einigermaßen gefangen, als um 17 Uhr die Fürstlichkeiten und die Generalität, die Spitzen der Hof- und Staatsbehörden zum »Diner in der Präfektur zu Versailles am Ordensfeste den 18. Januar 1871« erschienen. 120 Gedecke waren in drei Sälen aufgelegt. Das Musikkorps des Königs-Grenadier-Regiments spielte Wilhelms Lieblingsstücke: den Torgauer Marsch, Schuberts Lied für Posaune *Am Meer*, den Festmarsch aus Spontinis *Agnes von Hohenstaufen*.

Der König brachte es sogar über sich, Bismarck zuzutrinken. Dieser erhielt noch an diesem Abend das tägliche Aktenpaket zurück. Am Morgen hatte er es mit der Aufschrift verschickt: »An des Kaisers Majestät vom Bundeskanzler.« Nun empfing er es im selben Umschlag, auf dem Wilhelm eigenhändig die Adresse geändert hatte: »Von des Kaisers Majestät an den Reichskanzler.«

Wie immer, wenn er sich aufgebäumt hatte, war er erschöpft, brauchte Ruhe, begann sich an das, dem er widerstrebt hatte, zu gewöhnen, ihm sogar positive Seiten abzugewinnen. Er suchte im Neudeutschen nach altpreußischen Zügen und vermeinte schon bald, den einen und anderen entdeckt zu haben.

»Nun, es ist ja heute morgen alles sehr gut gewesen, einfach und würdig, aber freilich ganz militärisch«, sagte er noch am Abend des 18. Januar zu Abeken. Nachdem er es überschlafen hatte, gelangte er zur Auffassung, daß das Militärische das eigentlich Gute an der Sache gewesen war.

Die militärischen Formen des preußischen Heeresstaates waren nicht nur erhalten geblieben, sondern sogar ausgedehnt worden. Sah man vom bayerischen Raupenhelm ab, so war ganz Deutschland unter die Pickelhaube gebracht. Und in militärischer Form war das preußisch-deutsche Reich zustandegekommen – durch den Waffenerfolg über den äußeren Feind und die Akklamation der Bewaffneten zur Proklamation des erfolgreichen Heerführers zum Kaiser.

»Den Kaiser macht das Heer« – das war das konstituierende Prinzip des römischen Reiches der Antike gewesen, und auch des römisch-deutschen Reiches des Mittelalters. Nach dem Sieg über die Ungarn auf dem Lechfeld hatten die deutschen Stammeskrieger den Sachsen Otto zum Imperator ausgerufen, berichtete Widukind von Corvey. Nun war der Preuße Wilhelm, der Feldherr des deutschen Bundesheeres, im Feindesland zum Deutschen Kaiser proklamiert worden.

Zwischen dem Ersten und dem Zweiten Reich gab es Gemeinsamkeiten und Unterschiede. »Befreit von den Schlacken des heiligen römischen Unsegens, steigt ein an Haupt und Gliedern reformiertes Reich unter dem alten Namen und den tausendjährigen Abzeichen aus sechzigjähriger Nacht empor«, meinte Kronprinz Friedrich Wilhelm, und sein geistiger Ratgeber und politischer Gefolgsmann Gustav Freytag fügte hinzu: »Um die alte Kaiserei schwebte so viel Ungesundes, so viel Fluch und Verhängnis, zuletzt Ohnmacht und elender Formenkram, daß sie uns noch jetzt ganz von Herzen zuwider ist. Wir haben jetzt nur eine häufigere öffentliche Handlung, bei welcher der Kaiser vor seinem Volk in wirklicher Machtentfaltung erscheint, und das ist unsere Parade.«

Auch zwischen dem altpreußischen Heeresstaat und dem neudeutschen Heeresreich gab es Gemeinsamkeiten und Unterschiede.

»Das Deutsche Reich ist durchaus unkonservativ entstanden«, meinte Friedrich Naumann ein Vierteljahrhundert später, als man die Dinge klarer sah. »Es entstand durch einen militärischen Monarchen und seinen auf das Zündnadelgewehr rechnenden Kanzler, es entstand militärisch-revolutionär. Als der Machttrieb die Demokraten brauchte, nahm er sie, und nun wird er sie nie wieder los werden. Die alte vorbismarckische Zeit ist vorbei. Man kann sagen, daß niemand in ganz Deutschland dem alten legitimistisch monarchischen Empfinden tiefere Wunden geschlagen hat als Bismarck. Er hat bis in sein letztes Werk hinein die Mystik der Könige entschleiert, hat die alte Naivität der Untertanen ruiniert, hat aber dafür etwas Neues in die Welt gesetzt: das militärische Kaisertum, in dem der Machttrieb des Hohenzollernstaates sich mit dem Machttrieb des Nationalgedankens einte, eine Neubildung, die einen ganz neuen Zeitabschnitt einleitete.«

So klar konnte Wilhelm I., den Friedrich Naumann »den letzten Preußenkönig im alten Sinne« nannte, nicht sehen. Doch er ahnte, wohin der Weg führte, auf den er verleitet worden war, und er wußte, daß der Reichsmantel die Blößen nicht decken konnte, die sich der König von Gottes Gnaden gegeben hatte. Und selbst der preußische Soldatenkönig fand keine rechte Freude daran, daß er deutscher Soldatenkaiser geworden war – auch wenn ihm das den Ruhm des Frankreich-Bezwingers und den Ruf des Heldenkaisers eintrug.

Auf den Schild gehoben, wurde er zum Endsieg getragen. Ende Januar 1871 – nach den deutschen Erfolgen bei Le Mans und St-Quentin und dem Scheitern eines Ausfallversuchs aus Paris – gab Frankreich auf. Am 28. Januar wurde in Versailles eine Konvention unterzeichnet, die eine Kapitulation war: Übergabe der Forts von Paris, Entwaffnung der Besatzung der Hauptstadt, Waffenstillstand für drei Wochen, um die Wahl einer Nationalversammlung zu ermöglichen, die endgültig über Krieg oder Frieden entscheiden sollte.

Der Vorfriedensvertrag wurde am 26. Februar von Bismarck und Thiers, dem gewählten Chef der französischen Exekutivgewalt, in Versailles unterzeichnet: Frankreich trat das Elsaß und Deutsch-Lothringen ab, 1950 Quadratkilometer mit eineinhalb Millionen Menschen, die eben noch mit überwältigender Mehrheit für Frankreich und die Republik votiert hatten. Frankreich mußte in drei Jahren fünf Milliarden Francs Kriegsentschädigung zahlen; solange sollten Teile des Landes besetzt bleiben.

Kurz vor der Unterzeichnung hatte Wilhelm dem Geheimrat Abeken aus dem Fenster nachgerufen, er solle sich vergewissern, ob die Schlachtfelder von Vionville und St-Privat in die Gebietsabtretung einbezogen seien. Als Abeken den Vollzug meldete, war »der König sehr bewegt, gab mir wiederholt die Hand, sagte, wie groß und herrlich das Erreichte sei«. Und: »Er trug mir die herzlichsten Worte an den Minister auf, wie sehr es ihm schmerze, ihn heute nicht selbst zu sehen und ihm mündlich danken zu können.« Denn der Diner-Gesellschaft, die Wilhelm am Abend empfing, gehörte Bismarck nicht an.

»Graf Bismarck, welcher jetzt seinen Stahlhelm, nicht aber den Küraß trug, stand etwa hundert Ellen zurück in einer Gruppe von Offizieren, und näherte sich dem Kaiser während des Vorbeimarsches nicht«, berichteten die Londoner *Times* über die Siegesparade am 1. März. Auf der Pferderennbahn von Longchamp, wo 1867 Napoleon III. – im Beisein des Königs von Preußen – seine Armee hatte Revue passieren lassen, hielt nun der Deutsche Kaiser Heerschau über das VI. und XI. preußische sowie das I. bayerische Korps, die zum Einmarsch in Paris bestimmt waren. Wie damals waren es 30 000 Mann. »Um 10 Minuten vor 11 Uhr erhob sich der Ruf ›Der König!‹ – preußische Lippen haben sich noch nicht an den ›Kaiser‹ gewöhnt – und von Vorreitern begleitet, kam die Equipage des Kaisers, von vier Rappen gezogen.« Wilhelm, der Waffenrock, Schärpe und Pickelhaube trug, unterdrückte Rührung und Hüftschmerzen, »ließ seinen Blick forschend über die Tribüne gleiten, als ob er sie nicht wiedererkennen würde.« Während des Vorbeimarsches behielt er die Truppe unentwegt im Auge. »Am schärfsten wurden die Bayern kritisiert, aber sie konnten jede Kritik wohl vertragen.«

Als dann die Preußen, zum dritten Mal in diesem Jahrhundert, in Paris einmarschierten, war Wilhelm nicht wie 1814 und 1815 dabei. Er fuhr nach Versailles zurück, in der Absicht, an einem der nächsten Tage eine Siegesparade auf den Champs-Elysées abzuhalten. Aber er kam nicht mehr dazu, weil die Nationalversammlung in Bordeaux den Vorfriedensvertrag schnellstens ratifizierte und die Deutschen deshalb, wie vereinbart, bereits am 3. März die besetzten Teile von Paris wieder räumen mußten.

»Seine Majestät war sehr ungehalten über diese eilige Erledigung in Bordeaux«, bemerkte der Kronprinz, »und meinte, wir würden ja förmlich aus Paris hinausgejagt.« Auch Versailles mußte er, weil es den Franzosen so pressierte, schneller räumen, als er es angenommen hatte, bereits am 7. März. »Seine Majestät ist gestern im Zimmer stark auf den Rücken hingeschlagen, als er auf einer Stuhllehne die Stellung eines Reiters versuchte«, notierte der Kronprinz unter diesem Datum. »Heute saß er aber schon wieder volle drei Stunden im Sattel, ohne daß man ihm beim Reiten das geringste angemerkt hätte, wiewohl sein alter Hexenschuß noch immer nicht ganz behoben ist.«

Es ging nach Hause, nicht ohne Danksagung. »Vergessen wir aber nicht«, diktierte er Louis Schneider, »daß wir alle der Vorsehung unseren Dank schuldig sind, welche es *gewollt,* daß wir das Werkzeug waren, um so große welthistorische Ereignisse herbeizuführen.« Dem Pressesekretär schien es nicht gerechtfertigt, »daß der Mensch, und sei es auch der mächtigste, sich mit solcher Bestimmtheit in den Willen der Vorsehung eingeweiht und für ihr Werkzeug erklärt«, und er erlaubte sich, die Abänderung vorzuschlagen: »Die Vorsehung hat es *gestattet,* daß wir ihr Werkzeug sein durften.«

Majestät wurden ungnädig: »Glauben Sie denn, daß ich die schwere Last dieses Krieges hätte tragen können oder daß solche Erfolge möglich gewesen wären, wenn ich nicht fest überzeugt wäre, daß die Vorsehung es *gewollt* und uns zu ihrem Werkzeug ausgewählt? Schreiben Sie genau, was ich Ihnen diktiert habe.«

Dann zog der Auserwählte heim ins Reich, das ihm nicht als das Gelobte Land erschien.

Gründerzeit

Der neue Kaiser betrat in Saarbrücken preußischen und deutschen Boden. Abordnungen von 3000 rheinischen Gemeinden erwarteten ihn, überreichten dem erfolgreichen Rheinwächter einen goldenen Lorbeerkranz. »Mit Gottes Hilfe«, bedeutete der Deutsche Kaiser und König von Preußen dem Oberbürgermeister von Köln, »ist durch die Tapferkeit der von Mir geführten Heere der Ausspruch, daß der Rhein Deutschlands Strom, nicht Deutschlands Grenze sei, gegen die bedrohliche Anfechtung tatkräftig gesichert und diese Wahrheit hoffentlich nunmehr für ewige Zeiten unter dem Schutze des Deutschen Reiches jedem Streit enthoben.«

In Köln am Rhein erhob sich der gotische Dom, der als Symbol der deutschen Einheit galt. Im zerfallenden römisch-deutschen Reich war er nicht fertig geworden. Romantiker, die von der Renovatio imperii träumten, wollten, aber konnten nicht weiterbauen. Der Preuße Friedrich Wilhelm IV. nahm sich dann des Dombaus an, schien sich des Reichsbaus anzunehmen. Nun hatte der Nachfolger das Reich geschaffen und vollendete die Kathedrale. Die »Kaiserglocke« wurde aus dem Metall französischer Geschütze gegossen, und mächtig erdröhnte der Zusammenklang von Preußentum und Deutschtum.

Ein Reichsromantiker und ein Rheinromantiker wie Friedrich Wilhelm IV. war Wilhelm I. nicht. Den Dombau führte er aus Pietät gegenüber dem Bruder fort. Das neue Reich verhalte sich zum alten Reich wie eine Berliner Kaserne zu einer gotischen Kathedrale, schrieb der Publizist Constantin Frantz, und wenn Wilhelm dieser Satz bekannt gewesen wäre, hätte er ihn unterstreichen können. Für rheinische Ruinen, bei deren Anblick der Bruder in Verzückung geraten war, hatte er nichts übrig, und die Erhaltung der Burgen Stolzenfels und Sonneck kostete nur Geld. Der Rhein war ihm als strategische Linie bedeutsam, und daß er mit ihr nun die Westgrenze

Preußens wie Deutschlands gesichert hatte, erfüllte ihn mit Genugtuung. Die Rheinländer hatte er nie recht gemocht; wenn sie sich nun im deutsch firmierten Preußenhaus wohler fühlen mochten, so sollte ihm das recht sein.

Doch Contre coeur und gegen die Raison ging ihm der romantische Nationalismus, der ihm entgegenschlug. »Es ziehet Kaiser Wilhelm nach Deutschland herein«, wurde er begrüßt, »und bringet uns wieder das alte deutsche Reich.« Der Sohn, ein Reichsschwärmer auch er, sah durch den Vater die »langjährigen Hoffnungen unserer Voreltern«, die »Träume deutscher Dichtung« erfüllt. Und Felix Dahn, ein Dichter, der das erleben durfte, feierte in »Kaiser Weißbart« den aus dem Kyffhäuser auferstandenen »Kaiser Rotbart«:

> »Heil Dir, greiser Imperator,
> Barbablanca, Triumphator,
> Der Du Frankreich niederzwangst
> Und der Krone der Germanen,
> Witwe längst des Ruhms der Ahnen,
> Glanz und Schimmer neu errangst.«

Barbablancas Bildnis wurde allgegenwärtig, auf Bierkrügen und Pfeifenköpfen, aus Bronze und Bernstein, in Eis und Schokolade, noch Holzschnitte und schon Fotomontagen, die ihn im Krönungsornat Karls des Großen oder in phantastischen Kaiserkostümen zeigten. »Da sehe ich ja aus wie ein Baalspriester«, kommentierte er solchen Mummenschanz. Unterschreiben mußte er nun mit »Rex et Imp.«. Auf die Frage, warum er Imperator denn abkürze, entgegnete er: »Nur das Eine bin ich ganz.«

In seinem vollen Titel stand der neudeutsche zwar an der Spitze, doch die alten preußischen Titel machten die Masse aus: »Deutscher Kaiser, König von Preußen, Markgraf von Brandenburg, erster souveräner Herzog von Schlesien, sowie auch der Provinz Glatz, Großherzog von Posen und des Niederrheins, Herzog von Sachsen, Engern und Westfalen, Herzog von Geldern und zu Magdeburg, Cleve, Jülich, Berg, Stettin, Pommern, der Kaschuben und Wenden, in Mecklenburg und Crossen, Burggraf von Nürnberg, Landgraf zu Thüringen, Markgraf der Oberlausitz, Prinz von Oranien, Neuenburg und Valangin, Fürst zu Rügen, Paderborn, Halberstadt, Münster, Minden, Kammin, Wenden, Ratzeburg, Mörs, Eichsfeld und Erfurt, Graf zu Hohenzollern, der Mark, zu Ravensberg, Hohenstein, Tecklenburg, Schwerin, Lingen, Sigmaringen und Wehringen, Pyrmont, Herr der Lande von Rostock, Stargard, Lauenburg, Bütow, zu Haigerloch und Werstein.«

Dem »Rex et Imp.« blieb bewußt, daß er Herrscher des Königreiches Preußen, nicht des Deutschen Reiches war. Dessen Souverän war die Gesamtheit der 22 Bundesfürsten und der Senate von drei Freien Städten. Staatsrechtlich war der Deutsche Kaiser eine Art Bundespräsident, im Volksbewußtsein allerdings Caesar und Imperator eines Nationalreiches, was die mittelalterlichen Kaiser nie gewesen waren. Er galt als Symbolgestalt der Erwartungen von 41 Millionen Deutscher und als Integrationsfigur eines Reiches von 540 742 Quadratkilometern, das beinahe in Hoffmann von Fallerslebens Wunschgrenzen entstanden war: »Von der Maas bis an die Memel, von der Etsch bis an den Belt.«

Schon erschien Wilhelm I. als Reichsmonument, bekränzt mit Eichenlaub und Kornblume, dem Zeichen deutscher Kraft und dem Ausdruck deutscher Innerlichkeit – der blauen Blume der Romantik, die zufällig auch die Lieblingsblume des Preußenkönigs war.

Das Epitheton »Heldengreis« erregte indessen den Unwillen des auf die Mitte der Siebzig zugehenden Mannes. »Ich weiß gar nicht, was die Menschen immer mit ihrem Heldengreis wollen! Mache ich denn den Eindruck des Greisenhaften? Ich dächte nicht. Im Dienst sieht mir hoffentlich niemand mein Alter an.« Und: »Zu einem Heldengreis gehört doch vor allen Dingen ein Greis.« Als Held allein hätte er sich schon eher feiern lassen wollen, wenn nicht seine persönliche Bescheidenheit wie die von Moltke formulierte preußische Zurückhaltung dawider gestanden hätte: »Wenn man eine ruhmvolle Tat zu erzählen hat, so braucht man nicht zu sagen, daß sie ruhmvoll gewesen ist.«

Den »Kaisermarsch«, mit dem ihm der Sachse Richard Wagner huldigte, fand er zu geschwollen und seine Opern zu ermüdend. Vielleicht spürte er, daß dieser – wie es ein Zeitgenosse formulierte – »mächtigste nationale Faktor auf dem Gebiete der Kunst«, die deutsche Seele in ihren Tiefen aufrührte, das Unterste nach oben kehren könnte. Sicherlich empfand er wie Moltke, der während einer Wagneroper seufzte: »Nein, da lobe ich mir den Reichstag, da kann man doch wenigstens Schluß beantragen.«

Der neuen Reichskunst konnte sich der neue Kaiser nicht ganz entziehen, weil er sie zu unterstützen hatte, jedenfalls sich ihr unterziehen mußte. So hielt er es für seine Pflicht, im Bayreuther Festspielhaus der Aufführung des *Rings der Nibelungen* beizuwohnen. Wiederum wurde er mit dem deutschen Rhein konfrontiert, bei dessen Anblick der neunundzwanzigjährige Richard Wagner, aus Frankreich heimkehrend, von Tränen überwältigt worden war und den Schwur getan hatte, von nun an nur noch dem Vaterland zu gehören und von Grund auf deutsch zu sein. Nun hörte Wilhelm vom »Rheingold«, das in den Tiefen des deutschen Schicksalsstromes liege und, zu einem Ring geschmiedet, dem Besitzer Macht verleihe – ersehnte, verhängnisvolle, verderbenbringende Macht. *Das Rheingold* war der erste Teil des *Rings der Nibelungen,* der mit der *Götterdämmerung* endete.

Eher erhebend war die Veranstaltung im Düsseldorfer Künstlerverein »Malkasten«, ein Fest, wie es – laut Feststellung eines Zeitgenossen – »die Welt seit den Tagen Kaiser Karls V. nicht wieder gesehen hat«. Eingangs gewahrte Wilhelm I. das lebende Bild des großen preußischen Staatswappens. »Einer der wilden Männer dieses Wappens (der Historienmaler W. Camphausen) kam herab und bot sich als Führer durch die Festräume des Malkastens an. Der Zug ging zum Festtheater. Hier erschien in sechs wirklichen lebenden Bildern die Geschichte des Rheins, von den alten Runenzeiten bis auf Blücher und die gegenwärtige Weinernte. Von da wandelte man zwischen Lampen und Transparenten zum Parke, der in einen märchenhaften Elfenhain umgewandelt war. Nixenchöre singen, ein Nachen in Gestalt einer Muschel, von Schwänen gezogen, schwebt über den See heran, Poesie und Märchen begrüßen den Kaiser und die Kaiserin.«

Er sei in die poetisch verklärte Vergangenheit Deutschlands geführt, in ein Reich zauberischer Gestaltung versetzt worden, »welches Ich mit Meiner Phantasie nicht für möglich hielt«, bedankte er sich offiziell. Das war nicht seine Welt, nicht einmal – wenn er einen Vergleich mit dem Potsdamer Fest der Weißen Rose ziehen wollte – die Welt seiner romantischen Jugend und schon gar nicht die seines realistischen Alters.

Die romantisierenden Bilder in der im altpreußischen Klassizismus erbauten Nationalgalerie in Berlin waren nicht seine Sache:

Otto Knilles »Tannhäuser und Venus« oder Alfred Rethels Kartons zur Geschichte Karls des Großen. Wilhelm bevorzugte den »Stiefelmaler« Anton von Werner, der die Schlacht bei Sedan und die Kaiserproklamation in Versailles auf Kolossalbildern festhielt, fast fotografisch genau, wenn er manchmal auch im militärischen Detail schlampte. »Sie haben Bismarck ja hier im weißen Koller gemalt, er hatte aber doch den blauen Waffenrock an«, mußte er getadelt werden, oder: »Warum Gardes-du-Corps? Da wird die Infanterie sich ärgern.«

Zivilen Realismus schätzte er weniger, und schon gar nicht den Naturalismus des Franzosen Emile Zola. Einmal ließ er sich ein paar Seiten vorlesen, doch das reichte ihm: Für die kurze Zeit, die ihm noch zu leben vergönnt sei, wolle er sich die Illusionen, die er von den Menschen habe, bewahren und sie nicht in ihrer ganzen Häßlichkeit kennenlernen. Und ließ im *Trompeter von Säckingen* des Badener Viktor von Scheffel weiterlesen, in diesem echt deutschen Lied, in dem echte deutsche Menschen vorkamen, und der Vater Rhein, der den Zeitgenossen bedeutete:

> »Und ich kenn euch, deutsche Träumer,
> Die an meinem Ufer wohnen.
> Bin ich selbst doch euer Abbild.
> Und des deutschen Volks Geschichte,
> Sturm und Drang und bitt'res Ende
> Steht in meinem Lauf geschrieben.«

Der andere Bestsellerautor, der Schlesier Gustav Freytag, war ihm als Nationalliberaler und als Mentor des Kronprinzen verdächtig – obgleich ihm dessen Postulat, ein rechter Deutscher müsse Preuße, Protestant und Bürger sein, mit Ausnahme des dritten Teils des Triptychons, nicht mißfallen mochte.

Von Theodor Fontane, der Preuße und Poet war, nahm er keine Notiz: Nicht von dem ihm, dem Preußenkönig, zugeschriebenen Lob, es zeichne ihn »jenes strenge Pflichtgefühl« aus, »das ihm die Wohlfahrt und Größe seines Landes als einzige Richtschnur seines Denkens und Handelns erscheinen läßt«. Nicht von den Romanen, in denen die schwarz-weiße Ordnung und ihr schwarz-weiß-roter Verfall realistisch und nostalgisch geschildert wurde. Nicht einmal von den Kriegsberichten 1864, 1866 und 1870/71, und den Gedichten, spröd und weich, herb und sentimental, die den Soldatenton trafen:

> »Und siehe da, zum dritten Mal
> Ziehen sie ein durch das große Portal;
> Der Kaiser vorauf, die Sonne scheint,
> Alles lacht und alles weint...
>
> Zum dritten Mal
> Ziehen sie durch das große Portal,
> Die Linden hinauf erdröhnt ihr Schritt,
> Preußen-Deutschland fühlt ihn mit.«

Durch das Brandenburger Tor, den Triumphbogen der deutschen Einigungskriege, zog der siegreiche Imperator, an der Spitze von 42 000 seiner Soldaten, in die Reichshauptstadt ein. Es war 12.30 Uhr, am 16. Juni 1871, und die *Gartenlaube*, ein deutsches Hausblatt, frohlockte: »Nun war er da, der lang erharrte große Tag, der größte, welchen Berlin jemals gesehen, und wie wir einen größeren zu erleben weder hoffen noch begehren dürfen.«

Der vierundsiebzigjährige Kaiser und König, mit Pickelhaube und Patriarchenbart, saß aufrecht im Sattel, zweieinhalb Stunden lang. In der Bullenhitze fielen Soldaten um, die Prinzen Albrecht und Karl wie der Kronprinz von Sachsen machten schlapp. Kaiserin Augusta, die Wilhelm weiterhin mit »Königin« titulierte, saß in ihrer Kutsche, fächelte und fächelte, litt sichtlich an diesem Tag. Dabei war ihretwegen der Einzug, den man schon im Frühjahr hätte haben können, auf den Sommer verschoben worden: Ihre Majestät hatten die Kur in Baden-Baden nicht abbrechen wollen.

Auf dem Pariser Platz harrten die Ehrenjungfrauen in weißen Kleidern und mit stramm geflochtenen Zöpfen. Fräulein Bläser, eine Professorentochter, überreichte auf einem Atlaskissen den frischen Lorbeerkranz und trug ein Gedicht von Christian Friedrich Scherenberg vor:

> »Heil Kaiser Wilhelm Dir im Siegeskranze,
> Wie keiner noch geschmückt ein Heldenhaupt!
> Heim führst Du Deutschlands Heer vom Waffentanze,
> So glorreich, wie's der Kühnste nicht geglaubt.

Du bringst zurück in der Trophäen Glanze
Die Lande, einst dem Deutschen Reich geraubt.
Durch Dich geführt, errangen Deutschlands Söhne
Germania uns in ihrer alten Schöne.

Nun grüßt der Jubel Dich von Millionen
Aus tiefer Brust, in Ost, West, Süd und Nord;
Schlägt's deutsche Herz doch unter allen Zonen
Treu seine warmen Heimatpulse fort.
Und mit den unwelkbaren Lorbeerkronen
Bringst Du die Palme uns als Friedenshort.
O daß ihr Schatten Dich noch lange labe,
Dein Sämann's-Mühn die reichste Ernte habe!«

Wilhelm I. salutierte, in seiner durch eine gewisse Lässigkeit gemilderten straffen Art, beugte sich ein wenig vom Pferd herab: »Ich nehme den Dank, den Sie mir in dem Gedichte ausgesprochen, nicht für mich, sondern für die Armee!« Er reichte dem Fräulein die Hand: »Das ist zu liebenswürdig.« Hierauf ritt er zu den in der Nähe sitzenden verwundeten Offizieren und begrüßte sie: »Ich danke Ihnen, meine Herren, Sie haben es Mir eingebracht!« 80 Blessierte vertraten die Opfer des deutsch-französischen Kriegs: an Toten 1871 Offiziere und 26 397 Mann, an Verwundeten 4184 Offiziere und 84 304 Mann.

Dann ritt er die Linden hinauf, die Via triumphalis Preußens, durch das Spalier sommergrüner Bäume und französischer Kanonen, der Denkmalshelden des Siebenjährigen Krieges und des Befreiungskrieges, an Königswache und Zeughaus vorbei zum Hohenzollernschloß. Endstation war das Reiterdenkmal des Vaters, Friedrich Wilhelms III., dessen Enthüllung für Wilhelm I., den Sohn, der Höhepunkt dieses Tages war. 81 französische Adler, Feldzeichen des Erbfeindes, ließ er auf den Stufen des Monuments niederlegen. Am Postament fehlte noch die Figur der Borussia.

Eine kolossale Germania war schon da, dreizehn Meter hoch, aber nicht aus Erz, sondern aus Gips. Kolossal, doch aus kurzlebigem Material war auch der übrige Festschmuck der Reichshauptstadt – eine Manifestation des sich vom preußischen Stil abhebenden Stil des Deutschen Reiches und ein – unbeabsichtigter – Hinweis auf dessen Dauerhaftigkeit: eine riesige Berolina am Halleschen Tor, eine gigantische Viktoria auf dem Potsdamer Platz, und über die Linden waren fünf pompöse Velarien gespannt, auf Segeltuch gemalte symbolische Bilder, welche die Reichsgründung verherrlichten: »Schwur am Altar des Vaterlandes«, »Einigung der deutschen Stämme«, »Kampf und Sieg«, »Die Kaiserkrone«, »Der Friede«.

Den »Pariser Einzugsmarsch« spielten die Militärkapellen. Die »Wacht am Rhein« sangen zehntausend Schulkinder im Chor. »Gloria, Viktoria« sangen stolz die Soldaten, und glücklich »In der Heimat, in der Heimat, da gibt's ein Wiedersehn!« Berliner Gassenjungen sangen die Hymne auf ihre Weise: »Heil Dir im Siegerkranz, Kartoffel und Heringsschwanz, heil Kaiser Dir!« Was nütze ihn der Reichsapfel, wenn er inwendig hohl sei, meckerte Landwehrmann Kutschke im *Kladderadatsch*. »Und hör den Kaiserjubel ich von Junker, Pfaff und Zofe, dann denk ich halt ganz still bei mich: was ick mir davor koofe!«

Gekauft wurden en masse »Lorbeerkränze jeder Art zum Schmuck von Bildern, Büsten, Transparenten, Gedenktafeln Gefallener«, und »zum Einzug der Truppen« Wurfbouquets und Wurfkränze, »Lorbeersträußchen zum Anstecken an die Bajonette« und »Lorbeersträußchen, ins Knopfloch zu hängen, pr. 100 St. 5–10 Thlr.«. Das brachte J. C. Schmidt, »Kais. Königl. Hof-Lieferant«, einigen Gewinn, ähnlich wie dem Restaurationspächter der Viktoria-Tribüne in der Königgrätzer Straße, der am 16. Juni 150 Taler an Limonade und Lagerbier verdiente.

Reichwerden konnte man schon am und im neuen Reich. Wilhelm I. brachte nicht nur die Kaiserwürde heim, sondern auch 4 Milliarden Mark französische Kriegsentschädigung – doppelt so viel wie der Krieg die Deutschen gekostet hatte, mehr als in Deutschland an Metall und Banknoten in Umlauf war. Aus der ersten Milliarde bildete man den Reichsinvalidenfonds, den Reichsfestungs- und Reichseisenbahnfonds, sowie den Reichskriegsschatz im Juliusturm von Spandau. Mit der zweiten Milliarde wurden Kriegsanleihen getilgt. Eine halbe Milliarde erhielten die Bundesstaaten, eine viertel Milliarde wurde für die Prägung der neuen Goldmünzen und für Dotationen verwendet, vornehmlich für das Dreigestirn, das am 16. Juni unmittelbar vor Wilhelm I. leuchten durfte: Roon, nun Graf, und Moltke, nun Graf und Feldmarschall, bekamen je 900 000 Mark, Bismarck, nun Fürst, die einträgliche Herrschaft Friedrichsruh. Eineinviertel Milliarden wurden für den Ersatz von Kriegsschäden und die Neuaufrüstung der Armee bereitgestellt – was eine gewaltige Ankurbelung der Konjunktur versprach.

Der Adel würde darüber nicht zu kurz kommen, die Arbeiter etwas abbekommen – den Hauptgewinn aber sollte das Bürgertum einstreichen. Am 16. Juni konstatierte der *Gartenlaube*-Reporter angesichts des Zustroms der Hunderttausende »eine demokratische Verbrüderung aller Stände zur einträglichen Verfolgung eines und desselben Ziels«. Aber schon aus der Aufstellung längs der Einzugstraße war die alte, wenn auch etwas modifizierte Rangordnung ersichtlich: Am Kreuzberg, weit vom Zentrum, standen Arbeiter, vor dem Brandenburger Tor Bauern und Kleinbürger, und auf den Tribünen hinter dem Brandenburger Tor dominierten Adelige und Großbürger. Und nicht mehr Frauen, die ihre aus dem Krieg heimgekehrten Männer auf den Bahnhöfen abgeholt, deren Gewehre getragen und ihnen die Kinder überlassen hatten – sondern Damen wie die Baronin Spitzemberg, die von der Truppenrevue entzückt war: »Die Garden sahen süperb aus, so männlich, sonnenverbrannt, bärtig, das allzu stramme preußische Wesen etwas gelockert durch den Feldzug, boten sie wirklich den schönsten Anblick für ein patriotisches Herz.«

Am 17. Juni, der auch schwarz-weiß-rot im Kalender angestrichen war, durfte die Baronin an der Festvorstellung in dem unter Friedrich dem Großen erbauten Opernhaus teilnehmen, wo die Rangordnung noch augenfälliger gewahrt war: »Die ganze Mittelloge war angefüllt mit Herrschaften, das übrige Theater fast ausschließlich von Militärs und ihren Familien.« Man gab das Festspiel *Barbarossa*. Der Stauferkaiser, dargestellt von Opernsänger Niemann, saß im Kyffhäuser und träumte von einem neuen Reich, dem die Hohenzollern Akt um Akt näherkamen: der Große Kurfürst, der Alte Fritz, Friedrich Wilhelm III., ein Kriegerdenkmal für 1864 und 1866, »endlich 1870 Germania auf dem Schilde getragen von preußischen, bayerischen, württembergischen usw. Soldaten«. Und dann die Apotheose: »Ein mit lautem Jubel begrüßtes Bild, Kaiser Wilhelms Reiterstatue, Paris im Hintergrunde.«

Der wirkliche Wilhelm saß in seiner Loge, glücklich über das, was er vollbracht hatte, und ermüdet davon, wie es vollzogen wurde. Nicht einmal in der Pause konnte er sich erholen: Als er auf den Gang hinaustrat, wurde er gefeiert wie sein Denkmalsbild auf der Bühne.

Vor dem Theater, Unter den Linden, wogte die patriotisch erregte Menge. Die Feststraße war mit einem Scheinwerfer angestrahlt, zum ersten Mal, was die Telegrafenbauanstalt Keiser & Schmidt möglich gemacht hatte. Viktoria auf dem Brandenburger Tor trug einen elektrischen Glorienschein, und die Quadriga schien in eine glänzende Zukunft zu fahren.

In eine neue Zeit, die nicht mehr die Zeit Wilhelms war. Er dachte wie der getreue Roon: »Ein alter Kerl wie ich kann sich nur schwer in dem neu auf-, aber noch nicht ausgebauten kaiserlichen Schauspielhause zurecht finden, in welchem Dekorationen, Bühne, Stichworte, Licht und Luft usw. dem bisher Gewohnten und erträglich Befundenen widersprechen.« Denn »die National- und sonstigen Liberalen« hätten ganz recht, daß nun »eine neue Ära – wie sie es nennen – ›freiheitlicher Entwicklung‹ anheben muß, in welcher die alten Fahnen und Schlagworte nichts mehr bedeuten als eine historische Reminiszenz«.

Es werde ihm sehr schwer werden, sich in die neuen Verhältnisse zu fügen, hatte Wilhelm noch in Versailles gesagt. Nun war er, persönlich unverändert, heimgekehrt nach Berlin, in eine Welt, die sich verwandelt hatte.

»Bei uns ist immer Achtzehnter«, sagte Theodor Fontane und meinte damit: Im neuen Reich, in der neuen Reichshauptstadt werde der 18. Januar prolongiert, der Reichsgründungstag perenniert, sei immer und ewig Gründerzeit.

Verspätet hatten die Deutschen einen Nationalstaat bekommen, nach Großbritannien, Frankreich, ja Belgien traten sie in das Industriezeitalter ein. Vieles war nachzuholen, alles geschah im Überdruck, jedermann vertraute auf die nationale Kraft, der man sich eben erst bewußt geworden war. Nach dem militärischen und politischen Erfolg wurde der wirtschaftliche und gesellschaftliche Erfolg anvisiert – in erster Linie vom nationalliberalen Bürgertum, das sich für das Reich engagiert hatte und nun in ihm und von ihm profitieren wollte.

Der Reichsgründung folgte die Gründerzeit. Kapital gab es genug und immer mehr Kapitalisten, viele, die reich wurden und noch mehr, die reich werden wollten. So hatte sich der alte König und neue Kaiser das Reichsresultat nicht vorgestellt. Er kritisierte den »Wust von Verlangen nach Reichwerden in unseren Tagen, die eine schmerzliche Errungenschaft der glücklichen großen politischen Erfolge der Neuzeit ist«.

Dem Eisensturm folgte der Goldrausch. Bisher war in Norddeutschland mit Talern, in Süddeutschland mit Gulden gerechnet worden. Nun wurde die Goldmark die Münzeinheit des Deutschen Reiches. Ende 1871 waren bereits Goldmünzen zu 10 und 20 Mark mit einem Wert von 539 Millionen Mark geprägt. Die Neue Münze in Berlins Unterwasserstraße trug »Friede« und »Überfluß« als plastischen Schmuck, und Gnomen mit Pickelhauben, die nach Gold schürften.

Mit Papieren, die Geld, viel Geld bedeuten konnten, wurde an der Berliner Börse in der Burgstraße spekuliert. Seit 1870 brauchte man keine staatliche Genehmigung mehr zur Gründung von Aktiengesellschaften. 1871/72 wurden 762 Aktiengesellschaften gegründet, Banken, Versicherungen, Bergwerksunternehmen, Eisenbahngesellschaften, Baufirmen, Bierbrauereien. In den ersten drei Jahren des Reiches entstanden so viele Hochöfen, Eisenhütten und Maschinenfabriken wie in den vorhergegangenen siebzig Jahren der kaiserlosen Zeit.

Auf Aktien wurde die Reichswirtschaft errichtet. Für Bausteine einer Reichsgesellschaft hielt sie der rheinische Wirtschaftsführer Gustav Mevissen: In der Aktiengesellschaft sehe er »eine gruppenbildende, in ethisch-sozialem Geist wirkende und dem zerstörenden Radikalismus widerstreitende soziale Einrichtung«. Anderer Meinung waren viele, die in die alte Zeit zurückblickten, in der die Wirtschaft auf Grund und Boden basierte, die Gesellschaft auf der soliden Arbeit der Bauern, Handwerker und Kaufleute, und der Staat auf Treu und Glauben aller Stände.

Im Grunde war das auch die Meinung des Reichsgründungskaisers. Er kannte durchaus und schätzte überaus den Nutzen einer florierenden Wirtschaft für den Staat – in erster Linie für die Armee.

Darauf verwies er bei der Einweihung des Reichsbankgebäudes in der Jägerstraße, eines Neo-Renaissance-Palastes, der ihm architektonisch gefiel, nicht aber als Ausdruck des alten Renaissance-Geistes, den die Gründer repetierten: Gewinn mit allen Mitteln und um jeden Preis.

Die Philippika des Berliner Schriftstellers Felix Philippi sprach ihm aus dem Herzen: »Alle tanzten mit in dieser Hetzgalopade um das angebetete Goldene Kalb: der gewitzte Kapitalist und der unerfahrene Kleinbürger, der General und der Kellner, die Dame von Welt, die arme Klavierlehrerin und die Marktfrau, man spekulierte in den Portierslogen und in den Theatergarderoben, in dem Atelier des Künstlers und im stillen Heim des Gelehrten, der Droschkenkutscher auf dem Bock und ›Aujuste‹ in der Küche verfolgten mit Sachkenntnis und fieberndem Interesse das Emporschnellen der Kurse.« Schon nagte die Gewinnsucht an den Stützen der preußischen Gesellschaft. Hofdamen wie die Gräfin Haacke, spekulierten im Kleinen und Hochadelige wie Fürst Putbus, den man bald Kaputtbus nannte, im Großen. Hochverdiente jedoch nicht gut verdienende Verwaltungsbeamte wurden – so Sebastian Hensel in seinem *Lebensbild aus Deutschlands Lehrjahren* – verlockt, »durch Zusicherung enormer Gehälter ihre wohlgesicherten, mit Pensionsberechtigung ausgestatteten Staatsämter aufzugeben und die Direktion von Geschäften zu übernehmen, von denen sie in den meisten Fällen gar nichts verstanden«.

Der Preußenkönig hatte seine Bedenken gegen den Compagnon, den ihm der Reichskanzler für die Firma Potsdam & Manchester angedient hatte: den reich werdenden Bürger, der seine Ansprüche in Gesellschaft und Staat mit der ihm eigenem Chuzpe anzumelden begann.

Ein Prototyp war der Bankier Gerson Bleichröder. Er war der Privatbankier Bismarcks, der mit ihm persönlich die politische Allianz von »Gold und Eisen« praktizierte. Große Geschäfte machte er als Staatsbankier: 1866 verschaffte er Gelder für die Kriegsführung, 1870 besorgte er die »Handsalbe« für König Ludwig II. und Stallmeister Holnstein, 1871 regelte er das Milliardending mit der französischen Kriegsentschädigung. Die *Kölnische Zeitung* lobte: »Herr Bleichröder, ein kleiner Bismarck auf seinem Gebiet, wußte mit den Franzosen umzugehen, die immer kleiner wurden.«

Er verstand es auch, sich ein Entrée bei Wilhelm I. zu verschaffen. 70/71 trug er die Kosten für 23 Folgen einer Sammlung von vaterländischen Liedern und Gedichten, die gratis an die Truppe verteilt wurden. Das hatte Louis Schneider arrangiert, der auch dafür sorgte, daß er dem »reichen Mann mit patriotischer Gesinnung« die Anerkennung des Monarchen übermitteln durfte. Später bedankte sich Wilhelm auch noch persönlich bei Bleichröder.

Der Bankier revanchierte sich jedes Weihnachten mit Kaviar, bis ihn der Oberhofmarschall ersuchte, keinen Kaviar mehr zu schicken. Zu diskreten Dienstleistungen – nicht für Majestät persönlich, sondern für Schutzbefohlene – wurde er weiterhin herangezogen. Einmal bat ihn Wilhelm, ein Eisenbahnprojekt zu unterstützen, an dem sich ein durch Grundstücksspekulation zugrundegerichteter Herr von Karsky, »dessen Frau ich seit langem kenne«, wieder aufzurichten gedachte. »Ihre Antwort an mich wollen Sie ›zu meiner eigenhändigen Erbrechung‹ adressieren.«

Hofbankier wurde er nicht – weil diese Würde schon vergeben war und weil er ihn im Grunde nicht ausstehen konnte. Es störte ihn weniger, daß Bleichröder Jude mosaischen Glaubens war, als die Art und Weise, mit der er sich als Gründer par excellence aufführte. So weit ging Wilhelm freilich nicht wie sein Generaladjutant Heinrich Graf von Lehndorff, der zwar heimlich von Bleichröder profitierte, sich aber coram publico über den Parvenue mokierte: »Wenn der Hausherr nicht da wäre, so wäre die Tafel so exklusiv, wie man das heutzutage selten trifft«, äußerte er am Tisch des Finanzmagnaten, der mit Zelebritäten reich besetzt und mit Delikatessen reich bestückt war.

Eines Tages kam Bismarck – der aus gutem Grund seinem Privatbankier wohlgewogen war – und ersuchte den König, Gerson Bleichröder in den erblichen Adelsstand zu erheben. »Geheimer Commerzienrat« war er bereits, nun griff er nach dem »von«, das – zumindest theoretisch – Gleichrangigkeit mit dem Ersten Stand, der in Preußen immer noch der erste war, versprach.

Wilhelm zögerte. Adelig war man von Geburt, gleichsam durch Gottes Gnade, und Bleichröder war ein ungetaufter Jude, der erste, der das Ansinnen stellte, geadelt zu werden. In Preußen konnte man sich den Adel durchaus verdienen, durch Dienen. Aber durch Verdienen? War es ein Verdienst, daß Bleichröder der reichste Mann

Berlins geworden war, der ein Barvermögen von hundert Millionen Goldmark hinterlassen sollte? Diese Fragen stellte sich Wilhelm, beantwortete sie jedoch so, wie Bismarck es wollte: Ab 8. März 1872 hieß es Gerson von Bleichröder. Sein Wappen zeigte das Eiserne Kreuz auf schwarz-weiß-rotem Grund. Als Feudalsitz erwarb er von Roon das zwischen Potsdam und Großbeeren gelegene Gütergotz.

Während seiner ganzen Regierungszeit erhob Wilhelm 131 Bürgerliche in den erblichen Adelsstand. Die Mehrzahl hatte bereits familiäre Bindungen zum Adel gehabt, und zu 90 Prozent waren es Protestanten. Das hieß nicht, daß die Neuaristokraten den Altaristokraten wirklich gleichgestellt gewesen wären, weder in der Gesellschaft noch gar bei Hofe: Noch unter Wilhelm II. gab es 56 Abstufungen der »Hoffähigkeit«.

Aber auch der alte Adel war nicht mehr der alte. Große Namen waren in große Geschäfte der Gründerzeit verwickelt; viele aristokratische Spekulanten fallierten freilich auf dem ungewohnten Terrain. Bleichröder – so hieß es – sei nur deshalb geadelt worden, weil er einigen aufzuhelfen versprochen hatte. Andere sanierten sich durch Einheirat in ein wohlsituiertes Bürgerhaus. Sie ehelichten Erbinnen, die ihr Geld für den erblichen Adelstitel gaben – »Bienenköniginnen«, welche die Drohnen zwar nicht verjagten, aber auf ihr Niveau herabzogen.

Der Adel kam herunter, das Bürgertum wollte hinauf, und das Ergebnis war eine Beeinträchtigung des Preußentums. Es wurde karikiert vom »Bourgeois in seiner entsetzlichsten Gestalt, in der neudeutschen Aufmachung: der Bourgeois im Stechschritt, der Händler als Held, der Geschäftsreisende im Feldwebelton, der Jobber und Schnorrer mit den Gebärden Wotans«, wie der Schriftsteller Hermann Bahr »den friderizianisch-grimassierenden Bourgeois« kennzeichnete. Und das Preußentum wurde konterkariert von adeligen Offizieren, wie es die Historikerin Sybille Bedford charakterisierte: »Uniformen, nicht länger die Dienstkleidung der Pflichterfüllung, wurden wie Federschmuck getragen, um darin herumzustolzieren und akzeptable Partien anzulocken.«

Das Altpreußische ging flöten, das Dienen, sich Hinaufdienen, das Sichbescheiden mit dem, was – suum cuique – einem beschieden war beziehungsweise zugeteilt wurde. Jeder halte sich für das

Größte berufen, alle wollten Meister sein, keiner Lehrling und Geselle, konstatierte Theodor Fontane und klagte über »Selbstsucht und rücksichtsloses Strebertum«.

Eine Sache um ihrer selbst willen zu tun, war eine preußische Tugend gewesen, nun tat man es, und das nicht voll und ganz, um klingenden Lohn. Der Historiker Heinrich von Treitschke, ein Sachse, der mit dem Eifer des Renegaten für ein preußisches Reich eingetreten war, erhielt nicht das, was er erstrebt hatte: Eine »selbstgefällige Nützlichkeitstheorie« sei der Fluch des neuen Deutschlands; »vor lauter Realismus und Materialismus« drohe die neue Generation »den gesunden Menschenverstand zu verlieren«.

Macht, ihre Gewinnung und Ausübung, früher und immer noch staatlicher Betätigung vorbehalten, wurde zunehmend ein Gesellschaftsspiel, bei dem einzelne und Gruppen um sie würfelten. Erfolg, das erstrebenswerte Ergebnis militärischer oder diplomatischer Aktionen, wurde nun zum Fetisch der »Erfolgsdeutschen«, die es zu etwas gebracht hatten und es noch weiter bringen wollten.

Und zeigen wollten, was sie hatten, selbst das, was sie noch nicht hatten. »Mehr sein als scheinen«, die preußische Devise, wurde umgedreht: »Mehr scheinen als sein.« »Das Hinaufschrauben, die Sucht, vornehmer zu erscheinen, als man ist, findet sich schon überall«, tadelte der Kritiker und Literaturhistoriker Wolfgang Menzel. »Der Bauer will Ökonom, der Vogt Wirtschaftsrat sein; der Schneider wenigstens Kleiderkünstler oder Hofschneider oder Kleidermagazin-Inhaber; der Kaufmann Rat und Geheimerat.«

Wilhelm, im Biedermeier aufgewachsen, sah sich dem Kraftmeier gegenüber, der Wörter wie »kolossal« und »enorm« im Munde führte, mit Geld um sich schmiß, Stühle und Tische vergoldete, seine gute Stube mit schwülstigen Möbeln und Nippesfiguren vollstopfte, ein Protz mit der Devise: Wer kann, der kann.

»Lebensansprüche und Lebensführung bis dahin bescheidener Menschen waren nicht wiederzuerkennen«, wunderte sich Felix Philippi, der auch noch vom alten Schlag war. »Luxuriöse Restaurants, wie Poppenberg und Langlet, Unter den Linden, entstanden und waren überfüllt, in den Cabinets particuliers goß man den Champagner zuerst in die Kehlen und dann in die Pianinos, die kleinsten Ballettratten waren glänzend tarifiert, Juweliere und Modistinnen hatten alle Hände voll zu tun, der Gründergummiwagen –

das Berliner Volk nannte ihn den ›Deibel auf Socken‹ – tauchte zum ersten Mal in den nun schon wesentlich eleganteren, belebteren und makadamisierten Straßen auf: Berlin schwelgte, Berlin genoß und schlürfte das Leben aus in hastigen und fieberhaften Zügen.«

Berlin, nun Hauptstadt des Deutschen Reiches und des Königreiches Preußen, zugleich erste Residenz des Deutschen Kaisers und des Königs von Preußen, sowie Sitz der höchsten Reichs- und Staatsbehörden – Berlin war der Hauptschauplatz des Aufstiegs Neudeutschlands und des Abstiegs Altpreußens.

Zum ersten Mal hatten die Deutschen eine richtige Hauptstadt. Sie strömten herbei, um aus Berlin ein deutsches Paris, mit ihm und in ihm Karriere zu machen. Als Wilhelm König wurde, zählte man 547 570, und als er Kaiser wurde, 826 341 Einwohner. 1880 waren es 1 122 330, und nur noch 434 geborene Berliner unter tausend Einwohnern.

Es wurde gebaut und gebaut: Generalstabsgebäude und Bankpaläste, Schulen und Kasernen, Bahnhöfe und Fabriken, in Dalldorf die größte Irrenanstalt Deutschlands und in Plötzensee das modernste Gefängnis. Im Westen, vornehmlich in der Tiergartenstraße, entstanden Villen für Gründerherren, im Norden, Osten und Süden Mietkasernen für das Gründervolk. Als Muster galt das 1873 vom Bankier Meyer gebaute Massenwohnhaus in der Ackerstraße: Vorderhaus, fünf Hinterhäuser, fünfzig Wasserklosetts, fünf Pissoirs, dreihundert Wohnungen für zweitausend Personen.

Das blieb nicht ohne Folgen: für die Gesundheit (1 Arzt auf 913 Einwohner), für die Moral (23 000 Prostituierte), und für die Politik: »Den neuen Reichtümern steht neuer Jammer gegenüber«, stellte der *Brockhaus* von 1875 fest, »Verkümmerung, Verwahrlosung der Arbeiter in einer Ausdehnung und Intensität, wovon man früher keine Vorstellung gehabt.« Die Konjunktur trieb die Preise für Mieten und Grundnahrungsmittel in die Höhe; 1872 gab es Streik und Straßenkrawall; zum ersten Mal wurde die rote Fahne gehißt. Und die Depression nach dem Börsenkrach von 1873 traf mit den bürgerlichen Bankrotteuren die arbeitende Bevölkerung.

Der Staat müsse das realisieren, »was in den sozialistischen Forderungen als berechtigt erscheint und mit der Staats- und Gesellschaftsordnung vereinbar ist«, sagte Bismarck bereits 1871, stützte sich aber weiterhin auf den alten Adel und das neue Bürgertum. Das fand städtebaulichen Ausdruck: Die feudale Lindenallee erhielt im Kurfürstendamm eine bourgeoise Verlängerung, und das Ganze sollte die Reichsachse sein. Der Vorschlag kam vom Reichskanzler, der behauptete, daß von all seinen Projekten dieses am schwierigsten durchzusetzen gewesen sei.

Selbst Unter den Linden, neben den Versteinerungen des Altpreußentums. machten sich »Palazzi prozzi« des Bürgertums breit. Schaufenster und Reklameschilder verunstalteten Palais-Fassaden, Herrenhäuser mußten Geschäftsgebäuden weichen, im Groß-Café Bauer bemalte Anton von Werner die Wände mit Szenen aus dem alten Rom, und in der »Kaisergalerie«, in Neo-Renaissance aus Sandstein mit Ziegelverblendung gebaut, war alles zu sehen und zu haben: Luxusläden, Ausstellungsräume, Restaurants, ein Varieté, Castan's Panopticum, in dem berühmte wie berüchtigte Zeitgenossen als Wachsfiguren, und ein Aquarium, in dem neben Quallen und Haien auch Schimpansen und Gorillas gezeigt wurden, »diese nächsten Verwandten des Menschen«.

Zwiespältig verfolgte der Kaiser und König die Vergrößerung Berlins. Mit Fontane freute er sich, daß »seine Vaterstadt«, wie er gern sagte, sauberer und gefälliger wurde, an Ruppigkeit verlor. Dem Magistrat erklärte er, er sehe mit Wohlgefallen, »daß die Haupt- und Residenzstadt in ihrem Wachstum und in ihrer Bedeutung mit des Reiches Größe und Herrlichkeit Schritt gehalten«. Andererseits paßte es ihm nicht, daß nicht mehr König und Adel, sondern Reichsbehörden, liberale Oberbürgermeister und reich gewordene Bürger die Bauherren waren.

Zweitklassiges kam dabei heraus, Klassizismus, Renaissance und Gotik aus zweiter Hand. »Der fettsüße Makronen- und Marzipangeschmack dieser angeblich barocken, romanischen, byzantinischen und napoleonischen Sachen entzückte das Kaufmannsgeschlecht der Epoche«, resümierte Walther Rathenau, der spätere Minister der Weimarer Republik, und präzisierte, daß die Emporkömmlinge es nicht nur den alten Architekten, sondern auch den alten Königen gleichzutun gedachten: Der Kunstgeschmack wollte »in üppiger Hofkunst sein Abbild und Vorbild sehen, so wie die bürgerliche Prunksucht und Schwelgerei sich gern davon überzeugen ließ, daß es auch in den Höhen mit altpreußischer Einfachheit zu Ende sei und daß auch dort alle Trivialitäten des Tages und der Mode so viel galten wie in den Tiefen«.

Das war das Ende des preußischen Stils, wie es Wilhelm fühlte und Moeller van den Bruck formulierte: »Der künstlerische Zusammenbruch dieser so strengen reinen geistigen Kultur, von der beide, Stil wie Idee, bis dahin in Preußen begleitet gewesen waren, erfolgte erst mit der Gründung des Reiches: da wurde Preußen das Opfer von Deutschland – als Reichshauptstadt. Der Zusammenbruch begann mit Selbstentfremdung: mit einer völligen Verkennung der eigenen Werte – und die Zerstörung folgte.«

Selbst Denkmäler, mit denen Wilhelm das Preußische dauern lassen wollte, trugen ein Doppelgesicht, von dem das eine in die schwarz-weiße Vergangenheit, das andere in die schwarz-weiß-rote Zukunft blickte.

Am 2. September 1873, am Sedanstag, enthüllte er die Siegessäule auf dem Königsplatz. Mit ihrem Bau war bereits 1869 begonnen worden; ursprünglich war sie zur Verherrlichung der preußischen Siege von 1864 und 1866 gedacht. Der Sieg von 1870/71 kam dazu, der teils ein preußischer, teils ein deutscher gewesen war. Wilhelm betonte die preußische Komponente: »Ich habe niemand von den Fürsten eingeladen, die nicht in allen drei Kriegen unbedingt mit mir gingen.« Architektonisch wurde die Kontinuität herausgestellt: Der Säulenschaft bestand aus drei Etagen, jeweils bestückt mit dänischen, österreichischen und französischen Kanonenrohren. Doch die Akzente lagen auf dem Deutschen, nicht auf dem Preußischen. Der von Anton von Werner entworfene Glasmosaikfries in der Halle glorifizierte die Niederwerfung des französischen Erbfeindes und die Wiederaufrichtung des deutschen Kaiserreiches. Und die von Friedrich Drake modellierte Viktoria auf der Spitze unterschied sich von den Nippesfiguren in den Glasvitrinen bürgerlicher Wohnzimmer nur durch ihre Monumentalität.

Wilhelm I. zog nicht in das Königsschloß, und an den Bau eines Kaiserschlosses dachte er nicht einmal im Traum. Er blieb in seinem Palais Unter den Linden wohnen, das Ausländern wie eine Hauptwache, Deutschen wie ein fast zu schlichtes Nationaldenkmal, beinahe wie das Grabmal des Bekannten Soldaten erschien, und ihm selbst als sein Zuhause.

In diesem Modellhaus des preußischen Stils pflegte er persönlich die preußischen Tugenden. Er trug seine Uniformröcke und Soldatenstiefel auf, behielt sie auch am Schreibtisch an, an dem er den

Hauptteil seiner Tage verbrachte. »Die Hohenzollern tragen keine Schlafröcke«, bedeutete er einem Textilhändler und schickte ihm das angetragene Exemplar zurück.

Dieser Hohenzoller brauchte auch kein Badezimmer; allwöchentlich ließ er sich vom gegenüber liegenden Hôtel de Rome (für einen Taler) eine Badewanne herüberholen. Erst als ein alter Diener mit der Wanne bei Glatteis ausgerutscht war und sich ein Bein gebrochen hatte, gab er Ordre, ein Badekabinett einzubauen. Bis an sein Lebensende schlief er auf eiserner Bettstelle in einem Alkoven, in den kein Tageslicht drang. Der Nachttisch – so Schneider – konnte »höchstens 16 Gutegroschen gekostet haben und in einer Auktion nicht 3 einbringen«.

Er rauchte nicht, und wenn er spielte, wie bei den Billardpartien im Jagdschloß Grunewald, dann nur den Satz zu fünf Groschen. Er aß Hausmannskost, trank ein wenig mit Selterswasser vermischten Bordeaux und markierte am Schluß der Mahlzeit mit einem Bleistiftstrich den Stand des Weins in der Flasche. Auch wenn er gelegentlich Champagner trank, hob er den Rest der nicht geleerten Flasche für den nächsten Tag auf. Morgen sei dieser Champagner nicht mehr zu trinken, gestattete sich einmal ein Adjutant zu bemerken. »So seid Ihr jungen Herren«, entgegnete Majestät. »Bei Euch heißt es gleich: den Bedienten geben, wie? Aber Ihr versteht das nicht. Diese Flasche wird nun fest verkorkt und auf den Kopf gestellt und hält sich bis morgen tadellos.« Andern tags mußte der Adjutant zugeben, daß der Champagner wirklich tadellos schmeckte – aber nur, weil die Diener, wie gewohnt, zwar eine dem aufgehobenen Rest entsprechende Neige auftischten, aber aus einer eben entkorkten Flasche.

In eine Kutsche mit gummibereiften Rädern – den »Deibel auf Socken« – stieg er nicht. Wenn er mit der Bahn reiste, nahm er seine Mahlzeiten in den Bahnhofsrestaurationen ein. Auf dem Potsdamer Bahnhof ließ er sich einmal vor der Abfahrt ein Glas Wasser reichen und setzte sich auf einen bereitgestellten Sessel. Als er sich zurücklehnte, brach von dem großartigen, aber gebrechlichen Gründerstilstuhl vom oberen Teil der Lehne die Krone ab. Er ergriff die Gelegenheit zu einer Belehrung: »Diese Krone war sehr wacklig; Kronen müssen fest sitzen.«

Indessen konnte er nicht umhin, dem neudeutschen Stil Tür und

Tor, wenn auch nur einen Spalt breit, zu öffnen. Nippsachen hatte er schon immer geschätzt, sein Schreibtisch bordete davon über, aber es waren Erinnerungsstücke, nicht Schauobjekte. In seinem Schlafzimmer begnügte er sich mit einer billigen rosengemusterten Tapete, für die Repräsentationsräume genehmigte er Stuckmarmor und Vergoldungen. Im Fahnenzimmer, in dem die Feldzeichen der Berliner Garnison standen, wurde der vergilbte Seidenstoff an den Wänden nicht erneuert; nur Wilhelm Camphausens Kolossalgemälde über den Einzug Kaiser Wilhelms in Berlin hinzugefügt. Im Ministerzimmer blieben lange die alten Mahagonistühle um den grünen Tisch, bis sie schließlich von schweren Ledersesseln mit gewaltigen Adlern abgelöst wurden; auf den Tisch kam ein Makartstrauß und ein Briefbeschwerer aus Steinen, die auf den diversen Schlachtfeldern gesammelt worden waren. Im ersten Stock, in Augustas Bereich, dominierte der Berliner Neu-Barock.

Weiterhin gab es nur einen königlich-preußischen, keinen kaiserlich-deutschen Hof. Bei hohenzollernschen Hausfesten wurde immer noch im Weißen Saal des Schlosses der Fackeltanz zelebriert. Anton von Werner beobachtete, anläßlich der Hochzeit der Prinzessin Charlotte, »den wohlbeleibten Minister Camphausen, den sarkastisch-witzigen Grafen Fritz Eulenburg, den nüchtern-biederen Dr. Falk, der so gar nicht in die Hofgesellschaft paßte, den jovialen Kriegsminister von Kameke, dem es schon schwer wurde, sein Gesicht bei wichtigen Angelegenheiten oder Ereignissen in ernste Falten zu legen, sie alle, jeder mit einer dicken Wachskerze in der Hand« paarweise den Umgang machend und immer wieder machend, »die Gesichter mühsam zum feierlichen Ausdruck zwingend«. Denn wer seine Ermüdung oder gar seine Unlust gezeigt hätte, wäre Gefahr gelaufen, vom scharfäugigen König getadelt zu werden.

Der Reichskanzler machte nicht mit: Er sei jetzt zu alt, »diesen princillons etwas vorzutanzen«. Er ging lieber auf die Bälle im Opernhaus, auf denen die Gesellschaft gemischter und aufgeräumter war, Altadelige und Großbürgerliche miteinander tanzten. Hier hatte der Hof den Umgang zu machen: voran der Kaiser in rotem Galarock, auf dem die Ordenssterne funkelten, über den wie ein Kometenschweif das orange Band des Schwarzen Adlerordens gezogen war. Dann hielt der Kaiser Cercle, umgeben von uniformierten Herren und Damen mit Rüschen, Schleppen und tiefen Dekolletés – ein Kavalier der alten Schule, stramm und lässig zugleich, den goldschimmernden Gardes-du-Corps-Helm in der Linken haltend, am vorgereckten Hals des Preußenadlers.

Adolf Menzel malte dieses Bild. Einst hatte er die Taten Friedrichs des Großen nachgezeichnet, in angemessenem Stil: genau im Detail und scharf im Umriß, klar und wahr. Nun schwelgte er in satten Farben, spielte mit Lichteffekten, skizzierte nur noch die Form. Es war symbolisch: Die preußischen Konturen verschwammen, lösten sich auf in trügerischem Glanz und in Tönen, die Überreife anzeigten, und beginnende Fäulnis.

I<small>M</small> K<small>ULTURKAMPF</small> zerbrach der Bund von Thron und Altar. Verlierer waren nicht so sehr die Kirchen, und schon gar nicht die römisch-katholische, die aufs Korn genommen worden war. Der eigentliche Verlierer war der Monarch – wie in allen Verbindungen, in die er sich mit den Liberalen eingelassen hatte. Sie und nicht er profitierten, zumindest auf längere Sicht, vom Bündnis zwischen Preußentum und Nationalliberalismus, von der Koalition zwischen Monarchie und Konstitutionalismus, von der GmbH aus Feudalismus und Kapitalismus – und nicht zuletzt in der Mischehe aus Staatskirchentum und Freisinn.

Das Wort »Kulturkampf« prägte Professor Rudolf Virchow, Pathologe und Abgeordneter, unbestrittene Autorität der deutschen Medizin und streitbarer liberaler Doktrinär. Er meinte damit nicht den Kampf für die christlich-abendländische Kultur, wie sie von der römisch-katholischen Kirche mitgeschaffen worden war, sondern den Kampf für eine deutsche und europäische Kultur beziehungsweise Zivilisation, die vom Ballast der Kirchengläubigkeit befreit, die »wirkliche Verweltlichung des Staates« erreichen sollte.

Die römisch-katholische Kirche hatte die Fortschrittsgläubigkeit des 19. Jahrhunderts herausgefordert: Der Papst, in die Defensive gedrängt, verurteilte im *Syllabus* als die »hauptsächlichsten Irrtümer unserer Zeit« Rationalismus, Liberalismus und Sozialismus. Und auf dem Vatikanischen Konzil 1870 verkündete er seine Unfehlbarkeit bei Entscheidungen des kirchlichen Lehramtes. Pius IX. verlangte die geistliche Omnipotenz in einem Augenblick, da der staatliche Absolutismus überwunden und die geistige, wenn schon nicht die politische Freiheit gesichert schien. Und in einem Moment, da der Kirchenstaat dem italienischen Nationalstaat einverleibt wurde. Am 20. September 1870 – einen Tag nach der Einschließung von Paris durch die Deutschen – zogen die Truppen König Viktor Emanuels II. in Rom ein.

Den welthistorischen Zusammenhang zwischen der Niederwerfung des Papsttums und der Wiederaufrichtung des Kaisertums sahen nationale Liberale wie der Deutsch-Römer Ferdinand Gregorovius: Das deutsche Volk habe den Wahn der »französisch-militärischen Infallibilität für ewig zerstört, und ihm wird auch die Infallibilität des römischen Papsttums in das Nichts nachfolgen müssen«. Nationale Protestanten, die ein »heiliges evangelisches Reich deutscher Nation« im Sinn hatten, forderten – auf dem Deutschen Protestantentag 1871 – nach dem Sieg über den äußeren, französischen Reichsfeind den Triumph über den inneren, römisch-katholischen Reichsfeind und – als letzte Errungenschaft – »die deutsche Volkskirche«.

So hatten sich die deutschen Katholiken – knapp 15 Millionen neben über 25 Millionen Protestanten – das neue Reich nicht vorgestellt. Es war ihnen schon, vor allem den Nichtpreußen, nicht leicht gefallen, in den Hohenzollern die Nachfolger der Habsburger und Staufer anzuerkennen; keinesfalls mochten sie Wilhelm als neuen Gustav Adolf sehen.

Die katholischen Bischöfe verwiesen auf ihre Sicht des Verhältnisses von kirchlicher und weltlicher Obrigkeit: »Die Kirche kann den Grundsatz des heidnischen Staates, daß die Staatsgesetze die letzte Quelle allen Rechtes seien, und die Kirche nur die Rechte besitze, welche die Gesetzgebung und Verfassung des Staates ihr verleiht, nicht anerkennen.« Der Vorsitzende der Reichstagsfraktion des Zentrums (1871: 63, 1874: 91 Abgeordnete von 382 beziehungsweise 397; preußisches Abgeordnetenhaus 1870/73: 58, 1873/76: 88 von 432), der hannoversche Justizminister a. D. Ludwig Windthorst, verwies auf die staatsbürgerliche Seite der Medaille: »Es ist die Lehre der Geschichte aller Jahrhunderte, daß die bürgerliche Freiheit im wahren Sinne des Wortes niemals hat bestehen können in einer Cäsaropapie. Diese Lage, in welcher die Kirchengewalt und Staatsgewalt sich in einer Hand befinden, ist unerträglich für das Gewissen wie für die bürgerliche Freiheit.«

Otto von Bismarck, ein protestantischer Pietist, fühlte sich primär als Reichskanzler und preußischer Ministerpräsident angesprochen: »Es handelt sich um die Verteidigung des Staates, es handelt sich um die Abgrenzung, wie weit die Priesterherrschaft und wie weit die Königsherrschaft gehen soll, und diese Abgrenzung muß so gefunden werden, daß der Staat seinerseits dabei bestehen kann, denn in dem Reiche dieser Welt hat er das Regiment und den Vortritt.«

Das war für Bismarck die prinzipielle, und das die praktisch-politische Seite der Angelegenheit: Katholisch waren Rheinländer, Westfalen und Hannoveraner, die sich nur mit halbem Herzen mit Preußen, und Bayern, Württemberger und Badener, die sich nur mit halbem Herzen mit dem kleindeutschen Reich abgefunden hatten – von den Polen (2,5 Millionen) ganz zu schweigen, hinter denen man – so Bismarck – stets mit den Bajonetten stehen müßte.

Der Reichskanzler brandmarkte sie als Reichsfeinde, diese Ultramontanen, die lieber nach Rom als nach Berlin zu blicken schienen. Und als Staatsfeinde, weil sie auf Grundrechte pochten, die er aus gutem Grund der Reichsverfassung von 1871 – im Gegensatz zu der von 1849 – nicht vorangestellt hatte, die deutschen Katholiken, die sich als Partei organisierten, demokratisch artikulierten und parlamentarisch mitbestimmen wollten. Da sie sich obendrein noch sozial engagierten, erklärte er sie auch zu Gesellschaftsfeinden: »Das Zentrum steigert die vom Kommunismus der Gesellschaft drohenden Gefahren.« Er rückte sie an die Seite der zweiten der »internationalen Parteien«, der Sozialdemokratie, die zwar – trotz allgemeinem und gleichem Wahlrecht – 1871 nur 2 und 1874 erst 9 Reichstagsabgeordnete hatte, mit deren stetem Anwachsen jedoch gerechnet werden mußte.

In seiner Auseinandersetzung mit den deutschen Reichs- und preußischen Staatsfeinden sowie den Feinden der adelig-bürgerlichen Gesellschaft konnte Bismarck in erster Linie auf die Nationalliberalen zählen, die mit 125 (1871) beziehungsweise 155 (1874) Abgeordneten die stärkste Fraktion im Reichstag bildeten, und auch im preußischen Abgeordnetenhaus: 1870/73: 123, 1873/76: 174 Mandate von 432. Auch auf die Freikonservativen, die deutsch mit neupreußischem Akzent sprachen, konnte er sich stützen: Reichstag 37 (1871) und 33 (1874), Abgeordnetenhaus 41 (1870/73) und 35

(1873/76) Mandate. Die dezimierte Fortschrittspartei – Reichstag 46 (1871) und 49 (1874), Abgeordnetenhaus 49 (1870/73) und 68 (1873/76) Mandate – war in dieser Frage gespalten: Als Antiklerikale begrüßten sie und als Antiautoritäre beklagten sie den Kulturkampf.

Das nationale und liberale Bürgertum beherrschte die öffentliche, jedenfalls die veröffentlichte Meinung. Und hörte auf die Stimme Bismarcks, der ihnen als Ritter wider schwarzen Tod und roten Teufel erschien. »Beide Elemente, das ultramontane und das sozialistische, sind geborene Gegner Deutschlands«, hieß es in einer Sprachregelung für die Presse, die auch von einem Zeitgeschichtsschreiber befolgt wurde: »Eine dem unfehlbaren Willen eines Erdengottes gehorchende Geistlichkeit hetzte die leicht zu betörende Masse gegen die unerläßlichen Grundlagen des modernen Staatslebens auf, während gleichzeitig eine andere Klasse von Wühlern und Kläffern, die unter den Arbeitern das große Wort führte, einen Sturmlauf gegen Kultur und Bildung unternahm.«

Die Sozialdemokraten wurden später, die Katholiken sogleich mit Verordnungen, Gesetzen und Zwangsmaßnahmen bekämpft: 1871 Auflösung der katholischen Abteilung im preußischen Kultusministerium und »Kanzelparagraph« (Zusatz zum Strafgesetzbuch, der Geistlichen, die nach Ansicht der Behörde »den öffentlichen Frieden stören«, Gefängnis bis zu zwei Jahren androhte). 1872 preußisches Schulaufsichtsgesetz (Verstaatlichung der Schulinspektion, Ausschluß katholischer Ordensangehöriger vom Lehrberuf) und Verbot des Jesuitenordens durch Reichsgesetz. 1873 preußische »Maigesetze« (staatliche Regelung der Vorbildung und Anstellung von Geistlichen, Beschränkung der kirchlichen Disziplinargewalt, Erleichterung des Kirchenaustritts). 1874 Einführung der obligatorischen Zivilehe in Preußen (und ein Jahr später im Reich). 1875 preußische Strafgesetze gegen renitente Geistliche, Einstellung der staatlichen Zahlungen an die Kirche, Aufhebung der Orden mit Ausnahme derer, die sich der Krankenpflege widmeten.

Bischöfe wurden eingesperrt, so der Erzbischof von Posen und Gnesen und der Bischof von Trier. Bischöfe wurden abgesetzt: in Posen-Gnesen, Köln, Breslau, Münster, Limburg. Bischofsstühle wurden nicht neu besetzt: in Trier, Fulda, Osnabrück, Paderborn. 1440 Pfarrstellen waren vakant – durch Verbot der Amtsausübung, Absetzung, Landesverweisung.

Der König und Kaiser sah dies mit gemischten Gefühlen, wobei die unguten allmählich die Oberhand bekamen. Bismarck, nicht er, hatte den Kulturkampf begonnen, dieser gab die Befehle, und eine gleichgestimmte Bundesratsmehrheit beziehungsweise der preußische Kultusminister Adalbert Falk, ein Verfechter der Staatsraison und ein liberaler Doktrinär dazu, führten sie aus. Doch Wilhelm I. hatte alles zu unterschreiben und letztlich zu verantworten. Als Machtpreuße vermochte er das noch zu verkraften, als Altpreuße begann er weich zu werden. Das Gewissen schlug, ganz von allein, und nicht durch Augustas Anstoß, wie Bismarck glauben machen wollte und vielleicht auch wirklich meinte.

Auch für Wilhelms Geschmack »katholisierte« sie mehr, als einer Deutschen Kaiserin respektive Königin von Preußen anstand. Romantik spielte mit, katholische Farbe, die sie am Rhein angenommen, Toleranz, die sie von Weimar mitgebracht hatte, und das soziale Engagement des Zentrums entsprach ihrem christlich-sozialen Empfinden. Und ein katholischer Bischof, behauptete Bismarck, erschiene ihr vornehmer als ein evangelischer Generalsuperintendent.

Wilhelm schätzte es grundsätzlich nicht, wenn sich Augusta in die Politik einmischte. Konkret mußte er ihr widersprechen, wenn sie Partei ergriff für Untertanen, die glaubten, weil sie katholisch wären, brauchten sie der protestantischen Obrigkeit nicht in allem untertan zu sein.

Meistens konnte er ihre Entlastungsversuche abwehren, wobei ihm ihre Eigenart entgegenkam, daß sie sich schon selber für getroffen hielt, bevor sie noch den anderen treffen konnte. Einmal brach sie eine Auseinandersetzung, ehe sie noch recht begonnen hatte, beleidigt ab, empfahl sich auf französisch: »Il paraît que je suis de trop ici (es scheint, daß ich hier überflüssig bin)«, und ließ Gatten und Sohn stehen. »Über diese Dinge«, seufzte der Vater, »ist deine Mutter in dieser Zeit wieder unzurechnungsfähig.« Mitunter setzte sie sich durch. So konnte sie die Aufhebung eines Koblenzer Klosters und die Ausweisung der Nonnen durchkreuzen – ob nun ohne oder mit der Androhung, von der ein Kammerherr erzählte: Wenn die Nonnen nicht in Koblenz blieben, bliebe sie, die Gattin, immer beim Gatten in Berlin. Die Nonnen blieben in Koblenz.

Als Deutscher Kaiser durfte er Ultramontanen, die mehr auf den in Pius IX. wiedererstandenen Gregor VII. als auf den mit Heinrich

IV. verglichenen Wilhelm I. zu blicken schienen, nicht nachgeben und schon gar nicht nach Canossa gehen: »Mir liegt die Führung meines Volkes in einem Kampfe ob, welchen schon früher deutsche Kaiser Jahrhunderte hindurch mit wachsendem Glücke gegen eine Macht zu führen gehabt haben, deren Herrschaft sich in keinem Lande der Welt mit dem Frieden und der Wohlfahrt der Völker verträglich erwiesen hat.«

Als König von Preußen hatte er prinzipiell am Primat der weltlichen Macht festzuhalten – ohne die Praxis Friedrichs des Großen auszuschließen, daß in seinem Land jeder, der auf dem Boden der Staatsraison stehe und sich im Rahmen der Staatsgesetze halte, nach seiner Façon selig werden könne. Auch die katholische Kirche habe anzuerkennen, gebot er dem Bischof von Ermland, daß die Souveränität des Staates im kirchlichen wie im weltlichen Bereich gelte. Andererseits versicherte er dem Erzbischof von Köln, »daß in meinen Staaten jedem Glaubensbekenntnis das volle Maß der Freiheit, welches mit den Rechten anderer und der Gleichheit aller vor dem Gesetz verträglich ist, gewahrt bleibe.«

Als christlicher Monarch glaubte er mit der staatlichen die kirchliche Ordnung bewahren zu müssen – wenn notwendig gegen Umstürzler in den Reihen der Kirche. Priester und Gläubige einer der christlichen Konfessionen seien »den Feinden jeder staatlichen Ordnung in Bekämpfung der letzten behilflich«, beklagte er sich bei Papst Pius IX., und beteuerte, daß er seine Aufgabe, »in den Staaten, deren Regierung mir von Gott anvertraut ist, den inneren Frieden zu schützen und das Ansehen der Gesetze zu wahren«, lösen werde. »Ich bin mir bewußt, daß ich über Erfüllung dieser meiner königlichen Pflicht Gott Rechenschaft schuldig bin, und ich werde Ordnung und Gesetz in meinen Staaten jeder Anfechtung gegenüber aufrecht halten, solange Gott mir die Macht dazu verleiht. Ich bin als christlicher Monarch dazu verpflichtet, auch da, wo ich zu meinem Schmerze diesen königlichen Beruf gegen die Diener einer Kirche zu erfüllen habe, von der ich annehme, daß sie nicht minder wie die evangelische das Gebot des Gehorsams gegen die weltliche Obrigkeit als einen Ausfluß des uns geoffenbarten göttlichen Willens erkennt.«

Als Summus Episcopus der unierten Evangelischen Kirche Preußens meinte er »die Segnungen der Reformation« in ihrem Kernland vor katholischen Gegenreformatoren schützen zu müssen. Wie Luther konnte er nicht anders, zeigte Standhaftigkeit vor dem Papstthron: »Noch eine Äußerung in dem Schreiben Eurer Heiligkeit kann ich nicht ohne Widerspruch übergehen, wenn sie auch nicht auf irrigen Berichterstattungen, sondern auf Eurer Heiligkeit Glauben beruht, die Äußerung nämlich, daß jeder, der die Taufe empfangen hat, dem Papste angehöre. Der evangelische Glaube, zu dem ich mich, wie Eurer Heiligkeit bekannt sein muß, gleich meinen Vorfahren und mit der Mehrheit meiner Untertanen bekenne, gestattet uns nicht, in dem Verhältnis zu Gott einen anderen Vermittler als unsern Herrn Jesum Christum anzunehmen.«

Und der Calviner, der er im Grund geblieben war, reagierte mit dem gerechten Zorn des sich durch Erfolg für einen Auserwählten und durch viele und große Erfolge für *den* Auserwählten haltenden Herrscher von Gottes Gnaden gegen die Blindheit und Bosheit jener Untertanen, die nicht sehen konnten und wollten, worauf er in seiner »Letztwilligen Aufzeichnung« vom 31. Dezember 1871 verwiesen hatte: »Wenn je in der Geschichte sich Gottes Finger sichtlich gezeigt hat, so ist dies in den Jahren 1866, 1870 und 1871 geschehen.«

Persönlich blieb er gottesfürchtig und kirchengläubig, wie er es von Jugend an gewohnt war und es ihm im Alter, da sich die Gewohnheit verfestigt hatte, zur Selbstverständlichkeit geworden war. Den Sonntagsgottesdienst versäumte er fast nie, nach dem Grundsatz seines Vaters, daß »der Sonntag die Woche mache«. Immer noch bediente er sich seines alten, in schwarzen Samt gebundenen Gesangbuches; als Einmerker benutzte er ein von der »Vereinigung der älteren Kameraden des 2. Garde-Regiments zu Fuß« verehrtes Lesezeichen.

Freimaurer war er immer noch, aber das war mehr eine Familientradition als persönliches Engagement, und die Gewichte, die der rationalistische Protestant früher mehr auf die Ethik gelegt haben mochte, verschob er zunehmend auf die Metaphysik. Je älter er wurde, desto orthodoxer wurde er. Und der Summus Episcopus erwartete, daß seine Kirche mit ihm »auf dem Grunde des rechten evangelischen Glaubens« stehenbleiben werde, »des Glaubens an Gott und die Gottheit Christi«. Denn: »Wenn wir nicht daran festhalten, dann sind wir keine Christen mehr.«

Aber schon war der Zeitgeist in die Theologie eingedrungen. »Es sind besonders in der Hauptstadt Bestrebungen hervorgetreten, die auf Leugnung der Gottheit Christi hinauslaufen«, schrieb er am 29. Januar 1874 dem Vorstand der Brandenburgischen Provinzialsynode. »Darum tut es not, daß das kirchliche Leben im bestehenden Glauben im Lande gepflegt werde, wie dies auch meine Vorfahren getan haben.«

Zu diesem Behuf berief er 1875 eine außerordentliche Generalsynode. Er wiederholte sein Bekenntnis: Nichts könne ihn bewegen, vom Glauben abzuweichen, »auf welchen Ich getauft und konfirmiert bin«. Und er wiederholte die Aufforderung an die Synodalen, Geistliche wie Laien, es ihm gleichzutun. Es kam auch eine ihn befriedigende General-Synodal-Ordnung zustande.

Doch zwei Jahre später mußte er es erleben, daß der Prediger Hoßbach sich öffentlich als einer der »Neutheologen« bezeichnete, »die beflissen seien, den apostolischen Glauben von den Sagen und Erfindungen zu befreien, die Menschenwerk seien (der Evangelisten), sowie von der Annahme, daß der Heiland Gott-Mensch gewesen sei«. Und auf der Tagesordnung der Berlin-Cölner Stadt-Kreissynode stand als Diskussionspunkt: »Antrag: bei dem Gottesdienst und allen kirchlichen Akten künftig nicht mehr das Glaubensbekenntnis zu verlesen«.

Wilhelm war so entsetzt, daß er seiner Regierung befahl, das »Kirchenregiment« einschreiten zu lassen. Er habe Farbe zeigen müssen, schrieb er seinem alten Roon. »Dennoch wird der Sieg nicht leicht zu erringen sein, da die Geister leider schon zu lange ungestört verdorben worden sind.« In den Synoden säßen zu viele Laien, »trotz meiner Kämpfe dagegen, und in diesen Laien steckt leider der Unglaube«. Und der Prediger Hoßbach habe nur einen Verweis erhalten!

Er werde weiter seinen Kirchenmann stehen, versicherte er Roon: »Sie wissen, wie entschieden ich für unsern Glauben eingetreten bin, und daß ich deshalb alles anwende, um die Gleichgläubigen in ihrem Glauben zu erhalten, sie vor Irrlehren zu warnen und durch Strenge gegen Irrlehrer aufzutreten, damit nicht noch mehr verführt werden.« Aber schon zweifelte er am Erfolg: »Seit 5 Monaten korrespondiere ich mit dem Oberkirchenrat, aber komme nicht von der Stelle, weil ich nirgends den Mut erzeugen kann, diese Strenge eintreten zu lassen, und so geht alles bergab!« Er sah schon, wo es enden würde: »Diese Gottesleugnung geht Hand in Hand mit der Sozialdemokratie, und so sind wir mitten im Frieden dahin gekommen, wohin die Französische Revolution in der Schreckenszeit geriet, d. h. Gott abzuschaffen.«

Mit dem Glauben zerfalle die Sitte und mit beiden die gesellschaftliche und staatliche Ordnung, orakelte der alte König. »Wenn alles so fortgeht, dazugenommen die überhandnehmenden Nichttaufen und Nichttrauungen, so muß die Irreligiosität erzogen werden«, ließ er Bismarck am 1. Juni 1877 wissen, und legte ihm nahe, mit staatlicher Hilfe die Lecks im Kirchenschiff abzudichten. Hatte er sich nicht an die falsche Adresse gewandt, an den Staatsmann, der das römisch-katholische Schiff im Namen und mit Mitteln der Obrigkeit anzuschlagen suchte, dabei nicht bedenkend, daß er damit auch das evangelische Kirchenschiff beschädigte? Hatte sich Bismarck nicht mit dem Liberalismus verbrüdert, Freisinn gesät und einen Sturm heraufbeschworen, der eines Tages mit dem alten Glauben den alten Staat verschlingen könnte?

Spätestens zu diesem Zeitpunkt war ihm klar geworden, daß der Kulturkampf, so unvermeidbar er auch aus diesem und jenem Grund gewesen sein mochte, ein Kampf zur falschen Zeit und gegen den falschen Gegner war. Denn weniger fromme Katholiken, die im Prinzip autoritätsgläubig waren, bedrohten den preußisch-deutschen Staat, als Liberale, die alle Ordnungen in Frage stellten, und Sozialisten, die sie umstürzen wollten.

Wilhelm hatte Bismarck wieder einmal als Führer vertraut und zu spät als Verführer erkannt. Anfänglich war er ihm aus eigener Einsicht und aus freien Stücken gefolgt, doch bald schon scheute er vor einzelnen Kulturkampfmaßnahmen zurück.

Zum Beispiel in der Frage der Zivilehe. Schwester Alexandrine hatte ihn bekniet: Er solle »die Not- und Zivilehe« nicht einführen, »denn es ist rein Menschliches, aber nichts Göttliches« – die Eheschließung nicht vor einem Geistlichen, sondern vor einem Staatsbeamten, wie sie für holländische Reformierte als »Kann« (fakultativ) und von den französischen Revolutionären als »Muß« (obligatorisch) eingeführt worden war. Er teile ihre »Betrachtungen über die unglückliche Zivilehe«, lautete Wilhelms differenzierte Antwort an Alexandrine, »wenn dabei von der allgemein verpflichtenden (obligatorischen) die Rede ist. Diese halte ich gerade wie Du für den ersten Schritt, das Heilige und Christliche der Ehe zu verwischen, woraus dann unabsehbares Unheil entstehen muß, und alles, was zu deren Befürwortung gesagt wird, kann ich nicht annehmen.« Anders verhalte es sich »mit der Zivilehe in einzelnen dringenden Fällen, namentlich bei der Ehe zwischen Katholikinnen und Protestanten«.

Doch nicht die fakultative, sondern die obligatorische Zivilehe wurde in Preußen und im Deutschen Reich eingeführt, und den Geistlichen unter Strafe verboten, eine Trauung vorzunehmen, bevor ihnen der Nachweis der standesamtlichen Eheschließung erbracht sei. »Ich habe schwere Tage durchlebt«, gestand der König und Kaiser dem orthodox-protestantischen Roon. »Das Ehegesetz, über das ich so denke wie Sie, ist mir nicht möglich zu hemmen, da auch der F[ürst] B[ismarck] sich für dasselbe entschied, obgleich ich trotz meiner Hinfälligkeit noch zweimal dagegen schrieb und auf die fakultative Ehe hinwies, – vergeblich!«

Seine Einwände stießen auf den Unwillen des »p. Falk«, des preußischen Kultusministers, der ihm in seiner Mischung aus Staatsanwalt und Kirchenfeind immer unsympathischer wurde. Und auf das Unverständnis des Ministerpräsidenten und Reichskanzlers, der sich schon zu eng mit dem Zeitgeist liiert hatte. Immerhin konnte Wilhelm einige kosmetische Korrekturen erreichen, dem Mißverständnis entgegenwirken, »es solle gar keine Taufe und Trauung mehr stattfinden«.

Am liebsten hätte er den ganzen Kulturkampf abgeblasen. Mit den Liberalen marschierte er nicht gern, die katholische Festung war nicht zu stürmen, die evangelische Basis bröckelte, und seine alten Waffenbrüder, die preußischen Konservativen, wollten nicht mehr mitmachen.

Der Reichswind hatte sie zerzaust. Im ersten Reichstag saßen 57, im zweiten Reichstag 22 Konservative, in das preußische Abgeordnetenhaus waren 1870 noch 114, 1873 nur noch 30 Konservative gekommen. Sie wußten, daß es nicht nur um ihren Stand, sondern auch um den Fortbestand der Monarchie ging. Die *Kreuz-Zeitung* verteidigte »den christlichen Charakter unseres Staates«, im Herrenhaus erklärte der Graf zur Lippe, er fürchte, daß man sich mit den Anti-Kirchengesetzen auf dem Weg zur Revolution befände.

Man sei »auf liberaler abschüssiger Bahn«, befand Wilhelm im Frühjahr 1878, und hoffte auf eine Beendigung des Kulturkampfes. Hoffnungen setzte er auf den neuen Papst Leo XIII., der geneigt schien, dem Staat mehr zuzugestehen als sein Vorgänger. Die Prophezeiung Pius IX. ging Wilhelm I. nicht aus dem Sinn: »Irgendein Stein wird vom Berg herabfallen und die Ferse des Kolosses zertrümmern.« Der Papst meinte nicht die Kirche, sondern den Staat, und speziell Preußen.

W<small>IE EIN</small> K<small>OLOSS STAND</small> P<small>REUSSEN DA</small>, als Führungsmacht des Reiches, als einzige Großmacht im nationalen Bund, als Hausmacht des neuen Kaisers, wie sie keiner seiner Vorgänger je besessen hatte.

Die »legale Hegemonie« Preußens in dem als Föderation beschriebenen Deutschen Reich war schon im Verfassungstext festgelegt. In der Verfassungswirklichkeit beherrschte Preußen den von ihm geschaffenen Bund. De jure war der König von Preußen als Deutscher Kaiser das Oberhaupt, de facto gebot der preußische Ministerpräsident und Außenminister, der Reichskanzler war. Eine Ämterunion war die Folge der Personalunion: Der preußische Kriegsminister, der Generalstab und das Militärkabinett waren zugleich für die Militärangelegenheiten des Reiches zuständig. Der preußische Handelsminister betrieb die Wirtschaftspolitik des Reiches. Und die Außenpolitik war der Kompetenzbereich und das Lieblingsgebiet Bismarcks.

Das »Zweite Reich«, das Kronprinz Friedrich Wilhelm ein »kunstvoll gefertigtes Chaos« nannte, war jedenfalls ein widersprüchliches Gebilde: nicht nur ein Reich ohne Universalismus und ein Nationalstaat ohne Volkssouveränität, sondern auch eine Föderation mit einer Hegemonialmacht.

»Seit Friedrich dem Großen ist es immer klarer hervorgetreten, daß Preußens Beruf war, einmal Deutschland zu einigen«, konstatierte Wilhelm I. und war über das Ergebnis konsterniert. Denn es sah so aus, als würde nicht Deutschland verpreußen, sondern Preußen verdeutschen, der Dualismus zwischen dem alten Preußen und dem neuen Reich zu Ungunsten des ersteren gelöst werden.

Darauf spielte er in einem Angebinde für Bismarck an, einer Vase,

»die eine dankbare Borussia darstellt und die, so gebrechlich ihr Material auch sein mag, doch selbst in jeder Scherbe dereinst aussprechen soll, was Preußen Ihnen durch die Erhebung auf die Höhe, auf welcher es jetzt steht, verdankt«. Wenn Borussia in Scherben gehen sollte, würde es dies vornehmlich Bismarck verdanken, der Germania bevorzugte, diesen Dualismus wohl kaum zum Vorteil Preußens lösen wollte.

Der Reichsgünder schien dabei zu sein, den zweiten Teil seines Diktums zu verwirklichen: »Unsere Politik ist das Aufgehen Deutschlands in Preußen und damit die Umgestaltung Preußens zu Deutschland.« Er stärkte die unitarischen Elemente des Reiches, schwächte den »preußischen Partikularismus«, den er als den »mächtigsten und gefährlichsten Gegner« bezeichnete. Einmal beschwerte er sich sogar bei Wilhelm – nicht gerade an der richtigen Adresse –, daß durch den Ressortpartikularismus preußischer Minister das Reich lahmgelegt werden könnte.

Wilhelm ließ wieder ein Angebinde sprechen: eine Nachbildung des Denkmals Friedrichs des Großen. Er hätte sich gewünscht, daß Bismarck das altpreußische Erbe ebenso verpflichtend wie er vor Augen behalten würde. Doch im Dezember 1872 trat Bismarck als preußischer Ministerpräsident zurück – im Zuge einer Auseinandersetzung, in welcher der König von Preußen selber nicht eindeutig schwarz-weiße Farbe gezeigt hatte.

Stein des Anstoßes war die neue preußische Kreisordnung gewesen. Die Liberalen, auf politischen Gewinn aus ihrer Partnerschaft mit Bismarck bedacht, wollten die steckengebliebenen Reformen des Freiherrn vom Stein wieder in Gang bringen. Sechs Jahrzehnte nach der Städteordnung sollte die Selbstverwaltung ausgedehnt werden, wenn schon nicht auf die Landgemeinden, so doch auf die Kreise. Der preußische Innenminister Graf Friedrich Eulenburg, der sich als zweiter Stein fühlte, legte ein entsprechendes Gesetz vor. Das mehrheitlich liberale Abgeordnetenhaus nahm es an, das stockkonservative Herrenhaus lehnte es ab.

Sogar Fürst Bismarck, der politische Compagnon der Liberalen, hatte für die altständische Opposition Verständnis. Denn durch die Kreisordnung sollten letzte Privilegien des Feudaladels beseitigt werden: die gutsherrliche Polizeigewalt und überhaupt die Prädominanz der Gutsherren auf dem platten Land.

Noch mehr Verständnis hätte Wilhelm haben müssen. Denn der Adel war die Stütze des preußischen Königtums, und den Schutz des Adels hatte Friedrich der Große seinen Nachfolgern aufgetragen. Aber in der Opposition des Herrenhauses sah er weniger den Selbstschutz des Adels als eine ständische Fronde gegen den König und Herren. »Das Herrenhaus, dem ich in den Jahren der Stürme von 1861 bis 1866 so unendlich viel durch sein loyales, festes und konsequentes Verhalten zur Krone verdanke, hat sich jetzt durch sein oppositionelles Verhalten, ja hämisches Gebaren gegen die Krone selbst gerichtet! Kann und darf einem solchen Verfahren nachsichtig zugesehen werden? Ich selbst, so schwer es mir wird, muß diese Frage verneinen.«

Die Kreisordnung müsse mit einem Kunstgriff durchgesetzt werden, drängte Innenminister Eulenburg: durch einen »Pairsschub«, die Verstärkung des Herrenhauses durch neue, willige Mitglieder. Bismarck ließ sich dazu bewegen, die Mehrheit des Ministeriums schlug 26 Herren vor, meist hohe Beamte und Offiziere, und der König berief sie »mit schwerem Herzen«. Das korrigierte Herrenhaus tat seine Pflicht und Schuldigkeit, nahm die Kreisordnung an, die am 1. Januar 1873 für die östlichen Provinzen, Preußen, Pommern, Schlesien, Brandenburg und Sachsen, in Kraft trat.

Im Abgeordnetenhaus zerfiel die konservative Fraktion in die Neu-Konservativen, die sich auf die Entwicklung einstellten, und in die Alt-Konservativen, die auf dem Herkommen beharrten. Und Kriegsminister Roon reichte seinen Rücktritt ein. Wilhelms altpreußisches Alter ego wollte die Abirrung vom friderizianischen Weg nicht mitmachen. Der König sah das Warnsignal, konnte aber nicht mehr zurück, trat die Flucht nach vorne an: Am 21. Dezember 1872 berief er den Stockpreußen Roon in das Amt des preußischen Ministerpräsidenten, von dem sich der lasch gewordene Preuße Bismarck hatte entbinden lassen, um sich dem Verschleiß durch die Konservativen, inklusive des Königs, zu entziehen und um sich ganz dem wichtigeren Amt des Reichskanzlers zu widmen.

Wilhelm verlieh ihm die brillantenen Insignien des Schwarzen Adlerordens und gab der Hoffnung Ausdruck: »Wenn ich genehmige, daß Sie die mit so sicherer Hand geführte Verwaltung Preußens niederlegen, so werden Sie mit derselben doch unter Fortführung der politischen Aufgaben Preußens in Verbindung mit denen der deutschen Reichskanzlerstellung im engsten Zusammenhang bleiben.« Und von Roon, dem neuen Ministerpräsidenten, erwartete er, daß er »noch an der Spitze des Kriegsministeriums für alle großen Fragen« bleiben werde, da er »seine Ansichten, sein Ansehen, seinen Einfluß und seine großen Verdienste um die Armee« nicht entbehren könne.

Das Preußische an sich, das Militärische, sollte unangetastet bleiben – als Rückgrat des Königtums, als Rückhalt des Kaisertums. Auch im Alter hatte Wilhelm den Beruf auszuüben, den er von Jugend an gewohnt war und geschätzt hatte: der erste Soldat zu sein, nun nicht nur Preußens, sondern auch des Deutschen Reiches.

Der greise Oberbefehlshaber wollte immer noch den »Idealtypus des preußischen Offiziers« – als den ihn nicht nur Bismarck sah – verkörpern und vorleben. Er blieb in Uniform, stets vorschriftsmäßig adjustiert, auch wenn er sich – wie bei der Inspizierung des 2. Leib-Husaren-Regiments Nr. 2 – eine halbe Stunde lang abmühen mußte, die engen Husarenstiefel anzubekommen. Er war immer zur Stelle, wenn er gebraucht wurde, auch »in naßkaltem Schlackenwetter früh 7 Uhr zur Winterszeit, wo es so dunkel war, daß die Laternen noch brannten«, und ihn Schneider »aus dem Palais heraustreten und sich auf den kotigen Straßendamm stellen« sah, »bis die Truppen vorbeidefiliert waren«.

Und immer noch zeigte er sich der Truppe, hoch zu Roß, auch wenn ihm das zunehmend schwerer fiel. Die Beine wollten nicht mehr mitmachen, er atmete schwer, und bei der Frühjahrsparade in Potsdam wurde der Hof, in dem er zu Pferde steigen wollte, abgesperrt, damit das Publikum nicht sah, wie er sich abquälte.

Haltung verlangte er von sich selber und von den anderen. Zuvorderst von seinen Offizieren, im Manöver, bei der Parade, im Ballsaal – denn ein preußischer Offizier war immer im Dienst. Auf einem Hofball stauchte er einen Leutnant zusammen, der die Dame, mit der er getanzt, nicht auf ihren Platz zurückgeführt hatte. Erst recht entging ihm keine Ungenauigkeit oder gar Unregelmäßigkeit auf dem Exerzierplatz. »Wissen Sie, woran das liegt?«, sagte er einem Hauptmann, bei dessen Kompanie der Präsentiergriff nicht klappte. »Sie betonen das Kommando nicht richtig. Ich will's Ihnen mal vormachen.« Der König kommandierte, und es klappte.

Bei einem solchen Oberbefehlshaber mußte die Armee in Ordnung sein. Er führte das auf den preußischen Geist im allgemeinen und die Heeresreform im besonderen zurück, die er mit Hilfe Roons durchgesetzt hatte, dem er berichtete: »Heute sah ich wieder eine Wirkung unserer vortrefflichen Armeeorganisation, von der ich mit Ihnen wünsche, daß sie immer bleiben möge! Ich besah nämlich 3 Garde-Landwehr-Bataillone zu 3 Kompanien am achten Tage ihrer Übung, die eigentlich Schießübung ist, in einer ganz herrlichen Verfassung parademäßig. Kein einziger Straffall ist vorgekommen! Das ist unser gemeinschaftliches Werk.«

Bereits im November 1873, nach knapp einjähriger Amtszeit als preußischer Ministerpräsident und nach vierzehnjähriger Tätigkeit als preußischer Kriegsminister, trat der siebzigjährige Roon in den Ruhestand. Ministerpräsident wurde wieder Bismarck, Kriegsminister General von Kameke. Der König ließ Roon »mit schwerem Herzen« gehen, denn er war nicht nur der Mitschöpfer der neupreußischen Armee, sondern auch sein altpreußischer Kamerad, wie er keinen besseren finden würde, mit dem von seiner Seite ein Stück von ihm gerissen wurde.

Wilhelm blieb im Dienst. Am 1. Januar 1877 feierte der fast Achtzigjährige sein siebzigjähriges Militärdienstjubiläum. Er blickte zurück mit Stolz und Genugtuung: »Meine Stellung brachte es mit sich, daß der größte Teil meines Lebens der Armee gewidmet war. Darum gebührt aber auch allen denen, welche mich auf meiner militärischen Laufbahn begleitet und meine Bemühungen unterstützt, meine Erkenntlichkeit, deren ich mich stets gerne erinnere. Denn der Tapferkeit, Hingebung und Ausdauer der Armee verdanke ich die Stellung, die ich jetzt einnehme. Von Fehrbellin an bis auf die neuesten, glorreich beendeten Kriege stehen die Taten der brandenburgisch-preußischen Armee unauslöschlich in den Annalen der Weltgeschichte, und was Preußen geworden ist, ist es hauptsächlich durch seine Armee geworden.«

Würde die Armee und damit Preußen so bleiben? Der Jubilar musterte seinen Nachfolger, den sechsundvierzigjährigen Kronprinzen Friedrich Wilhelm, den nachmaligen Kaiser Friedrich III., der zu martialisch auftrat und zu bombastisch redete, mehr von Deutschland als von Preußen. Und würde dessen Sohn und Erbe, Prinz Wilhelm, der spätere Kaiser Wilhelm II., in die Spuren des Vaters oder des Großvaters treten?

Preußen, nicht Deutschland über alles – in diesem Sinne suchte er den Enkel zu beeinflussen: »Aus der Geschichte weißt Du, wie alle Könige Preußens neben ihren andern Regentenpflichten stets eines ihrer Hauptaugenmerke auf das Heer gerichtet haben«, mahnte er den achtzehnjährigen Prinzen Wilhelm am 9. Februar 1877, bei dessen Einführung als diensttuender Offizier in die Armee. Die ganze preußische Militärgeschichte, vom Großen Kurfürsten bis Wilhelm I., ließ er vorbeidefilieren, in der Erwartung, daß der Enkel diese Parade weiterführen würde, befehlend und gehorchend: Er müsse lernen, »daß im Dienste nichts zu klein ist, und daß jeder Stein, der zum Aufbau einer Armee gehört, richtig geformt sein muß, wenn der Bau richtig und fest sein soll«.

Eine sinnige Gabe erhielt der König zu seinem siebzigjährigen Militärdienstjubiläum vom 1. Garde-Regiment: einen Briefbeschwerer, mit einer Pyramide aus Steinchen von jedem Schlachtfeld, auf dem das Regiment, seitdem Wilhelm ihm angehörte, gestanden hatte: von Großbeeren bis Paris. Ein goldener Lorbeerkranz schloß das Ganze ab, als würden keine neuen Steinchen und Schlachten mehr erwartet, als hätte man genug Ruhm gesammelt. Aber war die Pyramide so festgefügt und dauerhaft, wie sie sein sollte?

An Quantität fehlte es nicht: Preußen-Deutschland war die stärkste Militärmacht Europas, ja der Welt, mit einer Friedenspräsenzstärke von 401 659 Mann. Nicht ohne innenpolitische Schwierigkeiten hatte man es so weit gebracht. Der Deutsche Reichstag, und das nach Sedan, sträubte sich, wie das preußische Abgeordnetenhaus vor Königgrätz, gegen den Militäretat der Regierung. Das war die Wilhelm sattsam bekannte Abneigung der Liberalen gegen das stehende Heer. Aber ein neuer Verfassungskonflikt, wie er im ersten Augenblick befürchtet hatte, war nicht in Sicht: Man hatte es nun mit Nationalliberalen, nicht mit Linksliberalen zu tun.

Wilhelms Wunsch nach einem »Aeternat« – einer immerwährenden automatischen Heeresvermehrung entsprechend dem Bevölkerungsanstieg – wurde freilich nicht erfüllt. Andererseits setzte sich auch die parlamentarische Forderung nach jährlicher Bewilligung des Militärbudgets nicht durch. Auch militärpolitisch kam es in dem durch Bismarcks Koalition von Nationalliberalen und Konservativen gegründeten Reich zu einem Kompromiß: 1871 wurde im »eisernen Militäretat« die Friedenspräsenzstärke für drei Jahre, 1874 im »Septennat« für sieben Jahre festgesetzt.

»Die Frage hat sich so zugespitzt, daß die Alternative stand: Konflikt oder Herabminderung der Kopfzahl von 401 000 auf 350 000 Mann«, berichtete der König am 8. Mai 1874 dem Ruheständler Roon, der ihm bei der »militärischen Reichskampagne« sehr fehlte. »Da zog ich die erste Ziffer vor, die ich überall laut als die Notwendigkeit hingestellt hatte und fügte mich in das Septennat mit schwerem Herzen! Aber freilich, in unseren Tagen sind 7 Jahre fast ein halbes Jahrhundert, wenn man an die 7 Jahre von 1863 bis 1870 denkt!« Für sieben Jahre sei die Armeeorganisation gesichert, und dann müsse man weiter sehen, könne auf eine Angleichung der Wehrpflichtigenzahl an die gestiegene Bevölkerungsziffer rechnen.

Inzwischen setzte er auf die Modernisierung von Waffen und Gerät durch eine hochentwickelte Technik und eine leistungsfähige Industrie. Der Fernsprecher könnte für die Armee von Wichtigkeit werden, erklärte Wilhelm dem Generalpostmeister Heinrich Stephan, nachdem eine Versuchsleitung in sein Palais gelegt worden war. Er interessierte sich für die militärischen Aspekte der Elektrizität, »zum Beispiel betreffs der elektrischen Beleuchtung für nächtliche Belagerungsarbeiten, Ausfälle und Signale, dann über die Zündkraft der Elektrizität bei den Minen, den Torpedos usw., ferner betreffs der Beleuchtung der Kriegsschiffe, der Beobachtung durch Küstenstationen, der Anwendung bei Leuchttürmen usw.« Als Stephan auf die große Schlagkraft elektrischer Batterien hinwies, meinte Wilhelm: »Da könnte es noch dahin kommen, daß die Völker bloß mit Maschinen Krieg führten, die gegeneinander aufgefahren werden können; das würde viel Menschenblut ersparen.«

Die Zukunft war ins Auge gefaßt, und die Vergangenheit war präsent im preußisch-deutschen Heer. Das Militär war nach wie vor das A und O des Staates, das Offizierskorps der Erste Stand der Gesellschaft, der Wehrdienst die Schule der Nation, in der – wie Moltke meinte – das Volk »zu körperlicher Rüstigkeit und geistiger Frische, zu Vaterlandsliebe und Mannhaftigkeit« erzogen würde. Der König und Kaiser fühlte sich in erster Linie als Soldat, und da er – so wurde gefolgert – über allen Bürgern stand, so müßte auch jeder Soldat über jedem Bürger stehen. Jedenfalls war ein Kommandierender General ranghöher als ein Minister, und ein Akademiker galt in erster Linie als Reserveoffizier.

Mit einem Fuße stehe der Reserveoffizier im Heere, mit dem anderen im Volke, deshalb sei er »am ehesten befähigt, in weiten Kreisen Lust und Liebe für des Königs Dienst zu verbreiten und wach zu erhalten«, hoffte das *Militär-Wochenblatt*. Doch der Reserveoffizier brachte auch zivilen Geist in das ohnehin von bürgerlichen aktiven Offizieren durchsetzte Heer, stellte die Erwartung des *Militär-Wochenblatts* in Frage: »Beide, der bürgerliche wie der adelige Offizier, vertreten das gleiche Prinzip, die aristokratische Weltanschauung gegen die demokratische.«

An den Ehrenkodex erinnerte der König, in der »Allerhöchsten Verordnung über die Ehrengerichte der Offiziere im Preußischen Heer« vom 2. Mai 1874: »Je mehr anderwärts Luxus und Wohlleben um sich greifen, um so ernster tritt an den Offiziersstand die Pflicht heran, nie zu vergessen, daß es nicht materielle Güter sind, welche ihm die hochgeehrte Stellung im Staat erworben haben und erhalten werden. Nicht nur, daß die kriegerische Tüchtigkeit des Offiziers durch eine verweichlichende Lebensweise beeinträchtigt werden könnte, sondern völlige Erschütterung des Grund und Bodens, worauf der Offiziersstand steht, ist die Gefahr, welche das Streben nach Gewinn und Wohlleben mit sich bringen würde.«

Als eine edle Ritterschaft suchte er sein Offizierskorps zusammenzuhalten, in einer Zeit, die in ihm eine Kaste zu kritisieren begann, die ihre Vorrechte subjektiv nicht mehr verdiente, und deren Ansprüche objektiv nicht mehr gerechtfertigt waren. Der militärische Rechts-, Anstands- und Ehrbegriff beginne überzuschnappen, der Militarismus durchdringe das ganze Leben, bemerkte Theodor Fontane. Wilhelm meinte eher umgekehrt: Das preußische Militärwesen werde vom deutschen Bürgerwesen beeinträchtigt, gelte immer weniger als Muster in Staat und Gesellschaft. Die Wahrheit lag in der Mitte: Wie in jeder Rassenmischung – so glaubte jedenfalls die zeitgenössische Rassenlehre – schienen sich in der preußisch-deutschen Verbindung die negativen Eigenschaften der Partner zu vererben: adelige Arroganz und bürgerliche Großtuerei, preußische Machtbesessenheit und deutscher Sendungseifer.

»Ist nicht Preußens Schwert heute das Zepter von Europa?« fragte Roon, die bejahende Antwort vorwegnehmend. »Und es mag am deutschen Wesen / einmal noch die Welt genesen«, reimte Emanuel Geibel. Der alte Preußenkönig und neue Deutsche Kaiser meinte indessen: »Ich fange gewiß in meinem Leben keinen Krieg mehr an, aber ich habe auch gesorgt, daß die anderen es sich wohl überlegen werden, ehe sie mit mir Krieg anfangen.«

E IN BEWAFFNETER FRIEDEN war dem Krieg gefolgt. »Was wir in einem halben Jahre mit den Waffen errungen haben, das müssen wir ein halbes Jahrhundert mit den Waffen schützen, damit es uns nicht wieder entrissen werde«, definierte Moltke die Verteidigungspolitik als Friedenspolitik. »Vielleicht überzeugt sich dann die Welt, daß ein mächtiges Deutschland in der Mitte Europas die größte Bürgschaft für den Frieden unsres Erdteils ist.«

Die Nachbarn waren davon nicht so überzeugt. Sie waren seit jeher daran gewöhnt, daß die Mitte Europas zersplittert war, was zwar die Anzahl der Kriege nicht verringert, doch ihre Chancen, sie zu gewinnen, erhöht hatte. Und sie konnten sich nicht so schnell daran gewöhnen, daß ein mit preußischen Energien und deutschen Emotionen aufgeladener Nationalstaat im Zentrum des Kontinents das Gleichgewicht und damit den Frieden erhalten würde.

Vornehmlich die Briten, Erfinder und Nutznießer der »Balance of powers«, waren alarmiert. »Es gibt keine einzige diplomatische Tradition, die nicht hinweggefegt worden ist«, betonte Benjamin Disraeli. »Das Gleichgewicht der Mächte ist völlig zerstört.« Robert Peel behauptete: Die preußisch-deutsche Militärdespotie sei eine Gefahr für Europa. »Ich bin so besorgt um die Macht, die Einheit und die dauernde Sicherheit Deutschlands und Europas«, bangte Queen Victoria, die Wilhelm zu beruhigen suchte: Sie kenne seinen Charakter, müsse also wissen, daß er kein europäischer Störenfried sei.

»Deutschland wird zwischen Frankreich und Rußland zerquetscht werden«, unkte Victorias Tochter, die preußisch-deutsche Kronprinzessin. Frankreich, den Erbfeind des deutschen Nationalismus, hatte man sich zum Erzfeind des Deutschen Reiches gemacht. Die Grande nation, bis 1871 die stärkste, zumindest die tonangebende Kontinentalmacht, konnte es nicht verwinden, daß sie von diesem Platz verdrängt worden war – vom Nachbarn im Osten, den sie beeinflußt, sogar beherrscht hatte, und von dem sie sich nun bedroht sah. Durch den Verlust Elsaß-Lothringens war nicht nur das französische Nationalgefühl, sondern auch das französische Sicherheitsinteresse verletzt. Revanche für Sedan wurde gefordert, und Revision der Diktatgrenze.

Elsaß und Lothringen waren ohne Volksabstimmung annektiert worden, und man wußte, warum: sie hätte eine überwältigende Mehrheit für Frankreich gebracht. Das »Reichsland« bekam einen Reichsstatthalter, neue Kasernen, Schulen und Bahnhöfe. Und Wilhelm I. inspizierte die Neuerwerbung, bewunderte »die magnifique durchgeführten Festungsbauten«, freute sich, die Schlachtfelder »von der anderen Seite kennen zu lernen« und bedauerte, daß er »nicht in die Tiefe der Herzen und Gemüter eindringen mochte«. Dem Bürgermeister von Weißenburg sagte er: »Ich kann mir wohl denken, daß Ihnen der Übergang in die neuen Verhältnisse schwer geworden ist. Ich bin auch keiner von denen, die alles in vierundzwanzig Stunden fertig haben wollen.«

Als Statthalter schickte er den Generalfeldmarschall von Manteuffel, der Erfahrung mit besetzten Franzosen hatte. Und tat das Seine, die Revanche-Stimmung anzufachen. Jeder Jahrestag von Sedan bot Anlaß, in deutscher Überheblichkeit von der deutschen Überlegenheit zu sprechen. »Was die Sedan-Feiern anbelangt, so ist es eine kannibalische Roheit, der von uns besiegten Nachbarnation immer von neuem zu verstehen zu geben, daß sie besiegt worden ist«, meinte Paul de Lagarde. Karl Marx sagte voraus: Frankreich werde in Rußlands Arme getrieben, der Krieg in eine europäische Institution verwandelt.

Rußland, von Wilhelms Neffen, Alexander II., beherrscht, hatte durch wohlwollende Neutralität die rasche Niederwerfung Frankreichs indirekt ermöglicht. Nicht ohne Grund trug Wilhelm bei der Kaiserproklamation den russischen Sankt-Georgsorden. »Preußen wird niemals vergessen, daß es Ihnen zu verdanken ist, wenn der Krieg nicht die äußersten Dimensionen angenommen hat«, dankte der Onkel dem Neffen. Der Zar äußerte Bedenken gegen die Einverleibung Elsaß-Lothringens, das Deutschland nicht verdauen könnte, wodurch Europa Verdauungsbeschwerden bekommen würde. Und Reichskazler Gortschakow, der Bismarck und die Preußen nicht leiden konnte, wartete auf eine Gelegenheit, ein russisches Rezept dagegen zu verschreiben.

Österreich-Ungarn mußte gute Miene zu einem Spiel machen, das es als bös empfand: Preußen war endgültig an seine Stelle als

Vormacht Mitteleuropas getreten. Die Einigung Kleindeutschlands zog die österreichischen Großdeutschen an, gefährdete den Bestand des Vielvölkerreiches. Kaiser Franz Joseph, der Wilhelm für einen Pharisäer, Bismarck für keinen Zöllner und sich selber für einen armen Lazarus hielt, seufzte: »Die Preußen haben unerhörtes Glück, und es wird jetzt noch schwerer mit ihnen auszukommen sein.«

Bismarck, der Reichsaußenpolitiker, ging davon aus, daß »die Konsolidierung Deutschlands von keiner ins Gewicht fallenden auswärtigen Macht mit beifälligen Blicken betrachtet wird«. Um Bedenken zu zerstreuen, erklärte er das Deutsche Reich für saturiert: »Deutschland hat seine Stellung im Rate der Nationen wiedergewonnen und das deutsche Volk hat weder das Bedürfnis noch die Neigung, über seine Grenzen hinauszustreben.« Um verbliebene Bedenken nicht zu diplomatischen oder gar kriegerischen Taten werden zu lassen, suchte er aus der Isolierung herauszukommen, Bündnispartner zu finden, vor allem ein Zusammengehen Frankreichs mit Rußland zu verhindern, denn dies hätte Zweifrontendruck und Zweifrontenkrieg bedeutet.

Der Reichskanzler, der durch die Reichsgründung das europäische Gleichgewicht gestört hatte, suchte es wiederherzustellen, indem er die neue Macht in das alte Kräftespiel einzubringen suchte – der Machtpolitiker Bismarck, der nun wie Metternich ein Friedenspolitiker wurde.

Der Kaiser war mit seinem Kanzler zufrieden. Friedensstörer war er widerwillig geworden, Friedensbewahrer wollte er mit Leib und Seele sein. Bei der Kaiserproklamation hatte er gelobt, »allzeit Mehrer des Deutschen Reiches zu sein, nicht an kriegerischen Eroberungen, sondern an den Gütern und Gaben des Friedens«. Und bei der Eröffnung des ersten Reichstages hatte er erklärt: Das neue Deutschland werde ein zuverlässiger Bürge der europäischen Ordnung sein.

Unter Ordnung verstand er die alte Ordnung, und verbürgt werden konnte sie nur – davon war er überzeugt – durch eine Staatsgewalt, die den inneren Feind niederhielt, und durch eine Heeresmacht, die den äußeren Feind abschreckte. Und durch eine Diplomatie, die wie die alte Kabinettspolitik Koalitionen zwischen Mächten gleicher Grundsätze und ähnlicher Interessen zustandebrachte und Koalitionen konträrer Kräfte verhinderte. Das war seine Vorstellung von Staatsordnung und Friedenssicherung, nachhaltig geprägt von Metternichs europäischem Gleichgewichtssystem und der Heiligen Allianz der Monarchen Rußlands, Österreichs und Preußens.

»Vor allen Dingen mögen Preußen, Rußland und Österreich sich nie voneinander trennen«, hieß es im Testament Friedrich Wilhelms III. Bei der »Dreikaiserverständigung« von 1872 dachte der Sohn an das Vermächtnis des Vaters wie an die Notwendigkeit, die Reihen der konservativen Mächte wieder fest zu schließen. Auch Bismarck appellierte an »die monarchische Solidarität gegenüber der sozialistischen Revolution«, doch er wollte nicht nur die drei Monarchien zusammenhalten, sondern vor allem Rußland und Frankreich auseinanderhalten.

So wurde Alexander II., der im September 1872 zur Erneuerung des »Bundes der drei schwarzen Adler« nach Berlin gekommen war, am meisten hofiert, von Bismarck aus Berechnung, von Wilhelm aus Überzeugung. Und der Neffe, der in Petersburg sich mit Bildern des Onkels umgab, trug in Berlin die preußische Uniform, als wäre es die seine.

Weniger wohl fühlte sich Franz Joseph I., der Dritte im Bunde, beim Bruderkuß mit Alexander II. in russischer, und beim Händedruck mit Wilhelm I. in preußischer Uniform. Selbst die Erinnerung an 1815, an die gemeinsame Reaktion auf die sie alle bedrohende Revolution, war nicht ohne Wermutstropfen: Damals war der Habsburger der Primus gewesen, hatte es noch keinen Hohenzollernkaiser gegeben. Und die Erinnerung an 1866 war noch lebendig, auch wenn sich der Gastgeber bemühte, sie zu verdrängen: In Babelsberg hatte er das Gedenkkreuz an Königgrätz durch Gewächskübel verdecken lassen.

Schriftliches wurde in Berlin nicht vereinbart. Bismarck begnügte sich mit dem Gruppenbild, in dem die drei Kaiser »wie Canovas drei Grazien« posierten, »damit Europa ein lebendiges Symbol des Friedens sehe und Vertrauen gewinne«. Wilhelm wünschte sich, »daß die visible Einheit auch eine dauernd reelle werde, die dann uns einen dauernden Frieden verspricht, da sie die Revanche kalmieren dürfte«. Die Berliner drängte es so sehr zu diesem Anblick, daß beim Zapfenstreich elf Menschen an der Schloßfreiheit erdrückt wurden.

Ein halbes Jahr später, im Frühjahr 1873, fuhr Wilhelm nach

Rußland, wohin ihn Jugenderinnerungen zogen, und Sorge um die Sicherung seines Alterswerkes. Als Verwandter wurde er mit offenen Armen empfangen, in Gatschina vom Zaren und den Großfürsten mit »einem splendiden Dejeuner«, in Petersburg von der Zarin, die er »viel hübscher« fand »als ich glaubte«, und den Großfürstinnen, darunter Alexandra Petrowna, die geborene Oldenburg, »auseinandergegangen, verdorbener Teint, aber doch minder schlecht ajustiert, als man erzählt; vielleicht hat sie sich zusammengenommen«. Der Onkel wohnte im Winterpalais in den Gemächern der verstorbenen Zarin-Mutter, seiner Lieblingsschwester Charlotte, der Neffe sorgte für ihn »wie eine Bonne«, der Messegesang war wundervoll – »alles ruft die alte Zeit zurück mit allen denen, die nicht mehr sind«.

Auf der Newa brach das Eis. Und überall Volk, das jubelte, und Soldaten ohne Gewehre, die Hurra riefen, »alle Fenster dicht besetzt, Girlanden, Teppiche, Büsten von Sascha und mir stets zusammen, kurzum ein Anblick, wie wir ihn bei uns gewöhnt sind, in Petersburg aber, für mich wenigstens, etwas so Neues und Ungewohntes, daß man des Kaisers Wunsch, daß es so sein möchte, nicht verkennen konnte«. Bismarck war von seinem Tête-à-tête mit Gortschakow weniger entzückt. Und in seiner Umgebung wurde eine Geschichte erzählt: Als Alexander II. im Januar 1871 auf das Wohl des neuen deutschen Kaisers getrunken hatte, verlangte er dasselbe von seinem Sohn. Der nachmalige Alexander III. tat es und schmetterte das Glas zu Boden – damit niemand mehr, wie er erklärte, aus diesem Glas auf das Wohl des deutschen Kaisers trinken könnte.

Jedenfalls empfahl sich eine pflegliche Behandlung des Kaisers von Österreich. »Wenigstens von meiner Seite und der meines Gouvernements existieren keine Hintergedanken mehr«, sagte Wilhelm im Frühjahr 1873, eine Visite in Wien anvisierend, und er meinte die an die Stelle des Dualismus getretene Entente cordiale, »die bisher nichts störte und hoffentlich durch meinen Besuch nur befestigt wird.« Sein Rheuma und ein hartnäckiger Husten erlaubten es ihm jedoch nicht, im Anschluß an Petersburg nach Wien zu reisen. Er schickte Augusta voraus, die sich für die Weltausstellung mehr als er interessierte und die man als Weimarerin besonders gut herzeigen konnte.

Als Wilhelm I. im Herbst kam, war Alexander II. schon dagewesen, und der Russe und der Österreicher hatten beschlossen, den Frieden in Europa »durch eine direkte und persönliche Verständigung zwischen den Souveränen zu erhalten, wenn möglich zu erzwingen«. Der Deutsche Kaiser trat am 22. Oktober 1873 diesem Konsultativpakt bei, der somit ein »Dreikaiserabkommen« wurde. Er sei »im höchsten Grade von Menschen und Gegenständen in Wien« entzückt gewesen, resümierte Wilhelm. »Also Frieden nach allen Seiten.«

Doch schon zwei Jahre später, im Frühjahr 1875, gab es Kriegsalarm, einen falschen, wie sich zur Erleichterung Wilhelms herausstellte. Bismarck, der krank und nervös geworden war, hatte ihn ausgelöst. Beunruhigt durch Rüstungen Frankreichs, die indessen der Defensive dienten, ließ er die Presse ballern: Die *Kölnische Zeitung* verwies auf die französische Heeresvermehrung, die Berliner *Post* fragte: »Ist Krieg in Sicht?« Deutschland wolle nach der Methode »Haltet den Dieb« von eigenen Präventivkriegsabsichten ablenken, entgegnete Paris und bat London und Petersburg um eine Friedensdemarche in Berlin.

Königin Victoria schrieb an Kaiser Wilhelm, der antwortete: Niemand sei mehr als er von der Ansicht durchdrungen, daß derjenige, welcher in Europa einen Krieg provoziere, die ganze öffentliche Meinung gegen sich haben werde, und daher keine Alliierten, auch keine wohlwollenden Neutralen, nur Gegner haben werde. Auch wenn Moltke gesagt haben sollte, Deutschland würde dem Angriff Frankreichs zuvorkommen – kein Politiker werde aus frivolen Gründen Europa in einen Krieg stürzen wollen.

Den Engländern, zu deren Geschäft es gehörte, mit Palmzweigen zu wedeln, nahm er die Friedensdemarche nicht weiter übel. Verärgert war er, daß die Russen, seine Alliierten, so taten, als müßten sie ihn von einem Angriffskrieg abhalten. Gortschakow ergriff die Gelegenheit, seine Reserven gegenüber Berlin und seine Präferenzen für Paris zu zeigen, sich jedenfalls als Friedensretter aufzuspielen. Selbst Alexander II. stieß in dieses Horn: Der Friede sei gesichert, erklärte er auf dem Weg zur Kur nach Ems dem diplomatischen Corps in Berlin und ließ anklingen, daß es Rußland gewesen sei, das ihn gesichert hatte.

Bismarck tat seinen Gefühlen weniger Zwang an als sein Herr: »Ich machte dem Fürsten Gortschakow lebhafte Vorwürfe und sagte, es sei kein freundschaftliches Verhalten, wenn man einem vertrauenden und nichts ahnenden Freunde plötzlich und hinterrücks auf die Schulter springe, um dort eine Zirkusvorstellung auf seine Kosten in Szene zu setzen.« Sorge machte dem Reichskanzler nicht nur die Hinneigung Rußlands zu Frankreich, sondern auch die Abneigung Rußlands gegen Österreich. Die erste vermochten Onkel und Neffe nicht aufzuhalten, die zweite konnte das Dreikaiserabkommen nicht aus der Welt schaffen. Der russische Imperialismus zielte auf den Nachbarn im Westen, die panslawistische Ideologie verlangte die Auflösung des habsburgischen Vielvölkerreiches.

Solche Sorgen bedrückten Wilhelm nicht, noch nicht. Er sah in den beiden Monarchien konservative Mächte, was für die Innenpolitik zutraf, und übersah dabei, daß in der Außenpolitik nur Österreich auf Machterhaltung, Rußland jedoch auf Machtgewinn bedacht war. Das zeigte sich bereits im Frühjahr 1877, als Rußland wieder einmal das morsche Osmanische Reich angriff. Sie müßten die Balkan-Slawen von orientalischer Fremdherrschaft und die orthodoxen Christen von islamischer Unterdrückung befreien, behaupteten die Russen, um ideologische Verkleidungen ihrer nackten Machtpolitik nie verlegen. Tatsächlich ging es ihnen um territoriale Vergrößerung und imperiale Ausweitung, um die Dardanellen und den Zugang zum Mittelmeer.

Mit dem Herzen war Wilhelm bei Alexander. Der Zar könne gar nichts anderes, als zum Kriege zu schreiten, erklärte er, und als dieser dann nicht vorwärts kam, zeigte er Mitgefühl: »Der Verlauf des Kriegs im Orient preßt mir das Herz zusammen! Ich kann gar nicht an den Kaiser denken ohne die größte Teilnahme und Wehmut.« Seine Feldherren machten aber auch alles falsch: »Die Operationen seit dem Donauübergang sind mir ein Rätsel. So vorzüglich wie dieser vorbereitet und ausgeführt wurde, so unerklärlich ist es, daß nach demselben die Hauptregel der Strategie ganz aus den Augen gesetzt wurde: mit allen Kräften der Hauptarmee des Feindes entgegen zu gehen und sie zu schlagen, ehe man weitere Operationen unternimmt; wogegen man jetzt seine Kräfte teilt und überall schwächer als der Gegner erscheint.« So fachsimpelte er mit dem Ruheständler Roon, und hoffte mit ihm, »daß der Sieg endlich der russischen Armee verbleiben wird«!

Mit dem Verstand hätte er, wie seinerzeit im Krimkrieg, gegen den russischen Aggressor sein müssen, der nicht nur, wie damals, den europäischen Frieden gebrochen hatte, sondern auch das Dreikaiserabkommen in Frage stellte. Doch für die Engländer, die wiederum, zunächst diplomatisch, die Eindämmung betrieben, hatte er nur harsche Worte, gegen die »Kriegslust der Königin Victoria« und ihres »jüdischen ersten Ratgebers«, Benjamin Disraeli, Lord Beaconsfield. Und für die Österreicher, die Miene machten, ihre Balkaninteressen gegebenenfalls zu verteidigen, zeigte er keinesfalls so viel Verständnis wie für den russischen Angreifer.

Am 11. Dezember 1877 – er saß am Teetisch – erhielt er vom Zaren ein »Freudentelegramm«: Die türkische Festung Plewna, von den Russen seit Monaten belagert und berannt, war endlich gefallen. »Daß dies der Kaiser mir gleich selbst telegraphierte, rührt mich unaussprechlich.« Nun hatten die Russen genug Truppen verfügbar, um die Paschas zu schlagen. Ende Januar 1878 standen sie kurz vor Konstantinopel. Die Türken mußten den Frieden von Santo Stefano schließen: Rumänien (das Bessarabien an Rußland abtrat), Serbien und Montenegro (durch türkische Gebiete vergrößert) wurden souveräne Staaten; Bulgarien, bis an die Ägäis ausgedehnt, wurde ein dem Sultan tributpflichtiges Fürstentum mit einer russischen Besatzung von 50 000 Mann.

Rußland und seinen Satelliten gönnte Wilhelm die Beute, daß aber auch Österreich – wenn schon, denn schon – ein Stück aus der türkischen Konkursmasse haben wollte, brachte ihn auf: »Die Forderungen Österreichs sind so exorbitant, daß Rußland füglich mit der Annexion ganz Bulgariens antworten könnte, denn Franz Joseph verlangt die Annexion von ganz Bosnien und Herzegowinien.« Es war der alte Brotneid gegen den deutschen Rivalen, der wieder hochkam. »Wenn man, ohne einen Schuß zu tun, solche Inkorporierung verlangt, so weiß ich nicht, warum England nicht ähnliches ohne Blutvergießen imitiert und Ägypten, Kreta usw. annektiert!«

England begnügte sich vorerst mit Zypern und versprach dem »Kranken Mann am Bosporus«, ihn gegen weitere Amputationen zu schützen. Österreich hatte sich vor Kriegsausbruch in einem Geheimabkommen die russische Zustimmung zur Annexion Bosniens und der Herzegowina geben lassen, die der Zar nach Tisch jedoch nur als vorübergehende Besetzung verstanden wissen wollte. Schon wurde in Wien und London von Krieg gegen den russischen Kriegsgewinnler gesprochen.

Da griff Bismarck ein, bot sich als »ehrlicher Makler« an und lud die Mächte zu einem neuen Kongreß – nach Berlin, wo der neue Metternich saß, und der Deutsche Kaiser, der bei aller Russophilie politisch neutral geblieben war, den Frieden bewahren und das Dreikaiserabkommen erhalten wollte: Denn falle es, dann sei der europäische Krieg unvermeidlich.

Dennoch behagte ihm Bismarcks Initiative nicht. Daß der Kongreß in Berlin tagen sollte, sei zwar »sehr ehrenvoll für Deutschland und speziell für Preußen; aber mir persönlich wird dadurch manche unangenehme Stunde bereitet werden! Denn meine Rolle ist die eines Schiedsrichters, und der macht es niemandem recht!« Eigentlich war nicht er, sondern Bismarck der Schiedsrichter, doch das steigerte nur sein Unbehagen. Denn es war zu erwarten, daß sich Bismarck mit seinem Intimfeind Gortschakow anlegen und der Zar und Rußland es zu spüren bekommen würden: »Wer weiß, was ihnen im Kongreß noch abgezwackt werden wird!«

Mit Bismarcks Innenpolitik war er schon lange unzufrieden. Die Koalition mit den Nationalliberalen beschädigte die preußisch-konservative Basis. Der Kulturkampf hatte weniger die katholische Kirche als den Staat getroffen, das Zentrum und mit ihm die parlamentarische Opposition gestärkt, die evangelische Kirche angeschlagen und mit der Gottgläubigkeit das Gottesgnadentum in Frage gestellt.

Die liberale Wirtschaftspolitik – so schien es Wilhelm – zersetzte komplementär mit der liberalen Kulturpolitik die Fundamente des alten Staates. Eigennutz war das Motiv der materiellen Gewinnsucht wie des geistigen Autonomiestrebens, und wie der Freisinn begann der Freihandel dem Gemeinnutz zu schaden, mit der heimischen Eisenindustrie der Wohlfahrt des Volkes. Denn der zollfreie Eisenimport führe dazu, »daß ein Eisen-Fabrikationsunternehmen nach dem anderen seine Öfen ausblase, seine Arbeiter entlasse, die herumlungerten«. Der freie Wettbewerb fordere seine Opfer, erklärten die Liberalen. Der alte Metternich hatte gesagt, der Erbe des Liberalismus sei der demokratische Radikalismus und dessen Erbe der Sozialismus. Schon nahmen sich Sozialisten der Opfer des Kapitalismus an, im »Gothaer Programm« der 1875 gegründeten Sozialistischen Arbeiterpartei Deutschlands wurde »der freie Staat und die sozialistische Gesellschaft« gefordert, und 1877 saßen bereits zwölf Sozialdemokraten im Reichstag.

Die Liberalen arbeiteten ihnen in die Hände, indem sie Zug um Zug die parlamentarischen Kompetenzen auf Kosten der monarchischen Gewalt auszudehnen suchten, mit dem Ziel, die ihnen »zustehende parlamentarische Gesetzeskraft und Bestimmung in eine Präponderanz über die Regierung, d. h. in eine parlamentarische Regierung umzuwandeln«, wie der Kaiser und König monierte. Dem schien Bismarck auch noch Tür und Tor zu öffnen. Ende 1877 verhandelte er mit Rudolf von Bennigsen, dem Führer der Nationalliberalen, über dessen Eintritt in das preußische Staatsministerium, ohne seinem König eine Silbe gesagt zu haben. Er lese darüber in den Zeitungen, schrieb Wilhelm an Bismarck. »Ich muß Sie also ersuchen, mir Mitteilung zu machen, was denn eigentlich vorgeht? Was Bennigsen betrifft, so würde ich seinen Eintritt in das Ministerium nicht mit Vertrauen begrüßen können« – aus Prinzip und weil er »den ruhigen und konservativen Gang meiner Regierung« stören würde.

Bismarck antwortete mit einem Rücktrittsgesuch – wie schon öfter in den letzten Jahren. Starallüren hatte er immer gehabt, nun begann er sich wie eine Primadonna aufzuführen. Er wurde mit zu viel Beifall bedacht: als Reichsgründer, als Eiserner Kanzler, als Schiedsrichter Europas. Das schien ihm in den Kopf gestiegen zu sein, ihn zu verleiten, die erste Rolle, die er so lange im Hintergrund gespielt hatte, nun im Rampenlicht spielen zu wollen. Andererseits besaß er Verstand genug, um eine gewisse Diskrepanz zwischen Erwartungen und Ergebnissen zu erkennen. In letzter Zeit war ihm manches mißglückt, vor allem der Kulturkampf. Überdies war er krank, weil er zu viel aß und trank, zu viel redete und schrieb, vor allem sich zu viel ärgerte, über seine preußisch-konservativen Gegner wie seine nationalliberalen Partner, seinen Monarchen und über sich selbst.

Man bräuchte vier Ministerpräsidenten: für Seine Majestät, wo er fühle, daß sein Einfluß schwinde, für die Kollegen, denen er nur als Bittsteller und Mahner nahen könne, für das Parlament und für die auswärtigen Geschäfte – hatte Bismarck schon im Sommer 1871 geseufzt. Statt seine Anstrengungen zu vervielfachen, zog er sich, gekränkt und krank, immer länger von den Geschäften zurück, vergrub sich auf seinen Landgütern, pausierte ein Jahr als Ministerpräsident. Ruhe fand er nicht, weil er Stümper an seiner Stelle sah, zur Überzeugung kam, daß es ohne ihn nicht ginge – und so stürzte er sich wieder in die Machtausübung, von der er nicht lassen konnte.

Hinderlich war, daß dem Herrn die ganze Richtung nicht paßte, die der Diener eingeschlagen hatte. Wenn sich Wilhelm auch nicht an den Kabalen der Hofpartei gegen den die Liberalen hofierenden Hausmeier beteiligte, so war er doch der Halt und die Hoffnung aller, die dem neuen Kurs widerstrebten. Bismarck begann zu murren, über die Uneinsichtigkeit und Unbeweglichkeit des alten Herrn, und wenn ihn der Zorn wieder einmal übermannte, schrieb er ein neues Rücktrittsgesuch.

Es wurde mit gewohnter Regelmäßigkeit und mit den üblichen Hinweisen auf die unverbrüchliche Dankbarkeit des Königs und die Unentbehrlichkeit des Ministerpräsidenten und Außenministers und Reichskanzlers abgelehnt. Die Diva, gebeten zu bleiben, war bis zum nächsten Mal besänftigt, der Monarch wurde immer peinlicher berührt – weniger persönlich als wegen des Eindrucks, den eine solche Launenhaftigkeit auf das In- und Ausland machen mußte. Er solle es geheimhalten, beschied er das Rücktrittsgesuch vom Frühjahr 1875, und auch den Abschreiber des Briefes eidlich verpflichten, zu schweigen – denn was würde der Zar, der sich in Berlin angesagt hatte, davon halten, wenn er es erführe!

»Soll ich mich in meinen alten Tagen blamieren? Es ist eine Untreue, wenn Sie mich verlassen«, sagte er im Frühjahr 1877 zu Bismarck, und ballte das jüngste Rücktrittsgesuch zu einem Papierknäuel zusammen. Abermals gewährte er dem Amtsmüden nicht den Abschied, lediglich einen längeren Urlaub. Und klagte Roon, der sich in Gnaden zurückgezogen hatte: »An meinem Bestreben, den Übeln der Zeit nach allen Richtungen zu begegnen, soll es wahrhaftig nicht fehlen. Aber Helfer muß ich haben, und in solcher Zeit wollte mich der Haupthelfer verlassen! Sie werden mit mir gefühlt haben, was ich in jenen Tagen gelitten habe, der Sie schon zweimal von solchen Anfällen Zeuge waren.« Doch es endete wie gewohnt: »Nun, der Berg hat eine Maus geboren, und ... es bleibt beim Alten.«

Nachsichtig war Wilhelm, und zur Einsicht gelangt, daß Bismarck, der altmärkische Junker und »kurbrandenburgische Vasall«, die Koalition mit den Nationalliberalen längst nicht mehr für der Staatsweisheit letzten Schluß hielt. Schon dachte er daran, den Kulturkampf abzublasen, eine weniger freiwirtschaftliche als staatswirtschaftliche Zoll- und Steuerpolitik zu betreiben. Aber es war nicht so einfach, die liberalen Geister, die er gerufen hatte, wieder loszuwerden. Wilhelm dachte an seinen eigenen Kurswechsel von der Neuen Ära zum alten Konservatismus: Bismarck bereue seinen Anflug von Liberalität, schrieb er Roon, und sehe, »wie schwer es ist, den kleinen Finger wieder zurückzuziehen. Ich selbst habe es ja seinerzeit empfunden.«

Auch deshalb hielt er an Bismarck fest, nicht zuletzt jedoch, weil er sich an ihn, im Positiven wie im Negativen, gewöhnt hatte, und weil er sich in seinen alten Tagen nicht an ein neues Gesicht und ein unbekanntes Temperament gewöhnen wollte. Und vor allem: Der König konnte sich nicht von seinem Ministerpräsidenten trennen, der ihm zur Heeresvermehrung verholfen und nach Königgrätz geführt hatte, und der Kaiser nicht von seinem Kanzler. Denn der Reichsgründungskaiser war auf seinem Denkmalssockel nicht vorstellbar ohne den Reichsgründungskanzler neben ihm.

Das war ihm an seinem achtzigsten Geburtstag, am 22. März 1877, bewußt geworden, da ihn das deutsche Volk als »Wilhelm den Großen« feierte und Bismarck als seinen Propheten. Er habe »mit Genugtuung den Wert gefühlt, als Mittelpunkt des nationalen Empfindens betrachtet zu werden«, ließ er den Kanzler wissen, dem er dies letztlich verdankte.

Jenseits von Gut und Böse fühlte sich der Achtzigjährige nicht; dem gleichgesinnten Roon bekannte er, daß er mit seinen letzten Kräften dem Überhandnehmen der Religionslosigkeit und der Verwilderung der Sitten entgegenwirken wolle. »Das sind gewiß alles recht schwer zu verfolgende und womöglich zu ordnende Dinge, aus denen man oft keinen Ausweg sieht, und doch immer wieder ansetzen muß!« Indessen schrieb er seiner Schwester Alexandrine: In ihrem vorgerückten Alter sollte man sich eigentlich nur noch Zufriedenheit und Gesundheit wünschen, alles andere sei »wohl überflüssig zu besprechen«, da man ernsthaft an das gemahnt sei, »was uns täglich näher rückt«.

Ein Jahr später griff der Tod nach ihm. Am 11. Mai 1878 wurde auf Wilhelm I., als er – wie üblich in offener Kutsche – die Linden entlangfuhr, ein Attentat verübt: Der Klempnergeselle Hödel feuerte, hinter einer Droschke hervor, zwei Revolverschüsse auf ihn ab – ohne zu treffen. Der von einem Bürger namens Dittmann und vom Leibjäger festgenommene Attentäter trug Bilder von Bebel und Liebknecht bei sich, war aber, wie sich der Leipziger *Vorwärts* zu versichern beeilte, wegen parteischädigenden Verhaltens aus der Sozialistischen Arbeiterpartei ausgeschlossen worden.

Der König mahnte sein Staatsministerium, es müsse »die Augen fester aufmachen als bisher, wohin die Zügellosigkeit der Presse und die fortgesetzten, ungestraften Meetings der Umsturzpartei sowohl als die der Glaubensverfälscher führen«. Wenige Tage später brachte das preußische Staatsministerium im Bundesrat einen Gesetzentwurf zur Abwehr der »sozialistischen Ausschreitungen« ein. Der Reichstag lehnte ihn ab, wie es Wilhelm vorausgesehen hatte. Es bedurfte eines zweiten Attentats, um dem Reichstag begreiflich zu machen, daß man – so der Kaiser – »die revolutionären Elemente nicht die Oberhand gewinnen« lassen dürfe.

Am 2. Juni 1878, einem Sonntag, als Wilhelm I., wiederum in offener Kutsche, die Linden entlangfuhr, wurde auf ihn, vom zweiten Stock des Hauses Nr. 18, von Dr. Karl Eduard Nobiling eine doppelte Ladung von Schrotkörnern und Rehposten abgeschossen. Wilhelm wurde schwer verletzt, im Rücken, an der Stirn und am rechten Arm, mit dem er gegrüßt hatte. Nur der Umstand, daß er Helm und seinen schweren grauen Mantel trug, hatte ihn vor Schlimmerem behütet; die Pickelhaube war von achtzehn Schrotkörnern durchbohrt.

»Ich begreife nicht, warum immer auf mich geschossen wird«, sagte Wilhelm, unmittelbar nach dem Attentat, zu seinem Leibjäger. Bismarck begriff, was er zu tun hatte: Beendigung der Koalition mit den Liberalen, die – nach einem Wort Metternichs – die Bresche schlügen, durch welche die Radikalen in die Festung eindrängen. Und Austreibung der bereits eingedrungenen Radikalen durch ein Reichsgesetz gegen die revolutionären Umtriebe der Sozialdemokratie. Und da er mit einem solchen Sozialistengesetz im Reichstag gescheitert war, wurde dieser aufgelöst, in der Erwartung, daß Neuwahlen eine Mehrheit für diese besondere Maßnahme wie für einen allgemeinen Ruck nach Rechts bringen würden.

Antipathie gegen die Sozialdemokratie und Sympathie für den verwundeten Kaiser galt es zu wecken. Das erste fiel nicht schwer, obwohl auch Nobiling nicht der Sozialistischen Arbeiterpartei Deutschlands angehörte. Das zweite lief von allein. Vor dem Palais Unter den Linden warteten Berliner auf die Bulletins, stellvertretend für alle Deutschen, die sich um den alten Herrn sorgten, die es – wie ein Zeitgenosse schrieb – nicht fassen konnten, »daß sich gegen den greisen Kaiser, dem alle Herzen entgegenjubelten, der in seinem ganzen Leben nur Gutes getan, daß sich gegen den großen Begründer der deutschen Einheit, den mächtigsten Herrscher des Erdballs die Hand eines Frevlers – mit tiefstem Schmerz sagten wir uns: die Hand eines Deutschen – erheben konnte!«

Wilhelm war ernstlich verletzt. Generalarzt Professor von Langenbeck fand ihn »vor Blut fast unkenntlich gemacht, sterbend, wie ich zuerst glaubte«. Es stellte sich heraus, daß keine Lebensgefahr bestand, doch war mit einem längeren Krankenlager zu rechnen. Und auf der linken Gesichtsseite mußte ihm ein Flügel des Patriarchenbartes abgenommen werden. »Gehen Sie jetzt zu meinem Sohne«, sagte der Monarch mit matter Stimme zu den Ministern. »Sie wissen genau, wie ich es haben will, und ich verlange und ich verpflichte Sie ernstlich, daß fernerhin ganz in meinem Sinne weiter regiert wird, daß alles bleibt, wie es ist.« Dem Kronprinzen übertrug er nur seine Stellvertretung, und nicht die Regentschaft, wie es der Nachfolger gewünscht und erwartet hatte.

Es war dem Einundachtzigjährigen schon schwer genug gefallen, dem Sechsundvierzigjährigen die Geschäftsführung zu übertragen. Mehr als seine Wunden plagte ihn die Vorstellung, der liberaler Bestrebungen und unpreußischer Umtriebe verdächtige Sohn könnte die Gelegenheit benutzen, das Staatsschiff noch weiter nach links abdriften zu lassen.

Und Bismarck konnte nun ganz allein schalten und walten, das Reich beim wichtigsten außenpolitischen Ereignis seiner bisherigen Geschichte repräsentieren: auf dem Berliner Kongreß, zu dem Mitte Juni 1878 die Vertreter der Mächte in seine Hauptstadt gekommen waren, um auf deutschem Boden und mit deutscher Vermittlung den durch den russisch-türkischen Krieg ausgelösten europäischen Konflikt zu bereinigen. Das Deutsche Reich, von Neidern als Friedensstörer verleumdet, erwies sich nun als Friedenshort – was Wilhelm stets behauptet hatte und nun nicht höchstpersönlich beweisen konnte.

Ohne ihn, unweit seines Palais Unter den Linden, spielte sich das Friedenskonzert unter der Stabführung Bismarcks ab, in der Wilhelmstraße Nummer 77, in der Reichskanzlei, dem ehemaligen Radziwillschen Palais. Der dreiundsechzigjährige Reichskanzler hatte sich einen Vollbart wachsen lassen, als wollte er auf dem Kongreß älter und würdiger, beinahe so patriarchalisch wie sein Herr erscheinen. Als »ehrlicher Makler« bemühte er sich, mit dem europäischen Frieden, der durch einen Krieg zwischen Großbritannien und Österreich-Ungarn einerseits und Rußland andererseits bedroht war, das Dreikaiserabkommen zu retten, auf dem die Sicherheit des Deutschen Reiches beruhte.

Nach vier Wochen war der »Frieden von Berlin« zwar vereinbart, aber keineswegs – wie man sagt – perfekt. Denn es kam so, wie es Wilhelm vorausgesehen hatte. Rußland wurde einiges abgezwackt: Das in Santo Stefano von den Türken zugestandene Groß-Bulgarien, das der Hauptsatellit Petersburgs werden sollte, wurde mehr als halbiert, blieb auf Sofia und das Gebiet zwischen Donau und Balkan beschränkt, bekam nicht Mazedonien – und damit nicht für sich und Rußland den Zugang zum Mittelmeer. Auch Österreich-Ungarn bekam nicht das, was es wollte, nur die Okkupation, nicht die Annexion Bosniens und der Herzegowina, die unter türkischer Oberhoheit blieben.

Der Schiedsrichter wurde ausgepfiffen, vor allem von den Russen. Alexander II. grollte Bismarck und mit ihm Wilhelm I. Der Zar sah nur das, was er wieder hergeben mußte, und nicht das, was er behalten durfte: in Asien Kars, Ardachan und den Freihafen Batum, in Europa Bessarabien sowie den Einfluß auf die unabhängig gewordenen Staaten Serbien, Montenegro und Rumänien. So war nun das Dreiecksverhältis zwischen den drei Kaisern von zwei Seiten her in Frage gestellt – nicht nur durch den alten Gegensatz zwischen Rußland und Österreich-Ungarn, sondern auch durch den neuen Gegensatz zwischen Rußland und dem Deutschen Reich.

Der Onkel erhielt einen Beschwerdebrief des Neffen über die Undankbarkeit Preußens, dem Rußland 1866 und vor allem 1870 den Rücken gedeckt, also »einen Dienst geleistet hat, den Sie nach Ihrem eigenen Ausdruck niemals vergessen zu wollen erklärt haben«. Diese Stiche trafen den kranken Wilhelm beinahe so empfindlich wie die Schrotkugeln des Attentäters. Er hätte sich noch mehr betroffen gefühlt, wenn er gewußt hätte, welche Folgerungen Bismarck – der sich den Vollbart wieder abrasiert hatte – aus der Abkühlung zwischen Rußland und Deutschland und der Erwärmung zwischen Rußland und Frankreich zu ziehen begann: Ausbau der zweiseitigen Beziehungen zwischen dem Deutschen Reich und Österreich-Ungarn, mit dem Ziel eines Zweibundes.

Innenpolitisch war 1878, das ihm persönlich Unheil gebracht hatte, ein Jahr des Heils – weil Bismarck das Mitgefühl mit dem Attentatsopfer und die Gefühlsbewegung gegen mutmaßliche Attentäter für den vom König und Kaiser längst geforderten und nun auch vom Kanzler und Ministerpräsidenten für erforderlich gehaltenen Kurswechsel zum Konservativen nutzbar machte.

Die Neuwahlen zum Reichstag brachten die entsprechende parlamentarische Mehrheit. Die Konservativen steigerten ihre Mandate von 40 auf 59, die Freikonservativen von 38 auf 57, die Nationalliberalen verringerten sie von 128 auf 99, die Fortschrittspartei von 35 auf 26. Das Zentrum war mit 94 statt 93 Mandaten in alter Stärke zurückgekehrt, aber es stand zu erwarten, daß die jetzige Opposition nach Beendigung des Kulturkampfes in die Reihen von Gesetz und Ordnung einschwenken würde. Und die Sozialdemokraten waren von 12 auf 9 Mandate zurückgegangen.

Der am 9. September zusammengetretene neue Reichstag billigte am 19. Oktober das »Reichsgesetz gegen die gemeingefährlichen Bestrebungen der Sozialdemokratie«. Zunächst auf sechs Jahre sollten die Versuche zum »Umsturz der bestehenden Staats- und Gesellschaftsordnung« mit polizeilichen Mitteln bekämpft werden: Verbot aller sozialistischen Vereinigungen, Versammlungen und Druckschriften, Ausweisung von sozialistischen Funktionären und Agitatoren.

Vor dem Bundesrat kündigte Bismarck eine umfassende Revision des Zolltarifs an. Die Weichen für eine neue Wirtschaftspolitik wurden gestellt, vom Freihandel zum Schutzzoll, vom liberalen Laisser-faire, laisser-aller zu staatlicher Kontrolle des Eigennutzes zugunsten des Gemeinnutzes. Und schon war eine staatliche Sozialpolitik anvisiert, eine Sozialgesetzgebung, die Krankenversicherung, Unfallversicherung, Alters- und Invalidenversicherung bringen sollte.

Wilhelm I. dekorierte den Fürsten Bismarck für seine Meriten um die Wiederherstellung des äußeren Friedens und der inneren Ordnung. »Ich habe als Zeichen meiner Anerkennung Ihrer großen Verdienste um mein Preußen die Zeichen seiner Macht gewählt: Krone, Zepter und Schwert, und dem Großkreuz des Roten Adlerordens, welches Sie stets tragen, zufügen lassen, welche Dekoration ich Ihnen beifolgend übersende. Das Schwert spricht für den Mut und die Einsicht, mit welcher Sie mein Zepter und meine Krone zu unterstützen und zu schützen wissen.«

Es war fast wieder wie damals in der Konfliktszeit, hier der bedrängte Monarch, dort der treue Paladin, der ihm mit kühnen Streichen Luft schaffte – nur daß man es jetzt nicht nur mit Liberalen, sondern auch mit den noch gefährlicheren Sozialisten zu tun hatte. Offensichtlich war die Parallele zwischen den ihm zugefügten Verwundungen und den dadurch aufgedeckten »wunden Stellen in unseren gesamten gesellschaftlichen Verhältnissen«, die »nur von der starken Hand des Gesetzes geheilt werden können«. Damit hatte man begonnen. »Wird dadurch Heilung auch dieser Wunden erreicht, so will ich gern für das allgemeine Wohl geblutet haben.«

Die Aussicht, daß »wir zum Bessern steuern«, förderte seine eigene Heilung. Die Kuren in Teplitz und Gastein taten ihm gut. Bereits im September, ein Vierteljahr nach dem Attentat, konnte er wieder zu Pferde steigen und Truppen besichtigen. Am 5. Dezember zog er feierlich, »wie beim Einzug der Truppen nach dem Kriege«, wieder in Berlin ein, diesmal als Triumphator über den Tod und Ritter wider alle Teufel. An seine Staatsminister appellierte er, das Sozialistengesetz »mit energischer und nach allen Seiten gerechter Handhabung« anzuwenden. Die städtischen Behörden Berlins forderte er auf, »die Herzen der Jugend so zu lenken, daß solche Gesinnungen nicht wieder aufwachsen, und dabei ist das wichtigste die Religion«.

Noch am selben Tag entzog er dem Kronprinzen die Leitung der Geschäfte, übernahm »wieder mit eigener Kraft und Hand die Pflichten meines fürstlichen Berufes«, dem Allmächtigen dankend, »dessen Führung es wollte, daß ich in der Welt so gestellt ward, daß Seine Gnade sich jedermann einprägte, die über mir waltete«.

Doch 1878 hatte seine Nachgeschichte begonnen: Was er künftig tat, würde nur noch Nachtrag, und was er sprach, nur noch Nachwort sein.

Das Reichsdenkmal

Das Nachspiel schien harmonisch zu werden, ein Nachklang vertrauter Melodien. »Das eiserne Zeitalter der großen Taten«, zu dem er seinen Teil beigetragen hatte, war vorbei. Der Lebensabend versprach Ruhe und Frieden, verdientes Glück.

Die Wende zum Konservativen galt Wilhelm als Rückwendung zum preußischen Wesen: Die Autorität des Monarchen schien gefestigt, der Bund von Thron und Altar erneuert, das Einvernehmen zwischen König und Adel wiederhergestellt zu sein – und das Bürgertum, nun etabliert und schon von der Arbeiterschaft herausgefordert, begann sich als staatserhaltender Stand zu fühlen und seinen Platz in der königlich-preußischen Ständeordnung beziehungsweise im kaiserlich-deutschen Gesellschaftsgefüge einzunehmen. Der preußische Kern war noch da, und das Reich hatte Fülle gebracht, politische Macht und wirtschaftliche Kraft.

Er selber hatte sich erstaunlich schnell erholt, fühlte sich besser als vor dem Attentat, pflegte zu scherzen, Nobiling sei der beste Arzt gewesen, den er je hatte. Auch im Vollbesitz seiner monarchischen Kräfte wollte er sich wieder fühlen: »Das Recht des Königs, die Regierung und die Politik Preußens nach Eigenem Ermessen zu leiten, ist durch die Verfassung eingeschränkt, aber nicht aufgehoben«, bedeutete er seinem Staatsministerium. Wenn die Regierungsakte des Königs auch der Gegenzeichnung eines Ministers bedürften, so blieben sie doch »Regierungsakte des Königs, aus dessen Entschließungen sie hervorgehen und der Seine Willensmeinung durch sie verfassungsmäßig ausdrückt. Es ist deshalb nicht zulässig und führt zur Verdunkelung der verfassungsmäßigen Königsrechte, wenn deren Ausübung so dargestellt wird, als ob sie von den dafür verantwortlichen jedesmaligen Ministern und nicht von dem Könige selbst ausgingen«.

Doch das war preußische Theorie, nicht mehr preußische Wirklichkeit. Denn die Regierung führte – seit 1878 mehr denn je – der Ministerpräsident und Reichskanzler. Es sei nicht leicht, unter Bismarck Monarch zu sein, seufzte er manchmal, aber er hatte sich darein gefügt, weil es sich so ergeben hatte und es nicht zu seinem Schaden war. Die Streitpunkte waren abgehakt, die Streithähne verausgabt, Wilhelm hatte das letzte Wort und Bismarck die tatsächliche Entscheidung behalten. »Die Treue des Herrschers erzeugt und erhält die Treue seiner Diener«, sagte der Kanzler dem Kaiser und dankte ihm für »die Gnade und das Vertrauen«, die »mir stets ohne Wandel zur Seite gestanden haben.« Das war nicht mehr ein Vasall, der zu seinem Lehensherren, sondern ein Souverän, der zu einem Souverän sprach.

Der alte König ließ es gut sein, hätte auch nicht die Macht gehabt, es ändern zu können, und keinen Grund, es ändern zu wollen. Und als Kaiser war er darauf angewiesen, daß ihm der Reichskanzler, der ihm diese Rolle gegeben hatte, bei seinen Auftritten soufflierte. Ohnehin agierte meist der Kanzler und nicht der Kaiser auf der Reichsbühne, und Wilhelm I. sah aus der Hofloge zu, kritisch durchaus, doch beifällig fast immer.

Er müsse ihm Glück wünschen zum Sieg im Reichstag, schrieb er am 20. Juli 1879, nachdem Bismarck mit den Nationalliberalen gebrochen und die Schutzzollpolitik durchgesetzt hatte, die den Interessen der Großagrarier wie der Großindustrie und damit der Rüstung diente. »Sie unternahmen es, in ein Wespennest zu stechen, wobei ich Ihnen aus Überzeugung beitrat, wenn auch mit Bangigkeit, ob der erste Wurf gelingen würde.«

Weitere Würfe gelangen. Zug um Zug nahm Bismarck die Kulturkampfmaßnahmen zurück, nicht zu rasch, damit die Kirche nicht triumphierte, und nicht alle – so das Jesuitengesetz, die Schulaufsicht und die obligatorische Zivilehe –, damit der Staat sich nichts vergab. Es war ein Kompromiß zwischen den Ordnungsmächten Staat und Kirche, den Wilhelm guthieß, obwohl er es gern gesehen hätte, wenn die weltliche der geistlichen Gewalt noch weiter entgegengekommen wäre.

Zufrieden konnte er mit den Folgen für den politischen Katholizismus sein. Der Kompromiß war zwischen Bismarck, der die Stimmen des Zentrums für seinen Kurswechsel brauchte, und Papst Leo XIII., der den Staat als Ordnungshüter schätzte, geschlossen worden – ohne daß das betreffende Staats- beziehungsweise Kirchenvolk gefragt worden wäre. Der politische Katholizismus in Deutschland geriet in ein Dilemma zwischen kirchlichem Gehorsam und politischen Grundsätzen, aus dem er so herausfand, wie es Bismarck gewollt hatte und Wilhelm recht sein konnte: Die freiheitlich-rechtsstaatliche Seele wurde von der autoritätsgläubigen Seele überwunden, aus der demokratischen und sozialen Opposition wurde eine staats- und gesellschaftserhaltende Kraft, ein parlamentarischer Mehrheitsbringer für das preußisch-deutsche Regime.

Auch Bismarcks »Staatssozialismus« – der Versuch, durch staatlichen Versicherungsschutz sich der Staatstreue der Arbeiterschaft zu versichern – war ganz im Sinne Wilhelms. Auf die Wesensverwandtschaft von Preußentum und Sozialismus war noch nicht verwiesen worden, und wenn ihm so etwas zu Ohren gekommen wäre, hätte er es entrüstet zurückgewiesen. Doch den Preußen beeindruckte das Argument Bismarcks: »Der Staat muß die Sache in die Hand nehmen. Nicht als Almosen, sondern als Recht auf Versorgung, wo der gute Wille zur Arbeit nicht mehr kann. Wozu soll nur der, welcher im Kriege erwerbsunfähig geworden ist, oder als Beamter, durch Alter Pension haben und nicht auch der Soldat der Arbeit?« Das Suum cuique verlangte gerechten Lohn für die preußisch-deutschen Arbeitersoldaten, gebührende Strafe für die internationalen Arbeiterverführer.

Die Heilung der sozialen Schäden werde »nicht ausschließlich im Wege der Repression sozialdemokratischer Ausschreitungen, sondern gleichmäßig auf dem der positiven Förderung des Wohles der Arbeiter zu suchen sein«, hieß es 1881 in der »Allerhöchsten Botschaft« zur Eröffnung des neuen Reichstages. Dieser zeigte dafür noch kein rechtes Gehör. Die Nationalliberalen waren zwar noch weiter, von 99 auf 47 Mandate abgesunken, doch der von ihnen abgespaltene linke Flügel hatte auf Anhieb 46 Mandate bekommen, die Fortschrittspartei sogar 60 statt 26. Und die sich fast durch alle Fraktionen ziehende bürgerliche Mehrheit scheute noch vor einer Weichenstellung zu einem Wohlfahrtsstaat zurück. Es wurde 1883, bis das Krankenversicherungsgesetz, und 1884, bis das Unfallversicherungsgesetz zustandekam – mit der Verlängerung des Sozialistengesetzes.

Bismarck, der Nicht-Militär, erhielt den Orden Pour le Mérite,

»und zwar sogleich mit Eichenlaub«. Bald aber hatte sich Wilhelm bei ihm zu beklagen, daß das Sozialistengesetz zu lasch ausgeführt würde. Eine Ausweisung sei wenig wirksam, wenn zum Beispiel ein ausgewiesener Berliner Stadtverordneter sich im nahen Brandenburg als Zigarrenhändler etablieren könne. Und was solle man davon halten, daß Bebel immer noch im Reichstag sitzen »und seine frechen Reden halten darf«?

Überhaupt der Reichstag! Wilhelm träumte von ihm, und schlecht: Von merkwürdigen Anträgen – keinem Reichstagsmitglied dürfe ein Orden während der Session erteilt werden, der Name des Monarchen dürfe in den Sitzungen nicht genannt werden! Und von Zischen, Tumult und Geschrei! »Darüber erwache ich in einer nervösen Agitation, daß ich lange mich nicht erholen konnte und zwei Stunden, von $^1/_2$ 5 bis $^1/_2$ 7 nicht schlafen konnte.« Diesen »eigentümlichen Traum« teilte er am 18. Dezember 1881 Bismarck mit, der wenige Wochen vorher im Reichstag die Fortschrittsparteiler abgekanzelt hatte: »Es wird Ihnen nicht gelingen, dem Kaiser Wilhelm zu verbieten, daß er zu seinem Volke spricht« – auch über den Reichstag hinweg und an ihm vorbei!

Darauf wollten sie hinaus: den Kaiser und König mundtot machen, seine monarchische Gewalt einschränken, eine parlamentarische Regierung einführen. »Die sogar zutage tretende Bezeichnung ›Souveräner Reichstag‹ beweist, was die Fortschrittler dem Volke glauben machen wollen. Denn davon steht in der preußischen und Reichsverfassung kein Wort. Gott Lob!«, schrieb Wilhelm dem Weimarer Schwager, der sich beklagt hatte, daß der Reichstag, »statt sich zu beeilen, das Nötige zum Wohl des Reiches zu beraten und zu beschließen, sich nur beeilt, immer Parteiinteressen oder persönliche vorzuspielen«.

Am liebsten hätten sie es gesehen, die Fürsten und die Fürstendiener, wenn der Reichstag nach preußischem Maß geschneidert gewesen wäre: Dreiklassenwahlrecht und nicht allgemeines, gleiches und geheimes Wahlrecht. Wenigstens die öffentliche Stimmabgabe wollte der preußische Innenminister von Puttkamer auch bei den Reichstagswahlen einführen, denn die geheime Stimmabgabe sei eines freien und Kulturvolks nicht würdig. Und Wahlbeeinflussung erklärte er für sein Recht und für seine Pflicht. Eine vom Abgeordnetenhaus verlangte Untersuchung gegen den Regierungspräsidenten Steinmann in Gumbinnen wegen Wahlbeeinflussung lehnte der König als Eingriff in die Rechte der Krone ab.

Mit den Ergebnissen der Wahl zum Abgeordnetenhaus konnte der König zufrieden sein: 1882 erhielten die Konservativen 122, die Freikonservativen 57, das Zentrum 99, die Nationalliberalen 66 und die aus den abgespaltenen Nationalliberalen und der Fortschrittspartei gebildete Deutsch-Freisinnige Partei 53 Mandate. Auch der Reichstag von 1884 war genehmer: 78 statt 50 Konservative, 28 Freikonservative, 99 Zentrumsabgeordnete, 51 Nationalliberale und 67 Deutsch-Freisinnige. Die Sozialdemokraten hatten sich allerdings von 12 auf 24 Mandate verdoppelt.

Der Doppelnelson – Sozialistengesetz und Sozialgesetzgebung – konnte die Arbeiterschaft nicht, wie erwartet, im staatlichen Griff niederhalten. Das Zentrum behielt seine Kulturkampfstärke. Der Parlamentarismus war nicht aufzuhalten, nur zu verzögern. Am 9. Juni 1884 schien Wilhelm I. nicht einmal das mehr zu versuchen: Er tat den ersten Hammerschlag bei der Grundsteinlegung zum neuen Reichstagsgebäude, über dem die Inschrift »Dem Deutschen Volke« stehen sollte. Mit den Mauern wuchsen die demokratischen Ansprüche, und fast so mächtig wie der Wallot-Bau stand schließlich das Parlament da.

»Ordnung« stand indessen an der Spitze der preußisch-deutschen Werthierarchie, wie sie auf der Urkunde verzeichnet war, die in den Grundstein des Reichstagsgebäudes eingemauert wurde. Doch die alte Ordnung, seine Ordnung, war nach dem Umschwung von 1878 nur scheinbar wiederhergestellt.

Es war die Stille vor dem Sturm, ähnlich wie in den »halkyonischen Tagen« der Biedermeierzeit, als fast unbemerkt am Horizont Gewitterwolken aufgezogen waren. Diesmal waren es noch dunklere Wolken, weil sich alles potenzierte: der Konstitutionalismus zum Parlamentarismus, die Parteien zu Massenparteien, die bürgerliche Gesellschaft zur Industriegesellschaft, der Kapitalismus zum Monopolkapitalismus, der Sozialismus zum Kommunismus, der Nationalismus zum Imperialismus.

Nach dem Sturm von 1848 konnte die alte Ordnung restauriert werden, auf der Grundlage der überlieferten Religion und der überkommenen Moral, und weil der Konsens aller konservativen Kräfte dem gesellschaftlichen wie staatlichen Leben Halt und der Staatengesellschaft Zusammenhalt gab. Wer nun, wie Wilhelm, den konservativen Zug der Achtzigerjahre mit Genugtuung hervorhob, kam um das Eingeständnis kaum herum, daß wesentliche Zeittendenzen gegenläufig waren: Freisinn gegen Religion, Freizügigkeit gegen Moral, Autonomie gegen Autorität, Materialismus gegen Idealismus, Eigennutz gegen Gemeinnutz – im privaten und öffentlichen, im nationalen wie im internationalen Leben.

Auch der neue Bund der drei konservativen Monarchien war diesen Zeittendenzen nicht gewachsen. Er wurde vom Russischen Reich gefährdet, von der geballten Ladung aus panslawistischer Ideologie und imperialistischer Machtpolitik, und einer entsprechenden militärischen Rüstung. Sie war primär gegen die habsburgische Vielvölkermonarchie gerichtet, die einer Expansion direkt im Wege lag und wo es slawische Brüder zu befreien galt.

Auch das Deutsche Reich versperrte den russischen Auslauf nach Westen, hatte Polen unter seinen Fittichen und in seinen Krallen. Im Krieg gegen die Türkei hatte es nicht Kumpan sein wollen, und auf dem Berliner Kongreß mitgeholfen, seinem Verbündeten einen Teil der Kriegsbeute abzunehmen. Nun, wenn der Deutsche nicht sein Bruder sein wollte, mußte eine andere Politik eingeschlagen, er im Verein mit dem Franzosen in die Zange genommen werden. Das war, zumindest seit 1878, das Ziel der russischen Diplomatie und ein Wunsch der russischen Öffentlichkeit.

Dies alles wollte Wilhelm nicht wahrhaben. Es hatte eine Zeit gegeben, da er – während des Krimkriegs – Rußland geradezu für den geborenen Gegner Europas gehalten, den Westen vor der Gefahr aus dem Osten gewarnt hatte. Doch das war während seines kurzen liberalen Lebensabschnitts gewesen, auf dem er innenpolitisch wie außenpolitisch entgleist, auch von seinem russophilen Weg abgekommen war. Schon längst lief er wieder auf der von Jugend an gewöhnten Bahn, auf der Strecke Berlin–Petersburg, die er für die Hauptlinie hielt.

Das Warnsignal des Zaren vom 15. August 1879 nahm er nicht sonderlich ernst: Wenn an der Weigerung, in der Kommission zur Regelung der Balkanfragen das deutsche Votum dem russischen anzugleichen, festgehalten werde, könne der Frieden zwischen ihnen nicht dauern. Bismarck nahm es sehr ernst, verabredete am 27. und 28. August mit dem k. u. k. Außenminister Andrassy in Gastein ein zweiseitiges »rein defensives Bündnis gegen einen russischen Angriff auf einen von beiden Teilen«. Nach Wien, wo er den Zweibund weiter voranzutreiben gedachte, wollte der Kaiser seinen Kanzler nicht gehen lassen: »Auf keinen Fall, weil Rußland dies sofort als rupture ansehen muß.« Und er fuhr selber am 3. September nach Alexandrowo, um mit dem Zaren von Onkel zu Neffen und als Monarch zu Monarch zu reden.

»Alles ist zur Zufriedenheit gelaufen. Die heutige Parade war sehr schön«, telegraphierte er am 5. September seiner Schwester Alexandrine, der wie ihm aus Tradition und Emotion Rußland über alles galt. Bismarck erhielt das Protokoll der Unterredung mit Alexander II., das er – doch etwas unsicher ohne seinen außenpolitischen Experten – peinlich genau aufgezeichnet hatte.

Und den Kommentar: Da der Zar seinen Brief bedauert habe, sei die Angelegenheit erledigt, die deutsch-russische Entente bestätigt und auch das Dreikaiserabkommen gesichert. »Daher erscheinen mir die Prämissen in Ihren Denkschriften haltlos – nämlich, daß wir infolge der von Rußland drohenden Gefahr die bisher Rußland gegenüber befolgte Politik aufgeben und eine europäische Koalition defensiver Natur gegen Rußland nicht nur suchen, sondern wirklich schließen sollten – und kann mich daher diesem Plane in seinem gegenwärtigen Umfange nicht anbequemen.«

Wilhelm war Bismarck ernstlich böse, wie schon lange nicht mehr – teils aus sachlichen, teils aus persönlichen Gründen. Da hatte er höchstselbst die deutsch-russischen Spannungen beseitigt, und sein Kanzler betrieb immer noch, ja erst recht ein anti-russisches Bündnis! »Versetzen Sie sich für einen Augenblick an meine Stelle. Ich bin mit einem persönlichen Freund, einem nahen Verwandten und einem Verbündeten zusammen, um über einige übereilte und wirklich mißverstandene Briefstellen ins Klare zu kommen, und unsre Besprechung führt zu einem befriedigenden Resultat. Soll ich jetzt gleichzeitig einem feindlichen Bund gegen diesen Herrscher beitreten, mit anderen Worten, hinter seinem Rücken in einer Weise handeln, die im Gegensatze zu der steht, in der ich mit ihm gesprochen habe?« Kurzum und punktum: Bismarck dürfe in Wien keine Zweier-Konvention, geschweige denn einen Zweier-Vertrag abschließen.

Doch Bismarck tat, was er für richtig hielt: Am 24. September schickte er seinem Kaiser den in Wien ausgehandelten Vertragsentwurf über das gegen einen russischen Angriff gerichtete geheime Verteidigungsbündnis zwischen dem Deutschen Reich und Österreich-Ungarn. Wilhelm bedauerte, »daß meine Ansichten über diesen Vertrag keine Aufnahme gefunden haben«, betonte, daß er »weder den jetzigen Vorschlägen noch dem sofortigen Abschluß eines Vertrages« zustimme. Bismarck stellte wieder einmal – zum letzten Mal – die Kabinettsfrage, Wilhelm seufzte, Bismarck sei notwendiger als er, und am 15. Oktober 1879 unterschrieb er den Zweibund-Vertrag.

»Meine ganze moralische Kraft ist gebrochen«, ächzte Wilhelm nach dem letzten Gefecht mit Bismarck und seiner letzten Niederlage. »Ich weiß nicht, was aus mir werden soll!« Aber er wußte, was er zu tun hatte: Um nicht wortbrüchig zu erscheinen, schrieb er dem Zaren einen Privatbrief, in dem er ihm das gegen seinen Willen Geschehene mitteilte. Und zu verharmlosen suchte: Im Grunde sei der Zweibund nur eine revidierte Neuauflage des Deutschen Bundes von 1815, der auf dem Einvernehmen der beiden deutschen Großmächte beruhte – also durchaus im Sinne der alten Heiligen Allianz und der neuen »Entente des trois empereurs«.

Auch Bismarck war daran gelegen, die drei konservativen Monarchen so lange wie möglich zusammenzuhalten, wenn er auch wußte, daß dies mehr schlecht als recht möglich sein würde. Wilhelm unterstützte aus ganzem Herzen und mit nicht unkritischem Verstand seine diesbezüglichen Versuche. 1881 schlossen das Deutsche Reich, Österreich-Ungarn und Rußland ein geheimes Neutralitätsabkommen: bei einem Angriff einer vierten Macht auf einen Vertragspartner verpflichteten sich die beiden anderen zu wohlwollender Neutralität. Dieser »Dreikaiservertrag«, auf drei Jahre befristet, wurde 1884 verlängert – bei einem Dreikaisertreffen im polnischen Skierniewice: Wilhelm I., Franz Joseph I. und Alexander III., denn der alte Zar war 1881 einem Attentat zum Opfer gefallen.

Bereits 1879 hatte Wilhelm seinen Neffen Alexander II. auf die von Nihilisten und Panslawisten ihnen allen drohenden Gefahren verwiesen. 1881 betonte er »die Wichtigkeit des Zusammengehens der drei Mächte durch Vertrag«, zur Niederhaltung der Revolution in den östlichen Monarchien, wie zum Zusammenstehen »gegen die westlichen Mächte, denn es ist nicht zu leugnen, daß die republikanischen Tendenzen in Italien, grâce à Gambetta, und auch in Spanien von neuem diese Tendenzen auftreten – so daß die drei größten Monarchien, zusammenhaltend, schon einen contre-poids moralisch ausüben werden und, wenn nötig, materiell einzuschreiten genötigt sein könnten«. Und 1885 bezeichnete er das Festhalten am Dreikaiservertrag als Voraussetzung der »Rettung des monarchischen Prinzips in Europa«.

Die vor siebzig Jahren geschlossene Heilige Allianz ging dem fast neunzigjährigen Monarchen nicht aus dem Sinn – in einer Zeit, da das monarchische Prinzip als innenpolitisches Festigungsmittel wie als außenpolitisches Bindemittel längst verschlissen war. Wenn es im Deutschen Reich noch eine gewisse Geltung hatte, dann aus einem Grund, der nicht zuletzt in seiner Person, in seinem Dasein und in seinem Wesen lag: Die Preußen sahen in ihrem alten König ein Monument aus preußischem Urgestein, alle Deutschen brauchten ihren Kaiser Wilhelm als Sinnbild des Erreichten – als Reichsdenkmal.

Auf dem Niederwald, bei Rüdesheim am Rhein, enthüllte am 28. September 1883 Wilhelm I. das Nationaldenkmal, eine gewaltige Germania. Doch die Augenzeugen vermeinten ihn selber als Denkmalsfigur dastehen zu sehen – den Deutschen Kaiser, der das Deutsche Reich geschaffen hatte und zusammenhielt.

»Wenn die Vorsehung ihren Willen zu mächtigen Ereignissen auf Erden kundgeben will, so wählt sie dazu die Zeit, die Länder und die Werkzeuge, um diesen Willen zu vollbringen«, sagte der Kaiser, und die Zuhörer – wie auch der Redner – zweifelten nicht daran, daß Wilhelm I. das Hauptwerkzeug gewesen war. Jedenfalls schien der Allerhöchste Regie zu führen, wie Regierungsrat Otto Sartorius, der Schriftführer des Denkmalkomitees, bemerkte: Denn als der Kaiser nach der Weihe das Denkmal umschritten hatte und auf den Aussichtsbalkon trat, »zerteilten sich die drohenden schwarzen Gewitterwolken, und leuchtende Sonnenstrahlen umflossen des Kaisers hohe Gestalt. Wie ein Zeichen göttlicher Gnade empfanden dies die vielen Tausende, die auf dem Niederwald versammelt waren und die alle den Kaiser auf dem vorgeschobenen Punkt sehen konnten«.

»An Kaiser und Reich richtet sich der Volksgeist auf und Germania beut die lorbeerumwundene Krone ihrem Kaiser«, meinte der Festredner, der preußische Innenminister Eulenburg. An Friedrich Barbarossa, den deutschen Ahnherren, dachte der Gefeierte nicht: »Und mit den Worten, die mein königlicher Vater, weiland König Friedrich Wilhelm III., nach den Befreiungskriegen von 1813 bis 1815 in eiserner Schrift der Nachwelt aussprach, weihe ich dieses Denkmal: ›Den Gefallenen zum Gedächtnis, den Lebenden zur Anerkennung, den künftigen Geschlechtern zur Nacheiferung‹.«

Der Unterschied zwischen dem schlichten Denkmal der Befreiungskriege auf dem Berliner Kreuzberg und dem kolossalen Mahnmal des Reichsgründungskrieges war augenfällig: Gesamthöhe 31,18 Meter, Figur der Germania 12,38 Meter, Krone 1,00 Meter, Schwert 7,05 Meter, Figur des Krieges 6,80 Meter, Tuba des Engels 2,72 Meter. Gesamtgewicht 32 000 Kilogramm, Thron 6500 Kilogramm, Arm und Krone 600 Kilogramm, Kopf 1500 Kilogramm, Schwert 1400 Kilogramm. Gesamtkosten 1,2 Millionen Goldmark.

Das Modell, im Atelier des Dresdner Bildhauers Johannes Schilling, hatte der Kaiser »magnifique« gefunden, die Ausführung erschien ihm »enorm patriotisch«. Um diesen Eindruck der Mit- und Nachwelt zu erhalten, hatte er die Eingabe des Wiesbadener Spielbankcroupiers Christian Johann Glücklich abgelehnt, das Nationaldenkmal möge auf dem Loreleyfelsen errichtet werden. Denn dieser erinnerte an Heinrich Heine, den Preußenfeind und Franzosenfreund, und sein Lied »Ich weiß nicht, was soll es bedeuten, daß ich so traurig bin« war nicht die passende Begleitmusik für das Monument des endlich – und wie man glaubte – für immer Erreichten, für eine Manifestation der Reichsmacht und Nationalkraft, an der es nichts zu deuten geben und die keine Traurigkeit aufkommen lassen dürfte.

So dachte jeder rechte Deutsche, der Kaiser hatte dem Rechnung zu tragen, und so befahl er, das Nationaldenkmal nicht auf die Loreley, sondern auf den Niederwald zu plazieren – wie es der Wiesbadener Kurdirektor Ferdinand Hey'l vorgeschlagen hatte: »Am Strome auf und ab gibt es keine entsprechendere Stelle für die Errichtung jener ›Wacht am Rhein‹, als die vorspringende Höhe des Niederwalds gegenüber der Nahemündung, gegenüber dem Eisenbahnknotenpunkt Bingerbrück, über den sich der Strom unseres siegreichen Heeres nach Frankreich ergoß.«

Augusta schätzte diese Germania nicht, die dem Erbfeind jenseits des Rheins ständig die Kaiserkrone entgegenhalten sollte, die sie sich auf den Schlachtfeldern Frankreichs geholt hatte. Reichskanzler Bismarck war zur Enthüllung nicht gekommen. Germania, laut *Meyers Konversationslexikon* »eine Verbindung der alten Schlachtenjungfrau (Walküre) mit der das allumfassende Vaterland versinnbildlichenden deutschen Mutter« trug für ihn »die typischen Züge einer deutschen Professorentochter«. Auch er war kein Reichs- und Rheinromantiker. »Als Herbeiführer dieser mächtigen Ereignisse«, denen »das Gebilde geweiht ist«, habe er ihn sehr vermißt, schrieb ihm der Kaiser, und schenkte ihm zu Weihnachten eine bronzene Nachbildung mit den Worten: »Der Schlußstein Ihrer Politik, eine Feier, die hauptsächlich Ihnen galt und der Sie leider nicht beiwohnen konnten.«

So festgefügt, wie man glaubte, war das Vollendete indessen nicht. Beinahe wären Germania und Festgemeinde in die Luft gesprengt worden, von Anarchisten. Doch ein Gewitterregen hatte die Zündschnur durchnäßt, die Ladung ging nicht hoch, die Attentäter wurden gefaßt, die beiden Hauptschuldigen, die Schriftsetzer Friedrich August Reinsdorf und Emil Küchler hingerichtet. Wiederum müsse er der Vorsehung einen besonderen Dank darbringen, resümierte Wilhelm, da wiederum ein Verbrechen »durch des Allmächtigen Willen verhütet wurde«.

Durch den Attentatsversuch wurde seine Erinnerung an die Einweihung getrübt und sein Vorbehalt gegen das Niederwalddenkmal gestärkt, das eben ein Reichsdenkmal und kein Preußenmonument war. Ein solches errichtete er selber, vis-à-vis seines Berliner Palais: die Ruhmeshalle im Zeughaus.

Der »Preußischen Nation, aus der die Armee hervorgeht« und auch ihr letzter Soldatenkönig hervorgegangen war, weihte er sie. »Das Volk in Waffen sollte nicht von den Fürsten- und Feldherrensälen geschieden sein«, hatte er verfügt und die vom Architekten vorgesehenen Wände zwischen der Waffensammlung des Zeughauses und den Standbildern und Büsten der Ruhmeshalle durch aufschließbare Gitter ersetzen lassen. Von den historischen Gemälden verlangte er Genauigkeit bis ins Detail, von der Personengruppierung bis zum letzten Gamaschenknopf, verbat sich die Vermischung »von antikem Kostüm und nackten Figuren mit der modernen Kriegertracht«.

In martialischem Rahmen sollte eine Bildgeschichte der preußischen Nation in Waffen gezeigt werden, Historie und Legende zugleich, für die ihm seine Weiheworte für das Niederwalddenkmal angemessener erschienen: »Den Gefallenen zum Gedächtnis, den Lebenden zur Anerkennung, den künftigen Geschlechtern zur Nacheiferung.«

Als Preußenkönig wollte er im Gedächtnis bleiben, zeigte er sich seinen Soldaten und dem Volk, am Eckfenster seines Arbeitszimmers – täglich beim Aufziehen der Wache. Karl Baedekers Reisehandbuch bezeichnete diese alte preußische Zeremonie als eine der größten Attraktionen Berlins. Die Deutschen, die in die Reichshauptstadt kamen, um Glanz und Gloria zu bewundern, erlebten einen Kaiser, der in einem schlichten Palais, das einer Hauptwache glich, wohnte und arbeitete, seine Pflicht Tag für Tag erfüllte, als erster Soldat und erster Beamter seines Staats.

»Von der Zinne des Palais wehte die Purpurstandarte: der Kaiser war zu Hause«, schilderte es Friedrich Adami. »Seit der elften Stunde schon begann sich der durch steinerne Bordschwellen gegen den Wagenverkehr geschützte Platz um das Denkmal Friedrichs des Großen zu füllen... Da ertönt plötzlich Militärmusik – die neue Wache naht! Das ist der Augenblick, auf den alles gewartet hat. Im strammen Paradeschritt, prächtige Bilder frischer Männlichkeit, kommen die Grenadiere vom Regiment Franz heran. ›Faßt das Gewehr – an!‹ schallt das Kommando – die Augen wenden sich rechts... Hinter den Spiegelscheiben des Eckfensters seines Arbeitszimmers erscheint das ehrwürdige Antlitz des Kaisers – mit prüfendem Auge blickt er nach jedem Gliede der Sektions-Kolonne, bis das letzte am Palais vorübermarschiert ist. Solange wartet die Menge stumm – dann aber bricht plötzlich ein dreifach donnerndes Hoch aus Hunderten von Kehlen, und immer wieder, wenn der Kaiser mit freundlichem Gruß, ein mildes Lächeln auf den greisen Zügen, das Haupt neigt, wiederholt sich der Hurraruf... Also geschah es tagaus, tagein – Jahr um Jahr! Und die Glücklichen, die den Herrscher sahen, werden noch ihren Enkeln von jener Stunde erzählen, da sie seinen Gruß jubelnd erwidern konnten!«

Neudeutsche Geschichten wurden über den Altpreußen erzählt. »Das ist meine Pflicht, es steht sogar im Baedeker, daß ich beim Aufziehen der Wache am Fenster zu sehen bin«, soll der alte Kaiser auf die Frage geantwortet haben, ob es ihm nicht zu viel werde, sich täglich dieser Mühe zu unterziehen. Und ein andermal, als er am Fenster stand und sich nicht gleich einem Besucher zuwandte: »Entschuldigen Sie meine anscheinende Zerstreutheit, aber ich bemerkte beim Hinaussehen einen Bauern, der gewiß weit hergekommen war, den Kaiser zu sehen, und sein Söhnchen dazu mitgebracht hatte, das er hoch emporhielt. Da mußte ich doch länger am Fenster stehen bleiben, um den guten Leuten nicht die Freude zu verderben.«

»Und dergleichen Zeug wird Geschichte, weil man doch nicht alles widerlegen kann«, sagte er einmal, als man ihm von einer ähnlichen Anekdote berichtete. Die populären Biographien von Louis Schneider und Oskar Meding sah er vor Drucklegung durch, wollte »Anekdotenkram« vermieden wissen, legte Wert auf Zitate, die seine Auffassung vom Monarchenamt demonstrierten, und auf korrekte Wiedergabe auch der Details, so der Anwesenheitslisten bei seinen Jubiläen.

»Im kleinsten treu«, hieß der Wahlspruch Wilhelms I., der deutsche Wohnzimmer zierte. Er erschien den Menschen einer Zeit, der alles nicht groß genug sein konnte, den Bürgern eines Reiches, das immer höher hinaus wollte, wie ein Fabelwesen der Geschichte, als altpreußischer Rocher de bronze, auf den das Deutsche Reich gegründet schien.

Es war ihm recht, wenn in seiner Person sein Staat respektiert wurde, und er konnte nur hoffen, daß durch sein Beispiel Altpreußisches im Neudeutschen lebendig blieb: der Eifer und die Tüchtigkeit der Beamten, die Disziplin und die Schlagkraft der Soldaten, die Souveränität und die Autorität des Monarchen. Anzeichen gab es, beispielsweise die Bekehrung des Rechtsprofessors Rudolf von Jhering: »Nie hätte ich damals geglaubt, daß ich noch einmal die tiefste Verehrung und innigste Liebe für ein gekröntes Haupt empfinden und der begeistertste Anhänger der Monarchie werden würde. Diesen Umschwung, den gewaltigsten meines Lebens, verdanke ich Kaiser Wilhelm.«

War dieses Einzelbeispiel symptomatisch für den Umschwung vom Liberalismus zum Konservatismus, die Hinwendung des Bürgertums zur Monarchie, einer Prägung des neuen Reiches durch das alte Preußen? Viele Patrioten glaubten das. Der Deutsche Kaiser und König von Preußen blieb skeptisch. War das Nahziel des Liberalismus nicht der Parlamentarismus, und das Fernziel die Republik? Sah der Bürger in seinem stets tätigen Monarchen nicht eher das bürgerliche als das friderizianische Ethos wirksam? Sahen nicht die Deutschen, auch seine Preußen, ihn immer mehr als Deutschen Kaiser und immer weniger als König von Preußen?

Und als Deutscher Kaiser war seine Legitimität wesensverschieden von der als König von Preußen. Die Hurras des deutschen Volkes stammten aus dem Bewußtsein, daß es in ihm »die verkörperte gottgesegnete deutsche Geschichte« vor sich habe, hatte der preußische Regierungspräsident Diest gesagt. Der preußische Innenminister Eulenburg hatte, bei der Einweihung des Niederwalddenkmals, den Volksgeist beschworen. Das war deutsche Reichsromantik, nicht mehr preußische Staatsraison. Wilhelm I. resümierte: »Meine Vorfahren haben erst eine Nation machen müssen, denn wir Preußen sind keine geborene, sondern eine gemachte Nation. Nun aber macht eine Nation mich!«

Populär war er, und wurde immer populärer. Aber Volkstümlichkeit war kein Merkmal eines Königs von Preußen, dem Respekt gebührte, der nicht Sympathie heischte. Und er wußte, wie nahe in der Volksstimmung das »Hosianna« und das »Crucifige« nebeneinanderliegen. Immerhin – und das erfüllte ihn natürlich mit Genugtuung – schien bei ihm das »Hosianna« kein Ende mehr nehmen zu wollen, nachdem es lange genug auf sich hatte warten lassen.

»Sehen Sie, meine Herren, das geht nun alle Tage so«, sagte er am Neujahrsmorgen 1887 den zum Gratulieren gekommenen Staatsministern, auf die Menschenmenge vor dem Palais hinweisend. »In den ersten Jahren meiner Regierung war kein Mensch hier zu sehen. Dann machten eines Tages 5 bis 6 den Anfang, beim Vorüberziehen der Wache hier stehen zu bleiben; bald wurden es 10, 20, 30 und so hat es sich von Jahr zu Jahr gesteigert. Es ist aber doch besser so, als wenn's umgekehrt wäre.« Ganz am Anfang war es auch eine Menge gewesen, aber die hatte ihn ins Londoner Exil gejagt und sein Palais demoliert.

Nun stand der uralte Kaiser Tag für Tag am Eckfenster, spielte die Rolle, die ihm das Schicksal auferlegt hatte. Wie alles, was er tun mußte, brachte er auch dies mit Anstand hinter sich. Solange er da stand – und das gab ihm Halt –, würde mit der preußischen Wachparade der Wächter Preußens da sein.

Die Normaluhr am Akademiegebäude gegenüber sah Wilhelm, wenn er am Fenster stand. Nachts war das Zifferblatt erleuchtet, als wollte man dem Herrscher, der auch nur ein Sterblicher war, das Vorrücken der Zeiger jederzeit vor Augen halten.

Je älter er wurde, desto öfter blickte er auf die Uhr, die ihn an das näher rückende Ende gemahnte, und daran, daß es die verbleibende, immer knapper werdende Zeit zu nutzen galt. Das verlangte er von sich wie von Gleichaltrigen: dem Zahlmeister Poppe vom 1. Garde-Regiment, der kaum mehr sehen konnte, schenkte er zum fünfzigjährigen Dienstjubiläum eine Repetieruhr, »daß er wenigstens zu hören vermöge, was die Glocke geschlagen«.

»Ich habe keine Zeit, müde zu sein«, sagte er und zwang seine abnehmenden Kräfte, mit diesem Vorsatz Schritt zu halten. Das war königlich-preußischer Altruismus, aber auch menschlicher Egoismus, denn durch »des Dienstes gleichgestellte Uhr«, die Regelmäßigkeit der Zeiteinteilung, das Gleichmaß der Tätigkeit hielt er sich am Laufen, schien er dem Ablauf der Zeit Einhalt zu gebieten.

»Indem Zeit über diesen Raum strich, sollte sie verweilen«, erklärte ein Zeitgenosse beim Anblick des Arbeitszimmers im Palais. Wilhelm betrat es in seinen letzten Lebensjahren gegen neun Uhr, nachdem er zwischen acht und halb neun Uhr aufgestanden war, sich mit Hilfe eines Leibdieners angezogen und mit einem Schwamm gewaschen hatte, eine bis zu den Füßen reichende Schürze umgebunden, damit er sich die Hosen und Stiefel nicht naß machte. Den Patriarchenbart stutzte er sich selber. Unmittelbar vor Arbeitsbeginn nahm er im Bibliothekszimmer den Tee, einen Blick auf die aufgehangenen Berliner Theaterprogramme, die Möglichkeiten der abendlichen Zerstreuung werfend.

Dazwischen lag ein langer Arbeitstag mit genauem Stundenplan: Aktenstudium, Vorträge, Audienzen. Die Mahlzeiten waren knapp, das Aufgetischte karg bemessen; der Kaiser speiste allein, um dabei nicht sprechen zu müssen, das zweite Frühstück mit dem obligaten Kotelett kostete ihn nur eine Viertelstunde. Ein Mittagschläfchen hatte er sich nie gegönnt, erst in allerletzter Zeit mochte es vorkommen, daß er beim Zeitungslesen einnickte, ihm die altmodische Stahlbrille auf die Nase rutschte – aber er schätzte es nicht, wenn ihn jemand so antraf.

Abends ging er ins Theater, um sich zu entspannen. Er bevorzugte Einakter, heitere, anspruchslose Stücke. In seiner Loge, wo ihn das Publikum nicht sah, knöpfte er schon mal den Uniformrock auf, machte gelegentlich ein Nickerchen, wenn es zu lange dauerte oder es ihm nicht gefiel. Einmal blieb er nur eine Viertelstunde. Der Leibjäger saß noch in der Restauration, mußte geholt werden, stürzte unter Entschuldigungen herbei. »Mach kein Wesens«, sagte der Kaiser. »Du hast oft auf mich gewartet – nun sind wir quitt!«

Der Nachtschlaf hatte als Rekreation zu dienen, und er liebte es nicht, wenn er schwer träumte, selbst – was öfter vorkam – von seinen Soldaten und seinen Schlachten. Er klage bereits über Schlaflosigkeit, wenn er dreimal aufgewacht sei, erzählte Bismarck, nicht ohne Neid, denn er schlief so unruhig wie er unregelmäßig arbeitete.

Bei Wilhelm mußte alles seine Ordnung haben, eine geregelte Einteilung und den gewohnten Ablauf, der Tag wie das Jahr. Alles hatte für ihn seine Zeit. Im Frühsommer kurte er in Ems, wo er sich auf der Brunnenpromenade erging, glücklich darüber, keinem Benedetti mehr zu begegnen, doch weiterhin zum deutschen Anekdotenschatz beitragend. »Was willst Du mal werden, mein Sohn?« sprach er einen Kadetten an, der antwortete: »Generalfeldmarschall, Majestät!« Der Kaiser lachte: »Der hat's gelernt!« Oder, in der Erzählung des Zeitgenossen Ludwig Marquardt: »»Sie waren eher hier als ich, liebe Frau! Trinken Sie also auch zuerst!‹, sagte der leutselige Kaiser zu einer schlichten Frau aus Leipzig, die, am Kesselbrunnen in Ems ihres Frühtrunks harrend, ehrerbietig Platz machte, als der Monarch zu gleichem Zwecke an die Heilquelle herantrat.«

Im Hochsommer kurte er in Gastein, wo er mitunter Kaiser Franz Joseph traf, an den er sich gewöhnt hatte und mit dem er sich ganz gut verstand. Sonntags besuchte er den evangelischen Gottesdienst, in dem der Pastor Gottes Segen auf beide Monarchen herabrief. Gern fuhr er ins Kötschachtal, wo er bei der »Schwarzen Lisl« einkehrte und sich an ihrem Kaiserschmarrn ergötzte. Er wohnte im »Badeschloß«, ging jeden Morgen punkt halb Acht in die Kabine Nummer 3, ließ sich, in der Wanne liegend, vom Generalarzt Dr. Leuthold aus der Zeitung vorlesen und behielt dabei die Uhr über der Tür im Auge: Denn die Badezeit war genauestens festgelegt, von anfangs 15 Minuten bis schließlich 25 Minuten.

Im Spätsommer hielt er sich in Babelsberg auf, im Landschloß, das er gebaut, unter den Bäumen, die er gepflanzt hatte. Vom Wartturm aus sah er Potsdam. Auf der Terrasse stand der Erzengel Michael, den Friedrich Wilhelm IV. dem Prinzen von Preußen, dem Überwinder der badischen Revolution, verehrt hatte. Im Park erinnerten eine granitene Siegessäule an 1864 und 1866, und an 1870/71 die von Lorbeerbäumen beschattete »Feldherrenbank« mit den Büsten seiner Militärs und auch des Zivilisten Bismarck. Im Arbeitszimmer stand der Lehnstuhl, den sein Sohn, der Kronprinz, angefertigt hatte, und im Schlafzimmer lag auf dem Bett noch immer die grau und schwarz karierte schottische Wolldecke.

Im Herbst ging es dann ins Kaisermanöver, und darauf hatte er sich das ganze Jahr gefreut. Die Pläne für die Übungen der Armeekorps mußten ihm frühzeitig eingereicht werden, er arbeitete sie durch, änderte und verbesserte – der Fachmann bei seiner Lieblingsbeschäftigung. Die Ausführung überwachte er mit geschultem Blick, nach wie vor entging ihm nichts Unvorschriftsmäßiges, bemerkte er, was klappte und was nicht klappte.

Und immer noch wollte er der Truppe mit gutem Beispiel vorangehen: zu Pferde selbstverständlich, das zu besteigen ihm zunehmend schwerer fiel. Zur Erleichterung wurde auf dem Tempelhofer Feld die »Kaiserschanze« errichtet, eine Erdaufschüttung, die ein Veteran mit Reisig und Laub zu schmücken pflegte. Mit Siebenundachtzig fiel Wilhelm vom Pferd, »fühlte keinen Schmerz, aber anderen Tags fühlte ich mich zerschlagen am ganzen Körper, namentlich im Kreuz«, doch am Tag darauf saß er schon wieder oben: »Das Schrittreiten geht, aber kein Galopp.«

Der Tag war nicht mehr fern, an dem es überhaupt nicht mehr gehen würde. Er sei schon da, suchten ihm die Ärzte einzureden; er möge die Manöver im Wagen mitmachen. »Nicht möglich«, wehrte Wilhelm ab, »es gibt nichts, was unmilitärischer wäre.« Auch Friedrich der Große habe bei Manövern im Wagen gesessen, wurde eingewendet. »Ja, aber das tat er nur in seinen letzten Lebensjahren«, antwortete der Achtundachtzigjährige, den Umstand verdrängend, daß »Friedrich der Einzige« nur Vierundsiebzig geworden war.

Schließlich mußte er doch in den Wagen steigen. Diesen Abstieg suchte er durch eine besonders stramme Haltung zu kompensieren. Dann wollten sie ihn nicht einmal mehr im Wagen zu seinen Soldaten fahren lassen. Das schlechte Wetter ließe das Schlimmste befürchten, warnte der Leibarzt schriftlich, doch der alte Herr schrieb zurück: »Dann sterbe ich wenigstens im Dienst.« Der Leibarzt sprach persönlich vor, erhielt die Antwort: »Ein König von Preußen, der nicht mehr zu seinen Soldaten gehen und die Verpflichtungen seines Amtes erfüllen kann, der ist kein König mehr und müßte die Regierung niederlegen.«

Die Ärzte atmeten auf, wenn die Herbstmanöver vorbei waren und der Greis sich zur Erholung nach Baden-Baden verfügte, zu seiner Tochter Luise, die er gern um sich hatte, und zur Geburtstagsfeier der Gemahlin, die am 30. September fällig war. Gern ging er auf der Lichtentaler Allee spazieren, unternahm einen Ausflug in den Schwarzwald oder einen Abstecher auf die Insel Mainau im Bodensee, einen Besitz seines badischen Schwiegersohns.

Bald darauf übernahm er sich ohnehin wieder: bei den Jagden in den Revieren der Göhrde, in Letzlingen, Königswusterhausen, in der Schorfheide oder im Harz. Ende Oktober 1882 berichtete er, bei den Jagden in Ludwigslust »konnte ich 4 Stück Rotwild, darunter ein geringer Hirsch, und 21 Sauen erlegen, unter denen sehr starke Keiler waren«. Allmählich merkte er, daß seinem Weidmannsglück nachgeholfen wurde. Er habe 28 Stück zur Strecke gebracht, wurde ihm einmal gemeldet. »Es fallen mir«, entgegnete er, »bei diesem Resultat die Worte ein: ›Es geschehen mehr Dinge zwischen Himmel und Erde, als Eure Schulweisheit sich träumen läßt‹; denn, es ist ein Wunder, daß ich 28 Stück erlegt, aber doch nur 25 Patronen verschossen habe.«

Weihnachten wurde immer in Berlin gefeiert, zuhaus, wie es sich gehörte. Wilhelm kümmerte sich selber um die Geschenke, kaufte sie, nur von einem Adjutanten begleitet, in Geschäften Unter den Linden, legte sie unter den Christbaum und gab das Zeichen zur Bescherung, zuerst für das Gefolge, dann für die Familie. Die Rolle des Weihnachtsmannes war dem gravitätisch-jovialen Herren mit dem weißen Bart auf den Leib geschrieben, dem Patriarchen, der den Frieden auf Erden in der Ruhe der Ordnung verkörperte.

Saure Wochen, frohe Feste – das Zauberwort schien in ihm Fleisch geworden zu sein. Sein Lebensrhythmus war die Wiederkehr des Gleichen, die Konstante seines Daseins die Dauerhaftigkeit des Gewohnten – in Zeit und Raum, bei Dingen und Menschen.

Seine gewohnten Gegenstände wollte er behalten. Die Stiefel

mußten lange halten, oft geflickt werden; das letzte Paar, drei Jahre vor seinem Tod angefertigt, trug er erst bei der Aufbahrung. Die Taschentücher, die ihm seine Mutter geschenkt hatte, waren so oft ausgebessert, daß es unter der Hand neue geworden waren. Von seinem alten Reisekoffer wollte er sich nicht trennen, und als dieser es gar nicht mehr tun wollte, wurde ein neuer in getreuester Nachahmung angefertigt und auf den gewohnten Platz im Bibliothekszimmer gestellt. Nicht zu ersetzen war die Tasse, ein Geschenk der Königin Victoria, aus der er zwanzig Jahre lang getrunken hatte. Eines Tages zerbrach sie, und der Kammerdiener und der Aufseher des Trinkgeschirrs fürchteten schon um ihre Stellung – aber erst recht nicht wollte er sich von seiner Umgebung trennen.

Die Diener waren mit ihm alt geworden. Er sei nun vierzig Jahre bei seinem Herrn, erzählte der Kammerdiener Engel, und habe noch nie ein böses Wort bekommen, stets nur »Ich bitte« und »Ich danke« gehört. Die Diener wußten natürlich, was ein Ausdruck der Mißbilligung war, auch wenn er noch so mild ausgesprochen wurde: »Das *darf* nicht vorkommen«, war die erste Alarmstufe, und die höchste: »Das *muß* nicht vorkommen.«

Vertraute Gesichter wollte er auch bei der Arbeit um sich sehen. Jahrzehntelang war General Emil von Albedyll, der Chef des Militärkabinetts, sein »Militärgewissen«, und Karl von Wilmowsky, der Chef des Zivilkabinetts, sein »Zivilgewissen«. Als dieser 1887 Siebzig wurde, gratulierte ihm sein »dankbarer König Wilhelm« nicht ohne Selbstironie, unter Hinweis auf sein Festgeschenk, zwei griffelhaltende Musen: »Die eine schreibt, was Sie leisten, die andere unterschreibt nur, was Sie belieben.«

Seine langjährigen Generaladjutanten wollte er nicht mehr missen: den Fürsten Anton Radziwill, den er als Verwandten betrachtete und mit Du anredete, und den Grafen Heinrich August von Lehndorff, der manchmal zu sehr Hansdampf in allen Gassen war, aber auch daran hatte er sich gewöhnt. Generalstabsarzt Dr. Gustav von Lauer erhielt an Wilhelms achtzigstem Geburtstag den Titel Exzellenz und ein Sonderhonorar von 150 000 Mark, nachdem er den Leibarzt an seinem siebzigsten Geburtstag ermuntert hatte: »Ach, lieber Professor, siebzig Jahre sind ja gar nichts! Aber wenn Sie mich achtzig Jahre werden lassen, dann, ja dann soll Ihre exzellente Kunst auch mit dem richtigen Titel belohnt werden.«

Nun ging er auf die Neunzig zu, und seine Gemahlin Augusta war eine Mittsiebzigerin. 1879 hatten sie Goldene Hochzeit gefeiert. Ein Idyll à la Philemon und Baucis war es nicht geworden, doch vieles hatte sich abgeschliffen wie der goldene Trauring, den er ständig trug. Er behandelte sie – wie Bismarck bemerkte – mit einer Mischung aus Ritterlichkeit gegen die Frau und aus legitimistischer Verehrung für die Fürstin, und hatte sie zu ertragen verstanden, in jahrzehntelangem Nichthinhören oder Nachgeben, in täglicher Rücksichtnahme auf häuslichen Frieden und persönliche Behaglichkeit.

Er sei der größte Pantoffelheld Deutschlands, pflegte er zu scherzen. Ab und zu wehrte er sich noch gegen ihre Besserwisserei und die Bevormundung. »Es ist sehr gut, daß Du keinen Kirschkuchen genommen hast«, sagte sie ihm vor Gästen, nachdem er ihn, wohl wissend, daß er ihm nicht gut tun würde, zurückgewiesen hatte. Er verstand sie nicht gleich, weil sie immer leiser sprach und er immer schwerer hörte. »Was sagt die Königin?«, fragte er, und als es ihm wiederholt worden war, rief er verstimmt nach dem Kirschkuchen, verzehrte zwei große Stücke – und verdarb sich den Magen.

Im allgemeinen schickte er sich in ihre ohnehin immer harmloser werdenden Schikanen. Als sie dann ernstlich erkrankte, war er so besorgt, daß ihm die Kur in Ems nicht bekam, ein bißchen auch aus dem Beweggrund, den Generaladjutant Albedyll übertrieb: »Seien Sie erst einmal fünfzig Jahre verheiratet, zanken Sie sich jeden Tag mit Ihrer Frau und stehen Sie vor der Alternative, daß diese Gewohnheit aufhören soll, dann werden Sie auch unglücklich sein.«

Mitunter überkam ihn Mitleid, wenn sie noch im Rollstuhl einen zeremoniösen Eindruck machen wollte, sich grünlich schminkte, alles beurteilte und alles kritisierte, mit heroischem Aplomb und säuerlicher Aggressivität. Wenn sie ihm, wie weiland der Alte Fritz, am Stock entgegenhumpelte, konnte er wieder stutzig werden: »Ich war fast erschreckt, sie so unternehmend zu finden.«

Wenn er abends aus dem Theater kam, trank er oft noch eine Tasse Tee bei ihr, in dem kleinen, einfenstrigen Parterrezimmer, das sie zu diesem Zweck eingerichtet hatte, um ihm das Treppensteigen in ihre Gemächer im ersten Stock zu ersparen. Die Kaiserin und Königin hatte ihre Teegesellschaft – Herren des Hofes, des Ministeriums, der Universität – um sich versammelt, führte das Gespräch.

»Schwache Stimme, zitternde Hände, so daß sie nur mit großer Schwierigkeit den Tee trinkt, überhaupt solche Gebrechlichkeit, daß man nicht versteht, wie sie noch in der Welt erscheinen kann«, erzählte ein Gast, Alfred Graf Waldersee. »Der alte Herr ist immer derselbe: liebenswürdig, heiter, an allen Konversationen teilnehmend und von einer reizenden Zwanglosigkeit.«

Alles in allem hatte er es nicht schlecht getroffen, besser jedenfalls als Kaiser Franz Joseph, der sein Kreuz mit der exzentrischen Elisabeth hatte, und mit dem abnormen Kronprinzen Rudolf. Auch sein Nachfolger war nicht gerade nach seinen Wünschen geraten, aber sein Familienleben war in Ordnung, sein Liberalismus hielt sich in Grenzen, und an ein Aufbegehren gegen den Vater dachte er wohl nicht einmal mehr im Traum – obschon er so lange auf den Thron harren mußte.

Kronprinz Friedrich Wilhelm war nun Mitte Fünfzig, und natürlich hatte das schier endlose Warten seine Spuren hinterlassen. Das Militärische, wo der Generalfeldmarschall einen Auslauf gehabt hätte, lag ihm nicht besonders, vor allem nicht der Dienst im Frieden, in der Garnison und im Manöver, wo man keine raschen Erfolge sah und keine Lorbeeren erntete. Das Repräsentieren – bei Staatsempfängen, Ausstellungseröffnungen und Auslandsbesuchen – war eher nach seinem Geschmack, doch dadurch getrübt, daß er nur als Stellvertreter auftreten konnte. Und in der Politik hatte er nichts zu sagen, in der konservativen Ära noch weniger als in der nationalliberalen, auch wenn das, was er von sich gab, seine liberalen Anhänger stets von Neuem hoffen und den konservativen Vater immer noch aufhorchen ließ.

»Meines Sohnes politische Richtung ist bisher nicht die meiner Person, also auch nicht die meines Ministeriums«, schrieb Wilhelm 1884 dem Weimarer Schwager. »Er hat es selbst ausgesprochen gegen den General von Albedyll, daß seine Prinzipien der Regierung die der englischen Regierung seien, also einer parlamentarischen Regierung, und nicht bloß parlamentarischer Gesetzgebung, wie dies dem preußischen und deutschen Parlament zum Grunde liegt.« Er wußte, daß dahinter die Kronprinzessin, die Engländerin Victoria, steckte, die ihre Ungeduld mit der Unzufriedenheit über das preußisch-deutsche System multiplizierte.

Immerhin glaubte der Monarch zu spüren, »daß bei Fritz und

Victoria eine Schwenkung zum Guten in ihren politischen Ansichten eingetreten ist«. Sicher war er nicht. 1884 ernannte er den Kronprinzen zum Vorsitzenden des nach dreißig Jahren wieder eingesetzten Preußischen Staatsrates. Seinerzeit hatte ihm Wilhelm als Thronfolger präsidiert; er wußte also, daß dieser Posten mehr Ehre als Einfluß eintrug. Das erste war angebracht, wenn sich seine Erwartung einer politischen Besserung des Kronprinzen erfüllen, das zweite war dazu angetan, ihn zu beruhigen, falls er sich getäuscht haben sollte.

Über »sein zerfahrenes Leben« klagte der Sohn. Wie sehr ihn das ewige Warten zermürben mußte, psychisch und physisch, dafür hatte der Vater kaum Verständnis, der erst mit Dreiundsechzig auf den Thron gelangt war, den er nie erstrebt hatte. Der Kronprinz hatte vor sich den König, der nicht abtrat, und hinter sich seinen Erstgeborenen, Prinz Wilhelm, bereits Mitte Zwanzig, der sich Hoffnungen machen konnte, das Ziel rechtzeitig zu erreichen und dort lange zu verweilen.

Das Verhältnis zwischen Friedrich Wilhelm und dem jungen Wilhelm war nicht das beste; beim Vater war es so etwas wie ein umgekehrter, beim Sohn ein regelrechter Ödipus-Komplex. Bei jeder Gelegenheit betonte er, daß er so werden wolle, wie der Großvater: ein Konservativer, kein Liberaler, primär ein Preuße. Das hörte dieser natürlich gern, und sah dabei über Eigenschaften des Enkels hinweg, die andeuteten, daß er eher ein Komparativ des Vaters als eine Kopie des Großvaters werden würde: Hang zum Träumen und Schwärmen, Mangel an Augenmaß und Taktgefühl, Sprunghaftigkeit statt Beharrlichkeit, und ein forsches Auftreten, das den verkrüppelten Arm wie die innere Unsicherheit kaschieren sollte.

Ins Herz geschlossen hatte Wilhelm I. die Frau des nachmaligen Wilhelms II.: Auguste Viktoria, Prinzessin zu Schleswig-Holstein, aus dem Hause Augustenburg, dem man sein Herzogtum genommen hatte und nun die Verwandtschaft mit dem vergrößerten Königtum bot. Sie übertreffe seine Erwartungen »nach allen Richtungen«, schilderte er Schwester Alexandrine die Braut. »Sie ist embelliert seit vorigem Jahr und würde in der Gesellschaft als eine sehr hübsche Erscheinung auffallen; schlank, blond, sehr angenehmer Ausdruck, natürlich und doch würdige Haltung ohne Steifheit, freundlich gegen jedermann.«

Und sie sorgte für Nachwuchs im Hause Hohenzollern, schenkte ihm am 6. Mai 1882 einen Urenkel, einen Stammhalter, den späteren Kronprinzen Wilhelm. »Somit sind vier Generationen Könige lebend!«, schrieb der Urgroßvater seinem Sohn, dem Großvater. Und an den Großwesir Bismarck: »Somit wären meine drei Nachfolger in der Krone lebend vor mir! Ein mächtiger Gedanke!«

Die fleischgewordene Kontinuität hatte er vor sich, als um ihn das große Sterben begann. Bereits 1879 war der Treueste der Treuen dahingegangen: Albrecht von Roon. Sogar zum Sterben hatte er sich in die Nähe seines Königs begeben, Unter den Linden im Hôtel de Rome niedergelegt, wo er vom Bett auf die Fenster des Palais blicken konnte. Wilhelm ging hinüber, den rechten Arm, verletzt vom Attentat, noch in der Schlinge, setzte sich zu ihm, und zum letzten Mal steckten sie die Köpfe zusammen. Bevor der König ging, nahm er die Rechte aus der Schlinge und streckte die Finger nach oben: »Dort sehen wir uns wieder!« Und, das letzte Wort: »Grüßen Sie mir die alten Kriegskameraden! Sie finden viele!«

Es wurden immer mehr. 1883 starben Generalfeldzeugmeister Prinz Karl von Preußen, sein Bruder, und sein Neffe, Großherzog Friedrich Franz II. von Mecklenburg-Schwerin. 1885 starben Generalfeldmarschall Prinz Friedrich Karl, Generalfeldmarschall Edwin von Manteuffel, General Vogel von Falckenstein und General Prinz August von Württemberg. 1886 starb König Ludwig II. von Bayern, der ihm im Namen der deutschen Fürsten die Kaiserwürde angetragen hatte.

Nur er war immer noch da. Und Bismarck, nun über Siebzig, der Alte vom Sachsenwalde schon, noch knorriger und herrischer. Und Moltke, nun Mitte Achtzig, nicht mehr der »große Schweiger« von ehedem. Eine Gerontokratie war es geworden.

»Glauben Sie nicht, daß Ihre Zeit verblaßt vor der Gegenwart«, hatte er Roon kurz vor dessen Tod geschrieben. Weiterhin tat er sein möglichstes, das Alte lebendig zu erhalten. »Alles, was wir Großes und Gutes heute in unserem Lande bewundern, ist auf dem Fundament aufgebaut, das er gelegt hat«, sagte er 1886, hundert Jahre nach dem Tode Friedrichs des Großen.

Jubiläumsreden und Denkmalsenthüllungen waren eine Hauptbeschäftigung des greisen Königs und Kaisers geworden. 18. August 1885: Weihe des Denkmals des ersten Soldatenkönigs Friedrich

Wilhelms I. im Potsdamer Lustgarten. 3. Januar 1886: fünfundzwanzigjähriges Regierungsjubiläum des zweiten Soldatenkönigs, Wilhelms I. 23. Mai 1886: Eröffnung der Jubiläums-Kunstausstellung in Berlin, hundert Jahre nach der ersten akademischen Kunstausstellung unter dem Protektorat Friedrichs des Großen. 11. Juni 1886: Enthüllung des Denkmals Friedrich Wilhelms IV. auf der Freitreppe der Nationalgalerie. 1. Januar 1887: achtzigjähriges Militärdienstjubiläum Wilhelms I. »Ich habe viele Veränderungen mit der Armee erlebt, in ihrer äußeren Form, in ihrer Truppenzahl«, erklärte er der Generalität; »es sind unter meinen Augen Generationen durch die Armee gegangen, aber innerlich in den Herzen und in dem Empfinden der Armee gibt es keine Veränderung.«

Und was sich veränderte, in Deutschland und in der Welt – Wilhelm sah es mit altpreußischen Augen. Jetzt erst könne er dem Großen Kurfürsten, seinem Denkmal auf der Langen Brücke, wieder gerade ins Antlitz schauen, war sein Kommentar zur Gründung deutscher Kolonien in Übersee – für ihn die Wiederaufnahme der Bestrebungen seines weitblickenden Ahnen. Als die Linden zum ersten Mal elektrisch beleuchtet wurden, freute er sich, daß man das Denkmal Friedrichs des Großen und das Brandenburger Tor nun auch nachts bewundern konnte. Als ihm Heinrich Stephan den Akkumulator erklären sollte, wählte er ein Bild aus der Begriffswelt des alten Herrn: Das sei ein Bewahrer elektrischer Kraft, so wie die Geschichte der Kraftbewahrer eines Volkes sei. »Und die Religion«, fügte Wilhelm hinzu.

Seine persönliche und die preußische Geschichte waren ein und dasselbe geworden. Sein Bilderalbum, das er immer öfter betrachtete, zeigte die Stationen seines Werdegangs und der Prozession Preußens, durch beinahe ein Jahrhundert nun. Jeden Morgen schaute er als erstes auf seinen Erinnerungskalender, der im Arbeitszimmer wie eine Evangelientafel aufgestellt war, und ihm ins Gedächtnis zurückrief, was er an diesem Tage in diesem oder jenem Jahre getan hatte: eine Parade abgenommen oder ein Gesetz erlassen, zu einer Geburt gratuliert oder einer Beerdigung beigewohnt.

Mehr denn je dachte er an seine Eltern. An den Vater, Friedrich Wilhelm III., der ihm stets Vorbild im Aufwärts gewesen war, und nun auch im Abwärts wurde: »Muß noch größeren Widerwillen gegen alles fassen, gerade wie es Papa vor seinem Ende ging.« Den aus dem Haar der Mutter, der Königin Luise, gefertigten Ring trug er bis zuletzt. An ihren letzten Geburtstag erinnerte er sich noch ganz genau, denn er durfte mit ihr Polonaise tanzen! »Ich war dermaßen überrascht, daß ich beinahe vor Überraschung und Freude geweint hätte, da ich mir das nicht geträumt hatte zu erleben, und ihr nach dem Umgang tief dankbarst die Hand geküßt! Wie ich neben der schönen Mama, so klein wie ich war, gepudert, in Schuh und Strümpfen und nicht elegant angezogen, wie jetzt unsere Prinzen es schon sind mit 10 Jahren, mag kein schöner Anblick gewesen sein.«

Und er dachte immer noch an Elisa. In Babelsberg stand auf einem Bücherregal neben dem Schreibtisch ihr Bild in schwarzem Rahmen mit verschlossenem Deckel. Heute vor sechzig Jahren sei er nach Posen gekommen, wo nach drei Jahren Trennung das Wiedersehen mit Elisa Radziwill stattgefunden habe, »das einen nur zu kurzen Brautstand darstellte«, schrieb der fast Achtundachtzigjährige am 7. Februar 1885 an seine zweiundachtzigjährige Schwester Alexandrine, das einzige der Geschwister, das ihm verblieben war.

Mit ihr tauschte er Jugenderinnerungen aus, und Erfahrungen des Altwerdens: »Es schwindelt einem, was man alles erlebt und überlebt, wenn man so alt wie wir wird, wie wir werden!«

»Neunzig Jahre, ein menschliches Leben, welch eine lange Zeit!«, bilanzierte er am 90. Geburtstag, in einem »Allerhöchsten Erlaß« zu Händen des Reichskanzlers, dem preußischen und deutschen Volk zur Kenntnis. »Die göttliche Vorsehung hat meine Wege, wenn auch nicht ohne schwere Prüfungen, sicher geleitet und zu glücklichen Zielen geführt.«

Er konnte zufrieden sein, mit dem, was aus ihm, aus Preußen und Deutschland geworden war, und wie er in Europa und in der Welt da stand. Am 22. März 1887 gratulierten ihm in Berlin 85 Fürstlichkeiten, fast vollzählig die deutschen Bundesfürsten, Kronprinz Rudolf von Österreich-Ungarn, die russischen Großfürsten Wladimir und Michael, der Prinz von Wales, die Thronfolger von Schweden und Dänemark, der Herzog von Aosta für Italien, König Karl für Rumänien, der Graf von Flandern für Belgien und Prinz Romalon für Japan. Der Papst und der Sultan hatten Vertreter geschickt, und sogar die Französische Republik.

Er war der Doyen der Monarchen. Sechzehn Jahre trennten ihn vom nächstältesten, dem Bey von Tunis, zwanzig Jahre vom König der Niederlande und dem Fürsten von Schaumburg-Lippe, einundzwanzig Jahre vom König von Dänemark, dem Großherzog von Sachsen-Weimar, dem Herzog von Sachsen-Coburg-Gotha und dem Fürsten von Monaco, zweiundzwanzig Jahre von der Königin Victoria von Großbritannien und dem Großherzog von Mecklenburg-Strelitz. Und erst Siebenundfünfzig war Kaiser Franz Joseph von Österreich.

Europa schien noch intakt zu sein, sein altes Preußen und das neue Deutschland. Im Abgeordnetenhaus nahmen Konservative und Freikonservative 195 von 433 Sitzen ein. Im Reichstag von 1887 hatten sich die konservativen Mandate von 106 auf 121 vermehrt; die mit den Konservativen in einem Kartell zusammengeschlossenen Nationalliberalen hatten es von 51 auf 99 gebracht, das Zentrum sich bei 98 gehalten, während die Deutsch-Freisinnigen und die Sozialdemokraten halbiert worden waren, von 67 auf 32 beziehungsweise 24 auf 11 Mandate.

Die Reichstagswahlen im Februar 1887 waren im Zeichen der Militärvorlage gestanden. Eine vorzeitige Erneuerung des Septennats und eine Erhöhung der Friedenspräsenzstärke von 427 274 auf 468 406 Mann hatte der Kaiser vom alten Reichstag im Herbst 1886 verlangt, war aber auf Ablehnung gestoßen, der er durch Auflösung und Neuwahlen begegnete. Deren Ausgang habe ihn um zwanzig Jahre verjüngt, frohlockte der alte Kaiser, und mit der eigenen meinte er die deutsche Jugend gewonnen zu haben. Er freue sich, »über die Gesinnungen, welche jetzt an den Universitäten herrschen und welche in hohem Grade zu dem erfreulichen Ergebnis der letzten Wahlen mitgewirkt haben«, erklärte er den 3000 Berliner Studenten, die ihm zum 90. Geburtstag einen Fackelzug darbrachten. »Ich erblicke darin eine Bürgschaft für die Zukunft.«

Was die allernächste Zeit betraf, bekam er recht. Der neue Reichstag erfüllte seine nachdrücklich ausgesprochene Erwartung, »daß die Militärvorlage nunmehr mit großer Majorität angenommen werden würde«. Das geschah bereits am 11. März 1887, mit 227 gegen 31 Stimmen, bei 84 Enthaltungen, der Mehrheit des Zentrums.

Eine Wiederholung des Heereskonflikts seiner frühen Regierungszeit war glücklich vermieden, während die außenpolitische Konstante seines Lebens in Frage gestellt wurde. Denn die Heeresvermehrung war notwendig geworden, weil nicht nur der französische Erbfeind wieder mit dem Säbel rasselte, sondern auch weil der russische Erbfreund zunehmend Feindschaft gegen Deutschland und Freundschaft für Frankreich an den Tag legte.

Allmählich mußte auch Wilhelm einsehen, daß die Russen Alexanders III. nicht mehr die Russen Alexanders II. und schon gar nicht Nikolaus I. waren. »Was ist aus Rußland geworden, in welchem wir so glückliche Zeiten in vollen Zügen genossen«, klagte er 1882 seiner Schwester Alexandrine, eine Jahr nach der Ermordung des Neffen Alexanders II. »Und nichts ist seitdem dort geordnet!« 1883 sorgte er sich über die »immense Anhäufung« der Truppen an Rußlands Westgrenze. 1884 glaubte er beinahe, die alten Zeiten wären wieder da, weil ihm Alexander III. zum siebzigsten Jahrestag der Verleihung des russischen Sankt-Georgsordens eine Deputation geschickt hatte. Doch er traute dem Frieden nicht recht: »Möge es nur so bleiben und er nicht wieder abspringen!«

1887 sah es wieder düster aus. Die Reibereien zwischen Rußland und Österreich nahmen zu, und die Anwürfe der Panslawisten gegen Deutschland wie Österreich. Aus Polen wurden russische Truppenbewegungen, aus Frankreich Verstärkung der Grenzgarnisonen gemeldet. »Die Ausfälle gegen Deutschland haben indessen einen solchen Einfluß bereits in Rußland gewonnen, immer unter der frechen Lüge, daß wir Frankreich angreifen wollen, und Rußland diesem zu Hilfe kommen müsse, daß man nur durch rasches und strenges Verfahren vielleicht noch einwirken kann«, schrieb Wilhelm am 21. Februar 1887 dem Weimarer Schwager, einem geborenen Russenfreund. »Alle Wohlgesonnenen sagen, wenn dem nicht bald gesteuert wird, kann der Kaiser seine Friedensliebe nicht aufrechterhalten und muß uns fallen lassen.«

Alexander III. konnte oder wollte nicht einwirken. Bismarck versuchte der Gefahr diplomatisch zu steuern. Da der 1881 geschlossene und 1884 erneuerte Dreikaiservertrag wegen der Spannungen zwischen Rußland und Österreich nicht ein zweites Mal verlängert werden konnte, schloß Berlin am 18. Juni 1887 auf drei Jahre den Rückversicherungsvertrag mit Petersburg, ein geheimes Neutralitätsabkommen für den Fall eines französischen Angriffs auf

Deutschland oder eines österreichischen Angriffs auf Rußland. Wenige Monate vorher hatte Bismarck den 1882 geschlossenen Dreibundvertrag zwischen Berlin, Wien und Rom verlängert, das geheime Verteidigungsbündnis für den Fall eines französischen Angriffs auf Deutschland oder Italien. Und Bismarck veröffentlichte den 1879 geschlossenen geheimen Zweibundvertrag zwischen dem Deutschen Reich und Österreich-Ungarn, das Verteidigungsbündnis, das beide Partner vor einem russischen Angriff schützen sollte.

Ein festes Sicherheitsnetz glaubte Bismarck geknüpft zu haben: durch sein Bündnissystem und eine erneute Heeresverstärkung. »Wir Deutsche fürchten Gott, aber sonst nichts auf der Welt«, erklärte er im Reichstag. Wilhelm fürchtete Gott, die Revolution und einen Zweifrontenkrieg. Er sagte Alexander III., der sich im November 1887 endlich nach Berlin bequemt hatte: Siege Frankreich, siege die Revolution in Deutschland und in Rußland. Zerfalle Österreich-Ungarn, entstünden an seiner Stelle revolutionäre Republiken. Und: In einem Zweifrontenkrieg Rußlands und Frankreichs gegen Deutschland könnte das Reich vernichtet werden – aber Europa würde das nicht dulden! Doch einen Monat vorher hatte er dem Weimarer Schwager bedeutet: »Enfin, Europa gleicht einem feuerspeienden Berg, der sich durch kleine Eruptionen meldet, bis der Hauptspalt sich öffnet.«

Auf Europa sah er Unheil hereinbrechen, und auf das Haus Hohenzollern. Die andauernde Heiserkeit des Kronprinzen erwies sich als Symptom einer ernsten Halskrankheit. Am 6. März 1887 wurde er mit dem Kehlkopfspiegel untersucht und dabei an der Stimmritze ein blaßrotes Knötchen entdeckt. Versuche, es mit dem Ringmesser abzukratzen und mit glühendem Platindraht wegzuätzen, zeigten keine nachhaltige Wirkung. Es sei Krebs, konstatierten Mitte Mai deutsche Koryphäen, und es müsse operiert, der Kehlkopf gespalten werden. Der hinzugezogene englische Spezialist Morell Mackenzie meinte aber, es sei kein Krebs, und Professor Virchow pflichtete ihm bei.

Doch die Heiserkeit nahm zu, und im Oktober konnte er gar nicht mehr sprechen. Anfang November – in der Villa Zirio in San Remo – wurden Geschwulste an beiden Stimmbändern sichtbar: Es war doch Krebs. Der sechsundfünfzigjährige Kronprinz wurde vor die Wahl gestellt: Herausschneiden des Kehlkopfes oder Luftröhrenschnitt. Er zögerte die Entscheidung hinaus: »Bestenfalls würde ich dann ein halber Mensch sein.«

»Das ist ein harter Schlag, den die Vorsehung aussendet«, klagte der Vater. Das haben ihm die Götter geschickt, weil er zu glücklich war, meinte Ferdinand Gregorovius. Zum Oberhof- und Domprediger Rudolf Kögel sagte Wilhelm, Tränen in den Augen: »Im Himmel wird mir bald das Rätsel gelöst werden, warum diese Fügung über uns verhängt ward.« Bismarck riet, man müsse den Enkel Wilhelm schnellstens in die Staatsgeschäfte einführen. Im Prinzip sei er ganz einverstanden, entgegnete der Monarch. Aber wie würde das auf den schwerkranken Kronprinzen wirken? Also: Einführen ja, aber nicht überstürzt und auffällig!

Der Kronprinz entschied sich für den Luftröhrenschnitt. Am 9. Februar 1888 wurde er operiert. »Alle unsere Gedanken sind immer nach San Remo gerichtet, wo bisher die Dinge seit der Operation nach Wunsch gehen, aber doch jeder Tag kann neue Komplikationen bringen«, schrieb Wilhelm am 22. Februar 1888 an Alexandrine. Und unterzeichnete: »Dein sehr alter Bruder W.« Es war sein letzter Brief an die Schwester, sein letztes längeres Schreiben überhaupt.

Zum letzten Mal stand er am 22. Februar 1888, einem Sonntag, am Fenster, mit dem Enkel und vier Urenkeln. Die Hochrufe wollten kein Ende nehmen. Vierzehn Tage später stand die Menge stumm vor dem Palais und las das Bulletin vom Abend des 7. März:

»Bei Sr. Majestät, dem Kaiser und König haben sich zu den seit Sonnabend, den 3. d. M. vorhandenen, allgemeinen Erkältungserscheinungen, welche mit einer Affektion der Halsschleimhaut und Reizung der Augenlidbindehaut verbunden waren, in den nächstfolgenden Tagen öfters eintretende schmerzhafte Unterleibsbeschwerden gesellt. Seit gestern hat sich auch der Appetit wesentlich vermindert. In Folge dessen ist eine merkliche Abnahme der Kräfte eingetreten.«

In letzter Zeit hatten ihm die Schwachstellen seines ansonsten robusten Körpers immer mehr zu schaffen gemacht. Die oberen Luftwege waren empfindlich. Schon in früheren Jahren erkältete er sich regelmäßig im Winter, auch deshalb, weil der an frische Luft gewöhnte Soldat ständig die Fenster aufriß, und selbst wenn sie geschlossen waren, blieb er Zugluft ausgesetzt; denn sein Schreibtisch stand direkt am Fenster, in das er sich keine Doppelscheiben einbauen lassen wollte.

Auch im Außendienst nahm er auf sich keine Rücksicht. Bei der im Freien abgehaltenen Manöverkritik zog er sogar an naßkalten Herbsttagen seinen Mantel aus. 1887, anläßlich der Grundsteinlegung des Nord-Ostsee-Kanals, besichtigte er das im Kieler Hafen in Parade ankernde Geschwader, auf der Kommandobrücke des Avisos »Pommerania« stehend, trotz starken Windes. In die Kajüte wollte sich der Neunzigjährige nicht abschieben lassen: Wenn ihn seine Matrosen schon einmal zu Gesicht bekämen, sollten sie ihn auf dem Verdeck sehen.

Prompt erkältete er sich wieder. Der Schnupfen wurde ärger, der Husten heftiger, der Rheumatismus schlimmer, Blase und Niere waren angegriffen. Immer häufiger schlief er schlecht, bekam Kopfschmerzen, hatte keinen Appetit, erlitt Schwächeanfälle. Zwei linke Beine hatte er von jeher gehabt, jetzt steigerten sich die kleinen Ungeschicklichkeiten zu ernsten Unfällen. Der Neunundachtzigjährige geriet – als er an das Buffet im Rittersaal treten wollte – mit dem rechten Sporn in den linken Souspied-Riemen und fiel auf die linke Seite, auf den Degen. Der Neunzigjährige stieß – beim Cercle am Sedanstag – »an ein Stück Parkett« und schlug in seiner ganzen Länge von 1 Meter 88 hin, »inmitten aller Offiziere«.

Die Altersschwäche war nicht mehr zu verbergen. Akten blieben auf dem Schreibtisch Wilhelms liegen, der sein Leben lang »täglich table nette« gemacht hatte. Schon verlegte er Papiere. Der Neunzigjährige mußte seinem Kanzler gestehen, daß er ein geheimes Memoire nicht mehr finden könne. »Erschöpft von der Suche, legte ich mich zu Bette, aus Verzweiflung.« Bismarcks Antwort war ein schlechter Trost: Das geheime Memoire habe er ihm gar nicht gegeben, lediglich einen Botschafterbericht, der nicht so wichtig sei.

Die Kuren wirkten nicht mehr, zu denen er – wie er sagte – auf Grasung ging, »wie die Pferde in jener schönen Zeit der Chevaliergarde nach Czerna-Retchka bei Jelagin auf Grasung gingen«. Nach Ostpreußen, ins Herbstmanöver 1887, ließen sie ihn nicht mehr. »Ich bin in wahrer Verzweiflung, da Königsberg so wichtig in meiner Lebensgeschichte ist.«

Der allerletzte Abschnitt wurde von den »Äskulapen« annonciert. Am Abend des 8. März wurde am Palais wieder ein Bulletin angeschlagen, aber der Regen verwischte die Tinte, ein Offizier mußte den Text vorlesen: »Der Schwächezustand Sr. Majestät des Kaisers dauert fort. Se. Majestät nehmen ab und zu etwas Wein und flüssige Nahrung zu sich. Im Ganzen ist der Zustand ruhiger.« Die Menge verlief sich, es wurde, wie der Korrespondent der Münchner *Allgemeinen Zeitung* berichtete, »still in der Stadt und um das Palais. Die ungeheure Aufregung wurde endlich zurück in die Familienwohnungen getragen. Und man ging schlafen mit der offiziellen Beruhigung, an welche man nicht glaubte.«

Der fast Einundneunzigjährige lebte noch. Nach einer unruhigen Nacht hatte er den 8. März bei klarem Bewußtsein begonnen. Er lag, mit weißer Jacke und rotseidenem Halstuch, in seinem Schlafzimmer, in das kaum Licht und Luft drangen, wie stets in halbsitzender Stellung, auf seinem eisernen Feldbett, das er nun sein »Kranken- und fast Sterbebett« nannte. Die Familie war zugegen: Augusta im Rollstuhl, Tochter Luise mit ihrem Mann, dem Großherzog von Baden, Prinz und Prinzessin Wilhelm. Der Sohn, Kronprinz Friedrich Wilhelm, selbst auf den Tod erkrankt, war in San Remo, wo ihn ein Telegramm Bismarcks erreichte: Sofortige Rückkehr notwendig.

Von seinem armen Fritz sprach der sterbende Kaiser. Mittags ließ er Bismarck rufen, der über die letzte Unterredung mit seinem Monarchen berichtete: Ich »erlangte von ihm die Ermächtigung zur Veröffentlichung der schon am 17. November 1887 vollzogenen Order, die den Prinzen Wilhelm mit der Stellvertretung beauftragte in Fällen, wo Se. Majestät einer solchen zu bedürfen glauben würde. Der Kaiser sagte, er erwarte von mir, daß ich in meiner Stellung verbleiben und seinen Nachfolgern zur Seite stehen würde.« Auch seinem Enkel, wenn dieser, wie es schiene, bald zur Regierung gelangen sollte. »Ich gab meiner Bereitwilligkeit Ausdruck, seinen Nachfolgern mit demselben Eifer zu dienen wie ihm selbst. Seine einzige Antwort darauf war ein fühlbarer Druck seiner Hand.«

»Dann aber« – so Bismarck weiter – »traten Fieberphantasien ein, in denen die Beschäftigung mit dem Enkel so im Vordergrunde stand, daß er glaubte, der Prinz, der im September 1886 dem Zaren in Brest-Litowsk einen Besuch gemacht hatte, säße an meiner Stelle neben dem Bette, und, mich plötzlich mit Du anredend, sagte: ›Mit dem russischen Kaiser mußt Du immer Fühlung halten, da ist kein Streit notwendig«.«

Am Nachmittag kam der Oberhof- und Domprediger Rudolf Kögel. »Ich weiß, daß mein Erlöser lebt. Christus ist die Auferstehung und das Leben«, betete er, und Wilhelm antwortete: »Das ist richtig.« Und: »Es ist wohl eine Erbauungsstunde.« Man gab ihm etwas Wein, und er sagte: »Es schmeckt überhaupt nicht.« Doch es schien ihm gut zu tun. Er zog die Hand unter der Decke hervor und strich sich den Schnurrbart, verlangte ein Glas Champagner und etwas Suppe. Er fragte nach Moltke, nach Prinz Wilhelm, und fing noch einmal zu reden an.

»Der Kaiser begann damit«, verlautbarte der *Deutsche Reichsanzeiger*, »dem Prinzen Wilhelm von der Armee und Preußens gesamtem Volk zu sprechen. Er berührte im Verfolg seiner Worte unsere Allianzen, dann mögliche Kriege der Nachbarvölker und einzelne militärische Einrichtungen derselben.« Hugo von Reischach, der dabei war, meinte gehört zu haben: »Wenn ein Krieg freventlich vom Zaune gebrochen wird, dann bist Du durch Deine Verträge gebunden, wirst dieselben halten und marschieren. Aber pflege die russische Freundschaft.«

Das Ceterum censeo seines Lebens war noch in den letzten Atemzügen zu hören. Er sprach von der preußisch-russischen Waffenbrüderschaft, von Bar-sur-Aube anno 1814, von vergangenen und künftigen Kriegen, von seinen Soldaten.

»Du hast uns so interessant erzählt, vielleicht willst Du jetzt etwas ruhen«, sorgte sich Tochter Luise, und bekam zu hören: »Dazu habe ich jetzt keine Zeit.« Das Reden ging in Phantasieren über, die Stimme wurde undeutlicher, der Atem kürzer, und gegen drei Uhr morgens schlummerte er ein.

Um vier Uhr war der Puls so schwach, daß die Familie, Bismarck und Moltke gerufen wurden. Kögel betete: »Ich harre des Herrn, meine Seele harret, und ich hoffe auf sein Wort.« Luise fragte: »Papa, hast Du es verstanden?« Er murmelte: »Es war schön.« Sein Gesicht war nicht wesentlich verändert. Noch einmal machte er die Augen auf, blickte Augusta an und schloß sie für immer. Sanft und schmerzlos verschied er 28 Minuten nach acht Uhr, am 9. März 1888, einem Freitag, dreizehn Tage vor seinem einundneunzigsten Geburtstag.

Die Berliner lasen fast gleichzeitig mit den Morgenzeitungen, die das beruhigende Bulletin vom Vorabend brachten, die Extrablätter, die den Tod meldeten. Die amtliche Bekanntmachung des Staatsministeriums wurde erst am Spätnachmittag angeschlagen: »Es hat Gott gefallen, Se. Majestät den Kaiser und König, unseren Allergnädigsten Herrn, nach kurzem Krankenlager heute $8^1/_2$ Uhr morgens im achtundzwanzigsten Jahre Seiner reich gesegneten Regierung aus dieser Zeitlichkeit abzuberufen.«

Im Palais, im Alkoven seines Schlafzimmers, lag Wilhelm I. auf dem Totenbett, das Haupt auf die Brust gesunken, in der linken Hand ein von Lorbeer umwundenes Elfenbeinkreuz. Über Berlin ballten sich dunkle Wolken, die auf Halbmast gesetzten Flaggen klebten im Regen an den Stangen, die Linden – mit Ausnahme der von der Oper bis zur Charlottenstraße abgesperrten Palaisseite – waren schwarz von Regenschirmen.

Die Trauerstimmung konnte nicht einmal durch den ansonsten üblichen Ruf: »Der König ist tot, es lebe der König!« aufgehellt werden. Der neue König und Kaiser, Friedrich III., ein vom Tod gezeichneter Mann, war auf dem Wege von San Remo in seine Haupt- und Residenzstadt. Am 11. März, 23 Uhr 09 traf er auf dem Bahnhof Westend ein und begab sich ins Schloß Charlottenburg. Er glich dem Marathonläufer, der am endlich erreichten Ziel zusammenbrach.

Kurz nach Mitternacht überführte man den toten König und Kaiser aus dem Palais in den Dom. Der offene Sarg mit der einbalsamierten Leiche wurde zunächst ins Arbeitszimmer, dann ins Vortragszimmer gebracht, zum Abschiednehmen, dann im Adjutantenzimmer zugeschraubt. Bis zur Rampe des Hauses, das über ein halbes Jahrhundert ihr Heim gewesen war, folgte Augusta im Rollstuhl. 32 Unteroffiziere, die sich in zwei Abteilungen von 16 Mann ablösten, trugen den Sarg, unter Geleit von Gardes-du-Corps und der Leibkompanie des 1. Garde-Regiments zu Fuß. Fackeltragende Soldaten bildeten Spalier. Der Regen war in Schnee, der Wind in Sturm übergegangen.

Am 12. März, ein Uhr nachts, war er im Dom aufgebahrt worden, am 16. März, nachdem 200 000 Menschen am offenen Sarg vorübergezogen waren, wurde er bestattet. Die Straße Unter den Linden, die dreimal den Einzug des Siegers gesehen hatte, war zu seinem Auszug in Schwarz gehüllt. Selbst die Gaslaternen trugen Trauerflor. Am Brandenburger Tor war in weißen Lettern auf schwarzem Grund der Abschiedsgruß angebracht: Vale Senex Imperator!

Im Mausoleum im Schloßpark von Charlottenburg wurde er beigesetzt, zu Füßen der Eltern, König Friedrich Wilhelms III. und der Königin Luise, wie er es gewünscht hatte. Noch einmal donnerten die Kanonen, als man ihn um 15 Uhr 30 zur letzten Ruhe bettete.

Es war ein Leichenbegängnis gewesen, wie es Berlin noch nicht gesehen hatte: Glockenläuten, dumpfer Trommelwirbel, Militärmusik in Moll, gesenkte Fahnen, acht Stabsoffiziere, welche die Pferde des Leichenwagens führten, vier kommandierende Generäle, die Zipfel des Leichentuches haltend, zwölf Generalmajore, die den Baldachin über dem Sarg trugen, das Leibpferd Alexander, gesattelt und gezäumt, von einem Stallknecht mitgeführt, deutsche und ausländische Fürstlichkeiten, das Gardekorps, Kriegervereine und auch das Volk, in den Reihen der »Körperschaften, Innungen, Gewerken, Studenten, Künstler, Turner, Schützen, Feuerwehren« gegliedert und geordnet.

Manchem, wie dem Fürsten Chlodwig zu Hohenlohe-Schillingsfürst, war es nicht Glanz genug, »da alles in Mantel und Paletot ging«. Alle vermißten die wichtigsten Hinterbliebenen: Bismarck, der unwohl war, Augusta, die nicht mehr gehen konnte, und den Kaiser und König Friedrich III., der dem Leichenzug nur durch das Mittelfenster des Kuppelsaals des Charlottenburger Schlosses nachblicken konnte.

Hinter dem Sarg ging der neunundzwanzigjährige Kronprinz Wilhelm, einen langen Trauerflor am Helm, den er schon nach drei Monaten wieder anlegen mußte, beim Begräbnis seines Vaters, des dem Kehlkopfkrebs erlegenen Friedrich III. Er sollte sich Wilhelm II. nennen, und seinen Großvater »Wilhelm den Großen«, dem er in allem nachzueifern gelobte. »Meine Kräfte gehören der Welt, dem Vaterlande. Wahlspruch Wilhelms des Großen und auch der Meinige.« Doch er ließ die bisher im Palais Unter den Linden aufbewahrten Fahnen ins Hohenzollernschloß überführen, wo er selber Wohnung nahm, weil ihm alles nicht groß und glänzend genug sein konnte.

Dem Großvater weihte er die Kaiser-Wilhelm-Gedächtniskirche

am Kurfürstendamm und Denkmäler überall. 1902 – vierzehn Jahre nach dessen Tod – waren es 322 in 318 Orten. So vor dem Berliner Schloß: der Kaiser im Feldmantel auf kräftig ausschreitendem Roß, das von einem weiblichen Friedensgenius geleitet wird. Auf dem Kyffhäuser: als wiedererstandener Barbarossa mit der Pickelhaube. Am Deutschen Eck in Koblenz: als Wacht am Rhein in siebenfacher Lebensgröße.

Als eine von Reichsromantik umwobene, zu Reichstaten aufrufende Heldengestalt hatte den Reichsgründungskaiser die *National-Zeitung* in ihrem Nekrolog vom 9. März 1888 gesehen: »Schon bei Lebzeiten trat er in das Reich der Mythe, und dem Gemüt und der Phantasie des Volkes war es natürlich, ihn Karl dem Großen und Friedrich Barbarossa als Dritten zuzugesellen.«

Auch Bismarck, 1890 vom Enkel entlassen und 1898 gestorben, der Reichskanzler, der dem Lebenden die Richtung gewiesen hatte, deutete bereits am 9. März 1888 in seinem Nachruf im Reichstag an, wie er den Toten gewertet haben wollte: Eine Tatsache, »in der Seine Majestät einen Trost in manchen schweren Schickungen empfand, war die, daß der Kaiser auf die Entwicklung seiner Hauptlebensaufgabe, die Herstellung und Konsolidierung der Nationalität des Volkes, dem er als deutscher Fürst angehört hatte, – daß der Kaiser auf die Entwicklung, welche die Lösung dieser Aufgabe inzwischen genommen hatte, mit einer Befriedigung zurückblickte, welche den Abend seines Lebens verschönt und beleuchtet hat.«

»Die Dinge sind nun einmal so geworden, Gott soll wissen, daß ich sie nicht herbeigeführt habe, wenn ich sie auch gemacht habe«, hatte Wilhelm I. selber gesagt. Das unterschied ihn von Friedrich III., der Kaiser und Reich herbeigesehnt hatte, und von Wilhelm II., von dem Moeller van den Bruck meinte, er hätte nichts mehr von einem König von Preußen gehabt; »einen König von Preußen hat es nicht wieder gegeben, seitdem die Weihe der Vornehmheit verschwand, die Wilhelm I. umgab«.

Es gab Deutsche genug, die wähnten, im neuen Wilhelminismus wirke der alte Wilhelm weiter, die Kontinuität sei gewahrt, das Reich gesichert. Die Gemeinschaft, die er geschaffen, sei hinfort unzerstörbar, behauptete der Geschichtsprofessor Alfred Dove. Nicht viele erkannten, daß mit Wilhelm I. ein Typus ausgestorben und ein Zeitalter zu Ende gegangen war. Die Grabglocken für den alten Kaiser seien die Grabglocken für das 19. Jahrhundert gewesen, meinte der Altphilologe Ulrich von Wilamowitz-Möllendorff, und der Schriftsteller Gustav Freytag fürchtete, daß die Sicherheit des alten Staatslebens dahin sei und schwere Erschütterungen bevorstünden.

Von »unserem guten Kaiser Wilhelm«, dem letzten Menschen, der noch ein wirklicher Mensch gewesen sei, war im 1898 erschienenen Roman *Der Stechlin* des preußischen Dichters Theodor Fontane die Rede, und davon, daß mit ihm das alte Preußen gestorben sei: »Der Non-soli-cedo-Adler mit seinem Blitzbündel in den Fängen, er blitzt nicht mehr.« Der preußische Historiker Heinrich von Sybel schrieb in seinem 1889 bis 1894 in sieben Bänden erschienenem Werk *Die Begründung des Deutschen Reiches durch Wilhelm I.*: »Mit stiller Sehnsucht werden unsere Enkel auf den guten Kaiser Wilhelm zurückblicken, der so Großes vollbringen konnte, weil er so gut war.«

Sie sangen dann: »Wir wollen unsern alten Kaiser Wilhelm wieder haben!«, und meinten damit nicht den zweiten, den mit der Schwanenritterpose, sondern den ersten, den selbst der vom »Kartätschenprinzen« ins amerikanische Exil getriebene Karl Schurz zu rühmen wußte: »Wer nach einem Beispiel dessen sucht, was auf Preußisch ›Dienst‹ heißt, der findet es in Kaiser Wilhelms täglichem Leben.«

Er war der letzte König von Preußen, der diesen Namen verdiente. Und er wollte im Gedächtnis bleiben, wie er aufgebahrt worden war: in der Uniform des 1. Garde-Regiments zu Fuß, umgeben von den Hoheitszeichen der preußischen Monarchie, Krone, Zepter, Schwert und dem glorreichen preußischen Reichspanier.

Bibliographie

Wilhelm I.

Kaiser Wilhelms des Großen Briefe, Reden und Schriften. Hrsg. von E. Berner. 2 Bde. (1906). – Briefe Kaiser Wilhelms des Ersten. Nebst Denkschriften und anderen Aufzeichnungen in Auswahl. Hrsg. von E. Brandenburg (1911). – Wilhelms I. Briefe an seinen Vater König Friedrich Wilhelm III. 1827–1839. Hrsg. von P. A. Merbach (1922). – Die Briefe Kaiser Wilhelms I. Hrsg. vom Kaiser-Wilhelm-Institut für deutsche Geschichte: Weimarer Briefe. Bearb. von J. Schultze. 2 Bde. (1924), Briefe an seine Schwester Alexandrine. Bearb. von J. Schultze (1927), Briefe an Politiker und Staatsmänner. Bearb. von J. Schultze (1930). – Jugendbekenntnisse des Alten Kaisers. Briefe Kaiser Wilhelms I. an Fürstin Luise Radziwill, Prinzessin von Preußen, 1817 bis 1829. Hrsg. von K. Jagow (1929).

Militärische Schriften weiland Kaiser Wilhelms des Großen. 1821–1865. Hrsg. vom Königlich Preußischen Kriegsministerium. 2 Bde. (1897).

Schneider, L.: Aus dem Leben Kaiser Wilhelms. 1849–1873. 3 Bde. (1888). – Diest, G. v.: Meine Erinnerungen an Kaiser Wilhelm den Großen (1898). – Marquardt, L.: Charakterzüge und Anekdoten aus dem Leben Kaiser Wilhelms I. (c. 1890).

Schneider, L.: König Wilhelm. Militärische Lebensbeschreibung (1869). Ders.: Kaiser Wilhelm. 1867–1871 (1875). – Schmidt, F. und F. Otto: Kaiser Wilhelm und seine Zeit, 2 Bde. (1881). – Mayhew, A.: The Emperor of Germany, Wilhelm I. (1887). – Müller, W.: Kaiser Wilhelm (1888). – Adami, F.: Das Buch vom Kaiser Wilhelm. 2 Bde. (1888/89). – Meding, O.: 91 Jahre in Glaube, Kampf und Sieg (1889). – Kugler, B.: Kaiser Wilhelm der Große und seine Zeit (1897). – Oncken, W.: Unser Heldenkaiser (1897). – Volz, B.: Wilhelm der Große (1897).

Marcks, E.: Kaiser Wilhelm I. (1897, 9/1943). – Wiegler, P.: Wilhelm der Erste. Sein Leben und seine Zeit (1927).

Stillfried, R. v.: Stammtafel des Gesamthauses Hohenzollern (1879). – J. Großmann, E. Berner u. a.: Genealogie des Gesamthauses Hohenzollern (1905). – Die politischen Testamente der Hohenzollern. Hrsg. von G. Küntzel und M. Hass. 2 Bde. (1919/20).

Hintze, O.: Die Hohenzollern und ihr Werk (1915). – Eulenberg, H.: Die Hohenzollern (1928). – Hubatsch, W.: Die Hohenzollern in der Geschichte (1961). – Friedrich Wilhelm, Prinz von Preußen (Hrsg.): Preußens Könige (1971). – Nelson, W. H.: Die Hohenzollern (1972). – Ritthaler, A.: Die Hohenzollern (1979).

FRIEDRICH WILHELM II.: Paulig, F. R.: Friedrich Wilhelm II., sein Privatleben und seine Regierung (1896). – Schwemmer, R.: Der Liebesroman eines preußischen Königs (1930). – Bissing, W. M. v.: Friedrich Wilhelm II. (1967).

FRIEDRICH WILHELM III.: Eylert, R. F.: Charakterzüge und historische Fragmente aus dem Leben des Königs von Preußen, Friedrich Wilhelms III. 3 Bde. (1842–1846). – Briefwechsel Friedrich Wilhelms III. und der Königin Luise mit Alexander I. Hrsg. von P. Bailleu (1900). – Paulig, F. R.: Friedrich Wilhelm III. (1905). – Wendland, W.: Die Religiosität und die kirchenpolitischen Grundsätze Friedrich Wilhelms III. (1909).

KÖNIGIN LUISE: Briefwechsel der Königin Luise mit Friedrich Wilhelm III. Hrsg. von P. Bailleu und K. Griewank (1929). – Königin Luise, ein Leben in Briefen. Hrsg. von K. Griewank (1943). – Vom Leben und Sterben der Königin Luise. Hrsg. von H. O. Meisner (1926). – Adami, F.: Luise, Königin von Preußen (1875, 17/1903). – Bailleu, P.: Königin Luise (3/1926). – Arnim, H. v.: Königin Luise (1962). – Van Taack, M.: Königin Luise (1978).

FRIEDRICH WILHELM IV.: Briefwechsel mit J. v. Bunsen. Hrsg. von L. von Ranke (1873). – Briefwechsel mit L. Camphausen. Hrsg. von E. Brandenburg (1906). – Briefwechsel mit König Johann von Sachsen. Hrsg. von Johann Georg, Herzog zu Sachsen (1917). – Briefwechsel mit Erzherzog Johann. Hrsg. von G. Küntzel (1924). – Revolutionsbriefe. Hrsg. von K. Haenchen (1930). – Ranke, L. v.: Friedrich Wilhelm IV. (1878). – Reumont, A. v.: Aus König Friedrich Wilhelms IV. gesunden und kranken Tagen (1885). – Petersdorff, H. v.: König Friedrich Wilhelm IV. (1900). – Lewalter, E.: Friedrich Wilhelm IV. (1938). – Dehio, L.: Friedrich Wilhelm IV., ein Baukünstler der Romantik (1961).

KAISERIN AUGUSTA: Literarischer Nachlaß. Hrsg. von G. Schuster und P. Bailleu. 2 Bde. (1912). – Petersdorff, H. v.: Kaiserin Augusta (1900). – Nippold, F.: Das Kaiserin-Augusta-Problem (1914). – Bosbach, H.: Bismarck und die Kaiserin Augusta (1936). – Bunsen, M. v.: Kaiserin Augusta (1940). – Conradi, H. M.: Die weltanschaulichen Grundlagen der politischen Gedanken Augustas (Diss. Göttingen 1945).

KAISER FRIEDRICH III.: Briefe, Reden und Erlasse. Hrsg. von G. Schuster (1906). – Tagebuch 1848–1866. Hrsg. von H. O. Meisner (1929). – Kriegstagebuch 1870–1871. Hrsg. von H. O. Meisner (1926). – Philippson, M.: Das Leben Kaiser Friedrich III. (1900). – Richter, W.: Kaiser Friedrich III. (1938). – Wolf, H. J.: Die Krankheit Friedrichs III. (1958). – Freund, M.: Das Drama der 99 Tage (1966).

KAISERIN FRIEDRICH: Briefe. Hrsg. von F. Ponsonby (1929). – Jessen, J.: Die Kaiserin Friedrich (1907). – Corti, E. C. Conte.: Wenn... Sendung und Schicksal einer Kaiserin (1954). – Barkeley, R.: Die Kaiserin Friedrich (1959). – Bennett, D.: Princess Royal of England and German Empress (1971).

WILHELM II.: Ereignisse und Gestalten 1878–1918 (1922). – Aus meinem Leben 1859–1888 (1927). – Eyck, E.: Das persönliche Regiment Wilhelms II. (1948). – Cowles, V.: Wilhelm der Kaiser (1965). – Balfour, M.: Der Kaiser. Wilhelm II. und seine Zeit (1967). – Whittle, T.: Kaiser Wilhelm II. (1979).

PREUSSEN

Berner, E.: Geschichte des Preußischen Staates. 2 Bde. (1891). – Prutz, H.: Preußische Geschichte. 4 Bde. (1900–1902). – Braubach, M.: Der Aufstieg Brandenburg-Preußens. 1640–1815 (1933). – Dietrich, R.: Kleine Geschichte Preußens (1966). – Schoeps, H.-J.: Preußen. Geschichte eines Staates (1966). – Vogler, G. und K. Vetter: Preußen. Von den Anfängen bis zur Reichsgründung (1970). – Feuchtwanger, E. J.: Preußen. Mythos und Realität (1972). – Haffner, S.: Preußen ohne Legende (1978).

Syben, F.: Preußische Anekdoten (1942). – Schoeps, H.-J.: Das war Preußen. Eine Anthologie (1955). – Koenigswald, H. v.: Preußisches Lesebuch. Zeugnisse aus drei Jahrhunderten (1966).

Meinecke, F.: Preußen und Deutschland im 19. Jahrhundert. Ges. Aufsätze (1920). – Ders.: Preußisch-deutsche Gestalten und Probleme (2/1940). – Hintze, O.: Geist und Epochen der preußischen Geschichte. Ges. Abhandlungen (1943). – Hinrichs, C.: Preußen als historisches Problem. Ges. Aufsätze (1963). – Dietrich, R. (Hrsg.): Preußen. Epochen und Probleme seiner Geschichte (1964). – Netzer, H.-J. (Hrsg.): Preußen. Porträt einer politischen Kultur (1968). – Schoeps, H.-J.: Üb' immer Treu und Redlichkeit. Preußen in Geschichte und Gegenwart (1978).

Vehse, E.: Geschichte der preußischen Höfe, des Adels und der Diplomatie. Teil 1–6 (1851). Auswahl: Berliner Hof-Geschichten. Preußens Könige privat (1970).

Isaacsohn, S.: Geschichte des preußischen Beamtentums. 3 Bde. (1874–1884). – Bornhak, C.: Preußische Staats- und Rechtsgeschichte (1902). – Schmoller, G.: Preußische Verfassungs-, Verwaltungs- und Finanzgeschichte (1921). – Henderson, W. O.: The State and the Industrial Revolution in Prussia. 1740–1870 (1958). – Scheuner, U.: Der Staatsgedanke Preußens (1965).

Neumann, S.: Die Stufen des preußischen Konservativismus (1930). – Oertzen, F. W. v.: Junker. Preußischer Adel im Jahrhundert des Liberalismus (1939). – Schüddekopf, O. E.: Die deutsche Innenpolitik im letzten Jahrhundert und der konservative Gedanke (1951). – Görlitz, W.: Die Junker (1956).

Osten-Sacken, O. v. d.: Preußens Heer von seinen Anfängen bis zur Gegenwart. 3 Bde. (1910–1914). – Pietsch, P.: Formations- und Uniformierungsgeschichte des preußischen Heeres. 2 Bde. (1911–1913). – Jany, C.: Geschichte der Königlich Preußischen Armee bis zum Jahre 1807. 3 Bde. (1928/29). – Ders.: Die Königlich Preußische Armee und das deutsche Reichsheer. 1807–1914 (1933). – Helfritz, H.: Geschichte der preußischen Heeresverwaltung (1938). – H. O. Meisner: Der Kriegsminister. 1814–1914 (1940). – Görlitz, W.: Der deutsche Generalstab (1953). – Ritter, G.: Staatskunst und Kriegshandwerk. Das Problem des »Militarismus« in Deutschland. Bd. 1: Die altpreußische Tradition. 1740–1890 (1954). – Craig, G. A.: Die preußisch-deutsche Armee. 1640–1945 (1960). – Büsch, O.: Militärsystem und Sozialleben im alten Preußen (1962). – Demeter, K.: Das deutsche Offizierskorps in Gesellschaft und Staat. 1650–1945 (4/1965). – Handbuch zur deutschen Militärgeschichte. 1648–1939. Hrsg. Militärgeschichtliches Forschungsamt. Wohlfeil, R.: 1789–1814 (1964), Messerschmidt, M.: 1814–1890 (1975). – Messerschmidt, M.: Militär und Politik in der Bismarckzeit und im Wilhelminischen Deutschland (1975). – Bleckwenn, H.: Unter dem Preußen-Adler. Das brandenburgisch-preußische Heer 1640–1807 (1978). – Ortenburg, G.: Mit Gott für König und Vaterland. Das preußische Heer. 1807–1914 (1979). – Martin, G.: Die bürgerlichen Exzellenzen. Zur Sozialgeschichte der preußischen Generalität. 1812–1918 (1979).

Streckfuß, A.: Berlin im 19. Jahrhundert. 4 Bde. (1867–1869). – Ders.: 500 Jahre Berliner Geschichte. Hrsg. von L. Fernbach (1900). – Springer, R.: Berlin, die deutsche Kaiserstadt (1878). – Ring, M.: Die deutsche Kaiserstadt Berlin. 2 Bde. (1883/84). – Bab, J. und W. Handl: Wien und Berlin. Vergleichende Kulturgeschichte der beiden Hauptstädte Mitteleuropas (2/1926). – Hürlimann, M. (Hrsg.): Berlin. Berichte und Bilder (1934). – Krammer, M.: Berlin und das Reich. Die Geschichte der Reichshauptstadt (1935). – Masur, G.: Das kaiserliche Berlin (1971). – Löschburg, W.: Unter den Linden (1973).

BISMARCK, ROON, MOLTKE

BISMARCK: Die gesammelten Werke. 15 Bde. (1924–1935). – Werke in Auswahl, Bd. 1–6 und 8a (1962–1976). – Briefwechsel Kaiser Wilhelm und Bismarck. Hrsg. von H. Kohl (1901). – Das Bismarck-Problem in der Geschichtsschreibung nach 1945. Hrsg. von L. Gall (1971). – Biographien: Lenz, M. (1902), Marcks, E.: 1815–1851 (1909 und 1939), Eyck, E., 3 Bde. (1941–1944), Mayer, A. O. (1949), Reiners, L., 2 Bde. (1956/57), Mommsen, W. (1959), Taylor, A. J. P. (1962), Richter, W. (1962), Verschau, H. (1969), Palmer, A. (1976). – Monographien: Zechlin, B.: Bismarck und die Grundlegung der deutschen Großmacht (1930), Rein, G. A.: Die Revolution in der Politik Bismarcks (1957), Becker, O.: Bismarcks Ringen um Deutschlands Gestaltung (1958), Pflanze, O.: Bismarck and the Development of Germany. 1815–1871 (1963), Rothfels, H.: Bismarck. Vorträge und Abhandlungen (1970).

ROON: Denkwürdigkeiten. Sammlung von Briefen, Schriftstücken und Erinnerungen. 2 Bde. (1892). – Reden als Kriegsminister. 3 Bde. (1895/96). – Briefwechsel mit K. Th. Perthes. 1864–1867 (1895). – Blume, W. v.: Kaiser Wilhelm und sein Kriegsminister Roon als Bildner des preußisch-deutschen Heeres (1906). – Hübner, R.: A. v. Roon. Preußens Heer im Kampf um das Reich (1933). – Immel, E.: A. v. Roons Entwicklungsgang (1936).

MOLTKE: Gesammelte Schriften und Denkwürdigkeiten. 8 Bde. (1891–1893). – Militärische Werke. 15 Bde. (1892–1912). – Gespräche. Hrsg. von E. Kessel (3/1943). – Jähns, M.: Feldmarschall Moltke. 2 Bde. (2/1906). – Stadelmann, R.: Moltke und der Staat (1950). – Kessel, E.: Moltke (1957).

Allgemeine Geschichte des Zeitalters

Gebhardt, B.: Handbuch der deutschen Geschichte. Hrsg. von H. Grundmann. Bd. 3: Von der Französischen Revolution bis zum Ersten Weltkrieg (9/1970). – Handbuch der Europäischen Geschichte. Hrsg. von Th. Schieder. Bd. 6: Europa im Zeitalter der Nationalstaaten und europäische Weltpolitik bis zum Ersten Weltkrieg (1968). – Handbuch der deutschen Wirtschafts- und Sozialgeschichte. Hrsg. von H. Aubin und W. Zorn. Bd. 2: Das 19. und 20. Jahrhundert (1976).

Treitschke, H. v.: Deutsche Geschichte im 19. Jahrhundert (bis 1847). 5 Bde. (1879–1894). – Sybel, H. v.: Die Begründung des Deutschen Reiches durch Wilhelm I. 7 Bde. (1889–1894). – Oncken, W.: Das Zeitalter des Kaisers Wilhelm. 2 Bde. (1890–1892). – Stern, A.: Geschichte Europas seit den Verträgen von 1815 bis zum Frankfurter Frieden von 1871. 10 Bde. (1899–1924). – Brandenburg, E.: Die Reichsgründung. 2 Bde. (1916). – Ziekursch, J.: Politische Geschichte des neuen deutschen Kaiserreiches. 3 Bde. (1925–1930). – Schnabel, F.: Deutsche Geschichte im 19. Jahrhundert. 4 Bde. (1929–1936). – Srbik, H. v.: Deutsche Einheit. Idee und Wirklichkeit vom Heiligen Reich bis Königgrätz. 4 Bde. (1935–1942). – Marcks, E.: Der Aufstieg des Reiches. 1807–1871/78. 2 Bde. (1936). – Mann, G.: Deutsche Geschichte im 19. und 20. Jahrhundert (1958). – Bußmann, W.: Das Zeitalter Bismarcks. 1852–1890. In: Handbuch der Deutschen Geschichte. Hrsg. von L. Just. Band 3, II. Teil (1968). – Propyläen Geschichte Europas. Bd. 4: E. Weis, Der Durchbruch des Bürgertums. 1776–1847 (1978), Bd. 5: Th. Schieder, Staatensystem als Vormacht der Welt. 1848–1918 (1977). – Dawson, W. H.: The German Empire and the Unity Movement. 1867–1914. 2 Bde. (1966).

Huber, E. R.: Deutsche Verfassungsgeschichte seit 1789. Bd. 1: 1789–1830 (1957), Bd. 2: 1830–1850 (1960), Bd. 3: Bismarck und das Reich (1963), Bd. 4: Struktur und Krisen des Kaiserreichs (1969). – Ders. (Hrsg.): Dokumente zur deutschen Verfassungsgeschichte. Bd. 1: 1803–1850 (1961), Bd. 2: 1851–1918 (1964). – Böckenförde, E.-W. und R. Wahl (Hrsg.): Moderne deutsche Verfassungsgeschichte. 1815–1918 (1972).

Sombart, W.: Die deutsche Volkswirtschaft im 19. Jahrhundert und im Anfang des 20. Jahrhunderts (8/1954). – Lütge, F.: Deutsche Sozial- und Wirtschaftsgeschichte (3/1966). – Bechtel, H.: Wirtschafts- und Sozialgeschichte Deutschlands (1967). – Treue, W.: Wirtschaftsgeschichte der Neuzeit (3/1973). – Borchardt, K.: Die industrielle Revolution in Deutschland (1972). – Engelsing, R.: Sozial- und Wirtschaftsgeschichte Deutschlands (1976). – Wehler, H.-U.: Moderne deutsche Sozialgeschichte (4/1973). –

Herkner, H.: Die Arbeiterfrage. 2 Bde. (8/1922). – Wachenheim, H.: Die deutsche Arbeiterbewegung. 1844–1914 (2/1971).

Böhme, H.: Deutschlands Weg zur Großmacht. Studien zum Verhältnis von Wirtschaft und Staat während der Reichsgründungszeit. 1848–1881 (1966). – Ders. (Hrsg.): Die Reichsgründung. Dokumente (1967). – Ders. (Hrsg.): Probleme der Reichsgründungszeit. 1848–1879 (1968). – Hamerow, T. S.: Restoration, Revolution, Reaction, Economics and Politics in Germany. 1815–1871 (1966). – Ders.: The Social Foundations of German Unification. 1858–1871. 2 Bde. (1969–1972).

Mommsen, W. (Hrsg.): Deutsche Parteiprogramme (1960). – Treue, W. (Hrsg.): Deutsche Parteiprogramme 1861 bis zur Gegenwart (4/1968). – Bergsträsser, L.: Geschichte der politischen Parteien in Deutschland (11/1965). – Tormin, W.: Geschichte der deutschen Parteien seit 1848 (1966). – Nipperdey, T.: Die Organisation der deutschen Parteien vor 1918 (1961). – Wehler, H.-U.: Sozialdemokratie und Nationalstaat. 1840–1914 (2/1971). – Ritter, G. A. (Hrsg.): Deutsche Parteien vor 1918 (1973).

Meinecke, F.: Weltbürgertum und Nationalstaat (1907, 8/1962). – Sell, F. C.: Die Tragödie des deutschen Liberalismus (1953). – Plessner, H.: Die verspätete Nation (1959). – Kohn, H.: Wege und Irrwege. Vom Geist des deutschen Bürgertums (1962). – Herre, F.: Nation ohne Staat. Die Entstehung der deutschen Frage (1967).

Zum Kapitel »Schwarz und Weiss«

Delbrück, F.: Die Jugend des Königs Friedrich Wilhelm IV. von Preußen und des Kaisers und Königs Wilhelm I., Tagebuchblätter (1907). – Coelln, F. v.: Vertraute Briefe über die inneren Verhältnisse am Preußischen Hofe seit dem Tode Friedrichs II. (1807–1809). – Varnhagen v. Ense, K. A.: Denkwürdigkeiten. 1785–1819. 9 Bde. (1837–1859). – Voß, S. M. Gräfin: 69 Jahre am preußischen Hof (1887). – Radziwill, L. Fürstin: 45 Jahre aus meinem Leben. 1770–1815 (1912). – Bailleu, P.: Der preußische Hof im Jahr 1798 (1898). – Bleich, E.: Der Hof Friedrich Wilhelms II. und Friedrich Wilhelms III. (1914).

Geiger, L.: Berlin 1688–1840. Geschichte des geistigen Lebens. Bd. 2: 1786–1840 (1893). – Nadler, J.: Die Berliner Romantik 1800–1814 (1921). – Koch, F.: Deutsche Kultur des Idealismus (1935). – Schulte, F.: Klassik und Romantik der Deutschen. 2 Bde. (2/1952). – Wittkop, J. F.: Die Welt des Empire (1968). – Kleßmann, E.: Die Welt der Romantik (1969). – Brunschwig, H.: Gesellschaft und Romantik in Preußen im 18. Jahrhundert (1975).

Meinecke, F.: Das Zeitalter der deutschen Erhebung. 1975–1815 (7/1963). – Andreas, W.: Das Zeitalter Napoleons und die Erhebung der Völker (1955). – Raumer, K. v.: Deutschland um 1800. In: Handbuch der deutschen Geschichte. Bd. 3, I (1959–1971). – Kleßmann, E. (Hrsg.): Deutschland unter Napoleon in Augenzeugenberichten (1965).

Bornhak, C.: Preußen unter der Fremdherrschaft. 1807–1813 (1925). – Shanaham, W. O.: Prussian Military Reforms. 1786–1813 (1945). – Eckert, G. (Hrsg.): Von Valmy bis Leipzig. Quellen und Dokumente zur preußischen Heeresreform (1955). – Simon, W. M.: The Failure of the Prussian Reform Movement. 1807–1819 (1955). – Koselleck, R.: Preußen zwischen Reform und Revolution. Allgemeines Landrecht, Verwaltung und soziale Bewegung von 1791 bis 1848 (1967). – Ibbeken, R.: Preußen 1807–1813. Staat und Volk als Idee und in Wirklichkeit (1970). – Stübig, H.: Armee und Nation. Die pädagogisch-politischen Motive der preußischen Heeresreform. 1807–1814 (1971). – Herre, F.: Freiherr vom Stein. Sein Leben – seine Zeit (1973).

Zum Kapitel »Der Soldatenprinz«

Weltzien, L. v.: Memoiren des Königlich Preußischen Generals der Infanterie Ludwig von Reiche (1857). – Varnhagen v. Ense, K. A.: Blätter aus der Preußischen Geschichte. 1815–1825. 5 Bde. (1868/69). – Natzmer, G. E. v.: Aus dem Leben des Generals Oldwig von Natzmer (1876). – Ders.: Unter den Hohenzollern. Denkwürdigkeiten aus dem Leben des Generals Oldwig von Natzmer. 4 Bde. (1887–1889).

Holleben, A. v., R. v. Caemmerer, R. Friederich: Die Befreiungskriege. 4 Bde. (1911–1913). – Janson, R. A. V.: Geschichte des Feldzugs 1814 in Frankreich. 2 Bde. (1903). – Klein, T. (Hrsg.): Die Befreiung. 1813/14/15 (1913). – Kleßmann, E. (Hrsg.): Die Befreiungskriege in Augenzeugenberichten (1966). – Parkinson, R.: Blücher (1975).

Webster, C. K.: The Congress of Vienna 1814/15 (4/1945). – Griewank, K.: Der Wiener Kongreß und die europäische Restauration 1814/15 (3/1963). – Meisner, H. O.: Die Lehre vom monarchischen Prinzip im Zeitalter der Restauration und des Deutschen Bundes (1913). – Schwarz, H.: Die Heilige Allianz (1935). – Bourquin, M.: Histoire de la Sainte Alliance (1954).

Waliszewski, K.: Le règne d' Alexandre Ier. 3 Bde. (1923–1925). – Valloton,

H.: Alexander I. (1967). – Schiemann, Th.: Geschichte Rußlands unter Kaiser Nikolaus I. 4 Bde. (1904–1919). – Lindemann, M.: Die Heiraten der Romanows und der deutschen Fürstenhäuser im 18. und 19. Jahrhundert und ihre Bedeutung in der Bündnispolitik der Ostmächte (1935).

Meinecke, F.: Das Leben des Generalfeldmarschalls H. von Boyen (1895–1899). – Boyen, H. v.: Denkwürdigkeiten. Hrsg. von F. Nippold (1896). – Haake, P.: Der preußische Verfassungskampf vor 100 Jahren (1921). – Treue, W.: Wirtschaftszustände und Wirtschaftspolitik in Preußen. 1815–1825 (1937). – Höhn, R.: Verfassungskampf und Heereseid. Der Kampf des Bürgertums um das Heer 1815–1850 (1938).

Zum Kapitel »Königlich-Preussisches Biedermeier«

Natzmer, G. E. v.: Kaiser Wilhelm I., die Prinzeß Elise Radziwill und die Kaiserin Augusta. In: Deutsche Rundschau (1890). – Bailleu, P.: Prinz Wilhelm von Preußen und Prinzessin Elise Radziwill. 1817–1826. In: Deutsche Rundschau (1911). – Baer, O.: Prinzeß Elisa Radziwill (1908). – Hennig, E. R.: Elisa Radziwill (1911). – Jagow, K.: Die Jugendliebe des alten Kaisers. Unveröffentlichte Aufzeichnungen Kaiser Wilhelms I. über seine Beziehungen zu E. R. In: Velhagen und Klasings Monatshefte (1929). – Jagow, K.: Wilhelm und Elisa. Die Jugendliebe des Alten Kaisers (1930).

Bernstorff, E. v.: Ein Bild aus der Zeit von 1789–1835. Aus ihren Aufzeichnungen. 2 Bde. (1896). – Rochow, C. v.: Vom Leben am Preußischen Hofe. 1815–1852. Aufzeichnungen (1908). – Boguslawski, A. v.: Aus der Preußischen Hofgesellschaft. 1822–1826. In zeitgenössischen Briefen. In: Deutsche Rundschau (1898).

Moeller van den Bruck, A.: Der preußische Stil (1916). – Hermann, G. (Hrsg.): Das Biedermeier im Spiegel seiner Zeit (1913). – Heilborn, E.: Zwischen zwei Revolutionen. Der Geist der Schinkelzeit. 1789–1848 (1927). – Simon, E.: Ranke und Hegel (1928). Schinkel, K. F.: Lebenswerk. Hrsg. von der Akademie des Bauwesens. 7 Bde. (1939–1954). – Weiglin, P.: Berliner Biedermeier 1815–1848 (1942). – Köhler, R. und W. Richter: Berliner Leben 1806–1847 (1954). – Böhmer, G.: Die Welt des Biedermeier (1968).

Zum Kapitel »Revolution«

Varnhagen v. Ense, K. A.: Tagebücher. 1835–1858. 14 Bde. (1861–1870). – Unruh, H. V. v.: Erinnerungen (1895). – Hohenlohe-Ingelfingen, Prinz Kraft zu: Aufzeichnungen aus meinem Leben. 4 Bde. (1897–1907).

Geiger, L. (Hrsg.): Bettina v. Arnim und Friedrich Wilhelm IV. Briefe und Aktenstücke (1902). – Henderson, W. O.: The Zollverein (3/1968). – Mieck, I.: Preußische Gewerbepolitik in Berlin. 1806–1844 (1965). – Kaelble, H.: Berliner Unternehmer während der frühen Industrialisierung (1972). – Mielke, F. und J. v. Simson: Das Berliner Denkmal für Friedrich II. den Großen (1975).

Valentin, V.: Geschichte der deutschen Revolution von 1848 bis 1849. 2 Bde. (Neuauflage 1970). – Stadelmann, R.: Soziale und politische Geschichte der Revolution von 1848 (1948). – Eyck, F.: Deutschlands große Hoffnung. Die Frankfurter Nationalversammlung. 1848–49 (1973). – Klein, T. (Hrsg.): 1848. Erinnerungen, Urkunden, Berichte, Briefe (1914). – Jessen, H. (Hrsg.): Die deutsche Revolution 1848/49 in Augenzeugenberichten (1968).

Wolff, A.: Berliner Revolutions-Chronik. 1848. 3 Bde. (1851–1854). – Busch, W.: Die Berliner Märztage 1848 (1898). – Frenzel, K.: Die Berliner Märztage (1899). – Rachfahl, F.: Deutschland, König Friedrich Wilhelm IV. und die Berliner Märzrevolution (1901). – Rothfels, H.: Th. v. Schön, Friedrich Wilhelm IV. und die Revolution von 1848 (1937).

Valentin, V.: Die Prinzessin von Preußen über die deutsche Frage. In: Deutsche Revue (1909). – Die Flucht des Prinzen von Preußen. Nach den Aufzeichnungen des Majors A. v. Oelrichs (1913). – Srbik, H. v.: Der Prinz von Preußen und Metternich. 1835–1848. In: Historische Vierteljahresschrift (1926). – Haenchen, K.: Flucht und Rückkehr des Prinzen von Preußen 1848. In: Historische Zeitschrift (1936).

Zum Kapitel »Reaktion«

Richert, E.: Die Stellung Wilhelms, Prinz von Preußen, zur preußischen Außen- und Innenpolitik 1848–1857 (Diss. Berlin 1948).

Häußer, L.: Denkwürdigkeiten zur Geschichte der badischen Revolution (1851). – Aus dem badischen Feldzug 1849. Erinnerungen aus nachgelassenen Briefen Roons. In: Deutsche Revue (1881). – Voß, W.: Der Feldzug in Baden 1849 (1903). – Scheyrer, F.: Geschichte der Revolution in Baden 1848/49 (1909). – Fendrich, A.: Die badische Bewegung der Jahre 1848/49 (1924). – Schreiner, K.: Die badisch-pfälzische Revolutionsarmee 1849 (1956).

Meinecke, F.: Radowitz und die deutsche Revolution (1913). – Ritter, E.: Radowitz, ein katholischer Staatsmann in Preußen (1948). – Charmatz, R.:

Minister Freiherr von Bruck (1916). – Hoffmann, G.: Preußen und die norddeutsche Heeresgleichschaltung nach der 48er Revolution (1935). – Kissling, R.: Fürst Felix zu Schwarzenberg (1952). – Hoffmann, J.: Rußland und die Ölmützer Punktation. In: Forschungen zur osteuropäischen Geschichte (1959). – Schoeps, Hans Julius: Von Olmütz nach Dresden. 1850/51 (1972).

Gerlach, L. V.: Denkwürdigkeiten. 2 Bde. (1891/92). – Manteuffel, O. v.: Unter Friedrich Wilhelm IV. Denkwürdigkeiten. 3 Bde. (1900/01). – Schoeps, H.-J.: Das andere Preußen. Konservative Gestalten und Probleme im Zeitalter Friedrich Wilhelms IV. (1952, 3/1964). – Diwald, H. (Hrsg.): Von der Revolution zum Norddeutschen Bund. Politik und Ideengut der preußischen Hochkonservativen 1848–1866. Aus dem Nachlaß von E. L. von Gerlach. 2 Bde. (1970). – Maltzahn, Chr. v.: Heinrich Leo (1979).

Zum Kapitel »Die Neue Ära«

Rassow, P.: Der Konflikt König Friedrich Wilhelms IV. mit dem Prinzen von Preußen 1854 (1961). – Berner, E.: Der Regierungsanfang des Prinzregenten von Preußen (1901). – Bailleu, P.: Der Prinzregent und die Reform der deutschen Kriegsverfassung. In: Historische Zeitschrift (1897). – Witte, H.: Die Reorganisation des preußischen Heeres durch Wilhelm I. (1910). – Schwemer, R.: Die Reaktion und die Neue Ära (3/1921).

Ernst II. von Sachsen-Coburg-Gotha: Aus meinem Leben und aus meiner Zeit. 3 Bde. (1887–1889). – Curtius, E. C.: Unter drei Kaisern (1889). – Bernhardi, Th. v.: Aus dem Leben Th. v. B.'s. 1834–71. 9 Bde. (1893–1906). – Stosch, A. v.: Denkwürdigkeiten (1904). – Heyderhoff, J. und P. Wentzkke: Deutscher Liberalismus im Zeitalter Bismarcks. Eine politische Briefsammlung. 2 Bde. (1925/26). – Großherzog Friedrich I. von Baden und die deutsche Politik von 1854 bis 1871. Hrsg. von H. Oncken. 2 Bde. (1927).

Schmidt, W.: Die Partei Bethmann Hollweg und die Reaktion in Preußen. 1850–1858 (1910). – Müller, R.: Die Partei Bethmann Hollweg und die orientalische Krise. 1853–1856 (1926). – Fischer, F.: Moritz August von Bethmann Hollweg und der Protestantismus (1937). – Eisfeld, G.: Die Entstehung der liberalen Parteien in Deutschland (1969). – Behnen, M.: Das Preußische Wochenblatt. 1851–1861 (1971).

Borries, K.: Preußen im Krimkrieg. 1853–56 (1930). – Eckhart, F.: Die deutsche Frage und der Krimkrieg (1931). – Friese, Ch.: Rußland und Preußen vom Krimkrieg bis zum polnischen Aufstand (1931). – Baumgart, W.: Der Friede von Paris 1856 (1972).

Corbley, T. A. B.: Napoleon III. (1970). – Wocker, K. H.: Königin Victoria (1978). – Herre, F.: Kaiser Franz Joseph von Österreich. Sein Leben – seine Zeit (1978).

Mittelstaedt, A.: Der Krieg von 1859. Bismarck und die öffentliche Meinung in Deutschland (1904). – Ritter, G.: Die preußischen Konservativen und Bismarcks deutsche Politik. 1858–1876 (1913). – Schwab, R.: Der deutsche Nationalverein (1902). – Real, W.: Der deutsche Reformverein (1966).

ZUM KAPITEL »KÖNIG VON PREUSSEN«

Bernhardi, Th. v.: Die ersten Regierungsjahre König Wilhelms I. Tagebuchblätter (1895). – Treue, W.: Wollte König Wilhelm I. 1862 zurücktreten? In: Forschungen zur brandenburgischen und preußischen Geschichte (1939). – Promnitz, K.: Bismarcks Eintritt in das Ministerium (1908). – Meisner, H. O.: Der preußische Kronprinz im Verfassungsstreit (1931). – Friese, J.: Die politische Haltung der Kronprinzessin Victoria bis 1871 (1933).

Hoffmann, W.: Das Wachstum der deutschen Wirtschaft seit der Mitte des 19. Jahrhunderts (1965). – Gugel, M.: Industrieller Aufstieg und bürgerliche Herrschaft. Sozio-ökonomische Interessen und politische Ziele des liberalen Bürgertums in Preußen zur Zeit des Verfassungskonfliktes 1857–1867 (1975). – Stern, F.: Gold und Eisen. Bismarck und sein Bankier Bleichröder (1978).

Löwenthal, F.: Der preußische Verfassungsstreit. 1862–1866 (1914). – Wahl, A.: Beiträge zur Geschichte der Konfliktszeit (1914). – Huber, E. R.: Heer und Staat in der deutschen Geschichte (1938). – Kaminski, K.: Verfassung und Verfassungskonflikt in Preußen. 1862–1866 (1938). – Anderson, E. N: The Social and Political Conflict in Prussia. 1858–1864 (1954). – Winkler, H. A.: Preußischer Liberalismus und deutscher Nationalstaat. Studien zur Geschichte der Deutschen Fortschrittspartei. 1861–1866 (1964).

Mühlpfordt, G.: Die polnische Krise von 1863. Die Begründung der russisch-preußisch-deutschen Entente der Jahre 1863–64 (1952). – Mosse, W. E.: The Rise and Fall of the Crimean System. 1855 to 1871 (1963).

ZUM KAPITEL »HOHENZOLLERN GEGEN HABSBURG«

Friedjung, H.: Der Kampf um die Vorherrschaft in Deutschland. 1859–1866 (1897). – Hirschberg, H.: Der Frankfurter Fürstentag 1863

(1907). – Franz, E.: Der Entscheidungskampf um die wirtschaftspolitische Führung Deutschlands. 1856–1867 (1933). – Schoeps, H.-J.: Der Weg ins Kaiserreich (1970). – Katzenstein, P. J.: Disjoined partners. Austria and Germany since 1815 (1976). – Dietrich, R. (Hrsg.): Europa und der Norddeutsche Bund (1968).

Lenz, M.: Die Begegnung König Wilhelms I. mit dem Kaiser Franz Joseph in Gastein am 3. August 1863. In: Festschrift für E. Brandenburg (1928). – R. Sternfeld: Der preußische Kronrat vom 2./3. Januar 1864. In: Historische Zeitschrift (1925). – Srbik, H. v.: Die Schönbrunner Konferenzen vom August 1864. In: Historische Zeitschrift (1936). – Meyer, A. O.: Der preußische Kronrat vom 29. Mai 1865. In: Gesamtdeutsche Vergangenheit (1938).

Fontane, Th.: Der Schleswig-Holsteinische Krieg im Jahre 1864 (1866, Faksimiledruck 1978). – Großer Generalstab (Hrsg.): Der Deutsch-Dänische Krieg 1864. 2 Bde. (1886/87). – Fontane, Th.: Der Deutsche Krieg von 1866. 2 Bde. (1870/71, Faksimiledruck 1979). – Großer Generalstab (Hrsg.): Der Feldzug von 1866 in Deutschland (1867/68). – Craig, G. A.: Königgrätz (1966). – Groote, W. v. und U. v. Gersdorff (Hrsg.): Entscheidung 1866 (1966). – Wandruszka, A.: Schicksalsjahr 1866 (1966). – Klein-Wuttig, A.: Politik und Kriegführung in den deutschen Einigungskriegen 1864, 1866 und 1870/71 (1934). – Helmert, H.: Kriegspolitik und Strategie. Politische und militärische Ziele der Kriegführung des preußischen Generalstabs vor der Reichsgründung (1970).

Thimme, F.: Wilhelm I., Bismarck und der Ursprung des Annexionsgedankens 1866. In: Historische Zeitschrift (1902). – Busch W.: Der Kampf um den Frieden in dem preußischen Hauptquartier zu Nikolsburg im Juli 1866. In: Historische Zeitschrift (1904).

Delbrück, R. v.: Lebenserinnerungen. 2 Bde. (1905). – Prinz Friedrich Karl von Preußen. Denkwürdigkeiten aus seinem Leben. Hrsg. von W. Foerster. 2 Bde. (1910).

Zum Kapitel »Deutscher Kaiser«

Herre, F.: Anno 70/71. Ein Krieg, ein Reich, ein Kaiser (1970). – Schieder, Th. und E. Deuerlein (Hrsg.): Reichsgründung 1870/71 (1970). – Hofer, W. (Hrsg.): Europa und die Einheit Deutschlands (1970).

Granier, H.: König Wilhelm 1870 in Ems und vor Sedan. In: Festschrift der Kaiser-Wilhelm-Gesellschaft (1921). – Oncken, H.: Die Rheinpolitik Kaiser Napoleons III. 1863–1870 und der Ursprung des Krieges von 1870/71. 3 Bde. (1926). – Geuss, H.: Bismarck und Napoleon III. (1959). – Walder, E.: Die Emser Depesche (1959). – Dittrich, J.: Bismarck, Frankreich und die spanische Thronkandidatur der Hohenzollern (1962). – Kolb, E.: Der Kriegsausbruch 1870 (1970). – Becker, J.: Zum Problem der Bismarckschen Politik in der spanischen Thronfrage 1870. In: Historische Zeitschrift (1971). – Beyreau, D.: Russische Orientpolitik und die Entstehung des Deutschen Kaiserreiches. 1866–1870/71 (1974). – Kracauer, S.: Jacques Offenbach und das Paris seiner Zeit (1937, Neuausgabe 1976). – Lutz, H.: Österreich-Ungarn und die Gründung des Deutschen Reiches (1979).

Abeken, H.: Ein schlichtes Leben in bewegter Zeit (1898). – Blumenthal, L. v.: Tagebücher aus den Jahren 1866 und 1870/71 (1902). – Bronsart v. Schellendorf, P.: Geheimes Kriegstagebuch 1870/71 (1954). – Busch, M.: Tagebuchblätter. 3 Bde. (1899). – Frankenberg, F. v.: Kriegstagebücher (1896). – Hohenlohe-Schillingsfürst, Fürst Chlodwig zu: Denkwürdigkeiten. 2 Bde. (1907). – Heyderhoff, J. (Hrsg.): Im Ring der Gegner Bismarcks. Denkschriften und politischer Briefwechsel Franz v. Roggenbachs mit Kaiserin Augusta und A. v. Stosch (1943). – Verdy du Vernois, J. v.: Im Großen Hauptquartier 1870/71 (1895). – Waldersee, A. Graf: Denkwürdigkeiten. 3 Bde. (1922–1925). – Werner, A. v.: Erlebnisse und Eindrücke (1913).

Großer Generalstab (Hrsg.): Der deutsch-französische Krieg 1870/71. 5 Bde. (1872–1882). – Großer Generalstab (Hrsg.): König Wilhelm auf seinem Kriegszuge in Frankreich 1870. Kriegsgeschichtl. Einzelschriften (1897). – Blume, W. v.: Die Beschießung von Paris 1870/71 und die Ursachen ihrer Verzögerung (1899). – Regensberg, F.: 1870/71. Der Deutsch-Französische Krieg. 3 Bde. (1907). – Howard, M.: The Franco Prussian War (1961). – Horne, A.: Paris ist tot – es lebe Paris! Der Deutsch-Französische Krieg 1870/71 und der Aufstand der Kommune in Paris (1967). – Groote, W. v. und U. v. Gersdorff: Entscheidung 1870 (1970).

Toeche-Mittler, Th.: Die Kaiserproklamation in Versailles am 18. Januar 1871 (1896). – Lorenz, O.: Kaiser Wilhelm und die Begründung des Reiches. 1866–1871 (1902). – Hampe, K.: Wilhelm I., Kaiserfrage und Kölner Dom (1936). – Rein, G. A.: Die Reichsgründung in Versailles. 18. Januar 1871 (1958). – Deuerlein, E. (Hrsg.): Die Gründung des Deutschen Reiches 1870/71 in Augenzeugenberichten (1970).

Zum Kapitel »Gründerzeit«

Hartung, F.: Deutsche Geschichte von 1871–1919 (6/1952). – Schieder, Th.: Das deutsche Kaiserreich von 1871 als Nationalstaat (1961). – Buchheim, K.: Das Deutsche Kaiserreich 1871–1918 (1969). – Stürmer, M. (Hrsg.): Das kaiserliche Deutschland. Politik und Gesellschaft. 1870–1918 (1970). – Wehler, H.-U.: Krisenherde des Kaiserreiches. 1871–1918. Studien zur deutschen Sozial- und Verfassungsgeschichte (1970). – Wehler, H.-U.: Das Deutsche Kaiserreich. 1871–1918 (1973). – Ritter, G. A. (Hrsg.): Das Deutsche Kaiserreich. 1871–1914 (1975).

Spitzemberg, H. v.: Das Tagebuch der Baronin Sp. Hrsg. von R. Vierhaus (1970). – Müller-Jabusch, M.: So waren die Gründerjahre (1957). – Glatzer, R. (Hrsg.): Berliner Leben 1870–1900. Erinnerungen und Berichte (1963). – Höfele, K. H. (Hrsg.): Geist und Gesellschaft der Bismarckzeit. 1870 bis 1890 (1967). – Sagave, P.-P.: 1871. Berlin – Paris (1971). – Lange, A.: Berlin zur Zeit Bebels und Bismarcks (1972).

Kramer, H.: Deutsche Kultur zwischen 1871 und 1918 (1971). – Hamann, R. und J. Hermand: Gründerzeit (1971). – Martini, F.: Deutsche Literatur im bürgerlichen Realismus 1848–1898 (1962). – Kitscher, H.: Fontane. Seine politische Gedankenwelt (1953). – Attwood, K.: Fontane und das Preußentum (1970).

Satlow, B.: Wilhelm I. als Summus episcopus der altpreußischen Landeskirche (Diss. Halle 1960). – Bachem, K.: Vorgeschichte, Geschichte und Politik der deutschen Zentrumspartei. 8 Bde. (1927–1931). – Franz, G.: Kulturkampf (1954). – Schmidt-Volkmar, E.: Der Kulturkampf in Deutschland. 1871–1890 (1962). – Buchheim, K.: Ultramontanismus und Demokratie. Der Weg der deutschen Katholiken im 19. Jahrhundert (1963). – Franz-Willing, G.: Kulturkampf gestern und heute (1971). – Bammel, E.: Die Reichsgründung und der deutsche Protestantismus (1973). – Huber, E. R. und W. Huber: Staat und Kirche im 19. und 20. Jahrhundert. 2 Bde. (1973–1976).

Sandberger, D.: Die Ministerkandidatur Bennigsens (1929). – Tönnies, F.: Der Kampf um das Sozialistengesetz (1929). – Goldschmidt, H.: Das Reich und Preußen im Kampf um die Führung. 1871–1918 (1931). – Hartung, F.: Preußen und das Deutsche Reich seit 1871 (1932). – Schmidt-Bückeburg, R.: Das Militärkabinett der preußischen Könige und deutschen Kaiser (1933). – Meisner, H. O.: Militärkabinett, Kriegsminister und Kanzler zur Zeit Wilhelms I. In: Forschungen zur brandenburgischen und deutschen Geschichte (1938). – Stoltenberg, G.: Der deutsche Reichstag 1871–1873

(1955). – Morsey, R.: Die Oberste Reichsverwaltung unter Bismarck. 1867–1890 (1957). – Pack, W.: Das parlamentarische Ringen um das Sozialistengesetz Bismarcks. 1878–1890 (1961). – Schmidt-Richberg, W.: Die Generalstäbe in Deutschland. 1871–1945 (1962). – Fricke, D.: Die deutsche Arbeiterbewegung. 1869–1890 (1964). – Born, K. E.: Preußen und Deutschland im Kaiserreich (1967). – Binder, H.-O.: Reich und Einzelstaaten während der Kanzlerschaft Bismarcks. 1871–1890 (1971). – Stürmer, M.: Regierung und Reichstag im Bismarckstaat. 1871–1880 (1974).

Schweinitz, H. L. v.: Denkwürdigkeiten. 2 Bde. (1927). – Schüßler, W.: Deutschland zwischen England und Rußland (1941). – Maiwald, S.: Der Berliner Kongreß 1878 und das Völkerrecht (1948). – Langer, W. L.: European Alliances and Alignments. 1871–1890 (2/1950). – Haselmayr, F.: Von russischer Freundschaft zu russischem Groll (1955). – Hillgruber, A.: Bismarcks Außenpolitik (1972). – Müller-Link, H.: Industrialisierung und Außenpolitik. Preußen-Deutschland und das Zarenreich. 1860–1890 (1977).

Zum Kapitel »Das Reichsdenkmal«

Windelband, W.: Bismarck und die europäischen Großmächte. 1879–1885 (1940). – Friedrich von Holstein: Die geheimen Papiere. Hrsg. von W. Frauendienst, 4 Bde. (1956–1963). – Haselmayr, F.: Bismarcks Reichssicherung gegen Rußland. 1879–1884. Der Erwerb deutscher Kolonialbesitzes. 1884–1885 (1956). – Ders.: Die Wahrung des Europäischen Friedens durch Bismarck in der Bulgarienkrise von 1885–1888. Bismarcks Entlassung März 1890 (1957). – Rassow, P.: Die Stellung Deutschlands im Kreise der großen Mächte. 1887–1890 (1959). – Winckler, M.: Bismarcks Bündnispolitik und das europäische Gleichgewicht (1964). – Hallmann, H. (Hrsg.): Zur Geschichte und Problematik des deutsch-russischen Rückversicherungsvertrages von 1887 (1968). – Kumpf-Korfes, S.: Bismarcks »Draht nach Rußland« (1968). – Wehler, H.-U.: Bismarck und der Imperialismus (1969).

Laforgue, J.: Berlin. Der Hof und die Stadt 1887 (1970). – Reischach, H. v.: Unter drei Kaisern (1925). – Fehrenbach, E.: Wandlungen des deutschen Kaisergedankens. 1871–1918 (1969).

Neubauer, R. (Hrsg.): Blätter der Erinnerung an Deutschlands großen Kaiser Wilhelm I. Gedenkblätter an die Trauertage des März 1888 (1888).

Personenregister

Abeken, Heinrich, Geheimer Legationsrat 381, 409, 417, 419
Adami, Friedrich, Historiker 487
Albedyll, Emil von, General, Chef des Militärkabinetts Wilhelms I. 494 ff.
Albert, Prinz von Sachsen-Coburg-Gotha, Gemahl der Königin Victoria von Großbritannien 195, 198, 201, 245 f., 264
Albrecht, Erzherzog von Österreich 270
Albrecht, Prinz von Preußen, Bruder Wilhelms I. 56, 58, 150
Alexander I., Kaiser von Rußland 36, 43, 52, 54 f., 64 f., 68 f., 71–74, 78 f., 81, 85 ff., 89–93, 124, 127, 130 f., 137, 155, 267, 386
Alexander II., Kaiser von Rußland, Neffe Wilhelms I. 254, 259, 352, 362 f., 371, 386, 400, 460, 462–466, 473, 482 f., 502
Alexander III., Kaiser von Rußland 463, 483, 502 f.
Alexandra Petrowna, geb. Herzogin von Oldenburg, Gemahlin des Großfürsten Nikolaus 463
Alexandrine, Prinzessin von Preußen, Gemahlin des Großherzogs Paul Friedrich von Mecklenburg-Schwerin, Schwester Wilhelms I. 27, 40, 49, 58, 146, 149, 157, 270, 326, 330, 342, 351, 361, 449, 470, 482, 497, 500, 502, 504
Ancillon, Johann Peter Friedrich, Erzieher Friedrich Wilhelms IV. 60, 165 f.
Andrassy, Julius, Graf, ungarischer Ministerpräsident und k. u. k. Minister des Äußern 481
Arndt, Ernst Moritz, Publizist 93 f., 169, 216

Arnim, Achim von, Dichter 109
Arnim, Bettina von, Schriftstellerin 179
Arnim-Boitzenburg, Adolf Heinrich, Graf von, Ministerpräsident 190 f.
Atterbom, Pehr Daniel Amadeus, schwedischer Dichter 98
Auerbach, Berthold, Schriftsteller 104
Auerswald, Alfred von, Minister 191
Auerswald, Hans von, General 212
Auerswald, Rudolf von, Minister 263, 288
August, Prinz von Preußen 127, 129
August, Prinz von Württemberg, preußischer General 390, 498
Augusta, Prinzessin von Sachsen-Weimar, Gemahlin Wilhelms I. 129 f., 135–150, 155–158, 175, 182, 192–195, 197, 205, 210, 216 f., 227, 232, 239 ff., 244 ff., 253, 256 f., 262 ff., 281, 289, 302, 305, 308–312, 317, 326, 341 f., 351, 356, 365, 373, 379 ff., 383 f., 386 ff., 391 f., 396 f., 400 ff., 408, 416, 426, 440, 445, 463, 486, 493, 495, 506–509
Auguste Viktoria, Prinzessin zu Schleswig-Holstein, Gemahlin Wilhelms II. 497 f., 506
Augustenburg, Herzog Friedrich (VIII.), Prätendent in Schleswig-Holstein 329–332, 336, 338–341

Baedeker, Karl, Reiseschriftsteller 487
Bahr, Hermann, Schriftsteller 434
Bakunin, Michael, Anarchist 219
Baumgarten, Hermann, Historiker 359
Bazaine, François Achille, französischer Marschall 390, 392 f.
Bebel, August, Gründer und Führer der

deutschen Sozialdemokratie 385, 471, 479
Becker, Nikolaus, Dichter des »Rheinliedes« 161
Becker, Oskar, Attentäter 286
Bedford, Sybille, Historikerin 434
Beethoven, Ludwig van 14, 110
Begas, Reinhold, Bildhauer 273
Benedek, Ludwig August von, österreichischer Feldzeugmeister 349
Benedetti, Vincent, Graf, französischer Diplomat 379–382
Bennigsen, Rudolf von, nationalliberaler Politiker 468
Berenhorst, Heinrich von, Militärschriftsteller 75
Berlioz, Louis Hector, Komponist 111
Bernhardi, Theodor von, Diplomat und Schriftsteller 272
Bernstorff, Albrecht, Graf von, Diplomat und Außenminister 310, 322
Bernstorff, Elise, Gräfin von 102
Bernuth, August von, Minister 287
Bethmann Hollweg, Moritz August von, Jurist und Minister 244, 263, 354
Beust, Friedrich Ferdinand, Graf von, sächsischer Ministerpräsident und österreichischer Reichskanzler 386
Biedermann, Karl, Historiker und Publizist 216 f.
Bismarck, Otto von, Ministerpräsident und Reichskanzler 96, 205 f., 226 f., 229, 248 f., 256, 262 f., 266, 269 f., 304–320, 322–328, 331 ff., 336–345, 348 ff., 352–356, 358 f., 362–372, 375–384, 390 f., 394, 396, 399–402, 406–412, 414 ff., 418 f., 425, 429, 432 ff., 436, 440, 443 ff., 449–456, 460–464, 467–475, 477 ff., 481 ff., 486, 491 f., 495, 498, 500, 502–507, 509 f.
Bismarck, Wilhelm von, Sohn Otto von Bismarcks 249
Bleichröder, Gerson von, Bankier 298, 432 ff.
Blücher, Gebhard Leberecht von, Feldmarschall 14, 66 f., 69 ff., 73 f., 78, 84–87, 105
Bodelschwingh, Ernst von, Minister 170, 185, 189, 190 f.

Bonin, Eduard von, General und Kriegsminister 252, 263, 280 f.
Borsig, August, Industrieller 298
Boyen, Hermann Ludwig von, General und Kriegsminister 97 f.
Brandenburg, Friedrich Wilhelm, Graf von, General und Ministerpräsident 209, 232, 234
Brause, Friedrich August Wilhelm von, Oberst, militärischer Erzieher Wilhelms I. 75
Brentano, Lorenz, badischer Politiker 220
Brockhausen, Emilie von, Freundin Wilhelms I. 114, 129, 136 f., 139, 142
Brühl, Karl, Graf von, Generalintendant 115
Brühl, Sophie, Reichsgräfin von 24 f.
Bülow, Friedrich Wilhelm von, General 105
Bunsen, Christian Karl Josias von, Gelehrter und Diplomat 97, 194 f., 199 ff., 215, 234, 245 f., 252
Busch, Moritz, Publizist 390

Cäcilie, Prinzessin von Schweden 138 f.
Calvin, Johann, Reformator 34, 82
Camphausen, Ludolf, Bankier und Ministerpräsident 196, 201
Camphausen, Otto, Minister 368, 440
Camphausen, Wilhelm, Maler 424, 440
Canitz und Dallwitz, Karl Wilhelm Ernst von, General und Außenminister 186
Cavour, Camillo Benso di, Graf, italienischer Staatsmann 268
Charlotte, Prinzessin von Preußen, Gemahlin des Zaren Nikolaus I. (Alexandra Feodorowna), Schwester Wilhelms I. 27, 49, 58, 89 ff., 93, 114, 118 f., 128, 131, 135 f., 138, 142 f., 149, 158, 230, 259, 267, 463
Chodowiecki, Daniel Nikolaus, Maler und Kupferstecher 23
Christian IX., König von Dänemark 329 ff., 337

Clarendon, Georg W. F. Villiers, Earl of, englischer Außenminister 377
Clausewitz, Karl von, General und Militärschriftsteller 67, 112, 218
Coelln, Friedrich von, Publizist 15
Cohn, Julius, Attentäter 342
Corvin, Otto von, Schriftsteller 224

Dahlmann, Friedrich Christoph, Historiker und Politiker 199, 211, 216, 244
Dahn, Felix, Schriftsteller 422
Delbrück, Johann Friedrich Gottlieb, Erzieher Friedrich Wilhelms IV. 28 f., 52 f., 56
Devrient, Ludwig, Schauspieler 109
Diericke, von, Generalleutnant, Erzieher Friedrich Wilhelms IV., 53
Diest, Gustav von, Regierungspräsident 111, 366, 489
Dingelstedt, Franz von, Schriftsteller 406
Disraeli, Benjamin, Earl of Beaconsfield, englischer Staatsmann 459, 466
Dortu, Maximilian, Berliner Revolutionär 224
Dove, Alfred, Historiker 510
Drake, Friedrich, Bildhauer 438
Droste zu Vischering, Klemens August von, Erzbischof von Köln 162, 169

Ehrenberg, Friedrich, Hofprediger 66, 80, 82, 84
Eichhorn, Karl Friedrich, Jurist 129
Elisabeth, Kaiserin von Österreich 496
Elisabeth, Prinzessin von Bayern, Gemahlin Friedrich Wilhelms IV. 113, 126, 134, 147, 149, 167, 261 ff., 326, 402
Elisabeth Christine, Prinzessin von Braunschweig-Bevern, Gemahlin Friedrichs des Großen 21 f.
Elisabeth, Prinzessin von Braunschweig-Wolfenbüttel, erste Gemahlin Friedrich Wilhelms II. 14
Elsenhans, Ernst, Publizist 224
Engel, Kammerdiener Wilhelms I. 494

Ernst II., Herzog von Sachsen-Coburg-Gotha 245, 253, 272, 302, 319
Ernst August, König von Hannover 18, 146, 157
Eugénie, Kaiserin der Franzosen 114, 318, 370
Eulenburg, Friedrich, Graf zu, Minister 440, 452 f., 485, 489
Eylert, Rulemann Friedrich, evangelischer Bischof und Hofprediger 27, 42, 142

Falk, Adalbert, Minister 440, 445, 450
Favre, Jules, französischer Minister 401
Ferdinand I., Kaiser von Österreich 156
Ferdinand Philippe, Herzog von Orléans 157
Fichte, Johann Gottlieb, Philosoph 62
Flottwell, Eduard von, Minister 263
Fontane, Theodor, Dichter 189, 425 f., 430, 435, 437, 458, 511
Fouqué, Friedrich de la Motte-F., Dichter 59, 109, 115
Fouqué, Karoline de la Motte-F., Schriftstellerin 117
Frantz, Constantin, Publizist 421
Franz I., Kaiser von Österreich 37, 55, 68 f., 72, 78 f., 85, 156, 228
Franz Joseph I., Kaiser von Österreich 214, 232, 234, 248, 268, 270 f., 276, 293 f., 320 ff., 324 ff., 328, 330, 333 f., 337 f., 340 f., 352, 361, 386, 406, 461 f., 466, 483, 491, 496, 501
Frenzel, Karl, Schriftsteller 186
Freytag, Gustav, Schriftsteller 417, 425, 511
Friederike, Prinzessin von Mecklenburg-Strelitz, Schwester der Königin Luise, Gemahlin des Prinzen Ludwig von Preußen 10 ff., 14–19, 21, 53
Friederike Luise, Prinzessin von Hessen-Darmstadt, zweite Gemahlin Friedrich Wilhelms II. 11, 14
Friedrich I., Kurfürst von Brandenburg 30, 169
Friedrich II., Kurfürst von Brandenburg 16, 30

531

Friedrich Wilhelm, der Große Kurfürst 31, 169, 429, 499
Friedrich I., König in Preußen 16, 29, 31 f., 48, 287, 398, 413
Friedrich Wilhelm I., König in Preußen 15, 20, 22, 32, 133, 302, 499
Friedrich II., der Große, König von Preußen 12–15, 17 f., 20, 23 f., 26, 28, 32–36, 40, 44, 47, 51 f., 59, 62, 101, 133, 144, 161 ff., 166, 168 f., 172, 199, 208, 228, 238 f., 247, 260, 284, 290, 295, 317, 345, 347, 351, 356 f., 389, 416, 429, 441, 446, 451 ff., 492, 498 f.
Friedrich Wilhelm II., König von Preußen 11–15, 17, 19–24, 26, 35, 116, 165, 209
Friedrich Wilhelm III., König von Preußen, Vater Wilhelms I. 9 f., 12, 14–29, 34–45, 48 ff., 52, 54–61, 63–81, 83, 85–88, 90, 95–101, 104 f., 107, 110, 116, 119–136, 138–142, 144 f., 149–154, 156 ff., 160, 162 f., 165, 168 f., 172 ff., 189, 228, 236, 238, 247, 254, 259, 267, 273, 290, 318, 384 f., 389, 427, 429, 462, 485, 499, 509
Friedrich Wilhelm IV., König von Preußen, Bruder Wilhelms I. 21, 26–29, 39, 49, 52 f., 56, 58, 60 f., 65, 68, 70, 74, 78, 86 f., 112 f., 123, 125 f., 129, 135, 143, 147, 149, 158, 163–197, 201 ff., 205–209, 211, 214 ff., 218 f., 221, 224–227, 232 ff., 237 f., 240 ff., 245, 248, 253 f., 256–263, 268, 283, 285, 290, 305, 320, 405, 410, 421, 492, 499
Friedrich Wilhelm, Kronprinz von Preußen, nachmaliger Kaiser Friedrich III., Sohn Wilhelms I. 147, 167, 197, 210, 241, 246, 257, 267, 281, 288 f., 302 f., 306 f., 316 ff., 327, 333, 339 ff., 347, 349 ff., 354, 356, 365 f., 370, 376, 378, 384, 387 f., 394, 397, 399, 401, 403 ff., 407 ff., 412 f., 415 ff., 420, 422, 425, 445, 451, 455, 472, 475, 492, 496 ff., 503 f., 506, 508 ff.
Friedrich Karl, Prinz von Preußen, Generalfeldmarschall, Neffe Wilhelms I. 281, 334, 337, 347–350, 354, 387, 399, 498
Friedrich (Fritz Louis), Prinz von Preußen, Vetter Wilhelms I. 53, 129
Friedrich I., Großherzog von Baden, Schwiegersohn Wilhelms I. 147, 256, 268, 301, 376, 404, 414 f., 506
Friedrich Franz II., Großherzog von Mecklenburg-Schwerin, Neffe Wilhelms I. 214 f., 498
Friedrich Wilhelm I., Kurfürst von Hessen 231

Gablenz, Ludwig von, österreichischer Feldzeugmeister 333, 340
Gambetta, Léon, französischer Staatsmann 397, 400, 484
Gans, Eduard, Rechtsphilosoph 108
Gaudy, Oberst von, Erzieher Friedrich Wilhelms IV. 53
Gaudy, Fritz von, Oberstleutnant, Verfasser des Liedes »Prinz von Preußen« 200 f.
Geibel, Emanuel, Dichter 458
Gentz, Heinrich, Baumeister 59
Georg IV., König von Großbritannien 74
Georg V., König von Hannover 18
Georg, Großherzog von Mecklenburg-Strelitz, Bruder der Königin Luise 20
Gerlach, Ernst Ludwig von, konservativer Politiker und Publizist 174, 241 ff., 346, 362
Gerlach, Leopold von, Generaladjutant Friedrich Wilhelms IV. 174 f., 188, 201, 206, 232, 241, 243, 258 f., 264
Gilly, David, Baumeister 11, 20
Gilly Friedrich, Baumeister 11
Glücklich, Christian Johann, Croupier 485
Gneisenau, August, Neidhardt von, Feldmarschall 47, 63, 67, 74, 84 ff., 97, 127, 154, 165
Gneist, Rudolf, Jurist und Politiker 280
Görres, Joseph, Publizist 93 f., 181, 239
Goethe, Johann Wolfgang 11, 17, 22, 77, 110, 130, 137, 144, 147

Goltz, Robert, Graf von der, Diplomat 245
Gortschakow, Alexander Michailowitsch, russischer Reichskanzler 460, 463 f., 467
Gramont, Antoine Alfred Agénor, Herzog von, französischer Außenminister 379 f., 391
Gregorovius, Ferdinand, Historiker 442, 504
Gröben, Karl, Graf von der, General 224, 258
Grolman, Karl Wilhelm Georg von, General 98, 171, 278
Groth, Klaus, Dichter 335
Günther, Otto, Maler 391
Gustav IV. Adolf, König von Schweden 139

Halbhuber von Festwill, Anton von, österreichischer Zivilkommissar in Schleswig-Holstein 340
Hanemann, Moritz, Kammermusiker 110
Haniel, Franz, Industrieller 298
Hardenberg, Karl August von, Außenminister und Staatskanzler 44 f., 50, 61, 63 f., 77, 95, 97
Harkort, Friedrich, Industrieller 298
Harrach, Gräfin Auguste, Fürstin von Liegnitz, zweite Gemahlin Friedrich Wilhelms III. 149, 163
Hatzfeldt-Wildenburg, Paul, Graf von, Diplomat 394
Hegel, Georg Wilhelm Friedrich, Philosoph 106, 108 f., 244
Heim, Ernst Ludwig, Mediziner 58
Heine, Heinrich, Dichter 109, 167, 181, 262, 485
Helene, Prinzessin von Mecklenburg-Schwerin 157
Henckel von Donnersmarck, Wilhelm Ludwig Viktor, Graf, General 72
Hensel, Sebastian, Schriftsteller 432
Hensel, Wilhelm, Maler 115
Herder, Johann Gottfried, Schriftsteller und Philosoph 35
Herwarth von Bittenfeld, Karl Eberhard, Generalfeldmarschall 347
Hesekiel, Georg, Schriftsteller 76

Heydt, August von der, Minister 302
Hey'l, Ferdinand, Kurdirektor 485
Hobrecht, James, Baurat 297
Hödel, Max, Attentäter 471
Hoffmann, Ernst Theodor Amadeus, Erzähler, Musiker und Maler 109
Hoffmann von Fallersleben, August Heinrich, Sprachforscher und Dichter 423
Hohenlohe-Ingelfingen, Adolf, Prinz von, Ministerpräsident 301, 306
Hohenlohe-Ingelfingen, Prinz Kraft zu, General 203, 206, 343, 390, 395, 403
Hohenlohe-Schillingsfürst, Chlodwig, Fürst zu, Reichskanzler 509
Hohenzollern-Sigmaringen, Fürst Karl Anton von, Ministerpräsident 263, 304, 306, 378 f.
Hohenzollern-Sigmaringen, Erbprinz Leopold von, spanischer Thronkandidat 377–381
Holnstein, Max, Graf von, bayerischer Oberststallmeister 408, 432
Hoßbach, B. Th. J., Prediger in Berlin 448
Hufeland, Christoph Wilhelm, Mediziner 41 f.
Humboldt, Alexander von, Naturforscher 109, 169
Humboldt, Wilhelm von, Gelehrter, Diplomat, Minister 49, 57, 108 f., 137

Iffland, August Wilhelm, Schauspieler und Theaterdirektor 57
Isabella II., Königin von Spanien 377

Jahn, Friedrich Ludwig, der »Turnvater« 93 f., 169, 272 f.
Jhering, Rudolf von, Jurist 358 f., 488
Johann, König von Sachsen 141, 326 f.
Jörg, Josef Edmund, bayerischer Politiker 374
Josephine Beauharnais, Gemahlin Napoleons I. 73

Kameke, Georg Arnold Karl von, General und Kriegsminister 388, 440, 455

Kant, Immanuel, Philosoph 13, 22, 34, 162
Karl X., König von Frankreich 150, 157
Karl, Herzog von Mecklenburg-Strelitz, Stiefbruder der Königin Luise 58, 81, 115
Karl, Erzherzog von Österreich 55
Karl, Prinz von Preußen, Bruder Wilhelms I. 27, 40, 49, 58, 61, 66, 68, 70, 73, 87, 125, 129 ff., 135 f., 138, 149, 281, 498
Karl, Prinz von Hohenzollern-Sigmaringen, Fürst, später König von Rumänien 377 f., 500
Karl Alexander, Großherzog von Sachsen-Weimar, Schwager Wilhelms I. 148, 182, 196, 205, 210, 215, 217, 227, 261, 270, 301, 326 f., 335, 338, 342, 345, 356 f., 361, 394, 401, 479, 496, 502 f.
Karl August, Großherzog von Sachsen-Weimar 130, 137, 140
Karl Friedrich, Großherzog von Sachsen-Weimar, Schwiegervater Wilhelms I. 130, 137, 141, 149
Karl Ludwig, Großherzog von Mecklenburg-Strelitz, Vater der Königin Luise 10, 44, 57
Karoline, Prinzessin von Hessen-Kassel 129
Kleist, Heinrich von, Dichter 48 f.
Kleist, Luise von, Freundin von Elisa Radziwill 128 f., 131, 134
Knille, Otto, Maler 425
Kögel, Rudolf, Hofprediger 504, 507
Konstantin, Großfürst von Rußland 89 f., 127
Kotzebue, August von, Schriftsteller und russischer Staatsrat 94
Krug, Kammerdiener Wilhelms I. 193
Krupp, Alfred, Industrieller 298
Küchler, Emil, Attentäter 486
Kühne, Gustav, Schriftsteller 106 ff.
Kugler, Franz, Historiker 161

Lafontaine, August, Schriftsteller 20
Lagarde, Paul de, Sprachforscher und Kulturpolitiker 460

Lancizolle, Karl Wilhelm Deleuce des Lancizolle, Jurist 112, 123
Langenbeck, Bernhard Rudolf Konrad von, Generalarzt 472
Langhans, Johann Gotthard, Baumeister 11
Langhans, Karl Ferdinand, Baumeister 145
Lassalle, Ferdinand, Gründer und Führer der Sozialdemokratie 315
Lauer, Gustav von, Generalstabsarzt 494
Lehndorff, Heinrich August, Graf von, Generaladjutant Wilhelms I. 433, 494
Lenné, Peter Joseph, Landschaftsgärtner 145
Lenz, Max, Historiker 195
Leo XIII., Papst 451, 477
Leo, Heinrich, Historiker 33, 295
Leopold, Großherzog von Baden 222 f., 225
Leopold I., König der Belgier 152
Lessing, Gotthold Ephraim, Dichter und Kritiker 35, 162
Leuthold, Generalarzt 491
Lichnowski, Felix, Fürst, Abgeordneter der Frankfurter Nationalversammlung 212
Liebknecht, Wilhelm, Gründer und Führer der Sozialdemokratie 362, 385, 409, 471
Lippe, Leopold, Graf zur, Minister 450
List, Friedrich, Nationalökonom 373
Lombard, Johann Wilhelm, Kabinettsrat 40
Louis Ferdinand, Prinz von Preußen 18 f., 36, 101, 116
Louis Philippe, König von Frankreich 150, 152, 157, 181, 184
Ludwig II., König von Bayern 373, 406 ff., 410 f., 432, 498
Ludwig XIV., König von Frankreich 398, 414
Ludwig XVI., König von Frankreich 9, 392, 398
Ludwig XVIII., König von Frankreich 72, 86
Ludwig, Prinz von Preußen, Bruder

Friedrich Wilhelms III. 10, 12, 17 f., 21, 53

Luise, Prinzessin von Mecklenburg-Strelitz, Gemahlin Friedrich Wilhelms III., Mutter Wilhelms I. 9–12, 14–30, 36–45, 48–60, 64, 67, 71, 80, 88, 90, 96, 103, 106 f., 135, 147, 163 ff., 254, 500, 509

Luise, Prinzessin von Preußen, Gemahlin des Prinzen Friedrich der Niederlande, Schwester Wilhelms I. 49, 58

Luise, Prinzessin von Preußen, Gemahlin des Großherzogs Friedrich I. von Baden, Tochter Wilhelms I. 147, 256, 326, 493, 506 f.

Luitpold, Prinz und Regent von Bayern 408

Luther, Martin 34, 290, 447

Mac-Mahon, Patrice Maurice, Marquis de, französischer Marschall 390, 392 f.

Mackenzie, Morell, englischer Mediziner 503

Manteuffel, Edwin von, Generalfeldmarschall 241, 285, 340, 359, 460, 498

Manteuffel, Otto von, Ministerpräsident 198, 216, 231 f., 234, 241, 243, 252, 263

Marcks, Erich, Historiker 116, 184, 295

Maria Feodorowna, Prinzessin Sophie Dorothea von Württemberg, zweite Gemahlin Kaiser Pauls I. von Rußland 89, 91, 130 f.

Maria Pawlowna, Großfürstin von Rußland, Gemahlin des Großherzogs Karl Friedrich von Sachsen-Weimar, Schwiegermutter Wilhelms I. 130, 136 ff., 140 ff., 148 f., 158, 197, 227, 240, 253, 267

Marianne, Prinzessin der Niederlande, Gemahlin des Prinzen Albrecht von Preußen 150

Marie, Prinzessin von Preußen, Gemahlin König Maximilians II. von Bayern 326

Marie, Prinzessin von Sachsen-Weimar, Gemahlin des Prinzen Karl von Preußen, Schwägerin Wilhelms I. 129 ff., 135–138, 141, 149

Marie Antoinette, Königin von Frankreich 9, 398

Marie Luise Albertine, Landgräfin von Hessen-Darmstadt, Großmutter der Königin Luise 9, 12, 57

Marquardt, Ludwig, Schriftsteller 491

Marwitz, Friedrich August Ludwig von der, General und konservativer Politiker 25, 46

Marx, Karl 297, 460

Maximilian, Kaiser von Mexiko, Erzherzog Ferdinand Max von Österreich 378

Meding, Oskar, Schriftsteller 488

Menzel, Adolf, Maler 161, 289, 441

Menzel, Wolfgang, Literaturhistoriker 435

Metternich, Klemens Lothar Wenzel, Fürst, österreichischer Staatskanzler 63, 151, 156, 173 f., 185 f., 192, 195, 229, 386, 461 f., 467, 471

Mevissen, Gustav, Bankier 298, 431

Meyendorff, Peter von, russischer Diplomat 234

Michael, Großfürst von Rußland 86, 89, 92

Mieroslawski, Ludwig von, polnischer Revolutionsgeneral 222

Minutoli, Menu von, Gouverneur Wilhelms I. 66

Miquel, Johannes, nationalliberaler Politiker 373

Mirabeau, Honoré Gabriel Victor Riquetti de, französischer Revolutionär 13, 15, 33

Moeller van den Bruck, Arthur, Schriftsteller 104 f., 438, 510

Mohl, Moritz, Nationalökonom und Politiker 373

Moltke, Helmuth von, Generalfeldmarschall 98, 332 f., 339, 343, 346–351, 355 f., 371, 382 f., 388, 390 f., 393 f., 396 f., 399, 401 ff., 423, 429, 457, 459, 498, 507

Moore, Thomas, englischer Dichter 115

Mozart, Wolfgang Amadeus 110

Müffling, Karl von, General 93
Müller, Max, Orientalist 195

Napoléon I., Kaiser der Franzosen 22, 36–40, 43 ff., 50 f., 55, 59, 61, 63–74, 76 f., 81, 84 ff., 88 f., 93, 161, 268 f., 385, 392
Napoléon III., Kaiser der Franzosen 247 f., 251, 268, 271, 274 f., 318, 343, 352, 369, 371 f., 376, 382, 385–388, 392–396, 398, 419
Natzmer, Oldwig von, General, militärischer Berater Wilhelms I. 91 f., 100 f., 104, 113, 129, 134, 154, 218, 233, 241, 261
Naumann, Friedrich, Sozialpolitiker 418
Naunyn, Bürgermeister von Berlin 190
Niebuhr, Barthold Georg, Staatsrat, Diplomat und Historiker 65
Nikolaus I., Kaiser von Rußland, Schwager Wilhelms I. 86 f., 89 f., 92, 113 f., 131, 137 f., 142, 151, 154 f., 163, 174, 229 f., 232, 236, 250 ff., 254, 259, 267, 502
Nobiling, Karl Eduard, Attentäter 471 f., 476

Offenbach, Jacques, Komponist 370
Ölrichs, von, Major 186, 193 f.
Olfers, Hedwig von 117
Oriola, Maxe Gräfin 192 f.

Patow, Erasmus Robert von, Minister 263 f.
Paul I., Kaiser von Rußland 89, 137
Pauline, Prinzessin von Württemberg 138 f.
Peel, Robert, britischer Staatsmann 459
Perthes, Clemens, Jurist 245
Pfuel, Ernst von, General, Ministerpräsident und Kriegsminister 185, 187, 191, 209 f.
Philippi, Felix, Schriftsteller 432, 435
Piefke, Militärkapellmeister 335, 350, 400
Pietsch, Ludwig, Schriftsteller 309

Pirch, Karl Lorenz von, General, militärischer Erzieher Wilhelms I. 53, 64
Pius VII., Papst 125
Pius IX., Papst 441, 445 f., 451
Pourtalès, Albert, Graf von, Diplomat 245
Prittwitz, Karl von, General 187, 189 f.
Prokesch-Osten, Anton, Graf von, österreichischer Diplomat 249
Pückler, Graf von, Hofmarschall 222
Pückler-Muskau, Hermann, Fürst von, Schriftsteller und Landschaftsgärtner 145
Puttkamer, Robert Viktor von, Minister 479

Radetzky von Radetz, Johann Joseph Wenzel, Graf, österreichischer Feldmarschall 233, 258
Radowitz, Joseph Maria von, General und Minister 226, 231 f.
Radziwill, Anton, Fürst, Vater Elisas 53, 81, 116 ff., 128 f.
Radziwill, Anton, Fürst, Generaladjutant Wilhelms I. 381, 494
Radziwill, Boguslaw, Prinz 53
Radziwill, Elisa, Prinzessin, Jugendliebe Wilhelms I. 115–136, 138 f., 141 ff., 149 f., 500
Radziwill, Luise, Fürstin, geb. Prinzessin von Preußen, Mutter Elisas 16, 39, 53, 57, 67, 100 f., 111, 113, 116, 118–121, 126–129, 131, 133–136, 142, 164
Radziwill, Wilhelm, Fürst, General 53, 117, 121, 288
Ranke, Leopold von, Historiker 165, 167, 244, 262, 277
Rathenau, Walther, Industrieller und Minister 437
Rauch, Christian Daniel, Bildhauer 59, 106, 162
Raumer, Karl Otto von, Minister 241
Raupach, Ernst, Dichter 110
Reiche, Ludwig von, General, militärischer Erzieher Wilhelms I. 60, 68, 76, 80
Reille, André Charles Victor, Graf, Generaladjutant Napoléons III. 394

Reimann, Professor, Erzieher Wilhelms I. 53
Reinsdorf, Friedrich August, Attentäter 486
Reischach, Hugo von, Hofmarschall Wilhelms II. 507
Rellstab, Ludwig, Schriftsteller 78
Rethel, Alfred, Maler 425
Rietz, Wilhelmine, Gräfin von Lichtenau, Maitresse Friedrich Wilhelms II. 11 f., 14, 23
Ritter, Karl, Geograph 112
Rochau, August Ludwig von, Historiker und Politiker 244
Rochow, Karoline von 117, 122, 165
Rochow, Theodor von, General und Bundestagsgesandter 243, 249
Rogge, Bernhard, Hofprediger 410, 414
Roggenbach, Franz von, badischer Minister 305, 373
Rohr, Wilhelm von, General und Kriegsminister 186
Roon, Albrecht von, Generalfeldmarschall, Kriegsminister und Ministerpräsident 210, 253, 280 ff., 285, 287, 299–302, 304, 306 f., 310, 316, 332 f., 339, 343, 346 f., 354 ff., 372, 384, 395, 397, 399, 401 ff., 407, 429 f., 434, 448, 450, 453 ff., 457 f., 465, 469 f., 498
Rüchel, Ernst Philipp von, General 37 f.
Rudolf, Kronprinz von Österreich-Ungarn 496, 500

Sack, Friedrich Samuel Gottfried, Bischof und Hofprediger 16, 22
Saint-Marsan, Ant. Marie Phil. Asinari de, französischer Diplomat 56
Sand, Karl Ludwig, Attentäter 94
Sartorius, Otto, Regierungsrat 484
Savigny, Friedrich Karl von, Rechtshistoriker 108, 123, 157
Schadow, Johann Gottfried, Bildhauer 11, 14, 25, 76
Scharnhorst, Gerhard Johann David von, General 47 f., 61, 66, 77, 97, 105, 278

Scheffel, Viktor von, Dichter 425
Scherenberg, Christian Friedrich, Dichter 426 f.
Schilden, Friedrich von, Oberhofmeister 119 f.
Schiller, Friedrich 23, 110, 112, 272 f.
Schiller, Charlotte 137
Schilling, Johannes, Bildhauer 485
Schinkel, Karl Friedrich, Baumeister 58, 76, 105 f., 115, 144 f.
Schleiermacher, Friedrich, evangelischer Theologe 62, 82, 88
Schleinitz, Alexander, Graf von, Minister 245, 263, 412
Schlüter, Andreas, Bildhauer und Baumeister 17
Schneider, Hortense, Schauspielerin 370
Schneider, Louis, Schauspieler, Schriftsteller, Vorleser und Bibliothekar Wilhelms I. 182, 200, 202, 212 f., 259, 291–294, 346, 348, 353, 361, 372, 375, 392, 396, 399, 403, 410, 420, 433, 439, 454, 488
Schön, Theodor von, Oberpräsident 172
Schulenburg-Kehnert, Friedrich Wilhelm, Graf von der, Minister und Gouverneur von Berlin 38 f.
Schurz, Karl, deutscher Revolutionär, amerikanischer Politiker 511
Schwarzenberg, Felix, Fürst von, österreichischer Ministerpräsident 229, 232, 234, 250
Schwarzenberg, Friedrich, Fürst von 136
Schwarzenberg, Karl, Fürst von, österreichischer Feldmarschall 69–72, 85
Schwerin, Maximilian, Graf von Sch.-Putzar, Minister 191, 315
Seydel, Karl, Oberbürgermeister von Berlin 299, 358
Siemens, Werner, Industrieller 298
Simson, Eduard, Parlamentspräsident 216, 385, 410
Solms-Braunfels, Friedrich, Prinz zu 18
Sophie, Großherzogin von Sachsen-Weimar 284

537

Spitzemberg, Carl Hugo von, württembergischer Diplomat 373
Spitzemberg, Hildegard von 429
Spontini, Gasparo, Komponist und Generalmusikdirektor 110 f., 115, 142
Springer, Robert, Schriftsteller 211
Staël, Germaine de, französische Schriftstellerin 25, 73
Stahl, Friedrich Julius, Staatsrechtler 174, 242
Stein, Karl vom und zum, Minister 26, 35, 40 f., 45 f., 48 ff., 52, 60 f., 64, 77, 94, 97, 116, 172, 239, 272 f., 452
Stein, Oberlehrer und Abgeordneter 208
Steinmann, Friedrich Arnold, Publizist 110
Steinmetz, Karl Friedrich von, Generalfeldmarschall 347, 387, 391, 397
Steinschneider, Moritz 192
Stephan, Heinrich, Generalpostmeister 457, 499
Stephanie, Großherzogin von Baden 138
Stillfried-Rattonitz, Rudolf, Graf von, Oberzeremonienmeister 217 f.
Stinnes, Matthias, Industrieller 298
Stockhausen, August Wilhelm von, General und Kriegsminister 231
Stockmar, Christian Friedrich von, Arzt und Diplomat 89
Stolberg, Anton, Graf von 123
Struve, Gustav von, badischer Revolutionär 220
Sybel, Heinrich von, Historiker 352, 511

Tauentzien, Bogislaw Friedrich Emanuel, Graf von, General 144
Tauentzien, Lysinka, Gräfin von, Hofdame 43
Therese, Königin von Bayern 138
Thiers, Louis Adolphe, französischer Staatsmann und Historiker 401, 418
Thun, Friedrich, Graf von Th. und Hohenstein, österreichischer Diplomat 249

Thurn und Taxis, Therese, Fürstin von, Schwester der Königin Luise 21
Tieck, Ludwig, Dichter 22
Tiedemann, Gustav Nikolaus, badischer Revolutionär 224
Treitschke, Heinrich von, Historiker 143, 166, 435
Tschech, Heinrich Ludwig, Attentäter 174
Tümpling, Adam von, General 200
Twesten, Karl, liberaler Politiker 285, 359

Unruh, von, General, militärischer Erzieher des Kronprinzen Friedrich Wilhelm 197
Usedom, Karl Georg Ludwig Guido, Graf von, Diplomat 368

Varnhagen von Ense, Karl August, Schriftsteller 135, 140, 171, 180, 185
Varnhagen, Rahel 109
Victoria, Königin von Großbritannien und Irland 182, 195, 201, 245 f., 253, 257, 267, 459, 464, 466, 494, 501
Victoria, Princess Royal von Großbritannien und Irland, Gemahlin des Kronprinzen Friedrich Wilhelm (Kaiser Friedrichs III.), Schwiegertochter Wilhelms I. 246, 257, 267, 289, 341, 356, 402, 459, 496 f.
Vincke, Georg von, Landrat und Abgeordneter 189, 197
Vincke-Olbendorf, Karl von, Offizier und Abgeordneter 194, 264
Viktor Emanuel II., König von Italien 268, 442
Virchow, Rudolf, Mediziner und liberaler Politiker 342, 441, 503
Vogel von Falckenstein, Eduard, General 498
Voß, Sophie Marie, Gräfin von, Oberhofmeisterin 10, 17, 19–22, 28, 40, 42, 67, 80, 89

Wagner, Richard, Komponist und Musikschriftsteller 110, 423 f.

Waldersee, Alfred, Graf von, General 496
Weber, Karl Maria von, Komponist 110
Weiler, Christian, Oberst 114
Wellington, Sir Arthur Wellesley, Herzog von W., britischer Feldmarschall und Ministerpräsident 85 f., 175, 198
Werner, Anton von, Maler 415, 425, 437 f., 440
Werther, Karl von, Diplomat 380
Werthern, Georg von, Diplomat 377
Westphalen, Ferdinand von, Minister 241, 263
Wilamowitz-Möllendorff, Ulrich von, Altphilologe 383, 511
Wilhelm II., Deutscher Kaiser und König von Preußen, Enkel Wilhelms I. 267, 434, 455 f., 497, 504, 506 f., 509–511
Wilhelm, Kronprinz, Sohn Kaiser Wilhelms II. 498
Wilhelm I., König der Niederlande 150
Wilhelm III., König der Niederlande 371 f.
Wilhelmine, Königin der Niederlande, Schwester Friedrich Wilhelms III., 150
Willisen, Wilhelm von, General 159

Wilmowsky, Karl von, Chef des Zivilkabinetts Wilhelms I. 494
Winckelmann, Johann Joachim, Altertumsforscher, Kunsthistoriker 35
Windisch-Graetz, Alfred zu, Fürst, österreichischer Feldmarschall 209
Windthorst, Ludwig, Führer des Zentrums 442
Wiprecht, Militärkapellmeister 111
Wittgenstein, Wilhelm, Fürst von Sayn-Wittgenstein-Hohenstein, Minister 118, 120, 126
Witzleben, Job von, Generaladjutant Friedrich Wilhelms III. 132 f.
Wrangel, Friedrich Heinrich Ernst, Graf von, Generalfeldmarschall 208 f., 267, 281, 288, 334, 356
Wunster, Prediger in Breslau, Religionslehrer Wilhelms I. 66, 145

Yorck, Hans David Ludwig von, Feldmarschall 25, 46 f., 63 ff., 171

Zedlitz-Neukirch, Konstantin von, preußischer Zivilkommissar in Schleswig-Holstein 340
Zeller, Karl August, Direktor des Waisenhauses in Königsberg 53
Zola, Emile, französischer Schriftsteller 370, 425

Bildnachweis

Schwarzweiß-Abbildungen:
Bildarchiv Preussischer Kulturbesitz, Berlin West   1, 2, 6, 12, 13, 15, 16, 18, 19, 20

Ullstein Bilderdienst, Berlin West   3, 17

Wehrgeschichtliches Museum, Rastatt   14

Verlagsarchiv   4, 5, 7, 8, 9, 10, 11

Farbige Abbildungen:
Bildarchiv Preussischer Kulturbesitz, Berlin West   1, 8

Staatliche Museen Preußischer Kulturbesitz Nationalgalerie, Berlin West   2, 4, 5

Städtische Galerie im Lenbach-Haus, München   7

Wehrgeschichtliches Museum, Rastatt   3, 6